U0937160

珍藏本·增订本

纪念版

汉译世界学术名著丛书

论美国的民主

〔法〕托克维尔 著

董果良 译

Alexis de Tocqueville

DE LA DÉMOCRATIE EN AMÉRIQUE

Introduction Par Harold J.Laski

ŒUVRES,PAPIERS ET CORRESPONDANCES

D'ALEXIS DE TOCQUEVILLE

Édition définitive sous la direction de

J.-P.Mayer

Gallimard,Paris,1951.

根据伽利玛出版社巴黎1951年版本译出

汉译世界学术名著丛书
（120年纪念版·珍藏本）
增订本出版说明

2017年10月，为纪念商务印书馆创立120周年，本馆推出“汉译世界学术名著丛书”（120年纪念版·珍藏本），计七百种。近五六年来，仰赖学界同人倾力支持，订正旧译，增补新译，拓展新著，积累日多。为满足读者需要，本馆在七百种的基础上，继续推出“汉译世界学术名著丛书”（120年纪念版·珍藏本·增订本）三百种。至此，“汉译世界学术名著丛书”累计出版已达千种。

今后，本馆将继续推进丛书的翻译出版工作，在积累单本名著的基础上陆续分辑刊行，汇印出版。为促进中外文明互鉴、推动我国学术发展，使“汉译世界学术名著丛书”这项对我国学术文化有基本建设意义的重大工程发挥更大作用，诚望海内外学术界、翻译界继续给予支持，帮助我们把这套丛书出得更好。

商务印书馆编辑部

2024年2月

汉译世界学术名著丛书
（120年纪念版·珍藏本）
出 版 说 明

2017年2月11日，商务印书馆迎来120岁的生日。120年前，商务印书馆前贤怀揣文化救国的理想，抱持“昌明教育，开启民智”的使命，立足本土，放眼寰宇，以出版为津梁，沟通中西，为中国、为世界提供最富智慧的思想文化成果。无论世事白云苍狗，潮流左右激荡，甚至战火硝烟弥漫，始终践行学术报国之志，无改初心。

迻译世界各国学术名著，即其一端。早在20世纪初年便出版《原富》《天演论》等影响至今的代表性著作，1950年代后更致力于外国哲学和社会科学经典的译介，及至1980年代，辑为“汉译世界学术名著丛书”，汇涓为流，蔚为大观。丛书自1981年开始出版，历时三十余年，迄今已推出七百种，是我国现代出版史上规模最大、最为重要的学术翻译工程。

丛书所选之书，立场观点不囿于一派，学科领域不限于一门，皆为文明开启以来，各时代、各国家、各民族的思想与文化精粹，代表着人类已经到达过的精神境界。丛书系统译介世界学术经典，引领时代思想，为本土原创学术的发展提供丰富的文化滋养，为推动中国现代学术和现代化进程做出了突出的贡献。

为纪念商务印书馆成立 120 周年，我们整体推出“汉译世界学术名著丛书”120 年纪念版的珍藏本，寄望既利于文化积累，又便于研读查考，同时向长期支持丛书出版的译者、编者和读者致以敬意。

两甲子后的今天，商务印书馆又站在了一个新的历史时间节点上。我们不仅要铭记先辈的身影和足迹，更须让我们的步伐充满新的时代精神。这是商务人代代相传的事业，更是与国家和民族的命运始终紧密相连的事业。我们责无旁贷，必须做好我们这代人的传承与创造，让我们的努力和成果不仅凝聚成民族文化的记忆，还能成为后来人可以接续的事业。唯此，才能不负前贤，无愧来者。

商务印书馆编辑部

2017 年 10 月

译 者 序 言

法国政治思想家夏尔·阿列克西·德·托克维尔(Charles Alexis de Tocqueville),1805 年 7 月 29 日生于今伊夫林省塞纳河畔维尔内伊,1859 年 4 月 16 日病逝于戛纳。家庭是诺曼底贵族。1823 年由默兹的高级中学毕业后去巴黎学习法律,1827 年出任凡尔赛初审法院法官。1830 年七月革命后,因在效忠奥尔良王朝的问题上与拥护已被推翻的波旁复辟王朝的家庭有意见分歧,以及为避免七月革命的余波的冲击,而与好友古斯达夫·德·博蒙商定,借法国酝酿改革监狱制度之机,向司法部请假,要求去美国考察其受到欧洲各国重视的新监狱制度。经过一番周折和亲友的斡旋,请求获准。其实,这只是表面的目的,他们的真正目的是到这个国家去考察民主制度的实际运用。他们在 1831 年 4 月 2 日乘船离开法国,5 月 9 日到达美国;在美国考察 9 个月零几天,于 1832 年 2 月 22 日离美回国。不久以后,博蒙因拒绝为一件政治丑案辩护而被撤职,托克维尔在气愤之余,也挂冠而去。1833 年,他与博蒙写出《关于美国的监狱制度及其在法国的运用》的报告。这个报告后来被译成英、德、葡等几国文字。1835 年,托克维尔成名之作《论美国的民主》上卷问世。1839 年,他被选为人文和政治科学院院士,并当选为众议院议员(下一届落选)。1840

年,《论美国的民主》下卷出版。1841 年,他被选为法兰西学院院士①。1842—1848 年为芒什省议员。1848 年二月革命后,托克维尔任制宪议会议员,参加法兰西第二共和国宪法的制定工作,并被选为新宪法实施后的国民议会议员。1848 年 6—10 月,出任第二共和国外交部长。1851 年 12 月因反对路易·波拿巴称帝而被逮捕,但因其知名度高,次日即被释放。从此以后退出政界,专门从事著作。1851 年写成的《回忆录》,详述了二月革命的内情。1856 年出版的《旧制度与大革命》(或译《旧秩序与大革命》),也是一部名著,有多种文字译本。

《论美国的民主》出版后,立即受到普遍好评,使托克维尔名扬海外。据布雷德利在《论美国的民主》英译本(Vintage Book,New York,1945)卷末的统计,在托克维尔生前,《论美国的民主》的法文本出过 13 版,逝世后出到 17 版,尚有两种全集本。另外,在比利时和美国,也有法文本问世。截至 1945 年,共有英、德、荷、匈、意、丹、俄、西班牙、瑞典、塞尔维亚等十种文字的译本先后问世,而且有些国家不止一个译本和不止出版一次,英国和美国就有 60 多个英文版本。这还是一个不完全的统计。据我所知,日本在明治

① 法兰西学院(Académie Française),成立于 1635 年,其主要任务是编写辞典,现在的院士总名额为 40 人。当选为法兰西学院院士的多为各界的名流,但以作家居多,1980 年的 40 名院士就有 22 名是各类作家。在法国,获得法兰西学院院士的称号是最荣誉的,但院士并不担任具体工作。人文和政治科学院,按字面译是精神和政治科学院,它相当于我国的中国社会科学院,成立于 1795 年,现有哲学、社会学、法学、政治经济学、史地等六个研究所,院士总名额为 50 人。法国科学院(Institut de France)包括各自独立的五个科学院:除上述两个外,尚有自然科学院、考古科学院和艺术科学院。

14—15 年(1882—1883 年),肥塚龙曾以《自由原论》的书名,由英译本转译上卷出版。至于中文的译本,1968 年有香港今日世界社秦修明等人由上述的 1945 年英译本转译出版,但这个译本并非全译,删去了全部注释。

托克维尔认为,建立一个新世界,必须有新的政治理论,而这个政治理论就是关于民主的基本原理。他没有根据过去和现在的政治体制的历史对比分析去创制这个民主理论,也没有像当时的一些学者引用古希腊城邦和共和时期罗马的历史去说明当时资产阶级民主的过程,而认为当代的民主原则主要应当从当代的具体历史条件去总结和解释,不能用某种一般规律去总结和解释。因此,他极想研究对于民主的发展具有最有利的条件,从而能够最全面地表现出发展规律的国家的民主。在托克维尔那个时代,这样的国家只能是美国①。用他自己的话来说,就是“从经历过这场革命的国家中找出一个使这场革命发展得最完满和最和平的国家,从而辨明革命自然应当产生的结果;如有可能,再探讨能使革命有益于人类的方法”②。这才是托克维尔去美国考察的真正目的,也是写作《论美国的民主》的由来。

托克维尔希望客观地描述美国的民主,将其所见所闻忠实地报道出来,“绝没有硬要事实迁就观点,而是让观点以事实为依据”③。他在美国收集了大量资料,向权威人士请教,访问过广大

① 见卡连斯基:《阿列克西・托克维尔》,载苏联科学院国家与法研究所编《治政学说:历史和当代》论文集第 70—71 页。1975 年,莫斯科。

② 见本书第 19 页。

③ 见本书第 20 页。

地区。结果，利用他在社会学中首创的“访问法”①，依据其明察秋毫的观察力，只在美国逗留九个月，就写出了至今仍被世人赞誉的名著《论美国的民主》。

这部著作的上卷和下卷，不是写于同一时期，其间相隔5年，因而在笔调、结构、叙述上有所不同。上卷的第一部分讲述美国的政治制度，第二部分对美国的民主进行社会学的分析。下卷分四个部分，以美国为背景发挥其政治哲学和政治社会学思想。全书的基本思想概括在上卷的绪论里。

这部书之所以成为名著，一方面是因为它是世界学术界第一部对美国社会、政治制度和民情进行社会学研究的著作；另一方面是因为它是第一部论述民主制度的专著。托克维尔在这部著作中阐述了他的政治哲学的基本原理，他对平等与自由的关系的观点。他还在这部著作里提出了一些极为著名而且后来果真应验的社会学预测。比如，关于资产阶级民主的前途的预测，关于美国北方和南方将来可能发生战争的预测，关于当时尚属于墨西哥的得克萨斯将来必被美国吞并的预测；尤其是关于美俄两国将要统治全球的预测，引起了第二次世界大战后研究托克维尔的热潮。卡连斯基称他为未来学的奠基人②，是不无道理的。

这部书的基本思想，在于承认贵族制度必然衰落和平等与民主的发展势不可当。他说：“……平等的逐渐发展，是事所必至，天意使然。这种发展具有的主要特征是：它是普遍的和持久的，它每

---

① 见前引卡连斯基著作第72页。

② 同上书第85页。

时每刻都能摆脱人力的阻挠，所有的事和所有的人都在帮助它前进。”①

他对两种制度进行比较时说：“民主的法制一般趋向于照顾大多数人的利益，因为它来自公民之中的多数。公民之中的多数虽然可能犯错误，但它没有与自己对立的利益。贵族的法制与此相反，它趋向于使少数人垄断财富和权力。……因此，一般可以认为民主立法的目的比贵族立法的目的更有利于人类。”而且，“……民主政府尽管还有许多缺点，但它仍然是最能使社会繁荣的政府”。②“即使民主社会将不如贵族社会那样富丽堂皇，但苦难不会太多。在民主社会，享乐将不会过分，而福利将大为普及……国家将不会那么光辉和荣耀，而且可能不那么强大，但大多数公民将得到更大的幸福……”③

但他又认为，贵族制度在治国和立法上优于民主制度。“贵族制度有自我控制的能力，不会被一时的冲动所驱使。它有长远的计划，并善于在有利的时机使其实现。”④即使如此，他也承认美国的民主制度优于英国的贵族制度，因为“英国的立法常为富人的福利而牺牲穷人的福利，使大多数权力为少数几个人所专有。结果，今天的英国集极富与极贫于一身，其穷人的悲惨处境与其国力和荣誉形成鲜明的对照”⑤。

---

① 见本书第10页。

② 见本书第292—293页。

③ 见本书第14页。

④ 见本书第292—293页。

⑤ 见本书第296页。

托克维尔认为，美国民主的发展得利于联邦宪法的制定者，说麦迪逊、威尔逊、富兰克林、华盛顿、汉密尔顿等人品格高尚，有爱国精神，谓联邦党人对联邦的成立做出了重大贡献。托克维尔说他们规定了权力分享的原则与"控制与反控制"的制度，"清楚地认识到……除了人民的权力以外，还要有一定数量的执行权力的当局。这些当局虽不是完全独立于人民的，但在自己的职权范围内享有一定程度的自由，因而既要被迫服从人民中的多数的一致决定，又可以抵制这个多数的无理取闹和拒绝其危险的要求"①。因此，托克维尔注意到司法权的独立性，但这个独立性是有限制的，因为法院只能在审判当中抵制违宪的法律。

本书作者说，美国的宪法虽然很好，但不能夸大它对民主制度所作的贡献。他说："美国的联邦宪法，好像能工巧匠创造的一件只能使发明人成名发财，而落到他人之手就变成一无用处的美丽艺术品。"②因此，墨西哥照搬美国的宪法，并未使墨西哥富强。他认为，有助于美国维护民主制度的原因有三：自然环境、法制和民情。但"……按贡献对它们分级……自然环境不如法制，而法制又不如民情"③。因此，他认为应当用缺乏民主的民情去解释墨西哥照搬美国宪法而未能使国家出现民主的安定政局的缘由。

托克维尔认为，美国的民主的民情扎根于历史上形成的新英格兰乡镇自治制度。这个早在17世纪开始形成，后经基督教新教的地方教会自治思想培养壮大起来的制度，促进了美国的独立运

① 见本书第171页。
② 见本书第207页。
③ 见本书第395页。

动的发展，提高了人民积极参加公共事务的觉悟，并为后来被联邦宪法肯定下来的中央和地方分权的制度奠定了基础。托克维尔把乡镇自治的传统看成是人民主权和美国人在实践中确立的公民自由原则的根源。

但是，无论是良好的法制，还是宗教信仰和乡镇自治的民主传统，都未能使美国从托克维尔继亚当斯、麦迪逊等人之后指出的"多数的暴政"状态中解救出来。托克维尔认为美国民主的"暴政"表现，首先反映在舆论的统治方面。他说："多数既拥有强大的管理国家的实权，又拥有也几乎如此强大的影响舆论的实力。多数一旦提出一项动议，可以说不会遇到任何障碍"①，"杰克逊民主"时代的舆论暴政，就是这方面的证明。在缓和"多数的暴政"的一些因素中，他特别指出法学家在美国的作用。在美国民主的条件下，法学家是一个特殊阶层。从他们的思维方式、作风和爱好来说，他们是贵族；但从他们的利益和出身来说，他们又都属于人民，所以他们受到人民的信任。

托克维尔还特别谈到陪审制度的政治作用，把有陪审员参加的法庭看成是免费的学校。这个学校向人民传授治国的艺术，培养公民的守法精神。但托克维尔并不想夸大陪审制度的影响和法学家的作用，因为这种影响和作用并没有遏止"多数的暴政"下的私刑。

资产阶级民主的最主要弊端是个人主义。托克维尔认为，个人主义与利己主义不同，它是资产阶级民主的直接产物，是整个民

① 见本书第 315 页。

主运动所固有的力求社会平等的意志。在民主制度下，平等的社会价值高于自由。迫切需要自由的，只是依靠自由能够获得高等享乐的少数人；而平等则能使人人幸福。因此，民主社会虽然也追求自由，但这种追求要服从于对平等的追求。“他们希望在自由之中享受平等，在不能如此的时候，也愿意在奴役之中享用平等”①。

据托克维尔说，平等和个人主义可能产生促进权力集中和权力独自再生的作用。随着平等的日益发展，人们的相互依赖关系虽有扩大，但不够密切了。结果，人民整体的形象高大起来，对个别人的价值采取轻视态度，形成“社会的利益是全体的利益，而个人的利益不足挂齿”②的思想。个人主义有使公民们逐渐拒绝参加社会生活的消极作用，人们总是很难放弃私事而去担任公职。于是，把公益工作都推给国家，使国家走向集权的道路。③ 但是，中央集权或权力集中的趋势，在不同的国家是以不同的强度表现出来的。“在获得身份平等以前长期生活于自由之中的人民那里，自由所赋予的本性与平等所造成的倾向之间有一定的冲突。尽管中央政权在他们当中提高了自己的特殊地位，但他们作为个人却是永远不会放弃其独立的”④。因此，民主转变为专制的危险性，在美国就小于在欧洲。

美国人用“正确理解的利益”的学说来反对个人主义，而这种利益又使他们习惯于结社和合作。享有政治结社的无限自由，是

① 见本书第 685 页。
② 见本书第 920 页。
③ 见本书第 923 页。
④ 见本书第 927 页。

美国能够出现各种社团的基础，使美国人从结社中了解了自己的使命。另外，言论和出版自由也对抵制个人主义起了一定作用。“美国人以自由抵制平等所造成的个人主义，并战胜了它”①。但在没有政治自由传统的国家，民主有转化为专政的危险。“在平等的原则依靠暴力革命手段而取胜的民主国家”，这种危险尤其大。

托克维尔在写作《论美国的民主》的过程中始终没有忘记他的祖国。“我深信，这样在默默之中经常与法国对比，也是本书成功的主要原因”②。

托克维尔对 19 世纪 30 年代法国的政治风气表示愤慨。这个时期的法国社会，在他看来是最反常的。关于这一切，可见上卷的绪论。

这部著作，文字非常优美，几乎像一部文学作品，但结构不够完整，且多有重复，前后不相衔接。托克维尔使用的一些基本概念，有时含义不尽相同，也为评述托克维尔的思想带来不少困难。比如，民主、身份平等、社会情况、民情、人民、国家、民族等词，在翻译处理上都要费一番思索。

关于《论美国的民主》的世界影响和现实意义，请见下卷所附的拉斯基写的导言和梅耶写的参考文献介绍。

中译本依据法文版《托克维尔全集》的第 1 卷和第 2 卷译出，但删去了梅耶为全集写的序言，将拉斯基的导言由上卷的卷首移到下卷的卷末，把法文版编者注由各卷末移至所在处的页下。由

① 见本书第 693 页。

② 前引卡连斯基著作第 87 页转引托克维尔的原话。

梅耶主编的这两卷的印刷质量太差,误植、错行、丢段、丢行、丢字、标点错误等样样俱全。幸亏商务印书馆珍藏的《论美国的民主》法文本(上卷,1836年,第5版;下卷,1840年,第1版)帮助了译者。另外,我还自始至终参考了劳伦斯的最新英译本(George Lawrence,*Democracy in America*,Anchor Books,1969)。这个英译本也是根据法文新版《托克维尔全集》翻译的,并对托克维尔的引文一一进行了核对,指出引误或错记页码之处。在中译本中,凡是〔 〕内的字句均为劳伦斯所加。

译者无论在文学工夫上还是在业务功底上,都远远不敢与法兰西学院院士相比。因此,误译之处在所难免,尚望专家和读者指正。

最后,向1981年即催促我翻译此书的商务印书馆副总编辑骆静兰同志,和在翻译过程中向我提供资料并为我解决疑难问题的责任编辑方生同志,表示由衷的感谢。

董 果 良

于吉林省社会科学院日本研究所

1987年12月

目　　录

上　　卷

第一部分

第二部分

下　　卷

第三部分　民主在美国对智力活动的影响

第四部分　民主对美国人情感的影响

第五部分　民主对我所说的民情的影响

第六部分　关于民主的思想和感情对政治社会的影响

附录

上　　卷

第十二版序

不管我们眼前转瞬之间完成的事件有多么重大和突然，本书作者都有权说这毫未使他惊奇。本书写于十五年前，写作时始终专注的一个思想，是认为民主即将在全世界范围内不可避免地和普遍地到来。读者再读本书时，就会发现它的每一页都在向人们庄严宣告：社会正在改变面貌，人类正在改变处境，新的际遇即将到来。

本书在绪论中说过：

"身份平等的逐渐发展，是事所必至，天意使然。这种发展具有的主要特征是：它是普遍的和持久的，它每时每刻都能摆脱人力的阻挠，所有的事和所有的人都在帮助它前进。

"以为一个源远流长的社会运动能被一代人的努力所阻止，岂非愚蠢！认为已经推翻封建制度和打倒国王的民主会在资产者和有钱人面前退却，岂非异想！在民主已经成长得如此强大，而其敌对者已经变得如此软弱的今天，民主岂能止步不前！"

面对虽被七月革命打伤但仍很强大的君主政体，以这段话预言形势的人，今天可以毫无畏惧地重新提醒公众注意他的著作了。

还应当允许他补充一点：目前的局势使他的著作获得了现实意义和实践效用，而在本书初版时，这些作用都是没有的。

以前是王权的天下，而今王权已被推翻。曾被君主政体的法国视为奇闻的美国各项创制，应当成为共和政体的法国的学习对象。不仅在新政府赖以建立的武力方面，而且在保证新政府可以长存的健全法制方面，均应当如此。战士之后便是立法者。战士志在破坏，立法者专于建设，但两者都有功劳。既然问题已经不是探讨我们法国应当建立王国还是共和国，所以我们只应当研究我们要建立的是一个动乱不已的共和国还是一个永久康宁的共和国，是一个有条不紊的共和国还是一个杂乱无章的共和国，是一个爱好和平的共和国还是一个黩武好战的共和国，是一个自由的共和国还是一个专横的共和国，是一个威胁财产和家庭的神圣不可侵犯权利的共和国还是一个承认和以法保护这种权利的共和国。这是一个非常重大的问题。解决这个问题不仅对法国有重大意义，而且对整个文明世界也有重大意义。如果我们能在这个问题上拯救自己，我们同时也能解救我们周围的一切民族。如果我们失败了，我们就会使这些民族同我们一起失败。随着我们将要建立的是民主的自由还是民主的暴政，世界的命运将会有所不同；而且可以说，这实际上也关系到我们的今天，即关系到我们的共和国是到处受到拥护还是到处被人抵制。

然而，我们刚才提出的这个问题，美国已在六十多年前就解决了。六十多年以来，我们昔日创制的人民主权原则，在美国正完全取得统治地位。它以最直接、最无限、最绝对的形式在美国得到实施。六十多年以来，以人民主权原则作为一切法律的共同基础的这个国家，使其人口、领土和财富不断增加，并且你可以清楚地看到，它在这一期间不仅比全球的其他一切国家更加繁荣，而且比它们更加稳定。然而，欧洲的一切民族不是被战争所破坏，就是由于内讧而衰败。在整个文明世界，只有美国人民安然无恙。几乎整个欧洲都被革命弄得天翻地覆，而美国却没有发生这种动乱。在美国，共和政体不仅没有践踏一切权利，而且保护了它们。在那里，个人财产受到的保护大于世界上任何一个国家，无政府主义也同专制主义一样，依然没有市场。

我们从哪里能够获得比这更大的经验和教训呢？我们把视线转向美国，并不是为了亦步亦趋地仿效它所建立的制度，而是为了更好地学习适用于我们的东西；更不是为了照搬它的教育之类的制度，我们所要引以为鉴的是其法制的原则，而非其法制的细节。法兰西共和国的法制，可以而且最好是应当不同于治理美国的法制；但是美国的各项制度所依据的原则，即遵守纪律的原则，保持政权均势的原则，实行真正自由的原则，真诚而至上地尊重权利的原则，则对所有的共和国都是不可或缺的。它们是一切共和国都应当具有的，而且可以预言：不实行这些原则，共和国很快就将不复存在。

1848 年

绪　论

我在合众国逗留期间见到一些新鲜事物，其中最引我注意的，莫过于身份平等。我没有费力就发现这件大事对社会的进展发生的重大影响。它赋予舆论以一定的方向，法律以一定的方针，执政者以新的箴言，被治者以特有的习惯。

不久，我又看到这件大事的影响远远大于政治措施和法律，而且它对政府的钳制作用绝不亚于对公民社会的这种作用。它不仅在制造言论，激发情感，移风易俗，而且在改变非它所产生的一切。

因此，随着我研究美国社会的逐步深入，我益发认为身份平等是一件根本大事，而所有的个别事物则好像是由它产生的，所以我总把它视为我的整个考察的集中点。

当我把视线转向我们的半球时，我觉得我们这里的情况也有些与我在新大陆见到的类似。我看到，在我们的半球，身份平等虽然没有达到美国那样的极限，但却日益接近它，而且，支配美国社会的民主，好像在欧洲也正在迅速得势。

从这时起，我就产生了撰写读者即将阅读的这本书的念头。

一场伟大的民主革命正在我们中间进行。谁都看到了它，但看法却不相同。一些人认为，它是一种新现象，出于偶然，尚有望遏止；而一些人断定，这是一场不可抗拒的革命，因为他们觉得这是历史上已知的最经常的、最古老的和最持久的现象。

现在，我来回顾一下七百年前的法国。当时，法国被一小撮拥有土地和统治居民的家族所据有，统治权随着遗产的继承而世代相传，权力是人对付人的唯一手段，而地产则是强权的唯一源泉。

但在法国，僧侣阶级的政治权力开始建立起来，并且很快扩大。僧侣阶级对所有的人都敞开大门：穷人和富人，属民和领主，都可参加僧侣阶级的行列。通过教会的渠道，平等开始透入政治领域。原先身为农奴而要终生被奴役的人，现在可以以神甫的身份与贵族平起平坐，而且常为国王的座上客。

随着时间的推移，社会日益文明和安定，人际的各种关系日益复杂和多样化。人们开始感到需要有调整这种关系的民法了。于是，出现了法学家。他们离开阴森森的法庭大堂，走出积满灰尘的办公斗室，出现于王公大人的宅邸，坐在衣貂披甲的封建男爵的身旁。

当国王们因好大喜功而破产，贵族们因私家械斗而荡尽家产时，平民们却因经商而富裕起来。金钱的影响开始见于国务。商业成为进入权力大门的新阶梯，金融家结成一个既被人蔑视又受人奉迎的政治权力集团。

民智逐渐开化，人们对文学和艺术的兴趣日增。于是，知识已是事业成功的要素，科学成了为政的手段，智慧变成一种社会力量，文人进入了政界。

随着通向权力大门的新路的不断出现，人们日益不重视家庭出身。在 11 世纪，贵族的头衔还是无价之宝，而到 13 世纪，用钱就可以买到了。出售贵族头衔始于 1270 年，结果平等也被贵族阶级自己带进政府。

在这七百年间，贵族有时为了反对王权，有时为了从对手中夺权，而把政治大权交给了人民。

更为常见的是，国王为了贬抑贵族而让国内的下层阶级参加了政府。

在法国，国王们总是以最积极和最彻底的平等主义者自诩。当他们野心勃勃和力量强大的时候，极力将民众提高到贵族的水平；当他们是庸碌无能之辈的时候，竟容许民众上升到比他们自己还高的地位。有些国王依靠他们的才能帮助了民主，而另一些国王则因为他们无道而帮助了民主。路易十一和路易十四，始终关心全体臣民在他们的王位之下保持平等，而路易十五则终于使他本人连同王室一起化为灰烬。

在公民们开始不依封建土地所有制占有土地，而动产已被视为财富和能够产生影响与制造权势以后，工艺方面的每一发现，工商业方面的每一改进，便立即在人们中间创造出与其相适应的新的平等因素。从此以后，一切新发现的工艺方法，一切新产生的需求，一切满足新需求的想法，都是走向普遍平等的进步。侈靡，好战，追求时髦，以及人的最肤浅情欲和最高尚激情，都好像在一致使富人变穷和穷人致富。

从脑力劳动成为力量和财富的源泉之后，每一科学发明，每一新的知识，每一新的思想，都应被视为人民行将掌握的权力的胚芽。诗才、口才、记忆力、心灵美、想象力、思考力——上天随意降下的这一切资质，都在促进民主；即使它们落于民主的敌人之手，也会由于它们显示了人的生性伟大，而仍能为民主服务。因此，被民主征服的领域，将随着文明和教育所征服的领域的扩大而扩大，而文学则成为对一切人开放的武库，弱者和穷人每天都可从中取用武器。

翻阅一下我们的历史，可以说我们在过去的七百年里没有一件大事不曾推动平等。

十字军东征和几次对英战争，消灭了十分之一的贵族，分散了他们的土地。地方自治制度，把民主的自由带进了封建的君主政体。枪炮的发明，使平民和贵族在战场上处于平等的地位。印刷术向他们平等地提供精神食粮。邮政既把知识送到穷人茅舍的柴扉，又把它带至王宫的大门。基督教新教宣布所有的人都能同等地找到通往天堂的道路。美洲的发现，开辟了千百条致富的新路，使一些无名的冒险家发财得势。

如果我们从 11 世纪开始考察一下法国每五十年的变化，我们将不会不发现在每五十年末社会体制都发生过一次双重的革命：在社会的阶梯上，贵族下降，平民上升。一个从上降下来，一个从下升上去。这样，每经过半个世纪，他们之间的距离就缩短一些，以致不久以后他们就会合了。

而且，这种现象并非法国所独有。无论面向何处，我们都会看到同样的革命正在整个基督教世界进行。

人民生活中发生的各种事件，到处都在促进民主。所有的人，不管他们是自愿帮助民主获胜，还是无意之中为民主效劳；不管他们是自身为民主而奋斗，还是自称是民主的敌人，都为民主尽到了自己的力量。所有的人都会合在一起，协同行动，归于一途。有的人身不由己，有的人不知不觉，全都成为上帝手中的驯服工具。

因此，身份平等的逐渐发展，是事所必至，天意使然。这种发展具有的主要特征是：它是普遍的和持久的，它每时每刻都能摆脱人力的阻挠，所有的事和所有的人都在帮助它前进。

以为一个源远流长的社会运动能被一代人的努力所阻止，岂非愚蠢！认为已经推翻封建制度和打倒国王的民主会在资产者和有钱人面前退却，岂非异想！在民主已经成长得如此强大，而其敌对者已经变得如此软弱的今天，民主岂能止步不前！

那么，我们现在正向何处走呢？谁也回答不了，因为已经不能用对比的办法来回答。就是说，今天在基督徒之间，身份平等已经扩大到以往任何时候和世界上任何地区都未曾有的地步，所以已经完成的巨大工作使我们无法预见还有什么工作可做。

大家即将阅读的本书，通篇是在一种唯恐上帝惩罚的心情下写成的。作者之所以产生这种心情，是因为看到这场不可抗拒的革命已经冲破一切障碍进行许多世纪，而且今天还在它所造成的废墟上前进。

不必上帝自己说，我们就能看到它的意志的某些征兆。我们只要观察一下自然界的年复一年的正常运行和事件的持续发展趋势，就可以了。我没有听到创世主的启示，就知道天上的星辰是循着它的手指画出的轨道运行的。

如果说我们今天的人通过长期的观察和认真的思考，知道平等的逐渐向前发展既是人类历史的过去又是人类历史的未来，那么，单是这一发现本身就会赋予这一发展以至高无上的上帝的神启性质。因此，企图阻止民主就是抗拒上帝的意志，各个民族只有顺应上苍给他们安排的社会情况。

在我看来，信奉基督教的国家在我们这一代出现了可怕的局面。席卷它们的革命运动已经强大得无法遏制，但它的速度还不是快得无法加以引导。也就是说，这些国家的命运还掌握在自己手里，但也会很快失去控制。

在我们这一代，领导社会的人肩负的首要任务是：对民主加以引导；如有可能，重新唤起民主的宗教信仰；净化民主的风尚；规制民主的行动；逐步以治世的科学取代民情的经验，以对民主的真正利益的认识取代其盲目的本能；使民主的政策适合时间和地点，并根据环境和人事修正政策。

一个全新的社会，要有一门新的政治科学。

然而，我们却很少这样想过。我们被投于一条大江的急流，冒出头来望着岸上依稀可见的残垣破壁，但惊涛又把我们卷了进去，推回深渊。

我方才叙述的伟大社会革命，在欧洲的任何国家都不曾像在法国这样迅猛激进。但在法国，这个革命通常都是任意进行的。

国家的首领从来没有想过对革命做些准备工作，革命是在违反他们的意愿或在他们不知不觉之中进行的。国内的最有势力、最有知识和最有道德的阶级，根本没去寻求驾驭革命的方法，以便对它进行领导。因此，任凭民主由其狂野的本能去支配，使民主就像失去父母照顾、流浪于街头、只知社会的弊端和悲惨、靠自力成长起来的孩子那样，而独自壮大起来。在它突然掌权之前，人们似乎还不知道它的存在。但在它掌权之后，人们对它的一小点要求都百依百顺，唯命是从，把它崇拜为力量的象征。但到后来，当它由于自己举止过分而削弱时，立法者便设计出鲁莽的法案去消灭它，而不想法去引导和纠正它；立法者不愿意让它学会治国的方法，而挖空心思要把它挤出政府。

结果，民主革命虽然在社会的实体内发生了，但在法律、思想、民情和道德方面没有发生为使这场革命变得有益而不可缺少的相应变化。因此，我们虽然有了民主，但是缺乏可以减轻它的弊端和发扬它的固有长处的东西；我们只看到它带来的害处，而未得到它可能提供的好处。

当王权在贵族阶级的支持下平安无事地统治欧洲各国时，人们在不幸之中还享到一些我们这一代人恐怕难以想象和理解的幸福。

某些臣下拥有的权力，为皇亲国舅的暴政设置了难以逾越的障碍；而在国王方面，由于他觉得自己在民众面前俨然如神，所以他在受到被视为神的尊敬之后，绝不愿意滥用自己的权力。

居于人民之上的贵族对待人民的命运，就像牧人对待自己的牲口那样，只是同情而关心不足。他们并不认为穷人与他们平等，他们之关心穷人的遭遇，等于关心自己去完成上帝托付给他们的任务。

人民从未奢想享有非分的社会地位，也绝没有想过自己能与首领平等，觉得自己是直接受首领的恩惠，根本不去争取自己的权利。当首领是宽宏而公正的人时，他们爱首领，并对服从首领的严厉统治没有怨言，不感到卑下，好像这是在接受上帝给予的不可抗拒的惩罚。此外，习惯和民情也为暴政规定了界限，为暴力的行使定出了某种约束。

由于贵族根本没有想过有谁要剥夺他们自认为合法的特权，

而奴隶又认为他们的卑下地位是不可更改的自然秩序所使然，所以人们以为在命运如此悬殊的两个阶级之间可以建立起某种相互照顾的关系。因此，社会上虽有不平等和苦难，但双方的心灵都没有堕落。

人们之所以变坏，绝不是由于执政者行使权力或被治者习惯于服从，而是由于前者行使了被认为是非法的暴力和后者服从于他们认为是侵夺和压迫的强权。

一方面，是一些人集财产、权势和悠闲于一身，从而能够生活豪华，寻欢作乐，讲究文雅，欣赏艺术；而另一方面，是一些人终生劳动、粗野和无知。

但是，在这群无知和粗野的民众中，你也会发现强烈的激情、高尚的情操、虔诚的信仰和质朴的德行。

这样组织起来的社会，可能有其稳定性和强大性，尤其可能有其光荣之处。

但是就在这里，各阶层开始混合起来，使人们互相隔开的一些屏障接连倒毁，财产逐渐分散为多数人所享有，权力逐渐为多数人所分享，教育日益普及，智力日渐相等，社会情况日益民主。最后，民主终于和平地实现了它对法制和民情的控制。

于是，我想象出一个社会，在这个社会里，人人都把法律视为自己的创造，他们爱护法律，并毫无怨言地服从法律；人们尊重政府的权威是因为必要，而不是因为它神圣；人们对国家首长的爱戴虽然不够热烈，但出自有理有节的真实感情。由于人人都有权利，而且他们的权利得到保障，所以人们之间将建立起坚定的信赖关系和一种不卑不亢的相互尊重关系。

人民知道自己的真正利益之后，自然会理解：要想享受社会的公益，就必须尽自己的义务。这样，公民的自由联合将会取代贵族的个人权威，国家也会避免出现暴政和专横。

我认为，在按照这种方式建立的国家，社会不会停滞不前，而社会本身的运动也可能按部就班，循序前进。即使民主社会将不如贵族社会那样富丽堂皇，但苦难不会太多。在民主社会，享乐将不会过分，而福利将大为普及；科学将不会特别突出，而无知将大为减少；情感将不会过于执拗，而行为将更加稳健；虽然还会有不良行为，但犯罪行为将大为减少。

即使没有狂热的激情和虔诚的信仰，教育和经验有时也会使公民英勇献身和付出巨大的牺牲。由于每个人都是同样弱小，所以每个人也都感到自己的需要与其他同胞相同。由于他们知道只有协助同胞才能得到同胞的支援，所以他们将不难发现自己的个人利益是与社会的公益一致的。

就整体说，国家将不会那么光辉和荣耀，而且可能不那么强大，但大多数公民将得到更大的幸福，而且人民将不会闹事；但这不是因为他们不希望再好，而是因为他们觉得自己已经过得不错。

虽然在这样的秩序下并不是一切事物全都尽善尽美，但社会至少具备使事物变得善美的一切条件，而且人们一旦永远拒绝接受贵族制度可能举办的社会公益，就将在民主制度下享有这一制度可能提供的一切好处。

但是，在我们摆脱祖传的社会情况，并且不管三七二十一，把祖先的一切制度、观念和民情全部放弃之后，将用什么来取代它们呢？

王权的威严消失了，但未代之以法律的尊严。在我们这个时代，人民蔑视权威，但又惧怕它，而且这种惧怕给他们造成的损失大大超过原先尊崇和敬重权威时给他们带来的损失。

我觉得我们破坏了原来可以独自抗拒暴政的个人的存在。但是，我又看到政府却独自继承了从家庭、团体和个人手中夺来的一切特权。这样，少数几个公民掌握的权力，虽说偶尔是压迫性的和往往是保守性的，但却使全体公民成了弱者而屈服。

财产的过小分割，缩短了贫富的差距。但是，随着差距的缩短，贫富双方好像发现了彼此仇视的新根据。他们互相投以充满恐惧和嫉妒的目光，都想把对方拉下权力的宝座。无论穷人和富人，都没有权利的观念，双方都认为权势是现在的唯一信托和未来的无二保障。

穷人保存了祖辈的大部分偏见，而没有保存祖辈的信仰；他们保存了祖辈的无知，而没有保存祖辈的德行；他们以获利主义为行为的准则，但不懂得有关这一主义的科学，而且他们现在的利己主义同他们以前的献身精神一样，都是出于愚昧。

社会之所以安宁无事，完全不是因为它觉得自己强大和繁荣，而是因为它承认自己虚弱和衰落，唯恐禁不起折腾而一命呜呼。因此，人人都看到了恶，而谁都没有必要的勇气和毅力去为善；人们有过希望，发过牢骚，感到过悲伤，表示过高兴，但都像老年人的虚弱无力的冲动一样，没有得到任何显著而持久的满意结果。

这样，我们在放弃昔日的体制所能提供的良好东西的同时，并没有获得现实的体制可能给予的有益东西；我们虽然破坏了贵族社会，但在我们恋恋不舍地环顾旧建筑的残垣破壁时，又好像愿意把自己永远留在那里。

知识界呈现的状况，其可叹之处也不亚于此。

在前进当中备受阻挠，但又敢于无法无天地纵情发展的法国民主，横扫了前进途中遇到的一切障碍：凡能打倒的打倒之，不能打倒的动摇之。它完全不是一步一步地占领社会，以和平方式建立其对整个社会的统治的，而是在混乱和战斗的喧嚣中不断前进的。凡被斗争的热情所激发，在反对敌对者的观点和暴行时使自己的观点超过其自然极限的人，都忘记了自己追求的目标，发表了不太符合自己的真实感情和笃厚天性的言论。

于是，出现了我们本来不愿意见到的异常大乱。

我一再回忆，终未发现以往有任何事情比目前的情景更值得可悲和可怜。在我们这一代，把人的见解和趣味、行动和信仰联系起来的天然纽带好像已被撕断，在任何时代都可见到的人的感情和思想之间的和谐似乎正在瓦解，而且可以说，有关道德之类的一切规范全都成了废物。

在我们中间，还可以见到以相信真有来世的宗教精神来指导生活的虔诚基督徒。这些人确实正在奋起，为人类的自由，即为一切高尚行为的基础而献身。宣称人人在上帝面前一律平等的基督教，不会反对全体公民在法律面前一律平等。但是，在异常事件同时并发的局势下，宗教倒向了民主所要推翻的势力的阵营，并一再压制它自己所主张的平等，咒骂自由是敌人；而如果它与自由携起手来，它是可以使自由获得神圣不可侵犯性的。

在这些信教者的周围，我发现有一些人与其说是指望天堂，不如说是面对现世。他们之拥护自由，不仅因为他们认为自由是一切最高品德的基础，而且因为他们把自由视为一切最大福利的源泉。他们真心诚意希望自由获得权威，希望人们受到自由的恩泽；而且我明白这些人之急于求援于宗教，是因为他们一定知道：没有民情的权威就不可能建立自由的权威，而没有信仰也不可能养成民情。他们看到宗教投到敌对者的阵营之后，就止步不前了。于是，一些人开始攻击宗教，而另一些人则不敢拥护它了。

在过去的几个世纪，一些身居低位和出卖自己之辈颂扬奴性，而一些独立思考和品质高洁之士则为拯救人类自由而进行没有胜利希望的斗争。但在我们这一代，却又经常见到一些出身高贵和道貌岸然的人，持有与其高雅的身份完全不符的见解，他们反倒夸奖起卑躬屈节来了。与此相反，另一些人则把自由说得天花乱坠，好像他们自己已经体验到自由如何神圣和伟大，并且大声疾呼，为人类要求他们自己就从来不知其为何物的一些权利。

我承认一些品德高尚和爱好和平的人，由于正派、稳健、富裕和博识，而自然会被周围的人推为领袖。他们对祖国满怀真挚的爱，随时准备为它做出巨大的牺牲。但是，文明后来经常遭到他们的敌视，他们没有分清文明带来的弊端和好处；在他们的头脑中，凡是与恶有联系的观念，都是与同新有联系的观念不可分割地纠缠在一起。

在这些人旁近，我又发现另一种人。他们以进步的名义竭力把人唯物化，拼命追求不顾正义的利益、脱离信仰的知识和不讲道德的幸福。他们自称是现代文明的卫士，高傲地以现代文明的带头人自任，窃据落到他们手中而他们是不配担当的职位。

那么，我们现在处于什么状态呢？

信教者在与自由搏斗，自由的友人在攻击宗教；高贵宽宏的人颂扬奴性，卑躬屈节的人大谈独立；诚实开明的公民反对一切进步，而不爱国和无节操的人却以文明和开化的使徒自任！

难道以前的所有世纪就是像我们这个世纪一样吗？难道人们一直看到的就是我们今天这样的世界吗？在我们今天这个世界上，一切关系都是不正常的，有德者无才，有才者无名，把爱好秩序与忠于暴君混为一谈，把笃爱自由与蔑视法律视为一事，良心投射在人们行为上的光只是暗淡的，一切事情，不管是荣辱还是真伪，好像都无所谓可与不可了。

我能认为造物主造人是为了让人永远在我们今天这样的知识贫困当中挣扎吗？不能这样认为，因为上帝给欧洲社会安排了一个比较安定和平静的未来。我不太清楚上帝的意图，但我不能因为自己无法深知而就不相信它，我宁肯怀疑自己的智慧而不愿意怀疑上帝的公正。

我所说的这场伟大社会革命，世界上有一个国家好像差不多接近了它的自然极限。在那里，这场革命是以简易的方式实现的；甚至可以说，这个国家没有发生我们进行的民主革命，就收到了这场革命的成果。

17 世纪初在美洲定居下来的移民，从他们在欧洲旧社会所反对的一切原则中析出民主原则，独自把它移植到新大陆的海岸上。在这里，民主原则得到自由成长，并在同民情的一并前进中和平地发展成为法律。

我毫不怀疑，我们迟早也会像美国人一样，达到身份的几乎完全平等。但我并不能由此断言，我们有朝一日也会根据同样的社会情况必然得到美国人所取得的政治结果。我也绝不认为，美国人发现的统治形式是民主可能提供的唯一形式。但是，产生法制和民情的原因在两国既然相同，那么弄清这个原因在每个国家产生的后果，就是我们最关心的所在。

因此，我之所以考察美国，并不单纯出于满足自己的好奇心，尽管好奇心有时也很重要。我的希望，是从美国找到我们可资借鉴的教训。谁要认为我想写一篇颂词，那将是大错而特错。任何人读完这本书，都会完全承认我绝没有那种想法。夸奖美国的全部统治形式，也不是我的全部目的，因为我认为任何法制都几乎不可能体现绝对的善，我甚至没有奢想评论我认为不可抗拒的这场社会革命对人类有利还是有害。我认为这场革命是已经完成或即将完成的事实，并欲从经历过这场革命的国家中找出一个使这场革命发展得最完满和最和平的国家，从而辨明革命自然应当产生的结果；如有可能，再探讨能使革命有益于人类的方法。我自信，我在美国看到的超过了美国自身持有的。我所探讨的，除了民主本身的形象，还有它的意向、特性、偏见和激情。我想弄清民主的究竟，以使我们至少知道应当希望它如何和害怕它什么。

因此，我在本卷的第一部分，试图说明已在美国按照自己的意向发展和几乎不受限制地全凭本能行动的民主最后对法制指出了什么方向，在政府的工作上留下了什么烙印，对国家事务一般地施加了什么压力。我设法探讨了它所产生的好处和坏处都是什么。我研究了美国人为了引导民主都使用了什么预防措施和他们遗漏了什么措施。我也设法考察了使民主得以统治社会的原因。

本卷第二部分的目的，是描述身份平等和民主政府在美国对市民社会、习惯、思想和民情形成的影响。但是,我对实施这个计划现已开始不太热心了。在我能够完成我为自己规定的任务以前,我的工作将会变得毫无意义,这是因为另一位作者不久以后将会向读者描述美国人性格的主要特点,而且他能给一幅严酷的画面敷上一层薄薄的微妙纱幕,以我无法具有的动人笔触道出事实的真相①。

我不知道我是否已经很好地传达了我在美国的见闻,但我可以保证,我真心希望做到这一点,绝没有硬要事实迁就观点,而是让观点以事实为依据。

凡是可以借助文字资料立论的地方,我都核对了原文,参考了最有权威和最有名气的著作②。材料来源均有注释,人人都可以核对。在涉及舆论、政治习惯、民情考察的问题时,我都向见闻广博的人请教过。如果事关紧要而又真相不明时,我并不满足于一个人的证言,而是要汇总几个人的证言之后再作结论。

对此,务希读者相信我的话。我本来可以经常引用知名的权

① 在本书的第一版发行期间,同我一起去美国旅行的古斯塔夫·德·博蒙先生正在写作他的题名为《玛丽或美国的蓄奴制》的小说。这部书后来出版了。博蒙先生的主要目的,是深入描述和使人知道黑人在英裔美国人社会的处境。他的著作将使人们对蓄奴制问题有一个真实而全新的认识。这个问题正是已经建成的统一的共和国的生死攸关问题。我不知道我说的是否正确,但我觉得博蒙先生的著作不仅会引起想从书中看到动人场面和感人情节的读者的强烈兴趣,而且一定能在首先想要得到正确认识和深刻真理的读者中间获得更加巩固和更加持久的成功。

② 蒙有关方面惠赠立法和行政方面的资料,使我至今难忘对他们的好意表示感谢。在热情帮助我考察的美国官员当中,首先应当提到爱德华·利文斯顿先生。他当时任美国国务卿,现为美国驻巴黎特命全权大使。在我访问美国国会期间,利文斯顿先生向我惠赠了有关联邦政府的文件,其中大部分我至今还保存着。利文斯顿先生是我结识之前因读其书而表示尊敬的少数人物之一。我对这次知遇深以为幸。

威或至少够得上权威的人士的话来支持我的论点，但我没有这样做。一个外国人，在接待其来访的主人的炉边，往往会听到一些重要的内情。关于这种内情，主人可能都未向他的亲朋近友透露，而保持必要的沉默；但他不怕向外国人表白，因为外国人马上就会离开。每听到这样的秘闻，我随即记录下来，但我永远不会把笔记本从卷柜里拿出来，因为我宁愿让自己的著作失去光彩，也不肯使自己的名字列入使好客的主人在客人回国之后感到后悔和尴尬的旅游者的名单。

我知道，尽管我费了苦心，但如果有人想要批判本书，那再没有比这更容易的事了。

我认为，想要仔细阅读本书的读者，将会发现全书有一个可以说是把各个部分联系起来的中心思想。但是，我必须讨论的对象之差异是很大的，所以要想用一个孤立事实去反对我所引证的成组事实，或用一个孤立的观点去反对我所采用的成组观点，那是轻而易举的。因此，我希望读者能用指导我写作本书的同样精神来阅读，并根据通观全书所得的总印象来评论，因为我本人就不是根据孤证，而是根据大量的证据来立论的。

绝不要忘记，作者希望读者理解他不得不对自己的每一个观点做出理论上的总结，而且往往会总结得大错而失真，因为人们在行动上虽然有时需要偏离逻辑规律，但在议论时却不能那样，而且人要想在言语中前后不符，几乎与要想在行动上前后一致是同样困难的。

最后，我自行指出一个可能也是许多读者认为的本书的主要缺点，即本书完全不是为了讨好某些人而写的。我在写作本书时，既未想为任何政党服务，也未想攻击它们；我并不想标新立异，只是想比各政党看得远一些；当各政党只为明天而忙碌时，我已驰想于未来。

第 一 部 分

第一章　北美的外貌

北美分为两大地区，一个伸向北极，一个延向赤道——密西西比河大河谷——见于这个流域的地球变迁痕迹——建起英国殖民地的大西洋沿岸——南美和北美在被发现时的不同外观——北美森林——大草原——到处漂泊的土著部落——这些部落的外表、习俗和语言——一个早已消失的民族的遗迹。

北美在外貌上有一个一看即易于分辨出来的总特点。

陆地和水系，山岳和河谷，都布置得井井有条。在这种简单而壮观的安排中，既有景物的杂陈，又有景色的多变。

两大地区几乎各占北美的一半。*

一个地区北抵北极，东西各临大洋。它向南伸展，形成一个三角形。三角形的两个不等边，最后在加拿大五大湖区下方交合于底边。

第二个地区始于第一个地区的终点，包括大陆的所有其余部分。

一个地区微微斜向北极，另一个地区微微斜向赤道。

第一个地区的大地向北缓缓下降，斜度令人看不出来，几乎可

* 1836年(第5版)本，在此处有一个注：“见本册后面所附地图。”1951年版未收此图。——译者

以说这是一片平原。在这片广袤的平地上既没有高山，又没有深谷。

这里的河流曲曲弯弯，好像愿意流到哪里就流到哪里。一些江河时而并行或汇合，然后分而又合；时而流入沼泽地带，消失于它们自身造成的水乡迷宫之中；经过这样千回百转，最后才注入北极的各海。这第一个地区南端的各个大湖，与旧大陆的大多数湖泊不同，周围没有群山峭壁，湖岸平坦，只比水面高出几英尺。因此，每个湖就像盛满水的大碗：如果地球的构造微微变动，湖水不是涌向北极一侧，就是流入热带的海洋。

第二个地区虽有些凸凹不平，但更适于人们定居。两条大山脉在其中各据一方：一条名叫阿勒格尼山脉，它沿大西洋沿岸延伸；另一条〔落基山脉〕与南海〔太平洋〕平行。

两条山脉之间的空间，计有 228 843 平方里约①。因此，它的面积约为法国的六倍②。

然而，在这个广大的地域内却形成一个大河谷，这个大河谷自阿勒格尼山脉的圆形峰顶迤逦而下，然后逐渐上升，一直爬上落基山脉的各个山巅。

大河谷的底部流着一条巨川，自群山而下的条条河流，从四面八方汇入其中。

① 1 341 649 英里。见达比《美国概览》第 449 页，费城，1828 年。〔托克维尔引用的是沃登法译本〕。按每里约等于 2 000 图瓦兹换算*。

* 1 里约(lieue)等于 4 公里，1 图瓦兹(toise)等于 1 949 米，两者都是法国的旧长度单位。——译者

② 法国的面积为 35 181 平方里约。

从前，法国人为了纪念远方的祖国，曾把这条巨川称为圣路易河；而印第安人，则用他们的夸张说法，把它称为“诸水之父”：密西西比河。

密西西比河发源于我在前面所说的两大地区的交界处，源头距分隔这两大地区的高原的最高点不远。

在这最高点附近，还流出另一条河③。它几经回转，流入北极的海洋。密西西比河本身的河道，有一个时期似乎并不稳定。它曾多次改道，只是在缓缓流出湖区和沼泽地带之后才稳定流向，最后缓缓流向南去。

密西西比河有时在大自然给它挖出的黏土质河床中静静地流过，有时因暴雨而变成洪流，流程 1 000 多里约④。

在离河口近 600 里约处⑤，水深平均已达 15 英尺。载重 300 吨的船舶，可自河口上溯 200 里约左右。

有 57 条可通航大河向它供水。据计算，在密西西比河的支流中，有一条长 1 300 里约⑥，一条长 900 里约⑦，一条长 600 里约⑧，一条长 500 里约⑨，四条长 200 里约⑩。至于从四面八方汇入其中的无数小河，就不必提了。

---

③ 鲁日河〔红河〕。

④ 2 500 英里，合 1 032 里约。见沃登译《美国概览》第 1 卷第 166 页。

⑤ 1 364 英里，合 563 里约。同上书第 1 卷第 169 页。

⑥ 指密苏里河，同上书第 1 卷第 132 页（1 278 里约）。

⑦ 指阿肯色河，同上书第 1 卷第 188 页（877 里约）。

⑧ 指鲁日河，同上书第 1 卷第 190 页（598 里约）。

⑨ 指俄亥俄河，同上书第 1 卷第 192 页（490 里约）。

⑩ 指伊利诺伊河、圣皮尔河、圣弗兰西斯河、得梅因河。以上河流的长度，我是按标准英里和每里约等于 2 000 图瓦兹折算的。

密西西比河流经的河谷，好像专门为它而创造的。这条大河既有为善的意志，又有作恶的意志。在这方面，它俨然如神。在近河地方，大自然展出一片用之不竭的沃野；离河越远，草木也就越稀疏，土地也就越贫瘠，万物也就越羸弱衰败。地壳上任何一处巨大变动留下的痕迹，都没有像在密西西比河谷这里清晰可辨。流域内的一切景象，都是水的作用的证明。歉收和丰年，都是水的创造。古代大洋的海水，在今日的谷底沉积下厚厚一层适于植物生长的沃土，而且在水退时把它冲得平平坦坦。河的右岸是一望无际的平原，平坦得就像农民用磙子轧过一样。而离山越近，土地也就变得越不平坦和贫瘠。可以说这里是千里峥嵘，古老的嶙峋岩石到处可见，就像一架一架骷髅立在那里，筋肉早已被时间吃掉。地表是一层由花岗岩风化而成的沙子，镶嵌着一些形状不规则的岩石。一些植物好不容易排除这些障碍，才得以冒出它们的幼芽。有人说，这是一片布满一座巨大建筑物的残垣破壁的沃野。经过考察，不难看出这些岩石和沙子，在成分上与落基山的嶙峋不毛山顶上的沙石毫无二致。在谷底沉积出土地以后，洪水毫无疑问又把一部分岩石从山上冲下来。这些岩石从斜坡上滚动下来，你推我挤，彼此冲撞，最后停在它们原来所在的山巅的脚下。(A)*

总之，密西西比河大河谷是只有上帝才能给人们准备出来的最好住所。但在目前，它还是一大片荒漠。

在阿勒格尼山的东侧，位于这条山脉的山麓和大西洋之间的，是一条由岩石和沙子构成的长冈，看来是海水退泻时留下来的，这

* 原作者注，见上卷末。——译者

个长条地带的平均宽度只有 48 里约[11]，但它的长度却达 390 里约[12]。美洲大陆这一地区的土地，只给开垦者的劳动准备了困难。这里的草木不茂，而且种类单调。

正是在这一条荒凉无人的海岸，首先聚来了披荆斩棘的强人。也正是在这一条不毛的沙嘴地带，成长和壮大起日后诞生美利坚合众国的英国殖民地。今天，实力的中心也还是在这里。而在它的西面，行将掌握这个大陆的伟大民族的积极力量，正在悄悄地集聚。

当欧洲人最初登上安的列斯〔西印度〕群岛的海岸，和不久以后又登上南美大陆的时候，他们以为来到了诗人们吟咏的仙境。海面闪耀着热带特有的磷光，海水清澈得使航海者可以看到海底[13]。小岛星罗棋布，好像是一个一个花篮漂在静静的海面。在这迷人的地方，极目所及的一切，好像都是为了满足人的需要而准备的，或为了使人享受而安排的。大部分树木挂满了富于营养的果实；而一些对人用处不大的果实，则因其彩色鲜艳缤纷而使人目悦。在由芬芳的柠檬树、野生的无花果树、圆叶的桃金娘树、带刺的金合欢树和夹竹桃树会成的丛林里，一条条缀满鲜花的美洲野藤把所有的树木连接起来，一群群在欧洲没有见过的飞禽展翅显示其深红色和天蓝色的华丽羽衣，并配以与充满活力和生命的大

⑪　100 英里。

⑫　约 900 英里。

⑬　马尔梯-布伦在其《世界各洲地理概要》(1817 年)第 3 卷〔第 5 卷〕第 726 页上说，安的列斯群岛的海水清晰得可以看见水下 60 米的珊瑚和鱼类。船只好像飘浮在空中。航海者透过透明的液体俯视海底公园，感到有些眼花缭乱。在这个海底公园里，五光十色的贝类和鱼类，在黑角藻簇和海带丛里闪闪发光。

自然完全和谐的鸣声大合唱。(B)

在这种辉煌的外表之下隐藏着死亡，但人们当时并未察觉，反而沉湎于这种环境的气氛之中。我还不知道有什么消极影响，曾像这种环境使人只顾眼前而不管将来。

北美的情景与此不同。在北美，一切都是严肃的、郑重的和庄严的。只能说这里是为使智力有用武之地而被创造的，而南美则是为使感官有享娱之处而被创造的。

汹涌多雾的海洋冲刷着岸边，大自然用花岗岩的石块和沙砾给海岸系上一条腰带。海岸的树木茂密成荫，红松、落叶松、常绿栎、野橄榄和桂树长得无比粗壮。

横越这第一条腰带之后，便进入中央森林的绿荫。在这里，东西两半球所出产的巨大乔木并肩生长，法国梧桐、梓树、糖枫、弗吉尼亚白杨与栎树、山毛榉、椴树枝叶交臂。

在这些森林里，也像在由人工管理的森林里一样，死亡在不断地夺取生命，但无人去收拾砍伐的迹地。因此，弃枝和残木日积月累，层层堆砌，以致没有时间使它们赶快腐烂而为新树的生长让出地方。但是，在这些弃枝和残木的底部，繁殖的活动仍在不断进行。蔓生植物和杂草终于克服一切障碍，爬上枯树和倒木，从这些朽木身上附着的尘土吸取养分，顶起并穿破覆盖着它们的干瘪树皮，为自己的新芽打开一条道路。因此，死亡可以说在这里又帮助了生命。生与死对峙，两者好像有意混合和交换它们的成果。

这些森林的深处幽暗不明，人力尚未疏导的千百条小溪使森林里经常潮湿。在林荫里，难得看到某种鲜花、野果或飞禽。

一棵老朽树木的倒地声，一条河流的跌水声，野牛的叫声，风声，是打破这里的大自然沉寂的唯一音响。

在大河以东，森林已经消失一部分；在森林消失的地方，铺着无边无际的大草地。究竟是大自然在其千变万化的运动中不肯给这些沃野撒下树种，抑或是覆盖这片沃野的森林往昔被人破坏？这是一个无论是传说还是科学研究都未能解答的问题。

但是，这些一望无际的荒凉土地，并不是从来没有人烟。一些居无定所的部落，曾分布在森林的树荫下或大草地的绿野上许多世纪。从圣劳伦斯河河口到密西西比河三角洲，从大西洋到南海〔太平洋〕，其间分布的这些野人具有相似之处，足以证明他们出于同源。但是，他们又与现在已知的一切人种有所不同。⑭ 他们既不像欧洲人那样白，又不像大多数亚洲人那样黄，也不像黑人那样黑。他们的皮肤微红，头发长而发亮，嘴唇很薄，颧骨甚高。美洲野蛮部落所操的语言，虽然在词汇方面各部落之间有所不同，但却服从于相同的语法规则。这些语法规则，有许多地方与现在已知的规范人们语言结构的语法规则有所不同。

美洲土著的方言似乎掺进了新的成分；这表明进来了新成分的人，其智力是现代的印第安人所难以达到的。(C)

这些部族的社会情况，在许多方面也与旧大陆的不同。他们一直在自己的荒凉天地里自由繁殖，从来未与比他们文化高的种

⑭　后来发现，北美的印第安人与通古斯人、满洲人、蒙古人、塔塔尔人和亚洲其他游牧部族，在体形、语言和习惯上有某些相似。亚洲的这些部族辗转到接近白令海峡的地方以后，可能是在古代的某一个时期迁移到荒凉的美洲大陆来了。但是，科学还没有达到弄清这一点的地步。关于这个问题，请参看：马尔梯-布伦著作第5卷；〔亚历山大·冯·〕洪堡的著作；费舍：《美洲大陆起源的推测》〔大概还有〕费舍：《美洲大陆的起源》，彼得堡，1771年；阿戴尔：《美洲印第安人史》，伦敦，1775年。

族接触过。因此,他们那里一点也不像曾经一度文明而后又堕入野蛮状态的民族那样是非不明和善恶不分,更不像后者那样因无知和败俗而腐化堕落。印第安人的一切都是自生自长的:他们的德行,他们的恶习,他们的偏见,都是他们本身的产物。他们是在天然的野生独立状态下成长起来的。

在文明开化的国家,有些人之所以粗野化,不仅由于他们本身无知和贫困,而且由于他们天天与文明人和富人接触。

他们的苦难菲薄生活,每天都在同某些同胞的幸福和权势对照,同时激起他们内心的怒火和恐惧;而他们的自卑感和依附感,既使他们发愤,又使他们屈辱。他们的这种内心状态,也表现在他们的举止言行上,所以他们都是既傲慢又卑鄙。

这种情况的确凿无疑,依靠观察不难证明。有些人在贵族制度的国家,比在其他任何地方都粗野;而繁华城市里的人,又比乡间人粗野。

在有钱有势的人聚集的地方,软弱和贫穷的人由于自己的地位卑下而受压迫。由于找不到机会使自己重新获得平等,他们便完全处于绝望之中,而自甘践踏为人的尊严。

身份悬殊造成的这种恶果,绝不见于野蛮人的社会。印第安人虽然无知和贫困,但大家都是平等和自由的。

当欧洲人最初来到北美的时候,那里的土著居民还不知道财富的价值,对文明人利用财富获得的享受也不在意。但是,他们的举止毫不粗野,反而习惯于谦让持重,表现出一种贵族式的彬彬有礼的风度。

印第安人平时温存而又好客,但在战时表现的残忍却又超过人心凶狠的已知限度。他们为了搭救一个夜里敲门求宿的生人，可以甘冒自己饿死的危险。但是，他们又能亲手撕碎俘虏的仍在颤动的四肢。古代的一些非常出名的共和国，从来没有显出过现时生活在新大陆的荒野森林里的人那种最大勇气、最高傲精神和最坚定自尊心⑮。欧洲人最初在北美登岸时，当地人并未大惊小怪。欧洲人的出现既未引起他们的嫉妒，又未引起他们的恐惧。他们能与自己的同类——人，打架争吵吗？印第安人能够无所需求地过活，苦而无怨。载歌而死⑯。像人类大家庭的其他所有成员一样，这些野蛮人也相信有一个美好世界的存在，并以一些不同的名称称呼创造宇宙的上帝而加以崇拜。他们对于一些伟大的知性真理的看法，一般说来是简单的，但富于哲理。(D)

尽管我们在这里对其性格作了描述的这个民族十分原始；但是毋庸置疑，另一个在许多方面都比他们开化和进步的民族，曾在这个地区发达得远远超过他们。

一个模糊但广泛流传于大西洋沿岸大部分印第安部落的传说，告诉我们这个民族的一些部族原先住在密西西比河以西。在

---

⑮　我们从杰斐逊总统的著作《弗吉尼亚纪要》第148页看到："当易洛魁人受到强大敌人进攻时，老人们耻于逃命或去保护自己的小家园，就像古罗马人抵抗高卢人围攻罗马城时那样视死如归。"

接着，在第150页又写道："一个印第安人落到敌人之手后求饶活命的例子，一个也没有。而且情况恰恰相反，被俘的人都是百般侮辱和嘲弄胜利者，以求速死于胜利者之手。"〔这两段均见于1823年波士顿版第213页〕

⑯　参看：勒帕杰·杜·普拉茨：《路易斯安那史》；夏尔瓦：《新法兰西的历史》；《美国哲学学会报告》第1卷所载的赫克韦尔德来信；杰斐逊：《弗吉尼亚纪要》第135—190页。杰斐逊的话特别有分量，因为这位作家的人品高尚，地位与众不同，写作的时候正是美国处于积极上升的时期。

俄亥俄河两岸和整个中央盆地，还时常可以看到一些人造的土丘。挖到这些古冢的内部，可以见到人骨、奇形怪状的器皿、武器、金属制造的用具或现存的种族已经不知道用途的各种工具。

现代的印第安人，已经不能提供有关这个早已消失的民族的历史的任何资料。300 年前发现美洲时生活在那里的人，也没有说过任何可以据以做出一个假说的故事。一些留下来的传说，那些容易遭到破坏而又不断发现的遗迹，也没有提供任何线索。但是，我们的千千万万的同类，确实在那里生活过，这是没有疑问的。那么，他们是何时到那里来的呢？他们的起源、命运和历史曾是怎样的呢？他们是在何时和怎样被消灭的呢？没有一个人能够说清。

真是怪事！一些生存得好好的民族，竟从地球上消失得无影无踪，以致他们的族名都从人们的记忆中抹去，他们的语言都已失传，他们的荣誉也像没有回响的声音那样消失得干干净净。但是我认为，还有一样东西可以使人想起他们，那就是他们留下的可以纪念他们的过去的坟墓。因此，人类劳作的最经久的纪念物，还是最能再现人生空虚和苦难的坟墓！

尽管我们描述的这个广袤地区当时住有许多土著部族，但是仍然可以有理由说，在它被发现的时候还是一片荒凉。印第安人虽然占据在那里，但并没有拥有它。人要靠农业来占有土地，而北美的先民却以狩猎为生。他们的根深蒂固的偏见，他们的不可遏制的激情，他们的种种恶习，也许还有他们的野蛮人品德，使他们走上了不可避免的毁灭道路。这些部族的灭亡，始于欧洲人登上他们的海岸之日，后来又接着一直进行，今天正接近于告成。上帝在把他们安置在新大陆的富饶土地上时，似乎只给了他们暂时的使用受益权。他们住在那里，好像是在等待别人到来。那些十分适于经商和开工厂的海岸，那些深水河流，那个用之不竭的密西西比河大河谷，总之，整个这片大陆，当时好像是为一个伟大民族准备的空摇篮。

就是在这里，文明人已在试建基础全新的社会，并首次应用当时人们尚不知道或认为行不通的理论去使世界呈现出过去的历史没有出现过的壮观。

第二章　英裔美国人的来源及其对他们未来的重大影响

知道民族的来源，有利于理解其社会情况和法律——美洲是唯一可以查清一个伟大民族的源流的地区——当初移居英属美洲的一切人在哪些方面彼此相似——他们在哪些方面彼此不同——对于当初定居在新大陆海岸的一切欧洲人的评论——向弗吉尼亚殖民——向新英格兰殖民——新英格兰首批居民在祖国时的性格——他们到达新英格兰——他们的首批法律——社会契约——借用摩西立法的刑法典——宗教热情——共和精神——宗教精神和自由精神的严密一致

一个人生到世上来，他的童年是在欢乐和玩耍中默默无闻地度过的；接着，他逐渐长大，开始进入成年；最后，世界的大门才敞开让他进来，使他同成年人往来。到这时候，他才第一次被人注意研究，被人仔细观察他在成年才冒出的恶习和德行的萌芽。

如果我没弄错的话，我认为这个看法是个极大的错误。

应当追溯他的过去，应当考察他在母亲怀抱中的婴儿时期，应当观察外界投在他还不明亮的心智镜子上的初影，应当考虑他最初目击的事物，应当听一听唤醒他启动沉睡的思维能力的最初话语，最后，还应当看一看显示他顽强性的最初奋斗。只有这样，才

能理解支配他一生的偏见、习惯和激情的来源。可以说，人的一切始于他躺在摇篮的襁褓之时。

一个民族，也与此有些类似。每个民族都留有他们起源的痕迹。他们兴起时期所处的有助于他们发展的环境，影响着他们以后的一切。

如果我们能够查清社会成员的来历，考察他们历史的最初遗存，我毫不怀疑我们会从中发现他们的偏见、习惯、主要情感和最终构成所谓民族性的一切的主要原因。这使我们可以找到对早先约定成俗而今似与流行风尚抵触的惯例的解释，找到对好像与公认的原则对立的法律的解释，找到对社会上到处可见的一些不相连贯的见解的解释。这些见解就像昔日勉强吊在旧建筑物穹隆下的破链子，由于什么也禁不住而断成数段，连不在一起了。由此也可以解释，一些民族何以被一种似乎不可知的力量推向他们本身也未曾料到的结局。但是，至今对事物一直缺乏这种研究。直到民族衰老的时候，人们才用分析的眼光去研究这个民族；而当民族终于想到回顾它的摇篮时期的时候，时间已把摇篮时期蒙上一层乌云，而无知和傲慢又用一些离奇传说把它包围起来，使人见不到它的真面目。

美国是唯一可以使人看清它的社会的自然而顺利成长的国家。在这里，也可以清楚地看到各州的起源对各州的未来的影响。

当欧洲的各族人民在新大陆登岸时，他们的民族性的特点已经完全定型，其中每个民族各有不同的相貌；而且由于他们的文明程度已经达到使他们可以研究自己的地步，结果给我们留下了有关他们的观点和法律的真实记录。我们对于15世纪人的了解，几乎与我们对同时代人的了解同样清楚。因此,美国使早先时代的无知和愚昧为我们制造的假象大白于天下。

美国社会的建成时间距今不久,这使我们可以详细了解它的各项因素,只是达到能够判断这些因素的发展结果还为时尚早,但我们这一代人好像命定要比前人能对人世沧桑看得更清。上帝给了我们一束我们的祖先不曾具有的火炬,用它照亮我们的智慧,使我们得以找出我们的祖先由于愚昧而没有看到的决定各族人民命运的基本原因。

在仔细研究美国的历史之后,再深入考察它的政治和社会情况,便可以确信:在美国,任何一种见解,任何一种习惯,任何一项法律,而且我敢说任何一个事件,都不难从这个国家的起源当中找到解释。因此,本书的读者将在本章看到以后所要叙述的一切的萌芽,找到可以几乎启开全书的钥匙。

在不同时期迁居于现今美国境内的移民,彼此之间在许多方面都有不同;他们各有自己的目的,并各以不同的原则治理自己。

但是,这些人之间却有某些共同的特点,他们发现大家都有类似的遭遇。

语言的纽带,也许是能够把人们联合起来的最有力的和最持久的纽带。当时,全体移民都说同一种语言,都是同一民族的儿女。他们出生在一个许多世纪以来一直鼓动教派斗争的国家。在这个国家,各个教派不得不轮番把自己置于法律的保护之下,它们的教徒在这种激烈的宗派斗争中接受了政治教育,他们比当时的大部分欧洲人更熟悉权利观念和真正自由的原则。在移民初期,自由制度的茁壮萌芽即地方自治,已经深深地扎根于英国人的习惯之中，而人民主权原则的学说也随着地方自治被带进都铎王朝的核心。

当时，使基督教世界动荡不安的宗教纷争正在进行。英国也近于狂热地参加了这一新的角逐。英国居民的性格本来是审慎持重的，而现在却变得严厉和喜好争论。人们在这一智力竞赛中大大增加了知识，头脑受到了深刻的训练。在争论宗教问题期间，他们的民情变得更加好了。英国民族的这一切一般特点，也多少反映在前往大西洋彼岸寻求新的未来的英国儿女的身上。

另外，我们以后还有机会回来叙述的一个特点，不仅适用于英国人，而且也适用于法国人、西班牙人和接连前往新大陆定居的一切欧洲人。欧洲人新建的一切殖民地，如果说不是发展了完全民主的萌芽，至少可以说是保存了这个萌芽。造成这个结果的原因有二：可以说移民在离开祖国的时候，一般都没有你比我优越或我比你优越的想法，认为幸福的人和有权有势的人都不会去流亡，贫穷和灾难是平等的最好保障；但是，也有一些富人和大领主因为政治或宗教纷争而被赶到美洲，在那里制定了一些贵贱有别的法律，而人们不久就发现美洲的土壤与领主贵族制度格格不入。人们认为，为了开发这块不易开发的土地，只有依靠土地所有者本人的不断努力和经常关心。虽然有了土地，但土地的出产并未多得使地主和农民可以同时致富。因此，土地自然被分成许多小块，由所有者自己耕种。但是，贵族制度的基础正是土地，贵族只有依靠土地才能生存，而这里既没有贵族赖以存在的特权，又没有贵族赖以继续存在的身份制度。土地一旦依靠继承制度相传，就会出现贵族。一个民族可能有许多富人又有大量穷人，但这种富贵如非来自土

地，只能说这个民族内部有贫富不均，而且严格说来，它没有贵族阶级。

因此，英国的所有殖民地，在建立的初期，彼此之间便很像一个大家族。从它们坚持的原则来看，它们好像都命定要去发展自由，但不是它们祖国的贵族阶级的自由，而是世界历史上从未提供过完整样板的平民的(Bourgeoise)和民主的自由。

但在这样的清一色中，也可以看到一些必须加以说明的细微差别。

可以把英裔美国人这个大家族分为两大支：一支在南，一支在北，至今仍是各自发展，没有完全混合在一起。

弗吉尼亚接纳了第一个英国殖民地。移民于1607年到达这里。这个时期，欧洲还一心迷恋于认为开采金银可使国家致富的思想。这是一个致命的错误思想，它曾给醉心于它的欧洲各国造成甚于战争和全部坏法律加在一起所带来的贫困；而在美国，它则夺去了多于这两者加在一起所致死的人命。一些寻找黄金的人，都被送往弗吉尼亚①。这些人既无才干，又乏品德；他们的暴躁而喜欢闹事的性格，给初建的殖民地制造了混乱②，并导致了殖民地

① 英王1609年颁布的特许状，又加进了移民要向国王交纳所采金银五分之一的条款。参阅马歇尔：《华盛顿生平》(第1卷第18—66页。)〔托克维尔引用的是1807年巴黎法文版〕

② 威·斯蒂思：《弗吉尼亚史》中说，大部分新移民都是有劣迹家庭的青年；他们的父母为了不使孩子牵连受辱，便把他们送上开往新大陆的船只。其余的移民，则是家里的老年人，走私行骗的破产者，花天酒地的无业游民，以及诸如此类的人物。从他们的本质来说，这些人善于掠夺和破坏，而不善于建立家业。一些扰乱治安的头目，很容易唆使他们去干各种作奸犯科的勾当。关于弗吉尼亚的历史，可读下列著作：斯密斯：《1624年定居以来弗吉尼亚史》；威廉·斯蒂思《弗吉尼亚史》；贝弗利：《弗吉尼亚最初发现与定居史》，此书于1807年被译成法文出版。

的发展忽缓忽快。随后，才有工农业者到来。他们虽然比较讲究道德和性情温和，但在任何方面并不怎么高于英国的下等阶级③。既没有高尚的观点，又没有深思熟虑的设想，去指导建立新的制度。殖民地刚刚建立起来以后，又引进了蓄奴制④，而这正是后来对整个南方的性格、法律和未来发生巨大影响的主要事件。

正如我们以后将要说明的，蓄奴制是对劳动的玷辱；它给社会造成了好逸恶劳的恶习，而随着这种恶习而来的，则是无知、高傲、浮夸和奢侈。它使人的思想颓靡和行动懒散。蓄奴制的影响，再加上英国人的性格，可以解释南方的民情和社会情况的由来。

都是来自同一个英国，但在北方却出现了完全不同的情景。请允许我对此略作详细的说明。

正是在北方的几个英国殖民地，即在人们通称为新英格兰的诸州⑤，产生了成为今天的美国社会学说的基础的几个主要思想。

新英格兰的这些主要思想，首先传到相邻的各州，接着又扩散到比较远的各州，最后可以说席卷了整个联邦。现在，它们的影响已经超出国界，遍及到美洲世界。新英格兰的文明，像高地燃起的大火，除烤暖了周围地区之外，还用它的光辉照亮了遥远的天边。

③ 只是很久以后，才有一些有钱的英国人来殖民地定居。

④ 蓄奴制是1620年由一只荷兰船引进的。这只船运来20名黑人到詹姆斯河岸。参阅查默斯的著作。〔大概指乔治·查默斯：《对于美国独立以来发生的若干事件的看法》，伦敦，1785年；或其《殖民地起义史导论》，伦敦，1782年。〕

⑤ 新英格兰诸州位于赫德森河以东，包括今天的下述六州：康涅狄格州、罗得岛州、马萨诸塞州、佛蒙特州、新罕布什尔州、缅因州。

新英格兰的建立，呈现出一片新的景象。这里发生的一切，都是独特无双的。

几乎所有殖民地的最初居民，不是没有受过教育、没有家业、因为贫困和行为不轨而被赶出自己故乡的人，就是一些贪婪的投机家和包工的把头。有些殖民地的居民还不能自称有这样的出身。比如，圣多明各就是由海盗们建立的。而在我们这个时代，英国的刑事法庭不是也在为澳大利亚提供人口吗！

在新英格兰海岸落户的移民，在祖国时都是一些无拘无束的人。他们在美洲的土地上联合起来以后，立即使社会呈现出一种独特的景象。在这个社会里，既没有大领主，又没有属民；而且可说，既没有穷人，又没有富人。按百分比来说，他们的文明程度高的人，多于我们今天欧洲的任何国家。他们所有的人，也许没有一个例外，都受过相当良好的教育，而且有很多人还因才学出众而闻名于欧洲。其余的殖民地，都是由未携家眷的冒险家们建立的；而定居于新英格兰的移民，则带着良好的秩序和道德因素，同妻子儿女一起来到荒凉的土地。但是，特别使他们与其余所有移民不同的，是他们具有创业的目的。他们并非迫不得已离开故土，而是自愿放弃了值得留念的社会地位和尚可温饱的生计的。他们之远渡重洋来到新大陆，绝非为了改善境遇或发财；他们之离开舒适的家园，是出于满足纯正的求知需要；他们甘愿尝尽流亡生活的种种苦难，去使一种理想获致胜利。

这些移民或他们自己喜欢称谓的朝圣者，属于英国的一个因教义严格而得名清教的教派。清教的教义不仅是一种宗教学说，而且还在许多方面掺有极为绝对的民主和共和理论。因此，它给自己树立了一些极其危险的敌人。清教徒在祖国受到政府的迫害，感到自己所在社会的日常生活有损于自己教义的严格性，所以去寻找世界上人迹罕至的不毛之地，以便在那里照旧按原来的方式生活和自由崇拜上帝。

摘几段引文，将比我们的赘述更能说清这些虔诚的冒险家的精神。

研究新英格兰早期历史的纳撒尼尔·莫尔顿开宗明义说⑥："我一直认为，把我们祖辈在建立这块殖民地时蒙受上帝如此多方面、如此仁慈的关怀，用文字记录下来，使后代永远记住上帝的仁慈，乃是我们的神圣职责。凡是我们见到的，凡是我们从祖辈那里听到的，都应当叫我们的子女知道，以使我们的后代懂得赞颂上帝，使上帝的仆人亚伯拉罕的后裔和上帝的选民雅各的子孙永远记住上帝的奇妙作为(《诗篇》第105篇第5、6节)。要使他们知道上帝如何把葡萄带到荒野，如何栽上葡萄而把异教徒撵走，如何整备出种葡萄的用地，而把秧苗的根深深植入土内，以及后来又如何让葡萄爬蔓而布满大地(《诗篇》第80篇第13、15节)。不仅如此，还要他们知道上帝如何引导他的子民走向他的圣所，而定居在他遗赐的山间(《出埃及记》第15章第13节)。这些事实一定要使他们知道，以使上帝得到他应得的荣誉，让上帝的荣光也能被及作为工具为他服务的圣徒们的可敬名字。"

读完这段开场白，不能不在心中留下一种宗教的庄严印象，好

⑥ 《新英格兰回忆录》，波士顿，1826年；另见哈钦森：《马萨诸塞殖民地史》，波士顿，第2卷，第440页。〔页码有误〕

像从中看到一种古风和闻到一种《圣经》的馨香。

鼓舞着这位作者的信念，加强了他的语言的分量。现在，在读者的眼里，如同在作者的眼里一样，这些人已经不是漂洋过海去撞大运的一小撮冒险家，而是被上帝亲自撒在一片预定的大地上的伟大民族的种子。

作者接着又以这样的方式描述了最初几批移民的去国离乡情景⑦：

“于是，他们离开了自己休养生息的这座城市（德尔夫特-哈勒夫特），但他们是心安理得的，因为他们知道自己此生是朝圣者和异乡人。他们不留恋世间的东西，而是眼望上苍，认为那里才是他们亲爱的故乡，上帝已在那里为他们准备了神圣的城市。他们终于到达停着船只的港口。一大群不能与他们同行的亲友，也情不自禁地陪他们来到这里。大家一夜没有睡觉，在倾吐友情、诚恳交心和表达基督徒的真正慈爱的谈话中度过一夜。第二天，他们上船了，可是亲友们还想在船上陪伴他们一会儿。就在这个时候，大家深深地叹息，双眼泪如雨下，长时间地拥抱，虔诚地祈祷，使陌生人都为之感动。开船的信号发出来了，他们都跪了下来，他们的牧师眼泪汪汪，仰望天空，祈求上帝赐福。最后，他们相互道别，而这次离别对他们大多数人来说将是永别。”

这批移民约有 150 人，其中还有一些妇女和儿童。他们的目的是在赫德森河岸建设一个殖民地。但是，他们在大西洋中漂泊了很长时间之后，却被迫在新英格兰的不毛海岸，即在今天建立起

⑦ 《新英格兰回忆录》第 22 页。

普利茅斯镇的地方登陆。朝圣者们上岸时登上的那块巨石，今天依然可见⑧。

我方才提到的这位历史家说："但在我们大篇长叙之前，我们要略述一下这群苦命人上岸后的情景，赞美赞美上帝拯救他们的恩德。

"他们现已渡过宽阔的大西洋，到达他们此行的目的地。但既无亲友来迎接他们，又无房屋来供他们栖身。当时正值隆冬，而知道我们这里的气候的人都熟悉冬天是凛冽的，这里常有狂风来袭。在这样的季节，到熟悉的地方去旅行都有困难，更不用说在一无所知的海岸上安家了。他们的周围满目凄凉，一片荒芜，到处都有野兽和野人。他们不知道这些野人有多么凶狠和有多少人数。大地已经封冻，上面布有树林和灌木丛。到处都是未开化的野蛮景象。他们回头望去，只是把他们与文明世界隔开的那片一望无际的大西洋。为了能够得到一点慰藉和希望，他们只能仰首求天。"⑨〔后一段是对莫尔顿原文的释义〕

不要认为清教徒的虔诚仅仅是说在嘴上，也不要以为他们不谙世事的道理。正如我在上面说过的，清教的教义既是宗教学说，又是政治理论。因此，移民们在刚刚登上纳撒尼尔·莫尔顿描述的不毛海岸，第一件关心的事情就是建立自己的社会。他们立即

⑧　这块巨石现已成为合众国的崇拜物。我曾看到美国的一些城镇精心保存的此石的碎块。这不是十分清楚地表明人的力量和伟大完全存在于他们的心灵之中吗？这是一块曾被一些苦命人的双脚踏过片刻的石头，这块石头应当名垂不朽，它在吸引一个伟大民族留念。人们敬仰它的碎块，在离它遥远的地方保存着从它身上敲下来的小块。有多少高楼大厦用这些小块做了基石？谁不对它们表示崇敬呢？

⑨　《新英格兰回忆录》第35页〔及以下几页〕。

通过一项公约，内称[10]：

“我们，下面的签名人，为了使上帝增光，发扬基督教的信仰和我们祖国的荣誉，特着手在这片新开拓的海岸建立第一个殖民地。我们谨在上帝的面前，对着在场的这些妇女，通过彼此庄严表示的同意，现约定将我们全体组成政治社会，以管理我们自己和致力于实现我们的目的。我们将根据这项契约颁布法律、法令和命令，并视需要而任命我们应当服从的行政官员。”〔参看《新英格兰回忆录》第 37 页及以下几页〕

此事发生于 1620 年。从此以后，移民工作一直没有停止。在查理一世在位期间，震荡不列颠帝国的宗教和政治激情，每年都把一批批各派教徒赶到美洲海岸去。在英国，清教徒的主力一直是中产阶级，而大部分移民也正是来自这个阶级。新英格兰的人口迅速增加，而当等级制度仍在祖国将居民强行分为不同阶级的时候，殖民地却出现了社会的各部分日益均质化的新景象。这种在古代不敢梦想的民主，已从古老的封建社会之中强大无比地和全副武装地冲了出来。

英国政府不难看到，这样的大批移民可以带走骚乱的种子和新生的革命分子，所以它很满意。它全力促进这种移民，而对那些来到美洲的土地上寻找避难所以逃脱本国的严刑峻法的人的命运，则觉得不必关心。可以说，新英格兰是交给人们去实现他们的梦想的地区，而这个地区也将让革新者去放手实验。

---

⑩ 建立罗得岛州的移民在 1638 年，创业于纽黑文的移民在 1637 年，康涅狄格的首批居民在 1639 年，普罗维登斯的创立者们在 1640 年，先后以书面形式定出社会契约，并经全体当事人一致通过。参看皮特金著作第 42 页和第 47 页。〔指皮特金：《美国政治和社会史》，共 2 卷，1828 年，纽黑文〕

英国的殖民地是使英国繁荣的主要原因之一，它们一向比其他国家的殖民地享有更多的内政自由和更大的政治独立。但是，这项自由原则在任何地方都不如在新英格兰各州实施得完整。

当时，一般人认为，新大陆各处的土地，由哪个欧洲国家首先发现，就属于哪个国家。

到16世纪末，几乎北美的全部海岸地带，就这样变成了英国的领土。不列颠政府在这些新领地上采用的统治方式，因地而有不同的特点。有时，国王将新大陆的一部分委托给他任命的一名总督，在他的直接命令下代他治理这块地方[11]。欧洲的其余国家，也都采取了这样的殖民制度。有时，国王将一部分土地的所有权授给一个人或一个公司[12]。这时，管理民事和政治的一切权力都集中于一个人或几个人之手，这个人或这些人在王权的监督和控制下出售土地和管理居民。最后，第三种制度，是授予一定数量的移民以在母国的保护下自行组织政治社会和在不违反母国法律的条件下自治的权利。

对自由如此有利的这第三种方式，只曾在新英格兰实行[13]。

---

⑪ 纽约州就是这样。

⑫ 马里兰州、南卡罗来纳州、北卡罗来纳州、宾夕法尼亚州和新泽西州都是如此。见皮特金著作第11—31页。〔13—30页〕

⑬ 见《历史文献汇编》，费城，1792年。这部汇编收有各殖民地早期的内容可靠和价值珍贵的大量文件，其中包括英王授予各殖民地的特许状，以及各殖民地政府的早期法令。

另见美国最高法院法官斯托里先生在其《美国宪法释义》的导言中对这些特许状所作的分析。〔第8—83页〕

从这些文件可知，代议制政府的原则和政治自由的具体形式，在所有的这些殖民地建立之初就被规定下来。后来，这些原则在北方和南方均得到重大发展，而且遍及各地。

1628年[14]，一份具有这种性质的特许状，由查理一世授给前往马萨诸塞建立殖民地的移民。

但是，对于新英格兰的各殖民地来说，一般只是在它们的存在已为既成事实之后很久，才对它们赐给特许状的。普利茅斯、普罗维登斯、纽黑文、康涅狄格州和罗得岛州[15]，均是在没有得到母国的援助和几乎没有让母国知道的情况下建立起来的。新移来的居民虽然并不否认宗主国的无上权威，但他们并没有去宗主国寻找权力的根源，而是自己建立政权；只是三四十年之后，在查理二世在位时期，这些殖民地的存在才根据皇家的特许状而合法化了。

因此，在浏览英格兰的早期历史和立法文献时，很难见到把移民同其母国联系起来的纽带。我们看到这些移民每时每刻都在独立自主地行使主权。他们自己任命行政官员，自行缔结和约和宣战，自己制定公安条例，自己立法，好像他们只臣服上帝[16]。

再没有比这个时期的立法更独特和更富于教益的了。今天美国在世界面前暴露出来的主要社会问题的谜底，正可以从这个时期的立法中找到。

在这个时期制定的法律中，一个最有特色的法令集，是规模不大的小州康涅狄格在1650年颁布的法典[17]。

---

⑭ 见皮特金著作第1卷第35页；哈钦森著作第1卷第9页。

⑮ 见哈钦森著作第42页和第47页。

⑯ 马萨诸塞的居民在制定刑事诉讼法、民事诉讼法和法院组织法时，没有考虑英国施用的惯例。比如，在1650年时，判决书等司法文件的开头还没有英王的名字，见哈钦森著作第452页。

⑰ 见《一六五〇年法典》第28页。〔哈特福德，1830年〕

康涅狄格的立法者们[18]，先从制定刑法开始。在制定刑法时，他们想出一个奇怪的主意，从《圣经》里找来一些条文。

这部刑法的开头说："凡信仰上帝以外的神的，处以死刑。"

接着，有十条到十二条是逐字从《申命记》、《出埃及记》和《利未记》抄来的同类性质的条文。

渎神、行妖、通奸[19]和强奸者，均处死刑。儿子虐待父母，也处这种严刑。就这样，一个粗野和半开化的民族的立法，竟被用于一个人智已经开化和习俗十分朴素的社会。结果，从未见过死刑这样多定于法律之内和用于微不足道的罪行。

立法者在制定这样的刑法时，经常将注意力放在维持社会的道德规范和良好习俗方面，所以他们总是重视良心问题，简直没有一件恶行不被列入惩治的范围。读者可能已经感到，这些法律对于通奸和强奸的处分是过于严厉了。两个未婚男女之间的私通，也要受到严惩。这时，法官有权对罪犯处以下述三种惩罚之一：罚款、鞭笞和强令结婚[20]。如果纽黑文昔日法庭的记录可信的话，则

⑱　见哈钦森著作第1卷第435—456页〔455页〕。他在这里分析了马萨诸塞殖民地于1648年颁布的刑法典，这部法典采用的原则与康涅狄格的刑法典相同。

⑲　通奸，按马萨诸塞的法律，亦处死刑。哈钦森（第1卷第441页）说，确有许多人因犯此罪而被处死。对此，他引述1663年发生的一件趣闻。一个已婚妇女同一个年轻男人发生恋爱关系。当时她正在守寡，不久嫁给这个男人，一起生活了数年。后来，人们怀疑他们在未结婚之前就有暧昧关系，控告他们，把他们投入监狱，而且差一点把二人处死。

⑳　《一六五〇年法典》第48页。

有些时候，法官可以合并执行这几种惩罚。比如，1643年就有一个这样的判例（载于《纽黑文往事》第114页）：因犯有数罪而被起诉的玛格丽特·贝德福德被判以鞭笞，同时合并判决她与从犯尼古拉斯·杰明斯结婚。

这类判决并不稀少。我们见到一个判决于1660年5月1日的案件，它对一个年轻女子兼处罚款和申斥，因为她被控出言不逊和让人吻了一下㉑。1650年法典载有很多预防性惩罚措施。这个法典对怠惰和酗酒都规定了严厉的惩罚㉒。小酒馆主卖酒给每个用客，不得超过一定的数量；而一句谎言，只要它有害，就会受到罚款或鞭笞的处分㉓。在其他方面，立法者完全忘记了自己在欧洲要求的信教自由的伟大原则，以罚款来强迫人们参加宗教活动㉔，直至对反对者科以重刑㉕，而且往往对愿意按照一种与他们不同的仪式去礼拜上帝的基督徒处以死刑㉖。最后，立法者的热情有时还使他们管起他们不该管的事情。比如，在这同一部法典里，就有禁止吸烟的条款㉗。也不应忘记，这些奇怪的或者专横的法律，并不是什么人强加于居民的，而是由全体当事人自由投票表决的，而且居民的习俗比法律还要严格和富于清教派的色彩。1649年，在波士顿竟成立一个以劝阻人们蓄留长发的浮华行为为目的的庄严

㉑ 《新英格兰回忆录》第104页。另外，在哈钦森著作(第1卷第435页)中，还载有比这更为离奇的数个判例。

㉒ 《一六五〇年法典》第50页和第57页。

㉓ 同上书第64页。

㉔ 同上书第44页。

㉕ 在康涅狄格，这种情况并不是个别的。另见马萨诸塞1644年9月13日公布的驱逐再浸礼会信徒的法律(《历史文献汇编》第1卷第538页)；另见1656年公布的反对教友会信徒的法律，其中说："鉴于正在产生一个名为教友会的可恶异教派……"接着，是关于以巨额罚款惩治向当地运来教友会信徒的船长的条款。对偷渡进来的教友会信徒进行鞭笞和投入监狱劳动。对反对他们的观点的人，最初是罚款，后来是投监关押和驱逐出境。(《历史文献汇编》第1卷第630页)

㉖ 马萨诸塞的刑法规定，天主教的神甫进入该殖民地后，一经发现即被处死。

㉗ 《一六五〇年法典》第96页。

协会㉘。(E)

这样的偏颇,无疑有辱于人类的理性。它们在证明我们天性的低劣,说明我们的天性不能牢牢地掌握真理和正义,而往往只是选择了真理和正义的反面。

这样的刑法深深地打上了狭隘的宗派精神的烙印,以及因受迫害而更加激烈并在当时尚激荡于人们心中的各种宗教激情的烙印。但除这种刑法之外,尚有一组与它有某种联系的政治方面的法律。这组法律虽订于二百年前,但似乎比我们现代的自由精神还先进得多。

作为现代宪法的基础的一些普遍原则,即那些为 17 世纪的大部分欧洲人难于理解和在当时的大不列颠尚未获得全胜的原则,已在新英格兰的法律上得到全部承认,并被订于法律的条款之内。这些原则是:人民参与公务,自由投票决定赋税,为行政官员规定责任,个人自由,陪审团参加审判。所有这些,都未经讨论而在事实上确定下来。

这些基本原则已被新英格兰采用和大加发展,而欧洲的任何一个国家至今还未敢去尝试。

在康涅狄格,选民团一开始就是由全体公民组成的,而且这种做法的意义立刻就被人们所理解㉙。当时,这些初期居民的财产几乎完全平等,而他们的知识水平也相差无几㉚。

㉘ 《新英格兰回忆录》第 316 页。

㉙ 《一六三八年约法》〔《一六五〇年法典》〕第 17 页。

㉚ 1641 年,罗得岛州的州民大会全体一致宣告:州政府按民主政体建立,政权的基础是全体自由的人,只有他们有权立法和监督其执行。见《一六五〇年法典》第 70〔12〕页。

在这个时期，康涅狄格的全体行政官员，包括州的总督在内，都是选举产生的㉛。

年满 16 岁的公民，都有义务拿起武器。他们组成本州的国民军，自己委任军官，随时准备开赴前线守土㉜。

在康涅狄格以及其余所有新英格兰的法律中，我们可以看到这种地方自主的产生和发展，而这种自主今天仍是美国自由的原则和生命。

在欧洲的大多数国家，政治生活都始于社会的上层，然后逐渐地而且是不完整地扩及社会的其余不同部分。

在美国，可以说完全相反，那里是乡镇成立于县之前，县又成立于州之前，而州又成立于联邦之前。

在新英格兰，乡镇的政府在 1650 年就已完全和最终建成。根据乡镇自主的原则，人们将自己组织起来，为自己的利益、情感、义务和权利而努力奋斗。在乡镇内部，享受真正的、积极的、完全民主和共和的政治生活。各殖民地仍然承认宗主国的最高权力，君主政体仍被写在各州的法律上，但共和政体已在乡镇完全确立起来。

乡镇各自任命自己的各种行政官员，规定自己的税则，分配和征收自己的税款㉝。新英格兰的乡镇没有采用代议制的法律。在新英格兰的乡镇，凡涉及全体居民利益的事务，也像在古雅典一样，均在公众场所召开公民大会讨论决定。

㉛ 皮特金著作第 47 页。

㉜ 《一六三八年约法》〔《一六五〇年法典》〕第 12〔70〕页。

㉝ 《一六五〇年法典》第 80 页。

仔细研究美国共和政体的这段早期的法律之后，我们对立法者的这种管理才能和先进理论表示惊讶。

显而易见，他们具有的社会应对其成员负责的思想，就比当时欧洲的立法者的这种思想崇高和完整得多，他们为社会规定的义务，在其他国家至今还被忽视。在新英格兰各州，自建州之初，就以立法保证穷人能够过活㉞；采取严格的措施养护道路，并指定官员检查措施的执行情况㉟；乡镇有各种公事记录簿，以记载公民大会审议的结果，登记公民的出生、死亡和婚姻㊱；设置文书负责管理这些记录簿㊲；设置官员负责经管无人继承的财产，检查被继承的地产的边界；还设有若干以维持乡镇的公共秩序为主要职责的官员㊳。

法律里订有许许多多细则，预为照料和满足社会的大量需要。在这一方面，今天的法国犹会觉得自愧不如。

但是，从根本上说，能够显示美国文明的最突出特点的，还是有关国民教育的法令。

有一项法令说："鉴于人类之敌撒旦以人的无知为其最有力的武器，鉴于应当让我们祖先的智力禀赋不再被埋没，鉴于儿童教育是本州的主要关心事项之一，兹依靠上帝的帮助。"㊴接着列出一些条款，其中规定在乡镇设立学校，责成居民出资办学，对不出资

㉞ 《一六五〇年法典》第 78 页。

㉟ 同上书第 49 页。

㊱ 见哈钦森著作第 1 卷第 455 页。

㊲ 《一六五〇年法典》第 86 页。

㊳ 同上书第 40 页。〔及以下几页〕

㊴ 同上书第 90 页。

者给予巨额罚款。在人口多的县份,以同样方式设立高一级的学校。城市的行政当局应当督促家长送子女入学,并有权对违抗者处以罚款;如果继续违抗,社会便承担起家长的责任,强制收容和教育儿童,并剥夺其父亲的天赋的,但被他用于不良目的的权利[40]。读者从这项法令的序言无疑会看到:在美国,启发民智的正是宗教[*],而将人导向自由的则是遵守神的戒命。

对 1650 年的美国社会匆匆一瞥之后,再来观察欧洲的社会[**],特别是欧洲大陆的社会,使人感到大为吃惊的是:17 世纪初,在欧洲大陆,君主专制政体却在中世纪的寡头政治自由和封建主义自由的废墟上到处取得胜利。大概,在大放异彩和文艺繁荣的这部分欧洲,权利的观念从来没有像这一时期被人完全忽视,人民从来没有像这一时期更少参加政治生活,真正自由的思想从来没有像这一时期更少占据人的头脑。然而,就在这一时期,欧洲人还没有想到的或被他们轻视的这些原则,已在新大陆的荒野中公布出来,并已成为一个伟大民族的未来信条。人类理性的一些最大胆设想,竟在一个不被人重视、连任何政治家无疑都不屑于侧身其中的社会里付诸实现了;而人的具有独创精神的想象力,也就在这里想出了一种前所未有的立法制度。在这个还没出过将军,也没有出过哲学家和作家的默默无闻的社会里,却有一个人能够当着

---

[40] 《一六五〇年法典》第 83 页〔第 39 页? 第 91 页〕,第 90 页。

* 为了解宗教对现今美国的影响,可参阅:斯佩里:《美国的宗教》,剑桥,1945 年;霍尔:《美国文化的宗教背景》(波士顿,1930 年);托尼:《宗教和资本主义兴起》(伦敦,1949 年),后者对于英国的清教做了精湛的研究。——法文版编者

** 参阅拉斯基编古奇:《十七世纪的英国民主思想》(剑桥,1927 年)。——法文版编者

一群自由人的面站立起来，在大家的喝彩声中，对自由做出了如下的绝妙定义：

“我们不能安于我们因独立而应当得到的一切。实际上，有两种自由。有一种是堕落的自由，动物和人均可享用它，它的本质就是为所欲为。这种自由是一切权威的敌人，它忍受不了一切规章制度。实行这种自由，我们就要自行堕落。这种自由也是真理与和平的敌人，上帝也认为应当起来反对它！但是，还有一种公民或道德的自由，它的力量在于联合，而政权本身的使命则在于保护这种自由。凡是公正的和善良的，这种自由都无所畏惧地予以支持。这是神圣的自由，我们应当冒着一切危险去保护它，如有必要，应当为它献出自己的生命。”㊶

我所讲的，已经足以说明英裔美国人文明的真正特点。这种文明是两种完全不同成分结合的产物（这个来源应当经常记在心中），而这两种成分在别处总是互相排斥的，但在美国却几乎彼此融合起来，而且结合得非常之好。我们说的这两种成分，是指**宗教精神**和**自由精神**。

新英格兰的建设者们既是自己教派的热心拥护者，又是大胆的革新者。尽管他们的某些宗教见解失于偏颇，但他们却不怀任何政治偏见。

因此，出现了两种各不相同但又互不敌对的趋势。无论是在

㊶　马瑟：《基督教美洲传教史》第 2 卷，第 13 页。〔哈特福德，1820 年〕
这是温思罗普的演说。他在担任州长时，曾被指控犯有专横罪，但在发表我方才援引的这篇演说后，受到听众的鼓掌欢迎，从而免予处分。从此以后，他一直连选担任州长。见马歇尔：《华盛顿生平》第 116 页。

民情方面，还是在法律方面，这两种趋势到处可见。

人们出于宗教观念而抛弃了自己的朋友、家庭和国家。我们尽可完全相信，他们为了追求这种精神上的享受，确实付出了相当高昂的代价。但是，我们又可以看到，他们几乎又以同样的狂热去寻求物质财富和精神享乐，认为天堂在彼世，而幸福和自由却在此生。

在他们看来，政治原则、法律和各种人为设施，好像都是可以创造的，而且可以按照他们的意志加以改变和组合。

在他们面前，社会内部产生的束缚社会前进的障碍低头了，许多世纪以来控制世界的旧思想吃不开了，一条几乎没有止境的大道和一片一望无际的原野展现出来。人类的理性在这片原野上驰骋，从四面八方向他们涌来，但在它到达政治世界的极限时便自动停下，颤抖起来，不敢发挥其惊人的威力，甚至开始怀疑自己，放弃改革的要求，控制自己不去揭开圣殿的帷幔，毕恭毕敬地跪倒在它未加争辩就接受了的真理的面前。

因此，在精神世界，一切都是按部就班，有条不紊，预先得知和预先决定的；而在政治世界，一切都是经常变动，互有争执，显得不安定的。在前一个世界，是消极然而又是自愿的服从；而在后一个世界，则是轻视经验和蔑视一切权威的独立。

这两种看来互不相容的趋势，却不彼此加害，而是携手前进，表示愿意互相支持。

宗教认为公民自由是人的权利的高尚行使，而政治世界则是创世主为人智开辟的活动园地。宗教在它本身的领域内是自由和强大的，满足于为它准备的地位，并在知道只有依靠自己的力量而不是依靠压服人心来进行统治的时候，它的帝国才能建设得最好。

自由认为宗教是自己的战友和胜利伙伴，是自己婴儿时期的摇篮和后来的各项权利的神赐依据。自由视宗教为民情的保卫者，而民情则是法律的保障和使自由持久的保证。（F）

英裔美国人的法律和习惯的某些特点的产生原因

在最完备的民主政体中保留的某些贵族制度残余——何以会有这些残余——应当仔细区分哪些东西是来自清教派的和哪些东西是来自英国人的

请读者不要从上述的一切得出过于一般化和过于绝对化的结论。初期移民的社会条件、宗教和民情，对他们新国家的命运无疑发生了巨大的影响。但是，新社会的建立并非起因于这些东西，因为社会的起点只存在于社会本身。任何人都不能同过去完全脱离关系，不管他们是有心还是无意，都会在自己固有的观念和习惯中混有来自教育和祖国传统的观念和习惯。

因此，要想了解和评价今天的英裔美国人，就必须仔细区分来源于清教派的东西和来源于英国人的东西。

在美国，人们经常可以看到一些法律和习惯与周围的事物并不适应。一些法律好像是根据一种与美国的立法主旨完全相反的精神制定出来的，一些民情又仿佛与社会情况的总体格格不入。假如这些英国殖民地是在遥远的古代建立的，假如它们的起源已随岁月的流逝而不可考，那么问题就无法解决了。

我只引一个例子来阐述我的想法。

美国的民事和刑事诉讼程序，对被告人的处置只规定两种办法：收监和保释。诉讼开始时首先要求被告人交付保证金，如被告人拒不交纳，则将他收监关押。然后，再审理被控告的事实或罪状的轻重。

显而易见，这样的立法是敌视穷人，而只对富人有利。

穷人并非总是有钱可交保证金，即使在民事案件中也是如此。假如他不得不在狱中等候公道，那他的被迫关押很快就会给他带来不幸。

相反，富人在民事案件中总是可以逃脱监禁。更有甚者，他们虽然犯了罪，却可轻易逃避应受的惩罚，因为交了保证金以后，他们可以躲藏起来。因此可以说，法律上规定的惩罚，对于富人来说只不过是罚款而已[42]。还有什么立法能比这种立法更具贵族立法的特点呢？

然而在美国，立法的正是穷人，而他们在这方面通常总是考虑社会的最大利益。

只有在英国能够找到对于这种现象的解释[*]，因为我所说的

㊷ 如果不交纳保证金，当然也要治罪，但这毕竟是少数。

* 布莱克斯通的《英国法释义》(1803 年第 14 版，伦敦)和德洛姆的《英国宪法》(1818 年新版，德氏的此书最初以法文写成，1770 年在荷兰出版)，是托克维尔解释英国的政治和司法制度时使用的最主要文献。在叙述美国的宪法和司法问题时，托克维尔主要利用的是斯托里的《美国宪法释义》(1833 年版)和肯特的《美国法释义》。朗贝尔和希劳合著的《美国的比较法始祖：斯托里法官的学说》(巴黎，1947 年)，是研究托里斯生平和思想的一部很重要著作。皮尔逊的巨著《托克维尔和博蒙在美国》(纽约，1936 年)第 718 页及以下几页，对托克维尔著作的资料来源做了全面的叙述。——法文版编者

这些法律本来是英国的法律[43]。尽管这些法律与美国立法的主旨和美国人的基本思想相抵触，但是美国人还是把它们照搬过来。

在一个民族最不容易改变的事物当中，仅次于习惯的，就要数民法了。只有搞法律的人熟悉民法，也就是说，只有那些学过法律、能够找出理由把法律解释成好法或坏法、从维护法律当中可以直接获利的人，才熟悉民法。民族的大部分成员不解其中的奥妙，只能从个别的案例中看到这些法律的作用，很难识别它们的倾向性，而是不假思索地予以服从。

这只是一个例子，我还可以举出其他许多例子。

美国社会呈现的画面（如果我可以这样说的话）覆有一层民主的外罩，透过这层外罩随时可以看到贵族制度的遗痕。

㊸　见布莱克斯通和德洛姆的著作第1卷第10章。〔指布莱克斯通《英国法释义》和德洛姆《英国宪法》〕

第三章　英裔美国人的社会情况

社会情况一般说来是事实的产物，有时也是法律的产物，而更多的是两者联合的产物。但是，社会情况一旦确立，它又可以成为规制国民行为的大部分法律、习惯和思想的首要因素，凡非它所产生的，它都要加以改变。

因此，要了解一个民族的立法和民情，就得由研究它的社会情况开始。

英裔美国人社会情况的突出特点
在于它本质上是民主的

新英格兰的初期移民——他们之间的平等——南方推行的一些贵族法律——革命时期——继承法的改革——这项改革产生的后果——西部新成立的各州把平等推行到极限——学识上的平等

对英裔美国人的社会情况可以有几种重要的看法，但有一种居于其余一切之上。

美国人的社会情况是非常民主的。自各殖民地建立之初就具有这个特点，而在今天表现得尤为明显。

我在上一章说过，在新英格兰海岸定居的移民，彼此之间极为平等。即使是贵族制度的萌芽，也从未被引进合众国的这一部分。在这一地区，只是学识可能产生影响。人们习惯于尊敬某几个姓氏，认为它们是知识和德行的代表。某些公民由于自己的声望而取得的权力，如果后来真是被儿子继承，或许也可以称之为贵族权力。

这是赫德森河以东的情形；而在该河西南，一直至佛罗里达，就不是如此。

在赫德森河西南的大部分州里，有从英国来的大地主定居。他们把贵族制度的原则和英国的继承法也带到了这里。我已解释过美国未能建立贵族政体的一些原因。这些原因在赫德森河西南一直发生作用，但在该河以东就作用不大。在南部，一个人利用奴隶可以耕种大片土地。因此，在新大陆的这一部分，有富有的大地主。但是，他们的影响却与欧洲贵族地主发生的影响完全不同，因为他们没有任何特权，奴隶给他们种地并没有使他们成为封建性的收租地主，从而他们对奴隶也不负保护责任。不过，赫德森河以南的大地主却形成了一个优越的阶级，这个阶级有其自己的观点和风尚，并且一般都成了当地政治活动的核心人物。他们是一种与人民群众只有微小差别的贵族，容易考虑群众的感情和利益，没有激起人们的爱或憎；但从整体说来，他们仍是一个虚弱和生命力不强的阶级。正是南部的这个阶级领导了起义，为美国革命提供了一些伟大人物。

在这个时期，整个社会都处于大动荡之中：以人民的名义进行的斗争，使人民变成一股强大的力量和产生按照自己的意志行动

的愿望；民主的自发力量活跃起来；人们努力摆脱宗主国的羁绊，极欲争取各种形式的独立，以致个人的影响逐渐失去作用；习惯和法律开始向同一个目标前进。

但在这里，继承法却使平等迈出了决定性的一步。

使我感到惊异的是，古代和现代的法学家们，竟没有使继承法①对人间事物的发展产生巨大的影响。不错，它属于民法法规，但也是主要的政治措施，因为它对国家的社会情况具有异常重大的影响，而政治方面的法律不过是社会情况的表现形式。而且，继承法是以确切无疑和始终如一的形式对社会发生作用的，甚至可以说它也将影响尚未出生的世世代代。依靠继承法，人可以拥有左右人类未来的一种近乎神赐的权力。立法家一旦把公民的继承法制定出来，他就大可休息了，因为实施这项法律以后，他便无事可做了，即这项法律将像一部机器一样，自行开动，自行导向，朝着预定的目标前进。按照一定的方式制定的这种法律，随即把财产、不久以后又把权力积聚和集中起来，置于某一个人的手中。可以说，它使地上冒出了贵族。按另一种原则制定和按另一条道路发展时，它的作用的速度还会更快，但这时它是分化、分裂和分割财产与权势。有时，它的进展快得使人吃惊，而在人们感到无法制止它的时候，甚至要想法为它设置种种障碍。人们想用种种反措施

① 我所说的继承法，是指以决定财产在其所有者死后的归属为主要目的的一切法律。

限嗣继承法也属于此列。不错，限嗣继承法不仅有限制财产所有者处理其财产的作用，而且也有使财产所有者在世时负有为继承人完整保存财产的义务。但是，限嗣继承法的主要目的，是在财产所有者死后决定财产的归属。其余的规定都是实施办法。

来抵消它的作用，结果是徒劳无功！它不是把前进途中遇到的一切障碍打得粉身碎骨，就是使它们化为齑粉。它迅速上升，然后又立即落到地上，扬起一阵飘载着民主的游荡风尘。

当继承法指定和理由充足地判决一个人的财产由其子女均分时，可能产生两种效果。虽然两种效果的目标是一致的，但也需要把它们严格区分开来。

由于实施继承法，每个财产所有者的死都会在财产上引起一场革命：不仅财产的主人换了，而且可以说财产的性质也变了。这样，财产在不断地被分割，而且越分越小。

这是继承法的直接效果，也可以说是它的有形效果。因此，在法律规定平分遗产的国家，私人的财产，特别是地产，必然有不断缩小的趋势。但是，如果让这种法律自行发展，其立法效果只有很久以后才能显示出来，因为在子女不超过两个的家庭（像在法国这样的国家，每家的子女人数平均不超过三个），子女平分了父母的遗产之后，独立生活起来也不会显得比父母穷。

但是，平分遗产的法律不仅影响着财产的归属，而且也作用于财产所有者的精神，激起他们的热情来支持这种法律。这些问题的效果迅速地破坏着大的财产，尤其是大的地产。

在继承法以长子继承权为基础的国家，地产总是代代相传而不加分割。结果，家庭的声望几乎完全以土地体现。家庭代表土地，土地代表家庭。家庭的姓氏、起源、荣誉、势力和德行，依靠土地而永久流传下去。土地既是证明家庭的过去的不朽根据，又是维持其未来的存在的确实保证。

而当继承法以平分原则为基础时，家庭的声望与保持土地完整之间的密切联系就遭到破坏。土地不再代表家庭，因为经过一代或两代土地必然被分割，而且显然要越分越小，达到没有可分的为止。大地主的儿子如果人数不多，或者由于走运，而有幸使自己的财富未逊于父辈，那也不是如数拥有父亲的财产，因为他们除由父亲处继承下来的财产以外，还得有其他财产。

但是，如果不让大地主因拥有土地而在感情、回忆、荣誉和野心上得到巨大好处，人们自可以确信，他们迟早会卖掉土地，因为卖掉土地会使他们得到巨大的金钱好处，流动资本会比其他资本产生更大的收益，而且会更易于满足他们现实的欲望。

大地产一经分割，就永远不会重新集聚，因为小地主的土地收益率②大于大地主的，从而小地主的土地售价也要大大高于大地主的。因此，富人按低价出售大片土地以后，绝不会为了恢复大地产而再按高价买进大块土地。

所谓的家庭声望，常常是建立在满足个人的自私心的向往之上的。可以说，人人都希望流芳千古，被子孙永久怀念。凡是在家庭声望不再生效的地方，个人的自私心就会取而代之。当家庭不再表示声望，而变成一种模糊、含混和不确定的存在时，每个人就只求目前的安乐，只想把自己这一代搞好，而不考虑其他了。

因此，人人都不想使家庭永垂不朽，或至少不想用地产而用其他办法去使家庭流芳千古了。

这样一来，继承法不仅给家庭完整保全财产带来困难，而且在

② 我的意思不是说小自耕农最好，但他们能更热心精耕细作，并以他们的勤劳弥补他们技术上的不足。

剥夺家庭想要这样做的愿望，甚至可以说在强迫家庭与它合作来消灭自己。

平分遗产的法律，以两种方式来执行：一是由物及于人，二是由人及于物。

它用这两种方法，终于达到彻底改造土地所有制度，使家庭和财产迅速失去作用的目的③。

毫无疑问，我们法国还没有达到这个地步。19世纪的法国人虽然天天目睹继承法所造成的政治和社会变化，但他们怀疑这个法律的效力。现在，我们每天都在自行推倒自己住宅的院墙，拆掉自己园田的围栏，看到这个法律在我们国土上的实施情况。虽然继承法已在我国发生很大作用，但仍有许多工作留待它去做。我们的回忆、观点和习惯为它设置了许多障碍。

而在美国，继承法已接近完成它的破坏任务。正是在这里，我们才能研究它的主要后果。

到独立战争时期，美国的各州几乎都已废除英国的继承制度。

限嗣继承法已被修改得默认财产的自由流通。(G)

第一代人逝去了，土地开始被分割。随着时间的推移，分割的速度越来越快。今天，只过了六十年多一点，社会的面貌已经全部

③　因为土地是最可靠的财产，所以有时也会遇到为了购置土地而忍受巨大牺牲，为了保住土地而自愿放弃一部分重要收入的富人。但这是一种偶然现象。一般说来，穷人最爱不动产。学识、理想和奢望不如大地主的小地主，通常没有一心增加地产的思想，总是满足于继承祖业、娶上老婆和抽空做点买卖，过上小康日子就可以了。

除了使人分割土地的倾向以外，尚有一种使人集中土地的倾向。这种足以防止地产无限分割的倾向，既没有强大得可以形成大地产的地步，又不会使全部土地被几个家庭所控制。

改观，大地主家族几乎全部进入大众的行列。在大地主户数原来最多的纽约州，现在只有两户还勉强漂在行将溺死它们的旋涡之上。这些富裕公民的儿子们，现今都是商人、律师或医生了。他们大部分已经默默无闻。世袭等级和世袭特权的最后痕迹已经消失。继承法到处都在发挥其平均化作用。

这并不是说，美国的富人没有别处多。我还没有见过哪一个国家的人比美国人更爱钱如命，哪一个国家的人比美国人更轻视财产永远平等的理论。然而在美国，财富却以难以置信的飞快速度在周转，而且经验表明，很少有上下两代全是富人的家庭。

我所做的这幅着色不多的图画，还不能完全呈现出西部和西南部新建诸州的过去情景。在上一世纪末，一些大胆的冒险家开始涌进密西西比河流域。这等于又一次发现美洲。不久，大批的移民来到这里，一些从未听说过的乡镇突然出现于荒野。一些连名字还没有的州，出现后不久就要求加入美国联邦。在西部，我们可以看到民主达到了它的极限。在这些可以说是应运而生的州里，居民不过是昨天才踏上他们现在所在的土地。他们彼此之间刚刚认识，每个人都不知道其最近邻居的家史。因此，在美洲大陆的这一部分，居民不仅没有受到大家族和大财主的影响，而且没有受到因学识和德行而被人尊为贵族的人们的影响。在那里，没有一个人因为毕生在众人面前做了好事，而被授予使人尊敬的权力。西部新建的诸州虽然已经有了居民，但还没有形成社会。

在美国，人们不仅在财富上平等，甚至他们本身的学识，在一定程度上也是平等的。

我认为，世界上再没有一个人口与美国大致相等的国家会像美国这样，无知识的人竟如此之少，而有学识的人又如此不多。

在美国，初等教育人人均可受到，而高等教育却很少有人问津。

这并不难理解，可以说这是我们上述的一切的必然结果。

几乎所有的美国人都是小康之家，所以不难获得人类的最起码知识。

在美国，富人不多，所以几乎所有的美国人都要就一门职业。但所有的职业，都需要经过一段学徒时期。因此，美国人只能在一生的早年专心于接受普通教育，而在十五岁的时候就参加了一种行业，因而他们的学校教育，在法国人开始接受学校教育之时就结束了。如果他们以后又到学校深造，那也是出于特殊的和赚钱的目的。他们之研究科学，犹如学习一门手艺。他们只注重可以立即见效的应用。

在美国，大部分富人都是先穷而后富的；现在几乎所有的清闲人士，在青年时代都曾是忙人。因此，当他们可以有兴致学习的时候，已经没有时间专心读书；而当他们有时间专心读书的时候，又不再有学习的兴致了。

因此，美国并不存在使求知的爱好随世袭的财富和悠闲而代代相传，从而以脑力劳动为荣的阶级。

可见，美国人既没有专心从事脑力劳动的意志，又没有专心从事这一劳动的毅力。

在美国，人的知识处于一种中等水平。所有的人都接近这个水平：有的人比它高一点，有的人比它低一点。

因此，许许多多的人，在宗教、历史、科学、政治经济学、立法和行政管理方面，具有大致相等的知识。

智力的不等直接决定于上帝，人们根本无法防止这种不等的出现。

但是，我方才所说的一切，并不妨做出如下的结论：人的智力尽管不等，而且是创世主这样决定的，但其发展的条件是相等的。

由此可见，在美国自始就一向薄弱的贵族因素，今天即使没有完全被摧毁，至少也一筹莫展，以致已经难于对事态的进程发生任何影响。

与此相反，时间、事件和法律却使民主因素不仅发展为占有支配地位的因素，而且变成唯一无二的因素。在美国，无论是家庭还是团体，现在都毫无影响可言，甚至稍微持久的个人影响也不多见。

因此，美国在其社会情况方面呈现出一种非凡的现象。人在这里比在世界上任何地方，比在历史上有记录的任何时代，都显得在财产和学识方面的更近乎平等，换句话说，在力量上更近乎平等。

英裔美国人社会情况的政治后果

这种社会情况的政治后果是不难推断的。

不能认为平等在进入政界或其他界之后就不再发生作用。不要以为人们会永远安于在其他方面均已平等而只有一个方面不平等的局面，他们早晚要在一切方面享有平等。

然而，我只知道两种在政界建立平等的方法：不是把权赋予每一个公民，就是让每一个公民都没有权。

因此，对于社会情况已达到英裔美国人这样地步的民族来说，就很难在人人有权和个人专权之间找到一种折中办法。

不必隐讳，我们描述的社会情况既易于产生上述两种后果中的前者，又易于产生其中的后者。

实际上，有一种要求平等的豪壮而合法的激情，在鼓舞人们同意大家都强大和受到尊敬。这种激情希望小人物能与大人物平起平坐，但人心也有一种对于平等的变态爱好：让弱者想法把强者拉下到他们的水平，使人们宁愿在束缚中平等，而不愿在自由中不平等。这并不是说社会情况民主的民族天生鄙视自由；恰恰相反，他们倒是对自由有一种本能的爱好。但是，自由并不是他们期望的主要的和固定的目的，平等才是他们永远爱慕的对象。他们以飞快的速度和罕见的干劲冲向平等，如达不到目的，便心灰意冷下来。但是，除了平等之外，什么也满足不了他们，他们宁死而不愿意失去平等。

但从另一方面说，当公民全都一律平等以后，他们就难于团结起来反对当局侵犯他们的独立了。他们当中没有一个人会强大得足以单枪匹马地进行胜利的斗争，而只有把所有人的力量联合起来的团结才能保住他们的平等。但是，这样的团结并非总是存在的。

因此，不同的民族可能从同一社会情况得出两种完全不同，但又出于同源的政治后果。

英裔美国人是在我们所说的这种两者之中必取其一的可怕抉择面前，第一个十分幸运地避开了专制统治的民族。他们的环境、来源、智慧，尤其是他们的民情，使他们建立并维护了人民主权。

第四章　美国的人民主权原则

人民主权原则主宰整个美国社会——美国人在他们革命之前就已实行人民主权原则——这次革命使人民主权原则得到发展——选举资格的逐渐而不可遏制的降低

要想讨论美国的政治制度，总得从人民主权学说开始。

人民主权原则，一向或多或少地存在于几乎所有的人类社会制度的深处，通常隐而不现。人们服从它，但又不承认；即使有时它在片刻之间出现，人们也会立刻赶忙把它送回到圣殿的幽暗角落。

民族意志，是任何时候的阴谋家和所有时代的暴君最常盗用的口号之一。一些人在某些当权人物的贿选活动中听到过它，另一些人在少数人出于私利和畏惧而为他人拉选票的活动中也听到过它。另外，有些人把人民的沉默看成是对这一口号的正式承认，认为服从的事实就是默认他们的发号施令权力。

在美国，人民主权原则绝不像在某些国家那样隐而不现或毫无成效，而是被民情所承认，被法律所公布的；它可以自由传播，不受阻碍地达到最终目的。

如果说世界上有一个国家能使人们随意而公正地评价人民主

权原则，研究人民主权原则在社会事物多方面的应用，并指出它的好处和危险，那么，这个国家当然只能是美国。

我在前面已经说过，人民主权原则一开始就是美洲的大多数英国殖民地的基本原则。

但是，当时人民主权原则对社会制度的影响，还远不如今日这样强大。

有两个障碍，一个是外来的，一个是内在的，延缓了它的迅猛发展。

人民主权原则之所以未能公然见诸法律，是因为殖民地在那时还不得不服从宗主国。因此，它只能在各地的人民大会中，尤其是在乡镇的政府中，秘而不宣地发生作用。它在这些地方秘密地发展起来。

当时的美国社会，还没有为接受人民主权原则的全部成果做好准备。新英格兰的文化水平，赫德森河以南地区的富庶条件，正如我在上一章所说的，曾长期发生过一种贵族影响，促使管理社会的权力当局为少数人所操纵。所有的公职人员远非全是选举的，而所有的公民也并非全是选民。选举权到处都受到一定的限制，而且必须具备选举资格。对于这种资格的要求，北部很低，而南部又过高。

美国的革命爆发了。人民主权原则走出乡镇而占领了各州政府，所有的阶级都从本身的考虑出发卷进了运动，人们在人民主权原则的名义下进行战斗并取得胜利，人民主权原则成了法律的法律。

社会内部也几乎同样迅速地发生了变化。继承法完成了粉碎地方势力的大业。

在大家开始看清法律和革命的这个效果时，民主已经庄严地宣告彻底胜利。事实上，权力已经落到民主之手，而且不再允许反抗民主。因此，上层阶级不敢乱说乱动，只得乖乖忍受此后不可避免的苦难。上层阶级照例要丧失权势，因为它的成员都各怀自私心理。既然不能再从人民手中夺回权力，而且不能嫌恶相当多的人敢于冒犯它，它就只好不惜一切代价去讨好人民。因此，一些最民主的法律，正是由利益受到这些法律严重打击的人们投票通过的。这样，上层阶级并没有引起群情激怒向它开火，而是自动地促进了新秩序的凯旋。事物的发展就是如此奇怪！民主的飞跃进展最不可遏制的州，竟是原先贵族因素最根深蒂固的州。

马里兰州本是由一些大地主建立的，但它却第一个宣布了普选[①]，第一个在全部政府机构中采用了最民主的管理方式。

当一个国家开始规定选举资格的时候，就可以预见总有一天要全部取消已做的规定，只是到来的时间有早有晚而已。这是支配社会发展的不变规律之一。选举权的范围越扩大，人们越想把它扩大，因为在每得到一次新的让步之后，民主的力量便有增加，而民主的要求又随其力量的增加而增加。没有选举资格的人奋起争取选举资格，其争取的劲头与有选举资格的人的多寡成正比。最后，例外终于成了常规，即接连让步，直到实行普选为止。

今天，人民主权原则已在美国取得人们可以想象到的一切实

① 马里兰州的1801年宪法和1809年宪法，对普选做过修改。〔参见1776年宪法第十四条〕

际进展。它并没有像在其他国家那样被虚捧而架空，它根据情况的需要以各种形式出现在美国。有时，像雅典那样，由全体人民制定法律；有时，又由普选出来的议员代表人民，在人民的近于直接监督下工作。

有一些国家，其政权可以说是由外部加于社会的，社会不仅要按它的指示行动，而且要被迫按照一定的道路前进。

还有一些国家把权力分开，有时让权力属于社会，有时不让它属于社会。美国绝没有这种情形，在那里，社会是由自己管理，并为自己而管理。所有的权力都归社会所有，几乎没有一个人敢于产生到处去寻找权力的想法，更不用说敢于提出这种想法了。人民以推选立法人员的办法参与立法工作，以挑选行政人员的办法参与执法工作。可以说是人民自己治理自己，而留给政府的那部分权力也微乎其微，并且薄弱得很，何况政府还要受人民的监督，服从建立政府的人民的权威。人民之对美国政界的统治，犹如上帝之统治宇宙。人民是一切事物的原因和结果，凡事皆出自人民，并用于人民。（H）

第五章　在叙述联邦政府之前必须先研究各州的过去

这一章将考察美国根据人民主权原则建立的政府的形式、行动手段、障碍、好处和危险。

首先遇到的困难，是美国有一部十分复杂的宪法。美国有两个互相结合而且可以说是互相嵌入对方的不同社会。美国有两个截然分开和几乎各自独立的政府：一个是一般的普通政府，负责处理社会的日常需要；另一个是特殊的专门政府，只管辖全国性的一些重大问题。简而言之，美国内部还有二十四个小主权国，由它们构成联邦的大整体。

在研究各州之前先行考察联邦，这就使我们在前进的道路上必然遇到重重障碍。美国联邦政府的形式是最后出现的，它不过是共和国的变体，只是对在它之前通行于社会的并不依它而存在的那些政治原则的总结。而且正如我方才所讲的，联邦政府是特殊的政府，各州的政府才是一般的政府。想在展示这幅图画的细节之前就要大家了解它的全景的作者，必然会有些地方说得不清和出现重复。

毫无疑问，今天统治美国社会的那些伟大政治原则，是先在各州产生和发展起来的。因此，为了掌握解决其余一切问题的钥匙，就必须了解各州。

就制度的外观而言，现今组成联邦的各州，都具有同样的面貌。各州的政治或行政生活，均集中于可以比作指挥人体活动的神经中枢的三个行动中心。

依次序来说，这三个中心是乡镇（Township）、县（County）和州（State）。

美国的乡镇组织

作者为何要从乡镇开始考察政治制度——乡镇存在于所有国家——实现和保持乡镇自由的困难——实现和保持乡镇自由的重要性——作者为何要选择新英格兰的乡镇组织作为考察的主要对象

我先考察乡镇，并非出于随意的决定。

乡镇是自然界中只要有人集聚就能自行组织起来的唯一联合体。

因此，所有的国家，不管其惯例和法律如何，都有乡镇组织的存在。建立君主政体和创造共和政体的是人，而乡镇却似乎直接出于上帝之手。尽管乡镇自有人以来就已存在，但乡镇的自由却不常见，而且即使存在，也很薄弱无力。一个国家经常可以举行大的政治集会，因为它一般拥有文化水平发达到可以在一定程度上处理公务的一定数量的人民；而乡镇则是由一些大老粗组成的，他们通常都不理解立法工作的意义。实现乡镇独立的困难不但没有减少，反而随着民族的开化、人民文化水平的提高而增加了。一个文明程度很高的社会，最多只能容忍乡镇自由的试验；它反对乡镇的那套离经叛道的做法，在没有等到试验做完，就认为没有成功的希望了。

在各种自由中最难实现的乡镇自由，也最容易受到国家政权的侵犯。全靠自身维持的乡镇组织，绝对斗不过庞然大物的中央政府。为了进行有效的防御，乡镇组织必须全力发展自己，使乡镇自由为全国人民的思想和习惯所接受。因此，只要乡镇自由还未成为民情，它就易于被摧毁；但只要它被长期写入法律之后，就能成为民情的一部分。

因此，也可以说乡镇自由并非来自人力。也就是说，人力难于创造它，可以说它是自己生成的。它是在半野蛮的社会中悄悄地自己发展起来的。使它日益巩固的，是法律和民情的不断作用，是环境，尤其是时间。在欧洲大陆的所有国家中，可以说知道乡镇自由的国家连一个也没有。

然而，乡镇却是自由人民的力量所在。乡镇组织之于自由，犹如小学之于授课。乡镇组织将自由带给人民，教导人民安享自由和学会让自由为他们服务。在没有乡镇组织的条件下，一个国家虽然可以建立一个自由的政府，但它没有自由的精神。片刻的激情、暂时的利益或偶然的机会可以创造出独立的外表，但潜伏于社会机体内部的专制也迟早会重新冒出于表面。

为了使读者清楚地了解美国的乡镇和县的政治机构据以建立的一般原则，我认为最好是以一个州为例，先详细考察这个州的过去，然后再一瞥其余的州。

我选了新英格兰的一个州。

在联邦的各州，乡镇和县并不是按照同一方式建立的。但也不难看出，在整个联邦，乡镇和县的建制，却差不多完全基于同样的原则。

但我认为，这些原则在新英格兰要比在其他地方推行得更广和成果更大。因此，可以说它们在新英格兰表现得最为突出，而且也最易于别人观察。

新英格兰的乡镇组织是一个完整而有秩序的整体，建立得最早。它由于得到民情的支持，使它变得更强而有力。它对全社会起着异常巨大的影响。

由于这一切原因，它赢得了我们的注意。

乡镇的规模

新英格兰的乡镇介于法国的区和乡之间，其人口一般为两三千人[①]。因此，乡镇的面积并未大得使全体居民无法实现其共同利益的地步；另一方面，它的居民人数也足以使居民确实能从乡亲中选出良好的行政管理人员。

新英格兰的乡镇政权

同其他地方一样，人民是乡镇一切权力的源泉，乡镇自己处理主要事务——并无乡镇议会——乡镇的大权主要掌握在行政委员(selectmen)之手——行政委员如何工作——乡镇居民大会(Town

① 1830年，马萨诸塞州共有乡镇305个，人口为610 014人。因此，每个乡镇的平均人口约2 000人。

meeting)——乡镇官员的名称列举——义务官职和有酬官职

像在其他行政区一样，乡镇公权的源泉是人民，但其他任何行政区的权力的行使都没有这里来得直接。在美国，人民是各级政府必须竭力讨好的主人。

在新英格兰，公民是通过代表参与州的公共事务的。不这样办不行，因为无法直接参与。但在乡镇一级，由于立法和行政工作都是就近在被治者的面前完成的，所以没有采用代议制。没有乡镇议会。在任命行政官员之后，选举团便在一切方面领导他们，其工作程序之简便，远非州的法律执行可比②。

这种制度既与我们的想法不同，又与我们的习惯相悖，因而必须提出一些例证，以使人们能够完全理解。

我们在下面将要提到，乡镇的公务活动是极其繁多而又分得很细的。但是，大部分行政权掌握在几个每年一选的名为"行政委员"的手里③。

② 一些规模较大的乡镇不采用这种办法。在这些乡镇，一般设一名乡镇长和一个由两个科组成的乡镇公所，但这是一种必须由法律批准的例外。参看1822年2月22〔23〕日关于调整波士顿市政权的法令，载于《马萨诸塞法令汇编》第2卷第588页。〔波士顿，1823年〕这项法令是用于大城市的。一些小城市也往往设立自己的行政管理机关。1832年纽约州有104个乡镇设有这样的行政管理机关。参看《威廉氏纽约1832年大事记》。〔纽约，1832年〕

③ 在最小的乡镇选三人，在最大的乡镇选九人。见《乡镇官员》第186页〔托克维尔引用的是古德温：《乡镇官员或马萨诸塞法令》（伍斯特，1829年）〕；再参看马萨诸塞州关于行政委员的主要法令：

1786年2月20日法令，第1卷第219页；1796年2月24日法令，第1卷第448页；1801年3月7日法令，第2卷第45页；1795年6月16日法令，第1卷第475页；1808年3月12日法令，第2卷第186页；1787年2月28日法令，第1卷第302页；1797年6月22日法令，第1卷第539页。

州的法律对行政委员规定了一定的职责*。他们可以不必经过本乡镇人民的认可来执行这些职务。但如玩忽职守，则只能由他们个人负责。例如，州的法律责成他们报送本乡镇的选民名单。如他们不报，就犯有渎职罪。但是，对于交付乡镇政权处理的一切事务，行政委员是人民意志的执行者，犹如我们法国的市镇长是市镇议会的决议的执行者一样。通常，他们处理公务都是自行负责，只是在工作中要按本乡镇居民早先通过的原则办事。但是，他们如想对既定的事项做任何更改，或拟办一项新的事业，那就必须请示他们的权力的给予者。比如说，打算创办一所学校。这时，几位行政委员就要找一个日子，在事先指定的场所召集全体选民开会。会上，他们提出自己的要求，向大家说明满足此项要求的办法，需要多少款项，拟建于何处。大会就这一切问题进行讨论之后，便定出原则，选定地点，表决筹措费用的办法，然后责成行政委员执行大会的决议。

只有行政委员有权召开乡镇居民大会，但他人也可以要求他们召开。如果有十名选民想提出一项新的计划并要求乡镇支持，他们就可以请求行政委员召开乡镇居民大会。这时，行政委员必须答应他们的要求，并且有权主持会议④。

这种政治风范和社会习惯，无疑比我们法国的好得多。在此，我既不想对它们进行评论，又不想说明它们之所以产生和发展的内在原因。我只是把它们说出来而已。

---

* 为对现今新英格兰的大城市的行政进行科学分析，可阅读奥格和雷合著的《美国政府概论》(纽约，1942 年)第 972 页及以下几页。——法文版编者

④ 见《马萨诸塞法令汇编》第 1 卷第 150 页：1786 年 3 月 25 日法令。

行政委员在每年 4 月或 5 月改选。同时，乡镇居民大会还选出担任乡镇的某些重要行政职务的其他一些官员⑤。其中有：数名财产估价员，负责估价居民的财产；数名收税员，负责按估价的财产收税；一名治安员，负责维持治安、巡逻街道和执行法律；一名乡镇文书，负责记录会议的审议事项和管理户籍；一名司库，负责管理乡镇的财务。除了这些官员之外，还有：一名济贫工作视察员，他的任务艰巨，负责执行济贫法；几名校董，负责管理国民教育；几名道路管理员，负责大小道路的一切管理工作。以上就是乡镇管理方面的主要官员的名单。但是，职务的划分还不止于此。在乡镇的官员⑥中，还有几名负责管理宗教事务费的教区管理员，以及各种工作的视察员：其中有的负责组织公民救火，有的组织人力看青护秋，有的协助公民解决修建庭院时可能遇到的困难，有的负责测量森林，有的负责检查度量衡器具。

一个乡镇共有十九名主要官员。每个居民都必须承担这些不同的职务，违者罚款。但是，这些职务大部分都是付酬的，为的是使贫穷的公民能够付出时间而不受损失。还应当指出，美国的制度没有为官员规定固定的薪金。一般说来，每项公务的任命单上都写有单位工作量的报酬，按官员完成的工作量多寡计酬。

---

⑤ 见《马萨诸塞法令汇编》第 1 卷第 150 页：1786 年 3 月 25 日法令。

⑥ 指乡镇常设的官员。

为了解乡镇的这些官员的职务细节，可参看古德温：《乡镇官员》和三卷本的《马萨诸塞法令汇编》，波士顿，1823 年。

乡镇的生活

人人都是本身利益的最好裁判者——人民主权原则的必然结果——这个学说在美国乡镇的应用——新英格兰的乡镇在只与本身利益有关的一切事务上享有主权，在其他事务上服从于州——乡镇对州的义务——在法国是政府把官员借给村镇，在美国是乡镇把官员借给政府

我在前面说过，人民主权原则支配着英裔美国人的整个政治制度。本书的每一页，都会使读者看到这个理论的某些新的应用。

在推行人民主权原则的国家，每一个人都有一份同等的权利，平等地参与国家的管理。

因此，每一个人的文化程度、道德修养和能力，也被认为是与其他任何同胞相等的。

那么，他们为什么要服从社会呢？而这种服从的自然界限又是什么呢？

个人之服从社会，并不是因为他比管理社会的那些人低劣，也不是因为他管理自己的能力不如别人。个人之服从社会，是因为他明白与同胞联合起来对自己有利，知道没有一种发生制约作用的权力，就不可能实现这种联合。

因此，在同公民相互应负的义务有关的一切事务上，他必须服从；而在仅与他本身有关的一切事务上，他却是自主的。也就是说，他是自由的，其行为只对上帝负责。因此产生了如下的名言：个人是本身利益的最好的和唯一的裁判者。除非社会感到自己被

个人的行为侵害或必须要求个人协助，社会无权干涉个人的行动。

这个学说，在美国是被普遍承认的。我准备以后再考察它对日常生活行为发生的影响，而现在只谈它对乡镇发生的影响。

从对中央政府的关系来说，整个乡镇亦如其他行政区一样，也像是一个个人来行使自己的权利。我方才叙述的原理，也适用于乡镇和其他行政区。

因此，美国的乡镇自由来源于人民主权学说。美国的各州都或多或少承认乡镇的这种独立。而在新英格兰的各州，环境则特别有利于这一学说的发展。

在联邦的这一部分，政治生活始于乡镇。我们甚至可以说，每个乡镇最初都是一个独立国。后来，当几位英国国王相继要求行使他们的主权的时候，也只是限于州一级的权力。他们让乡镇保持了原状。现在，新英格兰的乡镇是从属的，但它们最初绝非如此或几乎不是如此。它们并没有由别处取得权力；相反，它们好像把自己的一部分独立让给了州。这是一个重大的差别，读者务必记住。

乡镇一般只在我称之为公益的利益上，即在各乡镇共享的利益上服从于州。

乡镇在只与其本身有关的一切事务上仍然是独立的，而且我认为新英格兰的居民没有一个人会承认州有权干预纯属于乡镇的利益。

因此，在新英格兰的乡镇，买卖东西，打官司，或增减预算，州当局从来不加干涉，而且它也不曾这样想过⑦。

---

⑦ 见《马萨诸塞法令汇编》第1卷第250页：1786年3月23日法令。

对于全州性的公共义务，它们非尽不可。比如，州需要钱，乡镇就没有同意或拒付的自由⑧；州想修建一条道路，乡镇不能不让道路从其境内通过；州制定一项公安条例，乡镇必须予以执行；州想在全州范围内实行统一的教育制度，乡镇就得设立法律规定的学校⑨。当我们以后叙述美国的行政组织时，我们将会谈到在上述情况下是如何和通过什么途径迫使乡镇服从的。在这里，我只想指出有这种义务存在。这种义务是必须尽的，但州政府在规定它的时候只是指示一个原则；而在执行的时候，乡镇一般又恢复了它的一切个体独立权。比如，赋税是由州议会表决的，但计征税款的却是乡镇；设立学校是上级的命令，但花钱办学和管理学校的却是乡镇。

在法国，是国家的税务人员去收村镇的税；而在美国，则是乡镇的税务人员去收州的税。

也就是说，在我们法国，是中央政府把它的官员借给了村镇；而在美国，则是乡镇把它的官员借给了州政府。只是这个事实，就足以表明两个社会的差别是如何之大了。

新英格兰的乡镇精神

新英格兰的乡镇为什么被居民爱慕——欧洲难于养成乡镇精神——乡镇的权利和义务有利于在美国养成乡镇精神——故

⑧　见《马萨诸塞法令汇编》第1卷第217页：1786年2月20日法令。

⑨　同上书第1卷第367页：1789年6月25日法令；第3卷第176页：1827年3月8〔10〕日法令。

乡在美国比在其他国家有更大的特点——乡镇精神在新英格兰是怎样表现的——乡镇精神产生的可喜效果

在美国，乡镇不仅有自己的制度，而且有支持和鼓励这种制度的乡镇精神。

新英格兰的乡镇有个到处可见的激励人们进取的优点，那就是独立和有权。不错，乡镇的活动有其不可逾越的范围，但在这个范围内，乡镇的活动是自由的。当人口和面积还不足以使乡镇独立时，表现为活动自由的这种独立性，就已使乡镇占有实际上非常重要的地位。

应当承认，人们一般喜欢趋炎附势；而且可以看到，在一个被征服的国家里，爱国心是不会持久的。新英格兰居民之爱慕乡镇，并不是因为他们生于那里，而是因为他们认为乡镇是一个自由而强大的集体。他们是乡镇的成员，而乡镇也值得他们精心管理。

而在欧洲，统治者本人就经常缺乏乡镇精神，因为他们许多人只承认乡镇精神是维持安定的公共秩序的一个重要因素，但不知道怎么去培养它。他们害怕乡镇强大和独立以后，会篡夺中央的权力，使国家处于无政府状态。但是，你不让乡镇强大和独立，你从那里只会得到顺民，而绝不会得到公民。

再举一个重要事实：新英格兰的乡镇组织得很好，既能吸引各类居民依恋向往，又不致激起他们产生贪欲。

县的官员不是选举的，但他们的权力有限。甚至州也只有次要的权限，州的存在是无关紧要的。因此，很少有人离开自己的事业中心，打乱自己的生活节奏，到州里去做官。

联邦政府虽然授予其管理人员以权力和荣誉，但由此发迹的人并不太多。总统是在达到一定的年龄之后才能取得的最高职位。至于联邦政府的其他高级官员，可以说也都是暂时性的，而且在任职之前，他们通常已在其他活动方面做出了成绩。事业上的雄心壮志，不会使他们把终生当官作为目的。乡镇，即日常生活关系的中心，才是人们的求名思想、获致实利的需要、掌权和求荣的爱好之所向。这种经常使社会困扰的感情发作于炉灶旁边时，即所谓家庭内部时，就会改变它们的性质。

于是，在美国的乡镇，人们试图以巧妙的方法打碎（如果我可以这样说的话）权力，以使最大多数人参与公共事务。结果，选民的任务是经常开会审议乡镇的管理措施，而各式各样的官职，即形形色色的官职，则独立于选民之外，在自己的职权范围内代表权力很大的乡镇自治体，并以这个自治体的名义行动！因此，广大的人民群众都能不必乡镇政权操心而做好工作，并自觉地关心乡镇政权！

把乡镇政权同时分给这么多公民的美国制度，并不害怕扩大乡镇的职权。我们有理由认为，在美国，爱国心是通过实践而养成的一种眷恋故乡的感情。

这样，乡镇生活可以说每时每刻都在使人感到与自己休戚相关，每天每日都在通过履行一项义务或行使一次权利而实现。这样的乡镇生活，使社会产生了一种勇往直前而又不致打乱社会秩序的稳步运动。

美国人依恋其乡镇的理由，同山区居民热爱其山山水水类似。他们感到故乡有一种明显的和与众不同的特色，有一种在其他地方见不到的特征。

一般说来，新英格兰的乡镇生活是幸福的。乡镇的管理形式是根据居民的爱好而选择的。在生活安定和物资充裕的美国，乡镇的骚乱为数不多，地方的事务容易管理。此外，长期以来人民受到了政治教育，或者毋宁说在他们于这个地方落脚的时候就开始受到了这种教育。在新英格兰，从来没有等级的区分。因此，乡镇中没有一部分人压迫另一部分人的现象，而只是对孤立的个人进行的罚治，也会在征得全体居民同意后撤销。如果乡镇的管理有了缺点(要指出这种缺点，当然是容易的)，人们也不耿耿于怀，因为管理的根据实际上来自被治理的人，不论管理得好坏，他们都得满意，以此来表示他们做主人的自豪感。没有什么东西可以与这种自豪感相比。英国从前虽是统治全体殖民地的，但殖民地的人民却一直自己管理乡镇的事务。因此，乡镇的人民主权不仅古老，而且自始就已存在。

新英格兰的居民依恋他们的乡镇，因为乡镇是强大的和独立的；他们关心自己的乡镇，因为他们参加乡镇的管理；他们热爱自己的乡镇，因为他们不能不珍惜自己的命运。他们把自己的抱负和未来都投到乡镇上了，并使乡镇发生的每一件事情与自己联系起来。他们在力所能及的有限范围内，试着去管理社会，使自己习惯于自由赖以实现的组织形式，而没有这种组织形式，自由只有靠革命来实现。他们体会到这种组织形式的好处，产生了遵守秩序的志趣，理解了权力和谐的优点，并对他们的义务的性质和权利范围终于形成明确的和切合实际的概念。

新英格兰的县*

新英格兰的县与法国的县类似——县的建制纯系出于行政考虑——没有代议制的任何因素——由非选举的官员治理

美国的县同法国的县有许多类似之处。无论是美国的县，还是法国的县，都是随意划定的。县虽然是个整体，但在其所包括的各个部分之间既没有必然的联系，又没有共同的依恋感情、传统和生活。县的建制纯系出于行政考虑。

乡镇的面积不大，无法建立成套的司法体系。因此，县就成了司法体系的第一中心。每县都有一个法院⑩、一名司法官和一座关押犯人的监狱。有些设施是一个县的所有乡镇差不多都感到需要的，所以建立县级机关来统理各乡镇的同类事务也是自然的。在马萨诸塞州，这个机关的大权掌握在人数不多的几个官员之手，他们是州长根据州长咨议会⑪的提议任命的⑫。

县的行政官员只有有限的和非正规的权力，而且只能在为数极少的预定的事项中行使。日常的事务，一般均由州和乡镇办理。县的行政官员只编制本县的预算，然后交立法机关通过⑬。县里

* 拿托克维尔对美国县的叙述与美国县的现有职能作一比较，将是很有裨益的。参阅奥格和雷的上述著作第 875 页及以下几页。——法文版编者

⑩ 见《马萨诸塞法令汇编》第 1 卷第 551 页：1821 年 2 月 14 日法令。

⑪ 州长咨议会是选举产生的。

⑫ 见《马萨诸塞法令汇编》第 2 卷第 494 页：1819 年 2 月 20 日法令。

⑬ 同上书第 1 卷第 61 页：1791 年 11 月 2 日法令。

没有直接或间接代表本县的议会。

因此，严格说来，县里并没有政治生活。

美国大部分州的宪法，都有一种双重倾向：一方面让立法者分散行政权，另一方面又让立法者集中立法权。新英格兰的乡镇，本身有其不可破坏的生活原则，但又需要把乡镇的生活虚构于县的活动之中。结果，谁也没有感到乡镇在县里发生作用。在州内，能够代表全体乡镇的只有一个机构，那就是作为全州权力中心的州政府。除了乡镇活动和全州活动以外，可以说只有个人活动。

新英格兰的行政*

在美国感觉不到有行政——为什么——欧洲人认为自由要靠在公权方面剥夺某些人的权利来建立，而美国人认为要靠分散某些人的权力来建立——几乎所有的行政工作可以说都划归乡镇，由乡镇官员分掌——无论是在乡镇或是在它的上级，均见不到行政等级森严的痕迹——为什么如此——但是，州又是怎样一律成为行政单位的——谁授权使乡镇和县的行政服从法律——司法权之进入行政部门——选举原则扩展到一切官职的后果——新英格兰的治安法官——由谁任命——县的管理——乡镇行政的监督——地方法院——其办案方式——谁把案件提交法院审理——侦讯权和起诉权像其他一切行政职务一样被多人分掌——以分得罚款的办法鼓励检举。

使旅游美国的欧洲人最吃惊的，是这里没有我们通常所说的

* 关于新英格兰的行政，可参阅奥格和雷的上述著作中《地方政府和行政》部分，即第 875 页及以下几页。——法文版编者

政府或衙门。美国有成文法，而且人们每天都在执行它。一切都在你的周围按部就班进行，但你到处看不到指挥者。操纵社会机器的那只手是隐而不见的。

但是，正如人们为了表达自己思想而需要依靠一定的语法结构一样，一切社会为了求得生存也不得不服从于某种权威，而没有这种权威，社会就会陷于无政府状态。这种权威可能有不同的表现形式，但它必定始终存在于某处。

一个国家，一般用两种方法来削弱权威的力量。

第一是剥夺当局在某些情况下的自卫权利或自卫能力，以便从根本上减弱当局的权力。用这种方法削弱权威，通常是欧洲建立自由的办法。

第二是缩小权威的影响：不去剥夺当局的某些权力或不去使当局的权力瘫痪，而是把社会权力分给许多人掌握，增设官职，使每一官职只有履行职务时所必要的权限。有些国家在用这种方法分散当局的权力时可能导致无政府状态，但这种做法本身却不是无政府主义的。不错，用这种方法分散权威之后，权威的作用便减少了不可抗拒性和危险性，但权威本身并没有被破坏。

推动美国革命的，是对自由的发自内心的热爱，而不是对独立的盲目的和没有限制的渴求。这个革命没有受到造反激情的支持，相反，它是在爱好秩序和法治的口号下进行的。

因此，不要以为在美国这个自由国家人们可以有权为所欲为。相反，这里加于人们的社会义务要比其他地方多得多，人们从来不想从根本上打击当局的权力和否定它的权限，而只是把权限的行使分给许多人。他们想以此加强权威而削弱官吏，以使社会永远秩序井然而又保持自由。

世界上没有一个国家的法律像美国那样铁面无私，也没有一个地方的公权像美国那样分掌在如此众多的人们之手。

美国的行政权结构既不是中央集权的，又不是逐级分权的*。它在行使时所以不为人察觉，其原因就在于此。行政权虽然存在，但不知道它的代表在何处。

我在前面已经说过，新英格兰的乡镇是独立的，不受任何上级机关的监护。因此，它们是自行处理本乡镇的事务的。

乡镇的行政委员们，也往往监督执行或亲自执行全州性的法律⑭。

除了全州性的法律以外，州有时也颁布一些全州性的治安条例。但在一般情况下，是由乡镇当局或乡镇官员会同治安法官，根据当地的需要，规定本地的社会生活细则，公布有关公共卫生、正常秩序和公民道德的守则⑮。

---

* 托克维尔的这部分考察已经过时。1940 年，联邦的公务人员已超过 100 万人，1946 年的人数为 2 285 570 人。——法文版编者

⑭ 见《乡镇官员》，特别是其中提到的行政委员、财产估价员、收税员、文书、道路管理员等的职务。例如，在这些为数众多的官员中，有些人不向州提出理由不得在礼拜天外出。这些人是乡镇的“十户长”(tithingmen)，他们专门负责监督法律的执行情况。

见《马萨诸塞法令汇编》第 1 卷第 410 页：1792 年 3 月 8 日法令。

行政委员负责编制选举州长的选民名单，向州的选举办公室报送投票选举的结果。见《马萨诸塞法令汇编》第 1 卷第 488 页：1796 年 2 月 24 日法令。

⑮ 例如，行政委员有权下令修筑排水沟，指定可以堆放垃圾的场所，指定可以防范邻乡侵犯本乡镇利益的某些商品交易场所。

见《马萨诸塞法令汇编》第 1 卷第 193 页：1785 年 6 月 7 日法令。

最后，乡镇的行政委员们也可以不受任何外来的指示，而自行处理乡镇经常发生的但又无法预见的一些紧急事项⑯。

根据以上所述可知，在马萨诸塞州，行政权几乎⑰全为乡镇所掌握，但却分散在许多人之手。

在法国的乡镇，严格说来只有一个行政官员，那就是乡长或镇长。

而在新英格兰，我们却看到至少有十九种官员。

一般说来，这十九种官员彼此之间并无隶属关系。法律为这些官员中的每个人规定了职权范围。在这个范围内，他们是完成本职工作的全权主人，只承认乡镇的权威。

如果把视线移到乡镇的上级，也很难看到行政等级的痕迹。有时，县的官员也修改乡镇或其行政委员做出的决定⑱，但总的说来，县的行政官员无权指挥乡镇官员的行动⑲，前者只能在与全县

⑯　例如，在发生传染病期间，行政委员得处理公共卫生问题，并协同治安法官采取必要的防治措施。见《马萨诸塞法令汇编》第1卷第539页：1797年6月22日法令。

⑰　我所以要说“几乎”，是因为乡镇生活中的许多日常事务，都是由治安法官自行处理或会同县里的官员处理。例如，各种许可证或执照，就是由治安法官发放的。见《马萨诸塞法令汇编》第1卷第297页；1787年2月28日法令。

⑱　例如，对持有乡镇行政委员发给的品行优良证明书的人颁发表扬状。如果行政委员拒不发给这种证明书，则当事人可以向县法院的治安法官申诉；法院裁定后即可颁发表扬状。见《马萨诸塞法令汇编》第2卷第186页：1808年3月12日法令。乡镇有权制定细则，并负责检查细则的实施情况，比如检查是否按规定的金额判处了罚款。但是，这种细则须经县法院批准。见《马萨诸塞法令汇编》第1卷第254页：1786年3月23日法令。

⑲　在马萨诸塞州，县的行政官员也常被请去评定乡镇行政委员的政绩。我们以后将要说到，他们的评定具有法院判决的效力，而不是行政措施。

有关的事务方面领导后者。

乡镇的行政官员和县的行政官员，在极少数的预定事项上要同时向州政府的官员报告他们的处理结果[20]。但是，州政府并不派专人去制定全州性的治安条例，去颁布执行法律的命令，去同县和乡镇的行政官员经常保持联系，去视察他们的政绩，去指导他们的行为和谴责他们的错误。

因此，并不存在行政权的半径所辐辏的圆心。

那么，怎样按照一个大致统一的计划去指导社会呢？又怎么能使县及其行政官员和乡镇及其官员服从呢？

在新英格兰各州，立法权涉及的范围比我们法国广阔。立法者几乎管到了行政当局的内部。法律规定到事情的细微末节；同一法律既规定原则，又规定原则的应用方法；上级单位的法律，还给下属单位及其官员加上了一大堆严格而细密的义务。

因此，只要一切下属单位和全体官员依法行事，社会的各个部分便会步调一致地行动。但还有一个问题，那就是如何能够迫使下属单位及其官员遵从法律。

大致可以说，社会只拥有两种迫使官员遵从法律的办法：

可以赋予这些官员中的一个官员以指导其他官员并在不服从时就罢免他们的独断权力；

或者，可以责成法院惩治违法的官员。

这两种办法，哪一个都不总是可以任意使用的。

---

⑳ 例如，乡镇的教育管理委员会必须逐年向州办公厅主任报告学校的管理情况。见《马萨诸塞法令汇编》第3卷第183页：1827年3月10日法令。

指导一个官员的权力，必须以有权在他未尽职守时予以免职，在他勤勤恳恳履行全部职责时予以提升为前提。但是，对于一个民选的行政委员，行政当局既不能罢免，又不能提升，因为经选举产生的所有官员，在他们的任期届满以前，都不能撤换。实际上，当所有的公职都是经选举产生的时候，民选的行政委员只有求于和有惧于选民。在这种条件下，官员之间就不会存在真正的等级差别，因为发号施令权和镇压反抗权不会集中于一人之手，指挥权也不会与奖惩权合并于一人之身。

因此，通过选举任用政府的下层官员的国家，必然要广泛使用司法惩治作为行政措施。

这种情形不是马上就可看得出来的。统治者们把实行选举制度视为第一次让步，把允许法官惩治选举产生的行政官员视为第二次让步。他们对这两种新办法都害怕，但在他们不得不采用时，他们还是愿意采用前者，所以他们同意选举官员，而让选举出来的官员独立于法官之外。但是，只有同时采用两种办法，才能使它们彼此抵消，保持平衡，因为情况十分清楚，不受司法权监督的被选举权迟早会失去控制或被取消。在中央政权和经选举产生的行政单位之间，只有法院可以充当调停人。而且，能够迫使民选的官员服顺和使他们不侵犯选民权利的，也只有法院。

因此，司法权向政界的扩张，应当与被选举权的扩张协调起来，如果两者不携手前进，国家终必陷于无政府状态或一部分人压迫另一部分人的状态。

多少世纪以来，人们一向认为司法习惯没有很好地培养公民去行使行政权。

美国人从他们的祖辈英国人那里学来了一种与欧洲大陆实行的制度完全不同的制度。我指的是设置治安法官。

治安法官在处理民众与乡镇行政官员之间和行政机关与法院之间的纠纷时采取不偏不倚的立场。治安法官应是一位见识广博的公民，但不必精通法律。他只负责维持社会治安，其工作之需要良知和公正甚于需要法律知识。在治安法官参加国家的管理工作时，可为管理工作带来照章办事和凡事向群众公布的作风，而这种作风是防止专横的最强大武器。但是，他们不应成为迷信法律的奴隶，因为过于迷信法律会使行政官员惰于行政管理。

美国人采用了英国的治安法官制度，但却革除了使它在母国出名的那种贵族性质。

马萨诸塞的州长㉑，为本州的各县任命一定数量的任期七年的治安法官㉒。

另外，他又从每县的治安法官中指定三个人，由他们组成地方法院。

个别的治安法官亦参加一般行政工作。有时，他们也被委以一定的行政职务，协同民选的官员工作㉓；有时，组成临时法庭，接受行政官员对拒不履行义务的公民的控诉或公民对行政官员的违

㉑ 我们以后再讲州长的职权范围。我下面所要讲的，是州长在全州的行政权。

㉒ 见《马萨诸塞州宪法》第 2 章第 1 节第 9 款，第 3 章第 3 款。

㉓ 这种情况很多，兹举一例：一个外来人来到某个乡镇的传染病流行地区病倒。两名治安法官可以附上行政委员的通知，指示县的司法官将病人移送到别的地方加以救护。《马萨诸塞法令汇编》第 1 卷第 540 页：1797 年 6 月 22 日法令。

一般说来，治安法官可以参与一切重要的行政管理活动，并使所参加的工作产生半司法性质。

法行为的检举。但是，地方法院才是治安法官执行其主要职务的场所。

地方法院每年在县城开庭两次。在马萨诸塞州，这个法院有权迫使大多数[24]民选的官员服从[25]。

应当指出，在马萨诸塞州，地方法院既是纯粹的行政组织，又是政治法庭。

我们已经说过，县只是一个行政区划[26]。地方法院主管的工作，只是为数不多的与大部分乡镇或全体乡镇有关的，因而不能由任何一个乡镇单独处理的工作。

在涉及全县性的工作时，地方法院的工作纯属行政性的。地方法院在处理工作的过程所以要经常采取司法程序，那只是为了便于自己处理工作[27]，和让被审理的官员明白处理的法律根据。但在需要审理乡镇的行政官员时，它几乎总是作为司法机关而工作，只是在极少数情况下才以行政机关的身份出现。

㉔　我所以说大多数，是因为行政委员的某些违法行为实际上可以提交普通法院处理。例如，一个乡镇拒不设立管理学校所需的基金或拒不成立教育管理委员会时，可以处以金额相当大的罚款。而做出这种罚款判决的，则是名为最高法院或高等法院的普通法院。见《马萨诸塞法令汇编》第 3 卷第 190〔192〕页：1827 年 3 月 10 日法令。一个乡镇拖期不交军用粮秣时，也要罚以巨款。见《马萨诸塞法令汇编》第 2 卷第 570 页：1822 年 2 月 21 日法令。

㉕　治安法官可根据自己的能力参加乡镇或县的政府工作。乡镇的一些重要工作，一般均要有一名治安法官参加处理。

㉖　在县的工作中，由地方法院负责办理的，可能有以下几种：

1）设置监狱和成立法庭；2）编制全县的预算（交州的立法机关表决）；3）计征州立法机关表决的税收；4）颁发各种执照和证件；5）建筑和维修全县的道路。

㉗　比如，在处理道路的建筑和维修问题时，地方法院须求助陪审团来解决他在处理过程中遇到的几乎一切难题。

在这方面遇到的第一个困难，是如何使乡镇这个几乎是独立的政权的实体服从州的一般法律。

我们已经说过，乡镇每年要任命一定人数的财产估价员来计征税收。但乡镇可能以不任命财产估价员的办法来逃避纳税的义务。这时，地方法院可对这样的乡镇罚以巨款[28]。罚款按法院的判决分派给全体居民。县的司法官是执法人员，由他执行判决。因此，在美国，行政当局好像喜欢躲在幕后进行仔细观察，让行政命令带上司法判决的面纱。这样，行政当局由于拥有被人们视为合法的这种几乎不可抗拒的权力，而使权限更大了。

这样的做法是不难推行而且容易被人接受的。一般说来，要求于乡镇的事情，都是清清楚楚和以明文规定的。这种规定很简单，并不复杂，只写出原则，而不列出细节[29]。但是，不仅在使乡镇服从时，而且在使乡镇官员服从时，都会遇到困难。

一个公职人员可能做出的应受斥责的行为，可以归纳下列几种：

他在履行法定的义务时不热心和不卖力气；

他可能没有履行法定的义务；

最后，他可能做出法律禁止的事情。

法院只追究官员的后两种失职行为，但要以确凿可查的事实

㉘ 见《马萨诸塞法令汇编》第1卷第217页：1786年2月20日法令。

㉙ 有一种使乡镇服从的间接方法。比如，根据法律规定，乡镇应当保证道路完好，但它由于疏忽而没有申请所需的经费，则负责管理道路的乡镇行政官员有权征集必要的资金。因为他本人可以追查道路失修的具体原因，并就此向地方法庭起诉，所以他当然可对乡镇行使法律给予他的特权。这样，地方法院通过追究失职的官员，就迫使乡镇服从了。见《马萨诸塞法令汇编》第1卷第305页：1787年3月5日法令。

作为审理的依据。

乡镇的行政委员在乡镇进行选举的时候，也会忽略法律规定的手续。这时，他可能被罚款[30]。

但是，在官员履行职责不熟练时，或在执行法律的规定时不热心和不卖力时，完全不受法律处分。

虽然地方法院被授予行政权，但在这时它也无力迫使这些官员完全服从。只有害怕免职的心理可能阻止这样的轻微犯罪，但地方法院没有使乡镇政权害怕的手段，它不能罢免非它任命的官员。

而且，为了查处玩忽职守和消极混泡的官员，还必须对下属的官员进行经常监督。但是，地方法院每年只开庭两次，不负监督的责任，只审理被检举的应予斥责的违法事件。

只有断然罢免公职人员的措施，才是迫使他们切实而积极地服从的唯一保证，而用一般的司法措施是无法办到的。

在法国，我们从行政等级制度中看到了这种保证；而在美国，则可从选举制度中找到。

现在，我对前面所说的做如下的简要总结：

新英格兰的公职人员在执行职务中犯罪时，普通法院可以随时传讯他们；

他们犯有行政过错时，只有纯行政性的法庭有权处分他们，而如果情节严重或事关紧要，则法官应做出其作为一个法官应做的处理[31]。

---

[30] 见《马萨诸塞法令汇编》第2卷第45页。〔1861年3月7日法令〕

[31] 例如，一个乡镇拒不任命财产估价员，则地方法院可以任命，而经选举产生的乡镇行政官员仍保持其作为民选官员的一切权利。见前引的1786年2月20日法令。

最后，在同一公职人员犯了难以断定的罪行之一，而上述的法庭又无法确定其是否有罪时，可在当年交由一个不准上诉的法庭去审理。这个法庭可以立即剥夺他的权力，收回他的任命书而罢他的官。

这个制度本身确有很大好处，但执行起来也有实际困难，这一点也是必须指出的。

我已经说过，他们称为地方法院的行政性法院无权监察乡镇的行政官员。只在受理案件之后，才能有这种权限。这个制度的弱点也正在于此。

新英格兰的美国人没有为地方法院设置检察官[32]，而且我们也应当看到，只设置一名检察官对他们也有难处。如果只在县城设置一名检察官，而在乡镇没有他的助理，他能比地方法院的成员更熟悉全县的情况吗？而如果在每个乡镇都为他设置助理，那又会把行政和司法大权都集中于他一人之手。而且，法律是习惯的产物，英国的立法也从来没有类似的规定。

因此，像分设其他一切行政职务一样，美国人也把侦讯权与起诉权分开。

大陪审团的成员必须依法将本县可能发生的各类犯罪行为通知给他们所服务的法院[33]。一些重大的渎职罪，由相应的高级检

[32] 我说“为地方法院设置”，是因为普通法院设有一名执行某些检察任务的官员。

[33] 例如，大陪审团的陪审员有责任向地方法院通告道路的情况。《马萨诸塞法令汇编》第1卷第308页。

察机关起诉[34]。对违法者的处分，经常是由财务官员执行，即负责收纳被处的罚款。因此，乡镇司库查出违法事件时，大部分可由他自己直接起诉。

但是，美国的立法特别重视个人的权益[35]。这也是我们在研究美国的法律时经常见到的主要原则。

美国的立法者认为，不能过于相信人的忠诚，但他们断定人是有理智的。因此，为了法律的顺利执行，他们总是重视私人权益。

但也不难想见，如果所定的法律条款无论对全社会如何有利，而个人却得不到任何实惠，那谁也不愿意去做原告。因此，通过一种默契，就不去动用法律了。

美国人的制度使他们走上了这样的极端。在这种情况下，美国人便不得不鼓励检举，使检举人根据某些条件分得一部分罚款[36]。

㉞　例如，县的司库没有提交财务报告。《马萨诸塞法令汇编》第 1 卷第 406 页。

㉟　现从许多例子中举出一例：保养不好的道路使某人的车辆破坏或身体受伤时，此人有权向地方法院起诉，要求负责维修这段道路的乡镇或县赔偿损失。《马萨诸塞法令汇编》第 1 卷第 309 页。

㊱　在有敌人入寇或发生暴乱时，乡镇的官员如果玩忽职守，不向民兵提供必要的物资和军需，乡镇可被处以 200—500 美元（等于 1 000—2 700 法郎）的罚款。

十分清楚，只是这样的规定，任何人都不会有兴趣，也不想去做原告。因此，又补充规定：

“任何公民都有权告发类似的罪行，并分罚款的一半给检举人。”见《马萨诸塞法令汇编》第 1 卷第 236 页：1810 年 3 月 6 日法令。

在马萨诸塞州的法律中，这样的补充规定屡见不鲜。

有时，法律不是以这种办法鼓励个人去检举公职人员，而是以此鼓励官员去惩治个别人的抗拒行为。例如，一个居民接到通知后拒不参加一条大道的修筑工程，道路管理员有权检举此人。如果此人被罚，道路管理员可得一半罚款。见《马萨诸塞法令汇编》第 1 卷第 380 页。

这是一种以败坏风尚为代价来保证法律执行的有害办法。

当然，县的行政官员之上的官员就没有行政权，而只有统治权了。

美国行政概况

联邦各州之间在行政制度上的差别——越往南方，乡镇当局的活动越不积极和越不充分——官员的权力越大，选民的权利越小——行政权由乡镇移向县——纽约州、俄亥俄州、宾夕法尼亚州——可应用于全联邦的一些行政原则——公职人员的选举及职位的终身性——没有等级制度——司法手段被用于行政

我在前面已经说过，在详细考察新英格兰的乡镇和县的组织以后，便概述联邦的其余部分。

每个州都有乡镇并实行乡镇自治，但每个州的乡镇并不与新英格兰的乡镇完全一样。

越往南方，乡镇的自治程度越低，乡镇的官员权限和职责越少，居民对乡镇事务的影响也不像其他地方那样直接，召开乡镇居民大会的时候越少，而大会讨论的问题的范围也越小。因此，民选官员的权力较大，选民的权利较小，乡镇的自治精神也较差和不强[37]。

---

[37] 详见《增订纽约州法令集》第4编第11章《乡镇的权限、职责和特权》第1卷第336—364页，阿尔巴尼，1829年版。

参看《宾夕法尼亚法律选编》中的"财产估价员"、"收税员"、"治安员"、"济贫工作视察员"、"道路管理员"等条，以及《俄亥俄州一般性法令集》第412页：1834年2月25日关于乡镇的法令。其次，对于乡镇的各种官员，如"乡镇文书"、"遗孤财产保管员"、"济贫工作视察员"、"护青员"、"财产估价员"、"乡镇司库"、"治安员"、"道路管理员"，均做出具体规定。

这种差别在纽约州开始出现，而到宾夕法尼亚州便已十分明显，但当你尚未到过西北地区以前，还不会对这种差别感到吃惊。建立西北诸州的移民，大部分来自新英格兰，他们把故乡的行政习惯带到了第二故乡。俄亥俄州的乡镇同马萨诸塞州的乡镇极其相似。

我们已经说过，在马萨诸塞，公共行政的大权掌握在乡镇手里。乡镇是人们的利益和依恋的集合中心。但越往南方诸州走去，乡镇便不再是这样的中心了。在这些州里，教育还不太普及，所以培养出来的人才不多，胜任行政工作的人较少。因此，离开新英格兰越远，行政工作几乎全部移到县里。县变成了主要行政中心，形成为介于州政府和普通公民之间的权力机关。

我曾说过，在马萨诸塞，县的事务由地方法院主理。地方法院由数名官员组成，但须经州长及其咨议会任命。县不设议会，它的预算由州立法机关投票表决。

而在纽约州这样的大州，以及在俄亥俄州和宾夕法尼亚州，每县的居民选出一定数量的代表，这些代表的会议便是县的具有代议制性质的议会㊳。

县的议会在一定范围内有权向居民征税，在这一点上它像真正的立法机关。同时，它又行使县的行政权，领导乡镇的大部分行

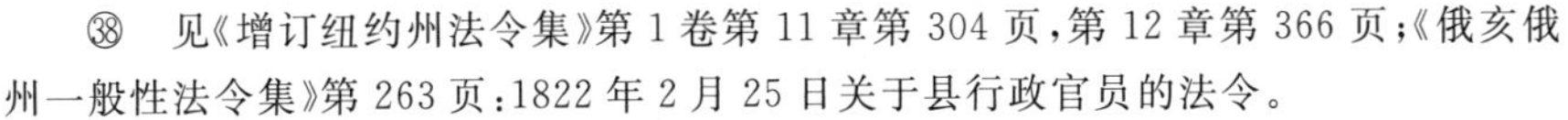

㊳　见《增订纽约州法令集》第1卷第11章第304页，第12章第366页；《俄亥俄州一般性法令集》第263页：1822年2月25日关于县行政官员的法令。

见《宾夕法尼亚法律选编》第170页："县税"和"征用"条。

在纽约州，每个乡镇各选一名代表，这个代表既参与县的行政工作，又参与本乡镇的行政工作。

政工作，把乡镇的权力限制在比马萨诸塞乡镇的权力小得多的范围之内。

这就是联邦各州在县和乡镇的组织方面呈现的主要差别。如果我一直考察到执行方法的细节，还会找到许多不同点。但是，我的目的不是讲述美国的行政权。

我以为我所讲述的，已经足以说明美国的行政工作是以哪些原则为根据的。这些原则得到不同的应用，而其成果的大小亦因地而异，但它们的根本精神到处都是一样的。法律的内容在变化，法律的外貌也在变化，但给予法律以活力的仍是同一精神。

乡镇和县，并非到处都是以同样的方式建立起来的；但可以说，在美国，乡镇和县的组织都以同一思想为基础，即认为每个人都是仅与本身利益有关的事情的最好裁判者，都完全能够以自力满足本身的需要。因此，乡镇和县只负责照顾人们的公共利益。州只是统治，而不管行政。在应用这一原则时也有例外，但不能反对这一原则。

这个原则产生的第一结果，是由居民自己选择乡镇和县的全体行政官员，或至少由自己人当中选择这些掌权的官员。

行政官员到处都是选举的，或至少是不能随便罢免的，从而各处都不会产生等级制度。因此，几乎是有多少官职就有多少独立的官员。行政权被分散到许多人之手。

既然各处均不存在行政等级制度，行政官员都是选举的并在任期终了以前不得罢免，所以必须建立某种制裁行政官员的制度。于是便产生了罚款制度，以将下属机构及其代表纳入法律的约束。

在美国，从南到北，从西到东，都采用这种制度。

不过，在所有的州，惩治行政犯罪或采取紧急行政措施的权力，并不集中于同一个法官之手。

英裔美国人吸收的治安法官制度，都是出于同一来源。虽然各州均有这种制度，但并非总是用于同一目的。

各地的治安法官均参与乡镇和县的行政工作[39]：有时亲自办理行政工作，有时审理行政犯罪行为。但在大多数州，重大的行政犯罪案件由普通法院审理。

由此可见，实行行政官员的选举和在任期未满之前不能罢免的制度，不存在行政等级制度，将司法手段用于下属的行政部门——这就是美国从缅因到佛罗里达实行的行政制度的主要特点。

在某些州里，开始看到行政权集中的迹象。纽约州是在这条道路上走在最前面的。

在纽约州，州政府的官员对下属县和乡镇的管理，有时可以说就是监督和控制[40]。有时，州政府的官员也可以成立一种审理上

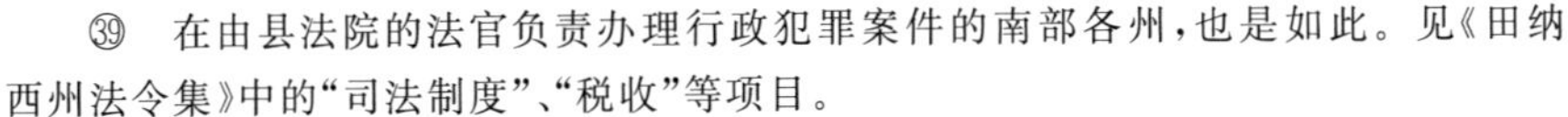

㊴　在由县法院的法官负责办理行政犯罪案件的南部各州，也是如此。见《田纳西州法令集》中的“司法制度”、“税收”等项目。

㊵　例如，国民教育的领导权就已集中到州政府之手。大学的评议员由立法机关任命，而州长和副州长则应为评议会的当然成员。见《田纳西州法令集》第1卷第456页。大学的评议员每年视察各院校，并向立法机关提交年度报告。评议员对学校的监督并不是有名无实的，特别是因为高等院校为了使自己能够买卖和处理财产而必须有法人（公司）资格，而法人资格要有许可，但这种许可只有根据评议会的申请由立法机关发给。州每年要为专门设立的奖学基金支付利息，而这笔基金就是由评议员们提供的。见《增订纽约州法令集》第455页。公立学校的负责人每年应向州主管教育部门送交学校工作报告。见《增订纽约州法令集》第631页。

诉案件的上诉法院[41]。在纽约州,用司法处分作为行政手段的情况少于其他州,而对行政犯罪行为的起诉权则掌握在少数人手里[42]。

在其他某些州,也刚刚出现这种倾向[43]。但从全面来看,仍可以说过度的地方分权,是美国公共行政的突出特点。

关于州*

我已讲述了乡镇及其行政,现在再来讲州及其政府。

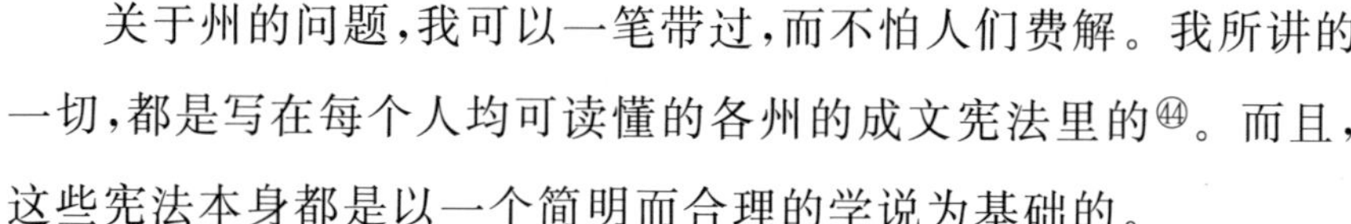

关于州的问题,我可以一笔带过,而不怕人们费解。我所讲的一切,都是写在每个人均可读懂的各州的成文宪法里的[44]。而且,这些宪法本身都是以一个简明而合理的学说为基础的。

[41] 如果某人认为自己受到学校管理委员(他是乡镇的官员)发布的文件的侵害,他可以向小学学监控诉,而小学学监的裁定是最终裁定,不得再上告。见《增订纽约州法令集》第487页。

在纽约州的法律中也可到处发现,有些规定与我方才作为例子引用的规定相似。但总的说来,这种集权化的倾向不强而且效果不大。在授予州的主官们以监督和领导下属人员的权限的同时,并没有授予他们以奖惩下属人员的权限。一般不准同一个人既负责发布命令,又有权制裁违抗行为。因此,他只有命令权,而没有制裁权。

1830年,一位学监在其提交给立法机关的年度报告中指责学校管理委员没有按照他的意思传达他发下去的总结。他接着说:"如果再犯这种错误,我将根据法律的规定,向管辖法院控诉他们。"

[42] 例如:每个地方检察官有权追索50美元以上的各种罚款,但以法律没有将这项权限授予另一个官员为限。见《增订纽约州法令集》第1卷第383页。

[43] 马萨诸塞州也有行政权集中的若干迹象。例如,地方的学校管理委员会每年应向州办公厅主任送交报告。见《马萨诸塞法令汇编》第1卷第367页。

* 关于州的叙述,可参看奥格和雷著作第706页及以下几页。——法文版编者

[44] 可参看纽约州宪法。

其中的大部分条款，已为一切立宪国家所采用，并为我们所熟知。

因此，我在这里只做简单的陈述。以后，我再对我所叙述的一切进行评述。

州的立法权

立法机构分为两院——参议院——众议院——这两个院的不同职能

州的立法权属于两院，一般将第一个称为参议院。

参议院通常是立法机关，但有时也变为行政和司法机关。

根据各州宪法的规定，参议院以各种不同的方式参与行政工作[45]，但它一般是在官员竞选的时候进入行政权的领域。

在审理某些政治案件时，有时在审理某些民事案件时[46]，它也分享司法权。

参议员的人数总是不多的。

另一个立法机关，通称为众议院，它不享有任何行政权，只在向参议院控告公职人员时享有司法权。

两院议员的当选条件，在各州几乎都是一样的。他们都是按照同样的方式，由同样的公民选举出来的。

两者之间的唯一差别，是参议员的任期一般长于众议员。后者的任期很少超过一年，前者通常任期二年或三年。

㊺　在马萨诸塞州，参议院不担负任何行政工作。

㊻　比如在纽约州。

法律所以授予参议员以任期长和连选连任的特权，是因为要在立法机关内保存一些已经熟悉公务和能够对新当选参议员发生有利影响的核心人物。

美国人在把立法机关分为两院时，根本就未想把其中的一个建成为世袭的，另一个建成为选举的。他们也未曾想使其中的一个变成贵族的机构，另一个变成民主的代表。他们的目的也不是让第一个支持政权，而让第二个支持民意和人民的利益。

把立法权力分开，因而抑制了国会的活动，并建立了审查法律的上诉法院——这就是美国现行的两院制带来的唯一好处。

时间和经验使美国人发现，带来这种好处的司法权分割，还是一种急需。在整个合众国中，唯有宾夕法尼亚州曾首先试图建立单一的议会。富兰克林本人在人民主权原则的逻辑推理的驱使下，同意了这项方案。但是不久，宾夕法尼亚又不得不修改法律，而成立了两个议院。于是，司法权分散的原则又得到承认，所以人们今后可以认为，必须使立法权分属数个立法机构，乃是一个已被证明的真理。这个几乎为古代的共和国一无所知的理论，如同许许多多的伟大真理一样，在刚一出世的时候曾被许多现代国家所误解，但终于作为今日政治科学的一项公理而被传播开来。

州的行政权

一个美国州的州长——他在立法机构面前的地位——他的

权力和义务——他对人民的依靠

州的行政权以州长为代表。

我使用“代表”这个词，并非出于随意。事实上，州长就是行政权的代表，但他只行使他拥有的权力中的某些部分。

称为州长的这位最高官员，既是立法机构的主宰者，又是它的顾问。他以否决权为武器，可以随意停止或至少推迟司法机构的活动。他向立法机构说明本州的需要，提出他认为可以满足这些需要的有效方法。他是立法机构对于与全州有关的一切活动所做的决定的当然执行人[47]。在立法机构休会期间，他必须采取各种适当的措施，以防止出现动乱和意外危险。

州长掌握全州的军事大权。他既是国民军的司令，又是武装力量的首长。

当人们依法同意的州的权威被人否认时，州长可以统帅州的武装部队镇压反抗和恢复正常的秩序。

最后，除因任命治安法官[48]而极其间接地参与地方的行政工作以外，州长并不参与乡镇和县的行政工作；而治安法官经他任命以后，他却无权罢免。

州长是民选官，一般只被选任一年或二年，以此把他置于经常受到选他的大多数选民的严密监视之下。

---

[47] 实际上，州长有时也不执行立法机构通过的议案。通常是在立法机构投票表决一项议案的同时，便指定专人去执行。

[48] 在许多州里，治安法官不是由州长任命的。

美国的行政分权的政治效果

政府集权和行政集权之间存在的差别——在美国，行政并不集权，而政府却甚集权——行政的极端分权在美国造成的不良效果——这种做法对行政工作的好处——管理社会的行政人员不如欧洲的正规、文明和有学识，但他们的权力大于欧洲的——这种做法在政治上的好处——在美国，国家意识表现于各个方面——被治者对政府的支持——社会情况越民主，越需要完备地方组织——为什么

"集权"是现在人们常用的一个词，但一般说来，还没有人给它下个精确的定义。

实际上有两种性质非常不同的集权，对此必须分辨清楚。

有些事情，诸如全国性法律的制定和本国与外国的关系问题，是与全国各地都有利害关系的。

另一些事情，比如地方的建设事业，则是国内的某一地区所特有的。

我把第一类事情的领导权集中于同一个地方或同一个人手中的做法称为政府集权。

而把以同样方式集中第二类事情的领导权的做法叫作行政集权。

这两种集权有些地方界限不清，但从总体上来观察它们各自管辖的对象时，便不难把两者区别开来。

显而易见，如果政府集权与行政集权结合起来*，那它就要获

---

* 在这一点上，托克维尔的政治社会学达到其预见的最高点。——法文版编者

得无限的权力。这样，它便会使人习惯于长期和完全不敢表示自己的意志，习惯于不是在一个问题上或只是暂时地表示服从，而是在所有问题上和天天表示服从。因此，它不仅能用自己的权力制服人民，而且能利用人民的习惯驾驭人民。它先把人民彼此孤立起来，然后再各个击破，使他们成为顺民。

这两种集权相互帮助，彼此吸引，但我绝不认为它们是不能分开的。

在路易十四时期，法国出现了最强大的政府集权，以致使人们可以认为只有他一个人能够制定国家的法律，有权解释这些法律，对外代表法国和为所欲为。他说“朕即国家”，而且他总是有理。

但在路易十四统治时代，行政集权却大大不如今天。

在现代，英国政府的权力也很大，政府集权达到了它可能达到的最高点：国家就像一个单独的人在行动，它可以随意把广大的群众鼓动起来，将自己的全部权力集结和投放在它想指向的任何地方。

五十年来完成了如此伟大事业的英国，并没有实行行政集权。

至于我个人，我绝不能设想一个国家没有强大的政府集权会生存下去，尤其是会繁荣富强。

但我认为，行政集权只能使它治下的人民委靡不振，因为它在不断消磨人民的公民精神。不错，在一定的时代和一定的地区，行政集权可能把国家的一切可以使用的力量集结起来，但将损害这些力量的再生。它可能迎来战争的凯旋，但会缩短政权的寿命。因此，它可能对一个人的转瞬即逝的伟大颇有帮助，但却无补于一个民族的持久繁荣。

请大家注意，当人们谈论一个国家因为没有实行集权而无所作为的时候，他们几乎总是指的他们并未真正理解的政府集权。有人一再指出，德意志帝国一向没有使它的力量产生可能取得的一切好处。我赞成这个意见。但是，为什么呢？因为全国的力量从来没有集中，因为国家从来未能使全国人民服从通行于全国的法律，因为这个大机体内的几个各自为政的部分总是有权利或机会去拒绝同全国最高当局的代表合作，甚至在事关全体公民的利益时也是如此；换句话说，是因为它没有政府集权。这句话也适用于中世纪。因此，在中世纪，封建社会出现了种种苦难*；不仅行政权，而且统治权，都被分掌在许多人之手和被分割成许多部分。由于完全没有政府集权，结果妨害了当时的欧洲各国生气勃勃地奔向任何一个目标。

我们已经说过，美国不存在行政集权，也很难在那里见到等级制度的痕迹。美国的地方分权已经达到我认为是任何一个欧洲国家不是觉得不愉快，而是感到无法容忍的地步；而且这种分权在美国国内也产生了一些不良后果。但美国的政府集权也达到了很高水平。不难证明，美国国家权力的集中高于欧洲以往任何一个君主国家。每个州不仅只有一个立法机构，而且只有一个可以创造本州的政治生活的政权机关；同时，一般也不准数个县的议会联合行动，以防止它们图谋超越自己的行政职权而干涉政府的工作。在美国，没有任何力量可以反对每州的立法机关。不管是特权，还是地方豁免权和个人影响，甚至是理性的权威，都阻止不了它的前

* 参阅马克·布洛克：《封建社会，阶级和人治》（巴黎，1940 年）。——法文版编者

进，因为它代表着多数，而多数又自认为是理性的唯一代言人。因此，它可以为所欲为，除了它的意志，再没有什么东西可以限制它的行动。站在它一方并受它控制的，是负责以强力迫使不满分子就范的行政权的代表。

只在政府工作的某些细节方面，还存在一些弱点。

美国的各共和州，没有用以镇压少数的常备军，但少数至今还没有发展到可以发动战争和使州感到必须建立一支军队的地步。州在同公民打交道时通常是利用乡或县的官员。比如，在新英格兰，由乡财产估价员计算税额，由乡税收员征收计征的税金，由乡司库将收到的税款交到州库，由普通法院审理税务纠纷。这样的征税办法缓慢而且不便，会经常妨害大量需款的政府工作。一般认为，凡与政府的生存有重大关系的事务，都应由政府自己任命和可以随时撤换的善于迅速处理工作的官员担任；但是，像美国那样建立起来的中央政府，却总是易于根据需要而采取比较有力和有效的行动手段。

因此，并不像人们常说的那样，因为美国没有实行中央集权，新大陆的各共和州将会自行灭亡。美国各州的政府并非集权不够，而是可以说它们过于集权了。关于这一点，我以后再来证明。各级立法会议每天都在侵夺政府的这种或那种权力，就像法国的国民公会所做的那样，力图把一切权力都弄到自己手里。但是，像这样集中起来的社会权力却经常易手，因为它是从属于人民的权力的。它的表现经常缺乏理智和远见，因为它可以为所欲为。它的危险之处就在这里。因此，有朝一日导致它灭亡的，正是它的力量本身，而不是它的软弱无能。

行政分权,在美国产生了几种不同的后果。

在我看来,美国人几乎把行政从政府完全独立出来;在这个问题上,他们好像越出了常轨,违反了常识,因为即使在一些次要的事情上,全国也该有一个统一的制度[49]。

由于州没有指派行政官员担任其境内各行政区划的固定职务,从而不能建立共同的惩罚制度,结果也就很少想到颁布全州统一的治安条例。但是,颁布这种条例,显然是需要的。欧洲人在美国总是见不到这种条例。这种表面上的紊乱外观,起初会使欧洲人认为美国社会处于完全无政府状态;而在他们深入观察事物的本质以后,就会发觉原来的认识并不正确。

有些事情虽然关系到全州,但由于没有管理它们的全州性行政组织而无法统一进行。把这些事情交给乡镇或县,由选举产生的有规定任期的官员去办理,结果不是一事无成,就是持续不了多久。

欧洲的集权主义拥护者们坚持认为,由中央政府管理地方行政,总比由不会管理地方行政的地方当局自己管理为好。这种说法,当中央政权是有知,而地方当局是无知的时候;当前者是积极的,而后者是消极的时候;当前者是惯于工作的,而后者是惯于服从的时候,可能是正确的。我们甚至认为,随着中央集权的加强,

---

[49] 我认为,代表州的当局即使不亲自管理行政,也不该放弃监察地方行政的权力。举例来说:在每一个县里安排一位州的官员担任固定的职务,授予他以审理该县及其所辖乡镇发生的犯罪案件的司法权。但如不侵犯地方的独立,就能由此建立统一的制度吗?在美国,各县均没有派驻州官。在县法院之上,再没有任何司法机构;而且这些法院只在接到应予惩治的行政性犯罪案件时才临时开庭。

这种向两极发展的趋势也会加速，即一方的权能日益加大，而另一方则日趋无能。

但是，当人民能像美国人那样是有知的，关心自身的利益的，并惯于思考自身的利益的时候，我就认为不会出现这种情况。

相反，在这种条件下，我确信公民的集体力量永远会比政府的权力创造出更大的社会福利。

我承认，在某种条件下不易找出唤醒一个沉睡的民族的办法，去使他们产生他们所没有的激情和知识；我知道，说服人们应为自己的工作去努力也并不容易；让人们学习宫廷礼法的细节，往往比让他们去修理公众住宅更易于引起他们的兴趣。

但是，我也认为，当中央的行政部门一心要完全取代下级机构的自由竞赛时，它不是在自误，也是在误人。

一个中央政府，不管它如何精明强干，也不能明察秋毫，不能依靠自己去了解一个大国生活的一切细节。它办不到这一点，因为这样的工作超过了人力之所及。当它要独力创造那么多发条并使它们发动的时候，其结果不是很不完美，就是徒劳无益地消耗自己的精力。

不错，中央集权容易促使人们的行动在表面上保持一定的一致。这种一致虽然出于爱戴中央集权，但人们却不知这种集权的目的何在，犹如信神的人膜拜神像而忘记了神像所代表的神是谁一样。结果，中央集权可以不费吹灰之力就赋予国家的日常事务以秩序严明的外貌，详尽地订出全国公安条例的细则，及时镇压小规模的叛乱和惩治轻微的犯罪行为，使社会保持既无真正的进步又无实质的落后的现状，让整个社会永远处于被官员们惯于称之为良好秩序和社会安宁的那种昏昏欲睡的循规蹈矩的状态[50]。一句话，中央集权长于保守，而短于创新。当它激起社会发生巨大动荡，或加速社会的前进步伐时，它便会失去控制的力量。只要它的各项措施有求于公民的协助，这架庞大机器的弱点马上就会暴露出来，立即处于无能为力的状态。

有时，中央集权的政府在万不得已的时候，也试图向公民求援，但它却向公民们说："你们必须按照我想的行事，我想叫你们做多少你们就做多少，并且做得与我想的分毫不差。你们只去管那些细微的末节，而不要妄想去指导整体。你们要不闻不问地工作，等以后再根据结果来评定我的所作所为。"这样的条件怎么能使人们愿意帮助它呢！人们需要行动自由，愿意对自己的行为负责。因此，人们宁肯停在那里不动，也不愿意盲目地走向他们茫无所知的去处。

我不否认，我对美国缺乏每天指导我们每个法国人生活的那种统一制度感到遗憾。

有时遇到一些证明社会对人冷漠和不够关心的实例，偶尔看到一些好像与周围的文明完全抵触的污点。

有些需要不断关注和严格从事的有益事业，却被半途而废，因为在美国也同在其他国家一样，人民的行动有时也是出于一时的

[50] 在我看来，中国是以最集权的行政为被统治的人民提供社会安逸的最好代表。一些旅行家告诉我说：中国人有安宁而无幸福，有百业而无进步，有稳劲而无闯劲，有严格的制度而无公共的品德。在中国人那里，社会虽然也在天天前进得相当好，但绝不是甚好。我认为，中国一旦对欧洲人开放，它就会从欧洲人那里找到世界上现存的最好的行政集权的典范。

兴头和突发的冲动。

欧洲人习惯于遇事就能找到一位几乎可以承办一切事务的官员，所以很难采用美国的那种复杂的乡镇行政制度。一般说来，可以认为能够使人民的生活安逸和舒畅的公安细则，在美国是被忽略了的；但社会对人的主要保障，美国也同其他国家一样，还是应有尽有的。在美国，各州行使的权力不如欧洲条理分明和富于教育指导作用，但却大于欧洲的百倍。世界上没有一个国家能够使它的人民最终对社会福利做出如此大的贡献。我还不知道哪个民族设立的学校有如此之多和如此生效，其建筑的教堂有如此适合于居民的需要，其修筑的乡间公路有保养得如此完好。因此，不必到美国去找外观上的一致性和持久性，去找对细节的详尽安排以及行政手续的完善规定[51]；我们在那里看到的，是一个确实有点粗犷，但却充满强大力量的权力机构，一幅时常发生意外，但却充满活力和进取精神的生活图景。

如果叫我说的话，我认为美国的乡村和县城由远离它们和被

[51] 一位天才的作者在拿美国的财政与法国的财政对比时证实说，智慧永远代替不了具体的知识，所以有理由指责美国乡镇预算中存在的混乱。他在提到法国一个省预算的编制实例后接着说："由于一位伟人的值得赞美的创造，即中央集权，王国各地的地方预算，从小小的乡镇的预算到大城市的预算，才得以有章可循和条理分明。"当然，我也赞佩这项成果，但我看到拥有完备的会计制度的法国乡镇，大部分对其真正的利益完全无知，处于难以容忍的麻木不仁状态，以致使人觉得社会不是在生活而是在等死。另一方面，我却认为美国那样的乡镇，其预算虽未按规定的章程编制和没有统一的格式，但其居民是聪明的、积极的和有进取心的。我觉得那里的社会总是在前进。这种情景使我惊异，因为我认为一个良好政府的主要目的在于为人民造福，而不在于不顾人民的疾苦而建立一定的秩序。因此我在寻思，是否可以把美国的乡镇繁荣而财政混乱，法国的乡镇悲惨而预算制度完备的原因都归结为我所说的这个道理呢？总之，我认为善中带恶越少越好，恶中带善越多越好。

它们永远视为异己的中央政权管理，会比由它们从当地选出的官员管理更为有效。如果要我判断的话，我相信美国全国的行政被集中于一个人之手时，会把美国治理得更加安全，会使美国的社会资源利用得更为合适和合理。尽管美国人从地方分权制度中获得了政治好处，但我仍然主张采用相反的制度。

即使存在一个常在的权威当局，它经常关心我的享乐不受干扰，排除我前进道路上的一切危险，不要我对此操心，但把我的生活中的任何一点小困难都照顾到的这个当局，如果是我的自由和生命的专制主人，包办整个社会的活动和生活，以致当它无精打采时周围的一切也得无精打采，当它睡觉时周围的一切也得睡觉，当它死去时周围的一切也得灭亡，那它对我又有什么好处呢？

有一些欧洲国家，其居民认为自己是外来的移民，毫不关心当地的命运。他们对国内发生的一些重大变化均未参与，甚至并不确切了解变化是怎样发生的，只是感到发生了变化，或偶然听到了他人讲述某某事件而已。更有甚者，他们对自己村庄的遭遇、街道的治安、教堂教士的处境，都无动于衷。他们认为，这一切事情与他们毫无干系，应由被他们称作政府的强大的第三者管理。他们认为自己只是作为拥有用益权的人来享用他们拥有的财产，对这些财产既无占有的思想，又无任何改善的念头。这种对自己不关心的态度，竟然发展到当他们本身或其子女的安全终于遇到危险时，他们非但不去排除危险，反而束手等待全国来帮助的地步。而且，这种人虽然肯于完全牺牲自己的自由意志，但绝不会比其他人更愿意服从。不错，他们对一个小军官的随意摆布都能表示服从，但当部队撤退以后，他们就像战胜了敌人似地敢于冒犯法纪。因此，他们将永远在奴性和任性之间摇摆。

当一个国家达到这样地步的时候，它就得改造自己的法律和民情，否则就将灭亡，因为它的公共道德的源泉已经枯竭，它虽然尚有百姓，但已无公民。

我认为这样的国家正等待外国征服。如果它还没有从世界舞台上消失，那只是因为周围的国家与它类似或者还不如它，它还有一种无法下定义的爱国本能，或一种对昔日声望的盲目自豪，或一种对过去荣誉的模糊回忆，但这些东西实际上无补于事，只能使它在受压迫的时候产生自我保存的冲动。

如果想以某些民族曾为保卫他们似乎是作为外来人居住的国家而做过巨大的贡献来证明他们是爱祖国的，那也是错误的，因为深入考察之后，你会发现宗教几乎总是他们当时的主要动力。

对于他们来说，国家的长存、光荣和昌盛都属于神圣的教义，而在保卫祖国的时候就等于保卫他们都是其公民的圣城。

土耳其人从来不参加社会事务的管理，但只要他们认为苏丹们的征服就是穆罕默德教的胜利，他们就会完成一些艰巨的任务。现在，这个宗教正在衰落，只有专制制度还活在他们那里，但他们自身也在衰败。

孟德斯鸠认为专制制度具有独特的威力，并说这是它自己造成的荣誉，但我认为它不配享有这个荣誉。专制制度，一切全靠自己，绝不能持久。只要你仔细考察一下，就会发现使专制政府长期兴盛的是宗教，而不是它的威吓力量。

不管你怎样寻找，除了人们意志的自由联合以外，你再也不会在人们中间找到真正的强大力量。而且在世界上，只有爱国主义或宗教能够使全体公民持久地奔向同一目标前进。

法律不能重新点燃已经熄灭的信仰，但能使人们关心自己国家的命运。法律能够唤醒和指导人们心中模糊存在的爱国本能，而在把这种本能与思想、激情和日常习惯结合起来时，它就会成为一种自觉的和持久的感情。而且绝不能说试图唤醒这种本能已经为时甚晚，因为国家不会像人那样迅速衰落。每一代人在一个国家出生时，是作为行将掌握立法工作的新人而出现的。

我最钦佩美国的，不是它的地方分权的行政效果，而是这种分权的政治效果。在美国，到处都使人感到有祖国的存在。从每个乡村到整个美国，祖国是人人关心的对象。居民关心国家的每一项利益就像自己的利益一样。他们以国家的光荣而自豪，夸耀国家获得的成就，相信自己对国家的成就有所贡献，感到自己随国家的兴旺而兴旺，并为从全国的繁荣中获得好处而自慰。他们对国家的感情与对自己家庭的感情类似，而且有一种自私心理促使他们去关心州。

欧洲人常把公职人员视为政权的代表，而美国人则认为公职人员的工作是行使公民的权利。因此可以说，在美国绝不是人服从人，而是人服从正义或法律。

他们对自己也有一种往往是有些夸大，但几乎总是有益的看法。他们毫不犹豫地相信自己的力量，认为它可以对付一切。假如一个人想做一番事业，而且这项事业与社会公益直接有关，他也不会向政府去求援。他把计划公布出来后，便自己去执行，或请其他个人的力量来协助，并力排一切障碍。毫无疑问，其结果往往不如有州政府协助时为好。但是从长远观点来看，一切私人事业的总结果却大大超过政府可能做出的成果。

由于行政当局只管民事，所以既不会引起人们的羡慕，又不会引起人们的厌恶；但因为它的行动手段有限，所以大家认为不能全靠它去办各项事业。

因此，当行政机关行使它的职权时，它不会像在欧洲那样全靠自己。不必担心公民会不尽义务，因为公众的代表将采取行动。相反，每个人都将扶持、帮助和支援行政机关。

个人的努力与社会力量结合，常会完成最集权和最强大的行政当局所完不成的工作。(I)

我可以举出许多事实来证明上述的一切，但我宁愿只举出一件事，即举出一件我最熟悉的事来做证明。

在美国，政府当局拥有的发现罪行和追捕罪犯的手段极少。

美国没有行政勤务警察，也不知护照为何物。美国的司法警察比不上法国的；检察官的人数很少，而且对罪犯的起诉经常不是由他们主动提出的；对罪犯的审讯很迅速，而且只是口讯。但我猜想，在任何一个国家，罪犯也不会像在美国这样少于漏网。

原因在于每个人都认为提供犯罪的证据和擒拿罪犯，与自己的利害攸关。

我在旅美期间，曾亲眼看到发生一个重大案件的县的居民，为追捕犯人和把他送交法院惩治，而自动组织了一个委员会。

在欧洲，罪犯在逃时被官员擒获，算他自己倒霉，居民在这场斗争中只是旁观者；但在美国，罪犯都被视为人类的敌人，人们群起而攻之。

我认为地方分权制度对于一切国家都是有益的，而对于一个民主的社会更是最为迫切的需要。

在贵族政体下，只有维持一定的秩序，才能永远确保自由。

由于紊乱对统治阶级造成的损失较多，所以他们特别关心秩序。

也可以说，在贵族政体下，人民能够避免专制的过分压迫，因为人民经常拥有有组织的力量，以准备随时去反抗暴君。

没有地方分权制度的民主政体，不会有抵抗这种灾难的任何保障。

在小事情上都没有学会使用民主的老百姓怎么能在大事情上运用民主呢？

在每个人都软弱无权且未被任何共同的利益联合起来的国家里怎么能抵抗暴政呢？

因此，害怕人民造反的人和恐惧政府专制的人，都应当同样希望逐步发展地方的自由。

我也确信，没有什么国家会比社会情况民主的国家有危险受行政集权的束缚*。

导致这种结果的原因很多，但最主要的是：

这种国家的经常趋势是政府的一切权力，向直接代表人民的唯一权力机关集中，因为除了人民之外，再也没有什么了，但这个人民不过是一大群完全平等的个人。

但是，当这个权力机关一旦具有政府的一切属性的时候，它便很难不去设法干预行政工作的细节，而且久而久之，它绝不会找不

* 参阅法文版第98页编者注。——法文版编者

到这样干的机会。我们已在法国亲眼看到这种情况。

在法国大革命期间，有两个不应混淆的、方向完全相反的趋势：一个倾向于自由，一个倾向于专制。

在古代的君主政体下，只由国王制定法律。但在君主专权的时候，残缺不全的地方分权制度的若干残余仍依稀可见。这种地方分权制度本来就很不一致和不够完善，常常显得荒谬可笑。但在贵族政体下，这种制度有时竟变成压迫的工具。

法国大革命同时宣布，它既反对君主政体，又反对地方分权制度。它不分青红皂白，仇恨以前存在的一切，既仇恨专制权力，又仇恨可以遏制这种暴政的措施。这场革命本身既是共和主义的，又是中央集权化的。

法国大革命的这种两重性，是专制权力的友人最好精心引用的事实。当你看到他们在保卫行政集权的时候，你能说他们是在为专制制度效劳吗？不能，因为他们说自己是在保卫大革命的主要成果之一。(J)这样，民众和敌人，即自由的公开爱好者和暴政的隐蔽仆人，便都可以享有人民的权利了。

我访问过两个地方自由制度高度发达的国家，聆听过竞相争取统治这两个国家的那些政党的意见。

在美国，我发现有人暗自打算破坏本国的民主制度；在英国，我发现有人大声疾呼反对贵族制度。但在这两个国家，没有一个人不认为地方自由是一件大好事。

在这两个国家，我看到人们把国家的弊端归咎于许多原因，而唯有地方自由不在其内。

我听到公民们说他们国家的强大和繁荣有一大堆原因，但他们在列举优点时都把地方自由放在首位。

我发现，尽管他们在宗教教义和政治学说方面显然不同，但在他们每天目睹的、因而可以做出正确判断的唯一事实上却意见一致。我的这个发现不会有错吧？

只有地方自治制度不发达或根本不实行这种制度的国家，才否认这种制度的好处。换句话说，只有不懂得这个制度的人，才谴责这个制度。

第六章　美国的司法权及其对政治社会的影响*

英裔美国人保留了各国在司法权上通有的特征——但他们使司法权变成了强大的政治权力——怎样变的——英裔美国人的司法制度在哪些方面与其他所有国家不同——美国法官为什么有权宣布法律违宪——美国法官怎样利用这项权利——立法者为防范滥用这项权利而采取的措施

根据写作计划,我要专用一章来讨论美国的司法权。美国司法权的政治作用极大,所以我觉得必须着重说明,免得因一笔带过而被读者忽略。

除了美国之外,其他一些国家也有联邦的组织。共和政体不单存在于新大陆的海岸,而且也见于世界上其他地方。代议制已为欧洲好几个国家所采用。但我认为,迄今为止,世界上任何一个国家,还没有像美国这样建立过司法权。

使一个外来者最难理解的,是美国的司法组织。在他看来,简直是没有一个政治事件不是求助于法官的权威的。因此,他自然会得出结论说,法官在美国是很强大的政治势力之一。当他继而

* 参阅奥格和雷著作第 525 页及以下几页。——法文版编者

考察法院的组织时,他一眼就可以看清司法的特点和程序。他可以看到,法官好像只是偶然干预公共事务,但这种偶然性却是天天出现。

当巴黎的最高法院驳回政府的法案或拒绝为政府的法令备案时,或当它本身传讯一个被控渎职的官员时,人们可以认为这是司法权在发生政治作用。但在美国,却看不到这类事情。

美国人仍然保留了司法权的一切人所共知的特征。他们严格地把司法权局限于有章可循的范围之内。

司法权的第一特征,表现在所有国家都是对案件进行裁判。要使法院发挥作用,就得有争讼的案件。要使法官进行裁判,就得有提交审理的诉讼案件。因此,只要没有依法提出诉讼的案件,司法权便没有用武之地。司法权存在那里,但可能不被行使。在法官审理一个案件而指责与此案件有关的法律时,他只是扩大了自己的职权范围,而不是越出了这个范围,因为在审理案件之前,他一定要对该项法律进行一定的判断。但在法官开始审理案件之前就对法律说三道四,那他就完全是越权,侵犯了立法权。

司法权的第二个特征,是审理私人案件,而不能对全国的一般原则进行宣判。在法官判决某一私人案件,由于他坚信某一一般原则的一切推论都有毛病而认为它无效并加以破坏时,他并没有越出应有的职权范围。但是,在法官直接指责一般原则或没有待审的私人案件而破坏一般原则时,他就越出了所有国家都同意应予限制的法官的职权范围,因为他擅自取得了比一般官员更重要而且或许是更有用的权限,但他却因此不再是司法权的代表。

司法权的第三个特征,是只有在请求它的时候,或用法律的术语来说，只有在它审理案件的时候，它才采取行动。这个特征不如其他两个普遍；但我认为，尽管有一些例外，仍可以把这个特征视为最重要的特征。从性质来说，司法权自身不是主动的。要想使它行动，就得推动它。向它告发一个犯罪案件，它就惩罚犯罪的人；请它纠正一个非法行为，它就加以纠正；让它审查一项法案，它就予以解释。但是，它不能自己去追捕罪犯、调查非法行为和纠察事实。如果它主动出面以法律的检查者自居，那它就有越权之嫌。

美国人保存了司法权的这三个显著特征。只有在有人起诉的时候，美国的法官才能审理案件。它从无例外，只受理私人案件，而且总是要在接到起诉书后才采取行动。

因此，美国的法官跟其他国家的司法官员完全一样，但他们被授予巨大的政治权力。

这是怎样产生的呢？既然他们的权力范围和行动手段与其他国家的法官并无二致，那他们为什么又拥有其他国家法官所没有的权力呢？

其原因只在于：美国人认为法官之有权对公民进行判决是根据宪法，而不是根据法律。换句话说，美国人允许法官可以不应用在他看来是违宪的法律。

我知道，其他国家的法院有时也要求过类似的权力，但它们从来没有得到。而在美国，所有方面都承认法官的这项权力，没有一个政党，甚至一个个人，对此提出过异议。

这个现象的存在，可从美国宪法规定的这项原则得到解释。

在法国，宪法是不可修改的，或被认为是不可修改的；任何权威均不得对宪法做任何修改，这是公认的学说。(K)

在英国，国会有权修改宪法。因此，在英国，宪法是可以不断修改的*，或者毋宁说它根本没有宪法。国会既是立法机关，又是制宪机构。（L）

在美国，政治理论比较简单和比较合理。

美国的宪法并不像在法国那样被认为是不可修改的，但也不像在英国那样可被社会的公认权威所修改。它是一部与众不同的法典，代表全体人民的意志，立法者和普通公民均须遵守；但可以按照规定的程序，在预先规定的条件下，根据人民的意志加以修改。

因此，美国的宪法是可以改动的，但只要它存在一天，一切机构和个人均须照旧服从。只有它拥有唯一无二的权威。

由此不难看出，这些差异一定会影响我所说的这三个国家的司法机关的地位和权力。

假如法国的法院可以以法律违宪为理由而不服从法律，那么，法国的制宪权实际上就将落于法院之手，因为只有它们将会有权解释谁也无权更改其条文的宪法。因此，它们将会代替国家和统治社会，而且司法权固有的弱点也会促使它们这样做。

我知道法国的法官无权宣布法律违宪，所以法国的宪法修改权便间接地赋予了立法机关，因为没有合法的障碍来阻止它修改宪法。但我还是认为，把人民宪法的修改权赋予即使是部分地代表人民意志的人，也比赋予除了代表自己谁也不代表的人为好。

---

* 托克维尔指出的现象今后或许不再经常发生，但在当时却是严重的问题。参看马里奥特：《现代国家机构》（牛津，1927 年）。——法文版编者

假如授予英国法官以抵制立法机构的意志的权利，那将更加不合理，因为制定法律的议会也制定宪法，从而在任何情况下，凡由国王、上议院和下议院公布的法律，都不能认为是违宪的。

这两个推论都不能用于美国。

在美国，宪法也像制约普通公民一样制约立法者。因此，美国的宪法是一切法律之首，其他任何法律均不能修改它。可见，法院在服从法律的时候要优先服从宪法，也是正确的。这正是坚持司法权宗旨，即法官在选择合法的处置办法时，要从其中选择最合乎根本大法的办法，乃是他的天然权利。

在法国，宪法也是一切法律之首，法官均有权以它作为判决的根据；但在行使这项权利时，他们又可能侵犯比这项权利更为神圣的其他权利，即侵犯他们所代表的国家的权利。在这种情况下，普通理由必须对国家理由让步。

在美国，国家永远可以通过修改宪法的办法使法官服从，所以不必害怕这种危险。因此，在这一点上，政治和逻辑是一致的，而人民和法官也都保存了他们各自的特权。

因此，在要求美国的法院援引一项在法官看来是违宪的法律时，法官可以拒绝援引。这项权利虽然是美国法官所特有的，但却产生了巨大的政治影响。

实际上，法律很少能够长期逃脱法官的验证分析，因为法律很少不涉及私人利益，而且诉讼当事人在涉及他的利益时也可以和必然向法院提出异议。

于是，自法官在办案中拒绝应用某项法律之日起，这项法律便将立即失去其一部分道德力。这时，利益受到损害的人就会找到方法不去履行该项法律所规定的义务，以致此类诉讼案件开始增加，而该项法律也将变得无力。不是人民修改宪法，就是立法机构宣布废除该项法律，结果两者必择其一。

可见，美国人虽赋予法院以无限的政治权力，但在法院强迫他们服从的时候，他们也可以通过司法手段来抵制，即可以大大减少这种权力的弊端。

如果法官可以从理论方面和以一般方式抵制法律，可以自主行动和弹劾立法者，那他就显然进入了政治舞台，变成某一政党的支持者或反对者，激起全国人民纷纷参加战斗。但是，当法官在一件不甚重要的政治纠纷和私人案件中抵制法律的时候，其抵制的重要意义可能不被公众注意。这时，他的判决只影响到个别人的利益，而法律也只是偶然受到了损害。

还有，受到损害的这项法律并没有被废除，因为只是它的道德力减弱了，而它的实际效力还没有中止。只有经过一步一步的抵制，在无数判例的反复验证下，该项法律最后才能作废。

而且也不难理解，允许私人弹劾法律，使对法律的审判与对人的审判紧密地结合起来，还会保证法制不致轻易地受到攻击。由于采用这种办法，法制便不再天天遭到政党的侵扰。在指责立法者的错误时必须服从实际的需要，即必须实事求是和有据可查，因为这要作为审理案件的依据。

我很清楚，美国法院的这种做法不仅十分有利于公共秩序，而且十分有利于自由。

假如法官只能从正面攻击立法者，他就有时不敢这样做；而在另一些时候，党派精神又在天天驱使他敢于如此。结果，制定法律的权力机关软弱时，法律就要受到攻击；在这个机关强大时，人们便会不敢吭声，老老实实服从法律。也就是说，当人们感到尊重法律对自己最有好处时，法律最常遭到攻击；而当法律容易以自己的名义进行压迫时，法律反而会受到尊重。

但是，美国的法官是不由自主地被拉上政治舞台的。他们所以要审理法律，是因为有要审理的案件，而他们又不能拒不审理。需由他们定案的政治问题，都与当事人的利益有关，只要他们不否认正义，他们就不能拒不审理。他们履行法官职业的严肃职责，就是在尽公民的义务。不错，在这种制度下，法院对立法机构进行的司法弹劾，是不能毫无差别地扩及所有法律的，因为有些法律绝不会引起那种称之为诉讼的针锋相对的争端。即使有可能出现这种争端，仍然可以预料没有人愿意把它送交法院解决。

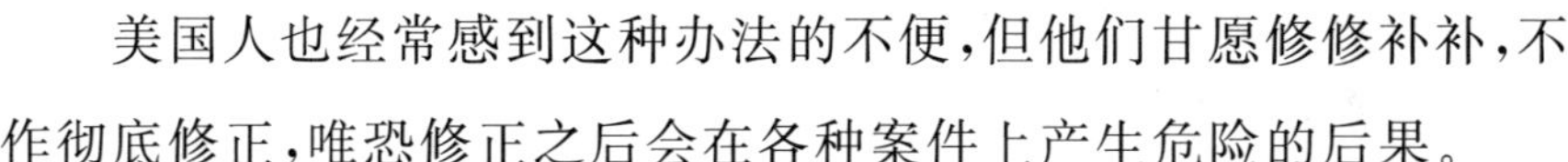

美国人也经常感到这种办法的不便，但他们甘愿修修补补，不作彻底修正，唯恐修正之后会在各种案件上产生危险的后果。

授予美国法院的这种范围有限的可以宣布某项法律违宪的权力，也是人们迄今为反对议会政治的专横而筑起的强大壁垒之一。

授予美国法官的其他权力

在美国，所有公民均有权向普通法院控告公职人员——他们怎样行使这项权利——法兰西共和国第八年宪法的第七十五条——美国人和英国人无法理解这一条的意义

我不知道是否有必要谈一谈在像美国这样的自由国家，所有

公民均有权向普通法院的法官控告公职人员，和所有法官均有权判处公职人员的问题，因为人们以为在自由国家这是自然的。

在行政官员犯法时责成法院惩治他们，并非是授予法院以特权，而是法院行使其禁止犯法的当然权利。

在我看来，美国让全体公职人员对法院负责，并未削弱政府的权限。

相反，我觉得美国人在这样做的时候，却使政府应当享有的尊重得到加强，而政府也更加注意工作，以免遭到批评。

我从来没有见到哪个国家的政治诉讼案件像美国那样少，而且我也不难说明其原因。不管案件的性质如何，诉讼总是一件困难和费钱的事。在报章杂志上指责一个普通人很容易，但要把他拉到法庭去受审，就不能不有重大的理由。因此，要依法对一个官员起诉，就得有控诉他的正当理由。如果官员们害怕被控告，那他们就绝不要向人们提供这样的理由。

这种情况并非决定于美国人所采用的共和制度，因为同样的情况也可以每天发生于英国。

这两个国家的人民都不曾认为把国家的主要官员置于法院的监督之下，他们的独立就有了保证。他们认为要想确保自由，与其依靠他们从未求助过的或很晚才能提出的大诉讼程序，不如依靠普通老百姓在任何时候都可以提出的小诉讼程序。

在很难抓住在逃罪犯的中世纪，法官逮捕几个罪犯之后，往往要对这些落网的人处以可怕的酷刑，但这并未减少犯罪案件的数目。人们以后发现，审判越是正确和温和，就越是有效。

美国人和英国人主张，应把虐待和专横都视为盗窃，所以他们简化了审讯程序和减轻了刑罚。

法兰西共和国第八年公布了一部宪法,其第七十五条写道:"部长级以下的政府官员因职务关系而犯罪时,只有根据行政法院的决定才得被捕。这时,可向普通法院起诉。"*

第八年宪法已经废除了,但这一条并没有废除,至今仍被保留,而且每天都在遭到公民的公正抗议。

我曾多次向美国人和英国人解释,试图叫他们理解这第七十五条的意义,但我很难做到这一点。

他们原来以为,法国的行政法院(Le Conseil d'Etat)原来是王国中央常设的一个大法院;而首先要把所有的原告都推到那里去,在他们看来是一种暴政。

但是,当我一再解释,告诉他们行政法院不是一般所说的司法机构,而是其成员直接隶属于国王的行政机构,因而国王钦命他的一个叫作省长的臣仆违法之后,可以钦命另一个叫做行政法院法官的臣仆去使前者免受惩处的时候;当我向他们说明因君主的敕命而受到损害的公民只能向君主本人要求损失赔偿的时候,他们总是不相信天下会有如此荒谬的事情,指责我胡说和无知。

在大革命以前的法国君主政体时代,往往是由最高法院下令逮捕犯罪的公职人员。有时王权进行干涉,使诉讼无效。于是,专制政体暴露出它的真面目,而人们只是在压力之下才屈服于它。

可见,我们又后退到我们祖先所处的状态,因为今天的法国,依靠暴力而强加于人的事情,在司法权的掩盖下得到了合法的名义。

---

* 〔参看迪盖等人:《一七八九年以来法国的宪法和主要法律》,巴黎,1952 年,第 116 页。关于最近八年的宪法,在普雷洛的《政治制度和制宪权》(巴黎,1961 年,第 340 页)中,有精湛的分析〕。

第七章　美国的政治审判

作者对政治审判的看法——在法国、英国和美国，人们是怎样理解政治审判的——在美国，政治法官只审理公职人员——在他的判决中，撤职多于刑罚——政治审判是政府常用的手段——见于美国的政治审判虽然是温和的，但也许正是由于温和，它才是多数掌握的最强大武器

依我看，政治审判就是暂时被授以审判权的政治团体进行的判决。

在专制政府统治下，另给审判规定专门的程序是没有用的，因为起诉人是以君主的名义控诉被告的，而君主是法院和全国的主人，他认为除了自己拥有的权力以外，再也不需要寻找其他保障。他觉得唯一可怕的，倒是人民要坚持司法制度的表面手续，和由于主张按手续办事而有损于他的权威。

但在多数表决对法院的影响从来没有像君主专断对法院的影响那样大的大部分自由国家，司法权往往是由社会的代表本身在任期内行使。有人认为，把这些权力暂时合并在一起，总比破坏国家统一的必要原则为好。

英国、法国和美国，均在各自的法律中规定有政治审判。考察一下这三个大国对于政治审判的不同运用，倒是很有意思的。

在英国和法国，由贵族院(上院)组织国家的最高刑事法庭①。这个法庭通常并不审理一切政治罪行，但它也可以这样做。

与贵族院并列而享有起诉权的政治机构，是众议院(下院)。两国在这方面存在的唯一差别是：在英国，下院可向上院控诉任何它要控诉的人*；而在法国，众议院只能向贵族院控诉国王的大臣。

此外，两国的贵族院都可按本国的规定依照刑法打击犯罪分子。

在美国，也和欧洲一样，这两个司法机构有一个享有上诉权，而另一个则享有判决权。即众议院控告罪犯，参议院判处罪犯。

但是，参议院只能查封众议院追诉的财物；而众议院只能向参议院控告公职人员。因此，美国参议院的权限不如法国贵族院的权限，而美国众议院的起诉权则大于法国众议院的权限。

但是，美国与欧洲之间的最大差别在于：在欧洲，政治法院可以应用刑法的一切条款；而在美国，当政治法院剥夺犯人原来担任的公职和宣布他将来不得担当任何公职以后，就算完成它的任务，而下一步的处理则是普通法院的职责。

假如美国总统犯了叛国大罪。

这时，先由众议院弹劾总统，接着由参议院宣布罢免他的职

---

①　在英国，贵族院也组织受理某些民事案件的最高上诉法院。见布莱克斯通著作第3卷第4章。〔《英国法释义》第3卷，伦敦，1809年，第57页〕

*　《不列颠论丛》(巴黎，1943年)中所载布赖尔利：《英国法律》，对英国的司法制度作了简明扼要的分析。关于"弹劾"案件的诉讼，可参阅奥格和雷：《美国政府概论》(1948年第9版，纽约)。关于法国的这类问题，可阅读第四共和国宪法第42条、第55—59条，以及巴泰勒米：《宪法论》(巴黎，1933年)第867页及以下几页。——法文版编者

务。然后,他才到陪审团出庭受审,只有陪审团可以剥夺他的自由或生命。

这就是我们所讨论的问题的真实写照。

欧洲人在依法进行政治审判时,都是审理重大的刑事罪犯,而不管罪犯是什么出身、什么等级和在国内担任什么职务。为了进行这种审判,就要临时组织一个大的政治审判团,授予它以法院的一切特权。

这时,由立法机构的成员担任司法的法官。他们可以认定罪行,选择适用的法律条款,对犯人进行处罚。在他们行使法官的职权时,法律也为他们规定了一切必须履行的义务,要求他们遵守全部司法程序。

法国的或英国的政治法院审理一个犯罪的官员并对他治罪时,要依法免去他的职务,甚至可以宣布他将来不得担当任何公职。但在这时,政治上的免官和停职只是判决的附带结果,而不是对职务本身的判决。

因此,在欧洲,政治审判与其说是行政措施,不如说是司法行为。

美国的情况与此不同。不难看出,美国的政治审判与其说是司法行为,不如说是行政措施。

不错,从形式上来看,参议院的决定是司法性的,因为要使参议院作出判决,众议院必须履行司法手续和遵守诉讼程序。从判决的理由来看,参议院的判决也是司法性的,因为一般说来,参议院必须以普通法上规定的罪行作为它判决的根据。但是,从判决所处分的现象来看,参议院的判决是行政性的。

如果说美国立法当局的主要目的，实际上是将司法大权作为一个政治机构的武器来使用，那么这个政治机构就不会把自己的行动只限于对付公职人员，因为国家的最危险敌人可能并不担任任何公职。在实行共和政体的国家，情况尤其如此，因为这种国家的政党的最大利益是掌权，而且往往是势力越大越非法夺权。

既然美国立法当局为了防止犯罪而使社会本身拥有以法官的身份去惩治重大罪行的权限，那么政治法院的措施也要以刑法典的一切规定为依据。但是，这只给了政治法院以一个不完备的武器，而且这个武器还不能打击最危险的犯罪行为，因为行政撤职处分对于那些企图推翻法律本身的人来说，作用并不大。

因此，美国政治审判的主要目的，是撤销滥用权限的官员的权力和不让这个公民以后再取得这种权力。正如人们所见到的，这是一种具有司法判决形式的行政措施。

因此，美国人在这方面创造了一种混合制度。他们的政治审判只做行政撤职处分，而无权进行严厉的惩处。

这项规定贯彻于整个政治审判制度。由此我们可以明白，为什么美国及其各州的宪法规定文职官员受参议院的司法管辖，而把可能犯有令人可怕的大罪的军人排除在外。在文职方面，可以说美国没有能被撤职的官员，因为一些官员是终身制，而另些官员在他们当选后的任期内不能罢免。要想剥夺他们的权力，就得由法院审处。但是，军人直接隶属于国家元首，而国家元首本人也是文职官员。如果判国家元首有罪，就等于打击全体文武官员②。

② 不能罢免一个官员，但能剥夺他的发号施令权。

假如比较一下美国和欧洲的制度，将会在它们各自产生的效果方面看到相当明显的差异。

在法国和英国，人们把政治审判视为一种非常的武器，只有在拯救社会免遭重大灾难时才应用。

不可否认，欧洲实行的这种政治审判违反了分权的保护主义原则，经常威胁着人民的自由和生命。

在美国，政治审判只是间接地侵犯了分权的原则，绝不威胁公民的生存。它不像在欧洲那样盘旋于所有人的头顶，因为它只打击因渎职犯罪而被它惩治的人。

它既不令人生畏，又效果不大。

因此，美国的立法机构也未把它视为防治重大社会弊端的万应良方，而只把它作为政府的一般管理手段。

从这个观点来看，它在美国对社会的影响或许比在欧洲更为实在。当然，我们也不能为美国立法在政治审判方面所做的温和表现所迷惑。首先应当指出，美国的进行政治审判的法庭，其成员和它所受的影响与负责刑事审判的法庭一样，这就给政党的互相报复情绪提供了一种几乎无法抵制的动力。美国的政治法官虽然不能像欧洲的政治法官那样严惩罪犯，但他们做无罪宣判的情况甚少。他们所做的判决并不令人生畏，但很切合实际。

在组织政治法庭时，欧洲人以**刑罚**罪犯为主要目的，而美国人则以**剥夺**罪犯的权利为主要目的。美国的政治审判，可以说是一种预防措施。因此，政治法官不必拘泥于刑法条文的精确定义。

再没有比美国法律在给切合原义的政治罪下定义时表现的模棱两可使人更吃惊的了。《美利坚合众国宪法》第二条第四项写道："总统、副总统和合众国的一切文职官员，凡受叛国罪、贿赂罪或其他重罪轻罪的弹劾并被判定有罪时，应被免职。"而大部分州的宪法，对政治罪写得更不明确。

《马萨诸塞州宪法》写道："州参议院是受理和判决州众议院对本州的一个或一些渎职和施政不善官员的控诉的全权法院。"③《弗吉尼亚州宪法》写道："因施政不善、贪污、失职或其他重罪轻罪而使本州受损失的一切官员，将受州众议院的弹劾。"有些州的宪法根本没有举出任何罪名，从而使公职人员承担了无限的责任④。

但是，我敢断言，美国法律在这方面表现得如此可怕，正是来自它的温和性本身。

我们已经说过：在欧洲，一个官员之被撤职和被剥夺政治权力，是他受到刑罚的结果；而在美国，这种处分本身就是刑罚。结果，便出现了如下的局面：在欧洲，政治法院虽被授予令人可怕的权限，但它有时不知如何使用；并且由于害怕惩罚过重，而根本不去惩罚。但是在美国，对于不致造成人身痛苦的惩罚，人们并不反对；而对于判处政敌死刑以剥夺其权力的做法，则被视为一种骇人听闻的谋杀；美国人认为，宣布政敌不配行使他的权力而予以剥夺，同时让他自由和不伤害他的生命，才是斗争的公正结局。

但是，这种十分容易做出的宣判，对于被判决的大多数人来说，也是极其痛苦的。一些大犯人可能满不在乎，不把判决放在眼里；而普通犯人，则会把宣判看成是使他失去地位和名誉扫地的判

③　第1章第2条第8项。

④　参看伊利诺伊州、缅因州、康涅狄格州和佐治亚州的宪法。

决，认为这是判处他去过生不如死的可耻无为的生活。

因此，美国政治审判对于社会生活的影响，看起来虽不太可怕，但实际上是很厉害的。政治审判不直接施于被治者，但它是使为政者获得多数选票的非常重要的手段。它不授予立法机构以只有在危急时期才能行使的无限大权，而是让它拥有每天都可行使的适度的常规权力。如果授予的权力不够大，则虽然便于行使，但也容易滥用。

因此，我觉得美国人之所以不让政治法院作刑事判决，与其说是为了防止立法暴政本身，不如说是为了防止立法暴政产生最可怕的后果。总而言之，我不知道我可不可以说美国实行的政治审判，是多数迄今掌握过的武器中的最强大武器。

当美国的共和政体开始衰败的时候，我认为人们可以不难检验我的说法，因为只要看一看政治审判的数量是否增加就可以了。(M)

第八章　联邦宪法

以上，我叙述了各自作为一个单独整体的各州，讲解了各州人民采用的不同机构和他们拥有的行动手段。但是，被我作为独立体考察的各州，在某些情况下必须服从一个最高的当局。现在，我就来考察授予联邦政府的这部分主权，并一瞥联邦的宪法①。

联邦宪法的历史*

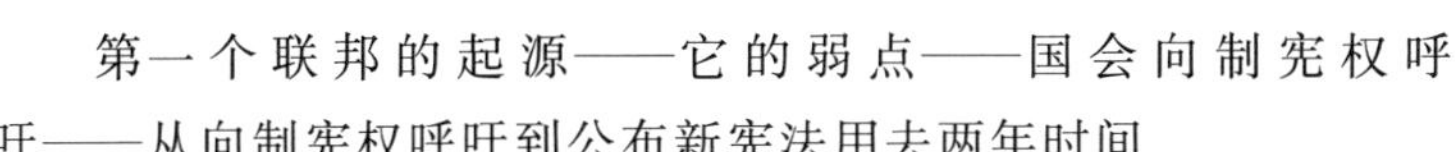

第一个联邦的起源——它的弱点——国会向制宪权呼吁——从向制宪权呼吁到公布新宪法用去两年时间

在上一个世纪末同时摆脱英国羁绊的十三个殖民地，正如我已经说过的，具有相同的宗教、相同的语言、相同的民情和几乎相同的法律，并与共同的敌人进行斗争，因而可以说有强大的理由使它们彼此联合起来，结成为一个单一的独立国家。

① 参看《美利坚合众国宪法》。（《论美国的民主》第一版附有这部宪法，但在托克维尔生前最后一版的《论美国的民主》中已删去。——译者）

* 关于联邦宪法的历史，可参阅奥格和雷著作第 25 页及以下几页。——法文版编者

但是，由于它们一开始就各自单独存在，拥有独自管理的政府，所以各自形成了自己特有的利益和习惯，对于会使它们各自的重要性消失于全体的重要性中的坚固而完整的联合表示反感。因此，出现了两个互相对立的趋势：一个趋势把英裔美国人推向联合，而另一个趋势则把他们推向分裂。

只要同母国的战争继续下去，现实的必要性就会使联合的原则胜利。虽然最初建立这种联合的法律还有缺陷，但共同的纽带却不顾这些缺陷而继续存在②。

但自缔结和约以后，最初立法的缺点便立即暴露出来：国家好像一下子就解体了。每个殖民地都成了一个独立共和国，都要求享有完全的主权。邦联政府被它的宪法弄得软弱无力，不再有共同的危险感作为它的支柱，眼看着船舶上悬挂的国旗被欧洲大国凌辱而毫无办法，而且当时也没有足够的力量去对付印第安人和支付独立战争时期所举债款的利息。在邦联政府就要毁灭时，它正式声明自己无能为力，并向宪制权呼吁③。

如果说美国有一时期曾达到使它的居民一直向我们显示其自豪的想象力的荣誉顶点，那正是在国家权力可以说是自动放弃统

---

② 参看1778年起草的第一部联邦宪法的有关条款。这部宪法在1781年才被全美国采用。*

再参看《联邦党人文集》对这部宪法第15至22条的分析以及斯托里先生在其《美国宪法释义》第85—115页中所作的分析(波士顿，1833年)。

* 作者在这里所说的第一部联邦宪法，在中国出版物中译为《邦联条例》；在《邦联条例》生效的1781—1787年间，全国政府称邦联政府。——中文版编者

③ 这项声明是国会在1787年2月21日发表的。见斯托里：《美国宪法释义》第107页。

治权的最高潮时期。

在任何时代，都可以看到一个民族为争取独立而进行坚强斗争的壮观，何况美国人为摆脱英国人的羁绊所做的努力又被过分夸大。美国隔着大洋，距敌人1 300里约〔3 800英里〕，又有一个强大的同盟者支持。它之所以能够坚持到胜利，主要是由于它的地理位置，其次才是由于它的军队士气或公民爱国心。美国的独立战争怎么比得上法国大革命的战争呢？或美国人的努力怎么比得上法国为抵抗全欧的进攻所做的努力呢？在法国抵抗全欧的进攻时，它没有钱，无处举债，没有同盟者，投入二十分之一的人力去迎敌，用一只手去扑灭国内燃起的大火，用另一只手在国外挥舞火炬。但是，看到一个伟大的民族在立法者通知他们政府的车轮已经停止运转后，仍能稳稳当当、不慌不忙进行自省，深入检查故障的原因，足足用了两年时间去寻找医治办法，而在找到医治办法时又能不流一滴泪、不流一滴血地自愿服从它，倒使人觉得这是社会历史上的一件新事。

当他们觉得第一部联邦宪法有缺点时，昔日鼓舞他们起来革命的那股政治激情只是部分地消沉下去，而且制定宪法的所有伟大人物仍然健在。这对美国来说是两件幸事。负责起草第二部宪法的制宪会议虽然人数很少④，但却荟萃了新大陆当时的最精明、最高尚人物，而乔治·华盛顿就是它的主席。

这个全国委员会经过长期的深思熟虑，终于建议人民接受至今仍然治理着美国的那部基本大法*。所有的州都相继接受

④　制宪会议只有55人，其中包括华盛顿、麦迪逊、汉密尔顿和两个莫里斯。

*　关于联邦宪法的简介，可参阅奥格和雷著作第25页及以下几页；芒罗：《美国政府》；以及我们在本书下卷所列的参考文献。——法文版编者

了它[⑤]。经过两年空白时期，新的联邦政府于 1789 年开始工作。因此，美国革命结束之际，正是法国大革命开始之时。

联邦宪法概要

联邦当局与州当局间的权力划分——州政府以制定普通法为常规——而联邦政府以制定普通法为例外。

美国人面临的第一个难题，就是将主权划分得既能使组成联邦的各州继续在一切与本州的繁荣有关的事务上管理自己，又能使联邦所代表的全国政府仍然是一个整体和满足全国性的需要。这是一个复杂而又难以解决的问题。

要想事先用一个准确而又全面的方法把分享主权的两个政府的权限划分开来，那是不可能的。

谁能预见一个国家的一切生活细节呢？

联邦政府的义务和权利是简单而又容易界定的，因为联邦的结成就是以解决某些全国性的重大需要为目的的；而各州政府的义务和权利就复杂了，因为州政府深入到了社会生活的一切细节。

因此，当时对联邦政府的职权能够做出明确的规定，并宣布凡规定中没有包括的事项均属州政府的职权。结果，州政府以制定

⑤ 不是由各州的立法机构接受的。人们为此目的专门选出了代表。在各州召开的代表会议上，对新宪法进行了深入的讨论。

普通法为常规，而联邦政府以制定普通法为例外⑥。

但是，当时就曾预见到，实际上有些问题可能不在为这个例外的政府明确规定的职权范围内，而任其由各州自设的普通法院去解决又会有危险，因而设了一个联邦最高法院⑦。这是一个唯一无二的法院，而在两种互相竞争的政府之间维护宪法规定的分权，则正是它的职权之一⑧。

联邦政府的职权

授予联邦政府的媾和、宣战和征收一般赋税的权力——它可

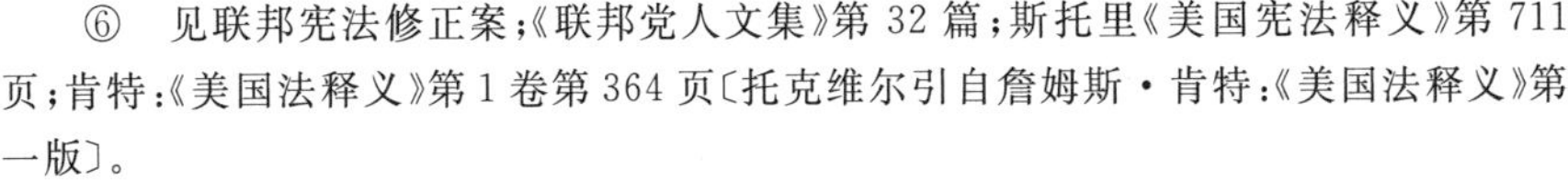

⑥ 见联邦宪法修正案；《联邦党人文集》第 32 篇；斯托里《美国宪法释义》第 711 页；肯特：《美国法释义》第 1 卷第 364 页〔托克维尔引自詹姆斯·肯特：《美国法释义》第一版〕。

还应指出，在任何情况下，联邦宪法都未授予国会以决定某些问题的特权，而各州在国会认为合适时，却可以有这项权利。例如，国会虽有权制定关于破产的普通法，每个州亦可制定自己的破产法，但要在提交法院立案前经过讨论才能制定。这是一项法律程序。〔后来，1898 年国会制定过联邦破产法〕

⑦ 正如以后所述，这个法院并不直接审理案件。

⑧ 《联邦党人文集》第 45 篇对联邦与各州之间的这种主权划分做了如下解释：“宪法授予联邦的权力有明确规定，且为数不多；而分给各州的权力则无明确规定，且为数很多。前者主要表现在对外，比如宣战、媾和、谈判和通商；而留给各州的权力，则扩及普通法院管辖的一切事务，诸如州内的生活、自由和开发问题。”

我在本书中将要经常引用《联邦党人文集》。在后来成为联邦宪法的那项法案刚刚向人民提出并为人民接受的时候，当时已经出名的和后来更加出名的三位人物，即约翰·杰伊、汉密尔顿、麦迪逊，曾通力合作向全国人民宣传人民已经接受的法案的优点。为此，他们在报纸上连续发表了一系列论文，后来又将这些论文集成一部书。他们发表这些论文时署名为联邦党人，集成书后仍用此名。〔中译本名《联邦党人文集》。——译者〕

《联邦党人文集》是一部好书，尽管它是专为美国而写的，但亦为全世界的国务活动家所必读。

以管辖的内政事务——联邦政府在某些方面比旧法兰西王国的国王政府还要集权

在人民之间,每个人民只是一个个人;而一个国家为了便于联合对外,则特别需要一个统一的政府。

因此,联邦政府被授予媾和、宣战、缔结商约、征集军队和筹建舰队的专权⑨。

在指导社会的内部事务方面,并不如此迫切需要一个全国政府。

尽管如此,还是有一些与全国利益有关的问题,只有交给一个总的当局才能得到有效的处理。

因此,联邦政府被授予同货币的价值有关的一切事务的决定权,管理全国的邮政,有权敷设将全国各部分联接起来的交通干线⑩。

一般说来,各州政府在本州境内是自主的。但是,它可能滥用这种独立,并因措施莽撞而危害全联邦的安全。在发生这种罕见的情况时,事先就有明文规定,准许联邦政府干预州的内部事务⑪。因此,加入联邦的各州虽然有权修改或改订自己的立法,但不准制定追究既往的法律,不得在本州内组织贵族集团⑫。

---

⑨ 见联邦宪法〔第一条〕第八项;《联邦党人文集》第 41 篇和第 42 篇;肯特:《美国法释义》第 1 卷第 207 页及以下几页;斯托里:《美国宪法释义》第 358—382 页,第 409—429 页。

⑩ 在这方面,还有一些其他权力,比如制定关于破产的普通法,颁发专利证明,等等。不难发现,对这些方面进行全联邦干预是必要的。

⑪ 这时,它的干预也是间接的。如我们将在以后叙述的,联邦政府是通过它的法院来干预的。

⑫ 联邦宪法第一条第十项。

最后，为使联邦政府能够清偿其所负债务，而赋予它以不受限制的征税权⑬。

当留心考察联邦宪法规定的分权制度时，即一方面考察分给各州的那部分主权，另一方面考察联邦留有的那部分大权时，不难发现联邦的立法者都对我前面提出的政府集权具有十分明确和合理的认识。

美国不仅是一个共和国，而且是一个联邦。但是在美国，国家权威在某些方面甚至比当时欧洲一些君主专制大国还要集权。我这里只举两个例子。

法国共有十三个最高法院，它们绝大部分有权解释法律，而且不准上诉。另外，一些称为“国中国”(pays d'Etat)的省份，在负责代表国家的最高当局制定税法时，有权拒绝同最高当局合作。

而在美国，正像只有一个立法机构可以立法一样，只有一个法院可以解释法律。因此，在这两个主要点上，美国比旧法兰西王国还要集权，但美国只是联合了数个共和国——州的集合体。

在西班牙，某些省份有权制定本省的税法，而这项权力按其本质来说是属于国家的。

在美国，只有国会有权调整各州之间的商业关系。因此，在这一点上，联邦政府比西班牙王国还要集权。

不错，在法国和西班牙，王权总是能在必要的时候凭借武力做到根据王国宪法它无权去做的事情。虽然从结果上来说是一样

---

⑬　联邦宪法第一条第八、九、十项；《联邦党人文集》第30—36篇，第41—44篇，肯特：《美国法释义》第1卷第207页、第381页；斯托里：《美国宪法释义》第329页、第514页。

的，但我在这里讲的是理论。

联邦权

知道联邦政府的明确活动范围之后，就该研究一下它是如何活动的。

立法权

立法机构分为两支——两院的建立方式不同——州独立的原则在建立参议院方面获胜——国家主权学说在组建众议院方面占上风——宪法只在国家初建时合乎逻辑，由此产生的独特效果

在组建联邦的权力机关时，许多方面都遵循了各州宪法早已定下的制度。

联邦政府的立法机构由参议院和众议院构成。

调和的精神，使这两个议院得以按照不同的原则组成。

我已在前面指出，在起草联邦宪法时，曾面对着两种互相对立的利益。这两种利益产生了两种意见。

一些人想把联邦建成一个各州保持独立的联盟，或一种召集各州代表在一起讨论与共同利益有关的某些问题的大会。

另一些人想把美洲各殖民地的全体居民联合成为一个单一的国家，给他们建立一个即使权力范围有限，但能在这个范围内作为国家的唯一单独代表而活动的政府。这两种理论的实践结果，将是不大相同的。

比如说，如果所建立的是一个联盟，而不是一个全国政府，则法律的制定将决定于州的多数票，而不决定于联邦人民的多数票，因为每个州不论大小，那时都将保留自己的独立政权的特点，并以完全平等的资格参加联邦。

而如果把全体美国居民组成单一的国家，则法律的制定当然只决定于公民的多数票。

可以想见，一些较小的州如同意实行这种主张，就得在涉及联邦主权时完全放弃自己的独立存在，由同联邦完全平等的政权变为一个大国的微不足道部分。前一种办法会把它们交给一个不合理政权，而后一种办法又会把它们吞掉。

在这两种局面下，即当利害与理论发生对立时，理论总是服从现实。最后，立法者采取了一种折中办法，将理论上不可调和的两种制度强行调和起来。

州独立的原则在组建参议院方面取胜，而国家主权学说则在组建众议院方面占上风。

每个州都向国会选派两名参议员，而众议院的议员人数则按人口比例规定⑭。

⑭　国会每十年重新规定一次各州应选众议院代表的人数。1789 年，众议院的议员总数为 69〔65〕人，而到 1833 年则已增到 240 人。见 1834 年版《美国大事记》第 194 页。

宪法规定每三万人选一名众议员，但没有规定最低人数。国会认为不应当随着人口增加而增加众议员人数。关于这项限制的第一部法令，颁布于 1792 年 4 月 14 日。见斯托里：《美国法律》第 1 卷第 235 页〔3 卷本，波士顿，1827 年〕。它规定每 33 000 人选一名众议员。关于这个问题的最近一部法令颁布于 1832 年，其中规定每 48 000 人选一名众议员。有权选举代表的人口数，包括全体自由人和五分之三黑人。

根据这样的规定，现在纽约州有40名众议员，但只有两名参议员；而特拉华州有两名参议员，但只有一名众议员。因此，特拉华州与纽约州在参议院平等；而在众议院，纽约州的影响是特拉华州的40倍。因此，如控制参议院的多数票，就会使众议院的多数票无能为力，而这是与立宪政府的精神背道而驰的。

这一切清晰地表现，要在参议院和众议院之间合乎逻辑地和合理地将立法工作的各个部分连结起来是多么复杂和困难*。

随着时间的推移，在同一个国家里，总会产生不同的利益，总会出现各种各样的权利。当它后来要制定宪法的时候，这些利益和权利就会互相对立，成为任何一项政治原则达到其一切效果的自然障碍。因此，只有在社会的初建时期，法律才能完全合乎逻辑。当你看到一个国家享有这种好处时，请你不要忙于下结论，说它是明智的，而应当想到它还年轻。

在联邦宪法制定后的一段时期，英裔美国人之间仍存在着相互截然对立的两种利益：各州的独自利益和联邦的全国利益。必须使这两种利益调和。

但是应当承认，联邦宪法的这一部分至今并未产生人们最初曾经担心的不良后果。

各州都还很年轻，彼此关系密切，有同样的民情、观念和需要。因大小或强弱造成的差距，还不足以使它们的利益过于悬殊。因此，从未见过几个小州在参议院联合起来反对大州的提案。而且，表达全国意志的法律条文具有不可抗拒的力量，以致面对众议院

* 参阅奥格和雷著作第288页及以下几页。——法文版编者

的多数表决，参议院亦无力反驳。

此外，也不要忘记，美国的立法机构只代表人民立法，而没有将人民组成一个单一国家的任务。联邦宪法的当初目的，并不是取消各州的独立存在，而只是缩小这种存在的范围。因此，立法机构在向第二级政权下放一项实权（而且不能再收回来）时，事先就放弃了强制它们服从多数表决的意志的习惯做法。有了这项规定，各州的影响力之进入联邦政府机器，就没有什么反常的了。这只是确认既成事实，即对已被承认的权力只能扶持，而不能压制。

参议院与众议院的其他差别

参议员由州立法机关提名选举——众议员由人民提名选出——对参议院实行二级复选*——对众议员实行一次选举——两种议员的不同任期——职权

参议院与众议院的不同，不仅表现在代表制度的原则方面，而且表现在选举方式、议员任期和职权差异方面。

众议院由人民提名选出，参议院由各州的立法机构提名选出。一个是直接选举的结果，另一个经两个阶段选举产生。

众议员的任期只有两年，而参议员的任期为六年。

众议院只有立法权，它所分享的司法权只限于对公职人员的

* 1913年批准生效的合众国宪法第17条修正案规定，参议员已改为直接选举。——译者

弹劾*。参议院协助立法工作，审理众议院向它起诉的政治罪案件。它同时也是全国的最高执行机构，总统缔结的条约经它批准才能生效。总统提出的法案和所作的任命，须经这个院的同意才能最后生效⑮。

行 政 权⑯

总统的依靠——总统的选举和责任——总统在其职权范围内的自由——参议院只监察总统，而不指导总统——总统的薪俸在就职时规定——搁置否决权

美国的立法者当时面临的一项难以完成的任务，就是要创设一种既依靠多数，又有足够的力量在自己的职权范围内自由行事的行政权。

为维护共和制度，要求行政权的代表服从全国人民的意志。

总统是经选举产生的最高行政官。他的荣誉，他的财产，他的自由，他的生命，不断地要求他以正确行使自己的权力报答人民。而且他在行使这项权力的时候，并不是完全独立的：参议院既在监督他与外国的关系，又在监督他如何用人，所以他既不能自行腐化，又不能被人腐化。

---

* 参阅奥格和雷著作第288页及以下几页。——法文版编者

⑮ 见《联邦党人文集》第52—56篇；斯托里：《美国法律》第199—314页；宪法第一条第二、三项。

⑯ 《联邦党人文集》第67—77篇；宪法第二条；斯托里：《美国法律》第315页、第518—580页；肯特：《美国法释义》第255页。

联邦的立法者们看到，如果赋予行政权的稳定性和力量不大于各州所给予它的稳定性和力量，行政权便不能严肃而有效地完成自己的任务。

总统任期四年，连选时可以连任。为了将来能够连任，他会热心为公共福利工作和设法使其实现。

宪法规定总统是联邦行政权的唯一无二代表，并防止他的意志从属于一个委员会的意志，因为这是一种既会削弱政府行动，又会降低执政者责任的危险做法。参议院有权使总统的某些法令无效，但不能强迫总统采取行动和与总统分享行政权。

立法机构对行政权采取的行动可能是直接的，但我们方才已经说过，美国人总是设法不这样做。这种行动也可能是间接的。

比如说，两院有权取消公职人员的薪俸，以此剥夺他们的一部分独立；而两院作为法律的主要制定者，又在使公职人员经常担心两院会逐渐将总统依照宪法授予他们的那部分权力拿走。

行政权的这种受制性，是共和制度固有的缺欠之一。美国人一直未能破坏立法机构想要控制政府的趋势，但他们却使这种趋势变得不那样不可抗拒。

总统的薪俸在任职之初即被规定下来，而且是对他的整个任职期规定的。此外，总统还有搁置否决权作为他的武器，这种否决权可以使他不让那些可能损害宪法授予他的独立性的法律获得通过。但这也只能在总统与立法机构之间出现不平等的斗争，因为立法机构如要坚持它的方案，总可以战胜总统的抵抗，但搁置否决权至少可以迫使立法机构重新考虑它的提案，而且在重新审议议案时必须有三分之二的多数支持才能通过。此外，搁置否决权也是向人民提出的一项呼吁。这样,使没有这项保障就可能暗中受到压迫的行政权可以提出申辩,让人民听取它的理由。但是,如果立法机构仍然坚持它的提案,它总能战胜对它的抵制吗?对此,我的回答是:任何国家的宪法,不管它的性质如何,都要求立法者必须依靠公民的良知和德行。这一点,在共和国比较容易实行和被人看到,而在君主国则比较难于实行,并且总是被精心掩盖起来。但是,这一点一定只是存在于某一方面。没有一个国家的法律能够预先定出一切,没有一个国家的制度能够代替理性和民情。

美国总统的地位在哪些地方与法国的立宪国王不同*

在美国,行政权像其所代表的国家主权一样,是有限的和例外的——在法国,行政权像国家主权一样,可以扩及一切事务——国王是立法者之一——总统只是法律的执行者——两种权力的任期产生的其他差异——总统被束缚在行政权的范围内——国王在这方面是自由的——尽管有此种种不同,但法国更近似共和国,而美国更近似君主国——比较两国依附于行政权的官员人数

行政权对国家命运所起的作用甚大,所以我必须先在这里详细讨论一下它在美国占有什么地位。为了对美国总统的地位有个清晰明确的概念,最好拿美国总统的地位同欧洲的一个立宪君主

* 关于这个问题,可参阅吉罗:《欧洲民主制度下的行政权》,巴黎,1938 年。——法文版编者

国国王的地位作一比较。

在进行这种对比时，我不太重视权力的外在标志，因为这种标志容易转移研究者的视线，对研究者很少有引导作用。

当一个君主国逐渐变为共和国的时候，王权虽已实际上消失了很久，但行政权仍使国王保留着头衔、荣誉，甚至财富。英国人斩了一位国王的首级，把另一位国王从宝座上撵走以后，依然习惯于跪着对这些君主的继承人谈话。

另一方面，当一些共和国落到一个独夫控制之下时，这个独裁者却能依然生活俭朴，不尚虚荣，作风谦逊，好像自己并未处于万人之上。当皇帝们大权在握，对其同胞的财产和生存进行专横统治时，人民在谈话中称他们为恺撒，而他们本人却又能屈尊到朋友家里作客。

因此，应当揭开面纱，深入到内部。

在美国，主权由联邦和各州分享；而在法国，主权是一个整体，不能分割。我认为，美国总统与法国国王的最大、最主要不同即由此而来。

在美国，行政权像其所代表的国家主权一样，是有限的和例外的；而在法国，行政权像国家主权一样，可以扩及一切事务。

美国人有一个联邦政府，而法国人则有一个全国政府。

这就是由此自然产生的美国总统地位不如法国国王地位的第一个原因，但还不是唯一原因。第二个重要原因，是两者所代表的主权内涵不同。确切地说，可以把主权定义为制定法律的权限。

在法国，国王实际上是主权的化身，因为法律不经他批准就不能生效。同时，他也是法律的执行者。

美国总统虽然也是法律的执行者，但他并不实际参加立法工作，因为他不同意并不妨碍法律的存在。因此，他绝不是主权的化身，而只是主权的代理人。

在法国，国王不仅是主权的化身，而且也参加立法机构，从其中得到一份权力。他参加国会的一个议院的议员提名，并能以自己的意志终止另一个议院议员的任期。美国总统不参加立法机构的组建工作，也不能解散立法机构。

国王与国会分享法律的提案权。

总统却没有这样的提案权。

国王在国会的两院中各有其一定人数的代表，这些代表在国会中解释他的观点，支持他的意见，使他的施政纲领获胜。

总统不能成为国会的议员，他的阁僚也同他一样，均被排除在国会之外。他只能通过间接的办法使自己的影响和意见进入国会这个大衙门。

因此，法国的国王与立法机构处于平等地位，立法机构没有国王不能活动，而国王离开立法机构也不能活动。

而总统就像一个低级的和从属的权力，被置于立法机构之外。

在所说的行政权上，总统的地位似乎与法国国王的地位很接近。但即使在行使这项权力的时候，总统也由于地位低下等重要原因而屈辱。

首先，法国国王的权力在任期上就优越于美国总统的权力。要知道，任期是权力的一项重要因素。人们只对行将长期存在的东西表示爱戴和敬畏。

美国总统是一个选任四年的行政官，而法国国王则是一个世袭的君主。

美国总统在行使行政权时，自始至终受到一种忌妒性的监督。他可以缔结但不能批准条约，他可以提名但不能直接任命官员。[17]

法国国王在行政权方面是绝对主人。

美国总统对自己的行动负责，法国法律规定国王的人身是不可侵犯的。

当然，不管是法国国王，还是美国总统，都要受到作为一种指导力量的舆论的影响。这个力量在法国不如在美国那样明显，未全被人公认，没有正式写在法律里面，但这种力量确实在法国发生着作用。这种力量，在美国通过选举和法院判决发生作用，在法国通过革命发生作用。尽管两国的宪法不同，但有一点在两国是相同的，即舆论实际上都是具有统治作用的力量。因此，说到底，法律的原动力在两国都是一样的，尽管这个原动力在两国的发展有过于自由和不够自由之别，而发展的结果又总是有所不同。从本性来说，这个原动力实质上是共和主义的。所以我认为，拥有国王的法国之近似共和国，甚于拥有总统的美国之近似君主国。

在以上的叙述中，我只是着重指出了主要的不同点。如果我要深入到细节，则对比的结果还会更加惊人。但是，这已经说得过长了，而我本来还想往短说的。

我已经指出，美国总统的权力只限于在其拥有的那部分主权

---

⑰　虽然总统在任免联邦官员时必须征求参议院的意见，但宪法的规定却含糊其词。《联邦党人文集》在第 77 篇中似乎主张建立批准制度；但国会在 1789 年却以充分的理由宣称：既然总统自己负责，就不应当强迫他任用没有得到他信任的人员。见肯特：《美国法释义》第 1 卷，第 289 页。

内行使，而法国国王的权力则在全部主权的范围内行使。

我可以证明，尽管法国国王的统治权已经大得惊人，并通过无数渠道深入到管理私人利益，但他在行使这项权力时又超过了其自然极限。

除了国王统治权的这个影响之外，我还能指出任用大批公职人员所带来的后果。这些公职人员，几乎都是代替国王行使行政权的。现在，法国公职人员的总数已超过以往任何时期，高达138 000人⑱，应把其中的每个人都视为权力的分子。美国总统没有任用公职人员的专权，而且任用的人数没有超过12 000人⑲。

可使行政权影响增强的偶然原因*

美国享有的对外安全——观望政策——为数六千人的军队——仅有几只军舰——总统虽拥有大权，但无行使机会——有行使机会时，总统也很软弱

如果说美国的行政权不如法国的强大，则它的原因与其说在

⑱ 全国每年支付给这些名目繁多的公职人员的薪俸为两亿法郎。

⑲ 美国每年在一本名叫《美国年度大事记》的年鉴中公布公职人员人数。这个数字是由该年鉴的1833年版摘来的。（第11卷，华盛顿）

从上述可知，法国国王雇用的人数为美国总统的11倍，而法国的人口数只比美国多150%。

* “可使行政权影响增强的偶然原因”。托克维尔关于这一点的论述显然已经过时，因而他的评述亦属多余。请参阅阿利克斯等人所著《美国对外政策的基础》，以及奥格和雷著作第769页及以下几页。——法文版编者

于法律，不如说在于环境。

一个国家行使行政权的技巧和力量的机会，主要在它同外国打交道的时候。

如果美国的生存不断受到威胁，如果它的重大利益每天都同其他大国的利益交织，则行政权的威望将随着人们对它的期待和它自己的作为而增高。

不错，美国总统是军队的统帅，但这支军队只有六千名士兵。他也指挥舰队，但这支舰队只有几艘军舰。他主管联邦与外国的往来事务，但美国没有邻国。它与世界的其余大洲隔着汪洋大海，独霸海洋的欲望还不太强。它没有敌人，它的利益只是偶尔同地球上其他国家的利益冲突。

美国总统掌握的大权几乎近于王权，但没有应用的机会。他拥有的权限，至今也只能在极其有限的范围内行使。法律容许他强大，但环境使他软弱无力。

法国的情况与此不同，法国王权的巨大力量，来自环境的多于来自法律的。

在法国，行政权不断与巨大的障碍进行斗争，并有强大的手段去克服这些障碍。它用不着修改宪法，就能因它所处理的事务的广泛性和它所主管的事件的重要性，而增加自己的力量。

假如法律使它也像在美国那样软弱无力和限制重重，它的影响不久也会因环境而大大加强。

美国总统为了领导国务工作何以不需要在两院取得多数

一个立宪君主的意见如遭作为立法机构的两院的反对，他就不能进行统治，这在欧洲已成定论。

但是大家知道，美国有好几位总统曾在立法机构失去多数，但并未被迫放弃权力，也未给社会造成严重的灾难。

我听到有人引用这个事实来证明美国行政权是独立的和有力量的。但是，只要深思片刻，我们就会发现情况恰恰相反，这个事实只能证明美国的行政权是软弱无力的。*

欧洲的一位国王，需要得到立法机构的支持来实现宪法赋予他的广大无边的任务。欧洲的立宪君主不单纯是法律的执行者，他们还要设法使法律的执行完全符合自己的意志，而如果法律有反对他们之处，他们可以使法律失效。国王需要国会制定法律，而国会则需要国王执行法律。这两个权力机关彼此缺了对方都不能生存，一旦双方失和，政府的车轮就要停止转动。

在美国，总统无权阻止法律的制定，他也不能回避执行法律的义务。他的诚挚热心的合作，对于政府工作的推行无疑是有用的，但也并非绝不可少。他的一切重要工作，都直接或间接受到立法

---

* “这个事实只能证明美国的行政权是软弱无力的”。美国社会发展的实际动向，证明托克维尔的说法是错误的。美国总统的权力从 1832 年以来开始增强，而且以后从未削弱。参阅本书下卷所载参考文献以及奥格和雷著作第 397 页。——法文版编者

机构的控制；而在他能够完全摆脱立法机构的控制时，他也几乎做不成什么。因此，使他能够同立法机构做对的，只是他的软弱，而非他的力量。

在欧洲，国王与国会必须和睦相处，因为两者之间发生冲突可能是严重的；而在美国，这种和睦并非绝不可少，因为不可能发生斗争。

总统的选举

总统选举制度的危险随行政大权扩大而增加——美国人之所以能够接受这种制度，是因为他们可以不需要强大的行政权——环境为什么有利于建立选举制度——总统的改选何以不会改变政府的原则——总统的改选对下属官员仕途的影响

一个大国采用选举行政权首脑的制度，其危险已为经验和历史学家所充分证明。

因此，我想就美国谈一谈这种危险。

人们所担心的选举制度产生的危险，因行政权所占的地位及其在国家中的重要性，以及选举方式和国家的当时环境而有大有小。

人们不无理由地谴责国家首脑选举制度的论据，是说这种制度对于野心家具有非常吸引人的诱惑力，十分强烈地激发野心家去争权夺利，以致合法的手段往往不能满足他们的需要，而当权力行将离开他们时，他们就要诉诸武力。

显而易见，行政权越大，诱惑力也就越大；觊觎者的野心越强

烈，就越有二流的野心家来支持他，因为这群二流野心家希望在他们的候选人获胜后分享权力。

因此，选举制度的危险将随行政权对国家事务的影响加强而正比例地增加。

波兰的历次革命不仅应当归因于一般选举制度，而且应当归因于当选的官员成了一个大君主国的首脑。

可见，在讨论选举制度的绝对好处之前，总有一个先决问题需要解决，即了解一下打算采用选举制度的国家的地理位置、法律、习惯、国情和民意是否允许在这个国家建立一个软弱而又受制约的行政权，因为在我看来，既想让国家的代表人拥有强大的权力，又想由选举产生这个代表人，这是在表达两种互相对立的意愿。据我所知，要使世袭的王权过渡到民选政体，只有一个可行的办法，那就是先限制王权的活动范围，再逐渐取消它的特权，然后使人民一步一步地习惯于没有王权的帮助也能过活。但是，欧洲的共和主义者们从来没有这样想过。他们当中的许多人之所以憎恨暴政，只是因为他们受到暴政的欺凌。行政权的扩大并未使他们受到损害，他们只攻击暴政的起因，而没有察觉把这两者联系起来的紧密关系。

至今还没有见到一个人甘愿冒着荣誉和生命的风险去争当美国总统，因为总统的职位是暂时的，且受限制和制约。赌场上必须有大注，绝望的赌徒才能孤注一掷。至今还没有一个候选人能够激起人民的热烈同情和过激情感去支持他。原因很简单：因为他当上政府首脑后，只能使他的朋友们分享到很少一点权力、财富和荣誉，而且他在国内的影响很小，不足以在他当权时左右本派人的事业成败。

世袭君主政体有一个巨大好处：一个家族的个体利益与国家利益永远密切相关，所以一时一刻也不会置国家利益于不顾。我不谈这种君主国的事务主持得是不是好于共和国，但是不管好坏，它总有一个人在尽力主持。

而在选举首脑的国家，一临近选举，甚至在选举前的一段时间，政府的车轮就仿佛自行停止转动了。不错，可以制定适当的法律，使选举加速进行和立即进行完毕，即不让行政权出现空位；但是，即使如此预防，人们也不会理解立法者之苦心，而仍认为行政权处于空位。

一临近选举，行政权的首脑只考虑行将开始的斗争。他不再前进，他不会提出任何新的企划，而只会懒洋洋地处理那些也许将由另一个人来结束的工作。杰斐逊总统于 1809 年 1 月 21 日（选举前六个星期）写道："现在，我已如此接近我的退职期限，以致我可以不再参加实际工作，而只提出我的建议。我觉得，让我的后任主动采取他将实行和要负责的措施，是正当的。"〔这段话出自杰斐逊致詹姆斯·门罗的一封信，见《杰斐逊文集》第 9 卷第 243 页，纽约，1898 年〕

而在全国，人们的目光都集中于一点：瞪眼看着行将开始的分娩的阵痛。

如果行政权管理国务的范围越大，它的经常活动越多和越有必要，则由此产生的危险也越严重。在一个已经习惯于受行政权统治或往好处说是治理的国家，选举必然造成一次激烈的震动。

在美国，行政权的行使可以慢慢腾腾而不受谴责，因为这种行为本来就是软弱无力和受到重重限制的。

当政府首脑是由选举产生时，几乎总要在国家的内外政策方面出现一段不稳定时期。这就是此种制度的主要弊端之一。

而且，这一弊端的严重程度，并跟授予当选首脑的权力的大小成正比。在古罗马，尽管执政官每年一换，但政府的工作原则始终不变，因为元老院掌握着指导权，而且元老院是世袭机构。在欧洲的大多数君主国，如果国王是选举的，则在每次进行新选举时，王国都要改变面貌。

在美国，总统虽对国务有相当大的影响，但他并不主持国务，压倒一切的权力掌握在代表全国人民的议员之手。因此，能够改变政治准则的是全国人民，而不是总统个人。结果，选举行政权首脑的制度，在美国也就没有对政府的稳定性发生极为不利的影响。

但是，缺乏稳定性毕竟是选举制度的一个固有缺欠，以致在总统的本来就已够小的活动范围内，这个缺欠仍然表现得十分明显。

美国人想得很对，行政权的首脑为了履行职务和承担全副责任的重担，应有充分的自由去亲自挑选下属和随意撤免他们，而立法机构主要应当监督而不是指导总统，但由此产生的结果却是：一进行新的选举，全体联邦官员的命运就好像处于悬而不决之中。

在欧洲的立宪君主国，人们抱怨行政机关的小小职员的命运经常决定于大臣们的命运。在选举政府首脑的国家，这种情况更为严重。其原因很简单：在立宪君主国，接任的大臣很快就能上任，而行政权的主要代表并未改变，改革活动亦有一定范围。因此，这种国家的行政权的变化主要表现在末节方面，而不表现在原则方面。在这里，不是用一种制度去骤然代替另一种制度，因而不致引起一场革命。而在美国，却是每隔四年依法进行这样的革命。

至于说这种立法自然会给个人造成的不幸，我们应当承认官员命运的不固定性在美国还未产生在别处出现的灾难。在美国，寻找自食其力的生活出路容易得像丢掉官职一样。虽然丢官后有时会过不上舒适生活，但绝不会由此失去谋生之道。

我在本节开头说过，以选举方式产生行政权首脑的危险的大小，因采用这一制度的国家所处的环境而有不同。

尽管行政权的范围受到限制，它在法律上的地位不够强大，但它对国家的对外政策却有极大的影响，因为除非由一个人经手，谈判就无法开始和顺利进行。

一个国家的形势越是不定和艰难，它便越是需要一项首尾一贯的坚定对外政策。这样，对国家首脑采用选举制度，也会更加危险。

美国人对全世界的政策是简单的，几乎可以说别人不需要他们，他们不需要别人。他们的独立从未受到威胁。

因此，在他们那里，行政权的职能既受环境的限制，又受法律的限制。总统可以经常改变他的观点，但国家不会由此遭殃和毁灭。

不管行政权首脑如何选举，选举之前和选举时期，总是全国的骤变时期。

一个国家的内忧越大，它的外患也就越大，而这时的危机对国家更有危险。欧洲的国家每逢产生新首脑的时候，很少不为被人征服和陷入无政府状态而担忧。

在美国，社会被组织得不需要帮助即能自立。美国从来没有遇到过外患。它的总统选举是鼓舞人心的大事，而非导致毁灭的举动。

选 举 方 式*

美国的立法者在选择选举方式时表现的才干——建立一种独特的选举团——这些独特的选举分别投票——众议院在什么情况下应召去选举总统——自现行宪法生效以来十二次选举概要

除了固有的危险之外，还有许多来自选举方式，但经立法者留意即可预防的危险。

当全国人民携带武装到公共场所去选他们的首脑时，除了有选举制度本身存在的危险之外，还特别有这种选举方式产生的内战的危险。

当波兰的法律容许国王的选举可为一个独夫所否决时，这项法律就等于在唆使人们去杀掉这个独夫，或预先规定了无政府状态。

随着深入研究美国的制度和仔细考察这个国家的政治与经济状况，我们发现人们在那里的发迹与他们的能力是极其一致的。美国是一个新兴的国家，但其人民却很久以前就已习惯于自由：这是其内部秩序得以维持的两个主要原因。而且，美国绝不担心有人来征服它。美国的立法者得益于这些有利条件，因而不难创立一个软弱而有依附性的行政权，使他们在创立行政权时既能采用选举制度，而又不致带来危险。

剩下来要他们做的，只是从不同的选举制度中选择危险性最

---

* 关于"选举方式"，可参阅奥格和雷著作第 254 页及以下几页。——法文版编者

小的制度，使在这方面规定的准则恰合本国的自然条件和政治制度所提供的保障。

首先需要解决的问题，是找到一种能够充分表达人民的真正意志，不致过于激发人民的情感，并使他们尽量减少政权空位感的选举方式。首先，他们采用了以简单多数通过法律的办法。但这还是一件很难的事情，因为人们为了获得这个多数并不害怕拖延时间，而拖延时间正是立法者想要避免的。

事实上，在一个大国进行选举时，很少有人能在第一轮投票即获得多数。在由地方势力非常发达和强大的数州联合而成的共和国中，这种困难更大。

为了排除这第二个障碍而提出的办法，是将全国人民的选举权委任给一个代表全国人民的机构。

这种选举方式，为多数的形成增加了机会，因为选举人越少，越容易趋于意见一致。这种办法也便于人们作出良好的选择。

然而，是应当把选举权委托给本身代表全国人民的立法机构呢？还是需要成立一个以选举总统为唯一目的的选举团呢？

美国人选择了后一种办法。美国人认为，让那些被推选去制定普通法的人再负责选举全国的首席行政官，只能不全面地代表民意；另外，他们当选为议员已经超过一年，而他们所代表的选民这时可能改变了主意。美国人断定，如委托立法机构选举行政权的首脑，议员们会在选举前的一段长时间内受贿和参与阴谋活动；而这些特别选举人也会像大陪审团的成员一样，混迹于群众之中，不为人所知，甚至他们在应当行动时才出面，只用上几分钟时间投投票而已。

因此,决定每州提出一定名额的选举人[20],委托他们去选举总统。但是,正如前面所述,实行选举制的国家的这种负责选举政府首脑的团体,不可避免地要成为争吵和阴谋的中心。它有时会篡夺不属于它的权力;而它的议而不决和随之而来的争吵不休,又有时会把国家拖到破产的边缘。于是美国人决定,让选举人在同一天投票,而不必把他们召集在一起开会[21]。

这种两阶段选举方式有助于产生多数,但不能保证一定产生多数,因为正像这些选举人的委托人可能意见分歧一样,这些选举人也可能意见分歧。

在这种情况下,就需要从下述三种办法中任取其一:重新指定选举人,由原来的选举人再次协商,或交给另一个权力当局去选举。

前两种办法除不够可靠外,还会拖延时间,必然带来无尽无休的可怕争吵。

因此,他们采用了第三种办法,规定将选票密封送交参议院议长,在一个指定的日子,当着参议员和众议员的面开封计票。如果没有一个候选人获得多数,则由众议院直接选举总统,但为众议院规定了权力范围。众议员只能从原来得票最多的三个候选人当中选定一个人为总统[22]。

---

⑳ 按本州在国会中的议员人数派选。参加投票的选举人,在1833年为288人。(《美国年度大事记》)

㉑ 同一个州的选举人集合在一起投票,把被选举人的得票名单送到中央政府所在地,而不在当地报道获得多数票的结果。

㉒ 这时,总统实际上不是根据众议院的多数票,而是根据各州的多数票当选。因此,纽约州对投票选定总统的影响就不如罗得岛州。可见,最初是将全联邦的公民视为一个整体,从全国范围来投票,而当公民们的意见不一致后,又把权力分给各州,由各州的代表去分别投票。

这也是联邦宪法存在的一个怪现象,它只能用互相对立的利益的冲突来说明。

正如大家已经看到的，只是在极少数和很难预见的情况下，才把选举总统的工作交给众议员去执行，而且他们只能从已为特别选举人的强有力多数指定的人当中选定一人为总统。这是一种很好的权宜办法，它把人民的意志应当受到尊敬，同迅速进行选举和国家利益不受破坏协调起来了。此外，让众议员分享权力去解决问题，也不一定能够解决一切难题，因为在众议院能否获得多数仍有疑问，而且宪法对此没有提供补救办法。不过，由于规定了必备的候选人资格，把候选人限定为三人，让一个摆脱偏见的机构去选定，所以这种办法排除了它本来只有某种可能克服的一切障碍㉓。至于其他一些障碍，则是选举制度本身所固有的了。

自联邦宪法生效 44 年以来，其间美国已选过 12 次总统。*

有 10 次是由各州的特别选举人在本州投票后便选出的。

众议院只行使过两次它可以分享的这种特殊权力：第一次是在 1801 年选举杰斐逊先生，第二次是在 1825 年选举昆西·亚当斯先生。

选举是紧急时期

可把选举总统的时期看作全国的紧急时期——为什么——人民的激情——总统的忧虑——选举热潮之后的平静

我已讲过哪些有利环境促使美国采用选举首脑的制度，并指

㉓　但是，杰斐逊在 1801 年还是经过三十六次投票才当选。

*　截至 1984 年，美国已选举过 50 次总统。——译者

出立法机构为消除这种制度的危险而采取的预防措施。美国人已经习惯于举行各种各样的选举。经验使他们学会允许热潮发展到什么程度和在什么地步阻止它发展。美国的幅员辽阔和居民分散,使政党间之冲突不像在其他国家那样明显和具有破坏性。全国在选举时形成的政治环境,至今还未引起过任何真正的危险。

但是,仍可把美国选举总统的时期看作全国的紧急时期。

总统对选举进程的影响,毫无疑问是微小和间接的,但这个影响可以扩及全国。总统的选举对每个公民可能无关紧要,但对全体公民却十分重要。要知道,一项利益不管怎样微不足道,而当它一旦成为普遍利益,就会获得巨大的重要性。

同欧洲的一位国王相比,美国的总统毫无疑问没有多少办法培植私党。但是,由他任免的职位,却多得足以使成千上万的选民直接或间接地关心总统的成败。

此外,政党在美国也像在其他国家一样,感到需要团结在一个人的周围,以便更容易为群众所理解。因此,它们一般都以总统候选人的名字作为象征来为自己服务,让这个人去具体实现本党的理论。它们的重大利益是使选举对自己有利,但不是依靠当选总统来使自己的学说获胜,而是通过总统的当选证明自己的学说获得了多数。

在指定的选举日到来之前的很长一段时期内,选举是最重要的而且可以说是全国唯一关心的大事。因此,各党派又积极活动起来,凡是能够想象出来的党派激情,又在这时于一个幸福安静的国家里荡漾起来。

而在任的总统,则专心于设法自卫。他不再为国家的利益去处理政务，只为再次当选而忙碌。他为了获得多数而向选民讨好，他不但不按其职责所要求的那样去控制自己的激情，反而经常任意发作。

随着选举的临近，各种阴谋活动益加积极起来，而选举的热潮亦更加上涨和扩大。公民们分成数个对立的阵营，每个阵营都高举自己候选人的旗帜。这时，全国到处兴奋若狂，选举成了报纸的头条新闻，私人交谈的话题，一切行动的目的，一切思想的中心和当前的唯一兴趣。

不错，选举的结果一经公布，这种热情随即消失，一切又恢复平静，而看来似乎即将决堤的河水，又静静地流在原来的河道，但是，看到这场本来以为可以刮大的风暴，怎么会不使人惊奇呢？

总统的连选连任*

容许行政权首脑连选连任，说明政府本身在变质和有人搞阴谋和腐化——连选连任的愿望统治着美国总统的整个思想——连选连任在美国有其特别害处——民主的自然弊端在于使一切权力逐渐屈服于多数的微小愿望——总统的连选连任助长了这种弊端

美国的立法者当初容许总统连选连任，是正确还是错误？

乍一看来，不准行政权首脑连选连任，似乎是不合理的。谁都

* “总统的连选连任”。总统只能连选连任一次的传统，在罗斯福总统 1940 年第三次当选总统时已被打破。——法文版编者

知道一个人的才能和品格会对整个国家的命运产生什么影响，特别是当国家处在艰难环境和紧要关头的时候！禁止公民连选连任首席行政官的法律，会使公民失去帮助国家繁荣和拯救国家的最好手段。而且可能产生一种奇怪的结果，即当一个人证明其有很好的管理才能时，却被排除于政府。

这些论点毫无疑问都是很有力量的。但是，不能举出更有力的论点去反驳它们吗？

搞阴谋和腐化是民选政府的自然弊端。当国家首脑可以连选连任时，这种弊端将会无限扩大，并危及国家本身的生存。一个普通候选人如想依靠阴谋达到目的，他的诡计只能在极其有限的范围内施展。而国家首脑出现于候选人名单，他却可借助政府的力量去达到个人的目的。

在前一种情况下，那个候选人只拥有薄弱无力的手段；而在后一种情况下，则是国家本身用其强大的手段去搞阴谋和自行腐化。

利用应受谴责的诡计去获得权力的普通公民，只能间接地损害国家的繁荣；而行政权的代表本人参加角逐，就会使政府将其主要注意力移到次要工作上去，把选举看成当前的主要工作。它已不再关心对外谈判和法律，而一心在想选举。政府官员照样得报酬，但他们已经不是为国家服务，而是为其上司服务了。同时，政府的活动即使不是总是违反国家的利益，至少也是不再为国家效劳。但是，政府的活动只应当为国家效劳。

连选连任的渴望支配着总统的思想，他的一切施政方略都指向这一点，他的一举一动都对着这个目标，尤其是一临近选举的紧要关头，他就想用自己的私人利益代替全国的普遍利益。看不到这一切，就不能认识美国总统处理国务的常规。

连选连任的原则，使民选政府的腐化影响格外广泛和危险。它在败坏人民的政治道德，以纵横捭阖冒充爱国行为。

在美国，这项原则还在直接打击国家生存的基础。

每个政府本身都有一种似乎与其生存原则相联系的自然弊端，而立法者的天才则应当去认清这一弊端。一个国家可能因废除许多不良法律而存在下去，但不良法律的恶劣影响也往往会被人夸大。一切有产生破灭性危险的法律，尽管其危害作用不能被人马上发现，但它们不能长期不使危险发作。

专制君主国破灭的原因，在于王权的无限的和不合理的扩张。因此，即使采取措施，拿走宪法中使王权加重的砝码，当这些措施长期不发生作用时，它们也将极其有害。

同样，在民主开始居于统治地位和人民逐渐将一切事情主管起来的国家里，那些使人民的活动日益活跃和日益不可抗拒的法律，也会直接打击政府的生存。

美国立法者们的最大功绩，在于他们清楚地认识到这个真理，并有勇气付诸实施。

他们认为，除了人民的权利之外，还要有一定数量的执行权力的当局。这些当局虽不是完全独立于人民的，但在自己的职权范围内享有一定程度的自由，因而既要被迫服从人民中的多数的一致决定，又可以抵制这个多数的无理取闹和拒绝其危险的要求。

为了达到这个目的，美国的立法者把全国的行政权集中于一个人手里，使总统拥有广泛的特权，并用否决权把总统武装起来，以便抵抗立法机构的侵犯。

但是，由于采用总统可以连选连任的原则，立法者又部分地破坏了自己的工作。他们使总统拥有了大权，但又压制了总统使用大权的愿望。

如果总统不得连选连任，他就不会脱离人民，因为他不会因竞选而中止对人民负责。但对他来说，为向人民讨好，也不必非得完全遵从人民的意愿。

可以连选连任的美国总统，只是多数手中百依百顺的工具。而在政治道德废弛和伟人不多的今天，尤其如此。他要爱多数之所爱，憎多数之所憎；他要为多数的愿望带头，为多数的抱怨领先，多数的一小点企求，他也得屈从；立法者本希望他领导多数，而他却唯多数之命是从。

因此，立法者本想使国家不埋没人才，而结果却使这些人几乎成了废物；立法者本想为这种特殊环境采取一种对策，而结果却使全国经常处于危险之中。

联邦系统法院[24]

美国司法权的政治重要性——在讲述这个问题时遇到的困

---

[24] 参看第六章开头一节《美国的司法权及其对政治社会的影响》。本章讨论美国司法工作的基本原则。再参看联邦宪法第三条。

参看《联邦党人文集》第78—83篇；萨金特：《宪法是美国各级法院工作和办案的依据》，波士顿，1830年；斯托里：《美国法律》第134—162页、第489—511页、第581页、第688页；以及载于斯托里：《美国法律》第1卷第53页的1785年9月24日组织法。

难——司法权在全联邦的行使——哪些法院通行于全联邦——设立全联邦性法院之必要——联邦司法工作的组织——最高法院——最高法院与我们所知道的其他法院的不同

我已经讲述了美国的立法权和行政权，而留待考察的还有司法权。

在这里，我应当直言不讳向读者表示：我担心我的讲解可能使读者生厌。

司法制度对英裔美国人的命运发生了重大影响，它在就本义而言的政治制度中占有非常重要的地位。从这一观点来说，它特别值得我们重视。

但是，不知道美国法院的组织体系和审判程序的某些技术细节，怎么能理解美国法院的政治作用呢？怎样能在讲解这些细节时不使读者对这样的本来就枯燥无味的题目扫兴呢？最后，怎样能进行简单扼要和前后连贯的讲解呢？

我以不回避这些繁杂的难题为荣。一般的读者会觉得我讲的过于冗长，而法学家们则会认为我讲的过于简要。但是，这也是我在全书的叙述中不能两全其美的地方，特别是在现在叙述的这部分。

最大的困难不在于了解联邦政府是怎样组织的，而在于知道美国是怎样使人们服从联邦的法律的。

一般说来，各国政府只有两种制服被治者反抗的手段：政府本身拥有的物质力量；法院的判决给予政府的道义力量。

一个只靠武力使人们服从其法律的政府，必然迅速毁灭。这时可能出现两种情况，而它必居其一：如果政府是软弱而有节制的，只在万不得已时才动用武力，对局部的接连不断的不服从行为置之不理，则国家将逐渐堕入无政府状态；而如果政府是鲁莽而强大的，每天都使用暴力，则国家很快就会变成一个纯粹的军事专制国家。政府的消极被动和积极主动，对被治者都同样具有致命的害处。

司法工作的最大目的，是用权利观念代替暴力观念，在国家管理与物质力量使用之间设立中间屏障。

人们一致认为给予法院的干涉力量，实在是一个怪物。当法院不复存在的时候，这个力量还十分强大地残存于司法程序上，使人们觉得法院好像依然在无形之中存在。

法院具有的道义力量，可使物质力量极少为国家所使用，而且在多数场合可以代替物质力量。但当最后不得不使用武力时，武力还会因与道义力量结合而使自己的力量倍增。

一个联邦制的政府，比其他形式的政府更想得到司法部门的支持，因为它天生软弱无力，极易遭到各种反对㉕。如果它经常或一开始就使用武力，那它将完不成自己的任务。

因此，联邦特别需要设立法院，以使公民服从它的法律，或保护公民不受侵犯。

但是，它应当设立一些什么法院呢？每个州都早已有了自己的司法当局。它需要求助于这些法院吗？它需要建立直属于联邦的司法当局吗？不难证明，联邦无法使各州早已建立的司法当局

㉕　联邦的法律最需要法院，但至今却很少利用法院。其原因是：大部分联邦成员在加入联邦之前已经有独立的政府，它们并不真想服从中央政府，而当中央政府授予它们以发号施令权以后，它们就力求保持不服从中央政府的权力。

适应于它的需要。

毫无疑问，在每个州内，使司法权与其他权分离，对州的安全和自由都是必要的。但是，各州的几种权力应当同出一源，遵循同样的原则，并在同样的范围内行使。简而言之，就是应当彼此相关和性质相同，而且这对国家的生存来说，也同样是不可缺少的。我猜测没有一个人曾经想过，为了得到法官的公正判决，而要求把在法国犯下的罪行送交外国法院审判。

从美国人对联邦政府的关系来说，美国人是一个统一民族，但这个民族却容许存在只在某些方面服从于全国政府，而在其余一切方面独立于全国政府的政治组织。这些政治组织各有不同的来源、独自的宗旨和特殊的办事方式。将联邦法律的执行工作交给这些政治组织所设立的法院，无异于将国家交给外国法官审理。

尤有甚者，每个州之于整个联邦不仅形同外国，而且永远与联邦对立，因为联邦所丧失的权力都被各州夺去。

因此，在容许各州的法院执行联邦的法律时，这不仅等于把国家交给外国法官审理，而且还是交给了怀有偏见的法官。

另外，州法院的性质也使州法院不能为国家目的服务，而州法院的数目之多，尤其会使它们如此。

在制定联邦宪法的时候，美国已设有13个宣判之后不得向联邦上诉的法院。现在，这个数目已增至24个。既要对国家的主要法律做24种解释和应用，又要让国家继续存在，这怎么能办到！这样的制度既于理不合，又悖于经验。

因此，美国的立法者决定创立一个联邦司法当局，以实施联邦的法律，审判事先仔细规定的涉及全国利益的案件。于是，联邦的全部司法权，都掌握在一个名为“美国最高法院”的法院手里。为了便于审理案件，这个法院又设立一些下属法院，让它们对一些不太重要的案件做最终判决，或对一些重大的争讼做初审判决。最高法院的法官不由人民或立法机构选举，而由美国总统征求参议院同意后任命。

为使最高法院的法官独立，不受其他权力当局的影响，而决定最高法院法官为终身制，并规定他们的工资一经确定，就不受司法机构的核查㉖。

概括地讲一讲联邦司法制度的原则很容易，但要深入讲解它的职权时，便会遭到一大堆困难。

规定联邦系统法院管辖权的方法

规定联邦各法院管辖权的困难——联邦系统法院有权规定

㉖ 首先，联邦下设几个审判区，在每一审判区常驻一名联邦法官，这位法官主持的法院叫作联邦地方法院。

其次，最高法院的每位法官，每年都要巡回全国的一定地区，就地审理某些重大案件。这位法官主持的法院特称为巡回法院。

最后，最高法院受理重大案件后，不管是直接受理，还是上诉受理，全体巡回法官都应每年在最高法院所在地正式开庭一次，以审理这些案件。

陪审制度亦用于联邦法院，其办法和适用案件与州法院同。

我们已经说过，美国的最高法院与法国的最高法院几乎毫无共同之处。美国的最高法院可以进行初审，而法国的最高法院只能进行第二审或第三审。实际上，美国的最高法院又与法国的最高法院一样，都负责对法律作统一解释。但美国的最高法院既审理事实又审理权利，并且自己宣告判决，而不向其他法院移送。法国的最高法院不能这样。

参看1789年9月24日组织法；斯托里：《美国法律》第1卷第53页。

自己的管辖权——这项规定为什么侵犯了让给各州的那部分权力——这些州的权力受到法律和法律解释的限制——各州由此遇到的危险实际上并不如表面看来那样严重

首先遇到的问题是：美国宪法承认两种不同的主权同时存在，而在司法制度方面，这两种主权又以两种不同系统的法院为代表，所以在规定两个系统法院各自的审理权时即使十分细心，也不足以防止两者之间经常发生冲突。那么，在这种情况下，应当把决定法院管辖权的权力交给谁呢？

在政治社会单一和同质的国家，两个法院之间的权限有争议时，一般交给另一个法院仲裁。

这样，问题很容易解决，因为在这样的国家里，司法权限问题与国家主权问题没有牵涉。

但是在美国，不能在州的最高法院和联邦的最高法院之上设立一个既不属于前一系统又不属于后一系统的仲裁法院。

因此，必须使这两个法院中的一个法院有权自行断案，有权受理或拒绝受理案件。不能将这项特权授予各州的法院。如在法律上将这种特权授予各州的法院，则事实上等于破坏联邦的主权，因为州的法院获得宪法解释权后，很快就会恢复以前被宪法的有关条款夺去的那部分独立性。

由联邦最高法院开庭处理这方面的问题的目的，是防止各州的法院各行其是地决定涉及全国利益的问题，并建立一个统一解释联邦法律的司法仲裁单位。如果各州的法院能把本应属于自己管辖的案件推托出去，说它是属于联邦管辖的，或能把本应属于联

邦管辖的案件硬说成是属于自己管辖的，则这个目的便无法达到。

因此，联邦的最高法院便受权解决与法院的管辖权限有关的一切问题[27]。

这对州的主权是一个最严厉打击。这样一来，州的主权不仅要受法律的限制，而且要受法律解释的限制，既受一个已知范围的限制，又受一个未知范围的限制，既受有明文规定的限制，又受无明文规定的限制。不错，宪法已为联邦的主权规定了明确的界限，但同时又规定：一旦联邦的主权与州的主权发生冲突，应由联邦法院来裁定是非。尽管如此，这样的诉讼可能威胁州的主权的危险性，实际上并不如表面看来那样严重。我们以后将要谈到，美国各州实际拥有的权力远远大于联邦政府的权力。联邦的法官们感到，他们以自己的名义行使的权力比较软弱。他们受理依法有权审理的案件时，如果附带为他们规定了一些不合理要求，他们宁愿放弃审判权而不予受理。

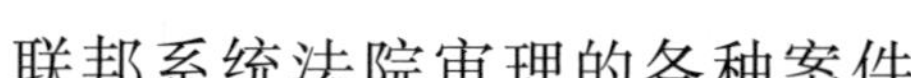

联邦系统法院审理的各种案件

案件与诉讼当事人是联邦系统法院审判的要件——牵涉外国大使的诉讼——牵涉联邦的诉讼——牵涉一个州的诉讼——

---

[27] 此外，为使管辖权的争议尽量减少，还决定：由于联邦法院管辖的案件甚多，州的法院有权代替联邦的法院办案，但它们所处理的案件都应当是可以向联邦最高法院上诉的案件。弗吉尼亚州的最高法院曾向联邦的最高法院提出抗议，认为后者无权接受它所判决的案件的上诉并加以审理。参看肯特：《美国法释义》第1卷第300页、第370及以下各页；斯托里：《美国宪法释义》第646页；1789年组织法载于斯托里：《美国法律》第1卷第53页〔及以下几页〕。

由谁审判——因联邦法律而产生的诉讼——为什么要由联邦系统法院审理——不履行合同的诉讼由联邦系统法院审理——这种安排的后果

在找到确定联邦系统法院权限的方法之后，美国的立法者们又规定了哪些案件应由联邦系统法院审理。

他们规定了只能由联邦系统法院审理的诉讼人的范围，而不管诉讼标的是什么。

随后，他们又规定了只能由联邦系统法院判决的诉讼案件的范围，而不管诉讼人是何人。

因此，诉讼当事人和案件是联邦系统法院审判的两项要件。

外国大使是联邦的友好国家的代表；凡涉及他们的案件，也可以说是涉及全联邦的案件。当外国大使为诉讼的一方时，诉讼一定是涉及国家利益的案件，因而自然应由联邦法院审理判决。

联邦本身也可能涉讼。这时，它如在向代表联邦本身主权的法院控诉之后，又到其他法院去起诉，则于理不合，并有违国家的惯例。这种案件只能由联邦系统法院审理判决。

当诉讼的双方分属于两个不同的州时，将案件交由哪一州的法院审理都不恰当。最可行的办法，是挑选一个不致引起两造的任何一方怀疑的法院，而这个法院自然就非联邦系统法院莫属。

当诉讼的双方不是个人而是州时，除了上述的公平理由之外，还应当加上一项政治理由。这时，两造的性质便使整个诉讼具有了全国影响。两州之间的微不足道争端，都将影响全国的和平㉘。

往往诉讼的性质本身就可决定管辖权的归属。比如，凡与海商有关的问题，都应由联邦系统法院解决㉙。

不难看到，这样做的原因是：几乎所有这类问题，都要从国际法的角度来评价。从这一观点来看，可知这类问题都要涉及整个联邦与外国的关系。而且，海上也不像在国内能够划定司法管辖区，所以要有一个能够审理起因于海上的诉讼的国家法院。

联邦宪法把几乎所有在性质上属于联邦系统法院管辖的诉讼，都定于一个项目之内。

对这方面所做的规定虽很简单，但人们可以从中看到立法者的整套想法和列举的事项。

美国宪法中说，联邦宪法可以审理能从合众国法律找到根据的一切诉讼*。

举两个例子，就可对立法者的意图一目了然。

例如，宪法禁止各州制定有关货币流通的法律，但有一个州不顾这项禁令，制定了一项类似的法律，而有关方面可因其违宪而拒

㉘ 宪法还规定，一个州当局与另一个州公民之间的诉讼，由联邦系统法院管辖。不久以后就遇到一个问题：即宪法是不管原告为谁，凡是一个州当局与另一个州公民之间争讼，诉讼都由联邦系统法院管辖吗？最高法院对此做了肯定的裁定。这个裁定引起了各州的不安，它们担心联邦系统法院可以不预先通知就随时传讯它们。因此，宪法又做了修正。根据这项修正，联邦的司法权不扩及外国公民对合众国之一州的控诉。见斯托里：《美国宪法释义》第624页。

㉙ 例如，一切海盗案件。

* 这是指美国宪法第三条第二项的开头部分说的，所以劳伦斯的英译本将这段话按美国宪法译为：“联邦系统法院将及于因触犯美国的宪法、法律和条约而发生的‘有关普通法和衡平法的案件’。”〔参看斯托里：《美国宪法释义》第608页〕——译者

不执行。这就要由联邦系统法院来处理，因为打击这种行为的手段存在于联邦的法律之内。

再例如，国会规定了一项进口税，但在征收时遇到了困难。这个案件也要向联邦系统法院提出，因为诉讼的原因在于对联邦法律的解释产生了分歧。

这项规定完全符合联邦宪法采用的基本原则。

不错，按1789年通过的宪法建立的联邦，只享有有限的主权，但宪法又欲使联邦在这个范围内成为一个单一制的统一国家[30]。即主张在这个范围内，它是一个主权国家。这一点一经提出和得到同意，其余问题就迎刃而解了，因为如果承认合众国是由宪法规定的拥有主权的国家，就得给它以一切国家所具有的权力。

但是，自有国家以来，人们就一致认为每个国家都有权在本国法院审理有关本国法律执行的问题。但有人反驳说，联邦在这一点上却处于独特的地位：只是从特定的方面说来它是一个国家，而从其余一切方面说来它又算不上一个国家。由此将产生什么结果呢？结果是只在与特定的方面有关的一切法律上，它有权成为享有完整主权的国家。实际的困难在于确定这个特定的方面是什么。而这一点一旦解决（我们在前面论述审判权管辖时，已经说明这一点是如何解决的），实际上就不会再有问题了，因为只要确定一件诉讼是属于联邦系统法院管辖的，就是说按宪法规定这是属于联邦的主权时，诉讼自然应由联邦系统法院审理判决。

[30] 实际上，又对这项原则做了若干限制。比如，按宪法规定，各州在参议院是作为独立的政权而存在的，而在众议院又可单独选举总统，但后种情况不多。可见，反对的意见获得了胜利。

因此，只要联邦的法律受到侵犯时，或要采取手段保卫这些法律时，就应当向联邦系统法院起诉。

由此可见，联邦系统法院的审判权是随联邦主权的扩大或缩小而扩大或缩小的。

我们已经说过，在1789年，立法者们的主要目的，是把主权分成两个不同的部分*：让其一掌管联邦的一切共同利益，让其二掌管各州的一切独自利益。

立法者们当时最关心的，是用足够的权力将联邦政府武装起来，使它能在自己的职权范围内防御各州的侵犯。

至于对各州，立法者们则采取了各州在本州内享有自由的普遍原则。中央政府不能到各州去指导它们的活动，甚至不能检查它们的活动。

我在讲述权力划分的那一节中，已经指出这项原则并未自始至终受到尊重。有些法律尽管看来只与一个州的利益有关，但这个州却无权制定。

如果联邦的某个州颁布了这种法律，则因执行此项法律而受害的公民可向联邦系统法院控告。

因此，联邦系统法院的审判权就不仅扩及基于联邦法律而提出的一切诉讼，而且也扩及每个州违宪制定的法律所造成的诉讼。

各州均不得在刑法方面颁布溯及既往的法律。被这种法律判

---

* 读者将会看到，托克维尔一再谈到美国将主权分为两个不同部分的问题。这个学说对欧洲的联邦制度思潮发生过重大影响。请参阅梅里亚姆：《自卢梭以来的主权学说史》（纽约，1900年）。为了对现状进行评价，可参阅芒罗：《美国政府》第589页及以下几页。——法文版编者

刑的人，可以向联邦系统法院上诉。

宪法也不准各州颁布使合同的既得权益遭到破坏或更改的法律（破坏合同义务的法律）㉛。

一个公民确信自己的合同权益被本州的法律损害时，可以拒绝执行该法，并向联邦系统法院控告㉜。

我认为这项规定对各州主权的打击远远超过了其他一切规定。

为了明显的全国目的而授予联邦政府的权力，是清晰明确和易于理解的。但我方才引用的这条宪法规定间接给予联邦政府的权力却难于理解，而且它的范围也不明确。实际上，有许多政治性法律影响了合同的成立，并且由此侵犯了中央主权。

㉛　斯托里先生在其著作第 503 页〔《美国宪法释义》〕中说得完全正确：凡使合同条款中规定的缔约双方的原来意思有所增减或以某种方式加以改变的法律，均会改变（或破坏）该合同。这位作者在同一页举例说明了联邦司法当局可能遇到的合同与法律冲突的案件。他举出了许多例子。比如，一个州把一块土地租给一个私人，并同这个人签订了合同，但后来又根据一项新的法令，使这个人不能利用那块土地；一个州发给某个公司的特许状本是一项合同，但对这个公司来说它又是法律。我们现在所说的这条宪法规定，只能保证大部分既得权益，而不能保证其全部。比如，我可以不必签订合同，就使一笔财产合法地落入我手。我占有这笔财产是我的既得权益，但联邦宪法却不保障这项权益。〔托克维尔节录斯托里的原文〕

㉜　下面，是斯托里的上述著作第 508 页〔及以下几页〕引述的一个著名例子。新罕布什尔州达特茅斯学院是根据英王在美国革命前授予几个私人的特许状创办的。该院的这几位管理人根据这个特许状成立了一个自治体，即美国人所说的 Corporation。新罕布什尔州的立法机关想下令修改最初的特许状，并将该院的一切权利、特权和特许状给予的豁免权移交给新的管理人员。原来的管理人员反对，向联邦法院提出控告。联邦系统法院判决控告人胜诉，因为联邦系统法院认为最初的特许状是州与特许状获得人之间的名副其实的合同，而新的法律不能改变这个特许状的条款，不能侵犯这个特许状给予的既得权益，这样做是违反美国宪法第一条第十项之规定的。

联邦系统法院的诉讼程序

联邦系统法院的天然弱点——立法者为了尽量使个人、而不让州出席联邦系统法院所做的种种努力——美国是怎样达到这一点的——联邦系统法院对私人的直接审理——对违反联邦法律的州进行间接打击——联邦系统法院只做削弱各州法律的判决，而不做废除它们的判决

我已讲了联邦系统法院都有什么权力，现在来谈一谈它们如何行使拥有的权力。

在主权未被分为两部分的国家，不可抗拒的司法权来自国家的法院在处分触犯法律的个人时是代表整个国家。在这里，权力的观念，同支持权力的力量的观念结合在一起。

但是，在主权被分为两部分的国家，情况并非总是如此。在这种国家里，与司法当局最常打交道的不是孤立的个人，而是国家中的各个党派。结果，司法当局的道义力量和物质力量均大为减弱。

因此，在联邦制国家，司法当局的力量自然减弱，而受审人的力量却很强大。

在联邦制国家，立法者应不断努力，使法院获得类似在主权未被分为两部分的国家那样的地位。换句话说，立法者的经常努力，应当是使司法当局代表国家，使受审者代表个人利益。

一个政府，不管其性质如何，都要统治其被治者，以强迫他们履行义务；它也要保护自己，以防止被治者侵犯。

关于政府强迫被治者服从法律的直接行动，按美国宪法的规

定，由联邦系统法院采取（这也是美国宪法的创举），即责成联邦系统法院在执法时只以个人为受审主体。既然已经宣布联邦是享有宪法规定的那部分主权的单一制统一国家，所以根据这部宪法建立和办事的政府就享有全国政府拥有的一切权力，而向公民直接发号施令的权力，则为其中最主要的权力。因此，比如当政府公布征税的法令时，这就不是向各州征收，而是按规定的税率向每个应纳税的美国公民征收。至于负责保证联邦的这项法令贯彻的联邦司法当局，则不能判处抗税的州，而只能判处违法的纳税人。同其他国家的司法当局一样，联邦的司法当局只能处分个人。

应当指出，联邦在这方面是自己选择对手的。它选择的对手是软弱的，对手自然总是屈服。

但是，当联邦不是进攻而是自卫的时候，困难就增加了。宪法承认各州有权制定法律，而这些法律又可能侵犯联邦的权力。这时，在联邦与制定法律的州之间，不免要发生主权冲突。为了解决冲突，只能采取危险最小的处理办法。我前面讲过的总原则[33]，已经预先规定了这种处理办法。

根据通常的想法，遇到我方才提到的这种案件，联邦一定要向联邦系统法院控诉侵权的州，而联邦系统法院也将宣判该州制定的法律无效。这样的处理也最合乎情理。但是，这样一来，联邦系统法院就要与该州处于针锋相对的地位，但这种情况却是联邦系统法院打算尽量避免的。

㉝　见第一部分第六章关于美国的司法权部分。

美国人认为，执行一项新的法律而不损害某些私人利益，那几乎是不可能的。

联邦宪法的制定者们认为，这种私人利益可以抵制各州用立法措施损害联邦，所以他们在立法时保护了这种私人利益。

假如，一个州向一个公司出卖了一块土地，而一年后它又以一项新的法令把这块土地派做他用。这样，它就破坏了宪法中有关禁止更改依合同而获得的权利的条款。当依据新的法令购得土地的人要求占有土地时，已经依据旧的法令占有土地的人可以向联邦系统法院起诉，要求联邦系统法院宣判新的占有无效[34]。因此，事实上就要迫使联邦司法当局侵犯州的主权。但是，联邦司法当局只是间接地向州进攻，而且只援引该州所订法令的细节。它所攻击的是法令的后果，而不是它的原则。它不宣判取消那项法令，而只是削弱它的效力。

最后，再假设一个案例。

在美国，各州都是享有公民权的独立存在的自治体，所以它们既可以向法院起诉，又可以被控诉于法院。比如，一个州可以向法院控告另一个州。

这时，争讼的问题不涉及联邦攻击地方公布的法令，只是诉讼当事人均为州而已。这种案件，除了诉讼当事人的性质不同而外，与其他案件没有两样。在这里，本章开始时指出的危险依然存在，而且很难避免。这是联邦体制固有的危险，以致在国内出现一些使司法当局难于对抗的强大阻力。

---

[34] 见肯特：《美国法释义》第 1 卷第 387 页。

最高法院在各州的大权中居于高位

没有一个国家创制过像美国那样的强大司法权——它的职权范围——它的政治影响——联邦的安定与生存本身取决于七位联邦法官的才智

在详细考察最高法院的组织之后再全面分析它拥有的职权，就不难发现其他任何国家都从来没有创制过如此强大的司法权。

美国的最高法院*，不管从其职权的性质来说，还是从其管辖的受审人的范围来说，均远远高于已知的任何法院。

在欧洲的所有文明国家，政府向来极其反对将与其本身利害攸关的案件交由司法当局审理。政府越是专制，这种反对情绪也自然越大。反之，随着自由的与日俱增，法院的职权范围也愈益扩大。但是，至今还没有一个欧洲国家想过，一切争讼问题，不管其起因如何，都可以提交执行普通法的法官审理。

而在美国，这个学说却得到实行。美国最高法院是全国唯一的最高法庭。

它负责解释法律和条约。有关海商方面的问题，凡涉及国际法的问题，均属于它专管。甚至可以说，尽管它的组织完全是司法性的，但它的职权却差不多完全是政治性的。它的唯一宗旨在于执行联邦的法律，而联邦政府的任务则是调整政府与被治者的关

---

* 奥格和雷著作第557页及以下几页，对联邦最高法院做了详尽的介绍。——法文版编者

系，以及本国与外国的关系。至于公民之间的关系，则几乎全由各州的主管机关规定。

美国最高法院职责之所以重大，除了上述的重要原因之外，还有另一个更为重要的原因。在欧洲各国，法院只审理私人间之案件，而美国最高法院，可以说能够审理州的主权。当法院的执达吏登上法院的大堂，简单地宣告“纽约州控告俄亥俄州”时，使人感到这个大堂不是一般的法庭。而当你想到两造中之一方代表着一百万人，另一方代表着二百万人时，便不禁感到七位法官的责任十分重大，因为他们的判决要使如此众多的同胞有悲有喜。

联邦的安定、繁荣和生存本身，全系于七位联邦法官之手。没有他们，宪法只是一纸空文。行政权也依靠他们去抵制立法机构的侵犯，而立法权则依靠他们使自己不受行政权的进攻。联邦依靠他们使各州服从，而各州则依靠他们抵制联邦的过分要求。公共利益依靠他们去抵制私人利益，而私人利益则依靠他们去抵制公共利益。保守派依靠他们去抵制民主派的放纵，而民主派则依靠他们去抵制保守派的顽固。他们的权力是巨大的，但这是受到舆论支持的权力。只要人民同意服从法律，他们就力大无穷；而如果人民勿视法律，他们就无能为力。在目前，舆论的力量是一切力量中最难于驾驭的力量，因为无法说清它的界限，而且界限以内的危险，也总是不亚于界限以外的危险。

因此，联邦法官不仅应当是品行端正、德高望重、博闻强识的公民，具有一切行政官所必备的品质，而且必须是国务活动家。他们要善于判断自己所处时代的精神，扫除经过努力可以克服的困难，力挽有危险把他们本人与联邦的主权和法律的尊严一起卷走的狂澜。

总统可能犯错误而不致损害州，因为总统的权力是有限的。国会可能失误而不致败坏联邦，因为权力大于国会的选举团可以通过改选议员的办法改变国会的面貌。

但是，最高法院如由轻率冒失或腐化堕落的分子组成，联邦就有陷入无政府状态或引起内战的危险。

然而，无论如何不要弄错，这种危险的根源并不在于法庭的组织，而在于联邦政府的性质本身。我们知道，其他体制的国家并不需要像联邦制国家那样建立强有力的司法权，因为那里的个人在同国家权力斗争时不能处在较强或较好的地位去抵抗政府动用武力。

不过，一个政权越是需要加强，它就越是需要扩大和独立。而它越是扩大和独立，就越要滥用职权，从而能够造成危险。因此，弊端的根源并不在于这个政权的组织，而在于建立这个政权的国家的体制本身。

联邦宪法在哪些方面比各州宪法优越

为什么可以拿联邦宪法与各州宪法比较——联邦宪法之所以优越，应当特别归功于联邦立法者的才智——联邦立法机构不像各州立法机构那样过于依附人民——行政权在其行使范围内比较自由——司法权较少屈服于多数的意志——其实际后果——联邦的立法者使民主制政府固有的危险减少，而州的立法者却使它增加联邦宪法在其所要达到的目的上，与各州宪法根本不同，而在实现这个目的的手段上，又与各州宪法极为相似。联邦政府和州政府的任务不同，但它们的组织形式却是一样的。从这个特有现象对联邦宪法和各州宪法进行比较，可能是有好处的。

我认为，联邦宪法在整体上优越于各州宪法。这种优越性来自数个原因。

现行的联邦宪法，其制定时期晚于大多数州，所以它能从吸取经验当中获得好处。

但是，当我们想到自联邦宪法制定以来又有十一个州加入美利坚合众国，而这些新参加进来的州又差不多总是夸大它们对先前各州宪法的缺点所做的补救时，那就总得承认制定时期较晚这个原因，对联邦宪法的优越性只起了次要作用。

联邦宪法所以优越的主要原因，在于立法者们的品格。

在制定联邦宪法的当时，仿佛是很难将各州联合在一起的。可以说这种危险是人所共睹的。在这个紧急关头，人民坚定地选择了最值得他们尊敬的人，而没有去选择他们最喜爱的人。

我在前面已经说过，联邦的立法者们几乎全以他们的才智著称，而且更以他们的爱国精神著称。

他们全是在社会处于危机时期成长起来的。在那个时期，自由精神同一个强大而专横的权力当局进行了持续不断的斗争。后来，这场斗争结束了，但人们在斗争中奋起的激情，仍在同已经不复存在的危险作战，于是立法者们号召人们冷静下来。他们心平气和地以锐利的目光观察国家的局势，认为一场决定性的革命已经完成，而今后危害国家的灾难只能来自自由的滥用。他们有勇气说出自己的这种想法，因为在他们的内心深处，对自由怀有真挚的和炽烈的爱。他们敢于要求人们节制自由，因为他们真诚地不想使自由破灭㉟。

大部分州的宪法都把众议员的任期定为一年*，把参议员的任期定为二年。因此，两院的议员可以经常和最严格地受制于选民的最微小愿望。

但是，联邦的立法者们认为，立法机构的这种过度依赖性，使代议制的主要成果改变了性质，因为这种依赖性不仅把权力的基础交给了人民，而且也把政府交给了人民。

他们把联邦议员的任期加长，以使议员能有更广泛的自由行

㉟ 在这个时期，作为联邦宪法的主要起草人之一的著名的亚历山大·汉密尔顿，就不怕在《联邦党人文集》第71篇上说：

“我知道，有些人认为行政权奴颜婢膝地屈服于人民和立法者的要求是它的长处；但我们觉得，这样的人是希望政府以极其粗鲁的人民作为统治对象和创造社会繁荣的真正工具。

“至于人民的意见，只有是合理的和成熟的时候，才能指导接受任务的人们的行为。但是，共和主义原则既不要求人们恣意妄为，又不鼓励人们冲动闹事，而许多人被心怀叵测的狡猾之徒所利用，就可能如此。

“不错，人民通常都是向往社会幸福的，但在寻求社会幸福的时候却常犯错误。如果有人劝他们仔细选择走向社会幸福的方法，他们的见识又会使他们轻视这种好意，因为他们从经验当中得知，他们有时上当受骗。使人感到惊奇的是，即使有一群吸血鬼和告密者总是跟在他们后面要诡计，有一伙野心勃勃、财迷心窍或穷途末路的人不断在他们周围布陷阱，有一帮不值得信任或言过其实的人对他们花言巧语，他们却很少上当受骗。

“当人民的真正利益没有满足人民的意愿时，凡是负责保护这种利益的人，都应当去克服暂时的失误，以使人民有时间进行冷静的反思。有时，这个办法会把人民从他们所犯的错误当中解救出来，并使有勇气和度量把人民从失望当中解脱出来的人得到安慰。”〔万人文库版第365页〕

* 参阅奥格和雷著作第865页及以下几页。——法文版编者

使其职权。

联邦宪法也像各州宪法一样，将立法机构分成两院。

但在各州，立法机构的这两个部分却由候选资格相同的当选议员构成，而且也以同样的方式选举。因此，多数的感情和意志能够同样容易地在这一院或那一院反映出来，并能同样迅速地在这两个院找到代言人和工具，这就给法律的制定工作带来了粗暴性和轻率性。

联邦宪法也规定联邦的两院由人民选举，但改变了候选资格和选举方式。改变的目的，是要使两个立法机构之一支，能像在其他国家那样，即使不代表不同于另一支的利益，至少也能代表优异的才智。

必须达到规定的成熟年龄，才能当选为参议员。首先选出一
192 个人数不多的会议，然后由这个会议负责选举参议员*。

将全部社会力量集中于立法机构之手，是民主制度的自然趋势。既然立法机构的权力直接来自人民，所以它也分享人民拥有的一切大权。

因此，立法机构有一种惯于包揽一切权力的倾向。

权力的这种集中，既非常有害于良政的推行，又为多数的专制奠定了基础。

州的立法者们经常屈从于民主的这种任性，而联邦的立法者们则总是予以抵制。

---

* 根据1913年批准生效的合众国宪法第17条修正案，参议员的选举同众议员一样，由各州人民选出。——译者

在各州，掌握行政权的行政长官即州长，表面上似乎与立法机构平起平坐，但实际上只是立法机构的盲目代理人和被动工具。他从哪里汲取力量呢？从任职期限去汲取吗？他的任期一般只有一年。从他的特权去汲取吗？他毫无特权而言。立法机构可以把自己所订法律的执行工作交给自己内部成立的专门委员会去办理，由此架空行政长官。如果立法机构愿意，它还可以用停薪的办法，使行政长官处于近乎被罢免的状态。

联邦宪法则把行政权的全部权限和责任集中于一个人即总统之手。按宪法规定，总统的任期为四年，在任职期间不得扣发他的薪金，他有一队侍从保护，并享有搁置否决权。简而言之，宪法在详细地规定执行权的范围以后，又尽量设法使他在这个范围内享有强大的独立地位。

在各州的宪法中，司法权是一切权力中最不受立法权限制的权力。

但是，所有州的立法机构却保留了规定法官薪俸的权限，这就必然将法官置于立法机构的直接影响之下。

在某些州里，法官只是临时任命的，这就剥夺了法官的大部分权限和自由。

在另一些州里，立法权和司法权完全混在一起。例如，纽约州的参议院就是该州的审理某些案件的最高法庭。

联邦宪法与此不同，它把司法权同其他权力完全分开。另外，它宣布法官的薪金是固定的，法官的职权是不得改变的，从而给予法官以独立的地位。

这些差异的实际效果，是不难察觉的。细心的观察家可以立即看到，联邦的政务比任何一个州都处理得好。

联邦政府的施政比各州公正和稳妥。它的看法比较明智，它的计划比较持久和合理，它的措施执行得比较灵活和有条不紊。

只用几句话，就可以对这一章做出总结。

民主制度的存在受到两大危险的威胁：

第一，立法权完全屈服于选举团的意志；

第二，政府的所有其他权力都向立法权靠拢。

州的立法者助长了这两大危险，而联邦的立法者则尽力减弱了它们。

美利坚合众国宪法与其他一切联邦制国家宪法有什么不同

美国的联邦看来似乎与其他一切联邦一样——但其效果不同——为什么如此——这个联邦在哪些方面与其他一切联邦不同——美国政府并不是一个联邦政府，而是一个不完备的全国政府

美利坚合众国并不是联邦制度的第一个和唯一的例子。即使不提古代，就是在现代的欧洲，也有过数个联邦。瑞士、德意志帝国、尼德兰共和国，或曾经是联邦，或今天仍为联邦。

在研究这些不同联邦的宪法时*，我们惊异地发现，它们授予

* 惠尔：《联邦政府》（伦敦，1946 年）是了解当代联邦制度的最好著作。——法文版编者

各自联邦政府的权力，同美国宪法赋予合众国政府的权力完全是相同的。同美国的宪法一样，这几个国家的宪法也给予中央政府以媾和权、宣战权、征兵权、收税权、应付全国危局权和谋求全国共同利益权。

但是，这几个国家的联邦政府几乎都是软弱无能的，而只有美国的联邦政府能够果断而有力地处理政务。

而且，美国最初建立的第一个邦联之所以未能存续下去，也是因为它的政府过于软弱。然而，这个如此软弱的政府，却曾拥有同今天的美国政府一样大的权力，甚至可以说它在某些方面享有更大的特权。

因此，现行的美国宪法规定了几项新的原则。这些原则起初没有引起人们的注意，但它们后来发生的影响却是十分深刻的。

这部乍看上去好像与以前的几部宪法没有什么不同的宪法，实际上出自一个全新的理论。我们应当把这个理论视为今天的政治科学中的一大发现。

在 1789 年的美国联邦之前建立的所有联邦中，为了共同的目的联合起来的人民虽然同意遵守一个政府的法令，但却保留了由自己调整和实施联邦法律的权力。

1789 年联合起来的美国各州，不仅同意联邦政府有权颁布法律，而且同意由它自己执行。*

在这两种情况下，权力都是一样，只是权力的行使不同了。但是，这种不同却产生了极悬殊的后果。

* 参阅梅里亚姆著作第 105 页及以下几页。——法文版编者

在今天的美国联邦之前建立的所有联邦中，联邦政府为了满足自己的需要，必须求助于各加盟政府。如果它采取的措施遭到某一加盟政府反对，这个加盟政府总能找到规避的办法。假如联邦政府的力量强大，它会诉诸武力；假如它的力量薄弱，它只有任其抵制，自认无能，听任事态自然发展。

这时，不是联邦中最强大的加盟政府攫取联邦的政权，以联邦的名义向其他加盟政府发号施令[36]；就是联邦政府放弃自己的权力，使联邦陷入无政府状态，而联邦亦随之失去活动的能力[37]。两者必居其一。

在美国，联邦所统治的不是各州，而只是各州的公民。在联邦要征税时，它不是向州（比如说马萨诸塞）政府征收，而是向州的居民征收。以前的联邦政府直接治理的是加盟政府，而美国的联邦政府则直接治理公民个人。它的力量不是借用来的，而是自己创造的。它有自己的行政人员、法院、司法人员和军队。

显然，民族的意识、集体的激情和各州的地方偏见，仍在有力地抑制着如此组成的联邦的权限，制造一些反对联邦意志的中心。主权有限的联邦，并没有强大到自由行使其拥有的全部权力的地步。但是，这正是联邦制度固有的缺陷之一。

在美国，各州很少有造反的举动和图谋。如果某个州要造反，

---

[36] 希腊在菲利普统治时期就是如此，当时这位亲王自封为近邻同盟决议的执行人。在尼德兰共和国，也出现过这种情况，即其中的荷兰省总是自定法律。在今天，德意志联邦亦是如此，其中的奥地利和普鲁士总以国会的代理人自任，并以国会的名义对全联邦发号施令。

[37] 瑞士联邦一直是如此。几个世纪以来，如果不是瑞士的邻国互相牵制，它早已不复存在了。

也只能以公开抗拒联邦的法律、破坏正常的司法程序和举行暴动的形式进行。一句话，它必须立即采取断然的步骤，而人们在采取这种步骤之前总是犹豫不决的。

在以前的联邦制国家里所以要赋予联邦政府以各种权力，是出于进行战争，而不是出于治国，因为这些权力会增加联邦政府的要求，而联邦政府却无法加强实现这些要求的措施。因此，这些联邦政府的真正弱点，总是随着它们的权力名目的增加而增加。*

美国的联邦却不是如此。像大部分一般政府一样，美国的联邦政府能够去做它有权做到的一切。

人的头脑发明新事比发明新词容易，所以我们只好使用一些不够确切的词汇和不够全面的说法。

有些国家建立了永久性联盟，并设立了一个最高当局。** 这个当局虽然不能像一个全国政府那样直接管理公民个人，但却能对每个加盟政府直接采取行动。

这个与其他一切政府根本不同的政府，得名为联邦政府。

后来，又出现了一种社会组织形式。在这种社会里，几个政府只是在一些共同的利益方面真正结合为一体，而在其他方面仍然保持独立，彼此仅有联盟的关系。

在这里，中央政府像一切全国政府一样，直接管理被治者、行政官员和司法人员，但是行动的范围有限。显然，这个政府不再是联邦政府，而是不完备的全国政府。因此，又出现了一种政府。精

* 参阅本书附录(一)。——法文版编者

** 参阅霍基特:《美国宪法史》(纽约，1939 年)第 1 卷第 226 页，因为托克维尔在这里讲的是美国宪法史。——法文版编者

确地说，它既不是全国政府，又不是联邦政府。但是，我们现在只能说到此，因为可以表达这个新事的新词目前还不存在。

由于还不知道这种新式的联邦，所以过去的所有联邦不是导致内战和征服，就是陷入毫无生气的状态。加盟的国家不是没有知识去制定解除其弊端的方策，就是缺乏勇气去采取这种方策。

美国的第一个邦联，也是由于有这种缺陷而解体的。

但在美国，联邦的各州在获得独立以前，曾长期属于同一帝国。因此，它们还没有养成完全自治的习惯，民族的偏见也没有根深蒂固。它们比世界的其余部分开化，彼此的文明程度不相上下，它们的人民一般很少有扩大联邦权力的强烈要求，出现这样的要求后，也被它们的几位伟大人物所克制。同时，美国人发现弊端后，便坚决采取措施加以克服。他们修改了法律，拯救了自己的国家。

联邦制的一般优点及其在美国产生的特殊效用

小国享有的幸福和自由——大国的力量——大帝国促进了文明的发展——实力常是国家繁荣的第一要素——联邦制度的目的在于把领土大的长处与领土小的长处结合起来——美国从联邦制度获得的好处——立法服从人民的需要，人民不服从立法的需要——美国人民的积极性和进取精神，以及他们对自由的爱好和享用——联邦的秉公精神不外是地方爱国主义的集大成——在美国境内可以自由办事和思想——联邦既像小国一样自由和幸福，又像大国一样受人尊敬在小国,社会的注意力及于全国各地,改革的精神深入到最微小的事物;人民的野心因其不够强大而会被马上抑制下去,所以人民的才智和努力几乎可以全部用于国内的福利事业,而不会浪费于追求荣誉。另外,在小国,每个人的能力一般都是有限的,所以他们的欲望也就不大;小康的生活,使他们的地位几近平等;民情朴素而温良。因此,总的说来,尽管道德和文化水平不同,小国一般都比大国容易谋生和安居乐业。

当小国出现暴政时,它将比任何地方都要施虐,因为在极小范围内实行的暴政会及于这个范围的一切事物。它无力施展雄图大略,而只能干预一大堆小事,并且是全凭暴力和骚扰。它把它的统治从所谓的政治界渗入到私人生活。在控制了人们的行动以后,它又去管制人们的嗜好;在统治了国家以后,它又想统治家庭。但是,这种情况并不多见,因为自由毕竟是小国的固有长处。小国政府对公民中的野心家提供的诱饵太少,而公民个人的才智又极其有限,所以国家大权容易被一个人独揽。不过,在出现这种情况时,老百姓也不难联合起来,通力合作,把暴君和暴政同时推翻。

因此,小国历来是政治自由的摇篮。大部分小国有时随着自身强大起来而丢失这种自由。这个事实清楚地说明,政治自由来源于国家弱小,而非来源于国家本身。

世界历史没有提供过一个大国长期实行共和制度的例证[38]。这个事实说明这样的事情是不可能的。我认为,如果终日回避现实,对耳闻目睹的事情表示惊讶,但却绞尽脑汁去范围和判断未

---

[38] 我所说的不是几个小共和国组成的联邦,而是一个统一的大共和国。

来，那未免过于荒唐。但可肯定地说，大共和国的存在总是比小共和国容易招惹是非。

热爱共和制度的一切激情，随着领土的扩大而增强；而支持这种激情的德行，则不会同步增长。

个人的野心随着国家力量的增强而增大，政党的力量随着其所定目的的重要性的增大而增强，但能抵制这种破坏性激情或力量的爱国心，在大共和国就不如小共和国强烈。也同样不难证明：在大共和国，爱国心不容易发扬，而且其作用亦小。贫富的悬殊，城市的巨大化，风气的败坏，个人的自私自利，利害的冲突，几乎都是因国家的巨大化而产生的恶果。其中，大多数对君主国的生存全无害处，而少数的几个甚至能延长其寿命。另外，在君主国家，政府有一种特有的力量；政府可以利用人民，但不依赖人民；人口越多，君主的力量也就越强。然而，共和制政府只能依靠多数的支持去克服这些危险。另外，在疆土广袤的共和国，这项力量并不成比例地大于国土狭小的共和国。因此，在攻击手段的数量和力量不断增加时，抵抗的力量依然照旧。甚至可以说在减弱，因为人口越多，人民的志趣和利益越复杂，也就越难形成一个巩固的多数。

也可以证明，人们激情的高涨，不仅取决于所向目标的崇高，而且有赖于受激情鼓舞的人数的众多。没有一个人不会感到，他的情绪在志同道合的人相聚时比在孤独自处时为高。在大共和国里，政治激情之所以能够变得不可逆转，不仅来源于所向目标的宏伟，而且来源于这种激情以同样方法和在同一时间把千百万人鼓舞起来。

因此，可以一般地说，再也没有比大帝国更反对人民的幸福和自由的了。

但是，大国也有其应当予以承认的独特好处。

如同普通人的权力欲在大国比在别处强烈一样，个别人的荣誉感在大国也比在别处炽烈，因为他们在广大人民的喝彩声中会找到他们将要为之奋斗的目标，而且这个目标还在一定程度上能鼓舞他们自我奋起。在大国，思想能在一切方面迅速而强烈地得到响应，观点可以比较自由地传播，其大城市是人类理性之光大放异彩和聚焦的巨大知识中心。这个事实向我们说明，大国为什么比小国更快地开化，更快地推广文明的进步。还应当补充一点，即重大的发明都需要强大的国力，而小国政府的国力是薄弱的。在大国，政府一般都有较大的理想，可以广泛地打破陈规旧套和地方本位主义。思想的天才和事业的闯将也多。

在小国，国内的福利事业比较完全和普遍，而且国家能够保持和平；但小国进入战争状态，将比大国受害严重。在大国，由于领土辽阔，所以即使战祸连绵，也能使人民群众少受灾难。对于人民群众来说，战争与其说是灾难的原因，不如说是亡国的原因。

还有一个问题，即在这里也和其他许多地方一样，最主要的是应当研究事物的必然性。

如果只有小国而无大国，人类无疑会更加自由和幸福。但是，也不能没有大国。

在世界上，大国的存在为国家繁荣提供了一个新的因素：即力量。如果一个国家天天被人掠夺或侵略，那么空有富裕和自由的形象又有什么用处？如果外国控制了大海并规定各项贸易条例，那么本国的工商业又有什么用处？小国之所以往往贫困，绝不是因为它小，而是因为它弱。大国之所以繁荣，绝不是因为它大，而是因为它强。因此，力量一向是国家幸福和生存的主要条件之一。于是，除非环境特殊，小国总是要自愿联合起来，或被人联合起来而成为大国的一员。我不知有什么境遇比一个国家既不能自卫又不能自给的境遇更可怜的了。

为了把因国家之大而产生的好处和因国家之小而产生的好处结合起来，才创立了联邦制度。

考察一下美利坚合众国，就可看到它从采用这种制度当中获得的一切好处。

在中央集权的大国，立法者必须使各项法律具有一致性，而不能带有地方和习俗的差异。立法者绝不处理特殊事件，只能按正常情况立法。这样，人民就必须服从立法的需要，因为立法不能服从人民的需要和习俗。这正是国家动乱和多难的一大原因。

在联邦制国家，就不存在这样的弊端，因为国会只制定全国性的主要法令，而法令的细目则留给地方立法机构去规定。

主权的这种划分对联邦的每个成员的好处，无论是怎样想象都不会过分。在这些小成员的社会，人们无须为自卫或扩张而动脑筋，所有的公共当局和个人精力都用于内部改进。由于每个成员的中央政府都站在本国居民的一边，所以能够经常获悉社会的需要。它还每年提出新的计划，提交本国的议会或立法机构讨论，然后将讨论的结果公布于报端，以引起公民的普遍关心和兴趣。比如在美国，这种要求改进的精神，便一直在鼓舞着各州，而且从来没有引起过动乱；追求权力的野心被热爱公益的精神所取代，激情更为洋溢，但很少带来危险。美国人普遍认为，新大陆的共和制度之所以能够存在和长久延续，有赖于联邦制度的存在和长久延续。南美的一些新兴国家之所以长期沉沦，主要是因为它们总想建立强大的共和国而不实行主权分享。

大家知道，在美利坚合众国，试用和实际应用共和制度，始于乡镇和地方议会内部。例如，在康涅狄格这样的小州，挖掘运河和铺筑道路就已经是政治大事。它不养军队，也不进行战争。它不给领导人支付高薪，也不向他们授予荣誉头衔。在这里，人们认为再没有比共和制度更自然和更合情合理的了。于是，这种共和精神，即一个自由民族的这种风气和习惯，就是这样先在各州产生和发展起来，而后又顺利地通行于全国了。从某种意义上来说，联邦的秉公精神不外是地方爱国主义的集大成。可以说，每个美国公民都把自己对本小共和国的依恋之情转化为对共同祖国之爱了。他们在保卫联邦的时候，也就等于保卫了自己州县的繁荣昌盛，保卫了参与治理国家大事的权利，保卫了他们希望联邦拟出一定会使他们富裕的改进措施的心愿：这一切，通常比全国的共同利益和国家的荣誉更能打动人心。

另一方面，如果说一个大国的繁荣富强最有赖于居民的精神和风气，那么联邦制度会把这项任务的困难减少到最低程度。美国各州的共和制度，没有出现大多数人群集体常见的弊端。从领土的面积来说，联邦是一个大共和国；但从它管理事务之少来说，它又无异于一个小共和国。它做的事情都很重要，但为数不多。由于联邦的主权是有限的和不完整的，所以这个主权的行使对自由没有危险，更不会引起对大共和国有致命危险的那种争权争名的邪念。由于谁也不必向往一个共同中心，所以没有巨大的城市，没有巨富和赤贫，没有突然爆发的革命。政治激情不是像野火燎原那样顿时遍及全国，而是逐渐蔓延开来去反对每个州的自私和偏见。

但是，在美利坚合众国，也像在一个单一制国家一样，工作和思想均属自由，没有任何东西抑制进取精神。它的政府尊重天才和知识。在整个联邦境内，就像在由同一个帝国统治的国家内部一样，到处是一片升平气象。在国外，它与地球上的各大强国并驾齐驱。它有800多里约〔2 000英里〕海岸对外商开放。由于它掌握了走向新大陆的钥匙，所以它的国旗在遥远的海边也受到尊敬。

联邦既像一个小国那样自由和幸福，又像一个大国那样光荣和强大。

联邦制为什么没有扩展到所有国家和为什么英裔美国人能够采用它

各种联邦制都有立法者克服不了的固有缺点——各种联邦制的复杂性——它要经常利用被治者的才智——美国人在治国方面的实际知识——联邦政府的相对软弱性，联邦制的另一固有缺陷——美国人减弱了这一缺陷，但没有消除它——各州的主权表面上比联邦的主权小，而实际上比它强大——为什么——除了法律的原因以外，还有参加联邦的州要求联合的自然原因——英裔美国人有哪些这种原因——缅因州与佐治亚州相距400里约（1 000英里），但大联合比诺曼底与布列塔尼联合更为自然——战争是对联邦制的主要危险——美国本身的例子可以证明这一点——联邦并不害怕大战——为什么——欧洲国家采取美国的联邦制时可能发生的危险有时，一个立法者经过一番巨大的努力，才能对本国的命运施加一点间接的影响，但他的才华却立即受到颂扬。其实，能对社会的发展经常发生不可抗拒的影响的，倒是他无力改变的该国的地理位置，在他以前就已存在的该国的社会情况，他已无法探源的该国的民情和思想，他已不知其详的该国的起源。对这种不可抗拒的影响，他反抗也没有用处，最后连自己都会被卷走。

立法者像人在大海里航行。他可以驾驶他所乘的船，但改变不了船的结构，他既不能呼风，又不能使他脚下的大洋息怒。

我已说明了美国人从他们的联邦制中获得了哪些好处。剩下来的，是要指出哪些东西使他们得以采用这种制度，因为这个制度并未使一切国家受益。

在联邦制中，有些偶然缺陷来自法律，可由立法者排除；而另一些缺陷则为制度本身所固有，并非采用它的人民所能克服。因此，采用这种制度的人民，应当具备必要的力量来容忍这种制度的统治所固有的缺陷。

在各种联邦制的固有缺陷中，最突出的是其所采用的手段的复杂性。这种制度必然允许两种主权并存。立法者可使这两种主权*的活动尽量简单和平等，并能把两者限制在各自的明确规定的活动范围之内，但他们无法阻止两者互为影响，无法防止它们在某个方面发生冲突。

因此，联邦制无论做什么都有一套复杂的理论。这套理论的

---

* 关于“两种主权”的问题，见法文版第163页、第175页和第176页编者注。——法文版编者

应用,要求被治者每天都得运用他们对这套理论具有的知识。

一般说来,人民必须掌握几个简单的概念。一个内容错误但被表述得清晰明确的观念,经常比一个内容正确但被表达得含糊复杂的观念更能掌握群众。因此,一些俨如一个大国中的小国的政党,总是不择手段地利用并不完全代表它们所追求的目的和所使用的手段的名义或主义当旗号;而没有这个旗号,它们既不能存在,也无法开展活动。建立在一个容易加以界说的简单原则或学说之上的政府,虽然不是最好的政府,但无疑是最强大和最长命的政府。

但是,在我们研究世界上已知的最完美的联邦制宪法——美国宪法时,却对于这个宪法的条款繁多和要求被治者必须具有识别能力感到吃惊。联邦政府几乎完全建立在法律的假设之上。联邦是一个理想国,可以说它只存在于人的头脑里,它的版图和范围也完全凭心去理会。

总的理论十分容易理解,而有待于说明的,则是实际应用方面的难题。难题不可胜数,因为联邦主权与各州主权互相交错,不可能一眼就分清其界限。在这样的政府中,一切事情都要经过反复的协议和复杂的手续,只有长期以来惯于自治和政治知识普及到社会下层的民族,才适于采用这套办法。我对美国人在解决来自联邦宪法的无数难题方面表现的高超知识和能力,真是佩服得五体投地。凡是我见到的美国人,没有一个不能轻而易举地把国会的法律为他规定的义务与自己州的法律责成他的义务区分开来,也没有一个不能在区分属于联邦的普通法院审理的案件和应由地方的司法机构处理的事件之后指出联邦法院管辖权的起点和州法院管辖权的终点。

美国的联邦宪法,好像能工巧匠创造的一件只能使发明人成名发财,而落到他人之手就变成一无用处的美丽艺术品。

墨西哥的现况,就是说明这个问题的例证。

墨西哥人希望实行联邦制,于是把他们的邻居英裔美国人的联邦宪法作为蓝本,并几乎全部照抄过来[39]。但是,他们只抄来了宪法的条文,而无法同时把给予宪法以生命的精神移植过来。因此,他们的双重政府的车轮便时停时转。各州的主权和联邦的主权时常超越宪法为它们规定的范围,所以双方总是冲突。直到今天,墨西哥还陷于从无政府状态到军人专制,再从军人专制回到无政府状态的循环之中。

在所有的缺陷中,第二个致命的而且我认为也是来自联邦制度本身的重大缺陷,是联邦政府的相对软弱性。

一切联邦制国家所依据的原则,是把主权分为两部分。* 立法者们把这种划分规定得不够明确,但他们只能在表述上使划分含混于一时,而不能永远这样下去。另外,被划分的主权永远比完整的主权软弱。

我们在讲述美国宪法时已经知道,美国人是如何巧妙地在把联邦的权力限制在联邦政府的狭小职权范围内的同时,又能使联邦政府具有全国中央政府的外貌,而且在某些方面使它具有全国中央政府的权力的。

㊴　见 1824 年墨西哥宪法。

*　关于"主权分为两部分"的问题,可参阅奥格和雷著作第 100 页及以下几页。——法文版编者

联邦的立法者们也同样巧妙地减轻了联邦制的固有危险，但未能完全消除。

据说，美国政府并不直接与各州打交道，而是要把它的法令直接传达给公民，并分别强制公民服从国家的要求。

但是，如果联邦的法律触犯了一个州的利益和惯例，就不怕这个州的全体公民认为在处罚拒绝服从该项法律的人时就等于侵害他们自己的利益了吗？这个州的全体公民将会认为联邦主管部门的处罚也同时和同样侵害了他们。如果联邦政府企图分化他们，然后加以制服，也会徒劳无功，因为他们会本能地意识到必须联合起来抵抗，并会认为他们州分享的那部分主权将为他们做主。这时，法律的假设就要向现实让步，而容忍国内的一个有组织的权力当局向中央主管当局挑战。

我认为联邦的司法权也是如此。假如联邦的法院在审理一个私人案件时侵犯了一个州的一项重要法律，那就会出现一场表面上不是，但实际上却是一个受害州与联邦之间的争讼，只不过前者是由一个公民做代表，后者是由法院做代表罢了[40]。

如果有人认为，给予人们以满足其激情的手段，他们就可以在法律的假设的帮助下，通过认识法和运用法而控制住激情，那么这

---

[40] 例如，按宪法规定，联邦有权出售空地，将进款作为联邦的收入。我们假设，俄亥俄州以宪法上所说的土地只是指从未被任何州管辖的土地而言为由，主张自己对被联邦出售的那块在其境内的空地拥有所有权，然后它自己又要出售这块空地。实质上，由此产生的争讼应是由联邦购买那块空地的人和由州购买那块空地的人之间的争讼，而不是联邦和俄亥俄州之间的争讼。但是，如果联邦的法院判决由联邦购买土地的人胜诉，而俄亥俄州的法院主张竞争者应拥有土地，那么这个法律的假设该怎么办呢？

说明他在这个世界上还经验不足。

美国的立法者虽然使两种主权之间的冲突减到最低地步，但并未消除冲突的原因。甚至可以再重点说，他们在两种主权冲突时，还保证不了联邦主权获胜。

他们可使联邦拥有金钱和士兵，但各州可保护人民的爱好和惯例。联邦主权是一个抽象的存在，只与少数的对外事务有关。各州主权是一个完全能被人们感知的存在，易为人了解，人们每时每刻都看着它在行动。前者是新的事物，后者是与人民本身同时产生的。

联邦主权是人工创造的；各州主权是天然存在的，它像家庭的父权一样，不必费力就能建立起来。

联邦主权只在一些重大问题上涉及个人的利益，它代表一个幅员辽阔的国家，它代表一种模糊不清的感情。各州主权似乎每天都在包围着每个公民，每天都在精心地掌管着每个公民；正是它在负责保卫每个公民的生命财产和自由，它无时无刻不在影响每个公民的安危。各州主权所依靠的是人民的传统和习惯，是地方的偏见，是地方和家庭的私心。一句话，是使爱乡土的天性极其牢固地扎根于人们心中的一切东西。怎么能怀疑它的长处呢？

既然立法者无法防止在联邦制度中并存的两种主权发生危险的冲突，那就必须尽一切努力使联合起来的各成员不诉诸战争，而采取能够导致和平的态度。

因此，除非联邦的参加者之间存在着许多能使联邦政通人和的团结因素，联邦的公约很快就会遭到破坏。

同样地，联邦制要想获得成功，不仅要有良好的法律，而且要有有利的环境。

凡是结成联邦的成员国家，它们都是原先有过一些共同的利益，而这些共同的利益就形成了它们联合的精神纽带。

但是，除了物质利益以外，人还有思想和感情。对于一个联邦的持久存在，必要的文明同质性不亚于各成员的结盟需要。在瑞士，沃州和乌里州的文明差别，就像 19 世纪与 15 世纪之不同，所以严格说来，瑞士从来没有过联邦政府。几个州结成的瑞士联邦，只存在于地图上。只要中央政府试图对全瑞士实行同样的法律，马上就可证实我所说的这一点。

有一个事实令人羡慕地便利了美国建立联邦政府。各州不仅有大致相同的利益、相同的起源和语言，而且处于相同的文明水平。这便使它们的联合几乎永远成为容易的事情。我不知道是否有一个欧洲小国，其不同地区间的同质性高于面积相当于大半个欧洲的美国。

从缅因州到佐治亚州，相距约 400 里约〔1 000 英里〕，但两者间的文明差异却小于诺曼底和布列塔尼间的这种差异。因此，位于一个辽阔地区的两端的缅因和佐治亚，却比仅有一溪之隔的诺曼底和布列塔尼极其自然地容易结成联邦。

因国家的地理位置而来的优越性，又增加了居民的风气与习惯为美国的立法者提供的这种容易性。联邦制的建立和保持，主要应当归功于国家的地理环境。

在能够影响一个国家的生活的一切事件中，最重要的是战争。在战争当中，一个国家的人民要团结得像一个人似的：共同对敌，为保卫国家的生存而战斗。

如果问题仅在于维持国内和平和促进国家繁荣，那么只要政府勤于政务，被治者通情达理，人民经常怀有爱国的自然情感，也就够了。但是，当一个国家正在打一场大战时，公民就得付出大量的牺牲和遭受苦难。以为大多数人会自愿服从这种社会要求，那是对人性了解得太差。

因此，凡是赢得大战的国家，差不多全都身不由己地去加强政府的力量。而在大战中失败的国家，便被征服。一场长期的战争，不是使国家因失败而灭亡，就是使国家因胜利而导致专政。这两个可悲的结局，几乎总是必居其一。

因此，一般说来，政府的弱点在战争中暴露得最为明显和危险；而且我已经说过，联邦制国家政府的固有缺陷，在于它太软弱。

在联邦制中，不仅没有中央行政集权和类似的东西，而且中央政府集权本身也只是不完整的中央集权，这就是当这样的国家同实行完整的中央集权的国家交战时所以表现软弱的一大原因。

从美国宪法的规定来看，联邦政府虽比任何联邦制政府都有实权，但这种缺陷依然显而易见。

只举一个例子，读者就可以看到这种情形。

美国宪法授权国会可以向各州召集民兵，以平息内乱或抵御外侮；又有一条宣称总统为合众国陆海军总司令。

1812 年战争时，总统曾命令北方的民兵开赴前线；但是，利益受到战争损害的康涅狄格和马萨诸塞却拒不执行。

这两个州指出，宪法是说在有**内乱**和**外侮**时联邦政府有权召集民兵，而现在既无内乱又无外侮。它们又补充说，授权联邦可以召集民兵的同一宪法，亦为各州保留了任命军官的权力。因此，按照它们对宪法的解释，即使在战争中，除了总统本人以外，没有一个联邦军官有权指挥民兵。但是，岂能有只由一个人指挥的军队！

赞同这种荒谬有害说法的，不仅有两州的政府和立法机构，而且有两州的法院。于是，联邦政府只好到别处去招募所需的军队[41]。

那么，只靠相对完备的法制保护的美国联邦，为什么没有毁于一场大战呢？因为它没有遇到过令人害怕的战争。

美国位于一个可使人们无限地发展事业的辽阔大陆的中部，两侧的大洋使它几乎与世隔绝。

加拿大只有一百万居民，而且是由两个互相敌对的民族构成。严寒的气候限制了它的领土扩张，而且使它的港口六个月不能通航。

从加拿大到墨西哥湾，其间还有数个野蛮部族，面对六千名士兵而处于半灭亡的状态。

在南部，美国与墨西哥帝国接壤。在这里，也许有朝一日会发生大战。但是，不够开化的状态、道德的败坏和国家的贫穷，使得墨西哥还要经过很长时期才能跻身于大国之林。至于欧洲列强，由于它们离美国太远，也不足为惧。(N)

因此，美国的大幸并不在于它有一部可以使它顶得住大战的

㊶ 肯特：《美国法释义》第1卷，第244页。请注意，我上面举的例子，发生于现行美国宪法实施之后。如果我追溯到第一个联邦时期，还会举出一些更有说服力的事实。当时，全国欣喜若狂，革命的代表者是一位最孚众望的伟人。但在这个时期，国会可以说一无所有，始终缺乏人力和金钱。国会提出的一些良好计划，总是在执行中搁浅；联邦一直处于垮台的边缘，主要是由于它的敌人软弱无力才得救。

联邦宪法,而在于它处在一个不会发生使它害怕的战争的地理位置。

没有人比我更赏识联邦制的优点。我认为,联邦制度是最有利于人类繁荣和自由的强大组织形式之一。我真羡慕已经采用这个制度的国家的命运。但是,我又总是不敢相信,实行联邦的国家能够在力量相等的条件下与一个实行中央集权制度的强国进行长期的斗争。在我看来,一个国家面对欧洲的几个强大军事君主国而敢于将主权分成两个部分,简直就是放弃自己的政权,也许由此放弃自己的生存,使国家的名字不复存在。

新大陆的令人向往之处,就在于人在那里可以自我奋斗。只要你去追求,就能获得幸福和自由。

第 二 部 分

到现在为止，我考察了美国的各项制度，历述了它的成文法，描绘了其政治社会的目前组织。

但是，在这些制度之上和所有组织之外，还有一个最高的权力，即人民的权力。它可以根据自己的意愿改变或废除这些制度和组织。

在这第二部分，我要说明高于法律的这项权力是怎么行使的，它的本性和激情是什么，使它加速前进和放慢速度的秘密动力，即指导它不可遏制地前进的秘密动力是什么，它的无限权威产生了什么效果，以及它的未来命运如何。

第一章　为什么可以严格地说美国是由人民统治的

在美国，立法者和执法者均由人民指定，并由人民本身组成惩治违法者的陪审团。各项制度，不仅在其原则上，而且在其作用的发挥上，都是民主的。因此，人民*直接*指定他们的代表，而且一般*每年*改选一次，以使代表们完全受制于人民。由此可见，真正的指导力量是人民；尽管政府的形式是代议制的，但人民的意见、偏好、利益，甚至激情对社会的经常影响，都不会遇到顽强的障碍。

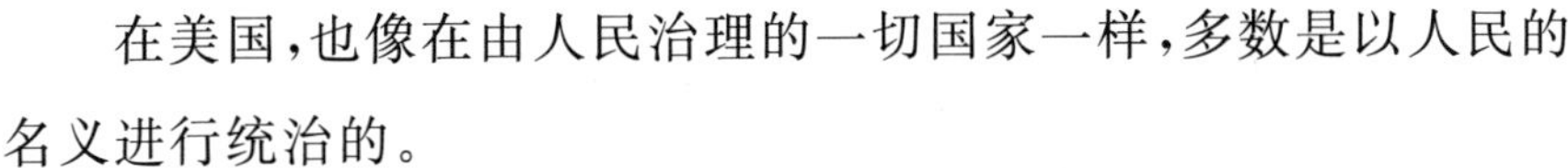

在美国，也像在由人民治理的一切国家一样，多数是以人民的名义进行统治的。

这个多数主要由温和的公民构成，他们不是出于爱好，就是出于利益，而衷心希望国家富强。在他们的周围，有企图拉他们入党和请他们支持的政党不断进行煽动。

第二章　合众国的政党*

应对政党进行一次分类——政党之间形同敌国——真正的政党——大党与小党的差别——政党产生于何时——各政党的不同特点——美国有过大党——现已不复存在——联邦党——共和党——联邦党的失败——在合众国建立政党之困难——为建立政党所做过的一切——见于一切政党的贵族性或民主性——杰克逊将军对银行的斗争

首先，我要对政党进行一次大分类。

有些幅员辽阔和居民杂处的国家，尽管把人民都联合在同一主权之下，但它们的人民仍有相互对立的利益，所以人民之间永久处于对立的状态。因此，同一国家中的不同派别，便形成不了符合政党定义的真正政党，但能形成不同的国家。假如爆发一场内战，与其说这是不同派系之间的搏斗，不如说这是敌对国家之间的冲突。

但当公民们在一些与全国有关的问题上，比如说在政府的总

---

* 关于美国政党的问题，可参阅梅里亚姆：《美国的政党制度：美国政党初探》（纽约，1924 年）；霍尔库姆：《今日的政党：对共和党和民主党的研究》（纽约，1924 年）；卡曾斯：《美国的政治和政治机构》（纽约，1942 年）；艾加：《美国的政党》（伦敦，1944 年）。——法文版编者

的施政原则上意见分歧时，就会产生我所说的真正政党。

政党是自由政府的固有灾祸，它们在任何时候都没有同样的性质和同样的本性。

有时，当国家感到灾难深重无法忍受时，就会出现全面改革其政治结构的思想。还有些时候，灾难更加深重，以致社会情况本身都要受到连累。这正是发生大革命和出现大政党的时代。

在这些混乱和悲惨的时代之间，是社会暂时休息和人类好像得到喘息机会的时代。其实，这只是表面的平静；对于国家和人来说，时间都是不会停止前进的；国家和人每天都在向着未知的将来前进；我们所以觉得国家和人停止前进，是因为国家和人的运动未被我们察觉。这就像走着的人，在跑着的人看来，仿佛是没有动弹似的。

尽管时间在前进，但国家的政治结构和社会情况方面发生的变化，有时慢得难于察觉，以致人们认为自己已经处于最佳状态。这时，人类的理性也自以为有了一定的牢固基础，不再把目光投向已定的视野之外。

这是有利于政治阴谋和小党活动的时代。

被我称为大党的政党，是那些注意原则胜于注意后果，重视一般甚于重视个别，相信思想高于相信人的政党。一般说来，同其他政党相比，它们的行为比较高尚，激情比较庄肃，信念比较现实，举止比较爽快和勇敢。在政治激情中经常发生巨大作用的私人利益，在这里被十分巧妙地掩盖于公共利益的面纱之下，有时甚至能瞒过被它们激起而行动的人们的眼睛。

小党与此相反，它们一般没有政治信念。由于它们自己觉得并不高尚，没有崇高的目标，所以它们的性格打上了赤裸裸地暴露于它们的每一行动上的自私自利的烙印。它们总是装出热情洋溢的样子，它们的言辞激烈，但其行动优柔寡断。它们采用的手段，同它们所抱的目的一样，都是卑不足道的。因此，在继一场暴力革命之后而出现平静时期时，伟大的人物便好像顿时销声匿迹，而智慧也自行隐藏起来了。

大党在激荡社会，小党在骚扰社会；前者使社会分裂，后者使社会败坏；前者有时因打乱社会秩序而拯救了社会，后者总是使社会紊乱而对社会毫无补益。

美国有过几个大党，但今已不复存在。由此得到很大好处的是美国的国祚，而不是它的道德。

当独立战争结束，新政府即将奠基的时候，全国被两种意见分为两个阵营。这两种意见与世界同样古老，但在不同的社会以不同的形式出现，并被冠以不同的名称。一种意见主张限制人民的权力，另一种力量希望无限扩大人民的权力。

两种意见之间的斗争，在美国人那里从来不带常见于其他国家的那种暴力性。在美国，两派在一些重大问题上都是意见一致的，谁也不必为了获胜而去破坏旧的秩序和打乱整个社会体制。因此，任何一派都没有把大多数人民的个人存在与本派原则的胜利联系起来。但是，两派都十分关心诸如对平等和独立的热爱这样的大事。只是这一点，便足以掀起狂热的激情。

主张限制人民权力的一派，特别想把自己的学说应用于联邦宪法，因而得名为联邦党。

以唯我独爱自由自居的另一派，挂上了共和党的名号。

美国是民主的国度，所以联邦党人始终居于少数的地位，但是独立战争造就出来的伟大人物，差不多都属于他们的队伍，而且他们的道义力量也影响广泛，何况环境还有利于他们。第一次联合的瓦解，使人们心有余悸，害怕陷入无政府状态。联邦党人从人们的这种观望倾向中获得了好处。有 10 年或 12 年之久，他们主持了国家的工作，并得以应用他们的原则。但是，并不是全部原则都得到了应用，而只是应用了其中的某些部分，因为敌对思潮日益强大，使他们终于无力反对。

1801 年，共和党终于执政。托马斯·杰斐逊当选为总统，他以自己的巨大名声、卓越才能和极好人缘获得了人们的支持。

联邦党人只是依靠一些并不可靠的办法，在随意决定的对策的帮助下，才得以维持他们的地位的。他们之所以能够执政，是凭借他们领袖的德行和才能，以及环境对他们有利。在共和党取代他们的地位后，他们便作为反对党而一败涂地。占有绝对优势的多数宣布反对他们，他们立即感到自己已经成为微不足道的少数，以致悲观失望起来。从此以后，共和党或民主党便接连从一个胜利走向另一个胜利，最后控制了全国。

联邦党人感到自己已被征服，一筹莫展，在国内陷于孤立，于是分裂为两部分：一部分参加了胜利者的队伍，另一部分放下原来的旗帜，改换了名称。他们完全不再成为政党，已经有许多年了。

在我看来，联邦党的执政，是伴随伟大的美国联邦的成立而出现的最幸运的偶然事件之一。他们抗拒了他们时代和他们国家的一些难以抵制的偏好。抛开他们的理论是好是坏不谈，他们的理论总的说来有一个缺欠，那就是它不适用于他们想要去治理的社会，所以这个社会迟早要由杰斐逊去治理。但是，联邦党政府至少给了新共和国以自我稳定的时间，而后又大方地支持了它所反对的学说的迅速发展。而且它的大多数原则最后又被对手所采纳，成为对手的政治信条。现今仍在实施的美国联邦宪法，就是他们的爱国心和智慧的不朽业绩。

因此，今天在美国已经看不到大政党了。仍然存在许多威胁着美国的未来的党派，但没有一个党派表示反对政府的目前形式和社会发展的总方向。威胁着美国的未来的党派所依据的不是它们的原则，而是它们的物质利益。在如此辽阔的国家里，这种利益与其说能在利益互不相同的地区形成政党，不如说能在这样的地区形成敌对的国家。举例来说，最近北方主张采取贸易禁运政策，而南方则拿起武器去保护贸易自由。这个冲突的起因，只是由于北方是工业区，南方是农业区；而禁运政策对一方有利，对另一方有害。

在美国，虽然没有大党，但却有许多小党，且随舆论对一些细小问题的看法不同，而形成许多不同的政见。当时没有任何困难阻碍人们建党；而在今天，建党却不是一件容易的事了。在美国，没有宗教仇恨，因为任何宗教都受到尊重，没有一个教派占据统治地位；也没有阶级仇恨，因为人民就是一切，还没有一个人敢于反对人民；最后，美国的公众不受剥削之苦，因为国家的物质状况为勤劳开辟了无限广阔的道路，只要自己动手，就能创造出奇迹。但是，也存在企图建立政党的野心家，因为他们知道，只凭自己的愿望想上台，很难把台上的人拉下来。因此，政治家的全部伎俩都用于建立政党。在美国，一个政治家首先要去设法认清自己的利益，发现哪些类似的利益可以聚集到自己的周围；然后再去努力寻找一种适于加在自己的新组织头上的学说或原则(如果由于偶然原因，这种学说或原则迄今还没有在世界上出现)，以使新组织获得自行活动和自由发展的权利。这就像以前在出版书籍时要在扉页印上国王的出版许可一样，虽然这个许可与该书的内容毫不相干，但却硬被塞进书里。

做完这一切，新的政党便进入政界。

一个外国人，对于美国人的所有国内纠纷，乍一看来几乎都是难于理解的和无所谓的。他不知道自己是应当可怜这个民族把这类烦琐小事当成正经大事，还是应当羡慕他们在为国家的命运而操劳。

但是，当他细心研究支配着美国各党派的隐秘动因时，就不难发现这些党派大部分都或多或少地与自从这个自由社会成立以来就把人们分成两派的两大党有联系：它们不是靠近这一党，就是亲近那一党。越是深入到这些党派的内心世界，就越能看清其中之一是在致力于限制人民的权力，而另一个则是致力于扩大人民的权力。

我绝不是说美国政党的公开目的，甚至荫蔽目的在于使贵族政治或民主政治在国内占据优势，而是说容易在一切政党的内心深处发现贵族政治的激情或民主政治的激情。尽管这种激情能够逃脱人们的视野，但它们仍然是美国政党的敏感点和灵魂。

我举一个最近的例子：合众国总统攻击银行，全国骚然，意见不一，上层阶级一般都站在银行一边，而人民拥护总统。你以为人民能从如此简单的、而有经验的人又认为难以解决的问题的纠葛中找到可以证明自己的意见是正确的理由吗？他们绝不能找到。但是，银行是一个独立存在的巨大机构，而能推翻或建立一切权力的人民却对它毫无办法，因而大吃一惊。在社会的永不停止的普遍运动中，这个牢固的据点向人民发起挑战，它想看一看自己是否也能像其他东西一样继续活动下去。

贵族党在美国的残余

贵族暗中反对民主——他们退隐还乡——他们在家一心享乐和奢华——他们在外微行简出——他们向人民假献殷勤

在舆论纷纭的国家，有时党派之间的平衡被打破，而使其中的一个政党占据压倒优势。这时，它要摧毁一切障碍，压制它的政敌，利用整个社会为它的利益服务。被压制的政党感到没有成功的希望之后，便暂时退隐，默不作声。到处死气沉沉，一片宁静。全国好像被统一于一个思想之下。胜利的党趾高气扬，他们说："我们给国家带来了和平，你们应当为我们庆功。"

但是，在这种表面一致的下面，依然隐藏着深刻的分歧和实质的对抗。

美国的情况就是如此。当民主党占据优势时，它就独揽处理国务的大权。随后，它又不断地按照自己的想法去改变民情和国家法律。

今天，可以说，在美国，富有的社会阶级几乎完全不参加政治活动；而不能使人从政治活动中获得权力的财富，已是使人在政界失势的真正原因,是人们从政的障碍。

因此,富人宁愿离开官场,以免同最贫困公民进行往往是不平等的斗争。由于他们在公共生活中不能占有他们在私人生活中占有的那种地位,所以便放弃前者,而埋头于后者。他们在美国社会中形成了一个具有自己的爱好和乐趣的特殊社会。

富人把这种事态看成是无法救治的灾祸而逆来顺受,并且小心翼翼地避免对这种事态给他们带来的损害表示不满。因此,人们常常听见他们在公众面前赞扬共和党政府温和和民主制度良好。在人世间,有什么比憎恨敌人之后又向敌人谄媚更常见的呢?

大家见过这样的富人吗?人们不是说中世纪有一个犹太人总怕别人对他的财富打主意吗?他的服装朴素,他的举止没有架子,但他的住宅内部却十分豪华;除了几个他自鸣得意地称为同好的高宾,谁也不能进入这座圣殿。没有一个欧洲贵族在享乐上比他更高一筹,他对特权地位带来的任何一点好处都表示嫉妒。但是,当他由家里出来,到位于市中心的满屋灰尘的小破房来做生意时,人人都可自由地同他交谈。假如他在途中遇到他的鞋店经理,他们还会停下来寒暄几句。他们会说些什么呢?这两位公民在谈论国家大事,而且不握手不会道别。

在这种虚情假意的后面,在这种对当权人士的阿谀奉迎的背面,不难看到富人对他们国家的民主制度怀有极大的恶感。人民是一支使他们既害怕又藐视的力量。假如民主的秕政有朝一日导致政治危机,假如君主制度有一天在美国可行,人们马上就会发现我在上面所说的是正确的。

政党为了取胜而使用的两大武器,是办报和结社。

第三章　美国的出版自由

限制出版自由的困难——某些国家主张这种自由的特殊原因——出版自由是美国所理解的人民主权的必然结果——美国期刊使用的言辞激烈——期刊有其特有的本性，以美国的例子来证明——美国人对司法当局处分出版违章的看法——出版界在美国为什么不如在法国强大有力

出版自由的影响不仅及于政治观点，而且及于老百姓的一切见解。它不仅能使国家改变法律，而且能使社会改变风气。在本书的另一部分，我将设法测定出版自由对美国的市民社会的影响力，努力指出它给美国人的思想提示的方向以及它使美国人的精神和思想养成的习性。在这里，我只想考察出版自由在政界产生的效果。

我坦白承认，我对出版自由并没有那种因事物本身十分良好而产生的完全坚定的爱好。我之所以爱好出版自由，主要是因为它能防止弊端，其次才是因为它本身好。

假如有谁能在思想的完全自由和俯首听命之间指出一个可使我相信的中间立场，也许我会站在这个立场上。但是，谁能找到这个中间立场呢？现在，假定让你按出版许可工作，按命令行事。这时，你该怎么办呢？首先，你可能把作家送交陪审团，但陪审员们

宣判他无罪。这样，本来只是一个人的意见就变成全国人的意见了。因此，你要办的事情是太多了，可是能办成的又太少，你还得接着办下去。这回，让你把作者送交常设的法院，但法官在判决前必须听取被告的陈述，原来没有敢于公开写进书里的东西便要见于辩护词而不构成犯罪，原来隐晦地写在文章里的话也要重复出现于其他许多文章或文件。说话或写文章只是思想的表现，而如果让我说，我认为这种表现只是思想的外壳，而不是思想本身。你的法庭只是惩罚了思想的外壳，而被告的灵魂却逃脱了惩罚，仍在被告的身上微妙地发生作用。因此，你要办的事情依然太多，而能办成的也依然太少，你还得继续办下去。最后，你给作家设立了出版检查制度。好极了！我们拥护这个制度。但是，政治法庭不要忙得不可开交吗？因此，你还是一事无成。如果我猜错了，你也得增加苦恼。你不是突然想起思想是宣传者越多而越强大的物质力量之一吗？你不是认为作家就像军队的士兵吗？但是，与一切强大物质力量相反，思想的威力却往往因表述思想的人为数甚少而增强。一个有能力的人在鸦雀无声的群众大会上所做的倾诉衷情的讲话，比一千个演说家的大喊大叫还有力量。即使只能在一个公共场所自由演说，其影响也会像在每个村镇面对大庭广众讲话一样。因此，你得像破坏写作自由那样去破坏讲演自由。这次，你达到目的了：人人都不吭声了。但是，你原来的目的是什么呢？你本想制止自由的泛滥，但我却把你带到一个暴君的脚下。

你从极端的自主走到极端的屈从，而在如此漫长的途中，连一个可供歇一歇的站脚处都没有遇到。

有些国家，除我方才指出的一般原因之外，还有一些特殊原因使它们不得不实行出版自由。

在某些自称自由的国家，每个政府工作人员都可能犯法而又不受惩罚，因为它们的宪法没有给予被压迫者以向法院控告官员的权利。在这样的国家，出版自由就不仅是公民的自由和安全的保障之一，而且是这方面的唯一保障。

因此，如果这种国家的统治者宣布废除出版自由，全体人民可以回答说："如让我们到普通法院去控告你们的罪行，我们也许同意不到舆论的法院去揭露你们的罪行。"

在完全按人民主权理论施政的国家，设立出版检查制度不仅危险，而且极其荒谬。

当每个公民都被授予管理国家的权力时，那就必须承认公民有能力对同时代人的各种意见进行抉择，对认识之后能够指导他们的行为的各种事实进行鉴别。

因此，出版自由和人民主权，是相互关系极为密切的两件事；而出版检查和普选则是互相对立的两件事，无法在同一个国家的政治制度中长期共存下去。生活在美国境内的 1 200 万人，至今还没有一个人敢于提议限制出版自由。

我抵达美国后看到的第一份报，载有一篇文章，我现在把它忠实地翻译于下：

"在整个这件事情上，杰克逊（总统）使用的语言，是冷酷无情、一心一意保全自己权柄的一个暴君的语言。野心是他的罪恶，他也将因此受到惩罚。阴谋是他的爱好，但阴谋也将打乱他的计划和夺去他的权力。他为政腐化堕落，他的应受谴责的行为将使他名誉扫地和被人辱骂。他登上政治舞台，就像一个毫无廉耻而又无法无天的赌徒来到赌场。他赌赢了，但他受审的时间也接近了。他必须把他赢到手的东西退回来，扔掉他的假赌具，让他退休后一命呜呼。在退休后，他可能因为感到自由而咒骂自己过去为什么发疯，但忏悔并不是能使他的良心有所发现的一种德行。”（《文森斯报》）〔这个时期在（印第安纳州）文森斯出版的报纸，但我们没有找到引文的出处。印第安纳州图书馆长认为，托克维尔的引文很有可能经过他删改〕

在法国，许多人认为，我们国家的报刊暴力来自社会情况的不稳定，来自我们的政治激情，来自随之而来的普遍不安。因此，人们一直在等待，希望社会恢复安宁，使报刊不再大吵大喊。至于我，虽然愿意把报刊对我国发生的巨大影响归因于上述各项，但并不认为这些因素曾对报刊的语言起过很大影响。我认为报刊不管在什么环境下，都该保存其特性和激情。美国目前的情况，就在证明我的看法。

现在，美国可能是世界上革命萌芽最难生长的国家。但在美国，报刊的爱好破坏的倾向，也与法国相同。美国报刊的暴力虽与法国相同，但其激起人民发怒的原因则与法国不同。在美国，一如在法国，报刊是把善与恶混在一起的一种奇特的力量，没有它自由就不能存在，而有了它秩序才得以维持。

应当指出的是，美国报刊的力量不如法国的强大。但在美国，却很少见到司法当局惩治报刊的事件。这个原因很简单：美国人接受人民主权学说以后，马上就认真地加以应用。他们从来没有想过，用每天都在变化的因素能创造出永久存在的制度。因此，只要不是以暴力违法，攻击现行法律亦不为罪。

另外，他们又确信，法院无力管束报刊，而人类语言的微妙差别，又总能使司法当局抓不住辫子，所以这种性质的罪行几乎都能从企图抓住它们的手下溜走。于是他们认为，为了能够有效地对付报刊，就得有一个不仅致力于维护现有的秩序，而且能摆脱周围舆论的影响的法庭。这个法庭要在审案时不公开，在宣判时不述处罚理由，惩处的主要对象是动机而不是语言。不管谁有权建立和主持这样的法庭，我以为追诉出版自由都是多余的，因为这个法庭将是社会本身的专制主子，它可以把作家连同他的著作一起除掉。因此，在出版问题上，屈从和许可之间没有中庸之道。为了能够享用出版自由提供的莫大好处，必须忍受它所造成的不可避免的痛苦。想得好处而又要逃避痛苦，这是国家患病时常有的幻想之一。这时，国家已疲于斗争，力量衰竭，企图找到一个使敌对意见与相反原则在同一块土地上共存的方法。

美国报刊的影响力所以很小，有许多原因。现举其主要者于下。

写作自由与其他自由一样，在最初提出来的时候最令国家害怕；从来没有听到别人在自己面前讨论国家大事的人民，完全相信第一个出现的法院。在英裔美国人中间，从建立殖民地之初就享有写作自由了。但是，尽管报刊能对人的激情发生强大的火上加油作用，但它不能全靠自己创造激情。大家知道，在美国，政治生活是活跃、多变，甚至动荡的，但很少被狂暴的激情所打乱。当物质利益发生冲突而不能妥协时，也很少掀起狂暴的激情，何况在美国这种利益是容易得到满足的。为了判明英裔美国人和我们法国人在这个问题上存在的差别，只看一下两国的报刊就可以了。在法国,报刊上登载商业广告的版面非常有限,甚至商业新闻也不怎么多。一份报纸的版面,大部分讨论政治问题。在美国,你看一份大报时,立刻看到有四分之三版面全是广告,其余的部分经常是政治新闻或短小的趣闻轶事。翻来翻去之后,才能在人们不注意的角落,看到我们法国报刊每天为读者登载的热烈讨论的题材,但也字数不多。

任何力量,越集中使用于一个方向,其效果越大。这是一条已由实验向观察者证明的一般自然规律,而一些微不足道的暴君,也凭他们的比实验还要可靠的本能,一直感到这个规律在起作用。

在法国,报刊兼有两种不同的集中。

首先,报刊将自己的所有力量都集中于一个地点;其次,可以说是集中于几个人之手,因为它的机构为数很少。

在一个人人多疑的国家如此建立起来的权力,其影响当然是接近无限的。它是政府的敌人,政府可以与它建立或长或短的休战协定,但与它长期共处是不容易的。

我方才讲的两种集中,没有一个存在于美国。

美国没有大城市。在那里,人力和物力分散于广大国土的各处,人类智慧之光不是从一个共同的中心向四外散射,而是在各地交互映辉。美国人在任何方面都不规定思想的总方针和工作的总方针。

这一切都来源于不依人们的意志为转移的地方环境,但法律在这方面也起了作用。

在美国,既不向印刷业发放执照,又不要求报刊进行注册,更不知保证金为何物。

因此，创办报刊既简单又容易，只要有少量的订户，就足以应付报刊的开销，所以美国定期期刊和半定期期刊的样数多得令人难以置信。一些很有教养的美国人，都把报刊影响力之小归咎于出版力量的这种过度分散。因此，美国政治学有一项原理：冲淡报刊影响的唯一办法，是增加报刊的样数。我真不明白，这样一个显而易见的真理，为什么还未在我们法国推广。因此，我不难理解，那些想借助报刊进行革命的人，为什么要使报刊只有几个强大机构。但是，现存秩序的官方维护者和现行法律的天然支持者，为什么相信把报刊集中起来能减弱报刊的影响力，这我就不知其所以然了。我觉得，欧洲各国政府好像在用中世纪骑士对付敌人的办法来对付报刊。它们从自己的经验得知，集中是强有力的武器；而它们把武器供给自己的敌人，无疑是为了在抗击敌人时获得更大的光荣。

在美国，几乎没有一个小镇没有自己的报纸。在这么多的斗士中间，是无法建立秩序和统一行动的。因此，每个人都自树旗帜，各显神通。在美国，没有一切报纸联合起来支持或反对政府的情形，而且它们在攻击政府和为政府辩解时，也使用许许多多不同的方法。因此，报纸在美国无法汇成可以冲击或冲垮牢固的大坝的洪流。报刊力量的这种分散，还产生了另外一些也很明显的后果：办报容易，所以人人都能办报；另一方面，由于竞争，任何报纸都无望获得巨大效益，因而使精明强干的实业家在这类事业面前却步。再者，即使办报是生财之道，但由于报刊的样数过多，有天才的文人也难于致富。因此，美国的报人一般都地位不高，教育水平低下，思路不敏。大家知道，在任何事情上，都是多数决定一切，由多数规定每个人应当遵行的行动守则。这些共同习惯的总合，名曰宗旨。于是，有律师业的宗旨、法院的宗旨等。在法国，报业的宗旨是用猛烈的，但又高尚和经常是雄辩的方式讨论国家大事。有时，没有经常如此坚持下去，那是说明所有的规律都有它们的例外。美国报人的宗旨，是以粗暴的、毫不做作的、单刀直入的方法刺激他们所反对的人的感情，不以道理诲人，甚至攻击人家的私人生活，揭露他们的弱点和毛病。

应当对这样滥用思想自由的做法表示惋惜。以后，我还有机会来谈报纸对美国人民的爱好和道德都发生了什么影响，而我现在的题目是专谈政界，所以对这种影响只能附带说一下。不能否认，对出版界采取这种放任做法的政治效果，曾间接地促进了公共安宁的维持。因此，已在同胞们的思想里占有地位的人不敢在报纸发表文章，以免失去他们为了自己利益而去鼓动大众激情的最强有力武器[①]。由此可见，报上发表的个人观点，可以说在读者的眼里经常是无足轻重的。读者想从报纸看到的，是关于事实的报道。只有报道改变或歪曲事实，撰稿人的观点才能产生某种影响。

虽然报纸所能做到的只有这些，但它在美国仍是一个有强大影响的权力。它使政治生活传播于这个辽阔国家的各地。它经常瞪着眼睛不断地观察政治的秘密动力，把搞政治活动的人依次推上舆论的法庭。它把人们的注意力集结到某种主义或学说的周围，并为政党树立旗帜。它使那些彼此对话，但未见面的政党能

① 他们只是在向人民呼吁和表示自己的见解的极少数情况下，比如在他们答复恶意的诽谤和说明事实的真相时，才在报纸上发表文章。

够听到对方的声音，从而得以不断接触。当大量的报纸在同一道路上前进时，它们的影响久而久之就变得几乎是不可抗拒的，而始终被另一个方面控制的舆论，最后也将在它们的打击下屈服。

在美国，每一家报纸都各有一点权力，但期刊的权力比报纸的要大，仅次于最有权威的人民。(A)

在美国出版自由的环境下形成的见解经常比在其他地方受检查制度影响形成的见解更坚定

在美国，民主制度永远不断地在推出新人去管理国家事务，所以政府的施政难得一贯和按部就班。但是，该国政府的总方向却比其他大多数国家稳定，而支配社会的主要舆论也比其他国家持久。当一个思想占领了人们的头脑后，不管它是否合理，就再也没有比从头脑里把它赶走更难的了。

同样的事实也见于欧洲的英国，这个国家在过去一百多年中，曾有过比任何国家更大的思想自由和更牢不可破的偏见。

我把这个现象归因于乍一看来好像是本应阻止这个现象产生的事实，即归因于出版自由。实行这种自由的国家，高傲和自信对见解的影响程度完全相等。他们所以喜欢一种见解，是因为这一见解在他们看来是正确的和由他们自己选定的。他们所以支持一种见解，不仅是因为它是真实的，而且是因为它是属于自己的。

还有几个别的原因。

一位伟人说过：无知处于知的两端。如果说自信处于两端，而怀疑居于中间，也许更为正确。实际上，可以认为人类的智力发展有三个总是前后衔接的不同阶段。

一个人之所以对某事坚信不疑，是因为他没有深入调查就接受了它。当出现异议时，他就会产生怀疑。最终，他往往能够克服这一切怀疑，从而又开始相信。这一次，他不是随随便便和马马虎虎地去认识真理，而是切切实实地去考察真理，并紧跟着真理之光前进②。

当出版自由发现人们处于智力发展的第一阶段时，它还得在一段很长的期间内对他们的不经深思熟虑就坚信不疑的习惯听之任之，只能逐渐地改变他们轻信的对象。因此，在智力的整个发展过程中，人类的理性只能一次认识一点地向前发展，但被认识的那一点也在不断改变。这正是爆发革命的时期。于是，最先突然接受出版自由的那一代人，就要吃点苦头！

不久以后，一批新的思想又接踵而来。人们有了经验，在怀疑和普遍不信任中摸索。

可以认为，大多数人都总是停留在下述两个阶段之一：不是信而不知其所以然，就是不能确知该信什么。

至于来自真知和冲破怀疑的干扰的深思熟虑的自信，以及对这种自信的主宰，那只有很少人有能力达到这个阶段。

但也有人曾经指出，在宗教狂热鼎沸的时代，人们有时改变他

② 不过，我还不知这种深思熟虑的自信和对这种自信的主宰，是否曾经依靠理性信念的鼓舞把人的热心和信心提高到一定高度。

们的信仰，而在人们普遍怀疑的时代，人人却死守自己的信条不放。这种情形也见于出版自由风行时候的政治。在互相质疑和轮番角逐的一切社会理论中，如有一个被人采纳并加以保护，那也不是因为人们相信它是好的，而是因为人们不相信会有比它再好的。

在我们这个时代，人们不会轻易地为自己的见解卖命，但也不会轻易地改变自己的见解。同时，殉道者和变节者亦都同样少见。

再为这个理由补充一个更为强而有力的理由：当人们怀疑某种见解时，最终总是要联系自己的本能和物质利益，因为本能和物质利益比见解更容易看到，更容易感觉到，更能持久。

究竟是民主制度的治理好，还是贵族制度的治理好，这是一个很难解答的问题。但有一点是明确的，那就是民主制度要使一些人感到不快，而贵族制度则将压迫另一些人。你富了，我就穷了——这是一个自行成立和不需讨论的真理。

第四章　美国的政治社团

英裔美国人对结社权的日常应用——三种政治社团——美国人如何将代议制用于社团——这对国家的危险——1831 年关税问题大会——这次大会的立法性质——为什么结社权的无限应用在美国不如在他处危险——为什么可以认为这样做是必要的——社团在民主国家的功用

美国是世界上最便于组党结社和把这一强大行动手段用于多种多样目的的国家。

除了依法以乡、镇、市、县为名建立的常设社团以外，还有许多必须根据个人的自愿原则建立和发展的社团。

美国的居民从小就知道必须依靠自己去克服生活的苦难。他们对社会的主管当局投以不信任和怀疑的眼光，只在迫不得已的时候才向它求援。他们从上小学就开始培养这种习惯。孩子们在学校里游戏时要服从自己制定的规则，处罚由自己制定的犯规行为。这种精神也重现于社会生活的一切行为。假如公路上发生故障，车马行人阻塞不通，附近的人就会自动组织起来研究解决办法。这些临时聚集在一起的人，可以选出一个执行机构，在没有人去向有关主管当局报告事故之前，这个机构就开始排除故障了。假如是事关庆祝活动，则自动组织活动小组，以使节日增辉和活动有条不紊。而且，还有反对各种道德败坏行为的组织。比如，把大家组织起来反对酗酒。在美国，为促进公安、商业、工业和宗教，也建有社团。人们的愿望一定会通过私人组织的强大集体的自由活动得到满足。

以后，我再找机会叙述社团对公民生活发生的作用。现在，我的任务是只谈政界。

既然结社权是公认的，所以公民们可以用各种不同方式去行使。

一个社团可以由一致赞成某一学说或主张的若干人组成，并约定以某方式去促进该学说或主张获胜。因此，结社权与写作自由几乎没有什么不同。但是，早先建立的社团，却比出版界拥有更大的权力。当一种见解由一个社团来代表时，它必须具有简单明确的形式。这个社团要拥有它的支持者，并让支持者为本社团的事业献身。支持者们彼此结识以后，他们的热情便随人数的增加而增强。社团把多数人的精神力集结在一起，促使他们精神饱满地奔向由它指明的唯一目标。

行使结社权的第二阶段，是行使集会权*。当一个政治社团将其活动中心设在国内的某个重要地点时，它的活动显然要强大，而它的影响也将扩大。在那里，人们容易互相见面，各种执行手段可以结合使用，思想可以用文字永远无法达到的力量和热情向外传播。

---

* 参阅奥格和雷著作第 161 页及以下几页，以及埃斯曼：《法国比较宪法要义》（巴黎，1928 年）第 2 卷第 624 页及以下几页。——法文版编者

最后，在政治方面，结社权的第三阶段是：同一见解的支持者们可以组成选举团，选出代表到中央立法机构去代表本社团。这就是真正将代议制用于政党了。

因此，第一，拥护同一见解的人要在彼此之间建立纯思想的联系；第二，他们要组成只代表本党的一个派系的小团体；第三，他们要建立一个国中之国，政府中之政府。他们的代表表面上好像是在代表多数，而其实只代表他们的支持者的集体。他们的支持者也给人以代表国家和由此而来的一切道义力量的外貌。不错，这些支持者不能像他们那样有权制定法律，但支持者们可以攻击现行的法律和协助他们草拟法律。

假如一个民族完全没有利用自由的习惯，或易于掀起狂热的政治激情，而在它的立法者的多数之旁，只有一个负责审议和监督执行的少数，那我不妨认为它的公共秩序一定处于严重的危险之中。

证明一项法律本身比另一项法律好，与证明这项法律应代替另一项法律，其间无疑有很大不同。但是，当聪明人的智慧又发现一个重大差别时，他便不再考虑众人的想象。有时，一个国家分裂为两个势均力敌的两派，每派都争做多数的代表。如果在领导权之旁再建立一个道义权威几乎与它同样大的权力，你会认为领导权能够长期只说不干地混下去吗？

认为结社的目的在于引导舆论而不在于强制舆论，在于审议法律而不在于立法，乃是形而上学的想法。人们能在这样的想法面前止步不前吗？

我越深入研究出版自由的主要成果，便越深信它在现代世界里是自由的主要成分,也可以说是自由的基本组成部分。因此,一个决心保卫自由的国家,有权要求人们全力尊重自由。但是,政治结社的无限自由,又与出版自由不尽相同:前者的必要性不如后者,而其危险性却大于后者。一个国家能够把结社自由限制起来,并使其永远处于国家的控制之下;但是,国家为使结社自由存在,有时也需要耍些手腕。

在美国,以政治为目的的结社自由是无限的。

有一个例子可以清楚地表明这项权力被容许到我们难以想象的最大程度。

我们可以回想一下,关税问题和贸易自由问题曾在美国引起人们很大冲动,关税制度不仅影响舆论,而且影响十分重大的物质利益。北方把它的一部分繁荣归因于关税制度,而南方则把它的一切灾难归因关税制度。可以说有很长一段时间,关税制度一直是使当时美国不安的唯一政治激情的制造者。

1831 年,当争论处于最激烈的时候,一个名不见经传的马萨诸塞州公民想出一个办法,即通过报纸向反对现行税制的人建议,请他们派代表到费城,共同研究恢复贸易自由的办法。这项建议,经过报刊转载,没有几天就由缅因州传到新奥尔良。反对现行税制的人热烈地采纳了这项建议,他们到处开会,推选代表。选出的代表都是知名人士,有的人还大有名气。南卡罗来纳州为此问题还拿起了武器,仅它一州就派去 63 名代表。1831 年 10 月 1 日,一个按照美国人的习惯取名为全国代表大会的大会,于费城召开,有二百多人参加。会上的辩论是公开的,大会自开幕日起就具有立法的性质。会上讨论了国会的职权范围、自由贸易理论和税则。

第十天，大会在草拟一封致美国人民的信后闭幕。这封信中宣称：(1)国会无权制定关税税则，现行税则是违宪的；(2)不准自由贸易对任何国家均无利益，特别是对美国。

应当承认，政治方面的结社无限自由，至今在美国还未产生在别处也许会产生的致命后果。在美国，结社权是从英国输入来的，输入之后便一直存在下去。现在，这项权力的行使，已成为美国人的习惯和气尚。

在我们这个时代，结社自由已成为反对多数专制的一项必要保障。在美国，一旦一个党居于统治地位，一切国家大权就都落于它的手中；它的党徒也将取得各种官职，掌握一切有组织的力量。反对党的最出名人物也不能打破把他们排除在政权以外的藩篱，反对党只能在野，发动少数的全部道义力量去反对压制他们的强大物质力量。可见，这是用一种危险去平衡另一种更为可怕的危险。

在我看来，多数的无限权威对美国共和制度的危害十分巨大，以致使我认为用来限制它的那个危险手段还好一些。

在这里，我要提出一个想法，它使读者可以想起我在本书第一部分讲述乡镇自由时所说的话。这个想法就是：再没有比社会情况民主的国家更需要用结社自由去防止政党专制或大人物专权的了。在贵族制国家，贵族社团是制止滥用职权的天然社团。在没有这种社团的国家，如果人们之间不能随时仿造出类似的社团，我看不出有任何可以防止暴政的堤坝。另外，在这样的国家，一个伟大的民族不是要受一小撮无赖的残酷压迫，就是要受一个独夫的残酷压迫。

常有可能成为一种必要手段的大政治集会(有各种人参加),即使在美国也经常是重大事件,使国内的好心人表示惊异。

这种情况,在 1831 年的大会期间表现得最为清楚。参加大会的所有杰出人物,都竭力使发言温和,把目标限制在一定范围之内。大概,1831 年的大会对不满政府措施的人起了很大影响,促使他们在 1832 年对联邦商业法进行了公开造反。

不能否认,政治方面结社的无限自由,是一切自由当中最后获得人民支持的自由。即使说这种自由没有使人民陷入无政府状态,也可以说它每时每刻都在使人民接近这种状态。但是,这个如此危险的自由,却在一点上提供了保障:即在结社自由的国家,是没有秘密结社的。在美国,只有党派分子,而没阴谋造反者。

欧洲和美国对结社权的不同理解——它们对结社权的不同使用

人们把自己的力量同自己的同志的力量联合起来共同活动的自由,是仅次于自己活动自由的最自然的自由。因此,我认为结社权在性质上几乎与个人自由一样是不能转让的。一个立法者要想破坏结社权,他就得损害社会本身。但是,如果说结社自由在一些国家可促进和加快繁荣,那么在另些国家又可能因为滥用和歪曲结社自由而使它由积极因素变为破坏的原因。在我看来,对比一下对自由有正确理解的国家的社团和滥用自由的国家的社团所经常采用的不同方法，对于政府和政党都会是有好处的。

大多数欧洲人，目前还把社团视为在战斗中匆匆忙忙组织起来而马上投入战场的武器。

在结社时应当说清目的，但急于行动的思想却限制了创办人的头脑。一个社团，等于一支军队。向士兵讲话，是为了检查军容和激发士气，然后让他们冲向敌人。在结成社团的人们看来，合法的手段可能是成功的手段，但绝非唯一的成功手段。

在美国，人们却不是这样理解结社权的。处于少数地位的美国公民之所以结社，首先是为了显示自己的力量和削弱多数的道义力量；其次是为联合起来进行竞争，从而找出最适于感动多数的论据，因为他们总希望把多数拉进自己的阵营，然后再以多数的名义掌权。

因此，美国政治社团的宗旨是温和的，而其手段则是合法的。由于它们只想依靠法律取胜，所以一般都讲真话。

美国人和欧洲人在这方面存在的不同，来自数种原因。

在欧洲，有些政党完全与多数分家，以致它们永远不能指望得到多数的支持，但这些政党又自信自己强大得足以与多数抗衡。当这样一个政党结社时，它并不想进行说服，而只想进行战斗。在美国，观点与多数大相径庭的人，绝对斗不过多数的权力，因为其余所有的人都想拉拢多数。

因此，大党越是不可能成为多数，结社权的行使越是没有危险。在像美国这样的各党意见只有细微差别的国家，结社权可以说能够无限地存在下去。

促使我们把结社自由只看成是攻击政府的权利的，是我们对自由还没有经验。一个党也和一个人一样，当它意识到自己强大而产生的第一个念头，就是以力服人。说服人的念头，只在很久以后才出现，因为这要由经验中获得。

因意见严重分歧而形成各种不同派别的英国人，很少滥用结社权，因为他们已有长期行使这项权力的经验。

而在我们法国，人们则被一种强烈的好战精神所激励，以致凡是系于国家安危的事，人们都发疯似地参与，认为手握武器战死是光荣。

但在美国，促使政治结社暴力趋于缓和的最强有力因素，也许是普选权。在实行普选的国家，多数从来都是容易辨别的，因为没有一个政党能够冒充没有选举它的选民的代表。因此，各个社团都知道，而且人民大众也知道，那样的党并不代表多数。这也是它们的存在本身所决定的，因为如果它们真是代表多数，它们本身就能修改法律而不必乞求改革法律了。

受到它们攻击的政府的道义力量，必将大大增强；而它们自己的这种力量则必将大大减弱。

在欧洲，几乎没有一个社团不自充或自信自己是多数意志的代表。这种自充和自信，使它们的力量惊人地扩大，并令人不可思议地将它们的手段合法化。有什么事件比用暴力去打击压制权利的事件更值得原谅的呢？

正因为如此，在浩繁而又复杂的人类行动准则中，极端自由有时反而能纠正自由的滥用，而极端民主有时反而能防止民主的危险。

在欧洲，社团差不多总把自己看成是无法发表意见的人民的立法机构和执行机构，并凭着这种想法去行动和发号施令。而在人人都认为社团只代表人民中的少数的美国，社团只靠说理和恳求。

欧洲各国社团所使用的手段，与它们所提出的目的一致。

这些社团的主要目的是行动而不是空谈，是战斗而不是说服，所以它们自然要建立没有一点和平气氛的组织，并使其内部具有军事生活的习惯和准则。它们尽量集中领导自己的下属，把一切权力交给少数几个领袖。

这些社团的成员，要像战场上的士兵一样服从命令。他们信奉盲目服从的理论，或者更确切地说，他们一旦联合起来，就立刻放弃了自己的判断和自由意志。因此，这些社团内部实行的专横统治，往往比它们所攻击的政府对社会实行的专横统治还要令人难于忍受。

这便大大削弱了它们的道义力量。它们也失去了被压迫者反对压迫者的斗争所具有的神圣性。心甘情愿在一定的场合下奴颜婢膝地屈服于同伙中的某几个人的人，拱手交出自己的意志，甚至思想由他人控制的人，怎么能奢谈他希望自由呢？

美国人也在他们的社团中建立统治组织，但是，如果我可以用“和平”一词的话，那都是和平的统治组织。在社团中，承认个人的独立，每个人就像在社会里一样，同时朝着一个目标前进，但并非都要循着同一条路走不可。没有人放弃自己的意志和理性，但要用自己的意志和理性去成就共同的事业。

第五章　美国的民主政府

我知道我在讨论中将遇到一些棘手的问题。这一章的每句话，都要在某些方面刺痛使我国分裂的各个政党。尽管如此，我还要说出我的全部想法。

在欧洲，我们很难判断民主的真理性和不变性，因为欧洲有两个互相对立的主义在斗争，我们无法准确地判断哪些争论是来自主义本身，而哪些争论又是来自争论所引起的激情。

这与美国的情形完全不同。在那里，人民毫无阻碍地统治着国家，他们既没有什么危险需要担心，又没有什么损害需要报复。

因此，在美国，民主是任其所好而行事的。它的表现合乎自然，它的一切活动不受限制。只有在美国，才能对民主做出正确的判断。这项研究对我国比对任何国家都有用有益，因为我们每天都在一种不可抗拒的运动的驱动下盲目地前进。我们在向何处走呢？也许是在走向专制，也许是在走向共和，但社会情况必定要走向民主。

普　选　权

我在前面说过，全美国都承认普选权。不管社会地位高低，人人都有这项权利。我在一些不同的地区，在因语言、宗教和风习的差异而彼此形同外国人的一些种族之间，在路易斯安那和新英格兰，在佐治亚和加拿大，都有机会看到普选权的实施效果。我曾说过，普选权在美国远未产生人们期望它在欧洲产生的一切善和一切恶，它在美国的实施效果一般也与想象的不同。

人民的选择和美国民主在这种选择中的本能

在美国，一些最出名的人很少出任公职——产生这种现象的原因——法国下层阶级对上层阶级所怀的忌妒心不是法国人特有的感情，而是一种渴望民主的感情——在美国，为什么一些最优秀的人往往本人远离政界

在欧洲，许多人不是口上不说而心里相信，就是心里本不相信而口上却说：普选权的最大好处之一，在于吁请最受公众信任的人出任公职。他们认为，人民不能自己管理自己，但人民衷心希望国家富强；人民的爱好绝不妨害他们推选同他们怀有同样愿望和最能胜任的人去主持政务。

至于我，必须说我在美国看到的，使我无权认为他们也是如此。我到美国后，就吃惊地发现，被治者中间真正人才荟萃，而统治者当中却很少有名流。今天，在美国，最卓越的人士很少去当官，乃是一个常见的现象。而且必须承认，这也是随着民主超出其原来的一切界限而产生的结果。显而易见，半个世纪以来，美国的政治世家大大减少了。

可以指出这个现象的数个成因。

尽管做了许多工作，但仍未能使人民的文化高达一定的水平。简化人们的学习内容，改进教育方法，使学习走上正确道路，这些都好办；但用于学习的时间不够，人们仍不能学到知识和发挥学到的知识。

因此，人们不需劳动而能生活的空闲时间的长短，就决定着他们获得知识的必要时间。在某些国家，这个时间比较宽裕；而在另些国家，这个时间就不够宽裕。而如果完全没有这个时间，人们就不得不尽为生活的物质方面而操劳，即不能作为真正的人而生活。同样，既难于想象在一个社会里人人都博学多闻，又难于想象在同一个国家里每个公民都家财万贯。这两种不可能是彼此相关的。我欣然承认，广大公民都衷心希望国家富强；我还愿意更进一步承认并曾讲过，社会的下层阶级在这个愿望中掺杂的私念，一般说来少于上层阶级。但是，他们却总是不同程度地没有本领去判断达到他们衷心希望的目的所用的手段是好是坏。为了彻底认识一个人的性格，必须进行长期观察和各种分析。一些伟大的天才在这方面都有失误，而普通人就能办到吗？人民没有时间和办法去做这项工作。他们的判断总是匆匆忙忙做出的，并且是只看事物的表面特点。因此，各种骗子能够施用他们取悦于人民的花招，而人民的最忠实友人却不能取信于人民。

另外，人们并不是总能按民主方式去选择值得他们信任的人，有时他们也不愿意这样做和不想这样做。

不可否认，民主制度使人们心中的嫉妒感情发展到了最高点。这与其说是因为民主制度给每个人提供了使自己与他人拉平的手段，不如说是因为人们总是觉得不能得心应手地使用这些手段。民主制度唤醒和怂恿了永远无法完全满足的要求平等的激情。这种完全的平等，总是在人们以为得到它的瞬间，便从他们的手中溜走和消逝了。用帕斯卡尔的话来说，就是永远消逝了。人们经常热衷于追求那种近得足以使人摸到，而远得又使人取不到的重大利益。成功的可能性大时，人们高兴；成功的不确切性大时，人们懊丧。他们有时高兴，有时灰心，有时发怒。凡是在某一点上超过他们能力的东西，都被他们视为使他们的愿望不能实现的障碍。因此，不管上司如何合法，他们都一概不理。

许多人认为，这种引导下层阶级把上司从领导公务的职位上拉下来的隐秘本能，只见于我们法国。但这是一个误解。我所说的这个本能，不是法国人所固有的，而是一种民主的本能。特殊的政治环境虽然可以使这种本能带有使人感到严厉的特点，但它不能创造这种本能。

在美国，人民并不憎恨社会的高层阶级，只是对他们不太欢迎，设法不让他们当权。人民不怕人们有天才，但对这种人不够器重。一般说来，凡是没有天才而发迹的人，都难于得到人民的好评。

一方面是这种天然本能在使人民排斥卓越人物当权，另一方面又有一种力量也不亚于这种本能地在使这些人远离政界，因为他们在政界的竞技中难以保全自己和免于堕落。衡平法院首席法官肯特就十分坦率地流露过这种思想。我提到的这位著名作家在盛赞联邦宪法授权总统提名法官的条款之后说："最称职的人，也许为了不在普选中当选，而在行动上不十分积极，在精神上保持十分严肃。"〔肯特：《美国法释义》第 1 卷第 273 页〕这是在 1830 年发表于美国而且没有人反对的见解。

我只想用这些话证明，那些认为普选权能够保证人们做出最佳选择的人，完全是在幻想。尽管普选权有许多优点，但并不在这里。

能够部分纠正民主的这种本能的因素

巨大的危险对国家和人民产生的不良效果——为什么50年前美国有那么多卓越人物主持政务——教育和民情对人民的选择发生的影响——新英格兰的例子——西南部各州——某些法律是怎样影响人民的选择的——两级选举制度——这种选举制度对参议院的结构的影响

当巨大的危险威胁国家的时候，人民往往能成功地选出最能拯救国家的公民。

我们可以看到，一个人在面临危险的时候，很少能保持常态，他不是居于常态的水平之上，就是居于这个水平之下。国家的情形也是如此。极端的危险不但没有使一个国家振奋，有时反而把它吓倒。这种危险虽能荡起人民的激情，但没有对激情加以引导。它虽能触及人民的头脑，但没有使之清醒。犹太人就曾经在他们的硝烟弥漫的神殿废墟上互相厮杀。但最常见的，是一些国家和个人在危险临头的时候，反而能格外冷静，做出非凡的克服危险的行动。这时，一些伟大的人物突起，就像耸立在黑夜中的大厦，顿时被一场大火照亮。天才不再犹豫，挺身而出；苦于灾难的人民，也会暂时忘却他们的嫉妒感情。这时，从选票箱里检出伟人名士的名字，并不罕见。我在前面说过，今天的美国国务活动家，远远不如50年前主政的人物。其原因不仅来自法律，而且来自环境。当美国在为独立这一正义的事业而斗争时，它是一个要摆脱另一个国家的奴役的国家；而当它以一个新国家的身份进入世界时，它的全体人民的精神品质已经达到他们的努力目标所要求的高度。在这样的举国欢腾声中，卓越的人物走到人民的前面，而人民也举手欢迎他们，并把他们置于自己的监督之下。但是，这样的事情毕竟少见，还必须从事物的另一侧面去做判断。

转瞬即逝的事件有时会抑制民主的激情；而人们的知识水平，特别是民情，将对激情的发展趋势发生不仅强大而且持久的影响。在美国，就常见这种情况。

在新英格兰，教育和自由完全从属于道德和宗教，很早以前就建立的长期存在下来的社会，已形成一套道德准则和习惯，所以人民在轻视财富和门第向来可以在人们中间造成的优势的同时，却习惯于尊重知识和道德的优势，并毫无怨言地加以服从。因此，民主在新英格兰比在其他各处可做出最佳的选择。

但是，往南一走，就看到不同的情况。在南方的各州，社会纽带形成得较晚和不够牢固，教育不够普及，道德、宗教和自由的原则还结合得不够令人满意。因此，在那些州的政府里，有德、有才或德才兼备的人极为罕见。

当进入不久以前才建立社会组织的西南部各州，人们看到的全是冒险家和投机家的庄园。在这里，我们深为管理社会的大权被几个人所控制而大吃一惊，并在心中思忖：除了立法机构和人的独立以外，有什么力量能使国家发达和社会繁荣呢？

有些法律具有民主的性质，但它们也曾部分地纠正了民主的危险本能。

当你进入华盛顿的众议院大厅时，你会为这个大会议厅里的粗俗举止感到吃惊。尽管你在大厅里一再环顾，依然看不到一个著名人士。几乎全部议员都是无名之辈，他们的姓名没有在我的头脑里留下任何印象。他们大部分是乡村律师和商人，甚至是属于最下层阶级的人士。在这个教育几乎普及的国家，据说人民的代表并非都是能够写字无讹的。

仅隔几步，就是参议院大厅的大门。但在这个不大的会议厅里，却聚集了大部分美国名人。你在这里见到的每个人，都会使你想起他最近的声望。他们当中有善于雄辩的大律师、著名的将军、贤明的行政官和出名的国务活动家。这个会议厅里的一切发言，可与欧洲各国国会的最出色辩论媲美。

这两种场面的奇异对照是怎样形成的呢？全国的精华为什么只见于参议院而不见于众议院？为什么后者只会集了一些大老粗，而前者却为天才和名人所垄断？但是，这两个议院都来自人民，均经普选产生，而且至今没有听到在美国有人指责参议院敌视人民的利益。那么，为什么会产生如此惊人的差异呢？我认为，只有一个事实可以说明这个原因，那就是：众议院是由人民直接选举，而参议院则经两级选举产生。* 每个州的全体公民选举本州的立法机构，而联邦宪法又规定各州的立法机构为选举团，由这些选举团选举参议员。当然，参议员也能代表（尽管是间接地代表）

---

* 参阅奥格和雷著作第 296 页及以下几页。自 1912 年提出的宪法第七次修正案通过以后，参议员已改为先由“初选”或各党的“全国代表大会”提名后由人民直接选举。——法文版编者

普选的结果，这是因为：选举参议员的各州立法机构，并不是贵族团体或本身拥有选举权的特权团体，它实质上服从各州的全体公民；各州的立法机构一般每两年或一年改选一次，全体公民通过改选立法机构更新其成员，从而能对参议员的选举进行控制。但是，人民的意志通过这个选举团来表达时可能发生某些变化，使自己带有更加庄重和严肃的形式。因此，选举团选出的参议员也能经常切实地代表治理国家的多数。但是，他们只代表流行于国内的高尚思想和引导国家前进的国家精神，而不代表往往会使国家动乱的局部激情和使国家名誉扫地的邪念。

不难看到，将来总有一天，美国的各共和州因在选举制度中采用两级选举而强大起来。否则，它们便有掉进民主的陷阱而受苦的危险。

对于这一点，我始终确信不疑。我认为两级选举是使各阶层人民都得以享用政治自由的唯一手段。不管是希望把这个手段变成政党的专有武器的人，还是害怕这一手段的人，在我看来都是错误的。

美国民主对选举法产生的影响

选举稀少会对国家造成重大危险——选举频繁会使全国处于激动不已的状态——美国人从这两种弊端中选择了后者——法律常常改变——汉密尔顿、麦迪逊和杰斐逊对这个问题的看法

在选举的间隔期长时，每次选举都有使国家发生动乱的危险。这时，所有的政党都将全力以赴，设法抓住这个千载难逢的机

会。对于候选人来说，选举的失败几乎是不可救治的创伤，所以他们可能气急败坏，什么都干得出来。但是，如果这种合法的斗争不久就能重新举行一次，则失败的政党便可以忍耐一下了。

当选举接踵而来时，选举的频繁会使社会动荡不安，使政务处于连续不断的常变状态。

因此，一方是使国家有小病缠身的危险，另一方是使国家有生一场大病即爆发革命的可能。第一种制度在损害政府的美好形象，第二种制度在威胁政府的生存。

美国人宁愿忍受第二种弊端，而不愿忍受第一种弊端。在这里，指导他们行动的，主要是本能，而很少是理性，因为民主将他们对变化的爱好发展成为激情。结果，美国的立法出奇地多变。

大多数美国人认为，他们法律的多变性是一种总的说来行之有效的制度的必然结果。但我确信，没有一个美国人会硬说这种多变性没有缺点或认为它不是一大弊端。

汉密尔顿在论证一项可能防止或推迟颁布不良法律的权力后，补充说："或许有人会说，防止颁行不良法律的权力亦包含防止颁行良好法律的力量。〔既可用于这个目的，又可用于另一目的〕但这个反对意见，对于能够正确评价法律的不稳定性和多变性的坏处的人来说，并不怎么重要。法律的不稳定性已构成我国政府的性质和宗旨方面的最大污点。"（《联邦党人文集》第 73 篇，重点是托克维尔加的。）

麦迪逊说："立法的方便和漫无节制，似乎是我国政府的最有害的病症。"（《联邦党人文集》第 62 篇）

在美国的民主制度下迄今出现的最伟大民主主义者杰斐逊本

人，也指出过这样的危险。

他说："我国法律的不稳定性确实是一大弊端。我觉得我们应当除掉它，即应规定在一项法案被提出之后，允许在一年内批准实施。法案应交付讨论，没有更改意见后再表决。如果情况要求迅速通过该法案，亦不得根据简单多数决定，而应以两院各自的三分之二多数通过。"①

美国民主治下的公务人员

美国公务人员的简朴——没有公务人员制服——对所有公务人员均付酬——这样做的政治后果——美国没有终身公职——它的后果

美国的公务人员，同公民大众没有什么区别，既无宫殿和卫士，又不着制服。统治者的这种简朴作风，不仅与美国人的气质有关，而且与美国社会的基本原则有关。

从民主的角度来看，建立政府并不是一件好事，而是一个必然的灾难。这要授予官员们以一定的权力，因为没有这种权力他们还有什么用呢！但是，作为权力外表的制服，绝非工作之不可缺少，而且让公众看着也不舒服。

公务人员自己十分清楚，让他们有权向其他人发号施令，是以他们的举止不得高人一等为条件的。

① 《1787 年 12 月 20 日致麦迪逊的信》，孔塞伊先生法译本。〔《杰斐逊文集》，华盛顿，1905 年，第 6 卷第 393 页〕

我想象不出哪个国家的官员会像美国公务人员那样作风朴实，平易近人，问话时亲切，答话时和蔼。

我喜欢民主政府的这种自然作风，我在这种重视职责甚于重视职位、重视人品甚于重视权力外表的内务官员身上，看到了我所钦佩的男子汉工作作风。

关于制服可以发生的影响，我觉得我国一百多年以来把它的作用夸大了。我在美国从来没有见到公务人员在执行公务时因穿着不合身份而被轻视或不被尊敬的情形。

另外，我也十分怀疑在公务人员装模作样地穿上制服时就能格外受到人们的尊敬，因为我不相信他们之受人尊敬是来自衣着而不是来自人品。

当我看到我国的一些官老爷粗暴待人或挖苦人，耸一耸肩膀表示反对，或以得意的微笑下达指示时，我真想剥下他们的制服，一直剥到露出他们作为一个公民的真正模样，看这能不能使他们想起人类应当受到尊敬。

美国的公务人员均不着制服，但却领取薪俸。

这一点比上述各点更自然是来自民主原则。民主制度亦准许官员摆阔，用丝绸和金银打扮自己，但不得直接破坏民主的原则。这样的特权只是暂时的，而且是属于职位，并不属于个人。但是，如果公务人员不拿薪俸，就会产生一个富有和独立的公务人员阶级，就会形成一个贵族核心。这时，即使人民还保留有选举权，它的行使也必然受到限制。

如果一个民主共和国把公务人员的薪俸制改为无偿制，我可以十拿九稳地推论，这个国家正在走向君主政体。而在一个君主国开始实行公务人员的无偿制时，这一行动无疑是在走向专制政体或走向共和政体。

因此，在我看来，用薪俸制公务人员代替无偿制公务人员，这本身就是一场真正的革命。

我把美国全无不付薪的职位这件事，看成是民主在该国发生绝对统治作用的最明显标志之一。为公共服务，不管属于什么性质，都领报酬。因此，每个人不仅有权为公共服务，而且服务时有生活保证。

在民主国家，虽然每个公民都能出任公职，但也不是全体公民都有希望出任。这不是因为候选人的资格不够，而是因为候选人的人数和当选条件，在选举时总是有限制的。

在一切方面都实行选举原则的国家，严格说来没有终身公职。人们就任公职，多半出于偶然，任何人也无法永久保住职位。当每年进行一次选举时，情况尤其如此。因此，在平安无事时期，公职对野心的诱惑力不大。在美国，混迹于政治圈子里的人，都是抱负不大的人。怀有大才和大志的人，一般都远离政治而去追求财富。由于觉得办不好自家的事业而去负责领导国家事务的，倒是大有人在。

平庸人士之所以有很多人担任了公职，正是由于这些原因和民主的不良选择。在美国，即使卓绝的人士希望当选，我也不知道人民会不会选举他们，但我肯定他们不会出来竞选。

美国民主治下的行政官②的专权

为什么行政官的专权在专制君主国和民主共和国比在立宪

② 我这里指的是广义的“行政官”，凡负责执行政府法令的一切官员，均包括在内。

君主国强大——新英格兰行政官的专权

有两种政府对行政官授予很多专权。这两种政府是：只由一个人统治的政府和民主的政府。

这个同样的结果，来自一些几乎相同的原因。

在专制国家，人们的命运没有保障，官员的命运并不比私人的命运有保障。君主掌握着他所雇用的人们的生命财产，有时还有他们的荣誉。他认为这些人没有什么可怕的，还让他们有很大的行动自由，因为他确信他们不会滥用这种自由来反对他。

在专制国家，君主甚爱自己的政权，以致害怕自己规定的制度给政权带来麻烦；他喜欢把他的臣民的轻微越轨行为看成是出于偶然，相信这不是出于存心反抗他的愿望。

在民主国家，多数每年都能从他们以前委托的人们手里收回权力*，所以他们绝不害怕那些人滥用职权。多数每时每刻都能使执政者知道他们对政府的意见，所以他们喜欢让执政者发挥自己的能力，而不愿意用一套死规矩去束缚执政者，因为这样的死规矩既限制执政者又限制他们自己。

但是，只要稍微深入考察，就会发现在民主制度下，行政官的专权还要大于专制国家。

在专制的国家，君主可以立即惩治他所发现的一切犯法行为，但他不能确信自己可以随时发现应予惩治的一切犯法行为。而在

* “多数每年都能从他们以前委托的人们手里收回权力。”关于每年选举的问题，可参阅奥格和雷著作第 249 页。——法文版编者

民主制度下，执政者的权力不仅极高，而且无处不在。比如，我们可以看到，美国的公务人员在法律为他们规定的范围内，其行动的自由比欧洲的任何官员都广泛得多。一般只向他们指出应当完成的任务，而方法则由他们自己选择。

比如，在新英格兰，规定由各乡镇的行政委员负责提出陪审员名单。但应当指出，他要从享有选举权和名誉良好的公民中选择陪审员③。

在法国，如对一个公务人员授予如此可怕的权力，不管他怎样去执行，人们必定认为老百姓的生命和自由处于危险之中了。

在新英格兰，乡镇的行政委员还有权把酗酒者的名字张贴在酒店里，禁止居民向他们提供酒类，违者罚款④。

这样的查禁权限，在最专制的君主国，也会激起人民的反对；但在新英格兰，却毫不费力地被人服从了。

没有一个地方的法律，像在民主共和国那样使行政官享有如此大的专权，因为这种专权没有可怕之处。甚至可以说，随着选举权日益扩及底层，行政官的任期日益缩短，行政官更加自由了。因此，要想把一个民主共和国改变为君主国，将是极其困难的。如果行政官不再由人民选举，但他们仍保留着民选的行政官的权限和习惯，那就会导致专制。

③ 见《马萨诸塞州法令汇编》第2卷第331页：1813年2月27日法令。应当补充一点，陪审员的最后名单要用抽签办法决定。

④ 见《马萨诸塞州法令汇编》第1卷第302页：1787年2月28日法令，其中写道："各乡镇的行政委员可令有司在本乡镇的酒馆、旅店、小铺等的室内和作坊张贴一贯酗酒、耍酒疯、赌博以及在这些场所胡聊瞎扯的人的名单。上述店铺的所有者接到通知后，如再允许这些人到店内饮酒或赌博，或再向他们出售含酒饮料，则处以60先令罚款。"

只有在立宪君主国，法律在为官员的行动划定范围的同时，还能想到指导官员的每一行动的问题。能够如此的原因，是不难说明的。

在立宪君主国，权力由国王和人民分享，两者都希望行政官的职位保持稳定。

国王不愿意将行政官的命运置于人民的控制之下，因为怕行政官出卖王权的利益；而在人民方面，则怕行政官完全依附国王，从而压制自由。因此，既不要让行政官依附国王，又不要让行政官依附人民。

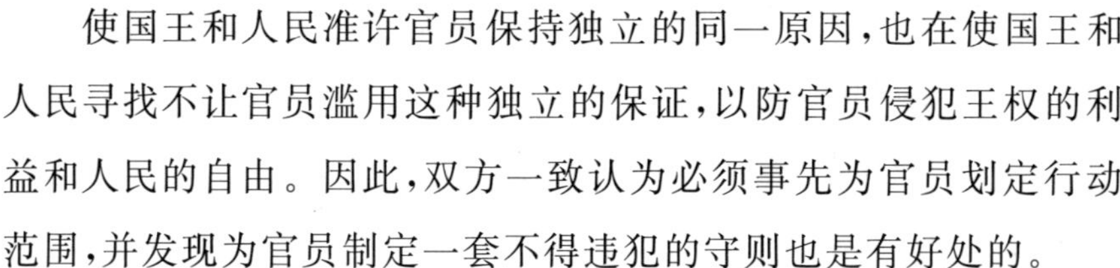

使国王和人民准许官员保持独立的同一原因，也在使国王和人民寻找不让官员滥用这种独立的保证，以防官员侵犯王权的利益和人民的自由。因此，双方一致认为必须事先为官员划定行动范围，并发现为官员制定一套不得违犯的守则也是有好处的。

美国行政的不稳定性

在美国，人们在社会活动方面留下的痕迹往往不如他们在家庭活动方面留下的痕迹——报纸是唯一的历史文献——行政的不稳定性为什么对施政艺术有害

在美国，掌权的人在台上的时间很短，不久便回到每天都在改变面貌的群众中去，所以他们在社会活动方面留下的痕迹往往不如他们在家庭活动方面留下的痕迹。美国的公共行政管理，差不多全凭口述和传统进行。没有成文的规定，即使写出过一些，也像

古代女巫写在棕榈树叶的预言，遇上一阵微风，就被吹走，消失得无影无踪。

美国的唯一历史文献是报纸。如果报纸短了一期，时间的锁链就会断裂，现在和过去就接连不上了。我毫不怀疑，50 年后再收集有关今天美国社会详情的确凿文件，将比寻找法国中世纪行政管理的文件还要困难。如果美国有一天遭到蛮族入侵，要想了解今天住在这里的人民的某些事情，那就只得依靠其他国家的史料了。

行政管理的不稳定性，已开始渗入人民的习惯。我甚至可以说，今天每个美国人都觉得这样合乎口味。谁也不打听在他以前发生的事情。没有人研究管理方法，没有人总结经验。收集文献本来十分容易，但也没有人收集。偶然落到人们手里的文件很少被保存下来。我手头的几份原始材料，还是一些行政部门为答复我对某些官员的提问而给我的。在美国，社会每天就像一支战斗中的军队在生活。然而，行政管理技术无疑是一门科学，而且所有的科学为了不断进步，都必须逐代总结前代的经验。人们在短促的一生中，有的人笃行，有的人立言；前者在发明方法，后者在创造理论。人类就是这样一边前进，一边收集个人的不同经验果实，而逐渐建立起各门科学的。行政管理人员根本不互相学习，是美国的最大难题。而且，他们在指导社会工作时，只凭自己积累的经验知识，而没有指导该项工作所必备的科学知识。因此，推广到行政管理工作的民主，反而阻碍了管理人员的技术进步。就这一点来说，民主对于已经完成行政管理教育的国家，比对于缺乏这方面经验的国家更为适合。

而且,这个论断并不只适用于行政科学。但是,有按如此简单和自然的思想建立的民主政府,就必须有非常开化和文明的社会⑤。最初,人们还以为只是在遥远的古代才存在过这种政府;但是,随着后来的深入考察,才轻而易举地发现,这种政府只能出现于社会发展的最后阶段。

美国民主治下的公共开支

在任何社会,公民都被分为几个阶级——每个阶级要求管理国家财政的本能——为什么人民主政时公共开支必然增加——在美国,使民主制度造成浪费的事情并不可怕——民主治下的国库收入的使用

民主政府是节约的政府吗?在回答这个问题以前,我们必须规定一个比较的标准。

如果我们拿一个民主共和国与一个专制君主国作对比,这个问题是容易解决的。这时,我们将会发现,前者的公共开支比后者大得多。而且,一切自由国家与不自由国家相比,情形也是如此。不错,专制制度使人民贫穷的主要原因,是它妨碍人民发展生产,而不是它夺去人民的生产成果。它使财源枯竭,却始终重视既得的财产。自由与此相反,它生产出来的财富比它所毁掉的多千百倍。了解自由好处的国家,其财源总比税收增长迅速。

⑤ 毋需赘言,我这里所说的民主政府,是指一个民族建立的民主政府,而非一个小部族建立的民主政府。

我现在要说明的主题，是对各种自由国家进行对比，指出民主对各国财政的影响。

社会同有机体一样，在组织上必须服从其不可须臾离开的固定规则。社会是由无处不在和无时不有的一定成分组成的。

在科学上，常把一个民族分为三个阶级。

第一个阶级由富人组成。第二个阶级的成员，是那些虽然不是富人但生活优裕的人。属于第三个阶级的人，只有很少财产或根本没有财产，全靠为前两个阶级劳动维持生活。

这三类人的人数，可能因社会情况而有多有少，但你不能否认每个社会里都有这三类人。

显而易见，每个阶级都对国家财政的管理有其自己的要求。

假如国家的法律都是由第一个阶级制定的。这时，他们大概很少考虑节省国库开支，因为对大额财产的课税只不过是动了一根毫毛，对它无关紧要。

再假如国家的法律全是由中间阶级制定的。这时，它准考虑不要挥霍国家的税收，因为最大的灾难莫如对小额财产课收高额税金。

我认为中间阶级的政府应当是自由政府，但我不说它是自由政府中最有知识和最慷慨的政府，但它却是最节约的政府。

现在，我假设第三个阶级总揽了制定法律的大权。我认为这是为公共开支的有增无减提供了良机，其理由有二：

首先，制定法律的人大部分没有应当课税的财产，国家的公共开支似乎只能使他们受益，而绝不会使他们受害；其次，稍微有钱的人不难找到办法，把赋税的负担转嫁给富人，而只对穷人有利。

这是富人当政时不可能出现的事情。

因此，在穷人[6]独揽立法大权的国家，不能指望公共开支会有显著节省。这项开支经常是很大的，这是因为立法抽税的人可能不纳税，或者因为他们不让赋税的负担落到自己身上。换一句话说，民主政府是唯一能使立法抽税的人逃避纳税义务的政府。

你反对也没有用，人民的真正利益就是要引导人民去保护富人的财产，否则，人民很快就会感受到自找麻烦的痛苦。而且，国王的利益不也是人民幸福的所在吗？贵族的利益不也是时时在向人民开放吗？如果长远的利益能够克制目前的激情和要求，那就永远不会有暴君统治或专横的贵族制度。

可能有人反问我：不是有人主张由穷人独揽立法大权吗？他们是谁？他们是建立了普选制度的人。制定法律的是多数还是少数？无疑是多数。如果能够证明穷人经常构成多数，那不是也可以补充一句说：在实行选举制度的国家，穷人将独揽立法大权吗？

不错，至今在世界上的所有国家，绝大多数人是没有财产的，或者只有少数财产而得以在不劳动时维持生活的。因此，普选制度事实上是使穷人管理社会。

民权有时可能对国家财政发生灾难性影响，这在古代的一些民主共和国已属常见。在这些共和国，为救济贫困的公民或为人民提供游戏娱乐设施，几乎耗尽了国库。

老实说，代议制在古代还鲜为人知。而在今天，人民的激情很

⑥　十分清楚，这里和本章其他各处所用的“穷人”一词，只是相对而言，而非绝对而言。比起欧洲的穷人来，美国的穷人很容易致富。但是，在拿他们与比他们富有的同胞比较时，便可以称他们为穷人。

难在公共事务方面表露，但可以断定，久而久之，代表们总会按照选民的要求行事，照顾他们的爱好和利益。

再者，随着人民日益富有，民主造成的浪费将按比例地减少其可怕性，因为人民富有以后，一方面不再需要富人出钱，另一方面如要增加赋税，自己难免不受损失。从这一点来说，普选制度在法国将比在英国较少产生危险，因为在英国，几乎所有的应当课税的财产，都集中在少数人手里。在美国，绝大多数人都有财产，其社会地位亦比法国人有利得多。

还有一些原因可能增加民主国家的公共开支。

在贵族统治国家时，主持国务的人由于自己的地位而可以免于匮乏。他们自以为生来有福，总是向社会要求权力和名誉；他们高居于芸芸众生之上，从来看不到人民大众的安宁幸福是怎样促进他们的荣华富贵的。不错，他们对穷人的苦难也不是毫无恻隐之心，但他们对于这种苦难的感受并不如穷人那样切身。只要人民能够安贫知命，他们便心满意足，除了保住统治地位以外，便再无所求。贵族政体关心维持现状胜于关心改进现状。

反之，当人民掌握国家大权时，主政者便会到处兴利除弊，因为他们受过痛苦。

这时，改革的精神将会波及百行百业，深入到最末的细节，特别会在需要花钱的事业上得到发挥，因为这种事业的目的在于改善穷人无力自己改进的生活条件。

而且，在民主社会，还有一种目标并不明确的奋进精神，和一股不断追求几乎总是要花钱的各种革新的热情。

在君主政体和贵族政体下，野心家们为了迎合主政者的好大喜功的自然心理，经常促使主政者去办一些劳民伤财的事业。

在穷人主政的民主国家，主政者只会在增进社会福利的事业上表示慷慨，而这种事业几乎总是要耗资的。

另外，当人民自己开始考虑本身的处境时，总会产生许许多多起初并未意识到的需要，而为了满足这些需要，就不得不依靠国家的资助。因此，一般说来，公共开支总是随着文明程度的提高而增加，赋税则随着教育的普及而增加。

最后，还有一个原因常使民主政府比其他政府更为可贵。即民主政府虽然有时打算节省开支，但它却办不到，因为它没有节约之术。

由于民主政府经常改变自己的目标和频仍更换它的人员，所以它的事业缺乏首尾一贯性或经常半途而废：在第一种情况下，国家花了钱，但与其所要达到的目的并不相称；在第二种情况下，国家花了钱，但毫无所得。

美国民主在规定公务人员薪俸方面表现的本性*

在民主制度下，规定高薪制度的人并无机会牟利——美国民主的趋势是增加下级公务人员的薪俸和降低高级公务人员的薪俸——这样做的原因——美国和法国公务人员薪俸的对比

通常有一个重大原因能使民主制度撙节公务人员的薪俸开支。

* “公务人员薪俸”。参阅奥格和雷著作第 490 页及以下几页，第 966 页及以下几页，第 105 页及以下几页。——法文版编者

在民主制度下，规定薪俸制度的人很多，但其中却很少有人有机会从中牟利。

反之，在贵族制度下，规定高薪制度的人几乎总有从中牟利的隐约希望。这是他们为自己创造的资本，或至少是为其子女准备的财源。

但是应当承认，民主国家对其主要公务人员也是过于吝啬了。

在美国，下级公务人员的薪俸高于其他国家，但高级公务人员的薪俸却远远不如其他国家。

这两个相反的现象，来自同一个原因。在这两种情形下，公务人员的薪俸都是人民根据自己的需要，对比下级公务人员和高级公务人员的贡献而规定的。由于人民自己生活宽裕，所以他们觉得公务人员也应分享这种宽裕生活，才是合情合理的⑦。但是，在规定国家的高级公务人员薪俸时，这个想法便不起作用了，而完全是出于随意。

穷人对社会的高层阶级的生活需要认识不清。在富人看来一笔微不足道的款项，在穷人看来就是一笔非常可观的财富，因为后者觉得能够满足日常需要就不错了。他们认为，一个州长每年收入两千埃居(6 000 法郎)，就算得上幸福和值得羡慕的人了⑧。

假如你要设法说服他们，告诉他们一个伟大国家的代表应在

⑦　美国下级公务人员的宽裕生活，还来自另一个原因。这个原因与民主的通性无关，即在美国，各种私人营业都能比担任公职获得更多收益，如果国家不对下级公务人员规定较高的报酬，谁也不会去担任下级公职。因此，即使商业活动要精打细算，面对激烈的竞争，人们也愿意去从事这种活动。

⑧　俄亥俄州有 100 万人口，而它的州长每年只有 1 200 美元的薪金收入。1 200 美元等于 6 504 法郎。

外国人面前显出一定的气派，他们起初可能完全同意你的看法；但当他们想到自己的简陋住所和辛勤劳动的微薄收入，看到用你以为是微不足道的款项他可以做出一番事业时，他就会对这样一笔财富感到吃惊，甚至会被吓倒。

另外，当下级公务人员与人民差不多处于同一水平，而另一些人却在这个水平之上时，前者还能激起他们的同情，而后者则会引起他们的嫉妒。

这种情形，在薪俸看来是随公务人员的权限的加大而减少的美国，也可以清楚地看到⑨。

在贵族统治的帝国，情况与此相反，高级官员均获得极高的薪金，而小官员的收入只能糊口，其原因不难从我们上面指出的类似原因中找到。

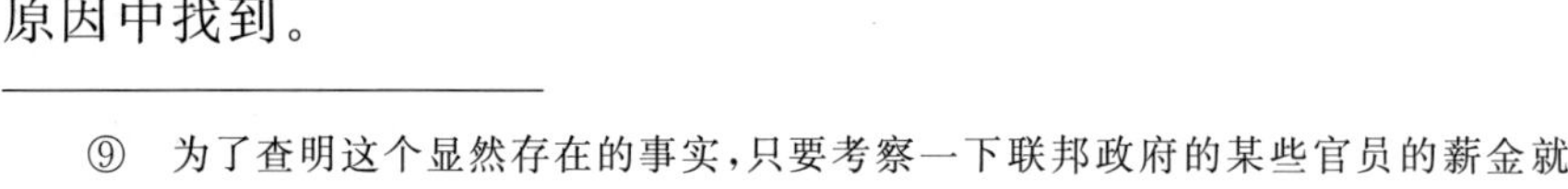

⑨ 为了查明这个显然存在的事实，只要考察一下联邦政府的某些官员的薪金就可以了。我认为应当拿法国的同类官员的薪金来对照，以使读者更容易了解。

美　国

（财政部官员）

传达员	3 734 法郎
低级科员	5 420 法郎
高级科员	8 672 法郎
科长	10 840 法郎
部长（国务卿）	32 520 法郎
政府首脑（总统）	13 500 法郎

法　国

（财政部官员）

大臣的传达员	1 500 法郎
低级科员	1 000—1 800 法郎
高级科员	3 200—3 600 法郎
科长	20 000 法郎
大臣	80 000 法郎
政府首脑（国王）	12 000 000 法郎

如果说民主制度不会承认富人应当享乐和穷人应对富人嫉妒，那么贵族制度则不会理解穷人的困苦，或者毋宁说它根本不知穷困为何物。确切地说，穷人是另一种人，与富人非属同类。因此，贵族制度很少关心下级官员的命运，只有在下级官员因为薪金过少而拒绝为它服务的时候，它才略微提高他们的薪金。

民主制度虽然没有节约的爱好，但它对高级公务人员却采取了节省开支的态度，以致对他们有亏待和吝啬的倾向。

不错，民主制度也使主政者能够过上差强人意的生活，但它为了满足人民的需要和便于人民安居乐业，却可以不惜耗费巨资⑩。这些开支主要来自税收，但没有被浪费。

一般说来，民主制度用于统治者方面的费用少，而用于被治者方面的费用多。贵族制度与此相反，它把国家的收入主要用于主持国务的阶级身上了。

难于识别促使美国政府厉行节约的原因

凡是寻找法律对人类命运发生真正的影响事实的人，都犯过

我拿法国作为比较的基点或许有些不当。在民主的本能日益深入政府的法国，已经出现国会要求提高低额薪金和普遍降低高额薪金的强硬趋势。因此，法国的财政大臣在第一帝国时期年薪为 16 万法郎，而在 1834 年已降低为 6 万法郎；而财政部各司长的年薪则由以前的 5 万法郎降低为 2 万法郎。

⑩　考察一下美国的预算，就可知道美国为维持穷人的生活和免费教育支出了多少钱。

1831 年，纽约州为维持穷人的生活共支出 120 万法郎〔245 433 美元〕，而国民教育费至少高达 542 万法郎〔1 080 698 美元〕。见威廉斯：《纽约年报》，1832 年，第 205 和 243 页。

1830 年，纽约州的人口为 190 万，约等于法国诺尔省人口的两倍。

重大错误，因为再没有比识别这种事实更难的事情了。

一个民族天生轻松活泼和热情洋溢，另一个民族喜欢深思熟虑和善于精打细算。这些特点来源于他们的身体素质或一些我们尚不清楚的古老原因。

有些民族喜欢排场、热闹和游兴，花费万金求一时之乐亦不后悔。另些民族喜欢独善其身，耻于表现自己富有。

有些国家热衷于建筑之美，另些国家毫不重视艺术，轻视一切没有实效的东西。最后，有些国家爱好名誉，另些国家崇拜金钱。

除了法律以外，所有这一切表现都各自对国家的财政发生强有力的影响。

如果说美国人绝不把国家的钱花在公共庆典上，这不仅是因为美国的税收要由人民投票决定，而且是因为美国人民不喜欢隆重的庆祝。如果说美国人不追求建筑物上的装饰，不重视虚有其表的华丽，这不仅是因为他们是讲究民主的民族，而且是因为他们是重商的民族。

私人生活的习惯也被公共生活所接受。但是我们应当把美国的来自制度本身的节约，与来自人们的习惯和社会风气的节约区别开来。

可否拿美国的公共开支与法国的对比

要衡量公共开支的多寡，必须确定两点：国富和税收——我们无法确知法国的财富和开支——为什么也无望知悉美国的财富和开支——作者为研究宾夕法尼亚州的税收总额所做的调查——可以表示一个国家的开支多寡的总指标——对美国进行的这项调查的结果

最近，人们对于美国和法国的公共开支进行了大量的对比研究，但均未获得满意的结果，而且我认为用几句话就足以说明他们为什么没有达到目的。

为了能够查明一个国家的公共开支有多少，有两项研究工作必不可少。第一，必须知道这个国家有多少财富；第二，必须知道它把多少财富用于公共开支。只调查税收的总额而不研究应当课税的财源，将是一件徒劳无功的工作，因为我们想要知道的并不只是开支，而且还有开支与收入的关系。

一个富人可以轻易缴纳的一笔税款，如由穷人去交付，可使这个穷人倾家荡产。

人民的财富由许多成分构成，其中主要的是不动产，其次是动产。

一个国家的可耕地面积及其天然价值和增益价值，是很难精确计算出来的。而要计算人民拥有的动产的价值，尤其困难。由于财产的种类繁多和数量庞大，所以即使你算出了总数，也几乎无法使你进行正确的分析。

因此，我们发现，欧洲的一些文明悠久的国家，甚至包括行政集权的国家，至今都未能精确地算出它们的财富总额。

在美国，人们甚至没有计算财富总额的打算。在这个新兴国家，社会还没有安定下来，全国政府还没有像我国这样拥有大批调遣自如的下属人员，统计资料由于无人收集或无时间研究而不齐备，你怎样能相信会得出正确的计算结果呢？

因此，我们不会获得计算所需的资料。我们无法拿法国的财富与美国的财富进行对比。法国的财富还没有精确计算出来，而美国的财富则根本无法进行这种计算。

但是，我宁愿暂时不用“对比”这个必要的字眼，先不去考察税收与税源的关系，而只想计算税收的实际金额。

读者将会看到，我的研究范围虽然缩小了，但我的任务并未由此减轻。

我毫不怀疑，法国的中央集权行政管理制度虽有大批官员的努力，也无法精确算出课自公民的直接税和间接税的总额。而且，这项并非个人所能承担的工作，法国政府本身也没有完成，或至少尚未公布其结果。现在，我们虽然可以知道国家的支出总额，知道各省的支出总额，但尚不了解乡镇的开支情况，所以还不能说我们已经知道了法国的整个公共开支情况。

如果我们现在回过头来研究美国的公共收支，则会发现困难更多，而且更无法克服。美国使我知道了它的开支总额的确切数字，我也得以看到它的二十四个州的预算，但是谁能使我了解美国公民向他们所在的县和乡镇提供了多少行政开支呢？⑪

---

⑪　大家知道，美国的预算有四种：联邦有联邦预算，各州、各县和各乡镇也有自己的预算。我在美国逗留期间，曾为了解几个主要州的乡镇和县的公共开支总额做了大量的调查研究。我很容易就得到了几个大乡镇的预算资料，但没有能够看到小乡镇的支出资料。因此，我不能对乡镇开支做出明确的判断。关于县的开支情况，我收集到一些资料，尽管这些资料还不够完整，但仍会引起读者的兴趣。我应当感谢原费城

联邦政府不能强迫各州政府向我提供这方面的资料，而且即使各州政府全都愿意帮助我，我也怀疑它们能否使我满意。抛开这项工作的自然困难不管，国家的政治结构也在妨碍各州政府的努力获得成功。乡镇和县的行政委员不是由州长任命的，不受州长的管辖。因此可以断定，即使各州政府愿意向我提供所需的资料，也会遇到很大的障碍：本应当向州政府服务的下级官员可能敷衍塞责⑫。

市长理查德先生，他向我提供了宾夕法尼亚州13个县的1830年度预算资料。这13个县是：莱巴农、森特尔、富兰克林、费耶特、蒙哥马利、卢泽恩、道芬、巴特勒、阿勒格尼、哥伦比亚、诺森伯兰、北安普敦、费拉德尔菲亚。1830年，宾夕法尼亚州共有居民495 207人。如果看一下宾夕法尼亚州的地图，就会看到这13个县分布在四面八方，并都服从于指导整个州的总方针，所以不能说它们不能使我们形成关于宾夕法尼亚州各县财政情况的明确概念。这13个县在1830年共支出1 800 221法郎，每个人平均负担3法郎64生丁。我通过计算得知，这些居民在1830年每人向联邦政府纳税12法郎70生丁，向宾夕法尼亚州纳税3法郎80生丁。这样，这些县的公民为担负公共开支(还不算乡镇的开支)，在1830年每人就向社会提供了20法郎14生丁。这项计算虽然因为只限于一个年度和一部分开支而不够全面，但还应当认为是可靠的。*

* 为了解美国联邦政府的预算编制问题，可参阅奥格和雷著作第563页及以下几页，第984页及以下几页，第1076页及以下几页。当然，参加联邦的州现已有48个，而不是托克维尔那时的24个。(现已为50个。——译者)——法文版编者

⑫ 一些试图比较美国和法国的预算支出的人，都深深感到不能拿法国的公共开支总额与美国的公共开支总额对比，但他们力图对两者的公共开支的各组成项目的总额进行对比。不难证明，这第二种方法的缺欠也不少于第一种方法。

比如说，拿我们的国家预算同什么对比呢？同美国的联邦预算对比吗？但是，美国的联邦预算项目比我们中央政府的预算项目少得多，所以它的支出总额也自然要小得多。那么，拿我们的各省预算与美国的各州预算对比吗？但是，美国各州的事业开支一般都比我们各省的事业开支重要，而且项目也比我们的多，所以美国各州的支出也自然要大得多。至于各县的预算，也在财政制度上与我们的不同。再回到各州或各乡镇的预算去比较其中所列的支出吗？两个国家的乡镇都有预算，但两者并不一样。在美国，乡镇的开支大部分自己负担；而在法国，大部分由省或国家负担。怎么去研究

探问美国人能否提供这方面的材料，也是徒劳的，因为迄今为止他们肯定在这方面什么也没有做。

因此，今天在美国或欧洲，没有一个人能告诉我们美国的每个公民每年要为社会负担多少费用⑬。

总之，比较美国和法国的社会开支很难得到成果，而比较两国的财富亦然。我再补充一句，试图这样做也同样危险。当统计资料不是以确实可靠的计算为基础时，不但不能指导工作，反而会把你引入歧途。人们的头脑容易被貌似正确而实际上却有出入的事

美国乡镇的支出呢？美国乡镇的组织因州而不同。我们能用同一标准去研究新英格兰和佐治亚州或宾夕法尼亚和伊利诺伊的乡镇吗？

在两个国家预算的某些项目之间，是不难找出类似处的，但预算包括的项目总是或多或少有些不同，所以在整个预算之间不能进行精确的对比。

⑬ 即使我们能够知道法国或美国的每个公民向国库交纳的准确税额，我们还只是掌握了部分事实。

政府不仅要求纳税人交纳金钱，而且要求公民提供可以换算成金钱的人力。国家要招兵，有了兵以后，全国人民还要养活他们，而且兵员本身也要根据服役的长短付出一定的时间。我认为民兵的值勤也是如此。参加民兵队伍的人，要随时付出宝贵的时间为公安服务，这实际上是只向国家支出而自己没有收入。我已举过这方面的例子，我还可以再举一些例子。法国政府和美国政府都规定有这种性质的义务劳动，而这种劳动当然要由公民担负。但是，谁能精确地算出两个国家征集的这种劳动的数字呢？

这还不是你要比较美国和法国的公共开支时使你无法进行准确比较的最后困难。有些义务在法国有，而在美国没有；另些义务在美国有，而在法国没有。法国政府向神职人员支付薪金，美国政府令教徒自己维持教会。在美国，国家负责救济穷人；在法国，国家令社会慈善团体养活穷人。法国对一切官员只付固定的薪金，美国允许公务人员享有一定的权益。在法国，只要求公民对少数道路提供义务劳动；在美国，则要求公民对几乎所有的道路提供义务劳动。法国的道路为一切能够利用道路的旅客开放，且不收款；而在美国，你会看到所有的道路都设有栅栏向车辆收款。在纳税人承担社会义务方面的这一切差别，使我们很难在这两个国家之间进行对比，因为有些费用公民们一分也不负担，或者在国家没有正式下令由公民负担时，只负担很小一部分。

物所迷惑，对披着数学真理外衣的错误置信不疑。

因此，让我们放弃数字而设法另找证明吧！

在缺乏确实可靠的资料的情况下，要想查明人民的公共开支负担是否与他们的财富相称，只能观察这个国家在物质上是否繁荣，观察人民在向国家缴纳税款之后穷人是否还能维持生计，富人是否更加富有，双方是否对自己的命运感到满意，双方是否每天又在继续改善自己的生活，从而资本是否缺乏投资的场所，而需要投资的产业是否需要资本。

按这些标志进行观察的人，无疑会断定美国人民的收入给予国家的部分远远低于法国人民收入的这一付出部分。

但是，怎样才能断定两者之间的不同呢？

法国的一部分债务，是两次受侵略的结果，而美国不必担忧入侵。我们的地理位置，使我们不得不经常维持一支庞大的军队；而美国孤悬于大西洋彼岸，使它只拥有六千名士兵就可以了。我们有 300 艘军舰，而美国只有 52 艘[14]。因此，美国居民怎么能比法国居民负担多呢！

由此可见，在如此不同的两国财政之间是不能进行对比的。

我们之所以能够断定美国的民主制度是真正节俭的制度，是基于对美国的实际情况的考察，而非基于美国同法国的对比。

我考察了联邦的各个州，发现各州政府常常没有首尾一贯的计划，对雇用的人员也不进行经常监督。因此，我自然得出一个结

⑭　见法国海军部的详细预算，而关于美国的资料，则见《1833 年美国大事记》第 228 页。

论:认为它们必然要浪费纳税人的金钱,或在一些事业上花费了不必要的金钱。

可是我看到,忠实于选民的政府,却在付出巨大的努力去满足社会下层阶级的需要,为他们敞开监督政府的大门,在他们中间普及幸福和知识。它使穷人温饱,每年拨付巨款创办学校,对每项服务均付报酬,使小人物也能得到良好的待遇。虽然我认为这样的治国方式是合情合理的,但我又不得不说它是耗费过大的。

我看到这里是穷人在管理公共事务和掌握国家的财源,而且我相信这里的国家支出有利于穷人,所以国家经常增加新的开支。

因此,我不依靠不完整的统计数字,也不想进行没有把握的对比,便敢于断言美国人的民主政府并非像人们有时想象的那样是一个吝啬的政府;我也不怕预言美国人民一旦遇到严重困难,美国的税收也将达到与大多数欧洲贵族国家或君主国家一样的高度。

民主国家统治者的贪污腐化及其对公共道德的影响

在贵族政体下,统治者偶尔试图学坏——在民主政体下,统治者经常自动变坏——前者的败坏行为直接影响人民的道德——后者对人民道德的影响虽是间接的,但其危害更大

贵族政体和民主政体互相指责对方容易贪污腐化。对此要做

辨析。

在贵族政府，政务工作人员都是富人，他们只贪图权势。在民主政府，国家工作人员都是穷人，他们希望发迹高升。

结果，在贵族国家，统治者很少贪污，对金钱的欲望不大；而在民主国家，情况与此相反。

但在贵族制度下，想当头目的人都有很多金钱，而能够当上头目的人，又由于职位有限而为数不多，所以可以说政府是待价而沽的政府。反之，在民主制度下，渴望当权的人几乎一文不名，而竞争当权的人又为数甚多。因此，在民主制度下，卖主可能不少，但几乎找不到买主。而且，一次就得收买很多人才能达到目的。

四十年来在法国掌权的人，有许多被指控为了发财而曾牺牲本国和盟国的利益，而旧君主制度的官员则很少有人受到这种谴责。但在法国，几乎没有贿选的例子；而在英国，这种事情则是司空见惯的。*

我在美国从未听说有人用钱去买官做，但我总是对公务人员的廉洁表示怀疑。尤有甚者，是我经常听说他们是依靠卑鄙的阴谋和应受谴责的手段而获得成功的。

因此，如果说贵族政体的主政者偶尔试图学坏，那么民主政府的首长则自动变坏。在前一种情况下，学坏的官员使人民的道德受到直接打击；在后一种情况下，变坏的官员对人民的思想意识发生的影响必将更为可怕。

---

* 关于英国的贿选问题，可参阅奥格和雷：《英国政府和政治》（纽约，1938 年）第 292 页及以下几页。奥格写道：“今天，情况完全不同了。在选举方面本来就作弊成风的大不列颠，今天已是搞贿选的国家的典范。”——法文版编者

在民主国家，当上国家首脑的人差不多总要受到使他感到不快的怀疑，所以他会利用某种办法由政府来保护他被指控的罪行。这样，他就为尚在同恶进行斗争的善提供了危险的榜样，使被掩盖的恶披上了光荣的外衣。

有人会说，邪恶的感情各阶层都有，王位往往是凭生来具有的权力而登上的，无论是贵族国家还是民主国家都有非常可鄙的人物当上国家首脑。但是，这种辩解也是徒劳的。

这种答辩不会使我满意，因为在偶然掌权的人物的腐化行为中有一种粗野庸俗的东西在把腐化行为传染给大众，而在一些大阔佬的堕落生活中反倒有某种贵族的文雅风度和高大气派使堕落生活往往不至于外传。

人民永远不会理解宫廷内部斗争的秘密，而且往往难于察觉被文雅的举止、高尚的爱好和美丽的言辞所掩盖的卑劣行径。但是，偷盗国库或出卖国家利益的行为，就是最微不足道的小人物也能看得出来，而且他们自己也可能跃跃欲试。

另外，值得害怕的倒不是大人物的缺德，而是缺德使人成了大人物。在民主制度下，一些普通公民看到他们当中的一个人没有几年就从无名小卒爬到有钱有势的地位后，必定吃惊和眼红，并在心里琢磨昨天还与自己一样的人为什么今天有权领导他们了。要把这个人的发迹归因于他的才德，那是令人不痛快的，因为这等于承认自己的才德不如人家。因此，他们便到这个人的某一劣行中去找主要原因，并且经常认为这样做是对的。结果，在卑鄙和权势之间，在下贱和成功之间，在丢脸和实惠之间，便出现了可悲的概念混乱。

民主能够做出哪些努力

联邦只为自己的生存作过一次斗争——战争开始时的热情——战争将近尾声时热情减退——在美国难于建立征兵制和海员强迫服役制——为什么民主国家不如任何其他国家能做出不懈的努力

我要提醒读者注意,我在这里讲的是遵循人民的真正意愿的政府,而不是仅以人民的名义发号施令的政府。

没有比以人民的名义发号施令的政府更难抗拒的了,因为它可以假借大多数人的意志所形成的道义力量,坚定地、迅速地和顽固地去实现独夫的意志。

很难说一个民主政府在国家发生危机时能够做出多大的努力。

至今还未出现过强大的民主共和国。用共和去称呼 1793 年统治过法国的寡头政治,那是对共和政体的侮辱。只有美国是共和政体的新的光辉榜样。

联邦政府至今已经存在 50 多年,但它的生存只遇到过一次危险,那就是在独立战争时期。在这场长期战争开始时,人们曾以罕见的热情为祖国效劳⑮。但是,随着战争的旷日持久,昔日的自私

⑮ 我认为,一件最了不起的事情,是国家决定暂时停止饮茶。凡是知道人们已把吃茶看作日常生活中不可或缺的习惯的人,都毫无疑问会对全体美国人民为此所付出的重大而难以忍受的牺牲表示惊讶。

自利心理又重新抬头：人们不再向国库交款，不应募去当兵；人民仍想获得独立，但在争取独立的手段面前却步。汉密尔顿在《联邦党人文集》(第 12 篇)中写道："我们陡然增加了许多税目，我们徒然试行了一些新的征税办法。公众的期望已一律化为失望，国库空空如也。我们的民主政府的性质所固有的民主行政制度，面临着硬通货奇缺的局面，而这种局面又导致贸易陷入萧条不振状态。民主行政当局至今虽一再试图努力扩大税收，但不见成效，以致各州的立法机构也终于认识到这样做是愚蠢的。"〔万人文库版第 55 页〕

从此以后，美国再没有进行过一次需要坚持到底的严重战争。

因此，要想知道哪些牺牲是民主制度能够忍受的，必须等到美国人民也像英国人民那样不得不把收入的一半交由政府处理的时候，或者等到也像法国人民那样必须把全国人口的二十分之一送上战场的时候。

在美国，人们不承认征兵制，招我去当兵就得给我钱。强制征兵的办法与美国人民的思想格格不入，为美国人民的习惯所不容，以致我不相信有人敢于把它写进法律里去。法国所谓的征兵制，无疑是我国人民的最沉重负担。但是，没有征兵制我们怎么能支持一场陆上大战呢？

美国人也不接受英国的那种强制海员服役的办法，他们也没有我们法国那样的海军征兵制。美国的海军同商船的海员一样，都是根据自愿参加的办法应募的。

但是，很难想象一个能够支持一场大海战的国家不求助于上述两种办法中之一种。因此，曾在海上进行过光荣战斗的合众国，就未有过一支大舰队，可是它为装备为数不多的几只舰艇，也曾花了很多钱。

我曾听到美国的国务活动家们承认，美国如不采用海员强制服役制或海军征兵制，将难于维持它在海上的地位，但是要让行使国家主权的人民忍受这种制度那是困难的。

无须证明，自由国家在危机时期一般能比非自由国家表现出更大的坚强毅力；但我偏于相信，在贵族成分占优势的自由国家，这种情形尤为真实。在我看来，用民主制度治理承平的社会，或在必要时用它作为鼓舞人心的突击力量，要比用它去长期抵制威胁国家政治生活的大风暴合适得多。这个理由很简单：热情虽能使人不畏艰险，但不如深思冷静能使人长期顶住艰险。所谓自发的天生勇敢，也比不假思索的行动具有心计。虽然只靠激情一般就能鼓起最初的干劲，但最终的结果全凭把最初的干劲坚持下去。人们用一部分珍贵的东西去冒险，是为了拯救其余的部分。

但是，民主所经常缺乏的，正是这种建立在知识和经验之上的对未来的清晰认识。人们运用感情多于运用理智。眼前的苦难虽然很大，并不可怕；而可怕的是，不去考虑因为顶不住苦难而造成的更大苦难。

还有一种原因可使民主政府的努力不如贵族政府的坚定持久。

人民不仅不如高层阶级能够看清未来的祸福，而且也要比高层阶级更多地忍受目前的灾祸。贵族虽将自己的生命置于危险之中，但他们获得荣誉的机会与遭受损害的机会相等。贵族将其大部分收入交给国家时，只是暂时使其失去对某些富裕的享受。但是，对穷人来说，死得光荣并没有诱惑力，而使富人也讨厌的赋税负担，却经常威胁着他们的生活来源。

民主共和国在危机时期的这种相对弱点，也许是阻止在欧洲建立这样的共和国的最大障碍。要使民主共和国容易在欧洲的一个国家存在下去，就得同时在其他所有国家建立这种制度。

我相信，民主政府经过时间的推移，一定能增加社会的实力，但它不能像贵族政府或专制君主国那样立即把力量集中于一点和一个时刻。如果一个民主国家由共和政府管理一个世纪，那么在这个世纪结束的时候，我相信它一定会比相邻的专制国家更加富有，更加人丁兴旺，更加繁荣。但在这一个世纪内，它也会多次遭受这些专制国家入侵的危险。

美国民主通常显示的自制能力

美国人民经过很长时期才接受了对他们的幸福生活有利的东西，有时还曾拒绝接受——美国人能够补救他们的失误

民主为了未来的利益而暂时克服激情和压制需求的困难，在美国的一些小事情上有所表现。

爱受奉承的人，难于自我克制，当有人请求他们解决困难或救助时，即使目的他们也认为合理，他们最初也几乎总是加以拒绝。美国人对法律的服从，得到人们的公正赞许。但必须补充一句，美国的法律是由人民和为了人民而制定的。因此，美国的法律对于那些到处都想逃避法律的人有利。由此可以设想，一项在大多数人看来对自己没有实际效益的令人讨厌的法律，不是难于通过，就是通过以后也不会被遵守。

在美国，没有惩治虚报破产的法律。* 这是不是因为美国没有破产者呢？不是，恰恰相反，而是因为破产者太多了。大多数人害怕被指控为破产者，甚于害怕因他人破产而使自己遭殃，而且公众对私人告发的犯罪抱有一种错误的原谅心理。

在新成立的西南各州，司法权几乎全都掌握在公民自己手里，谋杀案件不断发生。这种现象之所以产生，是因为那片荒漠上的居民作风粗野和无知，他们认为与其诉诸法律，不如彼此进行决斗。

有一天，在费城有人对我说，美国的几乎所有犯罪全是由酗酒造成的；下层人民可以放怀畅饮，因为酒很便宜。我问他："你们为什么不对烧酒抽税呢？"他回答说："我们的立法者倒是常想这样做，但是难于做到，害怕人民反对，而且投票赞成这项法律的议员，肯定不会再次当选。"我接着说："这样看来，嗜酒者在你们国家是多数，而禁酒在你们国家就不得人心了。"

当你向美国的国务活动家提到这个问题时，他们只会回答你说："让时间去解决问题吧；痛苦的体验会使人民清醒，明白什么是真正的需要。"事实往往真是如此。民主制度失误的机会虽多于一个国王或一群贵族，但它一旦察觉失误，回到正确路上的机会也多，因为民主制度本身一般没有与大多数人对抗和反对理性的利益。但是，民主制度只有通过实践才能被人承认为真理，而且许多国家在没有看到失误的后果时就可能灭亡了。

---

* 关于"虚报破产"的问题，可参阅奥格和雷著作第 648 页及以下几页。1898 年，国会通过了联邦关于破产的法案。——法文版编者

因此，美国人的巨大优越性，不仅在于他们比其他民族明智，而且在于他们犯了错误之后能够改正。

还应补充一点：为了容易从过去的经验吸取教训，民主制度应当事先使人民达到一定的文明和教育水平。

有些国家的初等教育很差，人民的性格是激情、无知和对一切事物的错误认识的大杂烩，以致自己找不到不幸的根源，被其不了解的灾难压倒。

我曾从几处原先是强悍的印第安人的家乡，而现已不见他们踪迹的广大地区通过；我曾在目睹自己的人口日益减少和勇猛的光荣逐渐消失，而现在苟延残喘的印第安部落里住过数日；我曾听到这些印第安人预测，他们种族的末日即将到来。当时，没有一个欧洲人不认为应当设法保护这些不幸的人，使他们免于灭亡。但是，他们自己毫无作为。他们感到灾难年复一年地加在他们的头上，但是毁灭到只剩下一个人，他们也不肯接受救助。将来只有采取强制办法，他们才能生存下去。

看到南美的一些新兴国家 25 年来一直处于革命的烽火之中*，真使人感到吃惊。人们每天都在等待，希望早日看到这些国家回到所谓自然状态。但是，谁能断言革命在目前不是南美西班牙人的最自然状态呢？在这一地区，社会正在一个深渊的底部挣扎，而社会本身的努力却无法使自己走出这个深渊。

居住在占西半球二分之一的美丽土地上的这些人民，好像一

* 关于南美诸国，可参阅西格弗里德的名著《拉丁美洲》(巴黎，1934 年)。——法文版编者

心要互相消灭，毫无回心转意的模样。筋疲力竭时，他们暂时休战；休战后不久，他们又要发疯。当我看到他们不是在受苦受难就是在犯罪作孽的情景时，我不得不相信专制对他们可能还是一种恩泽。

但是，专制和恩泽这两个词，在我的思想中是无法统一起来的。

美国民主处理国家对外事务的方法*

华盛顿和杰斐逊对美国对外政策的指导——在对外事务的指导方面民主制度的固有缺陷几乎全都表露出来，而其优点则很少使人觉察

我们已经看到，联邦宪法把经常指导对外事务的责任交给了总统和参议院⑯，而总统和参议院却在一定程度上能使总的对外政策摆脱人民的直接和日常监督。因此，绝对不能说美国的对外事务的管理是民主的。

有两个人对美国对外政策的指导至今还在发生影响：第一个人是华盛顿，第二个人是杰斐逊。

华盛顿有一封致其同胞的值得赞美的信，我们可以把它看作是这位伟人的政治遗嘱。他在这封信里写道：

---

* 关于美国的对外事务，可参阅奥格和雷著作第789页及以下几页。——法文版编者

⑯　联邦宪法第二条第二项说：“经参议院建议和同意……总统有缔结条约之权。”读者不要忘记，参议员任期六年，由各州的立法机关选举，而且是每两年改选其中的三分之一。

“在对外政策方面，我们主要的处事守则是：扩大我们与外国的贸易往来，尽量少同它们发生政治关系。就我们已经签订的条约来说，我们要尽量信守它们。但是，我们也就到此为止。

“欧洲各国有其互相牵涉的一套根本利益，这些利益不是与我们根本无关，就是关系极为疏远。因此，它们必然要陷入经常不断的纠纷之中，而纠纷的根源本质上与我们无涉。所以今后要用人为的纽带把我们与欧洲的日常政治变动牵连起来，或与欧洲各国的时而为友时而为敌的分合牵连起来，那是很不明智的。

“我们的远离他国和独处一隅的地理位置，促使和允许我们能够采取与众不同的路线。假如我们在一个有效率的政府的治理下作为一个民族存在下去，那么在不远的将来，我们就可以不致因外国入侵而遭到物质损失，可以采取使我们在任何时候都能保持的中立受到尊重的立场，可以使各交战国因为不能从我们身上捞到好处而不敢轻举妄动向我们挑衅，可以根据我们的利益和正义的原则而选择是和是战。

“为什么要放弃这种独特的地理位置带来的好处呢？为什么要离开自己的基地而跑到外国的基地去呢？为什么要把我们的命运同欧洲的某一部分的命运联系起来，从而使我们的和平与繁荣同欧洲人的野心、对抗、利害、任性或妄为纠缠在一起呢？

“我们的真正政策，是避免同任何外国永远结盟。我的意思是说，我们要像目前这样不受束缚地行动下去；请不要把我的话理解为我主张不遵守现有的条约。诚实向来是最好的方策，我在公务上信守这个箴言不亚于在私事上信守它。因此，我再重复说一次，我们要按条约的本义信守条约。但我认为，扩充原来的条约或另订新约，都是没有必要的和不明智的。

“要始终注意采取适当的措施，以使自己保持受人尊重的防御态势，在遇到意外的危险时亦可安全地利用暂时的联盟。”〔见马歇尔：《华盛顿生平》第5卷第778和以下几页〕

在这段话的前面，华盛顿说过一句值得钦佩的至理名言：“一个国家总是惯于怀恨或喜欢另一个国家，它便形同一个奴隶，即成为自己的爱和憎的奴隶。”〔见《华盛顿生平》第5卷第775页〕

华盛顿的政治活动，始终是以这些箴言为指南的。在世界上的其他所有国家卷入战争的时候，他使自己的国家保持了和平。他认为美国人的根本利益，是绝不介入欧洲内部的纠纷，并把这一点作为他的行动准则。

杰斐逊走得更远，他在对外政策上信守的箴言是：“美国人绝不向外国要求特权，以免自己被迫向外国出让特权。”

这两项原则的公正性一目了然，容易为群众所理解。它们使美国的对外政策大为简化。

严格说来，不介入欧洲事务的联邦政府，没有什么需要争夺的对外利益，因为在美洲还没有与它对抗的强邻。美国的地理位置和它的本身愿望，使它没有发生旧大陆的那种动乱。它既不袒护动乱，又不支持动乱。至于新大陆的动乱，还隐藏在未来之中。

联邦政府不受旧条约的约束。因此，它既得益于欧洲的一些旧国家的经验，但又不像它们那样不得不利用过去和使过去适应现在。这样，它也就可以不像它们那样被迫接受祖先遗留下来的一大堆遗产。在这堆遗产里，既有光荣，又有苦难，既有国家间的相互友好，又有国家间的相互憎恶。美国的对外政策，是一种执行得很好的观望政策。这种政策的要求是有所不为，而不是有所为。

因此，目前人们还很难断定，美国的民主在国家的对外事务的处理上将会表现得如何成熟。关于这一点，无论是它的朋友，还是它的敌人，都只能暂时存疑。

至于我本人，我会毫不迟疑地说：在我看来，在指导国家的对外关系方面，民主政府绝对不如其他政府。但是，经验、习惯和教育，几乎经常在为民主制度提供一种日常的实用知识，以及称之为常识的关于生活小事的学问。常识足以指导人们的一般行动。一个教育事业完备的国家，在国内事务方面应用民主的自由，经常要比民主政府因失误而造成灾难好得多。但在处理国与国的关系时，情况并非总是如此。

对外政策几乎不需要民主所固有的任何素质；恰恰相反，它所需要的倒是发挥民主几乎完全不具备的那些素质。民主有利于增加国内的资源，使人民生活舒适，发展公益精神，促进社会各阶级尊重法律；而且，所有这一切，还能对一个国家的对外关系发生间接的影响。但是，民主却难于调整一项巨大事业的各个细节，它只能制定规划，然后排除障碍去监督执行。民主很少能够秘密地拟定措施和耐心地等待所定措施产生的结果，而这却是一个个人或一个贵族所具有的素质。但是，一个国家经过长期的治理，也能像一个个人那样养成这种素质。

反之，如果你考察一下贵族制度的天然缺陷，你就会发现这些缺陷可能造成的后果几乎不会对国家的对外事务的指导发生显著影响。使贵族制度受到非难的主要缺点，是它只为自己工作，而不为人民大众工作。在对外政策方面，贵族制度很少将自己的利益与人民的利益区别开来，它认为自己就代表人民。

促使民主在政治方面服从感情而不服从理智，为满足一时的冲动而放弃成熟的长期计划的那种倾向，在法国爆发革命时期亦曾出现于美国。当时，也像现在一样，只是那些头脑清晰的人去说服美国人相信他们的利益所在，是不介入正在血洗欧洲的战争，使美国不受任何损害。

但是，人民支持法国的心情极为热烈，若不是华盛顿具有不屈不挠的坚定性格和为人民所爱戴，恐怕无法阻止美国向英国宣战。但是，这位伟人以其严密的理智去抵制同胞的慷慨然而轻率的激情所做的努力，还险些使他失去他唯一希望保存的报偿：他的国家对他的爱戴。有许多人曾责备他的政策，但现在全国人民都支持这个政策⑰。

假如宪法当初不把指导国家对外事务的责任交给华盛顿和人民不支持他，那么美国当时一定会采取它今天所谴责的措施。

从罗马人开始到今天的英国人，凡是对世界起过重大影响，拟

⑰　参看马歇尔：《华盛顿生平》。这部书在第 314 页上写道："在像美国建立的那样政府，即使首席行政长官十分坚定自信，他也不能长期顶住人民舆论的洪流。当时，人民的舆论好像力主战争。事实上，在这个时期召开的国会会议上，人们也屡次看到华盛顿在众议院失去多数。"此外，指责他时使用的言辞也是非常强烈的。比如，在一次政治会议上，有人竟把他比做卖国贼阿诺德（第 265 页）。在第 355 页上，马歇尔说道："支持反对派的人们断言：政府拥护者们已形成一个贵族集团，这个集团受到英国的支持，希望建立君主政体，从而与法国为敌；它的成员是一批持有银行股票的显贵，凡是能够损害他们资产的措施，他们都害怕得要命，以致对国家的荣誉和利益所反对的屈辱都感到无所谓。"〔托克维尔在引用马歇尔的话时做了删节，引文见马歇尔著作的法文版第 1 卷（巴黎，1807 年）。后段引文不是如托克维尔所说在第 355 页，而在第 353 页〕

出过、遵循过和执行过伟大计划的民族，几乎都是用贵族制度治理的。对此怎么能感到惊奇呢？

其实，在这些国家看来，世界上最牢固的制度就是贵族制度。人民大众可能因无知或冲动而被迷惑，国王可能因意志不坚而在执行计划时犹豫不决。另外，国王也不能长生不老。但是，一个贵族集体既可因为人多而不致陷入迷途，又可因为人强而不容易被轻率的激情所驱使。一个贵族集体，就像一个永远不死的坚定而明智的个人。

第六章　美国社会从民主政府获得的真正好处

在进入本章的正文之前，我认为应当请读者回想一下我在前面已经多次讲过的看法。

美国的政治结构，在我看来只是民主国家可以采取的政府形式之一，而我并不认为它是民主国家应当建立的唯一的和最好的形式。

因此，在说明美国人可从民主政府获得什么利益时，我决不断言，也不认为类似的利益只能依靠同样的一些法律来获得。

美国民主治下法制的总趋势及其享用者的本能

民主的缺点马上可以察觉——而其优点只有经过长期观察才能发现——美国的民主往往不够成熟，但法制的总趋势是向善的——在美国民主制度下，公务人员没有与大多数人不同的长远利益——由此产生的结果

民主政府的缺点和弱点可以不难察觉，并为一些明显的事实

所证明，但它的良好影响只能以不够明显的形式，甚至可以说是以隐秘的形式表现出来。民主政府的毛病马上即可被人看到，但其优点只有经过长期观察才能发现。

美国的民主法制，经常是残缺不全的。美国的法律有时侵犯既得权益，或由此而认可侵权的危险行为。即使说美国的法律都是好的，但法律的改变频仍毕竟是一大缺点。所有这一切，都是一眼就可以看到的事实。

那么，美国的共和制度怎么又能继续存在和繁荣呢？

在研究法律时，应当把法律所要达到的目的与为达到此目的而采取的手段仔细区分开来，把法律的绝对善与其相对善仔细区分开来。

现在，假定立法的目的在于优待少数人的利益而牺牲多数人的利益，并定出了既最省时又最省力的达到目的的手段。这样，法律虽然定得很细致，但其目的并不好；而且，它的效力越大，其危险性也越大。

民主的法制一般趋向于照顾大多数人的利益，因为它来自公民之中的多数。公民之中的多数虽然可能犯错误，但它没有与自己对立的利益。

贵族的法制与此相反，它趋向于使少数人垄断财富和权力，因为贵族生来总是少数。

因此，一般可以认为民主立法的目的比贵族立法的目的更有利于人类。

但是，民主立法的好处也就止于此。

贵族制度精于立法科学，而民主制度则不善此道。贵族制度有自我控制的能力，不会被一时的冲动所驱使。它有长远的计划，并善于在有利的时机使其实现。贵族制度办事考究，懂得如何把法律的合力同时会聚于一点。

民主制度就不能如此，它的法制几乎总是不够完善或不合时宜。

因此，民主制度的手段不如贵族制度的完备；民主制度在行动时往往不讲究手段，甚至违背自己，但它的目的却比较有益于人民。

如果想象有一个社会，它的自然条件和政治体制容许不良的法律可以暂时通行，并在这种法律的**总趋势**结束的时候社会还能依然存在，而它的民主政府尽管还有许多缺点，但它仍然是最能使社会繁荣的政府。

这正是出现于美国的情景。我再把我在前面说过的话重复一遍：美国人的巨大优点，在于他们允许犯错误，而事后又能纠正错误。

我认为，对于公务人员的甄选，一般说来也是如此。

不难发现，美国的民主常在选择受托执政的人员方面犯错误；但要解释在被选错的人执政期间美国为什么会照样繁荣，那就不容易了。

首先，你可以看到，在一个民主国家，虽然它的统治者不够忠诚或不怎么能干，但其被治者却很聪明和很认真。

在民主国家，不断关心自己的事业和重视自己的权利的人民，可防止他们的代表偏离他们根据自己的利益为代表规定的总路线。

其次，你还可以看到，如果民主国家的行政官员比其他国家的官员易于滥用权力，则人民一般不会让他们长期留任。

但是，还有一个比这个理由更有普遍性和说服力的理由。

毫无疑问，统治者有德有才，对于国家的富强来说是十分重要的；但统治者没有同被治者大众的利益相反的利益，或许更为重要，因为他们有了这种利益以后，德便几乎不发生作用，而才也将被用于干坏事。

我认为，统治者没有同被治者大众的利益相反或不同的利益是十分重要的；但我绝不认为，统治者具有同**全体**被治者的利益一致的利益也很重要，因为我还不知道哪里有过这样的利益。

迄今为止，还未见过对社会各阶级都一视同仁地促进它们兴旺和繁荣的政体。在一个国家里，有几个社会阶级就像有几个不同的国家；而且经验也已证明，把其他阶级的命运完全交给一个阶级去掌管，其危险并不亚于让国家中的一个民族充当另些民族的仲裁者。当只由富人统治国家时，穷人的利益总要受到损害；而在穷人立法时，富人的利益便要遭到严重的危险。那么，民主的好处究竟是什么呢？民主的真正好处，并非像人们所说是促进所有阶级的兴盛，而只是对最大多数人的福利服务。

在美国，负责领导国家事务的人，在才德两方面都不如贵族国家的执政者，但他们的利益却是与大多数同胞的利益相同和一致的。因此，他们可能常常不忠于职守和犯重大错误，但他们绝不能把敌视这个大多数的方针贯彻下去，他们也无法使政府具有独断独行和令人生畏的形象。

而且，在民主制度下，一个行政首长的不良政绩不过是孤立现象，只能在其暂短的任期内发生影响。腐化和无能，绝非来自可以把人们经常联合在一起的共同利益。

一个腐化或无能的行政官员，不能只靠另一个行政官员也像他一样无能和腐化而彼此勾结，并联合起来使腐化和无能在他们的后代繁衍。相反，一个行政官员的野心和阴谋，还会促使他去揭露另一个行政官员。在民主制度下，行政官员的劣迹，一般说来完全是属于他们个人的。

但是，在贵族国家的政府中，官员就受他们的阶级利益支配了。他们的阶级利益只是有时与多数人的利益一致，而在大多数情况下，则是与多数人的利益相反的。这个阶级利益，在官员之间形成一条共同而耐久的纽带，促使他们把力量联合和结合起来，以奔向总是不让绝大多数人幸福的目标。它不仅使统治者彼此勾结起来，而且还把统治者与很大一部分被治者联合起来，因为很多没有担当任何公职的公民也属于贵族。

因此，贵族政体的行政官员既受到社会的坚定支持，又得到政府的坚定支持。

使行政官员的利益与他们的一部分同代人的利益结合起来，进而与他们的子孙的利益统一起来，甚至服从于子孙的利益，就是贵族政体的共同目的。在贵族政体下，行政官员的工作既是为了现在，又是为了未来。因此，贵族政体的行政官员，同时被自己的激情和被治者的激情，而且我几乎可以说被他们后代的激情，驱向同一目标。

这种现象有什么值得惊奇的呢？因此，人们经常看到，在贵族政体下，阶级属性总是指引行政官员免于腐化，让他们不知不觉地使社会逐渐符合他们的习惯，并为把这个社会传给他们的后代做好准备。

我不知道过去有哪个国家的贵族政体曾像英国的贵族政体那样自由，那样对政府不断提供如此高尚和如此贤明的人才。

但是，也不难看到，英国的立法常为富人的福利而牺牲穷人的福利，使大多数权力为少数几个人所专有。结果，今天的英国集极富与极穷于一身，其穷人的悲惨处境与其国力和荣誉形成鲜明的对照。

在美国，公务人员没有使自己居于优势的阶级利益，尽管统治者常是一些无能之辈，有时甚至是一些可鄙之徒，但政府的日常工作仍然是有利于人民的。

因此，在民主制度中，有一种隐秘的趋势在不断引导人们于纠正错误与缺点之中走向普遍繁荣；而在贵族制度中，则有时存在一种潜藏的倾向在勾引官员们滥用他们的才德去为同胞制造苦难。可见，在贵族政府中，官员做了坏事可能出于无心；而在民主政府中，公务人员做了好事可能并非有意。

美国的公共精神

本能的爱国心——理智的爱国主义——两者的不同特点——为什么各国在前者消失时要全力以赴地去培养后者——美国人为培养理智的爱国主义所做的努力——个人利益与国家利益密切相关

有一种爱国心，主要来自那种把人心同其出生地联系起来的直觉的、无私的和难以界说的情感。这种本能的爱国心混杂着很多成分，其中既有对古老习惯的爱好，又有对祖先的尊敬和对过去的留恋。怀有这种情感的人，珍爱自己的国土就像心爱祖传的房产。他们喜爱在祖国享有的安宁，遵守在祖国养成的温和习惯，依恋浮现在脑中的回忆，甚至觉得生活于服从之中有一种欣慰。这种爱国心，在宗教虔诚的鼓舞下，往往更加炽烈。这时，人们会创造出奇迹。这种爱国心本身就是一种宗教，它不做任何推理，只凭信仰和感情行事。有些这样的民族以某种方式把国家人格化，认为君主就是国家的化身。因此，他们把爱国主义中所包含的情感一部分转化为忠君的热情，为君主的胜利而自豪，为君主的强大而骄傲。法国在旧的贵族统治时期，人民有一段时间就曾因此而感到快慰，而对自己依附于国王的专横并不觉得难受。他们骄傲地说："我们生活在世界上最强大的国王的统治之下。"

同所有的轻率的激情一样，这种爱国心虽能暂时地激起强大的干劲，但不能使干劲持久。它把国家从危机中拯救出来以后，往往便任其于安宁中衰亡。

当民族的生活习俗还很朴素，宗教的信仰还很坚定的时候；当社会还安然固守事物的旧秩序，而这种秩序的合法性尚未受到怀疑的时候，这种本能的爱国心也正在风行。

另有一种爱国心比这种爱国心富有理智。它虽然可能不够豪爽和热情，但非常坚定和非常持久。它来自真正的理解，并在法律的帮助下成长。它随着权利的运用而发展，但在掺进私人利益之后便会削减。一个人应当理解国家的福利对他个人的福利具有影响，应当知道法律要求他对国家的福利做出贡献。他之所以关心本国的繁荣，首先是因为这是一件对己有利的事情，其次是因为其中也有他的一份功劳。

但是，在人民的生活中有时也会出现停滞时期。在这个时期，旧的习惯改变了，社会风尚遭到了破坏，宗教信仰动摇了，昔日的荣誉消失了，知识依然不够完备，政治权利得不到保证或受到限制。这时，人们所看到的国家只是一个虚弱而模糊的影子，他们不再从国土去看国家，因为他们认为国土已经变成一片不毛之废土；他们不再从祖先传下来的习惯去看国家，因为他们把这些习惯看成是羁绊；他们不再从宗教去看国家，因为他们开始怀疑宗教；他们不再从法律去看国家，因为他们不再自己制定法律；他们也不再从立法机关去看国家，因为他们害怕和鄙视立法机关。于是，他们觉得一无是处，只认为自己对，而其他皆非。最后，他们便完全陷入狭隘而又封闭的自私之中。这种人虽然排斥原先的偏见，但不承认理性的王国。他们既没有君主国的本能的爱国主义，又没有共和国的理智的爱国主义；他们止步于两者之间，陷入羞愧和苦恼之中。

在这种处境中会怎么样呢？只会衰退。一个民族之不能恢复其青春的锐气，正如一个人之不能恢复其童年的稚气。看来，这也许令人惋惜，但谁也无法使青春和童年再来。因此，必须继续前进，在人民面前迅速把个人利益与国家利益统一起来，因为无私的爱国心已经一去不复返了。

我绝不一定认为，为了获得这一结果，就必须立即让人人行使政治权利；但我要说，使人人都参加政府的管理工作，则是我们可以使人人都能关心自己祖国命运的最强有力手段，甚至可以说是唯一的手段。在我们这个时代，我觉得公民精神是与政治权利的行使不可分的；而对将来的欧洲来说，我则认为公民人数的增减，将与这项权利的扩大和缩小成正比。

因此，在被不久以前移来的居民开发的美国，移民们既未带来使他们必须遵守的习惯，又未带来使他们难忘的回忆；他们来到这里都是初次相见，以前并不认识。简而言之，在这里很难产生本能的爱国心。那么，每个人为什么却像关心自己的事业那样关心本乡、本县和本州的事业呢？这是因为每个人都通过自己的活动积极参加了社会的管理。*

在美国，人民都知道社会的普遍繁荣对他们本身的幸福的影响。这个看法虽然如此简单，但却很少为人所道出。而且，美国人民习惯于把这种繁荣看作是自己的劳动成果，所以他们认为公共的财富也有他们自己的一份，并愿意为国家的富强而效劳。他们这样做不仅出于责任感和自豪感，而且出于我甚至敢于称之为贪婪的心理。

为了说明这个说法的真实性，并不必研究美国的制度和历史，因为美国的民情已足以向人们证明了这一点。美国人在参加国家所办的一切事业的同时，也关心捍卫被人无端指责的一切事情，因为这时遭到无端攻击的不只是他们的国家，而且有他们本人。因此，他们在维护国家荣誉时要采用各种手段，甚至玩弄出于个人虚荣心的无聊花招。

在日常的交往中，再没有比美国人的这种令人不舒服的爱国

---

* 参阅奥格和雷著作第178页及以下几页。——法文版编者

主义更使人觉得尴尬的了。外国人都愿意表扬美国的许多事情，但在请问美国人可否对他们的某件事情进行谴责时，那他们一定拒绝。

因此，美国虽然是一个自由国家，但外国人在那里为了不使美国人不快，既不能自由地谈论个人私事，又不能自由地谈论国家大事；既不能自由地谈论治人者，又不能自由地谈论治于人者；既不能自由地谈论公营事业，又不能自由地谈论私营事业。一句话，在那里或许除了谈谈气候如何、土地怎么样以外，什么也不能自由地谈论。而且，即使在谈论气候和土地的时候，美国人也会随时为两者辩护，好像他们曾经出力制造过天气和土地似的。

在现代，我们必须勇于表态，敢于在全体人的爱国主义和少数人的政府之间进行抉择，因为不能同时把前者产生的社会力量和社会积极性与后者提供的社会安宁的保证结合起来。

美国的权利观念

没有一个伟大民族没有权利观念——使一个民族产生权利观念的办法是什么——在美国，人们尊重权利——这种尊重从何而来

除了一般道德观念之外，我不知道再有什么观念可与权利观念媲美的了，或者毋宁说两者是浑然一体的。权利观念无非是道德观念在政界的应用。

使人们能够用以确定什么是跋扈和暴政的，正是权利观念。

权利观念明确的人，可以独立地表现自己的意志而不傲慢，正直地表示服从而不奴颜婢膝。屈服于暴力的人，只能自侮和自卑。但是，当让他服从与他同样的人的指挥权时，他却表现自己好像有些高于那个指挥者似的。没有一个伟大人物没有德行，没有一个伟大民族不尊重权利，因为一个理性与良知的集合体怎么能单凭强制而结合起来呢?

我曾寻思，在我们这个时代，用什么办法能使人们养成权利观念，并使这种办法能被人们所牢记。结果发现，这只有让所有的人都和平地行使一定的权利。大家知道，儿童的能力和经验都是后来逐渐获得的，当一个婴儿能够开始移动自己身体的时候，凡是周围他能够用手触到的东西，他都会本能地将它抓住不放。他没有这是属于谁的财产的观念，更没有什么是财产的观念。但是，随着他逐渐长大，明白物品的价值，发现别人也会从他手中抢去他的物品以后，便会慎重起来，并通过尊重他人而最后得到他所期望于他人的尊重。

儿童希望获得玩具的心理，后来发展为大人希望获得财物的心理。在美国这个极端民主的国家，人们怎么会听到一般回响于欧洲各地的那种为苦于没有财产而发出的叹息呢？这个理由还需要说明吗？这是因为美国没有无产者。由于人人都有自己的财产需要保护，所以人人原则上都承认财产权。

在政界也是如此。在美国，成年人都把政治权利看得很高，因为他们都有政治权利；为使自己的政治权利不受侵犯，他们也不攻击别人的这项权利。在欧洲，拥有政治权利的成年人，连国家主权都不放在眼里，而美国人却能毫无怨言地服从行政官员的小小权力。

这个真理，也表现在人民日常生活的最微小细节上面。在法国，只有极少数享乐是专为社会的高层阶级而设的，凡是富人可去之处，穷人几乎都可以去。因此，人们举止端庄，对他们参与的一切享乐表示尊重。在英国，富人既垄断了享乐，又独占了权力。因此，怨声载道，穷人偷偷溜进专为富人设立的娱乐场所，并喜欢在里面恶作剧，使场面大杀风景。这有什么奇怪的呢？他们准知道这对自己一无所失。

正如财产的分配使成年人都具有财产权观念一样，民主政府使政治权利的观念普及到了每个公民。我认为这也是民主政府的最大优点之一。

我并不是说，教会所有的人行使政治权利是一件容易的事；我只是说，当这件事可以办到时，它所产生的效果将是巨大的。

我再补充一句：如果问哪个时代可以产生这种想法，那就是我们这个时代。

君不见宗教信仰已经动摇，神授的权利观念已经消失？君不见社会风气已经变坏，道义的权利观念亦随之衰弱？

君不见一切信仰均被诡辩所代替，一切感情均被诡计所取代？假如在这场大动荡之中你不把权利观念与在人心中生根的私人利益结合起来，那又有什么方法使你敢于去治理社会呢？

因此，如果有人对我说，法律已经无力而被治者喜欢闹事，人心容易激动而德行已经无用，因而在这种情况下不该主张扩大民主权利。那么，我将回答说，正是因为这些事实，我才认为应当主张扩大民主权利。而且我确实相信，政府比社会还要关心扩大民主权利，因为政府终将消失，而社会是不会死亡的。但是，我绝不想滥用美国提供的范例。

美国在公民人数不多和社会风气朴素而不善于行使政治权利的困难时期，人民就已享有政治权利了。美国人后来虽然增多了，但可以说没有增加民主的权利，而只是扩大了民主的范围。

无可怀疑，赋予一个从未享有过政治权利的民族以政治权利的时刻，就是发生激变的时刻。这种激变虽然往往是必要的，但总是带有危险。

儿童在不知道生命的价值的时候可能杀人，在明白自己的财物会被别人抢走以前也会抢走别人的财物。成年人在被赋予政治权利的时候，他对这种权利所持的态度，与儿童尚不懂事时对自然所持的态度一样。这也正是成年人适用 homo puer robustus（年富力强之士）这句名言的时候。

这个真理也同样见于美国。公民们最先享有政治权利的那些州，也往往是公民们行使政治权利最好的州。

下述的说法也不为过分：任何才干也没有比保持自由的技巧可以收获更丰，但任何事情也没有比学习运用自由更苦。专制却非如此。专制政体往往把自己表现为受苦受难人的救济者，表现它修正过去的弊端、支持正当的权利、保护被压迫者和整顿秩序。人民被它制造出来的暂时繁荣所蒙蔽，睡入梦中，但他们醒来以后，便会感到痛苦。自由与专制不同，它通常诞生于暴风骤雨之中，在内乱的艰苦中成长，只有在它已经长大成熟的时候，人们也能认识它的好处。

美国对法律的尊重

美国人尊重法律——美国人爱法律如爱父母——每个人从法律力量的增强中看到个人利益

号召人民去制定法律，不管是直接号召还是间接号召，并非总是可以行得通的。但也不能否认，在可以如此做时，法律就将拥有巨大的权威。这个群众基础虽然往往有损于立法者的德才，但它能大大增强立法者的力量。

在全民的意志表现当中，有一种强大无比的力量。当这种力量一旦爆发出来的时候，本想与它对抗的人也会销声匿迹。

这种情况的真实性，是各党派所熟知的。

因此，只要有可能，各党派无不去争取多数。在已经投票的人中没有形成多数时，各党派便到弃权投票的人中去找多数；而当这些人还不足以凑成多数时，各党派便到没有投票权的人中去找多数。

在美国，除了奴隶、仆人和依靠公家救济的穷人以外，任何人都有选举权，并由此对立法发生间接影响。因此，凡是想要攻击法律的人，就必须公开地采取下述两种手段之一：或是设法改变全国的舆论，或是践踏人民的意志。

除了这项重要的理由之外，我还可以举出另一项更加直接和更加有力的理由。这就是：在美国，每个人的私人利益都与他服从法律有关，因为今天不属于多数的人明天可能进入多数的行列，而现在声言尊重立法者意志的人不久以后又会要求别人服从他的意志。不管一项法律如何叫人恼火，美国的居民都容易服从，这不仅因为这项立法是大多数人的作品，而且因为这项立法也是本人的作品。他们把这项立法看成是一份契约，认为自己也是契约的参加者。

因此，在美国没有为数众多的人视法律为天生的敌人，对法律表示害怕和怀疑，因而经常集聚起来闹事的现象。相反，你却不可能不发觉所有的阶级都对国家的现行法律表示巨大的信任，以一种爱父母的情感对待现行法律。

我似乎不该说所有的阶级。在美国，人们把欧洲人的权力阶梯倒置过来，以致富人的地位与欧洲穷人的地位一样，而经常抗拒法律的反而是富人。我在本章的前面说过，民主政府的好处，并不像人们有时断言的那样在于保护所有人的利益，而只在于维持大多数人的利益。在美国，穷人居于统治地位，富人总是战战兢兢，害怕穷人滥用自己的权力。

富人的这种精神状态，可能在内心产生不满，但社会不会因此发生强烈的动荡，因为不让富人信任立法者的那个理由，也在不让他们去抗拒立法者的命令。他们不能立法，因为他们是富人，而且他们不敢违法而使自己失去财产。在文明国家，只有没有什么可失的人才会起来造反。可见，虽然民主的法律并不总是值得尊重的，但却几乎总是受到尊重的，因为一般说来，打算违法的人，还不能不遵守他自己制定的并对他有利的法律，而且即使从违法当中可能获利的公民，也要考虑自己的人格和地位而去服从立法者的任何一项决定。再说，美国人民之所以服从法律，不仅因为法律是他们自己制定的，而且因为当法律偶尔损害他们时他们也可以修订。这就是说，他们首先把法律作为自己加于身上的灾难来接受，然后又把法律作为随时可以解除的灾难来对待。

美国各党派在政界的活动及其对社会的影响

叙述流行于美国的政治活动比叙述见于美国的自由或平等还难——立法机构不断进行的巨大活动，不过是遍及全国的政治活动的插曲和延续——很难发现美国人都只在干自己的私事——市民社会中开展的政治鼓动——美国人的实业活动部分地来因于这种鼓动——社会得自民主政府的间接好处

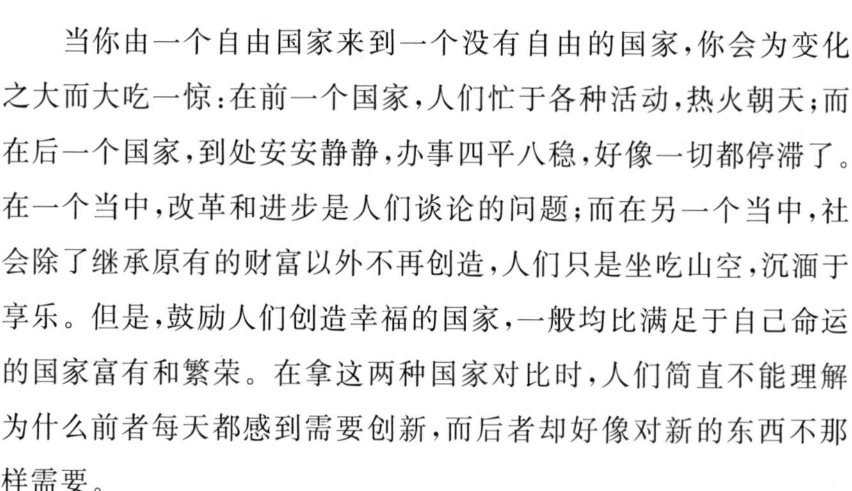

当你由一个自由国家来到一个没有自由的国家，你会为变化之大而大吃一惊：在前一个国家，人们忙于各种活动，热火朝天；而在后一个国家，到处安安静静，办事四平八稳，好像一切都停滞了。在一个当中，改革和进步是人们谈论的问题；而在另一个当中，社会除了继承原有的财富以外不再创造，人们只是坐吃山空，沉湎于享乐。但是，鼓励人们创造幸福的国家，一般均比满足于自己命运的国家富有和繁荣。在拿这两种国家对比时，人们简直不能理解为什么前者每天都感到需要创新，而后者却好像对新的东西不那样需要。

如果这种说法可以适用于仍然保存君主政体的自由国家或仍在采用贵族制度的自由国家，那么，它更加适用于民主共和国。在民主共和国，已经不是一部分人民去从事改善社会的状况，而是全

体人民都以关切的心情承担起这项任务。这时，不仅是向一个阶级，而且是同时向所有阶级提供生活的必需品和舒适。

想象美国人享有的广泛自由，并不是不可能的；人们也能对美国人的极端平等形成一个初步的概念。但是，对于遍及美国的政治鼓动，除非亲眼看到以后，是无法理解的。

你一踏上美国的国土，就会觉得置身于一片喧闹之中。嘈杂的喊叫四起，无数的呼声同时传到你的耳鼓，每个呼声都表达某一社会要求。你举目四望，看到人们都在活动：这里，有一伙人在开会，讨论如何建立一座教堂；那里，人们在忙于选举一名议员；再远一点，一个选区的代表们正匆匆忙忙赶赴乡镇，去研究地方的某些改革事项；在另一处，是一群放下了田间工作的乡下人，前来讨论在他们乡修路或建校的计划。公民们集会在一起，有的是专为宣布他们不赞成政府的施政，有的是为了公布某一官员为本地之父。在美国，还有人视酗酒为国家之主要祸根，他们集合起来开会，庄严宣布以身作则，为禁酒作表率①。

美国立法机构不断进行的巨大政治活动，是唯一可供外界观察的运动。这个运动，不过是开始于人民的最低阶层而随后又逐渐扩及公民的所有阶级的全国运动的一个插曲，或是它的一种延续而已。为了追求幸福，再也没有比这项活动更吃力的了。

很难说哪些职位是美国成年人政治生活的关心所在。参与社会的管理并讨论管理的问题，是美国人的最大事情，而且可以说是

① 各地的禁酒协会是一些表示保证戒酒的人成立的团体。我在美国考察时，禁酒协会合计起来已拥有27万多名会员；唯有宾夕法尼亚州还收效不大，它的全年酒类消费量为5万加仑。

他们所知道的唯一乐趣。从这里，你可以看到美国人生活习惯的细节。甚至女人，也经常参加集会，以倾听政治辩论来解消家务的烦恼。对于妇女来说，辩论俱乐部在一定程度上已经是娱乐场所了。一个美国人，虽然不善于与人交谈，但却会辩论；他不善于高谈阔论，但能说到点子上。他对你谈话，就像在大会上发言一样；当他讲得兴高采烈的时候，还会对他的对话者说上一句：先生们！

在某些国家，居民们总是以一种厌恶的态度来对待法律授予他们的政治权利。他们认为，为公共利益而活动是浪费自己的时间。他们喜欢把自己关闭在狭小的自私圈子里，四周筑起高墙和挖上深壕，与外界完全隔离开来。

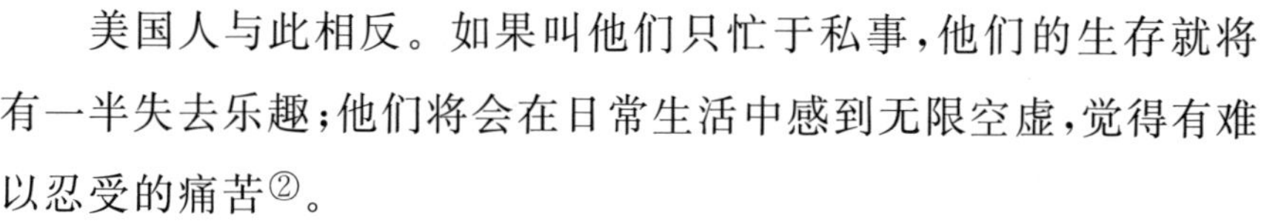

美国人与此相反。如果叫他们只忙于私事，他们的生存就将有一半失去乐趣；他们将会在日常生活中感到无限空虚，觉得有难以忍受的痛苦②。

我深信，倘若专制制度将来竟有一天在美国建立，它在消除自由所形成的习惯方面，将要比在压制人们对自由本身的爱好方面遇到更大的困难。

由民主政府引进政界的这种此起彼伏的狂热鼓动，随后便扩及整个市民社会。我不知道这究竟是不是民主政府的最大优点，但我祝愿民主政府的成就将来比现在更好。

毋庸置疑，人民插手公共事务，往往会把事情搞得很糟。但是，不扩大人民的思想境界，不让人民摆脱陈规旧套，他们就参与

② 这种现象，在古罗马就已被最初几位皇帝所察觉。

孟德斯鸠在某处说过，使一些罗马公民最痛苦的，是在他们从事一项政治鼓动之后便立即回到平静的私人生活中去。

不了公共事务。被委任参与社会管理的人，都对自己的地位有一定的认识。这样，由于他手中有权，便可使非常有知识的人为他服务。人们纷纷向他求援，而在这些人企图以各式各样方法欺骗他的时候，他也从中接受了教训。在政治方面，他所从事的活动，虽非他的本行，但却使他对此项活动产生了强烈的爱好。人们每天都在向他提出关于增进公共财产的新建议。于是，他自己也产生了打算增进自己的私人财产的愿望。他也许不比他的前任德高望重和幸福，但却比前任见识广博和积极。我毫不怀疑，美国的民主制度与其国家的物质条件相结合，虽然不像人们所认为的是其巨大的实业活动的直接动因，但却是间接的动因。这种实业活动并非法律所创造，而是人民通过立法而学会创办的。

当民主的反对者们声称，一个人单独去做他所承担的工作会好于由多人管理的政府去做它所承担的工作时，我认为他们说得并不错。假如双方的才力相等，则一个人主持的政府会比多人主持的政府更有一贯性，更坚定不移，更思想统一，更工作细致，更能准确甄选官员。否认这一点的人，不是从来没有见过民主共和国，就是只凭少数例证而下判断的。即使当时的地方环境和人民爱好允许民主制度存在，民主制度也不能马上拿出一套关于行政管理和政府建制的方案，这也确实不假。民主的自由举办的事业，不能每项都像开明的专制所做的那样完善，它往往在一项事业取得成果以前就半途而废，或拿事业去冒风险。但是，随着时间的推移，它举办的事业将比专制举办的越来越多。它办好的事业虽然较少，但它举办的事业却很多。在民主制度下，蔚为大观的壮举并不是由公家完成的，而是由私人自力完成的。民主并不给予人民以最精明能干的政府，但能提供最精明能干的政府往往不能创造出来的东西：使整个社会洋溢持久的积极性，具有充沛的活力，充满离开它就不能存在和不论环境如何不利都能创造出奇迹的精力。这就是民主的真正好处。

在基督教世界的命运似乎悬而未决的今天，有些人在民主尚在成长的时候，便急于攻击民主，说它是一种敌对的力量；而另一些人，则已把它作为无中生有的新神而加以崇拜。但是，双方对于他们所仇恨或膜拜的对象都认识得很不全面。他们在黑暗中互相乱打，只是偶尔能击中对方一下。

你要求社会及其政府做些什么呢？对此，是需要加以说明的。

你想使人的头脑达到一定的高度，让它以宽宏大量的眼光去观察这个世界上的各种事物吗？你想让人们对物质财富产生一种鄙视感吗？

你要养成和保持坚强的信念吗？

你要使风尚高雅、举止文明和艺术大放异彩吗？你向往诗歌、音乐和荣誉吗？

你试图组织一个民族对其他一切民族采取强力行动吗？你打算创办伟大的事业，而且不管成败，使其名留青史吗？

假如你认为人生在世的主要目的就是如此，你就别要民主政府，民主政府肯定不会把你带到这个目的地。

但是，假如你认为把人的智力活动和道德活动用于满足物质生活的需要和创造福利是有益的；假如你觉得理性的判断比天才更对人们有利；假如你的目的不是创造英勇的美德，而是建立温良的习惯；假如你喜欢看到弊端少造成一些罪孽，而且只要没有重大犯罪，你宁愿少见到一些高尚行为；假如你以在一个繁荣的社会里生活为满足，而不以在一个富丽堂皇的社会里活动为得意；最后，假如在你看来政府的主要目的不在于使整个国家拥有尽量大的力量或尽量高的荣誉，而在于使国内的每一个人享有更多的福利和免遭涂炭；那么，你就得使人们的身份平等和建立民主政府。*

假如已经没有进行选择的时机，而且一个居于人上的最高权力不征求你的意见就已把你推进这两种政府中之一种，那你至少应从你被推进的那个政府吸取它可能提供的全部好处，并在你认清那个政府的善的本性和恶的倾向以后竭力抑制后者而促进前者。

* 这段话是托克维尔对作为他的民主哲学的基础的社会学原理所下的定义。参阅托克维尔 1835 年 2 月 21 日致友人斯托费尔的信。——法文版编者

第七章　多数在美国的无限权威及其后果

多数在民主政体中的天然力量——美国大部分州的宪法均人为地加强了这种力量——怎样加强的——强制性委托——多数的精神影响——多数无错论——尊重多数的权利——这种尊重在美国的推广

民主政府的本质，在于多数对政府的统治是绝对的，因为在民主制度下，谁也对抗不了多数。

美国大部分州的宪法，还设法人为地加强了多数的这种天然力量①。

在所有的政权机构中，立法机构最受多数意志的左右。美国人规定立法机构的成员由人民直接任命，并将他们的任期定得甚短，使他们不仅服从选民的长远观点，而且服从选民的临时动议。

他们是从同样的一些阶级中选出，并用同样的方法任命为两院的议员的。因此，由两院构成的立法机构，其行动与单一的立法

① 我们在考察联邦宪法时已经看到，联邦的立法者们曾反对过这种力量。由于立法者的努力，联邦政府才得以在工作中比州政府有较大的独立性。但联邦政府只主管对外事务，而实际管理美国社会的，则是各州的政府。

机构几乎同样迅速和不可稍违。

立法者们以这种方式建立立法机构之后，便把政府的几乎所有权力控制在立法机构之手。

立法者在增加本来就很强的权力当局的力量的同时，又逐步缩小本来就很弱的权力当局的力量。立法者既未赋予行政权的代表们以稳定性，又未赋予他们以独立性；而且，立法者在使行政权的代表们完全屈从立法机构的任性的同时，也把民主政府的本性容许行政权的代表们可以行使的少许权力拿走了。

在某些州，立法者把司法权也变由多数表决；而在所有的州，立法者甚至使司法人员的生活都依存于立法机构，因为立法机构把每年规定法官薪金的权限交给了它的代表。

习惯法比成文法走得还远。

在美国，有一种非得把代议制政府的种种保证推翻才肯善罢甘休的习惯日益风行。比如，常有这样的事情发生：选民们在选举一名议员时，除为他拟出行动计划外，还为他定出一定数量的不可须臾放弃的硬性义务。这样的多数表决，活像小贩在市场上一边叫卖，一边讨价还价。

在美国，一些特殊的环境条件还在促使多数的力量不仅居于压倒一切的地位，而且促使它成为不可抗拒的力量。

多数的道义影响，一部分来源于下述这样一种思想：许多人联合起来总比一个人的才智大，所以立法的人数比选举还重要。这是在人的智能上应用平等理论。这个理论反对个人自命不凡，对此穷追不舍，所以不容易为少数所接受，但久而久之会被少数习以为常。因此，多数的权利像其他一切权利一样，也需要经过一段时间才能显出它的合法性，也许它比任何权利还更需要如此。多数的权利在开始建立的时候依靠强制使人服从，只有在它的法制下长期生活以后，人们才会开始对它表示尊重。

多数以为自己有权管理社会的观念，是由最初的移民带到美国来的。这个只凭本身的力量就足以创造一个自由国家的观念，今天已经风行于社会，深入到日常生活的一切细节。

法国人在旧的君主政体统治时期，坚定不移地认为国王是不可少的；而当国王给他们制造了灾难的时候，他们却认为应当归咎于国王的顾问们。这种想法大大方便了统治，使人民只抱怨法律而继续爱戴和尊重立法的人。美国人对于多数也持有这种看法。

多数的道义影响，还来源于多数人的利益应当优先于少数人的利益的原则。因此，不难理解，对大多数人的这种权利表示尊重，是随政党的情况而自然增减的。当一个国家有数个不可调和的利益集团对峙时，多数的特权往往得不到重视，因为服从这种特权将使人们难以忍受。

如果美国有一个居于少数地位的特权公民阶级，而立法者试图剥夺他们长期独占的某些特权，想把他们从高高在上的地位上拉下来，使其降入大众的行列，那么，这个少数大概不会轻易服从立法者的立法。

但是，美国是由一些彼此完全平等的人所开发建立的，所以那里的不同居民之间在利益上还没有自然形成的长期对立。

有些国家的社会体制，使少数派永远不想把多数拉到自己一边，因为他们要想这样做，就必须放弃他们反对多数的斗争目的本身。比如贵族体制，就不能在保留贵族特权的条件下使贵族变成多数，而如果叫贵族让出特权，它自己就不再是贵族体制了。

在美国，政治问题不能以这样一般的和这样绝对的方式提出，所以各党派都情愿承认多数的权利，因为它们都希望有朝一日控制多数的权利而为自己谋利。

因此，在美国，多数既拥有强大的管理国家的实权，又拥有也几乎如此强大的影响舆论的实力。多数一旦提出一项动议，可以说不会遇到任何障碍。这不只包括阻止通过动议的障碍，甚至包括推迟表决动议的障碍，以及给留出点时间在表决的过程中听一听反对者的呼声的障碍。

这样处理问题的结果，对于未来是有害而危险的。

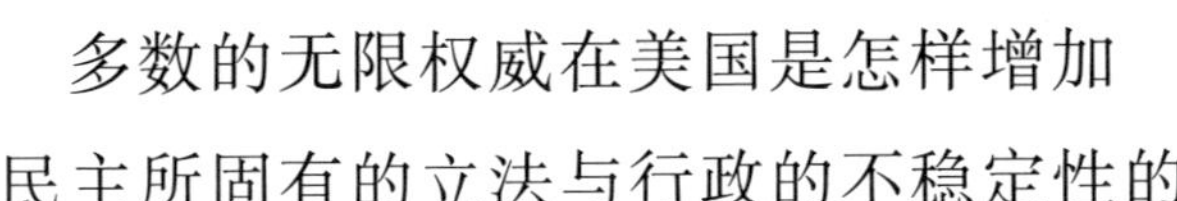

多数的无限权威在美国是怎样增加民主所固有的立法与行政的不稳定性的

美国人是怎样通过每年改选立法者和授予立法者以几乎无限的权力的途径而增加了民主所固有的立法的不稳定性的——在行政方面发生的同样现象——在美国，人们要求社会改革的力量远比欧洲强大，但不如欧洲持久

我已讲过民主政府所固有的缺点。这些缺点没有一个不是随着多数的权利增加而扩大的。

现在，先讲其中最明显的缺点。

立法的不稳定性，是民主政府必然具有的一个弊端，因为它来自民主制度要求不断改换新人执政的本性。但是，这个弊端是随着授予立法者的权限和行动手段的增减而增减的。

在美国，立法当局享有最高的权力。它可以迅速地和不受阻挡地提出自己的每一项动议，而且每年它都有新议员补缺。这就是说，凡是能助长民主的不稳定性和迫使民主政府接受议员对一些重大问题的反复无常意见的手段，它都一概俱全。

这样，美国在今天就成了世界上法律寿命最短的国家。30 多年以来，美国各州的宪法几乎全都经过修改。因此，在此期间，美国没有一个州没有修改过它的立法原则。至于法律本身，只要一瞥美国各州的档案，就足以使你确信美国的立法者从来没有停止过立法活动，不断颁布或修改法律。这并不是说美国的民主在本性上比其他国家不稳定，而是说美国人民使其民主拥有了可以将其所爱好的天然不稳性带进立法工作的手段②。

多数的无限权威及其快速坚定地表达意志的方式，在美国不仅使法律趋于不稳定，并且对法律的执行和国家的行政活动发生了同样的影响。

多数是人们唯一要巴结的权威，所以人们都竞相参加多数提议的工作；但当多数的注意力转到别处时，人们也就不再对原来的

② 只是马萨诸塞州从 1780 年至今公布的立法文件，就已装订成三大卷。还应当指出，我说的这部文件汇编是在 1823 年经过修订而辑成的，其中已剔除大量旧的或失效的法令。要知道，居民不如法国一个省人多的马萨诸塞州，在全美国还算是法律最稳定的州，但它也为立法工作连续不断地投入了大量的人力。*

* 参阅弗兰克福特：《人民及其政府》（纽黑文，耶鲁大学出版社，1930）第 10 页及以下几页。——法文版编者

工作努力了。而在欧洲的一些自由国家，由于行政权有独立性和受到保护，所以在立法机构把注意力转到另一项事业时，行政机构仍可继续执行立法机构原来的决定。

在美国，人们对一些改革事业要比其他国家热心得多和积极得多。

在欧洲，人们为这种事业使用的力量虽然不够太多，但能更加持久。

多年以来，一些笃信宗教的人士，就在致力于改善监狱的状况。公众被他们的宣传所感动，因而帮助犯人新生的工作也成了流行的事业。

于是，建立起一批新的监狱。对罪犯进行改造的观点，破天荒第一次与对罪犯进行惩罚的观点并驾齐驱进入了监狱。

但是，这场有公众热心参加的和公民的一致努力使其势不可当的可喜改革，并未能一蹴而就。

当新的感化院正在兴建，而多数的意愿也急于促成这项事业的时候，旧的监狱依然存在，并关押着大批的罪犯。这些旧的监狱，随着新感化院日臻完善和健全，而使人感到更加有害健康和更加腐败。这种事半功倍的工作容易被人所理解，以致锐意建立新的改造设施的多数，竟把早已存在的旧监狱忘掉了。于是，人人都把注意力转向不为老眼光所注意的事物上，并停止了对旧监狱进行监督。一系列有益的管教制度，先是自行松弛下来，随后便遭到破坏。因此，在建有足以表现当代的艺术和文明的宏伟建筑物的监狱中，尚有一看就使人想起中世纪的野蛮的苦牢。

多数的暴政*

应当如何理解人民主权原则——设想建立一个混合政府，那是不可能的——最高主权必然有其所在——必须采取预防措施，以节制最高主权的行动——美国未曾采取这种预防措施——由此造成的后果

我认为“人民的多数在管理国家方面有权决定一切”这句格言，是渎神的和令人讨厌的；但我又相信，一切权力的根源却存在于多数的意志之中。我是不是自相矛盾呢？

一项通行的法律，在一个国家，要由人民的多数来制定和最后采纳；而在全世界，则要由全人类的多数来制定和最后采纳。这样的法律才是公道的法律。

因此，公道就为每个国家的权力划定了界限。

一个国家就像一个大陪审团，它受权代表整个社会和主持公道，而公道就是国家的法律。代表社会的这个大陪审团的权力，是不是应当大于它在其中实施法律的社会本身的权力呢？

当我拒绝服从一项不公道的法律时，我并不是否认多数的发号施令权，而仅仅是从依靠人民的主权转而依靠人类的主权。

有些人曾经大胆声称，人民在只与其本身有关的问题上绝对

* “多数的暴政”。这一节对于理解托克维尔的政治哲学十分重要。我们在这里可以看到托克维尔对民主的最终目的的表达。据他说，民主的最终目的应当是保护少数和个人的权利。参阅康马杰：《多数的统治和权利》（牛津，1944 年）。——法文版编者

不该越过公道和理性的界限，而且也不必害怕授予代表他们的多数以全权。然而，这是奴隶的语言。

如果多数不团结得像一个人似地行动，以在观点上和往往在利益上反对另一个也像一个人似地行动的所谓少数，那又叫什么多数呢？但是，如果你承认一个拥有无限权威的人可以滥用他的权力去反对他的对手，那你有什么理由不承认多数也可以这样做呢？许多人团结在一起的时候，就改变了他们的性格吗？在面对艰难险阻的时候，他们的耐力能够因其力量强大而就强大吗？③至于我，可不相信这一点。我反对我的任何一位同胞有权决定一切，我也绝不授予某几个同胞以这种权力。

我并不认为，为了维护自由，就可以把几个不同的原则混合于同一政府之中，因为这样会使它们彼此直接对立。

我一直认为，建立所谓的混合政府，不过是异想天开。老实说，从来就没有存在过混合政府（从这个词的本义来理解的混合政府），因为在任何社会，最终只能保留一个支配其他一切行动原则的基本行动原则。

作为这种政府的例子而最常被人引证的18世纪的英国，尽管其中有若干重要的民主因素，但它实质上是一个贵族国家，因为它的法制和习惯向来是按照贵族的要求建立起来的，并随着时间的推移而逐渐占据了统治地位和按照自己的意志去指导公共事务。

③　任何人都不会主张一个民族可以滥用它的武力去反对另一个民族。但是，一个大国中的政党，却可变成国中之小国。

如果承认一个国家可以对另一个国家实行暴政，那怎么能否认一个政党也可以这样对付另一个政党呢？

这种引证之所以错误，是因为引证人在不断观察贵族利益与人民利益的相互斗争时，只看到了斗争本身，而没有注意这一斗争的结果，但斗争的结果才是问题的主要所在。如果一个社会真正建立一个混合政府，也就是说，它以平等的态度对待一些相互对立的原则时，它不是正在酝酿一场革命，就是行将瓦解。

因此，我认为必然有一个高于其他一切权力的社会权力；但我又相信，当这个权力的面前没有任何障碍可以阻止它前进和使它延迟前进时，自由就要遭到破坏。

我本人认为，无限权威是一个坏而危险的东西。在我看来，不管任何人，都无力行使无限权威。我只承认上帝可以拥有无限权威而不致造成危险，因为上帝的智慧和公正始终是与它的权力相等的。人世间没有一个权威因其本身值得尊重或因其拥有的权利不可侵犯，而使我愿意承认它可以任意行动而不受监督，和随便发号施令而无人抵制。当我看到任何一个权威被授以决定一切的权利和能力时，不管人们把这个权威称作人民还是国王，或者称做民主政府还是贵族政府，或者这个权威是在君主国行使还是在共和国行使，我都要说：这是给暴政播下了种子，而且我将设法离开那里，到别的法制下生活。

我最挑剔于美国所建立的民主政府的，并不像大多数欧洲人所指责的那样在于它软弱无力，而是恰恰相反，在于它拥有不可抗拒的力量。我最担心于美国的，并不在于它推行极端的民主，而在于它反对暴政的措施太少。

当一个人或一个党在美国受到不公正的待遇时，你想他或它能向谁去诉苦呢？向舆论吗？但舆论是多数制造的。向立法机构吗？但立法机构代表多数，并盲目服从多数。向行政当局吗？但行政首长是由多数选任的，是多数的百依百顺工具。向公安机关吗？但警察不外是多数掌握的军队。向陪审团吗？但陪审团就是拥有宣判权的多数，而且在某些州，连法官都是由多数选派的。因此，不管你所告发的事情如何不正义和荒唐，你还得照样服从④。

相反，假如把立法机构组织得既能代表多数又一定不受多数的激情所摆布，使行政权拥有自主其事的权利，让司法当局独立于立法权和行政权之外，那就可以建立起一个民主的政府，而又使暴

④　在1812年战争时期，巴尔的摩发生一个多数专制所造成的暴力事件。在这个时期，巴尔的摩人非常支持这场战争。当地出版的一家报纸，对居民热烈支持战争的行为采取了截然相反的态度。人民自动集合起来，捣毁了报社，袭击报社人员的住宅。有人还想召集民兵，但民兵没有出动。最后，为了保护生命受到愤怒的公众威胁的那些无辜者，而把他们当做罪犯投入监狱。这项预防措施并未生效。人民在夜里又集合起来，当地的行政官员去召集民兵来驱散人群，但没有成功；监狱被砸开大门，一名记者就地被杀，还要处死报社的其他人员，但经陪审团审理后，宣判无罪。

有一天，我对宾夕法尼亚的一位居民说："我请您告诉我，为什么在一个由教友会教徒建立的并因他们的宽宏大量而出名的州里，已经获得解放的黑人还不能享有公民权呢？他们照章纳税，让他们参加选举岂不是很公正的吗？"

他回答说："请不要这样侮辱我们，你去看一看我们的立法者制定的法令有多么公道和宽宏大量。"

"这样说来，在你们这里，黑人是享有选举权的了？"

"当然。"

"那么，今天早晨我在选民的会议上为什么连一个黑人也没有见到呢？"

这位美国人说："这不是法律的错误。黑人确实有权参加选举，但他们总是故意躲避不来出席。"

"他们也太谦虚了。"

"啊！不是他们拒绝出席，而是他们害怕到这里受虐待。在我们这里，有时法律因为得不到多数的支持而失效。要知道，多数对黑人最有偏见，各级行政官员也爱莫能助，无力保证黑人行使立法者赋予他们的权利。"

"怎么！享有立法特权的多数也想享有不遵守法律的特权？"

政几乎无机会肆虐。

我并不是说，在今天的美国，人们经常使用暴政的手段；而是说，那里没有防范暴政的保证措施，而要揭示美国政府所以能够宽容待人的原因，与其到美国的法律中去寻找，莫如到它的地理位置和民情中去寻找。

多数的无限权威对美国公务人员的专断权的影响

美国法律给予公务人员的自由，在法律上划定了范围——公务人员的权限

必须把专断权与暴政分开，两者并不是一回事。暴政可凭法律本身而实施，所以它与专断专权不同。专断权可以为被治者的利益而行使，所以它绝不是暴政。

暴政一般也利用专断权，但在必要时可以不依靠专断权。

在美国，多数的无限权威在帮助立法者的合法专制的同时，也为行政官员的专断权助了一臂之力。多数是立法和监督司法的绝对主人，既控制着治人者，又控制着治于人者，所以它把公务人员视为自己的唯唯诺诺的下属，而且也安心托付他们去执行自己的计划。因此，多数绝不过问公务人员的职责的细节，也不为具体地规定他们的权利而操心。它对待他们，犹如主人对待仆人。由于他们始终在它的监视下工作，所以它能随时指导或修正他们的行动。

一般说来，法律在其划定的范围内给予美国公务人员的自由，要比法国公务人员享有的这种自由大。有时，多数甚至准许公务人员越过为其规定的界限。舆论保护他们，他们人多势众，所以他们敢做连看惯了专断权的欧洲人见了也大吃一惊的事情。一些习惯就这样在自由中形成，而这些习惯终有一天会给自由带来致命的危害。

多数在美国对思想的影响

在美国，多数一旦对一个问题做出不可更改的决定，便对这个问题不再进行讨论——为什么——多数对思想的精神影响——民主的共和制度不依物质力量进行专制

我们一考察美国是怎样左右人们的思想时，就立刻清晰地看到多数对思想的影响是怎样超过我们在欧洲所熟知的一切权威的这种影响的。

思想是一种看不见摸不到的力量，它敢于轻视一切暴政。在我们今天的欧洲，一些最专制的君主，也阻止不了某些敌视他们的权威的思想在国内和甚至在宫内秘密传播。美国就没有这种现象。在美国，只要多数还没有最后形成统一意见，讨论就得继续下去；但是，一旦多数做出不可更改的决定，所有的人便默不作声了，不管是决定的支持者，还是决定的反对者，现在都合在一起，表现拥护决定。其所以如此的理由很简单：那就是没有一个君主能像既有权立法又有权执法的多数这样专制到可以总揽一切社会权力

和打败其反对者的地步。

而且，国王只拥有一项物质力量，这项力量仅能影响人民的行动，而触及不了人民的灵魂。但是，多数既拥有物质力量又拥有精神力量，这两项力量合在一起，既能影响人民的行动，又能触及人民的灵魂，既能消弭动乱于已现，又能防止动乱于预谋。

我还不知道有哪一个国家，在思想的独立性和讨论的真正自由方面一般说来不如美国。

在欧洲的立宪国家，没有不能自由宣传的宗教和政治理论，而且准许向外国传播，因为没有一个欧洲国家曾被一个单独的权威统治得使敢说真话的人都得不到支持，从而无法维护自己的独立的成果的地步。如果敢说真话的人不幸而生活在一个专制政府的统治之下，则人民往往都会站在他一边；如果他有幸而住在一个自由国家，则他必要时可以用王权作挡箭牌；如果他在民主国家，则有社会的贵族阶层支持他；如果他在其他国家，则有民主力量支持他。但是，在民主制度组织得像美国这样的国家，却只有一个权威，即只有一个力量和成功的根源，此外再无其他。

在美国，多数在思想的周围筑起一圈高墙，在这圈墙内，作家可以自由写作，而如果他敢于越过这个雷池，他就要倒霉了。这不是说他有被宗教裁判所烧死的危险，而是说他要成为众人讨厌和天天受辱的对象。政界为他关上了大门，因为他冒犯了唯一能使他走进这个大门的权威。人们什么也不给他，甚至空头的名义，也没有他的份儿。他在发表自己的观点之前，本以为会有人支持，而在发觉无人支持以后，已把自己全部暴露于众人的面前。于是，责骂他的人喊声震天，而与他想法相同的人，则失去勇气，不敢作声，躲避起来。他只好表示让步，最后完全屈服，保持沉默，好像不该说真话而后悔了。

镣铐和刽子手，是暴政昔日使用的野蛮工具；而在今天，文明也使本来觉得自己没有什么可学的专制得到了改进。

昔日的君主只靠物质力量进行压制；而今天的民主共和国则靠精神力量进行压制，连人们的意志它都想征服。在独夫统治的专制政府下，专制以粗暴打击身体的办法压制灵魂，但灵魂却能逃脱专制打向它的拳头，使自己更加高尚。在民主共和国，暴政就不采用这种办法，它让身体任其自由，而直接压制灵魂。这时，国家的首脑已不再说："你得跟着我思想，否则你就别想活。"而是说："你是自由的，不必跟着我思想；你的生活，你的财产，你的一切，都属于你；但从今以后，你在我们当中将是一个外人。你可以保留你在社会上的特权，但这些特权对你将一无用处，因为如果你想让同胞选举你，他们将不会投你的票；而如果你想让他们尊重你，他们将假装尊重你。你虽然仍然留在我们当中，但你将失去做人的权利。在你接近你的同胞时，他们将像躲避脏东西一样远远离开你；即使是那些认为你是干净无垢的人也要离开你，因为他们也怕别人躲避他们。你安安静静地活下去吧，但这样活下去比死还难受。"

专制的君主政体已使专制为人们所不齿。我们可要警惕，别让民主共和国使专制死灰复燃，使专制只成为某些人的沉重负担，而被大多数人认为并不那么可鄙和可憎。

在旧大陆的一些自命不凡的国家，还曾有人发表作品公开谴责时弊和嘲弄同时代人的愚蠢。比如，拉布吕耶尔住在路易十四宫内期间，完成了其巨著中的“论伟大”一章〔拉布吕耶尔的巨著为《品格论》，1688 年初版于巴黎。托克维尔所说《论伟大》这一章，见《拉布吕耶尔全集》第 268 页及以下各页，普列伊阿德版，巴黎，1951 年〕；莫里哀在演给朝臣们看的戏剧里批判宫廷。但是，统治整个美国的权威，却不容人嘲弄。最轻微的指责，都会使权威发火；稍微带刺的话，都会使权威大怒。多数的一言一行，都得加以赞美。任何一个作家，不管他多么出名，都不能避而不恭维其同胞。因此，多数永远生活于自我喝彩声中。关于国内的一些真实情况，美国人只能从外国人口中听到，或从经验中察觉。

如果说美国至今还没出现伟大作家，那就只能在这方面去寻找原因。没有精神的自由，就产生不了文学天才，而美国就缺少这种自由。

宗教裁判所始终未能阻止反对宗教的书籍在西班牙大量流通。在美国，多数的统治在这方面比西班牙做得高明：它把人们打算出版这种书籍的思想都剥夺了。美国虽有不信宗教的人，但他们没有自己的报刊。

有些政府曾以谴责淫秽书刊作者的办法来维护社会风气。在美国，虽然没有人因为这种书刊受到过谴责，但也没有人想去写这种书。不过，这不是说每个公民都高尚无瑕，而是说多数在公民当中表现严肃。

在这方面，权力的行使无疑是好的，但我只是就权力的本身而言。这种不可抗拒的权力，是一个经常的存在，而它的正确行使，却只是偶然的现象。

多数的暴政对美国人国民性的影响及巴结思想在美国的表现

迄今为止，多数的暴政对民情的影响大于对社会行动的影响——这种影响妨碍了伟大人物的成长——像美国这样建立的民主共和制度，使人容易产生巴结大多数的思想——这种思想在美国的表现——人民自身的爱国主义为什么比那些以人民的名义进行统治的人的爱国主义强烈

我方才指出的那种趋势，虽然还在政界表现得不够明显，但已对美国人的国民性发生了令人担忧的影响。我认为，美国至今活动于政治舞台上的杰出人物所以为数不多，正是因为多数专制的作用日益加强。

在美国爆发独立战争时，杰出的人物大批涌现。当时，他们的政治观点鼓舞了人们的斗志，而没有压制人民的斗志。这个时期的那些鼎鼎大名之士，在自由参加人民群众的精神活动的过程中，表现出了他们各自特有的伟大性格。他们将其伟大性格的光辉照遍全国，而没有借用全国的力量来增加自己的光辉。

在专制政府中，接近王权的高官显贵，迎合主子的感情献媚，心甘情愿服从主子的任性。但是，全国的人民大众并不想奴颜婢膝。他们之所以服从，常常是由于自己软弱，由于习惯或无知，有时也由于忠于王权或国王。有些民族以牺牲自己的意志而满足君主的意志作为一种快慰和骄傲，从而在服从之中仍保持一种精神上的独立。这样的民族虽然不幸，但并没有堕落。而且，做自己不

赞成的事与做自己假装赞成的事有很大差别:前者是由于人的软弱无能,而后者是出于奴仆的习性。

在自由国家里,每个人都能或多或少地对国家的事务发表意见;在民主共和国里,公共生活不断地有私人生活渗进,各个方面都能接近主权,主权也希望人民发表意见,以便引起它的注意。因此,在这两种国家里,企图利用主权的弱点和讨好主权而生活的人,一般就比在专制君主国里为多。这不是说这些国家的人天生就比别处坏,而是说这些国家诱惑人的东西多于他处,而且许多人都同时趋向这些东西。结果,人们的心灵有普遍堕落的趋势。

在民主共和国,人们有巴结大多数的思想,而且使这个思想立即渗入各个阶级。这是可以加于民主共和国的主要谴责之一。

对美国这样的民主共和国,这样谴责尤为确切。在这里,多数的统治极为专制和不可抗拒,以致一个人如想脱离多数规定的路线,就得放弃自己的某些公民权利,甚至要放弃自己做人的本色。

在挤进美国政界的那一大群人中,现已很少有人具有昔日美国人曾引以为荣的和何时何地都应当作为伟大人物的突出特点的那种豪爽性格和刚直不阿精神了。乍看上去,仿佛所有美国人的头脑都是出于同一个模子,以致他们能够分毫不差地沿着同样道路前进。不错,外国人有时会遇到一些离经叛道的美国人,见到一些慨叹于法律多弊和激愤于民主任性多变的人。这些人往往谈到那些败坏了国民性的缺点,并指出可以纠正这些错误的方法。但是,除了你以外,他们不会向别人述说,而他们对之倾诉隐秘思想的你,却是一个外国人,一个过客。他们愿意把真心话告诉你,但这对你并没有什么用处。他们到了公共场所,便不这样讲了。

如果上述这些被我转述的话将来有一天被美国人读到，我猜想会出现两种情况：第一，读者们将放满嗓子高声谴责我；第二，其中大多数人将在内心里原谅我。

我在美国听到人们谈论祖国，也在人民中间见到真正的爱国主义表现，但从国家的领导者身上寻找这种表现时，却经常一无所获。用类推方法不难解释专制主义对其所治人民的败坏作用，为什么远远超过对其执行者的败坏作用。在专制君主国，国王往往品德高尚，但其朝臣多为卑鄙无耻之徒。不错，美国的当选官员不称他们的主人——选民为“大人”或“陛下”，这似乎与君主国的朝臣有很大不同。但是，他们却不断称道其主人天生明情达理，从不为他们的主人到底有什么值得称赞的美德而争论，因为他们确信主人具有一切美德，而即使现在没有或不想有，将来也一定会有。他们并不把自己的妻子和女儿送给主人，供其宠爱而纳为嫔妃，但他们却因为牺牲自己的观点而出卖了自己。

在美国，道德家们和哲学家们，虽然不必以寓言掩盖其观点，但他们在壮着胆子讲述一项令人不快的真理之前，总是加上一段引子：“我们知道，听我们讲话的人民品德极高，绝没有可使自己失去主人身份的那些缺点。假如听我们讲话的人士，其品德和学识不是好得使他们比其他人更值得享有自由的话，我们就不说这些话了。”

在路易十四面前献媚的人，能够奉承得比这还好吗？

就我来说，我确信在一切政府中，不管其性质如何，下贱者一定趋炎，献媚者一定附势。而且我认为，只有一种方法可防止人们自侮，那就是不赋予任何人以无限权威，即不赋予任何人以可诱引他人堕落的最高权力。

美国共和政体的最大危险来自多数的无限权威

导致民主共和政体破灭的是政府滥用权力，而非政府无能——美国的共和政府比欧洲的君主政府更集权和更强大——由此产生的危险——麦迪逊和杰斐逊对这个问题的看法

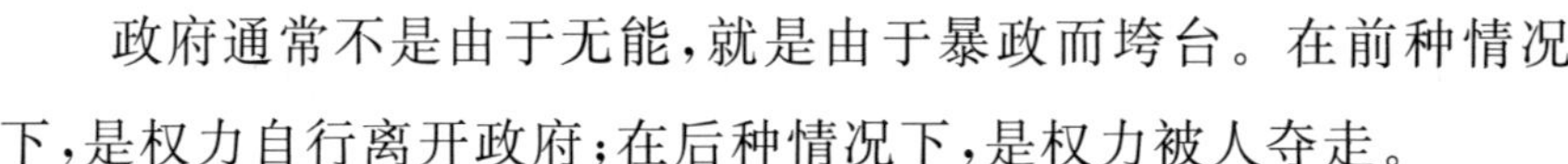

政府通常不是由于无能，就是由于暴政而垮台。在前种情况下，是权力自行离开政府；在后种情况下，是权力被人夺走。

许多人在看到民主国家陷入无政府状态时，总以为这些国家的政府天生软弱无能。实际的情况是：这些国家的政党之间一旦燃起战火，政府就对社会失去了控制。但我并不认为，一个民主政权天生就缺乏人力和物力；恰恰相反，我却相信一个民主政府之所以垮台，几乎总是由于滥用人力和物力。无政府状态总是来因于暴政或管理不当，而不是由于政府无能。

不要把稳定与力量，或把一件事情的伟大性与其持久性混为一谈。在民主共和国，指导社会的权力[⑤]并不稳定，因为它经常易手和改变方向。但是，在权力易手和改变方向时，它的力量也几乎是不可抗拒的。

在我看来，美国的共和制政府也像欧洲专制君主国政府那样

⑤ 权力可能集中于一个议会之手。这时，它虽很强大，但不稳定。如果权力集中于一个人之手，那它可能不太强大，但非常稳定。

集权，而其力量犹有过之。因此，我不认为它会因为软弱无力而垮台⑥。

假使有一天自由在美国毁灭，那也一定是多数的无限权威所使然，因为这种权威将会使少数忍无可忍，逼得少数诉诸武力。那时将出现无政府状态，但引起这种状态的是专制。

麦迪逊总统就表现过这种看法（见《联邦党人文集》第 51 篇）。〔万人文库版第 266 页及以下各页〕

他说："对于共和政体来说，最为重要的是：不仅要保卫社会不受统治者的压迫，而且要保护社会上的一部分人不受另一部分人的不公正对待。……公正是政府的目的，也是公民社会的目的。人们曾一直追求，并将以全力永远追求这个目的，直到获得成功为止，或直到在追求中丧失自由时而被迫停止。

"如果在一个社会中，较强的派系能够利用这种社会情况随时联合起来压迫较弱的派系，那么可以断言，这个社会将自然而然地陷入无政府状态，使软弱的个人失去抵抗较强的个人的暴力的任何保障；在这种状态下，原来较强的人也会由于不满意社会动荡，而愿意服从于一个既能保护弱者又能保护自己的政府；而出现这种愿望之后，同样的动机又逐渐激起较强的派系和较弱的派系愿意组织一个能够保护一切强的和弱的派系的政府。可以不必怀疑，如果罗得岛州脱离联邦而独立，则其以人民名义在极其有限的土地内进行统治的权力的不牢靠性，必将因多数的暴政而证明这

⑥　我认为不必提醒读者注意，我在这里和在本章其他各处说到多数的专制时，不仅指联邦政府，而且也指各州的政府。

种完全脱离人民的权力，正是由那个需要这种虐政的多数迫不及待地弄出来的。”

杰斐逊也说：“我国政府的行政权，并非我所担心的唯一问题，或许可以说不是我所担心的主要问题。立法机构的暴政才真正是最可怕的危险，而且在今后许多年仍会如此。行政权的暴政虽然也会出现，但要在很久以后。”⑦

在这个问题上，我宁愿引用杰斐逊的话，而不愿引用其他人的话，因为我认为他是迄今为止宣传民主的最坚强使徒。

⑦ 《1789 年 3 月 15 日杰斐逊致麦迪逊的信》。〔参看《杰斐逊文集》第 7 卷第 312 页，华盛顿，1905 年〕

第八章　美国怎样削弱多数的暴政

不存在行政集权

全国的多数没有包办一切的思想——全国的多数必须利用乡镇和县的行政委员去执行其主权意旨

我在本卷第一部分，曾对两种集权做过区分。我把其中的一种集权称为政府集权，把另一种称为行政集权。

在美国，只有第一种集权，而另一种集权则不存在。

假如领导美国社会的权力把管理国家的这两项手段均掌握在手，并兼有包办一切的能力和习惯以及发号施令的大权；假如它在确定管理国家的一般原则之后，还要屈尊去管理其应用的细节；假如它在规定国家的重大利益之后，还能屈尊去过问私人利益，那么，自由在新大陆早就不复存在了。*

在美国，多数虽然经常流露出暴君的嗜好和脾气，但还没有施行暴政的最完备手段。

在美国的任何一个州里，中央政府至今只管理少数值得它特

* “自由在新大陆早就不复存在了”。参阅法文版第 98 页编者注。托克维尔的话或许适用于我们当代，因为他在 1835 年就已预见到政府集权将会得到行政集权的增援。——法文版编者

别注意的事务。它不参与管理社会的次要事务。它甚至没有这样的想法。多数虽然越来越专制,但没有给中央政府增加特权,而一直把一切大权留给自己。因此,专制在一个点上可能是大大加强了,但未扩及到面上。全国的多数,尽管其激情动人,其倡议振奋人心,也无法在全国各地以同样方法在同一时间使全体公民服从它的意旨。当代表多数的中央政府发布国家命令时,必须责成一些官员去执行命令,但这些官员并不总是隶属于它,它也不能每时每刻予以指导。因此,乡镇和县的行政机构就像一座座暗礁,不是延缓了代表人民意志的命令的流速,就是使命令流错了方向。即使法令是强制性的,自由也会在法令的实施当中找到庇护所,而且多数也无法管到事情的细枝末节,甚至我敢说管不住行政当局的敷衍塞责。其实,多数本身也不认为自己能够做到这一点,因为它尚没有充分认识自己的权力。它只知道自己的自然力量,还未掌握扩大这个力量范围的技巧。

这一点很值得注意。假如将来有一天类似美国这样的民主共和制度在某一个国家建立起来,而这个国家原先有过一个独夫统治的政权,并根据习惯法和成文法实行过行政集权,那么,我敢说在这个新建的共和国里,其专横之令人难忍将超过在欧洲的任何君主国家。要到亚洲,才会找到能与这种专横伦比的某些事实。

美国的法学家精神及其如何成为平衡民主的力量

探讨什么是法学家精神的本性是有好处的——法学家对行

将诞生的社会负有重大使命——法学家从事的工作何以使他们的思想具有了贵族气质——可以抑制这种思想发展的偶然原因——贵族发现自己容易与法学家联合——暴君利用法学家的可能性——法学家是如何成为与民主因素自然结合起来的贵族因素的——使英国和美国的法学家精神易于具有贵族气质的特殊原因——美国的贵族是律师和法官——法学家对美国社会的影响——他们的思想是如何深入到立法机构和行政机构的，以及最后是如何使人民本身都具有了行政官员的某些属性的

我在走访一些美国人和研究美国法律之后，发现美国人赋予法学家的权威和任其对政府施加的影响，是美国今天防止民主偏离正轨的最坚强壁垒。在我看来，这个效果来自一个一般原因，而研究这个原因则很有好处，因为它在别处可能再现。

500 多年以来，法学家在欧洲一直参加政界的各种运动。他们时而被政权用作工具，时而把政权作为自己的工具。在中世纪，他们为王权的扩大效了犬马之劳；从那以后，他们却坚定不移地致力于限制这个权力。在英国，他们同贵族结成了亲密的联盟。在法国，他们以贵族的最危险敌人的面目出现。那么，法学家是不是被偶然的和暂时的冲动左右过呢？或者是不是因为环境而被他们天生的和经常重现的本性驱使过呢？我想弄清这个问题，因为法学家在行将诞生的民主政治社会或许负有首要的使命。

对法律做过特别研究的人，从工作中养成了按部就班的习惯，喜欢讲究规范，对观念之间的有规律联系有一种本能的爱好。这一切，自然使他们特别反对革命精神和民主的轻率激情。

法学家在研究法律当中获得的专门知识，使他们在社会中独

辟一个行业，在知识界中形成一个特权阶级。他们在执业当中时时觉得自己优越，他们是一门尚未普及的不可缺少的科学的大师，他们经常在公民中间充当仲裁人；而把诉讼人的盲目激情引向正轨的习惯，又使他们对人民群众的判断产生一种蔑视感。除此而外，他们还自然而然地形成一个团体。这不是说他们彼此已经互相了解和打算同心协力奔向同一目标，而是说犹如利益能把他们的意愿联合起来一样，他们的专业相同和方法一致使他们在思想上互相结合起来。

因此，在法学家的心灵深处，隐藏着贵族的部分兴趣和本性。他们和贵族一样，生性喜欢按部就班，由衷热爱规范。他们也和贵族一样，对群众的行动极为反感，对民治的政府心怀蔑视。

我不想说法学家的这些本性已经顽固到足以把他们死死捆住的地步。支配法学家的东西，也和支配一般人的东西一样，是他们的个人利益，尤其是眼前的利益。

有一种社会，其法律界人士在政界不能获得他们在民间所处的地位。在这种社会体制下，我们可以肯定法学家必将成为革命的急先锋。但是，应当研究他们走上破坏或改造现实的原因是出于他们的固有本性还是出于偶然。不错，1789 年推翻法国的君主政体，主要应当归功于法学家。但是，他们所以能够如此的原因，是出于他们研究了法律还是出于他们没有能参与制定法律，尚有待于研究。

500 多年以来，英国的贵族曾多次领导人民，并代人民发言；但在今天，他们却维护王位，并为捍卫王权而斗争。但是，贵族仍保持其特有的本性和偏好。

因此应当注意，不要以偏概全，即不要把团体的个别成员视为团体本身。

在所有的自由政府中，不管其形式如何，法学家总是在各党派中居于首列。这种看法亦适用于贵族政体。激发群众起来行动的民主运动，几乎都是由贵族发动的。

一个群英荟萃的团体，永远满足不了它的全体成员的各种野心。其成员的天才和激情往往没有用武之余地，所以很多人因不能很快享有团体应有的特权而攻击这些特权，以便尽快升到上层或另建新的团体。

因此，我不认为将来会出现一个*全由*法学家做主的局面，也不认为法学家在*任何*时候大部分都能表现自己是秩序的友人和改革的敌人。

我认为，在一个社会里，如果法学家安居高位而无人反对，那他们的思想将是极其保守的，并将表明是反民主的。

当贵族政体为法学家关上晋升的大门时，法学家就会变成它的最危险的敌人。这个敌人在财力和权力上虽然不如贵族，但在活动上却可以独立于贵族，并认为自己的智力与贵族不相上下。

但是，每当贵族愿意将其某些特权分给法学家时，这两个阶级便能十分容易地联合起来，甚至可以说能够成为一家人。

我也偏于相信，一个国王经常可以轻而易举地使法学家成为自己政权的最有用工具。

尽管法学家往往与人民联合起来打击行政权，但法学家与行政权之间的自然亲和力，却远远大于法学家与人民之间的这种亲和力。同样地，尽管经常看到社会的高层阶级与其他阶级联合起来反对王权，但贵族与国王之间的自然亲和力，却大于贵族与人民之间的这种亲和力。

法学家之爱秩序甚于爱其他一切事物，而秩序的最大保护者则是权威。另外，也不应当忘记，即使法学家重视自由，他们一般也把法治置于自由之上。他们害怕暴政不如害怕专断。而且，如果立法机构以立法剥夺人们的自由，并对此承担责任，法学家也不会有什么不满。

因此我认为，一个君主面临日益高涨的民主而欲削弱国家的司法权和减弱法学家的政治影响，那将是大错特错。他将失去权威，而徒有权威的外表。

我不怀疑，让法学家参加政府，对国王是比较有利的。如果政府的专制是以暴力进行的，那么，在把政府交给法学家管理以后，专制在法学家手里将会具有公正和依法办事的外貌。

民主政府有利于加强法学家的政治权力。如果把富人、贵族和君主撵出政府，法学家在政府里就将总揽大权，因为那时唯有他们是人民能够找到的最聪明能干的人了。

法学家一方面因其爱好而自然倾向贵族和君主，另一方面又因其利益而自然倾向人民。

因此，法学家虽然也喜欢民主政府，但没有民主的偏好，没有承袭民主的弱点，从而能通过民主并超过民主使自己加倍强大。

在民主政体下，人民也信任法学家，因为人民知道法学家的利益在于对人民的事业服务；人民听法学家的话而不气恼，因为人民预料法学家不会出什么坏主意。事实上，法学家根本不想推翻民主创造的政府，而是想不断设法按照非民主所固有的倾向，以非民主所具有的手段去领导政府。法学家，从利益和出身上来说，属于人民；而从习惯和爱好上来说，又属于贵族。法学家是人民和贵族之间的天然锁链，是把人民和贵族套在一起的环子。

法学家的行业，是唯一容易与民主的自然因素混合，并以有利于己的方式与其永久结合的贵族因素。我并非不知道什么是法学家精神的固有缺点，但民主精神如不结合法学家精神，我怀疑民主可以长期治理社会；而且，如果法学家对公务的影响不随人民权力的增加而增加，我也不相信在我们这个时代一个共和国能够有望保住其存在。

我从法学家精神中见到的这个贵族特点，在美国和英国比在其他任何国家都表现得明显。* 其原因不仅在于英国和美国的法学家参与了立法工作，而且在于立法工作的性质本身及法律解释者在这两个国家所处的地位。

英国人和美国人保留了比附先例的立法办法，即他们继续依据祖先的法学观点和法律定则来建立自己在法律方面应持的观点和应守的定则。

一个英国或美国的法学家，几乎总是把对古老东西的敬爱和尊重与对正规的和合法的东西的爱好结合起来。

这对法学家的精神面貌，随后又对社会的动向，还起着另一种影响。

---

* 参阅霍尔兹沃思：《英国法律史》（共 9 卷，伦敦，1922—1926 年）；沃伦：《美国法律史》（剑桥，1912 年）。韦伯在其《经济与社会》（杜宾根，1925 年）和《政治论》（慕尼黑，1921 年）中，曾强调律师在政治生活中的优越作用。再参看我（梅耶）的《马克斯·韦伯和德国政治学：关于政治社会学的一项研究》（伦敦，1945 年）。——法文版编者

英国或美国的法学家重视既成的事实，法国的法学家重视何以出现此事实，即前者注重判决的本文，后者注重判决的理由。

当你倾听英国或美国的法学家的陈述时，你会为他们三番五次地引证他人的观点，极少发表自己的见解，而感到吃惊。在法国，情况就与此不同。

法国的律师在处理一个小案时，也不能只是进行一般的陈述而不引证他所持的成套法学思想。他将滔滔不绝地引述法律的立法原则，以劝说法庭采取变通办法后退几步。

英国和美国的法学家，从思想上就反对这种做法，因为这与他们祖先的思想不符。这种盲从祖先思想的百依百顺，必然使法学家精神沾染上畏畏缩缩的习性，使其在英国和美国养成的惰性比在法国严重。

法国的成文法往往很难理解，但人人都可以研讨。相反地，对于普通人来说，再也没有比以先例为基础的法律更使他糊涂和莫名其妙的了。英国和美国的法学家对先例的这种尊重，他们在教育中养成的这种尚古思想，日益使他们脱离人民，并终于使他们成为一个与众不同的阶级。法国的法学家都是学者，而英国或美国的法律界人士，则好像是埃及的祭司，并像埃及的祭司一样，只充当一种玄奥科学的解释者。

法律界人士在英国和美国所处的地位，对他们的习惯和思想起着一种不算不大的影响。一心将一切在本性上与己有某些类似的东西拉到自己方面来的英国贵族，极为尊重法学家，并赋予他们以极大的权力。在英国的社会里，法学家虽然没有进入最高等级，但他们却满足于现在所在的等级。他们是英国贵族中的少壮派，他们爱戴和尊敬他们的老大哥,而且不去同他们争权。这样,英国的法学家便把他们活动圈子里的贵族思想和情趣,与他们职业的贵族利益结合起来。

我试图描绘的这种法学家的形象,在英国表现得最为突出。英国法学家之所以尊重法律,并不是因为法律良好,而是因为法律古老;即使他们要对法律进行某些修改,使其适应社会的时势,他们也是万变不离其宗,对祖先留下的东西进行修修补补,只发展祖先的思想,只完善祖先的业绩。不要期待他们会以革新者的面貌出现,他们宁愿被人指为荒谬绝伦,也不愿承担冒犯老祖宗遗训的大罪。这就是英国人对待法律的态度。这种态度毫不关心事物的实质,只重视法律的条文,宁肯违反理性和人情,也不改动法律上的一文一字。

英国的立法工作就像侍弄一棵古树,立法者向这棵树上嫁接各式各样的枝条,希望枝条结出千奇百怪的果实,或至少让繁茂的枝叶簇拥支撑着它们的树干。

在美国,既没有旧式贵族又没有文士,人民不信任富人。因此,法学家形成了一个高等政治阶级,他们是社会上最有知识的部分。于是,他们只能舍弃改革,使自己的爱好秩序的本性增添了保守的志趣。

假如有人问我美国的贵族在何处,我将毫不迟疑地回答:他们不在富人中间,富人没有把他们团结在一起的共同纽带。美国的贵族是从事律师职业和坐在法官席位上的那些人。

我们越是深思发生于美国的一切,就越是确信法学界是美国的能够平衡民主的最强大力量,甚至可以说是能够平衡民主的唯一力量。

我们在美国不难发现，法学家精神是如何因其优点，甚至还可以说如何因其缺点，而适于中和平民政府所固有的弊端的。

当美国人民任其激情发作，陶醉于理想而忘形时，会感到法学家对他们施有一种无形的约束，使他们冷静和安定下来。法学家秘而不宣地用他们的贵族习性去对抗民主的本能，用他们对古老事物的崇敬去对抗民主对新鲜事物的热爱，用他们的谨慎观点去对抗民主的好大喜功，用他们对规范的爱好去对抗民主对制度的轻视，用他们处事沉着的习惯去对抗民主的急躁。

法院是法学界对付民主的最醒目工具。

法官都是法学家，他们除了喜爱在研究法律的过程中获悉的秩序和制度以外，还因其职位的终身性而酷爱安宁。他们的法学知识，早已保证他们可以在同胞中出人头地。他们的政治权力，可以把他们推上高人一等的地位，并使他们养成特权阶级的习性。

有权宣布法律违宪的美国司法官员，管理日常的司法事务①。他们不能强制人民立法，但至少可以强迫人民信守他们自己制定的法律，要求他们言行一致。

我并非不知道，在美国存在着一种驱使人民削弱司法权的潜在趋势。大部分州的宪法，都规定州政府可以应两院之请撤换法官。某些州的宪法，规定法庭的成员由选举产生，并准许多次连选连任。我敢大胆预言，这项改革迟早要产生极坏的后果，而且将来总有一天要发现，这样削弱司法官员的独立性，不仅打击了司法

① 参看第一部分讲述司法权的章节。

权，而且打击了民主共和制度本身。

此外，千万不要以为，在美国只有法院才有法学家精神。这种精神早已远远扩展到法院以外。

由于法学家是人民信赖的唯一知识阶级，所以大部分公职自然都被他们占去。他们既垄断了立法机构，又主持了司法机构。因此，他们对法律的制定和行使具有极大的影响。但是，他们必须服从对他们发生牵制作用的舆论。即使他们不受限制而自由行动，人民也不难及早发现其不轨的苗头。在政治法方面做了很多改革的美国人，却在民法方面只做了微小的改革，而且这一小点改革还费了很大周折。尽管民法中的许多规定与美国社会的现实格格不入，但他们还是如此泰然处之。造成这种情况的原因是，在公民权利的问题上，多数往往托付法学家去处理，而自行其是的美国法学家却不肯改革。

一个法国人，在美国听到人民抱怨法学家有惰性和喜欢维持现状时，确实大为吃惊。

法学家精神的影响，大大超过了我已确切指出的范围。

在美国，几乎所有政治问题迟早都要变成司法问题。因此，所有的党派在它们的日常论战中，都要借用司法的概念和语言。大部分公务人员都是或曾经是法学家，所以他们把自己固有的习惯和思想方法都应用到公务活动中去。陪审制度更把这一切推广到一切阶级。因此，司法的语言差不多成了普通语言；法学家精神本来产生于学校和法院，但已逐渐走出学校和法院的大墙，扩展到整个社会，深入到最低阶层，使全体人民都沾染上了司法官的部分习性和爱好。

在美国，法学家形成一个并不足惧但难于察觉的权力。这个权力没有自己的旗帜，能够极其灵活地迎合时代的要求，不加抵抗地顺应社会的一切运动。但是，这个权力却扩展到整个社会，深入到社会上的每一个阶级，在暗中推动社会，默默地影响社会，最后按自己的意愿塑造社会。

美国视陪审团为政治机构*

作为人民主权的表现形式之一的陪审团，必须与确立这个主权的其他法律协调一致——美国陪审团的结构——陪审制度对国民性产生的影响——陪审制度对人民的教育作用——陪审制度是如何树立司法官员的影响和发展法学家精神的

由于我的讲题自然引导我去叙述美国的司法制度，我就不能在此略而不谈陪审制度。

在讲述陪审制度时，必须把这个制度的两种作用区别开来：第一，它是作为司法制度而存在的；第二，它是作为政治制度而起作用的。

如果要问陪审制度在哪一方面有功于司法行政，特别是在民

* “陪审制度”是盎格鲁-撒克逊人实行的一种审判制度或“普通法”，即在一定的地区（英语称 venue——审判管辖区）从公民中选出或指定几名陪审员，参加某些案件的审判工作。这些陪审员组成陪审团审理民事和刑事案件，并在辩论后做出自己的判断。为了使陪审员能做出正确的判断，法官或法庭应告知陪审员该案将适用哪些法律。一般均把“陪审制度”与 1215 年的《大宪章》联系起来，但它在这之前早已存在了。——法文版编者

事方面是否有功于健全的司法行政，我承认陪审制度的功用问题可能引起争论。

陪审制度初建于社会尚不发达的时期，那时提交法院审理的案件只是一些简单的诉讼。但是，要想使陪审制度适应高度发展的社会的需要，便不是一件容易的任务了，因为这时人们之间的关系已经非常复杂，多种多样，并具有需要用科学和理智加以判断的性质。②

现在，我的主要目标是向陪审制度的政治方面走去，其他任何途径都会使我离题。对于陪审制度作为司法手段的问题，我只能少谈几句。当英国人采用陪审制度的时候，他们还是一个半野蛮的民族。后来，他们发展成为世界上最文明的民族之一，而他们对于这一制度的爱慕，仿佛也随着他们的文明而俱增。他们走出自己的国土，向世界的各地发展。结果，有些地方成了他们的殖民地，而另些地方则建立了独立的国家。一些国家仍然承认英王是

② 把陪审制度作为司法制度来研究，探讨这个制度在美国产生的效果，考察美国人是怎样以这个制度来牵制政党的，将是一项有益而有兴趣的工作。如果只考察这个问题，你可以找一本全书研究这个问题的著作，和一本专为法国人写的著作。这样，你可以从中研究美国陪审制度的哪些部分能够用于我国和对我们有多大帮助。在美国，使我们最能了解这个问题的州，是路易斯安那州。这个州的居民有英裔和法裔。这个州的两种法制，使他们形成了两个并立的民族，但他们也正在逐渐融合。可以向读者推荐的好书有两部：一部是两卷本的《路易斯安那州法令汇编》〔本书的全名、出版地点和年月为：《路易斯安那州1804—1827年立法机关通过的法令汇编》，2卷本，新奥尔良，1828年〕；另一本是讲述民事诉讼程序的，它可能更好一些，系用英法两种语言写成的，书名为《论民事诉讼程序》，1830年由布依松先生出版于新奥尔良〔见美国国会图书馆藏路易斯安那州法令、文件集〕。这部书特别便于法国人阅读，因为其中附有英法对照的术语表，并对这些术语做了精确的和权威性的解释。在所有国家，法律用语都有其一定的含义，特别是在英国，同一法律用语，其含义就不同于其他国家。

它们的君主，而许多殖民地却建立了强大的共和政体，但到处的英裔国家都一律提倡陪审制度[③]。它们不是到处建立陪审制度，就是马上回复陪审制度。这个伟大民族所提倡的司法制度，后来便长期存在下来，并在文明的各个阶段，被各个地区和各种政府所采用，而且没有遭到司法界的反对[④]。

但是，我们不谈这个问题。把陪审制度只看作一种司法制度，这是十分狭窄的看法，因为既然它对诉讼的结局具有重大的影响，那它由此也要对诉讼当事人的命运发生重大的影响。因此，陪审制度首先是一种政治制度。应当始终从这个观点去评价陪审制度。

所谓陪审制度，就是随时请来几位公民，组成一个陪审团，暂

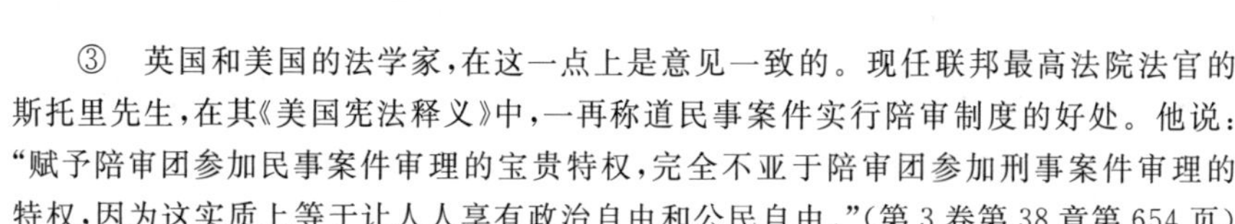

③　英国和美国的法学家，在这一点上是意见一致的。现任联邦最高法院法官的斯托里先生，在其《美国宪法释义》中，一再称道民事案件实行陪审制度的好处。他说："赋予陪审团参加民事案件审理的宝贵特权，完全不亚于陪审团参加刑事案件审理的特权，因为这实质上等于让人人享有政治自由和公民自由。"（第3卷第38章第654页）

④　要想详说作为司法制度的陪审制度的好处，还可以找到许多论据。现举几个如下。

陪审员参加审判工作，可减少法官的人数，而且不致给工作带来不便。这就是一个很大好处。当法官的人数很多而又采用晋升制度时，只有在职的法官死去才能出缺，使活着的法官晋升。因此，司法人员总是希望他人早死，而这种心理又自然使他们依附于多数或有权指定补缺的人。法官的这种晋升办法，犹如军衔的递进。这种办法，是与良好的司法行政和立法机构的意向格格不入的。有人主张实行法官终身制，使法官保持独立。但是，只要法官不自愿辞职，任何人也不得罢免他，亦不失为一种好办法。

当法官的人数很多时，其中不免有人滥竽充数。但是，责任重大的法官绝不应当由普通人担任。因此，由平庸之辈组成的法庭，应当是法院组织中的最坏环节。

至于我，我宁愿把一个案件交给由一位精明强干的法官领导的不太懂法的陪审团审理，也不愿意把它交给绝大多数只对法学和法律一知半解的一伙法官审理。

时给予他们以参加审判的权利。

我认为，在惩治犯罪行为方面利用陪审制度，会使政府建立完美的共和制度。其理由如下：

陪审制度既可能是贵族性质的，又可能是民主性质的，这要随陪审员所在的阶级而定。但是，只要它不把这项工作的实际领导权交给统治者，而使其掌握在被统治者或一部分被统治者手里，它始终可以保持共和性质。

强制向来只是转瞬即逝的成功因素，而被强制的人民将随即产生权利的观念。一个只能在战场上击败敌人的政府，也会很快被人推翻。因此，要加强政治工作，而政治方面的真实法律惩治，必须体现在刑法里面。没有惩治，法律迟早会失去其强制作用。因此，主持刑事审判的人，才真正是社会的主人。实行陪审制度，就可把人民本身，或至少把一部分公民提到法官的地位。这实质上就是陪审制度把领导社会的权力置于人民或这一部分公民之手⑤。

在英国，陪审团系由该国的贵族中选出的。贵族既制定法律，又执行法律和惩治违法行为(B)。一切都得经贵族同意，所以英国简直是一个贵族的共和国。而在美国，这一个制度则应用于全体人民。每一个美国公民都有选举权，都有资格参加竞选，都有资

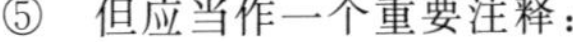

⑤　但应当作一个重要注释：

不错，陪审制度使人民拥有了监督公民行为的一般权利，但它并未给予人民以在一切场合进行这项监督的手段，也没有让人民经常以暴力方式实行这种监督。

当一个专制君主可以自行指定他的代表处罚犯人时，被告的命运可以说是早就注定了。但是，如果由人民审判，则陪审团的决定及其不可驳回性，尚会为无辜者提供有利的机会。

格当陪审员(C)。在我看来,美国人所同意实行的陪审制度,像普选权一样,同是人民主权学说的直接结果,而且是这种学说的最终结果。陪审制度和普选权,是使多数能够进行统治的两个力量相等的手段。

凡是曾想以自己作为统治力量的源泉来领导社会,并以此取代社会对他的领导的统治者,都破坏过或削弱过陪审制度。比如,都铎王朝曾把不想做有罪判决的陪审员投入监狱,拿破仑曾令自己的亲信挑选陪审员。

尽管前人提供的大部分真理十分明显,但并没有打动所有的人,而且在我们法国,人们还往往对陪审制度持有混乱的观点。要想知道什么人可以当选陪审员,那就只是把陪审制度当做一种司法制度,讨论参与审判工作的陪审员应当具备什么知识和能力就可以了。其实,在我看来,这是问题的无关紧要部分,因为陪审制度首先是一种政治制度,应当把它看成是人民主权的一种形式。当人民的主权被推翻时,就要把陪审制度丢到九霄云外;而当人民主权存在时,就得使陪审制度与建立这个主权的各项法律协调一致。犹如议会是国家的负责立法的机构一样,陪审团是国家的负责执法的机构。为了使社会得到稳定的和统一的管理,就必须使陪审员的名单随着选民的名单的扩大而扩大,或者随其缩小而缩小。依我看,这一点最值得立法机构经常注意。其余的一切,可以说都是次要的。

由于我相信陪审制度首先是一种政治制度,所以在把这一制度应用于民事诉讼时,我依然是这样看它。

法律只要不以民情为基础,就总要处于不稳定的状态。民情是一个民族的唯一的坚强耐久的力量。

当陪审团只参与刑事案件的审理时，人民只能逐渐地发现它的作用，而且只能从个别的案件中发现。人民没有在日常生活中应用陪审制度的习惯，只把它看作获得公道的一般手段，而没有把它视为获得公道的唯一手段⑥。

反之，当陪审团参加民事案件的审理时，它的作用便可经常被人看到。这时，它将涉及所有人的利益，每个人都来请它帮助。于是，它深入到生活的一切习惯，使人的头脑适应它的工作方法，甚至把它与公道等量齐观。

因此，只用于刑事案件的陪审制度，必永远处于困境；而一旦把它用于民事案件，它就经得起时间的考验和顶得住人力的反抗。假如英国的统治者能像从法律中那样容易排除陪审制度而从英国人的民情中排除陪审制度，英国的陪审制度早在都铎王朝时期就不复存在了。因此，事实上拯救了英国的自由的，正是民事陪审制度。

不管怎样应用陪审制度，它都不能不对国民性发生重大影响。不过，随着它越早应用于民事案件，这种影响更会无限加强。

陪审制度，特别是民事陪审制度，能使法官的一部分思维习惯进入所有公民的头脑。而这种思维习惯，正是人民为使自己自由而要养成的习惯。

这种制度教导所有的阶级要尊重判决的事实，养成权利观念。假如它没有起到这两种作用，人们对自由的爱好就只能是一种破

⑥　当陪审制度只用于某些刑事案件时，这个论点尤其是真理。

坏性的激情。

这种制度教导人们要做事公道。每个人在陪审邻人的时候，总会想到也会轮到邻人陪审他。这种情况，对于民事陪审员来说，尤为千真万确。几乎没有人不害怕有朝一日自己成为刑事诉讼的对象，而且人人又都可能涉讼。

陪审制度教导每个人要对自己的行为负责。这是大男子汉的气魄，没有这种气魄，任何政治道德都无从谈起。

陪审制度赋予每个公民以一种主政的地位，使人人感到自己对社会负有责任和参加了自己的政府。陪审制度以迫使人们去做与己无关的其他事情的办法去克服个人的自私自利，而这种自私自利则是社会的积垢。

陪审制度对于判决的形成和人的知识的提高有重大贡献。我认为，这正是它的最大好处。应当把陪审团看成是一所常设的免费学校，每个陪审员在这里运用自己的权利，经常同上层阶级的最有教养和最有知识的人士接触，学习运用法律的技术，并依靠律师的帮助、法官的指点，甚至两造的责问，而使自己精通了法律。我认为，美国人的政治常识和实践知识，主要是在长期运用民事陪审制度当中获得的。

我不知道陪审团是否对涉讼的人有利，但我确信它对主审的法官有利。我把陪审团视为社会能够用以教育人民的最有效手段之一。

以上所述，是就一切国家而言；而以下所述，则是专门就美国和就一般民主国家而言。

我在前面已经说过，在民主政体下，法学家和司法人员，构成了唯一能够缓和人民运动的贵族团体。这部分贵族并没有任何物质力量，只对人们的精神发生保守性的影响。但是，他们的权威的主要根源，就存在于民事陪审制度之中。

刑事诉讼是社会反对某人的斗争，陪审团在参加这种诉讼的审理时爱把法官视为社会权威的消极手段，对法官的意见持怀疑态度。但是，刑事诉讼要完全以常识容易辨认的单纯事实为依据。在这一点上，法官和陪审员是平等的。

在民事诉讼上，情况就与此不同了。这时，法官是激烈争论的两造之间的不偏不倚仲裁人；陪审员要对法官表示相信，洗耳恭听法官的仲裁，因为法官的法律知识远远高于陪审员。当着陪审团的面陈述陪审员们已经记不清的各项法律根据的，是法官；引导陪审团经过曲折的诉讼程序的，也是法官；向陪审团指明事实的要点和告诉它应当如何回答法律问题的，还是法官。法官对陪审员的影响几乎是无限的。

人们可能问我为什么对于陪审员在民事案件中没有能力引证法律根据一事表示坦然？

因为在民事诉讼中，凡是不涉及事实的问题，陪审团都几乎无从置言，而只是在形式上参与了司法审理。

陪审员宣布法官所做的判决。一般来说，他们都是以他们所代表的社会权威，以理性和法律的权威认定法官的判决。(D)

在英国和美国，法官对于刑事诉讼的结局具有法国的法官从来没有听说过的影响。这种情况的产生原因是不难理解的：英国和美国的法官先在民事诉讼中确立了自己的权威，而后又把这种权威全盘搬到他们在其中本无权威的另一个舞台。

对某些案件，而且往往是重大案件，美国的法官有权独自宣判⑦。这时，他们的地位有时与法国法官的通常地位一样，但他们的道义力量却大得多，因为陪审团的影响还在帮助他们，他们的声音几乎与陪审团所代表的社会的声音同样洪亮。

他们的影响甚至大大超过法院本身的影响，这是因为美国的法官在私人的娱乐中和在政治活动中，以及在公共场所和在立法机构内部，都不断遇到一些惯于认为自己的智慧总有些不如法官的人向他们致敬；而且在他们处理完案件以后，他们的权力还在影响着在办案当中与他们结识的那些人的整个思维习惯，甚至影响着这些人的内心世界。

因此，表面上看来似乎限制了司法权的陪审制度，实际上却在加强司法权的力量；而且，其他任何国家的法官，都没有人民分享法官权力的国家的法官强大有力。

美国的司法人员之能把我所说的法治精神渗透到社会的最低阶层，借助于实行民事陪审制度之处最多。*

因此，作为使人民实施统治的最有力手段的陪审制度，也是使人民学习统治的最有效手段。

---

⑦ 联邦的法官几乎总是独自解决直接触犯联邦政府的问题。

* 参阅韦伯：《经济与社会》第 404 页。另参阅拉德克利夫和格罗斯：《英国法制》（伦敦，1937 年）；詹克斯：《英国法读物》（伦敦，1928 年）第 97 页及以下几页，梅特兰等人：《英国法史略》（伦敦，1915 年）第 45 页及以下几页。为了能对“陪审制度”及其在英美的实际运用有个明确的认识，可阅读《社会科学百科全书》的“陪审员”条（第 8 卷第 492 页及以下几页）。——法文版编者

第九章　有助于美国维护民主共和制度的主要原因

美国实行的是民主共和政制。本书的主要目的是阐述这一现象的原因。

在这些原因中，有几项由于我要连续叙述一个问题而被迫略过，或在叙述当中只是一笔带过。因此，尚有一些原因我还未来得及讨论；而已被我提及的一些原因，也由于淹没在细节的叙述当中而被我置于脑后。

因此我认为，在连续往下叙述和评述美国的未来之前，我应当集中谈一谈能够说明美国现状的一切原因。

在集中讨论这些原因时，我将说得简单扼要一些，因为我只想让读者概括地回顾一下已经讲过的一切，而对还没有机会讲到的一切，亦只选其中的主要者加以叙述。

我一直认为，有助于美国维护民主共和制度的原因，可以归结为下列三项：

第一，上帝为美国人安排的独特的、幸运的地理环境；

第二，法制；

第三，生活习惯和民情。

有助于美国维护民主共和制度的偶然的或天赐的原因

联邦没有强邻——没有巨大的首都——美国人生而有幸和生得其所——美国地广人稀——这种地理环境是怎样大力地帮助了美国维护民主共和制度的——美国的荒野是怎样开发的——英裔美国人占有新大陆上的荒野的贪欲——物质福利对美国人的政治观点的影响

有许许多多不依人们的意志为转移的环境条件，使美国容易实行民主共和制度。其中有一些是人所共知的，还有一些是不难看到的，但我只想谈最主要的。

美国人没有强邻，所以不用担心大战、金融危机、入侵和被人征服，不必有巨额的税收、庞大的军队和伟大的将军，几乎不会为一种比这些灾难加在一起还要对共和制度有害而可怕的祸害即军事的荣誉而受累。

怎么能否认军事的荣誉对人民的精神发生的难以置信的影响呢？曾被美国人两次选为国家首脑的杰克逊将军，是一个性格粗暴和才能平庸的人，在他的整个任期中没有一件事证明他有资格统治一个自由的民族，所以联邦的知识界大多数人都始终反对他。那么，是谁把他拥上总统的宝座并得以连任的呢？是人民记得二十年前他在新奥尔良城下打过一次胜仗。然而，新奥尔良城下的这次胜仗，不过是一次普普通通的军事胜利，只有在一个战事不多的国家，才能长期留在人们的心里。而且，被虚荣迷住心窍的民族，无疑是世界上一切民族中最冷酷无情、最爱斤斤计较和最不懂军事的民族，如果容许我直说，也是最平凡的民族。

美国没有可以使自己的影响直接或间接及于全国各地的巨大的首都①，我把这一点看成是美国得以保持民主共和制度的主要原因之一。在城市里，无法防止人们集会议事、聚群起哄和突然采取激烈的行动。城市犹如一个以其市民为会员的人民大会。城市的人民对其司法和行政官员具有莫大的影响，而且往往不经官员的同意就自己采取行动。

因此，使地方服从首都，就等于把全国的命运不仅不公正地交给一部分人，而且十分危险地交给一些自行其是的人。这样，首都的绝对优势就给代议制带来了一个严重的威胁。这种优势使现代的共和国也犯了古代的共和国的错误，古代的共和国就因为没有了解这一点而全部灭亡了。

我在这里可以毫不费力地列举出许多曾对美国建立民主共和

① 美国虽然还没有巨大的首都，但已有一些很大的城市。1830 年，费城已有居民 161 000 人，纽约已有人口 202 000 人。居住在这些大城市的下层人民，是一群比欧洲的贱民还要危险的贱民。这群贱民主要由被解放的黑人构成，法律和舆论都把他们看成是卑贱和世世代代贫困的居民。其中也有许多因为运气不佳或行为不轨而被不断赶到新大陆的欧洲人，他们把我们欧洲的一些很坏的恶习带到美国，并对放弃这些恶习毫无兴趣。他们定居在这个国土时没有公民资格，所以准备为所欲为，以便从中捞到好处。因此，我们从某个时期以来，就看到费城和纽约时常爆发恶性的暴乱。但其他地方还没有出现这种动乱，这就没有使全国感到不安，因为城市的居民至今还不能对乡村的居民发生任何影响。

但是，我认为美国某些城市的豪华壮丽，特别是这些城市居民的性格，是威胁新大陆的民主共和制度的未来的真正危险；而且我敢预言，除非政府建立一支随时准备支持全国多数的意旨，但要保护城市居民的自由并能镇压他们的暴力行为的武装力量，某些地方的民主共和制度就将因此危险而寿终正寝。

制度做过贡献，而现今又在保证美国维护这一制度的次要原因。但是，在这一大堆有利的环境原因当中，我发现有两个是主要的。现在，我就来讲这两个原因。

我在本书第一部分第二章里说过，美国人的起源，或我称之为他们的出发点，对美国目前的繁荣做出过最重要和最有力的贡献。美国人生而有幸和生得其所。他们的祖先昔日把身份平等和资质平等带到他们现在居住的土地上，所以民主共和制度必然在有利的自然环境下应运而生。这还不是全部情况，因为除了共和的社会体制外，他们的祖先还给子孙留下了最能促进共和制度成功的习惯、思想和民情。当我沉思于这个根本事实所产生的后果时，我好像从第一个在美国海岸登陆的清教徒身上就看到美国后来的整个命运，犹如我们从人类的第一个祖先身上看到了人类后来的整个命运。

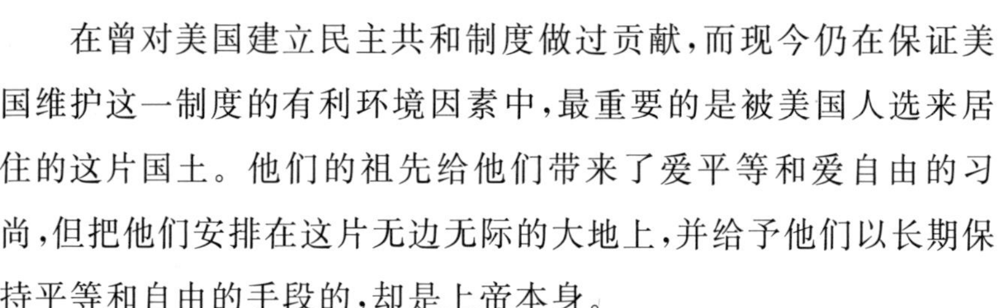

在曾对美国建立民主共和制度做过贡献，而现今仍在保证美国维护这一制度的有利环境因素中，最重要的是被美国人选来居住的这片国土。他们的祖先给他们带来了爱平等和爱自由的习尚，但把他们安排在这片无边无际的大地上，并给予他们以长期保持平等和自由的手段的，却是上帝本身。

社会的普遍富裕有利于一切政府的安定，而特别有利于民主政府的安定，因为民主政府的安定取决于最大多数人的情绪，而且主要是取决于最贫困阶层的情绪。当人民治理国家时，只要无人颠覆国家，人民就必然幸福。只有怀有野心称王当皇帝的人，才希望国家动荡不安。看来，排开法制的原因不谈，能够促进普遍富裕的物质原因，在美国比在世界上其他任何国家都多，比在历史上其他任何时期都强。

在美国，不仅立法是民主的，而且大自然本身也在为人民出力。

请大家回忆一下，历史上何时出现过与我们在北美所见的类似的情况？

古代的那些赫赫有名的国家，都是在战胜周围的敌对国家，巩固自己的地位以后建立起来的。一些现代的民族看到南美的某些地区，有大片的土地居住着不够开化，但已占有并耕种那片土地的民族。于是，这些现代的民族为在那里建立自己的新国家，势必消灭或征服众多的土著居民，并以他们的胜利去玷辱文明。

但在北美，只有一些到处漂泊的不定居部落，他们从未想过利用土壤的天然地力。严格说来，北美还是一个没有人烟的大陆，一片等待人去居住的荒野。

所有这一切，便使美国人的社会情况和法制与众不同了。但是，还有与众更不同的，那就是他们生活于其上的土地。

当创世主赐予人们以大地的时候，大地上是人稀而物丰，取之不尽，用之不竭。但是，人们没有能力和知识去利用大地。当人们学会开发大地的宝藏而获得好处时，大地上已经到处是人。不久，人们便不得不为获得在一个地方居住和自由生息的权利而互相厮杀。

正在这个时候，北美被发现了。它好像是一直被上帝保藏着，而现在才从洪水中露出水面的。

当它出现于人们面前的时候，仍保留着创世之初的面貌，上面是一条条源头永不枯竭的河流，一块块湿润青葱的绿野，一片片没有触过犁铧的无边无际的土地。它就以这种面貌呈现在人们的面前,但这时的人已经不是初民时期的孤立的、无知的野蛮人了,而是已经揭开大自然的主要奥秘、与同胞们团结一致、从五千多年的经验中得到教训的人了。

就在我写这部书的时候,已有 1 300 多万文明的欧洲人和平地生活在这片富饶的土地上,而他们自己对这块土地的资源与面积还没有精确的数字。在他们的前面,有三四千名士兵在追赶没有固定居处的当地土人。跟在这些武装人员后面的,是一批批披荆斩棘的拓荒者。他们穿过森林,驱走野兽,开辟内河航道,为文明向荒野的胜利进军铺平道路。

我在行文当中,时常提到美国人享有的物质福利,并指出这种福利是使他们的法制成功的重大原因。其理由,在我之前已有许多作者解释过。由于只有这个理由容易为欧洲人所理解,所以也被我们所公认。因此,我不想对这个如此经常被人论述和如此容易理解的题目再作发挥,而只打算补充几个事实。

一般人都认为,美洲荒野的开发全靠每年来到新大陆的欧洲移民,而美国的居民仍留在他们祖先早已开拓的土地上繁衍。但这是一个很错误的看法。漂洋过海来到美国的欧洲人,在这里无亲无故,而且往往一文不名。为了谋生,他们不得不受雇于人,很少有人能够离开大洋沿岸的大工业地带到内地去开发。没有资本和贷款,岂能开垦荒地;而欲到森林里去冒险,又必须事先锻炼身体,使其适应新环境中的凛冽气候。因此,长期离开自己的出生地,到遥远的荒凉地区创业的,实际上是美国人自己。最初,是欧洲人放弃自己的茅屋,来到大西洋彼岸定居;而现在,是在同一岸边出生的美国人，深入到美国中部的荒野。这种两次性移民运动，从来没有停止过。即最初由欧洲的基地开始，陆续来到大洋彼岸；随后再由大洋沿岸开进新大陆的中部荒野。千千万万的人，同时开向地平线上的同一点。他们的语言，他们的宗教，他们的习俗，都不一样；但他们的目标，却是相同的。有人对他们说，到西部可以发财致富；于是，他们便听信这句话，匆匆忙忙奔向西部。

大概，除了罗马帝国崩溃时期发生的那次大迁徙以外，没有一次大迁徙可与人类的这次不断迁徙相比。当时也像今天一样，人们成群结队地向同一地点进发，并乱哄哄地在同一地方相遇，但上帝为人们所做的安排，却今昔大有不同了。当时，每个新来的人到达之后，等待他们的是毁灭和死亡；而现今，每个新来的人却随身带来了繁荣和生命的种子。

美国人的这种向西部迁徙的将来后果，对我们来说还是一个有待未来解决之谜。但其直接结果，却是有目共睹的：一部分老户居民逐年离开他们出生的州，而这些州尽管建立已久，但人口却增加得极其缓慢。康涅狄格州就是如此，它每平方英里的居民平均只有 49 人，全州的人口 40 年来只增加四分之一；而在同一期间，英国的人口却增加了三分之一。因此，欧洲的移民不断地来到人口还不太多而工业又缺乏劳动力的美国。他们成了富裕的工人，而他们的儿子，则到地广人稀的地区去找发财的机会，最后成了大财主。父亲聚敛资本，儿子拿资本去增殖：从外迁来的和当地出生的都不贫穷。

在美国，法制有助于财产尽可能分散，但有一个比法制更强大的因素在防止财产过于分散[2]。在后来才开始人烟稠密起来的一些州里，这种情况尤为明显。马萨诸塞州是美国开发较早的地区，但其每平方英里的居民只有 80 人。这个人口密度比法国小得多，法国每平方英里有居民 162 人。

但在马萨诸塞州，土地再往小分割的现象已经少见，因为这里一般由年长的子女继承父业，其余的子女都到荒野去创业。

法律虽已废除年长子女的这种特权，但上帝又差不多把这个权利恢复，而且没有任何人抱怨，或至少未失公允。

一个简单的事实，就在告诉我们有非常多的人离开新英格兰而到荒野去安家立业。这个事实如下。1830 年，全体国会议员中有 36 人出生于康涅狄格这样的小州，但它的人口只占全美国的四十三分之一，而它提供的议员却占议员总数的八分之一。

但是，康涅狄格州本身选进国会的代表只有 5 人，其余 31 人是作为西部新建的几个州的代表进入国会的。如果这 31 人仍留在康涅狄格州居住，他们大概不会成为大财主，而继续是微不足道的庄稼汉，以致一生默默无闻而进不了政界。至于能够当上有权的立法人员，那更是无从谈起，他们甚至会成为危险的公民。

美国人同我们一样，也有过这样的评论。

前衡平法院首席法官肯特在其《美国法释义》（第 4 卷第 380 页）中说道："当土地过于分散，以致每一小块土地不足以维持一家人的生计时，一定会造成巨大的灾难。但是，这样的不良后果在美

② 在新英格兰，土地就是一小块一小块地分散在农户手里，但已不能再往小分割了。

国至今还没有发生，只有再过很多代以后才会出现。我们的人烟稀少地区广阔，我们的尚待开垦的土地甚多，从大西洋沿岸向内地迁徙的人流不断，现在足以而且在将来的很长时间内还足以防止土地的过于分散。”〔第4版，纽约，1840年〕

要描述美国人扑向命运为他们安排的这些大量的猎物的贪欲，是不容易的。他们为了追捕猎物，不怕印第安人的毒箭和荒野上的疫病，森林里的寂静没有使他们惊恐，猛兽的来袭没有把他们吓退。总之，一种比对生命的热爱还强烈的激情，在鼓励他们的勇气不断前进。展现在他们面前的，是一片几乎没有边际的大地。他们说，担心那里已经没有空地，所以急急忙忙前进，唯恐去晚了失去机会。这是一些旧州的居民向外迁移的情况。至于一些新州的居民是怎样外迁的呢？俄亥俄州成立还不到50年，但它的大部分居民已非生于该州；它的首府才建成不到30年，它的境内尚有大量的土地没有开发，但它的居民已开始向西部进军了，其中大部分来到伊利诺伊州的肥沃大草原定居。这些人最初离开他们的第一个故乡是为了追求幸福，而他们后来离开第二个故乡则是为了追求更大的幸福。几乎到处都有幸福在等待他们，但并不是所有的人都有这个幸运。希望获得幸福的人，都有一种无法遏制的热烈激情，而这种激情又随着得到满足而继续增强。他们已经切断了把他们系于出生地的那些纽带，而且后来在新地点也没有结成这种纽带。对他们来说，外迁是始于一种追求幸福的需要；而在今天，外迁在他们的眼里，已是一场好像他们想赢多少就能赢到多少的赌博。

有时，他们前进得太快，以至在他们身后又重新出现荒野。森

林刚刚屈服于他们的刃下，但在他们走了之后，马上又茂密地生长出来。在你路过西部的一些新州时，经常遇到一些被遗弃在树林里的住房，往往在荒野的深处看到一些破壁残垣，使你对拓荒者的行动有些无法理解，他们既证明了人有能力，又证明了人无常性。在这些被遗弃的田野中，在这些不久才出现的废墟上，以前的森林又很快长出新枝，野兽又重建起它们的王国。这样，大自然又微笑着用绿荫和鲜花覆盖了人的足迹，并很快把轧出不久的车辙抹去。

我记得，在我穿过昔日遍布森林的纽约州的一个林区时，来到一个周围都是原始森林的湖泊的岸边：一个小岛立于水中，上面的树木以其繁茂的枝叶把小岛包起，使小岛的周边都被覆盖于绿荫之下。湖滨没有一件东西证明这里有人住过。只看见天边有一缕炊烟从树梢上笔直升起，冲向云端，它好像是从天而降，而不是从地上升起。

一只印第安人独木舟系于沙滩，我决定用它到这个一开始就引起我注意的小岛上去看一看。不多工夫，我就登上了小岛。全岛是一片令人心旷神怡的幽静，而新大陆的这种幽静，几乎使文明人都羡慕起野人生活。青葱的草木以其繁茂证明这里的土壤十分肥沃。这里也像在北美荒原上一样，到处是一片沉寂，只有野鸽的咕咕声，或啄木鸟的啄木声，才偶尔打破这种沉寂。我绝没有想到这样的地方曾有人居住过，因为大自然在这里还保留着它原来的面貌。但是，当我走到小岛的中心时，立即确信眼前的一切是人的活动遗迹。于是，我仔细地看了看周围的遗物，马上不再怀疑曾有一个欧洲人来到这里栖身。但是，他劳动过的现场已经发生了多么大的变化呀！被他当初匆匆忙忙砍倒而用来搭架小屋的圆木，又重新抽枝生叶;小屋的篱笆,已经变成一圈生长旺盛的树墙;他的小屋,完全变成了一个树丛。在这榛莽污秽的灌木丛中,还可以见到几块被火烧黑了的石头,石头旁边有一小堆灰烬。毫无疑问,当时的炉灶就设在这里。已经坍塌的烟筒,将其碎块覆盖在炉灶的上面。我站了一会儿,默默地赞叹大自然的强大本领和深感人力的渺小。最后,当我要离开这个迷人的场所时,我又一再悲伤地叹息:怎么,这么快就成了废墟!

在欧洲,我们惯于把人心的激荡、人们对财富的贪求和对自由的过分爱好,看成是一大社会危险。然而,正是这一切在保证美国的共和制度有长治久安的未来。假如没有这种好动的激情,人口就会集中于某些地点,而且不久也会像我们欧洲一样,体验到难于满足的匮乏。新大陆之所以有幸,就在于那里的人的恶习,几乎与人的德行同样有利于社会!

这对如何评价东西两个半球的人的行动,具有重大的意义。美国人往往把我们所说的唯利是图称之为值得敬佩的勤勉,而我们所称道的清心寡欲则往往被他们视为胆小怕事。

在法国,人们把趣味单纯、习惯朴素、家庭情感、安土重迁视为国家安宁幸福的最大保证。但在美国,好像再没有什么东西比这些美德更有害于社会了。加拿大的法国人仍信守自己古老的传统习俗,但已经感到在他们居住的地区难于生活下去。这个在加拿大刚刚形成的小小人民集团,不久即将为他们的古老民族沉疴做出牺牲。在加拿大,最有知识、最有爱国心和最有人道精神的人,正在作非凡的努力,以唤醒人民不要满足于他们还觉得不错的小康现状。他们盛赞致富的好处,如果他们到了法国,都会为一些平庸之辈成为暴发户而喝彩。他们用于刺激人们大脑发热之精力，大于他们为使人们头脑冷静下来所作的努力。在他们看来，最值得赞扬的是：不在故土安贫乐贱，而到外去致富享乐；不老守田园，而砸碎锅碗瓢盆到他乡去大干一场；不惜放弃生者和死者，而到外地去追求幸福。

今天，美国为人们提供了无边无际的土地，只要你勤劳，可以任你开垦。

在美国，知识大有用武之余地，因为所有的知识既可能为有知识的人带来好处，又可能对没有知识的人有用。这里不怕出现新的需求，几乎所有的需求都容易得到满足。激情的变化过速亦不足为惧，几乎所有的激情都能找到有益的和容易发泄的场所。这里也不会使人过于自由，因为他们从来也未想让人滥用自由。

今天的美国共和社会，宛如一个为共同开发新大陆的土地和经营兴隆的商业而组织起来的大批发公司。

最能振奋美国人的激情是商业激情，而非政治激情。或者不如说，他们把商人的习惯带进了政界。他们喜欢秩序井然，没有秩序，事业就不能发达。他们特别重视遵守信誉，信誉是营业兴隆的基础。他们宁愿凭常识去慢慢创造巨富，而不愿凭天才冒危险去发大财。按常规办事的思想在使他们的头脑保持警惕，不做不切合实际的打算。他们重视实践甚于重视理论。

因此，到了美国，就必须了解什么力量在使物质福利对政治行动，甚至对合理的舆论发生影响。对于外国人来说，主要应当考察这方面的实况。由欧洲迁来的移民，大部分是因为在故乡贫困、向往自由和希望改变窘境才来新大陆的。我在美国有时碰到一些欧洲人是由于政治见解而被迫迁来的。他们的言谈使我大为吃惊，而其中有一个人使我最为惊奇。当我路过宾夕法尼亚的一个最偏僻地区因夜幕降临而去找宿地时，我敲开了一个富有的种植园主的大门。主人是一个法裔美国人。他把我请到壁炉旁边坐下，我们俩像离开故国两千里约之遥而在异乡的森林里相遇的亲人，开始无拘无束地交谈起来。我终于知道，我的主人40年前原是一位伟大的平等派活动家和激进的鼓动家，青史上留有他的名字。

因此，听到他能像一位经济学家那样讲述土地所有权时，我真是不敢相信自己的耳朵：我几乎要喊他是大地主。他谈到了财富在人们中间建立的不可缺少的等级，谈到了对已定的法律的服从，谈到了共和制度对良好民情的影响，谈到了宗教观点对秩序和自由的支持。他甚至更进一步，无意之中引用耶稣基督的权威来支持他的政治见解。

我一面倾听，一面感叹人类理智的脆弱。怎么能从学说的变化无常和经验的教训不同当中去断定这个是真还是假呢？他的一段自白，驱散了我的一切疑问：我本来很穷，而现在变得富有了；只要富裕生活在影响我的行动，我的判断岂能不任我自由！事实上，我的观点是随着我的财富之多寡而改变的，而在有利于我的一切事件中，我才真正发现了我以前所没有的决定性论据。

富裕生活对美国人的影响比对其他国家人更为广泛。美国人始终认为，秩序和社会繁荣是彼此携手并肩前进的。在他们看来，秩序与社会繁荣分离，那是不可想象的。因此，他们绝不会像欧洲人那样，把在初级小学学来的东西都忘掉而置之不用。

法制对美国维护民主共和制度的影响

维护民主共和制度的三大原因——联邦的形式——乡镇的制度——司法权

本书的主要目的，本来是使读者了解美国的法制。假如说这个目的已经达到，则读者已能自行判断哪些法律有助于维护民主共和制度，哪些法律有害于民主共和制度。假如说我在本书的以上各章没有达到这个目的，那么，我在本章更不能达到这个目的。

我并不打算折回已经走过的路，而只用几段文字就足以使我总结已经说过的一切。

看来，有三件事情比其他任何事情都更有助于在新大陆维护民主共和制度。

第一是美国人采取的联邦形式，它使美国把一个大共和国的强大性与一个小共和国的安全性结合起来。

第二是乡镇的制度，它既限制着多数的专制，又使人民养成爱好自由的习惯和掌握行使自由的艺术。

第三是司法权的结构。我已经指出法院是如何纠正民主的偏差，以及如何约束和引导多数的运动而又从来不禁止这种运动的。

民情对美国维护民主共和制度的影响

我在前面说过，我认为民情是使美国得以维护民主共和制度的重大原因之一。

我在这里使用的“民情”(mœurs)一词，其含义与其拉丁文原字 mores 一样。它不仅指通常所说的心理习惯方面的东西，而且包括人们拥有的各种见解和社会上流行的不同观点，以及人们的生活习惯所遵循的全部思想。

因此，我把这个词理解为一个民族的整个道德和精神面貌。我的目的不是一一描述美国的民情，而只想在这里考察其中有助于维护政治制度的几项。

作为一种政治设施的宗教及其如何有力地帮助了美国人维护民主共和制度

北美是由信奉民主的和共和的基督教的人们开发的——天主教徒的到达——天主教徒今天为什么形成了一个最民主和最共和的阶级

在每一种宗教之旁，都有一种因意见一致而与它结合的政治见解。

如果任人类的理性随其所好，则它将以统一的办法统治政治社会和天国；我甚至敢说，它将设法使人世和天堂和谐一致。

英属美洲的大部分地区，是由一些先是反对教皇的权威而后又不承认宗教的至高无上的人开发的。因此，他们把一种我除了把它称为民主的和共和的基督教之外，再无法用其他词汇称呼的基督教，带到了新大陆。这一点，当然要大大有助于在政治活动中确立共和和民主制度。在这里，政治和宗教一开始就协调一致，而且以后从未中断这种关系。

大约50年前，爱尔兰的天主教徒开始涌向美国。随着他们的到来，美国的天主教增加了许多教徒。现在，信奉罗马教会真理的基督教徒，在美国已有100多万人。

这些天主教徒忠实地遵守他们的宗教仪式，虔诚而又热烈地信奉他们的教义。但是，他们却在美国形成了一个最共和和最民主的阶级。这种情况，乍一看来使人感到吃惊；但是经过思考，其内在原因也是不难找到的。

我认为，把天主教说成是民主的天然敌人，那是一个错误。在我看来，在基督教的不同宗派中，天主教反而是最主张身份平等的教派。在天主教的宗教社会里只有两种成分：神职人员和普通教徒。只有神职人员高于信徒，而全体信徒虽然居于神职人员之下，但都是平等的。

在教义方面，天主教认为人的资质都处于同一水平，它要求智者和愚夫、天才和庸人都一律遵守同一教规的细节，它使富人和穷人都一律履行同样的宗教仪式，它令强者和弱者都一律实行同样的苦修；它对一切坏事绝不妥协，对每个人都一视同仁；它主张所有的社会阶级都混在一起做弥撒，这就好像是把所有的社会阶级都领到神的面前。

虽然天主教要求信徒服从，但它不准许信徒之间不平等。我认为新教就不是这样。一般说来，新教主要是使人趋于独立自由，而不是使人趋于平等。

天主教就像一个专制君主国。如果去掉君主不谈，人们在这个君主国的身份比在共和国还要平等。

天主教的神职人员也时常辞去神职，到社会里出任公职，从而进入社会的等级行列。他们有时也利用自己的宗教影响，来保证自己参与创造的政治秩序持久。因此，人们才可以看到天主教徒往往从他们的宗教立场出发去拥护贵族政体。

但是，一旦神职人员离开或退出政府，比如在美国发生这种情况时，就再也没有一个人能像天主教徒那样以其信仰将身份平等的观念输入到政界。

因此，即使说美国的天主教徒不是因其信仰的性质而被迫接受民主和共和的观点，那么至少可以说他们并不是天生就反对这种观点。而且，他们的社会地位，以及他们的有限人数，也会使他们去制定维护这种观点的法律。

天主教徒大多数是穷人，所以他们要求全体公民参政，以使自己将来参政。天主教徒是少数，所以他们要求尊重一切权利，以保证自由行使自己的权利。这两个原因，促使他们不知不觉地采纳了那些如果他们有钱有势就会不那么热烈赞同的政治学说。

美国的天主教神职人员，从来没有试图反对这种政治倾向，反而设法证明其合理。美国的天主教教士，把全部知识分成两类：属于第一类的，是他们不加讨论就接受的神所启示的教义；属于第二类的，是他们认为神让人们自由探索的政治真理。因此，美国的天主教徒既是最驯服的教徒，又是最独立的公民。

因此可以说，美国没有对民主共和制度怀有敌意的宗教学说。那里的所有神职人员均有共同的语言，他们的见解同法律一致，可以说统治人们灵魂的只有一个思想。*

我曾在美国的一个大城市作过短暂的停留，并被邀去参加一个公共集会。集会的目的是支持波兰人，向他们提供武器和金钱。

我看到有两三千人聚集在一个为开会而准备的大厅里。不一会儿，一个身着教袍的神甫，走到讲演台的前沿。在场的人都脱去帽子，鸦雀无声地站在那里听他讲话。他讲道：

“全能之主！万军之主！当我们的祖先维护自己的民族独立的神圣权利时，是您坚定了他们的信心和指导了他们的行动。您使他们战胜了可恨的压迫者，赐予我国人民以和平与自由。啊，主啊！请您将恩慈的目光转向另一个半球，垂怜俯视一下现在仍像我们过去那样为保卫自己的权利而进行战斗的英雄民族吧！主啊！您既以同样的模式创造了整个人类，那就不要让暴政毁坏您的创造和在世上建立不平。全能之主！请您关注一下波兰人的命运，使他们享得自由吧！愿您的智慧启示他们的筹划，愿您的力量支持他们的行动。让他们的敌人感到恐怖，使企图瓜分他们的列强分裂，不要让已被世人目睹50多年的不义之举在今天继续发展。主啊！您的强大的手，犹如掌握着世人的心一样，也掌握着各民族的心。愿您唤起同盟者为正义的神圣事业而战斗，使法兰西民族从其领袖为他们创造的无为状态走出来，带头再一次为世界的自由而斗争。

“啊！主啊！请您不要把脸离开我们，俯允我们能够永远成为最虔诚和最自由的民族。

---

* 参阅斯佩里：《美国的宗教》。——法文版编者

“全能之主！请您今天满足我们的祈求：拯救波兰人吧！我们以您的爱子的名义，即以为了拯救全人类而死于十字架上的我们的主耶稣基督的名义，向您提出这个请求。阿门！”

全场虔诚地齐呼：阿门！

宗教信仰对美国政治社会的间接影响

各教派一致主张的基督教道德——宗教对美国民情的影响——对婚姻关系的尊重——宗教是怎样把美国人的想象力限制在某些范围内和节制美国人的激情的——美国人对宗教的政治功用的看法——美国人为扩大和确保宗教的权威所作的努力

我方才讲述了宗教对美国的政治发生的直接影响。在我看来，宗教在这方面的间接影响更为强大，而且别看它不谈自由，但它却很好地教导美国人掌握行使自由的技巧。

美国有不胜枚举的教派。* 各教派在对它们所应崇敬的创世主的礼拜仪式上虽有不同，但在人与人之间的义务上却意见一致。因此，各教派虽以各自的方式去崇敬上帝，但都以上帝的名义去宣讲同一道德。对于一个人来说，教派对他可能十分重要，但对于整个社会来说却非如此。社会对来世既无所惧，又无所望。对于社会来说，最重要的不是全体公民信奉什么教派，而是全体公民信奉

---

* “美国有不胜枚举的教派”。参阅《美国的宗教》第 71 页及以下几页；以及《宗教社会学论文集》（杜宾根，1920 年）中之《基督教新教概况和资本主义精神》。——法文版编者

宗教。何况在美国这样的社会,所有的教派都处于基督教的大一统之中,而且基督教的道德到处都是一样的。

可以认为,一些美国人之奉行崇敬上帝的某种礼拜仪式,主要是出于习惯,而非出自信仰。另外,在美国,主权者必须表示信奉宗教,所以伪装信教的现象也普遍存在。但是,美国仍然是基督教到处都对人们的灵魂发生强大的实在影响的国度,而且再没有什么东西能够表明它比宗教更有利于人和合乎人性,因为这个国家在宗教的影响下,今天已是最文明和最自由的国家。

我曾经说过,美国的神职人员都一致主张公民自由,甚至那些不同意信教自由的人也不例外。但是,他们并不支持任何一个特定的政治派系。他们不关心政治,也不参与党派的钩心斗角。因此,不能说宗教在美国对法律和政治见解的细节有所影响,但它却在引导民情,而且通过约束家庭对国家发生约束作用。

我一刻也不怀疑,美国的民情表现的极端严肃性,首先来自宗教信仰。在美国,宗教往往无力阻止人们被命运为他们安排的无数良机所诱惑。宗教并不抑制人们一心要发财致富的热情,但它对妇女思想的控制却是绝对的,而民情的主要创造者却正是妇女。美国的确是世界上最尊重婚姻关系的国家,美国人对夫妻的幸福也持有高尚的和正确的看法。

在欧洲,社会上的一切混乱现象,几乎都来因于家庭生活问题,而非来源于婚姻。欧洲的男人有轻视家庭的天然结合和合法乐趣的表现;他们喜欢混乱,心里不能保持平静,愿望总是在变。一个欧洲人,在这些往往会扰乱其家庭生活的起伏不定的激情影响下,很难服从国家的立法权。而一个美国人,从政界的激烈斗争中退出而回到家里后，立刻会产生秩序安定和生活宁静的感觉。在家里，他的一切享乐简朴而自然，他的兴致纯真而淡泊。他好像因为生活有了秩序而获得幸福，而且容易习惯于调整自己的观点和爱好。

欧洲人喜欢用扰乱社会的办法来忘却其家庭忧伤，而美国人则从家庭中汲取对秩序的爱好，然后再把这种爱好带到公务中去。

在美国，宗教不仅支配着民情，而且把它的影响扩及人们的资质。

在英裔美国人中，有些人信奉基督教的教义，是出于他们对教义的真诚信仰；而另一些人信奉基督教的教义，则是因为害怕别人说他们没有信仰。因此，基督教可以毫无障碍地发挥支配作用，并得到所有的人承认。结果，正如我在前面说过的，在道德即精神方面，一切都是事先确定和决定了的，而在政治方面，则一切可任凭人们讨论与研究。因此，人们的精神在基督教面前从来没有自由活动的余地：尽管它十分果敢，但经常要在一些不可逾越的障碍面前止步。人们的精神不论有什么革新，事先都必须接受一些早已为它规定下来的重要原则，使其最大胆的设想服从于一些只会推迟或阻止其行动的清规戒律。

美国人的想象力，即使飞翔得很高时，也是小心谨慎和迟疑不决的。它的行动受到束缚，它的目标难以达到。这些谨小慎微的习惯，也见于政治社会，并对国家的安定和所定制度的持久起到极为有利的作用。大自然和环境，把美国的居民造就成大胆果敢的人；当你看到他们用尽一切办法去追求幸福的时候，自会认定他们确实是大胆果敢的人。如果美国人的精神能够摆脱一切束缚，那他们当中有些人很快就会成为世界上最大胆的革新者和最有逻辑头脑的理论家。但是,美国的革命家们,必须公开表示自己真诚尊重基督教的道德和公理。当他们受托按自己的意图执行法律时,基督教的道德和公理不允许他们随便违反所执行的法律;即使他们能够不顾自己良心的谴责而违法,也会由于同党人的谴责而后止步。至今,还没有一个人敢于在美国提出如下的箴言:凡事听从社会的利益。这个有点蔑视宗教的箴言,似乎在某个自由时代有人提出过,以此来为他们未来的暴政做舆论准备。

因此,法律虽然允许美国人自行决定一切,但宗教却阻止他们想入非非,并禁止他们恣意妄为。

在美国,宗教从来不直接参加社会的管理,但却被视为政治设施中的最主要设施,因为它虽然没有向美国人提倡爱好自由,但它却使美国人能够极其容易地享用自由。

美国的居民本身,正是从这一观点去看待宗教信仰的。我不知道全体美国人是不是真信他们的宗教,因为谁能钻到他们的心里去看呢!但我确信,他们都认为必须维护共和政体。这个看法并非一个居民阶级或一个政党所独有,而是整个民族所共有。所有的阶层都有这种看法。

在美国,一个政治家攻击某一教派,不能被属于这个教派的他的同党作为不支持他的借口。但是,他如果攻击全国的一切教派,则人人都会躲开他,使他成为孤家寡人。

我在美国期间,得知一个证人被传到切斯特县(属纽约州)出庭作证,而此人在法庭上宣称:他不相信有上帝存在,也不相信灵魂不灭。庭长说:鉴于证人在准许他作证之前已使法庭失去对他的信任，故拒绝此人宣誓作证③。报纸登了这条消息，但未作评论。

美国人在他们的头脑中把基督教和自由几乎混为一体，以致叫他们想这个而不想那个，简直是不可能的。但在美国人身上，这并不是那种由往昔传到现在的，好像就要灭亡但又生根于灵魂深处的贫乏信仰的表现。

我曾看到美国人向新建的西部各州派遣神职人员，并在那里建立学校和教堂，还自动组织起各种团体。他们担心宗教在西部各州的森林里消失，害怕迁到那里的人不会像在原籍时那样享得自由。我曾遇到一些新英格兰的居民离开故土，长途跋涉来到密苏里河两岸或伊利诺伊州的大草原上，以在这些地方为基督教和自由奠基。在美国，宗教的热情就是这样在爱国主义的温床上不断提高的。你可能认为这些人之所以如此，完全是为了来世；但是你想错了，因为永生只是这些人关心的事情之一。当你同这些基督教文明的传播者交谈时，你会为他们总是谈论今世的好处，为他们本是教士而对你谈话时却以政客的面目出现而大吃一惊。他们会对你说："美国的各共和州是互相依赖的；如果西部的一些共和州陷入无政府状态，或被带上专政的枷锁，那么，繁荣昌盛于大西洋沿岸的共和制度，就会遭到严重的危险。因此，我们希望新建的

③　下面是1831年8月23日《纽约旁观者报》对此事的报道："切斯特县（属纽约州）民事法庭，几天前斥退了一位声称自己不相信有上帝存在的证人。法庭的庭长指出：在未作证言之前，他就说他不相信有上帝存在；这样的声言等于对法庭上的一切证言的惩罚；而且他也知道，在信奉基督教的我县，不允许不相信有上帝存在的证人对案件作证。"

各州也是信奉宗教的州，以使它们能叫我们把自由维护下去。”

这就是美国人的见解，但是有些书呆子认为我的观察有错误。他们总是旁征博引地向我证明，美国的一切都是好的，但其中唯独没有我所赞美的宗教精神；我向他们指出，在大洋彼岸人们关于自由和人类幸福的看法，只是没有同斯宾诺莎一样相信世界是永恒的，没有同卡巴尼斯一样主张思想是头脑的分泌物而已。说实在的，对这些话无须做答，只能说：讲这种话的人没有到过美国，也不曾见过笃信宗教和享有自由的民族。因此，我只好等他们去过后回来再谈。

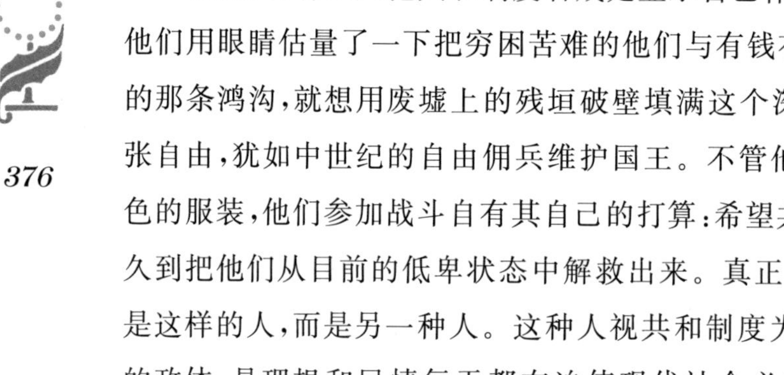

在法国，有些人把共和制度看成是显示自己伟大的暂时手段。他们用眼睛估量了一下把穷困苦难的他们与有钱有势的显贵隔开的那条鸿沟，就想用废墟上的残垣破壁填满这个深渊。他们之主张自由，犹如中世纪的自由佣兵维护国王。不管他们穿着什么颜色的服装，他们参加战斗自有其自己的打算：希望共和制度能够长久到把他们从目前的低卑状态中解救出来。真正向往自由的，不是这样的人，而是另一种人。这种人视共和制度为一种长治久安的政体，是理想和民情每天都在迫使现代社会必须追求的目的。他们衷心希望把人教育成为自由的人。当这些人攻击宗教的时候，他们是出于自己的激情，而不是出于自己的利益。专制制度可以不要宗教信仰而进行统治，而自由的国家却不能如此。宗教，在他们所赞扬的共和制度下，比在他们所攻击的君主制度下更为需要，而在民主共和制度下，比在其他任何制度下尤为需要。当政治纽带松弛而道德纽带并未加强时，社会怎么能免于崩溃呢？如果一个自己做主的民族不服从上帝，它能做出什么呢？

宗教在美国发生强大影响的主要原因

美国人注重政教分离——法制、舆论和神职人员本身都为达到这一目的而努力——宗教在美国之能对人们的灵魂发生强大影响，应归功于这一原因——为什么——什么是人们今天在宗教方面所处的自然状态——在某些国家，是哪些特殊的和偶然的原因在阻止人们适应这种状态

18世纪的哲学家们，曾用一种非常简单的方法解释过宗教信仰的逐渐衰退。他们说，随着自由意识和知识的提高，人们的宗教热情必然逐渐消失。遗憾的是，这个理论完全不符合事实。

在欧洲，有些人之不信宗教，只是由于他们愚蠢无知；而在美国，你却可以看到作为世界上最自由和最有教养的民族之一的美国人，以极大的热情履行宗教所赋予的义务。

我一到美国，首先引起我注意的，就是宗教在这个国家发生的作用。我在美国逗留的时间越长，越感到这个使我感到新鲜的现象的政治影响强大。

在法国，我看到宗教精神与自由精神几乎总是背道而驰的；而在美国，我却发现两者是紧密配合，共同统治着同一国家的。

我想找到造成这一现象的原因的愿望，与日俱增。

为了查明这个原因，我曾同各个教派的信徒交谈，尤其是走访了属于不同教派和终生献身于宗教事业的教士们的团体。由于我本人信奉天主教，所以我特别愿意与天主教的神职人员接近，从不放过同他们的大多数人亲密交谈的机会。我向他们的每个人谈到

我的惊讶，提出我的疑问。结果我发现，他们只是在细节问题上看法不同，但都把宗教能在美国发挥和平统治的作用归功于政教分离。我不妨断言，我在美国逗留期间，从未遇到一个人，不管是神职人员还是俗人，在这个问题上持有不同意见。

这就使我比以前更加专心于考察美国神职人员在政界所占的地位。我吃惊地发现，他们没有一个人担任公职④。我没有见到一个担任行政职务的神职人员，我在众议院和参议院里也没有见到他们的代表。

在许多州里，法律就为他们关上了进入仕途的大门⑤；舆论在所有的州里都不同意他们从政。

后来，当我考察神职人员本身对这个问题的看法时，我发现他们大多数人好像自愿不搞政治，而把这一行的荣誉让给别人。

我听到他们痛斥野心和邪恶信仰，而不管这些东西以什么政治观点遮掩。但是，我在听的过程得知他们认为：一种政治观点只

---

④　不包括他们大多数人在学校里担任的职务。美国的大部分学校是由神职人员创办的。

⑤　见《纽约州宪法》第七条第四项。

见《北卡罗来纳州宪法》第三十一条。〔托克维尔所引系 1776 年宪法〕

见《弗吉尼亚州宪法》。

见《南卡罗来纳州宪法》第一条第二十三项。〔1790 年宪法〕

见《肯塔基州宪法》第二条第二十六项。〔托克维尔所引系 1799 年宪法〕

见《田纳西州宪法》第八条第一项。〔1796 年宪法〕

见《路易斯安那州宪法》第二条第二十二项。

《纽约州宪法》有关的条文如下：

“鉴于神职人员以服务上帝和拯救灵魂为职，且不得稍懈于其重大职责，故任何教派之神职人员或教士……均不得或不能在州里担任任何文职或军职。”〔1821 年宪法第七条第四项〕

要是真实的，上帝并不惩罚持有这种观点的人；政府管理方面的错误，并不比盖错一座房或犁错一垄地罪过更大。

我看到他们小心翼翼地躲开一切党派，唯恐损害自己利益地极力避免同它们接触。

这一切事实，使我确信他们的话都是真实的。于是，我打算探讨事实的成因，即寻找究竟是什么力量在削弱宗教的表面影响的同时却加强了它的实际影响。我确信，我一定能够找到这个力量。

60年的暂短人生，还不足以使美国人发挥其全部的想象力；不是十全十美的现世生活，也绝不会使他们心满意足。在所有的生物中，只有人对本身的生存有一种天生的不满足感，总是希望人生无可限量。人既轻视生命，又害怕死亡。这些不同的情感，不断地促使人的灵魂凝视来世；而能把人引向来世的，正是宗教。因此，宗教只是希望的一种特殊表现形式，而宗教的自然合乎人心，正同希望本身的自然合乎人心一样。只有人的理智迷乱，或精神的暴力对人的天性施加影响，才会使人放弃宗教信仰。但是，有一种不可战胜的力量，在使人恢复宗教信仰。没有信仰只是偶然的现象，有信仰才是人类的常态。

在仅从人的观点来考察宗教时，可以说一切宗教都能从人本身汲取用之不竭的力量因素，因为这种因素是人性的主要构成因素之一。

我知道，过去有些时代，宗教除了本身固有的这个影响之外，还可以得到法制的人为帮助，以及指导社会的现世政权的支持。在那样的时代，宗教曾与人世的政府紧密结合，从恐怖和信仰两个方面去控制人们的灵魂。但是，当宗教与人世的政府建立这样的联盟时，我敢说它会像一个人犯错误那样去行动，即它可以为现在而牺牲未来，为取得它不应有的权力而放弃自己的合法权利。

当宗教把它的帝国建立在所有的人都一心向往的永生愿望上时，它便可以获得普遍性。但是，只要它与一个政府结成联盟，它就必然采取只适用某些人的准则。因此，宗教与一个政权结盟之后，将增加对某些人的权力，而失去支配一切人的希望。

宗教只有依靠使所有的人都能得到安慰的感情，才能把人类的心吸引到自己方面来。而当它与人生的苦难情感厮混在一起时，则有时会被迫去帮助那些不是要求爱而是要求利的盟友，并且会把那些还在继续爱它，但在全力反对它的盟友的人斥为敌人。因此，宗教只要不分享统治者的物质权力，就不会分担统治者所煽起的仇恨的后果。

表面上看来建立得很巩固的政权，并不能保证它比一代人的观点或一个时代的利益更持久，而且往往会比一个人还要命短。法制可以改变看来似乎十分牢固和十分稳定的社会情况，而且在改变社会情况的同时可以改变其他一切。

人们在社会上建立的权力，也像人生在世一样，都是白驹过隙，转瞬即逝。权力的迅速更替，犹如人生的苦乐多变。至今还没有看见一个政府一直受到始终不变的人心的支持，或一直依靠一种永不消失的利益。

人们的感情、偏好和激情，自有史以来，总是以同样的形式反复重现。一种宗教只要受到它们的支持，就能在一段时间内得势，或至少不会为另一种宗教所消灭。但是，宗教一旦依附于现世的利益，几乎又会同世上的一切权力一样，变得脆弱无力。唯有宗教能够有希望永垂不朽，但它一与那些短命的权力结盟，便要把自己拴在这个权力的命运上，而且往往是随着昔日支持这些权力的激情的消失而灭亡。

因此，宗教与各种政治权力结盟时，只会使自己担起沉重的盟约义务。宗教不需要依靠政治权力的帮助而生存，而如果给予政治权力以帮助，则会导致自己灭亡。

我方才指出的危险，在任何时代都是存在的，但不总是表现得那么明显。

在某些时代，政府好像是永垂不朽的；而在另些时代，社会的生存又似乎比人的生命还要岌岌可危。有些政体使公民处于昏睡状态，而另些政体则令公民保持兴奋状态。

当政府仿佛十分强大，法制好像十分稳定的时候，人民并不能察觉政教结合可能产生的危险。

当政府显得十分软弱，法制显得十分不定的时候，危险是有目共睹的，但往往是已经来不及避免了。因此，必须学会很早就预见出危险。

随着一个国家的社会情况日益趋向民主，社会本身日益走向共和，政教结合的危险性也必定逐渐增强，因为在这个过程中，国家权力将经常易手，政治理论将相继迭起，人事、法律和制度本身将处于飘忽不定状态，并且不是为时甚短，而是长期如此。爱动和喜变是民主共和制度的本性，正如停滞和昏睡是专制君主制度的定则一样。

既然美国人每四年改换一次政府首脑，每两年改选一批新的立法者，每一年改选一次地方官员，即把政治不断地交给新手去做试验，而不让宗教沾政治的边，那么，宗教在舆论常变和众说纷纭之中能够依靠什么呢？它在党派的斗争之中到哪里去找它应当享有的尊重呢？它在周围的一切都处于毁灭状态之下能够永垂不朽吗？

美国的神职人员，已经早于他人看清了这个实况，并根据这个实况采取了自己的行动。他们已经看明白，如果想取得政治权力，就得放弃宗教的影响力。结果，他们宁愿不要政权的支持，而分享国家兴衰的苦乐。

在美国，宗教也许不像它早先在某些时期或在某些国家里那样强大，但它的影响力却更为持久。它只依靠自己的力量发生影响，但这个力量任何人也剥夺不了。它的活动领域虽然只有一个，但它在这个领域里可以通行无阻，并能毫不费力地控制这个领域。

我在欧洲，听到四面八方都在抱怨缺乏宗教信仰，呼吁人们设法使宗教恢复它先前保有的某些权威。

我认为，首先应当仔细地考察一下，在我们这个时代，人们在宗教方面的**自然状态**应当是个什么样子。只有我们知道了什么是可以希望的，什么是应当害怕的，我们才能清晰地看到我们应当努力去达到的目标。

威胁宗教生存的两大危险，是教派的对立和人们对宗教的漠不关心。

在宗教的狂热时代，人们有时会放弃一种宗教，但他们只是摆脱了这一宗教的束缚，而去就另一宗教的约束。信仰改变了目标，它并没有死亡。这时，旧的宗教不是激起人们的热爱，便是遭到人们的痛恨。有些人怒气冲冲地脱离了它，而另些人则以一种新的虔诚皈依了它。这就是说，信仰的目标不同了，而不是没有宗教信仰了。

但是，当一种宗教信仰被我称之为否定的学说暗中破坏时，情形就不是这样了，因为否定的学说在宣布这种宗教是虚假的时候，并未论证另一种宗教是真实的。

于是，人们思想中的巨大变革，便在没有激情的协助之下发生了，甚至可以说是在人们毫不知情之中发生了。人们就像遗忘了什么似的，丢弃了他们最心爱的希望目标。一股冷漠无情的思潮向他们袭来，他们不但没有勇气阻挡，反而胆怯地表示屈服。于是，他们放弃了心爱的信仰，而追逐把他们引向失望的怀疑。

在我方才描述的那种时代，人们之放弃自己的信仰，与其说是出于厌恶，不如说是出于冷漠。应当说，不是人自动放弃了信仰，而是信仰脱离了人。不信宗教的人虽然不再相信宗教是真实的，但依然认为宗教是有用的。他们从人生方面去看待宗教信仰，所以承认宗教信仰对民情的教化作用，承认宗教信仰对法制的影响。他们知道宗教信仰能够如何使人和平生活和安然对待死亡。他们为失掉了信仰而惋惜，他们为失去了一笔他们深知其价值的财产而担心手中尚留有的财产再被人夺走。

另外，那些继续信教的人，则不怕公开承认自己的信仰。他们没有把不具有他们的信仰的人看成敌人，而是看成值得可怜的人。他们知道，为了能够得到这些人的尊重，并不一定要效法他们，所以他们绝不跟着任何人的屁股后走。他们没有把自己所在的社会看成是宗教必须与无数死敌进行不断斗争的沙场，所以他们既爱护他们的同时代人，又谴责同时代人的软弱无力，并为同时代人的错误而叹息。

由于不信教的人并不是真正不信教,而信教的人又公开表示其信仰,所以舆论有利于宗教,即可以引导人们热爱、支持和颂扬宗教,并将触及人们的灵魂深处,找到灵魂所受的创伤。

永远不会放弃宗教情感的人民群众,没有人使这种情感与已建立的信仰脱离。向往来世的本能愿望,可以毫不费力地指引人民群众到教会去接受洗礼,把他们的心扉敞开来接受信仰的告诫和安慰。

这样的描述为什么不能适用于我们呢?

我在我们法国,看到有些人不再信奉基督教,但也没有皈依其他宗教。

我也看到另一些人徘徊在疑惑之中,有的已经宣称不再信教。

更有甚者,我还看到一些基督徒虽然仍在信教,但不敢宣称自己信教。

最后,在这些温和的教友和激烈的反对者中间,我还发现有少数的信徒准备冲破一切障碍,甘冒一切危险,去保卫自己的信仰。这些人竟不顾舆论,以暴力去对付人的弱点。他们在这种冲动的驱使之下,甚至忘乎所以,不知在何处停步。但是,由于他们知道在他们的祖国人们用来取得独立的第一个方法就是攻击宗教,所以他们又害怕他们的同时代人闹事,并怀着恐怖的心情排斥他们的同时代人所追求的自由。他们把不信宗教看成一件新事,所以凡是新的东西,他都一律仇视。他们同他们的时代和他们的国家处于作战状态,把当时人们提出的每一个见解,都视为信仰的死敌。

这不应当是人们今天在宗教方面所处的自然状态。

因此，在我们中间有一个特殊的和偶然的原因在阻止人们的精神按其天性发展，驱使它越过自己应当自动停止的界线。

我深信这个特殊的和偶然的原因，就是政教的密切结合。

欧洲的不信教人士，主要是把基督徒当作政治敌人，而不是把他们当作宗教敌人加以攻击的。他们之仇恨宗教信仰，多半是把它视为一个政党的意见，而很少把它视为一种错误信仰。他们之排斥教士，主要是因为教士是政府的朋友，而不是因为教士是上帝的代表。

在欧洲，基督教曾准许人们把它与世间政权紧密结合起来。今天，与基督教结合的那些政权已经衰落，而基督教本身则好像被埋在那些政权的废墟堆里。它还活着，但被死去的政权压在底下；只要清除压着它的瓦砾，它会立刻站起来。

我不知道怎样做才能使欧洲的基督教恢复其青春的活力。只有上帝能够做到这一点，但无论如何，也得有赖于人们相信它仍然保留的全部力量是有用的。

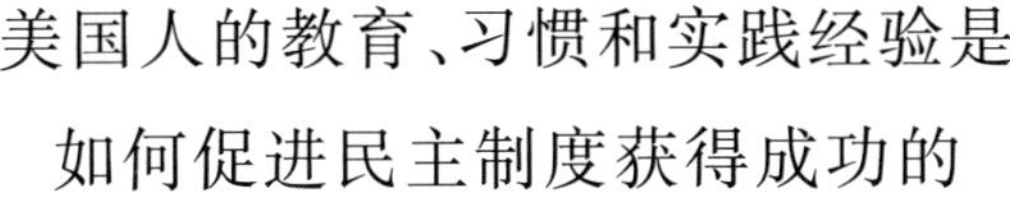

美国人的教育、习惯和实践经验是如何促进民主制度获得成功的

应当怎样理解美国人的教育——人的理性在美国受到的培养不如在欧洲深刻——但没有一个人仍处于无知状态——为什么——即使在半开化的西部各州，思想的传播也很迅速——实践经验为什么比书本知识对美国人更为有用

我在本书的许多地方，已向读者指出了美国人的教育和习惯对于维护他们的政治制度所起的作用。因此，我在这里只想补充几个新的事实。

美国至今只出现很少几位著名作家，它没有伟大的历史学家，而且连一个诗人也没有。它的居民用一种不大赞成的眼光，看待名副其实的真正文学。欧洲的一个三流城市每年出版的文学作品，也比美国二十四个州加起来要多。

美国人的思想缺乏一般观念，他们根本不追求理论上的发现。政治本身和实业，也不引导他们去进行此种研究。在美国，不断制定新的法律，但还没有出现过一个探讨法律的一般原理的大学者。

美国人有他们的法律顾问和评论家，但没有政治家。在政治方面，他们向世界提供的，主要是范例，而不是教训。

对于技术，也可以作如是观。

在美国，对欧洲的发明创造利用得很好，并在加以完善以后，使其令人赞叹地适用于本国的需要。美国有实业家，但他们没有受到科学的训练。美国有优秀的工人，但发明家不多。富尔顿在为外国人服务多年之后，才得以将自己的天才贡献于祖国。

凡欲考察英裔美国人的智力水平的人，都应当从两个不同方面去研究这个问题。如果你考察的全是学者，你会为美国学者之少而感到吃惊；如果你在调查时将无知的人包括进去，你又会觉得美国人的知识水平在世界上是最高的。

我在本书的另一处已经说过，全体美国人民的知识水平处于最高者和最低者之间。

在新英格兰，每个公民都受过初等教育，而且在这种教育中他们还学到了宗教方面的若干知识和论据。他们了解本国的历史，知道本国宪法的要点。在康涅狄格州和马萨诸塞州，很难碰上一个对这些事情不甚了了的人；对这些事情一无所知的人，简直可以说是怪物。

当我拿希腊和罗马的共和制度同美国的共和制度进行比较，拿前者的手抄本珍贵图书和无知群众同后者的无数报刊和有知识人士进行比较，随后再回顾我们为了古为今用和根据两千年前的经验来推断我们今后的未来而仍在进行的一切努力时，我真想把我的书全部烧掉，以便只用全新的观点来考察如此全新的社会情况。

但是，不要把我关于新英格兰所述的一切，一股脑儿地推及整个联邦。越往西或越往南，人民的知识水平越低。在濒临墨西哥湾的各州，也像我们欧洲一样，有些人连初等教育也没有受过。但是，你要想在美国发现一个全是无知人居住的地区，那是枉然。其理很简单：欧洲各国是从愚昧和野蛮状态走出来，朝向文明和开化前进的。但各国的进步是不平衡的：有的在这个征途上走得快一些，有的在途中耽误了一些时间，还有的在途中停下来睡起大觉。

美国的情况就不是这样。

英裔美国人本来都已经开化，来到新大陆后又继续繁衍子孙。他们不用从头学起，只要不忘记原来的东西就可以了。但是，这些美国人的子孙，后来又年年迁往内地的荒野定居；而随着他们的定居，也把原有的知识带来，并且继续尊重知识。教育使他们知道了知识的功用，并能使他们把这些知识传给后代。因此，美国的社会没有摇篮时期，它在建立时就已经是成年。

美国人从来不使用“农民”一词。他们之不用这个词，是因为他们不了解这个词的含义。在他们的印象中，不知什么是初民时期的无知、田野的单调和乡村的粗野。他们对文明早期阶级的那些德行、恶习、鄙俗和粗犷，一概不知。

在联邦的边远地区，或在人口稠密地区与荒野的接壤地带，有一些大胆的冒险家在那里落户。他们为了不在家乡挨饿受穷，而不怕艰险，深入到美国的荒僻地区，在那里建立新的家园。拓荒者一到可供安身之处，便立刻伐倒树木，在树荫下盖起木房。再没有比这些孤零零的住所，更使人感到凄凉的了。旅行者在夜幕降临的时刻走向这种住房时，遥见灯火闪闪发光；而走进屋子里以后，则见炉火通红；在夜里，一有风吹来，就可以听到用树叶覆盖的屋顶，在大森林里摇来晃去作响。谁会不以为这座可怜的小屋是粗鄙无知的人的栖身处呢？然而，拓荒者的精神面貌与其栖身之处之间，却毫无共同之点。他周围的一切虽然原始和粗野，但他本人，却可以说是19世纪的劳动和经验的体现。他穿着城市的衣服，说着城市的语言；他知道过去，憧憬未来，正视现实。他本是一位很文明的人，过了一段时间，他就适应了森林里的生活。他在进入新大陆的荒原时，只随身带来一部圣经、一把斧头和一些报纸。思想在这些荒原里传播的极其神速，是难以用笔墨形容的⑥。

⑥ 我曾乘一种两轮无篷的马拉驿车，到过美国的部分边远地区。我们在无边无际的林海里开辟出的道路上，驱车疾驰了一天一夜。在天黑得伸手不见五指的时候，我们的向导燃起一束松枝，以火光引导我们继续赶路。走了很长一段路程之后，我们才遇到一所位于森林深处的木房。这是一家驿站旅店，邮件押送员把一大包信件卸下来，放到这所孤零零的房屋门口。我们又继续登程，让这附近的每位居民来取他们最盼望的东西吧！

我不相信，在法国的最开化和人口最多的地区，能有这样规模巨大的知识传播活动。⑦

没有疑问，美国的国民教育对维护民主制度是有大帮助的。而且我相信，在启迪人智的教育和匡正人心的教育不相分离的地方，情况更会如此。

但是，我不想夸大这个优点，而且我也远远不像大多数欧洲人那样，以为只要教会人们读书写字，人们就可立刻成为公民。

真正的知识，主要来自经验。假如美国人不是逐渐地习惯于自己治理自己，他们学到的书本知识今天也不会为他们的成功提供太大的帮助。

我同美国人在一起生活过很长时期，我无法表达我是多么钦佩他们经验丰富和常识广泛。

切不要让美国人谈论欧洲，他们一谈起欧洲，总是表示非常自负，而且还很看不起欧洲。这时，他们也不过发表一通在所有的国家只能唬住无知人的笼笼统统的泛泛之论。但是，当你把话题转到他们的国家时，你会看到笼罩着他们理智的乌云立即消散：他们的语言和思想变得清晰和准确了。他们将告诉你，他们的权利都有什么，他们应当怎样去行使这些权利。他们也知道按照哪些惯例在政界活动。你会看到，他们对行政制度十分熟悉，而且很懂得

⑦　1832 年，密歇根州每个居民支付的邮费平均为 1 法郎 22 生丁，佛罗里达州平均为 1 法郎 5 生丁（见《1833 年美国大事记》第 244 页）。这一年，法国诺尔省每个居民支付的邮费平均为 1 法郎 4 生丁（见《1833 年法国政府决算》第 623 页）。但在这一时期，密歇根州的人口密度每平方里约为 7 人，佛罗里达州为 5 人，而这两个州的教育和实业却不如美国大部分州发达；可是在法国文化最高和工业最发达的省份之一的诺尔省，每平方里约却有居民 3 400 人。

法律的机制。美国的居民不从书本去汲取实际知识和实证思想。书本知识只能培养他们接受实际知识和实证思想的能力，但不能向他们直接提供这些东西。

美国人是通过参加立法活动而学会法律，通过参加管理工作而掌握政府的组织形式的。社会的主要工作，每天都是在他们的监视之下，甚至可以说是通过他们的手来完成的。

在美国，对人们所进行的一切教育，都以政治为目的；在欧洲，教育的主要目的，是培养人们处理私人生活的能力。公民参加公务活动，很少需要事先学习。

一瞥美国和欧洲这两种社会，这方面的不同立即出现在你的眼前。

在欧洲，我们经常把私人生活的一些观点和习惯带到公共生活中去，所以当我们一下子从家庭的生活圈子里走出而管理国家时，我们就往往像在家里同朋友谈话那样去讨论国家大事。

美国人就与此相反，他们差不多总是把公共生活的习惯带回到私人生活中去。在他们那里，陪审制度的思想，在学生的游戏当中就有所反映；而代议制的方法，甚至被用去组织宴会。

法制比自然环境更有助于美国维护民主共和制度，而民情比法制的贡献更大

美洲的所有人民都有民主的社会情况——但民主制度只得到英裔美国人的支持——南美的西班牙人虽与英裔美国人同样得益于自然环境，但未能维护民主共和制度——仿效美国宪法制宪

的墨西哥也是如此——西部的英裔美国人维护这种制度比东部的英裔美国人困难——造成这种情况的原因

我已经说过，美国之能维护民主制度，应归功于地理环境、法制和民情⑧。

大部分欧洲人只知道这个因素中的第一个，并赋予它以它实际上没有的重大作用。

不错，英裔美国人把身份平等带到了新大陆。他们当中既没有贫民，又没有贵族。门第的偏见和行业的偏见，均不为人所有。这样，由于社会情况是民主的，民主制度也就不难获得了胜利。

但是，这个情况并非美国所特有。几乎所有的美洲殖民地，都是由一些彼此平等的人或迁来后变得平等的人建立的。欧洲人在新大陆的任何部分，都未能建立起贵族政体。

但是，民主制度却只在美国得到发展。

美利坚合众国没有需要对抗的敌人。它像大洋中的一个孤岛，屹立于北美的广野。

但是，大自然也同样使西班牙人屹立于南美，而这种与外界隔离的状态，并没有防止西班牙人建立常备军。他们在没有外敌的时候，总是彼此交战。只有英裔美国人建立的民主制度，是迄今为止能够以和平方法自立的民主制度。

美国的领土，为人类的活动展现出一片无边无际的园地，向实业和劳动提供了用之不竭的资源。在这里，发财致富的欲望代替

⑧　在这里，我请读者回想一下我所说的“民情”一词的一般含义。我把这个词理解为人在一定的社会情况下拥有的理智资质和道德资质的总和。

了争权夺利的野心，而社会的繁荣则扑灭了派系斗争的烈火。

但是，在地球上的哪一部分能够找到比南美的平原更肥沃的平原，比南美的河流更大的河流，比南美的资源更待开发和更取之不竭的资源呢？可是，南美却未能建立起民主制度。如果说在地球上占有一块土地，而且只要随意向无人居住的地区扩大，就足以使人民幸福的话，那么，南美的西班牙人就不该埋怨自己的命运不济了。尽管他们没有享受到美国居民那样的幸福，但至少也要使欧洲人感到羡慕。然而，世界上却没有一个国家再比南美诸国更悲惨的了。

可见，自然环境不仅未能给南美带来北美那样的结果，而且使南美在某些方面还不如自然环境差的欧洲了。

因此，自然环境对一个国家的命运所起的作用，并不像人们想象的那样巨大。

我在新英格兰看到一些人，准备离开他们本可以安居乐业的故土，而到荒地里去创造幸福。离新英格兰不远，我见到加拿大的法国移民，他们宁愿密密地挤在一个无法再挤的狭小地区，而不肯到近在咫尺的荒地去开发。由美国迁来的移民用不长时间的劳动收入，就在荒地里购进大片的地产；而加拿大的法国移民，却甘愿以比在法国还要高的价格去购买人口稠密地区的土地。

可见，大自然虽然也同样把新大陆的荒地赐给了这些欧洲人，但他们却始终不会好好利用这个礼物。

我认为，美洲其他国家的繁荣致富的自然条件，与英裔美国人的完全相同，但它们的法制和民情不如英裔美国人。这些国家现在都很贫困。因此，英裔美国人的法制和民情是使他们强大起来的特殊原因和决定性因素，而这个原因或因素也正是我要研究的对象。

我的意思不是说美国的法制已经十全十美，我也绝不认为美国的法制可以应用于一切民主国家。在我看来，在美国现行的法律中，有些法律对美国本身也是有危险的。但是，不可否认，总的说来，美国的立法是极其适应它所治理的人民的天才和国家的性质的。

因此，美国的法制是良好的，而美国民主政府所取得的成就，也有很大一部分应归功于法制，但我不认为美国的法制是美国获得成功的最主要原因。虽然我认为美国的法制对美国人的社会幸福的影响大于自然环境；但另一方面，我又有理由确信，美国法制的这种影响小于民情。

全联邦性的法律当然是美国立法的最重要部分。

墨西哥所处的地理位置，其有利性不亚于美国，而且墨西哥还采用了与美国相同的法律，但墨西哥没有促使自己建立民主政府的民情。

因此，除了自然环境和法制的原因之外，还有一个原因使民主制度得以在美国建立。

但是，对这个原因还须进一步加以证明。居住在联邦境内的人，几乎都是同一种族的后裔。他们说着同样的语言，以同样的仪式礼拜上帝，受着同样的物质条件的影响，服从于同样的法律。

那么，我们所要考察的他们之间的差异又是从何而来的呢？

为什么在联邦东部，共和政府的管理显得强而有力、有条不紊和稳健成熟呢？又是一些什么原因使政府的一切活动具有了明智性和持久性呢?

与此相反,为什么在西部,社会的管理工作就显得有些紊乱呢?

为什么在西部,各行各业的活动表现得有点混乱和头脑发热,而且几乎可以说有点发狂,以致不考虑长远的未来呢?

我不再拿英裔美国人与外国作比较,而要在他们之间互相对比,并考察他们为什么未能一致。在这里,取自自然环境的论据和取自法制差别的论据,对我都没有用处。我要另找原因。这个原因,除非到民情中去寻找,又能到什么地方去找到呢?

英裔美国人长期实行民主管理制度的经验和习惯,以及最有利于维护这种制度的思想,都是在东部取得或形成的。在这里,民主制度逐渐深入到人们的习俗、思想和生活方式,并反映在社会生活的一切细节和法制方面。也是在东部,人民的书本教育和实际训练最为完善,宗教最富有自由色彩。这些习惯、思想和习俗的总体,如果不是我所说的民情,又是什么呢?

西部就不同了,这些长处至今尚有一部分未在那里出现。西部各州的美国人,大部分出生于森林地区,他们把粗野生活的思想和习惯掺进了他们父兄的文明。他们的激情比较暴烈,他们的宗教道德比较薄弱,他们的思想不够坚定。在那里,谁也不管谁,谁也管不了谁,因为他们彼此才刚刚认识。因此,西部的居民在某些方面还像处于摇篮时期的民族,没有经验和习惯于粗野。在东部,社会是由旧社会的人组成的,但他们是刚刚凑在一起。

因此,只有美国人特有的民情,才是使全体美国人能够维护民主制度的独特因素。英裔美国人在各州建立的民主制度之所以在细节和发展程度上有所不同,也正是这个因素所使然。

因此,一个国家的地理位置对民主制度的寿命的影响,在欧洲被人夸大了。另外,他们对法制的重要性也评价得过高,而对民情的重要性又评价得过低。毫无疑问,这三大原因都对调整和指导美国的民主制度有所贡献。但是,应当按贡献对它们分级。依我看,自然环境不如法制,而法制又不如民情。

我确信,最佳的地理位置和最好的法制,没有民情的支持也不能维护一个政体;但民情却能减缓最不利的地理环境和最坏的法制的影响。民情的这种重要性,是研究和经验不断提醒我们注意的一项普遍真理。我觉得应当把它视为我的观察的焦点,我也把它看作我的全部想法的终点。*

最后,我对这个问题只想补充如下一点:

如果说我在本书的叙述中,还未能使读者理解我所指出的美国人的实践经验、习惯和见解,总而言之,即他们的民情在维护他们的法制上所起的重要作用,那么,我就没达到我在写作本书时为自己规定的主要目的。

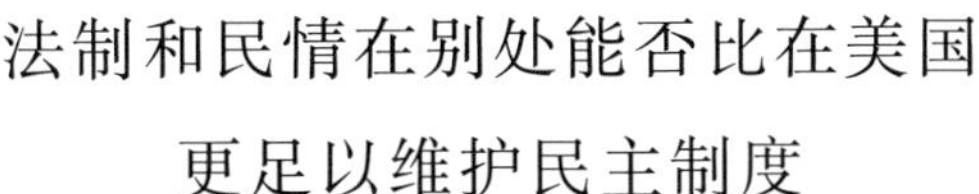

法制和民情在别处能否比在美国更足以维护民主制度

如果英裔美国人返回欧洲,他们将不得不修改他们的法律——

* 对美国民主的结构发生制约作用的三大原因(自然原因、法制原因、精神原因),是托克维尔政治社会学的构成因素,其中的精神因素占主要地位。——法文版编者

应当区分开一般的民主制度与美国的民主制度——可以设想出好于或至少不同于美国的民主所提供的法制的民主法制——美国的例子只能证明在法制和民情的帮助下有希望建立民主制度

我已经说过，美国民主制度的成功，有赖于它的法制本身和民情之处多于其自然环境。

但是，由此可以认为同样的这些因素放在别处也能发生同样的作用吗？既然自然环境代替不了法制和民情，那么法制和民情能不能代替自然环境呢？

不难设想，我们没有证据对此做肯定的回答。不错，在新大陆，除了英裔美国人外还有其他民族，而且这些民族也具有同英裔美国人一样的物质条件，所以我可以对两者进行比较。

但是，除美国人之外，世界上并没有本身不具备英裔美国人那样的优越自然条件，但却实行他们那样的法制和拥有他们那样的民情的国家。

因此，我没有用来同美国进行比较的对象，而只能随便谈几点看法。

首先，我认为必须把美国的民主制度与一般的民主制度严格地区分开来。

环顾一下欧洲的现况，看一看欧洲的一些大国、人口众多的城市、庞大的军队、复杂的政局，我不相信英裔美国人带着他们现在的思想、宗教和民情迁回到欧洲，在不大大改变他们的法制的条件下能够生存下去。

但是，可以设想一个民主国家不按美国那样的方式来建立。

那么，能不能设想一个政府按照多数的真正意愿来建立，但这个多数为了国家的秩序和安定，可以违反自己的要求平等的本性，同意将行政权的一切权限授予一个家族或一个个人呢？是否可以设想有一个民主社会，其国家权力比美国更为集中，其人民对国家工作的影响虽然不全是直接的和不全是不可抗拒的，但拥有一定权利的每个公民都可以依靠这些权利参加国家的管理呢？

在英裔美国人那里看到的一切，使我确信：如果将以上设想的民主制度审慎地移植于一个社会，而它在这个社会里又能逐渐地渗入到人民的习惯，逐渐地深入到人民的思想，那么，在美国以外的其他地方，也能建立起这种民主制度。

假如美国的法制真是人们可以设计出来的唯一的民主法制，是人们可能遇到的最完善的法制，那我对此只能做如下的结论：美国的法制的成功，除了证明一般的民主法制可在自然条件较差的国家获得成功以外，什么也不证明。

但是，假如我认为美国的法制在许多方面尚有缺欠，而且我也不难想象出其他一些良好的法制，那么，美国特有的自然环境也不能使我们得出结论说：民主制度不能在自然环境不够有利，而法制却是很好的国家获得成功。

假如人们生活在美国时的表现与他们生活在其他地方时的表现不同，人们的社会地位使他们在美国形成的习惯和观点不同于他们以同样的社会地位在欧洲形成的习惯和观点，那么，民主制度在美国所产生的一切也不能同它在其他国家所产生的一切一模一样。

假如美国人的爱好也同其他民主国家的人民一样，而这些国家的立法者又能够依靠国家的自然条件和环境的优点把他们的爱好约束在正当的范围之内，那么，美国的一些首先应当归功于纯自然原因的繁荣，对于希望以美国为榜样但没有美国的自然条件优势的国家，并非没有借鉴作用。

但是，这些假设还没有一个被事实所验证。

我在美国见到人们表现的激情，也同我们在欧洲见到的激情一样：其中有一些来自人心的天性本身，而另一些则来自社会的民主制度。

比如，我在美国见到人心有焦急的情绪，这是在人们的身份都接近平等，人人都有同样的机会进取时，人们都会产生的自然感情。我还见到以许许多多不同形式表现出来的民主忌妒感。我曾经说过，美国人在处理工作的过程，经常有自以为是和不懂装懂的表现。而且，我曾由此总结说，在美国也像在法国一样，人们同样有失败的遭遇和痛苦的经历。

但是，当我仔细研究美国的社会制度时，很快就发现，美国人曾付出巨大而可贵的努力，去克服人心的这种缺点和纠正民主的天然缺陷。

在我看来，美国的各种各样地方性法律，就是把公民的永久无法满足的野心限制在一个狭小的范围内，使同样的一些可能破坏国家的民主激情转化为对地方造福的激情。我认为，美国的立法者在以权利观反对忌妒感上，在以宗教道德的固定不变对抗政界的经常变动上，在以人们的经验弥补他们的理论无知上，在以人们处事的熟练习惯抵消欲望的急切上，并不是没有取得成功。

因此，美国人并不是依靠国家的自然环境的优势而战胜来自他们的制度和政治法的危险的。对于一切民主国家所共有的弊端，他们采用了迄今只有他们才拟出的补救办法。尽管他们是第一个采用这种办法的，但他们却成功了。

美国的民情和法制，并非只对民主国家适用；而且，美国人已经证明，不要放弃以法制和民情来调整民主制度的希望。

假如其他国家在借用美国人的这个普遍而有益的思想时，并不想照搬美国人实际应用这个思想的独特方法，而是试图根据上帝为我们这个时代的人规定的社会情况采取自己的办法，以避免威胁着它们的专制和无政府状态，那么，我们有什么理由认为它们的努力一定要失败呢？

在基督教世界组织和建立民主制度，是我们时代的重大政治问题。毫无疑问，美国人并没有解决这个问题，但他们为试图解决这个问题的人提供了经验。

已经发生的事情对欧洲的重要性*

读者不难发现，我为什么要用这样多时间专门讨论上面的问题。我提出的这个问题，不仅与美国有关，而且与全世界有关，不仅涉及一个国家，而且涉及整个人类。

假如那些具有民主的社会情况的国家只能在地处荒凉地区的时候才能保持自由，那么，我们对人类的未来命运只好绝望了，因为人类正在迅速地走向民主，而荒凉地区也快要住满了人。假如

* 本节的主要目的，是论证和应用他的学说。——法文版编者

法制和民情确实不足以维护民主制度，那么，除了个人的专制以外，还有什么其他的制度可供各国选择呢？

我知道今天还有许多心地善良的人未被这样的未来吓倒，但他们厌烦自由，喜欢躲开自由的风暴而偏安。

然而，这些人对于他们所驶向的避风港并不熟悉。他们囿于已往的成见，按绝对权威的过去表现去评价绝对权威，而不按它在今日可能显出的表现去评价它。

假如绝对权威在欧洲的民主国家重新树立起来，我不怀疑它会采取一种新的形式，呈现出一些我们的祖先所不知道的特点。

在欧洲，以往有一段时间，法律的规定和人民的同意，曾使国王们拥有过几乎无限的权力，但那些国王几乎没有加以利用。

我不准备谈那些可以阻止国王滥用权力的权力，比如，贵族的特权、最高法院的强制执行权、行会的权利、地方的优惠权等。这些权力一方面减缓了当局的压力，另一方面又使人民保持了反抗的精神。这些政治制度虽然往往妨碍个别人或个别集体的自由，但能使人们的心中保持对自由的爱好，而这种爱好对于自由的行使是十分有用的。除了这些政治制度之外，社会舆论和民情还在王权的周围筑起一道不那样惹人注意但作用很大的高墙。

宗教、臣民的忠心、君主的仁慈、荣誉感、家庭情感、地方的本位主义、习惯和舆论，都在限制着王权，把国王的权威局限在一个隐而不现的圈子里。

当时，国家的制度是专制的，但民情是自由的。君主虽然有权，但他无法全部行使，而且也不想全部行使。

以前防止暴政的樊篱，而今安在吗？

宗教正在丧失其对人们心灵的控制作用，区别善恶的标准完全被颠倒过来，一切从道德世界看来都变得不可信和不可靠了，君民均任意行事，谁也说不清专制的自然极限和放纵的界限在哪里。

连绵不断的革命，永远驱散了人们对国家元首的尊重感。释去受公众尊敬的负担的君主，从此以后也可以肆无忌惮地滥用其权力。

当国王看到臣民的心倾向他的时候，他宽宏大量，因为他感到自己是强大的；他在爱惜臣民对他的忠心，因为这种忠心是王位的支柱。这时，君民之间的感情交融，就像人们在家里那样亲密无间。臣民可能发发牢骚，而他们在发现君主因此而不快时，又会感到后悔。这时，君主将像父亲惩罚子女那样，只用轻轻的手拍打一下臣民而已。

然而，一旦王权的威信在革命的纷乱中丧失净尽，或相继登上王位的国王一代不如一代，使人民感到他的权力减弱和行为残暴时，谁也不再把君主视为国父，人人都把他看作是一个头子。如果他软弱，人们就轻视他；如果他强大，人们便憎恨他。他本身充满着怒气和恐惧，他在国内形同外人，他把臣民视为被征服的敌人。

当同一国家里的各省或城市变成一些不同的小国时，它们就都拥有了各自的特殊意志。这种意志是与原先的服从一个中央的共通意志完全相反的。但是，如果先让同一帝国所属的各个部分丧失各自的独立、习惯、成见，甚至主权和名称，然后再让它们习惯于服从同一法律，那么，现在把它们合起来加以统治，并不比原先分别统治时困难。

在贵族享用其权力的时期，甚至在他们丧失其权力以后的很长一段时期，贵族制度的声誉都会给予个人的抵抗行动以莫大的力量。

因此，有些人尽管那时已经没有权力，但仍能保持他们的高尚人格，敢于单枪匹马地抵抗国家权力的压力。

但在今天，当所有的阶级都接近混为一体，出众的个人逐渐消失在群众之中，从而容易默默无闻的时候；当君主制度的声誉已经几乎扫地而又没有德行来补救，没有任何东西促使人们上进的时候，谁能说清强者的要求和弱者的服从将在何处止步呢？

只要家庭情感活着一天，反对暴政的人就不会孤立无援，他的周围有他的追随者、世交和近亲。即使没有这种支持，他也会感到他的祖先在督促他前进，他的后代将接替他的事业。但是，当祖传的家业日益分散，种族的差别不多年就要消失的时候，到哪里去找家庭情感呢？

在一个已经完全改变面貌或正在不断改变面貌的国家，如果它的一切暴政行动都有先例可援，它的一切罪行都是例行公事，现存的古老事物的灭亡没有人惋惜，凡能想象出来的新鲜事物人们都敢去做，那么，它的习惯法还有什么力量呢？

如此屡遭践踏的民情又能提供什么抵抗力呢？

当没有很多人由一条共同纽带联系在一起时，当没有一个人、一个家庭、一个团体、一个阶级、一个自由结社可以代表和鼓动舆论时，这个舆论又能有什么用呢？

当每个公民都同样无能，同样贫穷，同样孤立无援，而且只能以个人的软弱去对抗政府的有组织的暴力时，舆论又能有什么用呢？

至于我们国家在某些方面是否会出现类似局面，这不是我们这一代人所能预见到的。也许应当追溯古代的史实，回顾可怕的罗马暴政时代。在那个时代，社会风气颓废，传统中断，习惯腐败，意志动摇，自由为法律破坏而无容身之地，公民不受保护和不能自保，人性被人玩弄，君主不再开恩而强迫臣民逆来顺受。

在我看来，那些希望复兴亨利四世或路易十四的君主政体的人，神智已经不清到了极点。至于我，当我看到许多欧洲国家的现况和预见其他国家将要达到的状况时，我就情不自禁相信它们很快就会做出抉择：不是走向民主的自由，就是走向专制者的暴政。

难道这不值得人们深思吗？假如人们将来不是全部自由就是全都被奴役，不是全都权利平等就是权利全都被剥夺；假如面对这项抉择的社会统治者不是逐渐将群众提高到他们的水平就是让公民降到人的水平之下，那么，只要战胜疑虑，坚定信心，教育每个人自愿做出巨大的牺牲，不就足够了吗？

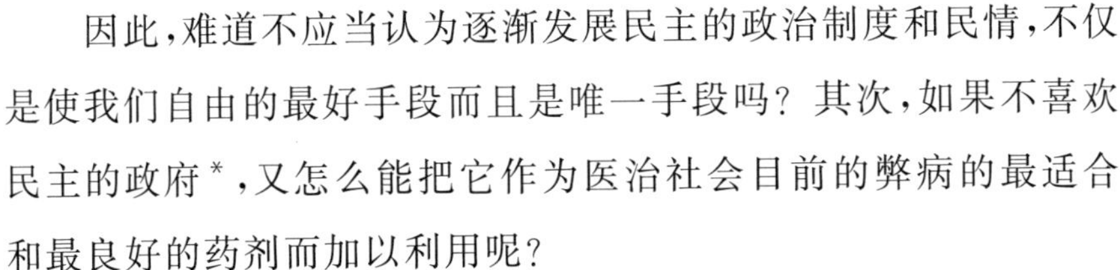

因此，难道不应当认为逐渐发展民主的政治制度和民情，不仅是使我们自由的最好手段而且是唯一手段吗？其次，如果不喜欢民主的政府*，又怎么能把它作为医治社会目前的弊病的最适合和最良好的药剂而加以利用呢？

让人民参加政府的管理工作很难，而让他们积累管理的经验和产生管好国家的意识更难。

我承认，民主的意向是常变的，它的执行者还不精干，它的法

---

* 在专制和民主之间抉择："不喜欢民主的政府。"另见法文版第 281 页编者注。——法文版编者

制还不完备。但是，如果在民主的统治和独夫的压迫之间确实很快就将没有任何中间道路可走，难道我们与其自暴自弃地屈从于后者，而不如倾向于前者吗？而且，假如我们最后必然变得完全平等，那么，让自由把我们拉平不是比让一个暴君把我们拉平更好吗？

如果读过我的这本书之后，断定我写此书的意图，是让已经具有民主的社会情况的国家全都仿效英裔美国人的法制和民情，那他就大错而特错了。这样的读者只注意到我的思想的外表，而没有认识我的思想的实质。我的目的，是想以美国为例来说明：法制，尤其是民情，能使一个民主国家保持自由。但我绝不认为，我们应当照抄美国提供的一切，照搬美国为达到它所追求的目的而使用的手段，因为我不是不知道，一个国家的自然环境和以往经历，也对它的政治制度发生某种影响；而且，如果自由要以同样的一些特点出现于世界各地，我还觉得那是人类的一大不幸。

但我认为，如果我们不逐渐采用并最后建立民主制度，不向全体公民灌输那些使他们首先懂得自由和随后享用自由的思想和感情，那么，不论是有产者还是贵族，不论是穷人还是富人，谁都不能独立自主，而暴政则将统治所有的人。我还可以预见，如果我们不及时建立绝大多数人的和平统治，我们迟早要陷于独夫的无限淫威之下。

第十章　概述美国境内的三个种族的现况及其可能出现的未来

我为自己规定的主要任务现已完成，我已尽我之所能说明了美国民主的法制，解释了美国的民情。我本可以就此停笔，但读者可能觉得我还没有满足他们的期望。

在美国，除了广泛而完整的民主制度外，还有其他一些东西值得研究。比如，我们还可以从另一个角度来研究居住在新大陆的人民。

我在讲述的过程中，话题常引致我谈及印第安人和黑人，但我一直无暇说明这两个种族在我所描述的这个民主国家中所占的地位。我已经说明英裔美国人是根据什么精神和法律组成联邦的；我对威胁这个联邦存在的危险，只是随带说明了一下，而且说得很不全面。除了美国的法制和民情以外，我对这个国家的长治久安的条件，也未能做详尽的叙述。在叙述合众国的共和制度时，我从未对这个制度能否在新大陆长期存在的问题做过随意的臆测；而在经常提及联邦盛行的商业活动时，我也未能预测美国人作为一个商业民族的未来。

这些问题虽然都与我的主题有关，但我并没有对它们做深入的研究。它们虽然都与美国人有关，但与民主无涉。我要研究的，主要是美国的民主。我最初要把这些问题暂时搁置起来，但现在当我要结束本书的论述时，我应当回过头来谈一谈这些问题。

* * *

现在为美国联邦所占有的或被宣称为它所拥有的领土，从大西洋海岸一直延伸到太平洋海岸。因此，它的边界，无论是东面还是西面，都是大陆本身的边界。往南，它几乎伸进热带；往北，它到达北部的冰原。

分布在这个广大空间的人，不像在欧洲那样，形成为同一种族的数个分支。一眼看去，就可以在他们中间发现有三个体形面貌不同，而且几乎可以说互相敌对的种族。教育、法律、血统，甚至外貌特征，在他们之间筑起了一道几乎无法逾越的屏障。命运虽把他们集合在同一块土地上，但未能把他们混合起来形成为一个整体。他们各自按照本身的条件向前发展。

在这个差别如此巨大的人群中，首先引人注意的，是在知识、力量、生活享受上均属第一的白人，即欧洲人，或者可以说是杰出的人。在他们之下，则是黑人和印第安人。

这两个不幸的种族，在族源、外貌、语言和民情上均不相同；他们的唯一相同之处，就是他们都不幸。他们在其所住的地区，均处于低卑地位；两者都受暴政的摧残。虽然两者所受的虐待不同，但虐待却来自同样一些人。

从世界的既往情况来看，岂不可以说欧洲人之对待其他种族犹如其他种族之对待动物吗？他们奴役其他种族，而当其他种族不肯服从时，他们就加以消灭之。

欧洲人的压迫，一下子就把非洲人后裔的人类特权几乎全部夺走。美国的黑人，现在连自己原来的祖国都不知道了。他们不再讲他们祖先所讲的语言；他们放弃了原来的宗教，忘记了原来的民情。他们离开了非洲，但未能享受到欧洲人那样生活的权利。他们居于两个社会之间，过着不同于另外两个种族的生活，被一个人卖掉之后再被另一个转卖出去。普天之下，只有主人为他们安排的住所，可以为他们留下关于故土的模糊记忆。

黑人没有家庭，女人只是男人寻欢作乐的暂时伴侣。他们的孩子从出生之日起，就与他们处于同样的地位。

我应当把这种对极端悲惨的境遇无动于衷，甚至往往对这种不幸的根源采取一种可鄙的大方态度的心灵状态，称作是上帝对人们的慈悲还是上帝对人们的最严厉怒斥呢？

陷进这种灾难深渊的黑人，对他们的不幸处境只是刚刚有所感觉；暴力使他们变成了奴隶，而受人役使的习惯又使他们养成了奴隶的思想和一种奴隶的奢望。他们对他们的残暴主人的羡慕甚于憎恨，并以卑躬屈膝地仿效他们的压迫者为得意和骄傲。

黑人的智力下降到与他们的心灵同样低的水平。

黑人一生下就是奴隶。我还能再说些什么呢？他们往往在娘胎里就被人出卖，可以说在出世之前就成了奴隶。

他们既没有需要，又没有享受，这些对他们均无用处。他们从出生后懂事开始，就知道自己是别人的财产，应当为这个人的利益贡献自己的一生。他们认为，照料自己的生活，不必由自己操心。甚至用头脑思考问题，在他们看来都是上苍的无用恩赐。他们对于自己处于卑贱的地位，感到心安理得。

即使在他们获得解放以后，也往往把独立看作倒比奴役还要沉重的枷锁，因为在他们的一生中只学会万事均应当服从，唯独没有学会服从理性，并当理性要来指引他们的时候，他们根本不听理性的呼声。许许多多新的要求向他们袭来，但他们没有必要的知识和能力抵制它们。这些要求来自他们本应当反对的主人，可是他们只知道屈从和顺服主人。因此，他们陷入了苦难的深渊，在这个深渊里，奴役使他们失去理性，放任自由使他们走向灭亡。

压迫对印第安人造成的影响也不小，但后果有所不同。

在白人来到新大陆以前，居住在北美的人一直安居于林野之中。他们饱经野人生活的沧桑，仍然保留着未开化人的恶习和德行。欧洲人把印第安诸部赶进深山老林以后，迫使他们去过痛苦得无法形容的漂泊不定的生活。

野蛮民族只受舆论和民情的支配。

欧洲人的暴虐使北美的印第安人失去了对故土的观念，拆散了他们的家庭，使他们忘记了传统，打断了他们的记忆的链子，改变了他们的一切习惯，并大大加快了他们的贫困化过程，从而使他们比以前更加杂乱无章和不文明了。这些部落的身心状况不断恶化，他们随着苦难的加重而日益野蛮。尽管如此，欧洲人并未能完全改变印第安人的习性，甚至他们用国家权力来摧残印第安人，也一直未能制服印第安人。

黑人被奴役到不能再奴役的地步，而印第安人则被放任自由到极限。奴役对黑人造成的后果,并不比放任自由对印第安人造成的后果更为致命。

黑人没有任何财产,连自己的人身都不属于自己。他们要是出卖自己的人身,就等于侵犯他人的财产。

但是,野蛮人只要能行动,就是自己的主人。他们几乎不知道什么叫家长权,从来没有使自己的意志屈服于族长权,谁也教不会他们区分自愿服从和可耻屈从,甚至法律这个词汇在他们那里都没有。在他们看来,自由就是摆脱社会的一切羁绊,不受任何束缚。他们满足于这种野蛮的独立,宁愿因喜爱独立而毁掉自己,也不肯放弃一丝一毫的独立。文明对这样的人,作用不大。

黑人为进入那个始终在排斥他们的社会,做了许许多多徒劳无功的努力。他们屈从自己的压迫者的爱好,接受压迫者的观点,企图仿效压迫者的一举一动,以便同他们混为一体。从幼年时代起,别人就告诉他们是天生不如白人的种族,而且他们也推翻不了这种说法,因而他们自愧不如白人。他们发现自己的一举一动都有奴隶的痕迹。如果他们能够做到,他们真愿意丢掉这一切。

印第安人与此相反,他们在想象中满以为自己出身高贵。他们的生和死,都寄予这种自以为了不起的梦幻。他们根本不想使自己的民情服从我们欧洲人的民情。他们把野蛮生活当作自己种族的独特标志加以热爱。他们拒绝接受文明,而且拒绝的原因,主要的不是出于仇恨文明,而是出于害怕自己变得与欧洲人一模一样①。

他们只能以原始的弓箭来对付我们的精良武器，以没有纪律的野蛮来对付我们的战术，以野蛮人的自发本能来对付我们的老谋深算。在这场力量悬殊的斗争中，他们只能接连失败。

黑人希望同欧洲人混成为一体，但他们没有能够办到。印第安人在一定程度上可以做到这一点，但他们不屑于做此种打算。一个是奴性使自己注定为奴，另一个是傲慢使自己必然灭亡。

我还记得，在我途经至今仍覆盖着亚拉巴马州的森林时，有一天来到一个拓荒者的木房前边。我不想进美国人的住宅，而停在离这所木房不远的一个水池旁边休息一会儿。我刚在那里坐下，来了一个印第安女人（这里离克里克部的居住区不远），手里拉着一个五六岁的白人小女孩，看来是拓荒者的女儿。一个黑人女人

① 北美的土著，以史无前例的坚定精神保留着他们的观点，甚至他们习惯的微小细节。200多年来，北美的漂泊不定的部落虽与白人经常接触，但几乎没有接受白人的思想和习惯。不过，欧洲人还是对野蛮人发生了极大的影响。即他们只是使印第安人更加衰败了，而根本未能使他们欧洲化。

1831年夏，我到过密歇根湖畔一个名叫绿湾的地方，这里是西北部印第安人在美国的最北界线，我在这里结识了一位美国军官H少校。有一天他给我长篇大论地谈完印第安人性格的坚定性后，又向我讲了下面这样一个故事："以前，我认识一个从新英格兰一所学院毕业的印第安人青年。他学习得很不错，外表同文明人完全一样。在1810年我们同英国人作战期间，我又见到了这位青年。他当时在我们的部队里服务，指挥他们部落的战士。美国人只是在印第安人答应不以残忍的办法活剥被俘者的头皮的条件下，才准许他们参加美国的部队作战的。在某次战斗后的夜晚，这位叫C的印第安人青年，来到我们的野营，在营火旁边坐下。我问他白天的战况。他向我谈了战斗的经过，而且越谈自己的战绩越高兴。最后，他解开军装的纽扣对我说：'可不要出卖我，请你看！'H少校接着说：'我看到他的衬衣里，贴着肉藏有一块带着头发的英国人头皮，而且还滴答着血。'"〔参看托克维尔的《美国旅行记》，J.P.梅耶编：1960年纽黑文版第37页。这里的H少校为拉马尔少校〕

跟在她们后面。这个印第安女人的打扮，集尽了野蛮人华丽装饰之大成：鼻孔和耳垂挂着铜环，头发缀着玻璃珠披散在肩上。我看得出她还没有结婚，因为她还带着贝壳项链，而按照习惯，她要是新娘，该把它放在新婚的床上。那个黑人女人，穿着一身褴褛的欧洲式服装。

她们三人都来到水池边坐下。那个年轻的印第安女人抱起小姑娘，像母亲一般对她爱抚备至。坐在旁边的黑人女人，想尽各式各样的办法逗弄小混血儿高兴。而这个小混血儿，却在她那慢条斯理的动作中表现出一种优越感，这与她的幼小年龄形成了使人惊异的对照，好像是她在屈尊接受同伴的关怀。

黑人女人蹲在小主人的面前，想尽办法迎合她的愿望，好像既分享着一种母爱，又怀着一种唯恐得罪小主人的奴性心理。而那个印第安女人，则在她的温柔的表情中，流露出一种自由自在、有点骄傲和近乎愤世的神气。

我向他们走去，默默地看着这个场面。我的好奇心显然引起印第安女人的讨厌，因为她霍地站立起来，粗暴地把孩子推到一边，怒视了我一眼以后，便走进丛林里去了。

我经常看到北美的这三大种族混合集会在同一地点的场面。我曾通过多次的不同观察，看到白人的优越地位。但在我方才描述的这幅图景中，却有一种特别动人的情景：一种感情上的联系，在这里把压迫者和被压迫者结合在一起了，而大自然为了使两者接近而进行努力时，却使偏见和法制在两者之间所设的鸿沟更加触目了。

居住在联邦境内的印第安部落的现况及其可能出现的未来

土著部落的逐渐消失——消失是怎样进行的——印第安人的被迫迁徙给他们带来的苦难——北美的野蛮人只有两条可以逃避灭亡之路：不是进行战斗，就是接受文明——他们已无力进行战斗——当他们能够接受文明时为什么不愿意接受，而当他们愿意接受文明时又为什么不能接受了——克里克部和柴罗基部的例子——个别州对待印第安人的政策——联邦政府的政策

在世世代代居住在新英格兰境内的印第安诸部中，纳拉干部、莫希干部和佩科特部，除了留在人们的记忆中，早已不复存在了；而150年前在特拉华湾欢迎佩恩的勒纳普部，现今也不存在了。我见到过几个仅存的易洛魁人，他们都在以讨饭维持生活。我方才提到的诸部，昔日曾满布于北美各地，甚至发展到海岸。现在，只有深入到内陆100多里约，才能见到印第安人。这些野蛮人不仅向内陆逃离，而且正在逐渐灭亡②。随着印第安人的远徙和死亡，便不断迁来大量的居民而把他们的地盘住满。在人类的历史上，还没有见过一个发展得如此惊人而消失得又如此迅速的民族。

至于这种消失是怎样进行的，并不难解释。

---

② 在最初的13个州里，现在只有6 373名印第安人了。见第二十届国会〔第二次会议〕第117号立法文件第20(?)页。

当印第安人还是他们后来被逐出的那片荒野的唯一居民时，他们的需求很少，他们自制武器，河水是他们的唯一饮料，他们用兽皮做衣服，用兽肉做食物。

欧洲人把火器、铁器和酒带到了北美的土著居民中间。他们教会了印第安人改穿纺织品制成的服装，把原先只能满足于简朴需要的野蛮人服装丢掉。印第安人在沾染上新的嗜好后，并没有学到满足这些嗜好的技术，所以他们只得依靠白人的工业。为了换取自己不能制造的这些物品，野蛮人除了森林里还可出产的毛皮财富外，再也拿不出来什么东西。这样，狩猎便不仅为维持生活所需要，而且为满足欧洲人的奢望所需要。印第安人不再单纯地为了获取食物，而且还要为了取得以物易物的物资而打猎了③。

土著的需要如此日益增加，但他们的资源却又不断减少。

自从欧洲人在印第安人居住地区的附近定居以后，飞禽走兽

③　克拉克先生和卡斯先生在他们 1829 年 2 月 4 日提交国会〔第二次会议〕的报告〔众议院文件第 117 号〕第 23 页〔和以下几页〕中写道：

“距今很久以前，印第安人不必依靠文明人的工业品，就可以获得必要的猎物供他们吃穿。在密西西比河以西，有些地方还可以见到大批的成群野牛，住在这里的印第安人部落，便追逐这些野生动物而迁徙。同我们谈话的印第安人，还会按照祖传的方法把猎获的野牛养活起来，而今野牛已在不断减少。现在不准再用火枪、陷阱、夹子等来猎取熊、黄鹿、河狸、麝鼠之类的小野兽了。特别是对向印第安人供应生活必需品的小野兽，更不准采取这样的办法。

“在印第安人不得不依靠艰辛的劳动来维持家庭生计的西北地区，尤其应当如此。猎人往往是追逐猎物数日而一无所得。在这期间，全家就得用树皮和树根充饥，或者饿死。因此，每年冬天都有很多人饿死。”

印第安人不愿意像欧洲人那样生活，但他们现在既离不开欧洲人，又不能完全按照祖辈那样生活。只举一个事实，就足以说明这个问题。这个事实，我也是通过官方的文件了解到的。苏必利尔湖畔的一个印第安人部落，有人杀了一个欧洲人。于是，联邦政府下令禁止同这个部落贸易，直到把杀人的罪犯捉来交案。

都吓得逃进森林[④]，而对漂泊在森林里的没有固定住所的数千名野蛮人，它们并不害怕。但是，一旦从某个地方传来欧洲人的不断劳动声音，它们便开始逃走，退藏到西部。它们的本能，指引它们能在西部找到仍然是无边无际的荒野。卡斯先生和克拉克先生在他们的1829年2月4日报告中说道："成群的野牛不断地后退，几年以前它们还经常出没在阿勒格尼山麓。但数年之后，在沿着落基山脉伸展的广阔原野上，也难以见到它们的踪影了。"有人以坚信不疑的口气向我指出，白人来临的这种影响，往往在离他们住区200里约以远的地方就可以感到。他们也对他们刚刚知道族名的一些部落发生了影响，而这些部落在认识他们的苦难的制造者以前，早就尝到掠夺的痛苦[⑤]。

一些大胆的冒险家，很快就深入到印第安人的居住地区。他们越过白人居住区的边界，向前深入15或20里约，在野蛮人的居住区内建起文明人的住所。他们没有遇到困难，因为狩猎民族的领地边界是不明确的。何况狩猎的领地是属于全民族的，而不是个别人的财产，所以保护领地的任何部分均与个人利益无关。

一些欧洲人全家搬到印第安人居住地区，在那里建立起一些

④ 沃尔内在其《美国气候与土壤概述》(巴黎，1822年)第370页中写道："五年前，从文森斯到卡斯卡斯基亚，在今伊利诺伊州境内到处是野蛮人(1797年)。凡是你经过的草地，无不有四五百成群的野牛，而今全不见了。野牛因不堪猎人的追击，尤其是不堪美国人牲畜的铃声的干扰，而涉水逃到密西西比河的对岸。"〔托克维尔用过的此书原本，现藏于托克维尔旧居(在芒什省)〕。

⑤ 大家可以相信，我在这里所介绍的美国境内印第安人诸部的一般情况是真实的(见第二十届国会第117号立法文件第90—105页)。可以预见，即使欧洲人现在还离美国中部的野蛮部落很远，这些部落也会很快相继灭亡。

相隔很远的据点，不久便把据点之间的一切野兽吓走而不再回来。原来在那里过得还算丰衣足食的印第安人，现在处于难以维持生计的境地，而要获得他们以物易物所需的东西，也更加困难了。赶走他们的猎物，其后果等于我们农民的耕地变得贫瘠不毛一样。不久以后，他们的生活手段几乎完全丧失。这些到处漂泊的不幸人，就像徘徊在荒山野林里的一群群野狼。安土重迁的本能，使他们热爱自己的出生地区⑥，但他们在那里只有受苦和饿死。于是，他们终于决心离开，跟踪大角鹿、野牛和河狸的逃退路线，让这些野兽指引他们选定新的家园。因此，有人竟说，把美国土著撵走的，不是欧洲人，而是饥荒。这真是以往的硕学之士都没有找到的而由现代的有识之士发明的高论。

随着这种被迫迁徙而来的可怕苦难，是不堪设想的。当印第安人离开世世代代居住的家园时，他们已经筋疲力竭，衰败不堪；而在他们新选定的落脚地区，又早已住有只会对新来者怀有敌意的其他部落。他们的背后是饥荒，而面前又是战争，真是到处受苦受难。为了避开这么多的敌人，他们只好分散开来活动。每个人独自一个人默默地去寻找谋生的手段。就像文明社会里的无家可归的人那样，漂泊生活在无边无际的荒野之中。很早以来就已削弱的社会纽带，这时已经完全断裂。对于他们来说，已经不再有故

⑥　克拉克先生和卡斯先生在他们致国会的报告第 15 页上说，印第安人之不愿意离开故土，出于同我们一样的安土重迁的感情。另外，他们还把不愿意让出上天赐给他们祖先的土地的思想，与对某些从来没有向欧洲人出让过土地或只向欧洲人出让过部分土地的部落具有重大影响的迷信思想联系起来。“我们不出售葬有我们祖先遗骨的土地”，就是他们常对前来要求购买他们土地的人的第一句答话。

国,并且很快就将不再成为一个部族。家庭已经难保,共同的族名正在失去,共同的语言逐渐被人遗忘,族源的痕迹行将消失。作为一个民族,他们已经不复存在了。他们的族名还勉强地留在美洲考古学家的记忆里,或只有欧洲的某些学者还记得。

我想读者不会不信我在这里所述的一切。我要把我目睹的一些悲惨局面描述出来,把我看到的苦难尽可能再现出来。

1831 年底,我来到密西西比河左岸一个欧洲人称做孟菲斯的地方。我在这里停留期间,来了一大群巧克陶部人。路易斯安那的法裔美国人称他们为夏克塔部。这些野蛮人离开自己的故土,想到密西西比河右岸去,自以为在那里可以找到一处美国政府能够准许他们栖身的地方。当时正值隆冬,而且这一年奇寒得反常。雪在地面上凝成一层硬壳,河里漂浮着巨冰。印第安人带领着他们的家属,后面跟着一批老弱病残,其中既有刚刚出生的婴儿,又有行将就木的老人。他们既没有帐篷,又没有车辆,而只有一点口粮和简陋的武器。我看见了他们上船渡过这条大河的情景,而且永远不会忘记那个严肃的场面。在那密密麻麻的人群中,既没有人哭喊,又没有人抽泣,人人都一声不语。他们的苦难由来已久,他们感到无法摆脱苦难。他们已经登上载运他们的那条大船,而他们的狗却仍留在岸上。当这些动物最后发现它们的主人将永远离开它们的时候,便一起狂吠起来,随即跳进浮着冰块的密西西比河里,跟着主人的船泅水过河。

今天,对印第安人的剥夺,经常以一种正规的或者可以说是合法的形式进行。

当欧洲人开始进驻被一个野蛮部族占据的荒凉地区时,美国政府一般都先向这个部族派去一名官方信使。随后，白人将印第安人召集到一个空场里，同他们大吃大喝一通，然后对他们说："你们在你们祖先的这块土地上能干出来什么？过不了多久，你们就得靠挖他们的骨头来生活。你们居住的这块土地怎么就比别的地方好？难道除了你们住的这个地方，别处就没有森林、沼泽和草原吗？难道普天之下，除了你们这里就没有可住的地方了吗？在你们看见的天边那些大山后面，在你们的土地西面尽头的那个湖的对岸，有一大片还奔驰着许多野兽的土地。请把你们的土地卖给我们，到那边的土地上去过幸福生活吧。"讲完这一番话后，他们就在印第安人面前，陈列出一些火枪、呢绒服装、成桶的酒、玻璃项链、金属手镯、耳环和镜子⑦。假如印第安人看到这些宝贵物品后还不动心，可以慢慢说服他们不要拒绝对他们提出的要求，并向他们暗示将来政府也不能保证他们行使自己的权利。结果会怎么样呢？印第安人在一半说服和一半强迫之下离开了他们的土地。他们来到新的荒凉地区住下，但白人也不会让他们在那里太太平平

⑦　参看国会第117号立法文件〔第15页及以下几页〕对这种交易的描述。下面的一段细致描写，见于我方才引用的克拉克先生和卡斯先生1829年2月4日致国会的报告。刘易斯·卡斯先生现任美国陆军部长。

克拉克先生和卡斯先生写道："当印第安人来到签约地点时，他们的样子十分可怜，身上几乎是一丝不挂。在这里，他们看到并试用了许许多多他们觉得十分珍贵的物品，这些物品就是美国商人特意带来的。希望满足自己需要的妇女和儿童，立即开始纠缠亲人要这要那，并对出卖土地有最后决定权的人施加种种影响。印第安人之没有远见，是经常的和无法说服他们改变的。解决妇女儿童的这些迫切需要和满足他们的愿望，是野蛮人的一种不可动摇的感情。等待未来的好处，对他们只有微不足道的影响。他们容易忘记过去，对未来根本不假考虑。如果不能立即满足他们的要求，你怎么恳求他们出让他们的一部分土地也是枉然。当你公正地指出他们所处的困苦境地时，你不会为使他们的痛苦得到某些缓和而引起他们的热烈表情而感到吃惊。"

地住上十年。美国人就这样以非常低廉的价格，买到了欧洲最富有的君主也买不起的大片大片的土地⑧。

我已描述了这些深重苦难，但我还得补充一句：我认为这些苦难是无法挽救的。我相信，北美的印第安人注定要灭亡。我也无法使自己不认为，一旦欧洲人在太平洋海岸立足，那里的印第安人亦将不复存在⑨。

北美的印第安人只有两条得救的出路：不是对白人开战，就是自己接受文明。换句话说，不是消灭欧洲人，就是变成同欧洲人一

⑧ 1830年5月9日，爱德华·埃弗雷特向众议院报告说，美国人根据协定，已在密西西比河以东和以西获得23 000万英亩土地。

1808年，奥赛治部以1 000美元让出土地4 800万英亩。

1818年，夸保部以4 000美元让出土地2 000万英亩。他们保留了100万英亩土地供狩猎使用。他们郑重发誓，要保住这块土地。但是未过多久，这块土地也被侵占了。

1830年2月24日，印第安人事务委员会报告人贝尔先生向国会报告说："为了使我们能够利用被印第安人宣布为他们所有的荒地，我们采用了从印第安部落手里购买猎物已经绝迹或已被打光的狩猎用地的做法。这种做法最有好处，当然也最符合法律手续，而且比用武力侵占野蛮人的土地合乎人道。

"购买印第安人土地所有权的做法，不外是在获得新大陆的土地时用人道和权宜之策取代过去的暴力。这种做法同样能使我们成为我们宣布是我们发现的土地的主人，而且能保证我们文明人在被野蛮部落占据的土地安家立业的权利。

"至今，许多交易都是当着印第安人的面，压低他们占有的土地的价格成交的；将来，这样的交易也会很顺利地使他们向我们出让土地。因此，向野蛮人购买占有权的做法，从来没有推迟美国繁荣的飞快进度。"（第二十一届国会〔第二次会议〕第227号立法文件第6页〔及以下几页〕）

⑨ 而且，我认为美国的所有国务活动家都有这种看法。

卡斯先生向国会报告说："根据过去来推断未来，可以预见印第安人的人数将逐渐减少，他们的种族将完全消灭。为了避免出现这样的结局，必须停止开发我们的边疆，使野蛮人定居在那里，或者彻底改善我们同他们的关系，而我们现在同他们的关系，是他们永远不会认为是公道的。"

样的人。

在白人建立殖民地之初，他们本来可以联合起来赶走刚刚登上这个大陆海岸的一小撮外来人⑩。他们曾不止一次地试图这样做过并接近成功。今天，力量的对比悬殊，以致他们都不能产生这种想法了。但在印第安人中间，仍有些杰出人士预见到蛮族的未来厄运，而试图把所有的部落联合起来，共同对付欧洲人。然而，他们的努力是无济于事的。邻近白人的部落，都已经衰弱得无力进行有效的抵抗；而其他一些部落，则出于野蛮人的天性，对于明天采取听天由命的态度，只等待厄运来临，而不采取对策。其中，有的部落是无力采取对策，有的部落是根本不想采取对策。

不难预见，印第安人不是永远不想接受文明，就是在想开始这样做的时候已经为时甚晚。

文明是人们在同一地方长期劳动的结果。它代代相传，每一代都得益于上一代。使文明最难在其中建立统治地位的民族，是狩猎民族。游牧部落虽然经常改换住地，但在迁徙的过程中总是依照一定的路线，最后又回到原处。而狩猎部落的住处，则随着他们所追捕的动物的栖息场所而改变。

有人曾多次试图深入印第安人地区，在那里传播知识，并任其保持漂泊流动的习性。耶稣会士在加拿大试图这样做过，清教徒

⑩　其中应当特别提出的反抗有：瓦帕诺部试图抵抗白人的战争，1675 年由美塔科姆领导的几个部落联合反对新英格兰殖民者的战争，1622 年英国人在弗吉尼亚受阻的战争。

试图在新英格兰这样做过[11]。无论是耶稣会士，还是清教徒，都未能长期工作下去。文明在猎人的茅屋里开花了，但到森林里又枯死了。这些在印第安人中间传播文明的人所犯的最大错误，在于他们不懂：要想使一个民族接受文明，就必须先让它定居下来，而要使它定居下来，就得叫它种地务农。因此，应当先让印第安人成为种田人。

印第安人不仅缺乏文明的这个不可缺少的前奏，而且很难叫他们进入这个前奏。

人们一旦沉迷于猎人的到处游荡的冒险生活，就对农耕所需的经常而有规律的劳动，有一种几乎不可克服的厌恶感。这种情况，也见于我们文明人的社会；但在狩猎的习惯已变成全民的习惯的民族中，表现得尤为明显。

除了这个一般原因之外，还有一个也很重要但只见于印第安人社会的原因。我在前面已谈到这个原因，但我认为应在这里再重复一次。

北美的土著不仅把劳动视为坏事，而且认为劳动是一件不光彩的事。他们的傲慢之对抗文明，与他们的懒惰之对抗文明，几乎同样顽固[12]。

---

⑪　参看有关新英格兰的各种历史著作。参看夏尔瓦的《新法兰西的历史》和《布道通讯》。〔《布道通讯》从 1712 年开始发表，后来辑成一部集子，共 34 卷，包括从 1703 年至 1776 年的通讯。增订版于 1780 年问世。参看吉贝尔·希纳尔：《美洲遐想》，巴黎，1934 年，第 438 页。再参看夏尔瓦：《新法兰西的历史》第 333 页及以下几页〕

⑫　沃尔内在其《美国气候与土壤概述》第 423 页上写道："在所有的部落里，还有一些年老的战士在看到有人使用犁时，仍在喊叫这是破坏古风。他们认为，野蛮人使用这种新玩意儿，只能使他们堕落，而为了重振他们的荣誉和威力，只要恢复他们的古风就可以了。"

没有一个印第安人认为在自己的树皮盖的茅屋里生活就失去了个人的尊严和因而觉得可悲。他们认为辛苦的劳动是下贱的活动，将种田的人比做耕田的牛，把我们的每一种手艺都看成是奴隶的劳作。他们对白人的能力和高超智慧倒是不乏钦佩之感，但他们在赞扬我们的勤劳的成果时，却又瞧不起我们获得这种成果的手段；在承认我们的高超时，却又觉得他们比我们还高明。在他们看来，打猎和打仗是值得人干的唯一工作⑬。印第安人在他们的森林里过着悲惨的生活，他们的思想和观点同中世纪在古堡里生活的贵族一模一样。他们只要变成征服者，便与中世纪的贵族一般无二了。真是一件怪事！今天重现欧洲古老偏见的地方，并不是欧洲人居住的新大陆沿岸，而是土著所在新大陆林野。

我在本书的叙述当中，曾不止一次试图让读者明了：在我看来，社会情况对于法制和民情具有重大的影响。在这个问题上，请允许我再补充几句。

当我察觉我们的祖先日耳曼人和北美的游猎部落在政治制度上存有相似之处，看到塔西佗当年描写的日耳曼人的生活习惯和我有时可以目睹的印第安人的生活习惯之间存有相似之点时，我不禁在想：既然同样的原因在两个半球造成了同样的结果，那么，

⑬　下面的描述摘自一份官方文件：

"一个青年男子，在没有同敌人打过仗，未以某些战功来夸耀自己以前，任何人都不会尊重他，差不多要把他看成一个女人。

"在他们表演战争的大型舞蹈中，所有的战士都轮番去敲击立在场上的一根杆子，同时向这根杆子喊叫挑战和叙述他们的战功。在场的听众是他们的亲友和战友，如果听众在他们讲话时洗耳恭听，讲话结束后立即高声欢呼和热烈鼓掌，则表明他的话给听众留了深刻的印象。没有在这样的集会上讲过自己战功的青年男子，被认为是最无用的人；而如此兴高采烈的青年战士突然离开跳舞的场地，去取可以显示自己战功的战利品和使他值得自豪的证物的，倒是不乏其人。"

要想在纷繁不一的人类活动中找出少数几个促使其他事实产生的主要事实*，并不是不可能的。因此，我认为一定能在我们所称的日耳曼人的政治制度中找到野蛮人的习惯，在我们所说的封建思想中找到野蛮人的观点。

尽管恶习和偏见在妨碍北美的印第安人去从事农耕和接受文明，但现实的需要有时也逼得他们非从事农耕和接受文明不可。

南部的几个相当大的部落，特别是其中的柴罗基部和克里克部⑭，现已被欧洲人所包围。这些欧洲人有的来自大西洋沿岸，有的顺俄亥俄河而下，有的溯密西西比河而上，一起蜂拥来到他们的周边。这些部落没有像北部的部落那样被从一个地方撵到另一个地方，而是在各自所在地区，被逐渐围缩在一块很小的土地上，就像猎物被猎人围住，只待就擒了。这样被置于文明和死亡之间的印第安人，只好依靠白人那样的劳动糊口了。于是，他们开始种田，但并没有完全放弃他们原来的习惯和民情，只是为了生存而做了不可不做的牺牲。

* “……少数几个……主要事实”。在这里，托克维尔不只是想找出主要事实，而且同时提出了社会学学说的主要原理。——法文版编者

⑭ 这两个部落现今分布在佐治亚州、田纳西州、亚拉巴马州和密西西比州。

以前在南部有以下四大部落（现在尚有部分残余）：巧克陶部、契卡索部、克里克部和柴罗基部。

1830 年，这四个部尚有 75 000 人左右。现在，在英裔美国人占有和购进的领土境内，约有 30 万印第安人。（见《纽约市印第安人事务管理处文件集》;〔下面的精确数字摘自 1829 年 7 月 22 日发表的《纽约市土著居民迁移指导管理处关于土著居民现况和进步的报告》〕）据向国会报告的官方资料，精确的数字为 313 130 人。** 读者如想了解英裔美国人领地内的印第安诸部的族名和实况，请参看我方才引用的文件（第二十届国会〔第二次会议〕第 117 号立法文件第 90—105 页）。

** 今天，尚有 35 万多印第安人居住在分布于 20 几个州内的 200 多个保留地内。——法文版编者

柴罗基部比其他部落进步一些。他们创造了文字，建立了相当稳定的管理组织。同时，由于新大陆里的一切都是发展得很快的，所以他们在全体还过着裸体生活的时候就出了一份报纸[15]。

混血儿的出现，明显地加速了欧洲人的生活习惯在印第安人中间的传播[16]。混血儿从父方学来了知识，但又没有完全放弃母方种族的野蛮人习惯，他们是文明和野蛮之间的天然纽带。凡是混血儿多的地方，野蛮人就逐渐在改变他们的社会情况和民情[17]。

因此，柴罗基部的成就证明印第安人有能力接受文明，但绝不证明他们能够成功。

---

⑮　我还把这家独一无二的报纸带回法国几份。

⑯　见印第安人事务委员会致第二十一届国会〔第二次会议〕第 227 号报告第 23 页。其中指出混血儿的人数在柴罗基部有所增加，主要原因可以追溯到独立战争。在独立战争中参加英方的佐治亚英裔美国人，被迫逃到印第安人居住地区，并在那里同印第安人结婚。

⑰　遗憾的是，混血儿的人数毕竟不多，而且他们在北美发生的影响不如在其他地方。

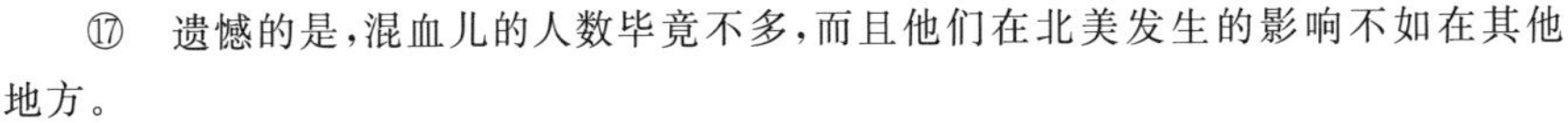

美洲大陆的这一地区，是由欧洲的两大民族，即法国人和英国人移民开发起来的。

法国人很早就有人同土著的姑娘结为夫妇，但不幸的新郎官要对印第安人和自己人隐瞒婚姻关系。他们没有把文明人的生活嗜好和习惯传给野蛮人，反而往往爱上了野蛮人的生活。他们成了荒野地区的最可悲的外来人，只靠吹捧印第安人的恶习或德行而获得他们的友谊。1685 年，加拿大总督塞农维尔向路易十四奏称："长期以来均认为，欲使野蛮人法国化，必须让他们与我们接近。但是，这种想法却是错误的。与我们接近的野蛮人并没有法国化，而经常出现于他们中间的法国人却变成了野蛮人。"（夏尔瓦：《新法兰西的历史》第 2 卷第 345 页〔应为 325 页，此书的全称为《新法兰西的历史与通志》。托尔维尔引用的版本，是 1774 年巴黎出版的六卷本。此书的谢伊英译本，1870 年出版于纽约，1962 年又于芝加哥重印，亦为六卷本。〕）

英国人不同，他们固守祖先的观点、风俗和一切习惯，在美洲的荒凉地区仍然过着像在欧洲城市里那样的安静生活。因此，他们不想同他们所蔑视的野蛮人结婚，千方百计地避免自己的血液与野蛮人的血液混合。

因此，法国人对于印第安人没有发生任何有利于他们开化的影响；而英国人，印第安人又一直把他们看成是外来人。

印第安人之难于在接受文明化方面获得成功，来自一个他们无法摆脱的普遍原因。

仔细地阅读一下历史，就可以发现：一般说来，野蛮民族都是依靠自己的努力，逐渐地自行文明起来的。

当他们主动去从外族汲取文化知识时，他们在这个异族面前，总是处于征服者的地位，而不是处于被征服者的地位。

当被征服的民族是开化的民族，而进行征服的民族是半野蛮的民族时，比如像罗马帝国被北方民族入侵时，或像中国被蒙古人入侵时，胜利赋予蛮族的权力足以使他们达到文明人的水平，并能把他们的平等地位保持到文明人变成他们的对手的时候。一个凭借武力，另一个依靠智力。前者钦佩被征服者的学识和技术，后者羡慕征服者的权势。最后，野蛮人把开化人请进他们的宫殿，而开化人则对野蛮人开放他们的学校。但是，当拥有物质力量的一方也同时具有智力的优势时，则被征服的一方很少能够走向文明，他们不是后退便是灭亡。

总之，可以说野蛮人是手持武器去寻找知识，而不是凭自己的资质去接受知识。

现今住在大陆中部的印第安部落，当初如凭借自己的力量，十分坚定地设法使自己开化，它们也许可以成功。当时，它们已比周围的部族优越，满可以逐步地发展自己的力量和取得经验；而后来当欧洲人出现于它们的边界时，它们即使保持不了独立，至少也能让欧洲人承认它们的土地所有权和融合于征服者的行列。但是，印第安人的不幸，则来自他们在同一个最开化的民族，我再加上一句，地球上最贪婪的民族接触的时候，自己还处在半野蛮的状态。也就是说，印第安人的不幸，来自他们找到的教员要做他们的主人，来自他们在接受文明的同时就接受了压迫。

在北美的森林里，自由生活的印第安人是贫困的，但他们在任何人面前都没有自卑感。自从他们试图进入白人的社会阶梯后，他们总是感到自己处于最下层，因为他们在走进一个被知识和财富所统治的社会时，自己既无知识又一文不名。他们在经历了一段动荡不安、充满灾难和危险，但又觉得高兴和自豪的生活以后⑱，只好去煎熬单调无味的和浑浑噩噩的一生。在他们看来，在遭别人白眼

⑱ 我知道在狩猎民族的充满危险的生活中，有一种不可抗拒的诱惑力在吸引着人心，使人不顾理性和经验而大脑发热。读完《坦纳回忆录》后，人们就可相信这个真理。〔约翰·坦纳：《困厄记事和在北美内地印第安人中生活三十年》，纽约，1830 年，欧内斯特·德·布洛斯维尔法译本名为《约翰·坦纳回忆录或在北美荒野里三十年》(2 卷本，巴黎，1835 年。)〕

坦纳是欧洲人，他在六岁时被印第安人掠走，在丛林里同印第安人一起生活了 30 年。他不可能见到比他所记述的还要可悲的惨状。他向我们描述了一些失去了首领的部族、与部落离散了的家族、无家可归的孤零零的个人、携带着老弱病残的强大部族，无所适从地漂泊在加拿大的冰天雪地和荒原之中。他们饥寒交迫，好像每天都在等待死亡。在他们那里，民情不再发生作用，传统已经失去力量。人们变得一天比一天粗野。坦纳也遭到了这一切厄运。后来，他知道了自己是欧洲人，当时也没有人阻止他与白人往来，因而他每年都能同白人做生意，到白人的家里做客，看到了白人的舒适生活。他知道，一旦他要回到文明生活中去，自己也容易过上这种生活。就这样，当他在荒凉的地区待了 30 年之后想要回到文明社会里的时候，他还坦白承认，他所描写的那些悲惨人的生活，对他仍有一种他也莫名其妙的隐在魅力。在他抛弃这种生活，但又十分后悔不该离开那么多不幸人之后，他还经常回到他们那里去。最后，当他在白人中间定居下来时，白人的儿童还不让他分享白人的安宁舒适生活。

我本人在苏必利尔湖的入口处见过坦纳。他给我留下的印象是：在他身上，野蛮人的气质比文明人的气质还多。

坦纳的著作没有叙述印第安人的制度和生活爱好，但作者却生动地信笔描述了印第安人的成见、激情和恶习，尤其是他目睹的惨状。

欧内斯特·德·布洛斯维尔子爵先生，是一部关于英国的流犯殖民地的名著的作者，他把坦纳的回忆录译成法文。他的译文附有一些非常有趣的注释，可使读者拿坦纳所目睹的事实与以前和现在的大批观察家所记的事实对照比较。

凡想了解北美印第安人现状和预测他们的未来的读者，应当读一读布洛斯维尔先生的著作。

的条件下用辛苦的劳动赚钱购买面包糊口，就是他们所赞扬的文明的唯一成果！

而且，就连这一点点成果，也不是他们总有把握取得的。

当印第安人着手仿效他们的邻居欧洲人种田的时候，他们立即受到了激烈的竞争给他们造成的严重损害。白人精通农业技术，而印第安人则刚刚开始学习他们所不懂的技术。前者毫不费事就可获得丰收，而后者千辛万苦才能使土地长出庄稼。

欧洲人居住在生活需要与自己相同的人们中间，而且他们对这种需要也了如指掌。

野蛮人孤立于与他们为敌的白人中间，他们不了解白人的习俗、语言和法律，但事实上又离不开白人。他们只有与白人交换自己的产品，才能获得生活所需的物品，因为他们的同族已不再能向他们提供本来就很少的援助。

因此，印第安人在打算出售自己的劳动果实时，并不是总能像白人农户那样找到买主。而且，他们只有付出高额的费用，才能生产出白人以低价出售的产品。

这样，印第安人刚刚走出野蛮民族的生活苦海，又陷入了走向开化的民族的更加悲痛的深渊。他们觉得在我们的富裕环境中生活，其困难并不亚于他们在森林里生活时期。

他们的漂泊生活习惯，还没有完全丢掉。他们的传统没有失去作用，而狩猎的爱好也依然如故。昔日在森林里享受的蛮族欢乐，现在只是在模糊的记忆中留下了鲜明的痕迹。在他们看来，在森林里忍受的贫苦，反而不可怕了；而以前在森林里面临的危险也不算大了。他们以前在彼此平等的人们中间享有的独立，与他们现今在文明社会所处的奴隶地位形成了鲜明的对照。

另一方面，曾长期使他们和平生活的荒野，仍然近在咫尺；只消走几个小时，就能重回旧地。如果他们的那块赖以勉强糊口的半荒半垦的土地，被他们的邻居白人用一笔在他们看来是相当不小的款项买去，而欧洲人给他们的这笔钱可使他们远离白人而去过幸福安宁的生活，那么，他们便要放下犁头，重新拿起武器，永远回到荒野中去⑲。

我已提到的克里克部和柴罗基部的情况，就可以证明这幅悲惨的图景属实。

这些印第安人在他们所做的少数事情上表现的天才，无疑与欧洲人在他们的大事业上表现的天才不相上下。但是，一个民族

⑲　非常开化的民族对不大开化的民族的这种影响，欧洲人自己也有所察觉。

差不多在一百多年前，法国人就在荒野中的沃巴什河畔建立了文森斯镇。至美国的移民来到以前，他们一直在那里过着舒适的生活。美国的移民，不久就依靠竞争开始排挤那里的老住户，然后用低价收购他们的土地。在向我详细介绍过这个情况的沃尔内先生路过那里的时候，法国人已减少到一百来人，其中的大部分还准备迁往路易斯安那和加拿大。这些法国人老实厚道，但没有文化和手艺。他们已经沾染了野蛮人的部分习惯。在道德方面大概还不如他们的美国人，却在智力方面比他们占有极大的优势。美国人都有手艺，受过教育，家里有钱，而且习惯于自己管理自己。

我亲自到加拿大作过考察。在那里，两个民族的文化差距比上述的小得多。美国人在加拿大的土地上以经营工商业为主，并正向四面八方发展，把法国人挤到范围很小的几块土地上。

在路易斯安那，情况也是如此。那里的工商业已几乎全部操纵在英裔美国人手里。

得克萨斯地方的情况，在某些方面更使人震惊。大家知道，得克萨斯是墨西哥的一个州，与美国接壤。数年以前，英裔美国人就以个人身份深入这个人烟稀少的地区，收购土地，开办工厂，迅即喧宾夺主。可以预言，如果墨西哥不立即阻止这一运动，得克萨斯很快就会脱离墨西哥。

既然欧洲人之间在文化上出现的不算太大的差距都导致了这样的结果，那么，对于在最完善的欧洲文化与印第安野蛮人接触后而必然出现的结果，就不难想象了。

同一个人一样,不管它的智力和能力如何高强,在学习上也是需要时间的。

在野蛮人致力于开化期间,欧洲人继续从四面八方包围他们,并逐渐缩小包围圈。现在,这两个种族终于相会,并直接接触了。印第安人已经比他们的野蛮祖先进步,但他们仍然大大不如他们的白人邻居。欧洲人依靠自己的物力和知识,很快就把土著因占有土地而能得到的好处大部分据为己有。他们在土著的居住地区定居下来,用武力强占土著的土地,或以低价购买他们的土地,并通过他们毫无办法对付的竞争使他们破产。孤立于自己土地上的印第安人,被一个人数众多和占有统治地位的民族所包围,而这个民族又把他们的所在地区看成了不够安分守己的异族殖民地[20]。

华盛顿在他致国会的一篇咨文中说过:"我们比印第安诸部文明和强大;而为了我们的荣誉,我们必须对他们和善,甚至宽容。"

但是,这一高尚而合乎道德的政策,并没有被遵守。

移民们的巧取豪夺,通常与政府的暴政相结合。尽管柴罗基

---

[20] 关于白人以各种方法侵占印第安人土地的事件,可参看第二十一届国会〔第一次会议〕第 89 号立法文件。有时,英裔美国人以别处没有空地为由,请国会派出部队赶走印第安人,而后到印第安人的地区去定居;有时,他们先掠夺印第安人的牲畜,烧毁他们的房屋,割倒他们的庄稼,甚至对土著的人身施加暴力,而后去定居。

上述这些材料证明,土著经常是滥用暴力的牺牲品。联邦政府一般都在印第安人居住地区派驻代表。在我引用的文件中,谈到代表与柴罗基部的关系时,指出代表几乎总是替野蛮人讲话。据这个文件第 12 页所载,政府的代表说:"白人侵入柴罗基部的地区,将使居住在这里的过着贫困生活而不惹是生非的人破产。"过了几页以后,他指出佐治亚州打算缩小柴罗基部的住区,并已划定界线。这位联邦代表声称,界线是白人自己划定的,没有同对方商量,它自然是无效的。

部和克里克部在欧洲人没有来到以前就已在他们的土地上定居，而且美国人往往像对待外来的民族那样对待他们，但他们所在的各州都一直不愿意承认他们是独立的民族，并强迫这些刚从森林里走出来定居的人服从本州的行政管理、习惯和法律[21]。贫困曾促使这些不幸的印第安人走向了文明，而压迫现在又把他们赶回到野蛮。他们当中有许多人放弃了半开垦的土地，而恢复起野蛮人的生活习惯。

只要看一看南部各州的立法机构采取的暴虐措施，看一看那些州的统治者的行径和法院的判例，就不难确信：把印第安人完全撵走，曾是这些州的全部措施所要一致达到的最终目的。住在联邦这一地区的美国人，以贪婪的眼光注视着仍被印第安人占据的土地[22]。他们觉得这些印第安人还没有完全放弃野蛮人生活的传统，所以拟在文明使这些人安心定居以前，就让他们破产而绝望，并逼着他们离开。

受到所在州压迫的克里克部和柴罗基部，到中央政府去告状。中央政府没有对他们的不幸置之不理，衷心希望拯救这些残存的

[21] 1829年，亚拉巴马州在克里克部居住地区设县，把印第安人置于欧裔美国行政官的管辖之下。

1830年，密西西比州实行将巧克陶部和契克索部同化为白人的政策，并宣布：对带头反对的人，均处以1 000美元罚款和一年徒刑。

当密西西比州将这项法令用于其境内的夏克塔部印第安人时，这个部落的印第安人曾集会讨论这个问题。他们的酋长向他们揭穿了白人的意图，号召人们反对白人要求他们服从的法律。野蛮人同声宣布：他们宁愿重新回到荒山老林里去。（参看密西西比州的法令）

[22] 佐治亚州的白人非常讨厌他们的印第安邻居，以致在他们所占据的地区人烟依然稀少，每平方英里才只有7人。在法国，这样的地区应当每平方英里有162人。

土著，愿意保护它曾给予他们的占有土地的自由㉓。但当中央政府着手实施这项计划时，那几个州都坚决反对。于是，中央政府为了不使美国联邦陷入危机，也就只好把心一横，听任那几个已经处于半死半活状态的野蛮人部落自消自灭。

无力保护印第安人的联邦政府，后来又曾设法减轻他们的苦难。为了这个目的，它决定由政府出钱把这些印第安人迁往他处。

在北纬 33 度和 37 度之间，有一片广大的空旷地区，因流经域内的一条大河的河名，而得名为阿肯色。它有一侧与墨西哥接壤，还有一侧濒临密西西比河。境内许多河流纵横交错，气候温暖，土壤肥沃，只有几个野蛮部落流动于其上。联邦政府就想把南部的残余土著，迁到这个同墨西哥毗邻而离美国白人居民点较远的地区。

到 1831 年末，据说已有一万多名印第安人来到阿肯色河两岸，而且每天都陆续有新人前来。但是，国会对把命运交由它支配的人，尚未做出意见完全一致的决定。结果，有一些印第安人，高高兴兴地离开了白人肆虐的地区；但是，已经开化的印第安人，却不肯放弃他们的正在生长中的庄稼和刚刚建造起来的新房。他们认为，接受文明的进程一旦中断，便永远无法恢复。他们担心，刚刚养成的定居生活习惯，会在仍是野蛮人居住的而且未给务农人的生活做好任何准备的地区，失而不可复得。他们知道，他们到了新的荒凉地区，将会遇到一些敌对部落，而为了抵抗敌人，他们既没有野蛮人那样的体力，又没有文明人那样的智力。此外，印第安人到了新地点后立即发现，为他们所做的一切安排都是暂时性的。

㉓ 1818 年，国会下令组织一个考察团，在克里克部、巧克陶部和契卡索部的联合代表团的陪同下访问阿肯色地区。考察团的主要成员有肯纳利、麦科伊、沃什·胡德和约翰·贝尔诸位先生。考察团的各项报告和日记，载国会(众议院)第 87 号文件。

谁能担保他们在新的住区可以平平安安地生活下去呢？美国政府答应到那里后保护他们，但对他们现在所在的地区，美国政府也曾信誓旦旦地做过这样的保证㉔。不错，美国政府现在不是抢占他们的土地，但它却听任别人去侵占。毫无疑问，再过几年，现在聚集在他们周围的这伙白人，也会把脚插到阿肯色的荒原，再来挤压他们。那时，他们将会遭到同样的苦难，而且同样没法补救。土地迟早要从他们手中夺走，而他们本人只有等待死亡。

联邦政府对待印第安人的措施，没有各州对印第安人实行的政策那样贪婪和暴虐。但是，联邦政府和州政府均不守信用。

这些州在把它们所谓的法律恩典施于印第安人时，就已预料到印第安人宁愿远走他乡，也不愿意受这些法律的束缚；而中央政府在给这些不幸的人在西部安排永久住所时，也不是不知道它不能保证他们永久住下去㉕。

㉔　在 1790 年同克里克部签订的条约中，有这样一条："合众国庄严地保证，凡克里克部在联邦境内占有的土地，均属该部。"

在 1791 年 7 月〔2 日〕同柴罗基部签订的条约中，也包括类似的内容："合众国庄严地保证，凡柴罗基部以前没有让出的土地，均属该部〔第七条〕。如某一合众国公民或任何其他印第安人迁到柴罗基部境内定居，则合众国将宣布撤销对该公民的保护，并将他移交柴罗基部，由该部给予它认为满意的处分（第 8 条）。"〔参看《印第安人条约、法令及有关印第安人事务条例集》第 117 页，华盛顿，1826 年〕

㉕　这并没有阻止它用冠冕堂皇的言辞去下保证。请看，1829 年 3 月 23 日总统致克里克部的信（见《纽约市印第安人事务管理处文件集》第 5 页）中写道："在大河（密西西比河）彼岸，你们的祖先为了让你们到那里安家立业，早已准备好大片的土地。在那里，你们的白人兄弟不会打扰你们，他们对你们的土地没有任何权利。你们在那里，可以使自己和你们的子女像草木长青和河水永流不止那样，过着安宁舒适的生活。那里的一切永远属于你们。"

在陆军部长 1829 年 4 月 18 日写给柴罗基部的一封信中，这位官员告诉他们不要以继续在现今居住的土地上安居乐业自满，他保证他们搬到密西西比河彼岸以后会比现在还好（同上文件集第 6 页）。这项现在他也没有拥有的权限，好像在当时他就拥有了似的！

因此，这些州全是靠暴力把野蛮人撵走的；而联邦政府则利用它的许诺和财力，帮助了这些州驱逐野蛮人。这些措施虽有不同，但它们所追求的目的是一致的㉖。

柴罗基部在它提交国会的请愿书㉗中说道："奉统治宇宙的我们的在天祖先之旨意，美洲的红色人种变得弱小了，而白色人种则变得强大和出名了。

"当你们的先人登上我们的海岸时，红色人是强大的；尽管红色人当时无知和野蛮，但以和善的态度接待了他们，并让出干爽的土地供他们的疲劳的双脚休息。我们的先人和你们的先人，当时握手言欢，和平相处。

"凡白人提出的要求，印第安人无不欣然允诺，并予以满足。当时，印第安人是施主，而白人是乞者。今天，局面改变了：红色人的力量削弱了。随着邻居人数的增加，红色人的权力越来越小了。昔日布满你们称谓的合众国各地的许多强大部落，而今免于大灾大难的只有几个了。往昔在我们当中以强大著称的北方诸部落，如今已几近灭绝。这就是美洲红色人至今的遭遇。

"我们这些幸免于难的红色人，难道也得同样去死吗？

"从无法追忆的远古起，我们共同的在天祖先，就把我们现在

㉖ 要想明确了解各州和联邦对待印第安人的政策，首先应当查阅各州所定的有关印第安人的法律(这些法律汇辑于第二十一届国会第 319 号立法文件〔参议院第二次会议第 319 号报告〕)，其次应当查阅联邦政府所定的关于这个问题的法律，特别是 1802 年 3 月 30 日法令(这项法令收于斯托里：《美国法律》)第 2 卷第 838 页以下各页。最后，要想了解联邦与所有印第安部落关系的现况，可参看美国陆军部长卡斯先生 1823 年 11 月 29 日报告。

㉗ 1829 年 11 月 19 日提出。下面的引文是逐字译出的。

所占据的土地给了我们的先人，我们先人又把它作为遗产传给了我们。我们以尊敬的心情把它保存下来，因为这里埋藏着先人的遗骨。我们什么时候让出或放弃了这块遗产？请允许我们不揣冒昧地问问你们：除了继承权和最先占有权，还有什么更充分的权利可使一个民族拥有一片国土呢？我们知道，佐治亚州和合众国总统现在硬说我们已经丧失了这项权利。但我们认为这是毫无根据的武断。我们在什么时候丧失了它？我们犯了什么可使我们丧失这项权利的罪行？你们是指责我们在独立战争时期曾在大不列颠国王的旗帜下同你们打过仗吗？假如你们说这就是罪行，那么，为什么在这次战争后签订的第一个条约中，你们没有指出我们已经丧失对我们土地的所有权呢？你们当时为什么没有在这项条约中加进'合众国愿意同柴罗基部媾和，但为了惩罚它曾参加战争，兹宣布：今后只把柴罗基部视为土地的佃户，当与柴罗基部接壤的州要求它撤走时，它必须服从而离开'这样的条款呢？那时是你们可以这样说的时候，但当时你们谁也没有想到这一点，而且我们的先人也未曾同意会使他们丧失最神圣的权利和失去他们的土地的条约。"〔实际上，托克维尔是节译的。全文见第二十一届国会（众议院）第一次会议第311号报告第7页及以下几页〕

这就是印第安人说的，而且他们说的都是实情。他们所预见的事，看来是不可避免的了。

无论从哪一方面去考察北美土著的命运，他们的灾难好像都是无法补救的：如果他们继续保持野蛮，则白人会一面前进一面驱赶他们；如果他们想要自己开化，则与比他们开化得多的人接触后，就要受到压迫和使自己贫困；如果继续从一块荒野漂泊到另一块荒野，则会灭亡；如果设法定居下来，也还得灭亡。他们只有依靠欧洲人的帮助方能开化，但欧洲人的来临，却使他们的处境更坏了，又把他们驱回到野蛮生活中去。而只要让他们继续在荒野里生活下去，他们就不会改变他们的民情。当他们被迫想要去改变时，又已为时晚矣。

当年，西班牙人曾用他们的猎犬像追逐野兽那样去追逐印第安人。他们不分青红皂白，毫无怜悯地像摧毁一座城市那样洗劫了新大陆；但他们未能把印第安人杀光灭绝，而且疯狂也总有一个限度。在大屠杀中幸免于难的印第安人，最后与他们的征服者融合在一起，并接受了他们的宗教和生活方式㉘。

与西班牙人相反，美国人对待土著的态度，还有点讲究规矩和法制的表现。只要印第安人愿意保持他们的野蛮状态，美国人绝不干预他们，而以独立的民族对待他们。在按照条约中规定的手续购买以前，绝不允许任何人占有印第安人的土地。当某一印第安部落因不幸事故而不能在原地生活下去时，美国人会向他们伸出兄弟的手，把他们送到远离故土的一个地方去，让他们在那里自消自灭。

西班牙甘冒天下之大不韪，使自己遭到奇耻大辱，以史无前例的残酷手段，也未能灭绝印第安种族，甚至未能阻止印第安人最后分享了他们的权利。而美国人用十分巧妙的手段，不慌不忙，通过合法手续，以慈善为怀，不流血，不被世人认为是违反伟大的道德

㉘　造成这种结果的荣誉，不该属于西班牙人。如果不是在欧洲人来到之前印第安诸部已经定居务农，南美的印第安人也无疑会像北美的印第安人那样走向灭亡了。

原则[29]，就达到了双重目的。以尊重人道的法律的办法消灭人，可谓美国人之一绝。

黑色人种在美国的处境[30]和他们的存在给白人带来的危险

为什么废除蓄奴制和消除其一切痕迹在现代比古代更为困难——在美国，白人对黑人的偏见似随蓄奴制的废除而日益加深——黑人在北方和南方各州的地位——美国人为什么要废除蓄奴制——使奴隶致蠢的奴役不再能使奴隶主发财致富——俄亥俄河左岸和右岸之间出现的差异——这种差异应归因于什么——随黑色人种向南方退却蓄奴制也向南方转移——怎样解释这一现象——在南方废除蓄奴制所遇到的困难——将来的危险——人们的忧虑——在非洲建立一个黑人殖民地——为什么南方的美国人在厌恶蓄奴制的同时反而加剧了这种制度的残酷性

㉙ 关于这一点，应当首先看一看1830年2月24日贝尔先生以印第安人事务委员会的名义提出的报告。在这份报告的第5页，他以非常合乎逻辑的理由推论并旁征博引地论证："印第安人绝没有权利因为他们祖先的占有而拥有产权和主权，这一主要原则我们从来没有公开或暗自放弃过。"

在读这份出自一位高手的报告时，我们真为作者的信口开河而吃惊，因为他的论据不以自然权利和理性，即被他称为抽象的理论原则为基础。其次，我感到并且认为，文明人和未开化人之间存在的差别，从是否合乎正义的观点来看，就是前者对后者的权利的正义性提出疑义，而后者听任前者侵犯自己的权利。

㉚ 在讲述这个问题之前，我请读者回想一下我在本书的绪论里提到的一本书。这本书即将出版，其作者是同我一起去美国考察的古斯塔夫·德·博蒙先生，他的主要目的是让法国知道黑人在美国白人中处于什么地位。德·博蒙先生深刻地阐述了我在这里只能略加说明的问题。

他的书里收了大量的、非常珍贵的、从未发表过的立法文件和历史文献，并附有鲜艳而真实的图片。凡欲了解暴政一旦违反自然和人道将是如何逐步加剧压迫的读者，不妨读一读博蒙先生的著作。*

* 参阅博蒙：《玛丽或美国的蓄奴制，美国民情描述》（巴黎，1836年）；皮尔逊：

印第安人在孤立状态中生存，并将在孤立状态中消灭。但是，黑人的命运却几乎总要与白人的命运交织在一起。这两个种族互有联系，却不混为一体。它们既不能完全分开，又不能完全结合。

在威胁美国的未来一切灾难中，最可怕的灾难是黑人在这个国土上的出现。一些观察家虽然出发点不同，但他们在考察美国的目前困境和未来危险的原因时，几乎总是归结于这一主要事实。

一般说来，人们好高骛远和拼命追求，常会造成长期的灾难。但是，有一种灾难却是悄悄地降临于世界上的：最初，它以人们刚能察觉的形式出现于一般的权力滥用之中，肇始于一个历史上没有留下名字的人之手；随后，它像一种可怕的病菌被撒在大地的某些点上，经过自身的繁殖，不费力地向四外蔓延，并随着它所在社会的发展自然地成长起来。这个灾难就是蓄奴制。

最初的基督教废除了奴役，而 16 世纪的基督教徒又把它恢复。但是，他们绝不是把它作为一种例外实施于他们的社会的，而是针对整整一个种族实施的。他们又使人类受到一次创伤，这次创伤的规模虽然不大，但要治愈它却要困难得多了。

要对蓄奴制本身和蓄奴制后果这两件事加以区分。

蓄奴制造成的直接灾难，在古代和现代大致一样；但这种灾难的后果，在现代就与古代大不相同。在古代，奴隶与其主人属于同

《托克维尔和博蒙在美国》（纽约，1938 年）。为了研究现今美国的黑人问题，可参阅布罗根：《美国》（牛津，1941 年）第 20 页及以下几页；拉斯基：《美国的民主》第 457 页及以下几页；迈尔达尔：《美国进退两难：黑人问题和现代民主》（纽约，1944 年）。——法文版编者

一种族，而且奴隶的教育和知识水平往往高于他的主人[31]。有无自由，是他们之间的唯一差别。一旦赋予奴隶以自由，奴隶就与奴隶主容易混为一体。因此，古代人取消蓄奴制的办法很简单。这个办法就是给予奴隶以自由，而且只要他们普遍采取这个办法，就会获得成功。

但在古代，取消奴役以后，奴役的痕迹还继续存在一个时期。

有一种天生的偏见使人看不起比自己地位低的人，而当这些人已与自己平等以后，他也会长期看不起人家。继财富或法律造成的不平等之后，总是产生一种扎根于民情的想象的不平等。但在古代，奴役的这种第二次效果有一个极限。奴隶一旦获得自由，就将与生来自由的人完全一样，以致很快就无法把他与那些自由人区别开来。

古代人的最大困难在于改革法制，现代人的最大困难在于改变民情；而我们现代人的真正困难，又与古代人所要解决的困难有联系。

这是因为现代人把蓄奴制的无形的和短期的压迫与种族差别的有形的和长期的压迫极其有害地结合在一起了。一回忆起蓄奴制，就使某些种族感到耻辱，而这些种族又总浮起这种回忆。

没有一个非洲人是自由来到新大陆的海岸的。因此，今天居住于新大陆的非洲人，不是仍为奴隶，便是已经解放了的奴隶。于

---

[31] 大家知道，古代有一些著名作家就是奴隶或曾经是奴隶。希腊的伊索和罗马的忒伦底乌斯就是如此。奴隶很少被蛮族抓去当俘虏，因为蛮族的战争目的是要奴役文明人。

是，黑人一出生就将其耻辱的外在标志传给了他们的后代。法律可以废除奴役，而能够抹去奴役的痕迹的唯有上帝。

现代的奴隶不仅在自由上，而且在族源上，都与奴隶主不同。你可以使黑人获得自由，但你无法使欧洲人把他们看成是自己人。

情况还不仅仅如此。他们生下来就低人一等，是以奴隶身份进入我们社会的异类，我们只勉强承认他们具有人类的一般特点。我们认为他们的面貌可憎，他们的智力有限，他们的趣味低下，而且几乎把他们视为介于人兽之间的生物[32]。

因此，现代人在废除蓄奴制以后，还要破除三个比蓄奴制还要不好对付的顽固偏见。这就是奴隶主的偏见、种族的偏见和肤色的偏见。

我们有幸生在大自然使我们都一样和法制使我们都平等的人们中间，但这一情况也给我们造成一个极大的困难。而我所说的这个困难，就是这一情况使我们很难理解把美国黑人与欧洲人隔开的那条鸿沟。但是，我们可以用类比推理的办法，得出一个大致不会离谱的看法。

在我们国家，曾经有过一些主要是立法所造成的较大的不平等。纯由法律规定的尊卑，是人们所能想象出来的最大虚构！在分明是同类的人之间建立的永恒差别，是对人性的最大违反！但是，这种差别却存在了许多世纪，而且现在仍然存在于许多地方，并到处留有只有时间才能把它抹去的想象中存在的痕迹。既然纯

[32] 为了使白人放弃他们的认为黑人智力和道德均不如古代奴隶的观点，黑人必须转变，而且如果不能转变，白人的这种观点仍将存在下去。

由法律规定的不平等都如此难于根除，那么，怎样才能消除那种看来其本身还有不可动摇的基础的不平等呢？

至于我，当我想起一些贵族团体，不管它们的性质如何，怎么不肯同人民群众混合时；当我想起这些贵族团体，为保护把它们与人民群众隔开的思想屏障，而一连许多世纪煞费心机时，我觉得要想看到一个举着鲜明而光辉的旗帜的贵族制度自消自灭，恐怕是没有希望的。

所以我认为，那些希望有一天欧洲人会与黑人混为一体的人，是在异想天开。我的理性告诉我，不会有这一天的到来；而且我在观察事实时，也没有见到此种形迹。

迄今为止，凡是白人强大的地方，白人都使黑人处于屈卑和被奴役的地位；凡是黑人强大的地方，黑人就消灭白人。这是两个种族之间向来如此的唯一结局。

现在来看今天的美国。我清楚地看到，在美国的一些地方，把两个种族隔开的法律屏障正在消除，但民情方面的屏障并未消除。我发现，蓄奴制衰弱了，但它所造成的偏见却依然故我。

在美国的黑人已经不再是奴隶的地区，他们是不是与白人更接近了呢？凡在美国待过的人都会看到，情况适得其反。

我觉得，种族偏见在已经废除蓄奴制的州，反而比在尚保存蓄奴制的州强烈；而且，没有一个地方的种族偏见，像在从来不知蓄奴制为何物的州那样不能令人容忍。

不错，在联邦的北部，法律准许黑人与白人合法结婚，但舆论却要辱骂与黑人女人结婚的白人男人，而且也难以见到这种婚配的例子。

凡是废除了蓄奴制的州，差不多都授予了黑人以选举权；但他们如果去投票，生命就会遭到危险。他们受到迫害时可以去告状，但当法官的都是白人。法律准许黑人充当陪审员，但偏见却排斥他们出任陪审员。黑人的子女进不了为欧洲人子女开设的学校。在剧院里，黑人有钱也买不到同曾经是他们主人的白人并排坐在一起的票。在医院里，他们要与白人分开。虽然也让黑人礼拜白人所礼拜的上帝，但不能在同一教堂祈祷。黑人有自己的教士和教堂。天堂的大门虽然未对他们关闭，但不平等的地位只能使他们停在来世的墙外。当黑人死去时，他们的骨头就被抛到一旁，身份的差别都造成了死后的不平等。

可见，黑人虽然获得了自由，但他们并未分享向他们宣布大家都已平等的那些人享有的同样的权利、苦乐和劳动机会，甚至死后都进不了同一墓地。无论是在生前，还是在死后，他们都不能与那些人在一起。

在仍然保存蓄奴制的南方，黑人与白人的隔离还不如此严格。黑人有时还能与白人一起劳动和一起娱乐，白人也同意在一定范围内与黑人混在一起。立法对待黑人很严，但人们的习惯却有比较宽容和同情的精神。

在南方，奴隶主不怕把奴隶的能力提高到与自己相等的水平，因为他们知道，他们可以随意把奴隶投进垃圾堆里。在北方，白人虽然不再把自己与劣等种族之间的壁垒看得那样森严，但他们总是小心翼翼地避免同黑人接触，唯恐有一天会同黑人混为一体。

在南方的美国人中间，造物主有时收回它的权力，使白人与黑人之间暂时恢复平等。在北方，骄傲感已经达到使人不敢流露真实感情的地步。如果北方的立法者宣布黑人女人无权与白人男人同床共枕，北方的白人男人倒可能找一个黑人女人作为临时伴侣行乐；但在北方，法律允许她可以成为他的妻子，所以他出于一种害怕的心理而不敢接近她。

因此在美国，排斥黑人的偏见仿佛随着黑人不再是奴隶而加深，而日常生活中的不平等则随着法律废除不平等反而加强。

但是，既然居住在美国的这两个种族的地位对比有如上述，那么，美国人为什么在北方废除了蓄奴制，而在南方却保留着蓄奴制呢？他们又为什么使蓄奴制的残酷性加剧了呢？

答案容易找到。这是因为美国废除蓄奴制是出于白人的利益，而非出于黑人的利益。

第一批黑人被输入弗吉尼亚，系在1621年左右[33]。因此，在美国也像在世界其他地方一样，蓄奴制始于南方。然后，从南方逐渐向其他地方发展。但是，奴隶的人数仍是越往北越少[34]。因此，在新英格兰一般很少见到黑人。

---

[33] 参看贝弗利：《弗吉尼亚史》；《杰斐逊回忆录》。后者对弗吉尼亚输入黑奴和1778年颁布的第一个禁止输入黑奴法令，作了极为详尽的叙述。

[34] 北方的奴隶人数虽然不大，但为获得贩卖奴隶的好处而进行的争论却比南方激烈。1740年，纽约州的立法机构宣布：应当尽量鼓励直接输入奴隶，并严惩走私贩子，因为走私会挫败正直商人的积极性。（肯特：《美国法释义》第2卷，第206页）〔托克维尔所引系1827年在纽约印行的第一版〕在《马萨诸塞历史学会论丛》第4卷，第193页上，载有贝尔纳普对新英格兰蓄奴制的详尽论述。据贝尔纳普说，新英格兰输入黑奴始于1630年，但从一开始输入黑奴，立法当局和社会舆论就表示反对蓄奴制。〔托克维尔所引的部分，载在1795年出版于波士顿的该论丛第191页及以下各页〕

从这部论丛中可知，最初是舆论，随后是法律，终于使蓄奴制废除。

一些殖民地相继建立起来,时间已经过去100多年,一个奇怪的现象开始引起所有人的注意。即几乎完全没有奴隶的地区,在人口、财富和福利方面,都比拥有奴隶的地区发展迅速。

但在没有奴隶的地区,居民要自己种地或雇人种地;而在使用奴隶的地区,居民却有不必付酬的人手供自己使用。虽然前者要自己出力出钱,后者可以安闲自在并把钱省下,但前者却总比后者有更多的收益。

这样的结果似乎很难解释,因为南北的移民都同样是欧洲人,有同样的习惯、同样的文明和同样的法制,只在一些不甚明显的细节上略有不同。

时间继续前进。一些英裔美国人离开大西洋沿岸,越来越多地开进西部的荒野。他们在那里找到了新的土地,适应了新的气候,克服了各种性质的障碍。在那里,各方的人混在一起:有的人是从南北上,有的人是从北南下。所有的这些因素,同步地产生了相同的结果。一般说来,没有奴隶的殖民地,要比盛行蓄奴制的殖民地越来越人多和越来越繁荣。

随着各殖民地的发展,人们开始隐约地发觉:如此残酷地奴役奴隶,正在对奴隶主造成致命的后果。

而当你在俄亥俄河两岸视察时,会发现这个真理最为确实。

被印第安人亲切地称为俄亥俄河即"美丽的河"的这条河,流经有史以来人们居住过的最好河谷之一。起伏不平的土地延展在俄亥俄河的两岸,每天都在为人们提供用之不竭的财富。在河的两岸,空气同样有益于健康,气候同样温和宜人。河的每一岸,各是一个土地辽阔的大州的边界。在左岸,以蜿蜒曲折的俄亥俄河河水为界，名为肯塔基州；在另一岸，州以河名为名。这两个州的唯一差别，就是肯塔基州允许蓄奴，而俄亥俄州不准境内有奴隶㉟。

因此，一个人乘船顺俄亥俄河而下，一直旅行到该河注入密西西比河的河口，简直就像在自由和奴役之间航行。他只要放眼看一下两岸，立刻就可以断定哪一岸对人类更为有利。

在河的左岸，人烟稀少，偶尔见到一群奴隶无精打采地在半垦半荒的土地上游荡，被砍伐的原始森林又长出新树。可以说社会已经入睡，人们懒散，唯独大自然还呈现出一派生气勃勃的景色。

相反，从这条河的右岸，则可听到机器的轰鸣，表明在远方有工厂。田里长着茂盛的庄稼，雅致的房舍显示着农场主的爱好和兴趣，到处是一片富庶景象。看来，这里的人们都很有钱，并感到满意，因为这是自己的劳动成果㊱。

肯塔基州建于1775年，俄亥俄州比它晚建12年。但是，美洲的12年胜过欧洲的50年。现在，俄亥俄州的人口已比肯塔基州多25万人㊲。

蓄奴制和自由造成的这种不同后果是不难理解的，并足以说

㉟　俄亥俄州不仅不准蓄奴，而且禁止已被解放的黑人入境，不准任何人收容他们。参看俄亥俄州的法令。

㊱　在俄亥俄州，不仅个体劳动者如此积极，州本身还建有一些巨大项目。比如，俄亥俄州在伊利湖和俄亥俄河之间开凿了一条运河，使密西西比河流域与北方的水系连结起来。有了这条运河，来纽约做生意的欧洲商人，才可经由水路穿过500多里约的陆地到达新奥尔良。

㊲　据1830年人口普查的精确数字，肯塔基州的人口为688 844人，俄亥俄州的人口为937 699人。〔查此次人口普查报告，后者应为937 679人〕

明古代文明与现代文明之差异。

在俄亥俄河左岸，人们把劳动与奴役混为一谈；而在这条河的右岸，人们则把劳动与致富和进步联系在一起。在左岸，劳动是下贱的；而在右岸，劳动是光荣的。在河的左岸，见不到白人劳工，因为白人害怕与奴隶混在一起，一切苦活都由黑人去做。而在河的右岸，很难找一个懒汉，白人把他们的精力和智慧都用于各种劳动。

因此，在肯塔基州生产物质财富的人，既没有热情又没有文化；而能够有这两种东西的人，不是什么也不干，便是渡过俄亥俄河，到那岸去发挥自己的才智和不受侮辱地运用才智。

当然，在肯塔基州，奴隶主使用他们的奴隶不必付酬，但奴隶劳动的成果不大；而他们付给自由工人的工钱，却使他们能够得到大大高于工人劳动价值的收益。

对自由工人要付酬，但他们的工作效率高于奴隶，而工作迅速则是经济效益的主要因素之一。白人出卖他们的劳动力，但只有当他们的劳动力有用时才有人购买。黑人不要求对他们的劳动付酬，但奴隶主得养活他们一辈子，即在他们的老年和壮年，在他们不能创造收益的童年和精力旺盛的青年，在他们生病和健康时期，都得同样养活他们。因此，要让这两种人劳动，结果同样都得付酬。自由工人所得的是工资，而花在奴隶身上的钱，则是教育费、生活费、扶养费和服装费。奴隶主为养活奴隶支付的费用，是长期的和零星的，所以不容易被人注目。而自由工人的工资，则要整笔支付，好像得到钱的人发了财。但最后算起来，使用奴隶的花费要高于雇用自由工人的花费，而且奴隶的劳动效益不大[38]。

蓄奴制的影响扩大得比这还远。它甚至触及奴隶主的心灵，特别是左右了他们的思想和爱好。

在俄亥俄河两岸，造物主虽使人们具有大胆敢干和坚定不移的性格，但河两岸在发挥这个共同品质时却有不同。

右岸的白人必须依靠自己的努力生活，并以追求物质福利为人生的主要目的。由于他们居住的土地有取之不尽的资源供他们使用，有不断更新的迷人前景吸引他们去争取，所以他们的进取精神超过了人类贪心的一般界限，时时都想致富的欲望使他们大胆地踏上了幸运为他们开辟的每一条道路。他们不管是去当水手还是去开荒，不管是去做工还是去种地，都有坚韧的毅力在支持他们的劳动和克服这些不同行业可能遭到的风险。他们的聪明才智有一些不可思议的地方，他们争取胜利的决心有一种英雄主义的气概。

左岸的美国人不仅轻视劳动，而且看不起劳动所成就的一切事业。他们的生活悠闲自在，他们的志趣是懒汉的志趣。在他们眼里，金钱失去了它的一部分价值；他们之追求财富，远远不如他

[38] 除了到处都有自由工人，他们的劳动比奴隶的劳动更有效率和更省费用这些原因之外，还应当指出一个只有美国才有的原因。这就是，在美国全境，只有密西西比河流入墨西哥湾的河口一带，最适用种植甘蔗。在路易斯安那种植甘蔗收益最大，所以任何地方的农业工人都没有在这里赚钱多。因为生产费和产品之间总有一定的比例关系，所以路易斯安那的奴隶生活费用也较高。但在路易斯安那加入联邦后，它可以从美国各地输入奴隶，所以新奥尔良市场上一个奴隶的价格就高于其他一切市场。结果，在土地的生产效益小的地方，使用奴隶种地的费用一直高得惊人，这便给自由工人的竞争带来了极大好处。

们之追求放荡与游乐；他们用于这方面的精力，不亚于他们的邻居用于其他方面的精力。他们热爱打猎和打仗，喜欢疯狂地使用体力。玩枪动刀，是他们的家常便饭。他们从很小的年纪开始，就学会在单人的搏斗中玩命。因此，蓄奴制不但未使白人发财致富，反而使他们消失了发财致富的愿望。

这些同样的原因，200 年来一直在北美的英国殖民地发生各自不同的作用。最后，在南方人和北方人的经商能力之间出现了惊人的差别。今天，只有北方有航运业、制造业、铁路和运河。

这些差别，不仅在对比南北方时可以见到，而且在对比南方各地的居民时也可以发现。在联邦最南的几个州里经营商业和试图从蓄奴制中得到好处的人，差不多都来自北方。现在，每天都有北方人前来美国的这一地区，因为在这里不必担心竞争。他们发现这里的资源还未被当地人注意，于是利用他们本来并不赞成的制度，去汲取比建立这个制度后仍在维护这个制度的人获得的好处还要多的好处。

假如我愿意再对比下去，我将不难证明：美国南方人和北方人在性格上表现的差异，几乎都来自蓄奴制。但这会使我离题，因为我现在所要考察的不是奴役已造成的一切后果，而是奴役将对赞同奴役的那些人或地区产生什么后果。

蓄奴制对财物生产的这种影响，在古代不能为人们所充分理解。当时，奴隶普遍存在于整个文明世界，不知道奴隶为何物的民族都是蛮族。

而且，基督教之废除蓄奴制，不过是替奴隶伸张了权利而已。

现在,人们可以用奴隶主的名义去攻击蓄奴制,因而利益和道德在这一点上调和起来了。

随着这个真理在美国变得日益明显,蓄奴制也就在经验的光照之下节节败退。

蓄奴制始于南方,随后又发展到北方,而今天正在败退。自由发轫于北方,然后不断向南方推进。在一些大州当中,宾夕法尼亚州现在是蓄奴制的北限;但在这个州里,蓄奴制也已摇摇欲坠。紧挨着宾夕法尼亚州南界的马里兰州,时时都在准备废除蓄奴制。马里兰州下方的弗吉尼亚州,已在讨论蓄奴制的功用和危险了㊴。

人类的各项制度发生重大变化的原因,没有一个不涉及继承法的。

当长子继承制通行于南方时,每个家庭都有一个不需劳动而且也不想劳动的富人为其代表。他的那些依法不能与他同样继承遗产的家属,像寄生植物攀缘在一棵大树上那样,围着他过同样生活。当时美国南方一切富裕家庭中的情景,仍可见于今天欧洲某些国家的贵族家庭。在这些贵族家庭中,弟弟妹妹虽然不如哥哥姐姐富有,但与哥哥姐姐同样游手好闲。这个相同的后果,仿佛是由于一些完全类似的原因,而产生于美洲和欧洲的。在美国南方,

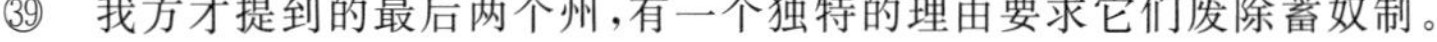

㊴　我方才提到的最后两个州,有一个独特的理由要求它们废除蓄奴制。

联邦这一地区的老户居民的财产,主要是依靠种植烟草而积蓄起来的。这里的奴隶完全用于种植这种作物。但是,许多年以来,烟草逐渐失去可赚大钱的价值,而奴隶的价格仍保持原样。因此,生产费用与产品的比例已经改变。马里兰州和弗吉尼亚州的白人居民,不管他们现在仍用奴隶种植烟草,还是他们已经不种烟草和不使用奴隶,都觉得自己的处境大大不如 30 年以前了。

全体白人形成了一个贵族集团，由一定数目的特权人物领导。这些特权人物的财产是世袭的，而他们的悠闲生活也是辈辈相传的。美国贵族的这些领袖，使白色人种的传统偏见继续活在他们所代表的集团之中，并体面地保持着悠闲自在的生活。在这个贵族集团内部也可见到一些穷人，但他们并不是劳动者。他们宁可受穷，也不肯找点活儿干。因此，黑人工人和奴隶不会遇到任何竞争，而且不管白人对他们的劳动效果持有什么看法，都非得雇用他们不可，因为只有他们能够替白人干活。

长子继承法废除以后，各种财产便开始分散化小，而所有的家庭也因此下降到必须依靠劳动来维持生计的地步。有一些家庭现已消失，而且所有的家庭都预感到，必须自食其力的日子即将到来。今天，虽然还有一些富人，但他们已经不再能够形成一个紧密结合的世袭集团了。他们也不能再有使自己强大和影响社会各阶层的精神力量了。于是，大家首先开始一致放弃轻视劳动的偏见。穷人的数目增加了，但他们可以自食其力而不感到脸红了。因此，财产分配平等的最直接成果之一，就是创造了一个自由工人阶级。自由工人同奴隶竞争以后，奴隶的劣势便暴露出来，而蓄奴制也在它的本身原则上，即要维护奴隶主利益这个原则上，受到了打击。

随着蓄奴制的败退，黑色人种便跟着蓄奴制的退路，同蓄奴制一起回到他们当初离开的热带地区。

这个现象，乍一看来令人觉得奇怪，但不久就被人们理解了。

美国人在废除奴役的原则上，并未让奴隶自由。

我如不举出一个例子，读者恐怕很难理解我以后的叙述。我现在举纽约州为例。1788 年，纽约州禁止在境内买卖奴隶。这是以间接办法禁止输入奴隶。从那以后，黑人的人数只是依靠自然繁殖而增加。8 年以后，该州采取了一项果断的措施，即以法令宣布：从 1799 年 7 月 4 日以后，凡父母均为奴隶的新生婴儿，一律获得自由。于是，使奴隶人数增加的一切途径均被堵死。虽然还有奴隶，但可以说蓄奴制不复存在了。

在北方的一个州这样禁止输入奴隶以后，便没有人再从南方向北方贩卖黑人了。

从北方的一个州不准买卖黑人开始，持有这种不再是得心应手的财产的人虽无法在北方出售奴隶，但他们只要向南方输送奴隶，还是可以获利的。

在北方的一个州宣布奴隶的子女出生后即获得自由的时候，奴隶虽因其后代不再进入市场而失去被人出售赚钱的大部分价值，但把他们输往南方，还能赚一笔大钱。

因此，同样的一条法令，虽防止了南方的奴隶来到北方，但又把北方的奴隶赶到了南方。

但是，这里还有一个原因比我说过的一切原因还要强而有力。

随着一个州的奴隶人数的减少，该州便日益感觉需要自由工人。随着自由工人进入工矿企业，奴隶劳动的生产效益便日趋降低。于是，奴隶便成了价值不大或用处不大的财产。但在南方使用奴隶，还能得到很大收益，因为那里的竞争不会使人担心。

因此，废除蓄奴制并未能使奴隶都自由了，而只是改换了奴隶的主人，即把奴隶从北方送到了南方。

至于已经获得自由的黑人和在废除蓄奴制后出生的黑人，他们虽然没有离开北方去南方，但他们在欧洲人中间的处境，与土著的印第安人并没有两样。在远比他们有钱和有知识的白人中间，他们是半开化和没有权利的人。他们既是法律的肆虐对象[40]，又受民情的排挤。在某些方面，他们比印第安人还值得可怜。他们一想起奴役就不能自抑，他们不能像印第安人那样提出某块土地原来是自己的。他们有许多人都在饥寒交迫中死去[41]，而其余的人则聚居在一些城市里，做一些粗活，过着朝不保夕的悲惨生活。

而且，虽然黑人的人数仍按照他们未获自由时期的速度增长，但白人的人数却在废除蓄奴制后以两倍于前的速度增长，所以不久以后，黑人就将淹没在白人的人海之中。

奴隶居住的农业地区，一般比白人聚居的农业地区人口稀少。另外，由于美国是一个新的国家，所以一个州在废除蓄奴制的时候，多半尚有一半的土地没有人居住。一个州刚刚取消奴隶身份之后，便立即感到缺乏自由工人，于是成群结队的大胆冒险家，便从四面八方拥了进来。他们赶来的目的，是想从刚刚对实业开放的新资源中牟利。土地被分给他们，在分得的每块土地上建立起白人的家园。欧洲的移民就这样不断开进了废除蓄奴制的各州。漂洋过海到新大陆来寻找安乐和幸福的欧洲穷人，如果停在视劳

---

[40] 凡已废除蓄奴制的州，一般都令获得自由的黑人留在本州过艰苦的生活。由于各州在这一点上互有默契，所以不幸的黑人只能选最坏的地方定居。

[41] 在废除蓄奴制的各州，白人的死亡率与黑人的死亡率悬殊。从 1820 年到 1831 年，费城白人每年的死亡率为 42∶1，而黑人却为 20∶1。这个死亡率在黑人奴隶中还不算是高的。（见埃默森：《医学统计》第 28 页，费城，1831 年）〔精确的数字为：42.3∶1；黑人 21.7∶1〕

动为下贱事的地区，他们能干什么呢？

这样，白人的人口就由于自然繁殖，同时也由于大量移民，而迅速增加起来；而黑人的人口却没有得到移民的补充，并日渐减少。于是，两种人口之间的比例，不久便颠倒过来。黑人变成了一群可怜的破落户，成了一个居无定所的小小的穷困部族，而消失在人口众多和拥有土地的白色人种之中。现在，他们只有忍受不公正的和严酷的待遇，而别无任何办法。

在西部的大部分州里，至今尚无黑人；在北方的所有州里，黑人日渐减少。因此，黑人未来的重大问题，是他们将要日益被挤到一个狭小的地区。这个问题虽然不那么令人担忧，但也并非容易解决。

随着黑人的南下，有效地废除蓄奴制便日益困难。这个结果来自几个必须加以阐述的自然原因。

第一个原因是气候。大家知道，欧洲人越靠近热带，劳动对他们就感到困难。大多数美国人甚至断言，在那样的纬度下干活，最后只有死亡。而黑人在那里却能忍受而无危险[42]。但是，我不认为这个只能促使南方人懒惰的想法，是有经验作为基础的。联邦的南方并不比西班牙和意大利的南方热[43]。为什么欧洲人不能像在西班牙和意大利那样在那里劳动呢？既然意大利和西班牙废除

[42] 种植水稻的地区确是如此。稻田在各地有害健康，尤其是在骄阳似火的热带更为危险。如果欧洲人一定要生产大米，那么，他们在新大陆的这一部分种植水稻，当然要吃一些苦头。但是，不种水田就不能生活了吗？

[43] 南方的几个州都比意大利和西班牙离赤道近，但美洲大陆要比欧洲大陆冷一些。

奴隶制度后奴隶主并没有死亡，那么，联邦为什么就不能这样呢？我不相信大自然由于怕佐治亚和佛罗里达的欧洲人累死而不让他们在那里靠自己的土地谋生，但他们在那里劳动肯定要比新英格兰的居民辛苦，而且收益不如人家㊹。自由的劳动者也在南方失去他们对奴隶的一部分优势，所以延缓了蓄奴制的废除。

欧洲的作物全都能在联邦的北方生长，但南方却有其独特的产品。

人们发现，利用奴隶种植谷物，是一种花费太贵的经营方式。在没有蓄奴制地区种植小麦的农户，一般习惯于少雇长工，只在播种和收割季节多雇一些短工，并临时供给他们食宿。

在实行蓄奴制的州经营农业的人，为了完成只需要几天就可以完成的播种和收割工作，也得一年到头养活一大批奴隶，因为奴隶不能像自由工人那样一方面依靠自己的劳动生活，一方面等待别人来雇他们。为了使用奴隶，就必须把他们买下来。

除了这些不利因素以外，田间作业的性质，也使蓄奴制在种植谷物的地方不如在种植其他作物的地方适用。

种植烟草、棉花，特别是甘蔗，就与种植小麦不同，它要求不断地进行田间管理。这时，妇女儿童都有用场，而种植小麦就不是如此。因此，从田间作业的性质来说，蓄奴制更适于种植我方才提到的那几种作物的地区。

烟草、棉花和甘蔗只适于在南方生长，它们是当地的主要财

㊹ 以前，西班牙人把亚速尔群岛的一些农民运到路易斯安那的一个叫阿塔卡帕斯的地方。这是一次实验，也没有对这批农民实行蓄奴制。今天，这些人仍在那里种田而不是奴隶，但他们的种田技术很差，以致仅能维持生活。

源。废除蓄奴制，南方就面临如下的抉择：不是必须改变原来的耕种制度，同北方人在工作和经验上开展激烈的竞争；就是仍然种植原来的作物而不使用奴隶，同仍然保留蓄奴制的南方其他州开展竞争。

由此可见，南方有其在北方并不存在的保留蓄奴制的特殊原因。

但在这方面，还有一个比其他一切理由都更加有力的理由。其实，南方本来也是可以废除蓄奴制的。但是，那将怎样安置黑人呢？在北方，废除蓄奴制和解放奴隶是同时进行的。在南方，就没有希望同时获得这个双重结果。

为了证明蓄奴制在南方比北方更合乎自然和有利，我只指出南方的奴隶人数非常多就足够了。输入第一批非洲人的正是南方，使奴隶人数日益增加的也正是南方。我们越往南去，越觉得以悠闲自在为高尚的偏见越强。在离热带最近的几个州里，就没有一个白人从事体力劳动。因此，南方的黑人人数自然多于北方。正如我在前面已经说过的，这种趋势还在日益加强，因为联邦的北方一带一废除蓄奴制，黑人就向南方一带会集。因此，南方黑人的增加原因，不仅有人口的自然繁殖，而且有北方黑人的被迫南迁。非洲人种在美国南方的激增原因，与欧洲人种在北方的迅速增加原因类似。

在缅因州，每 300 个居民中有一个黑人。在马萨诸塞州，这个比例数为 100：1。在纽约州为 100：2，在宾夕法尼亚州为 100：3，在马里兰州为 100：34，在弗吉尼亚州为 100：42，而在南卡罗来纳竟达 100∶55㊺。这是 1830 年黑人人口与白人人口的比例。但是,这个比例后来又不断在改变:在北方,黑人所占的比例越来越小,而在南方则越来越大。

显而易见,联邦最南的各州如像北方各州那样去废除蓄奴制,一定会遇到北方各州不必担忧的一些严重危险。

我们已经看到北方各州是怎样废除蓄奴制和解放奴隶的。它们用使当时活着的黑人一代仍然为奴,而只解放他们的新出生子女的办法,将黑人逐渐吸收到社会里来;而且对那些解除其奴隶身份后有可能滥用他们获得的自由的人,要事先教育他们自己管理自己并学会享用自由的技能,而后才解放他们。

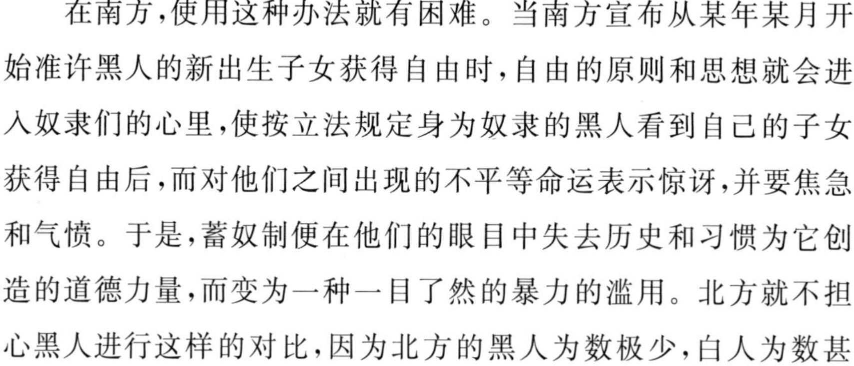

在南方,使用这种办法就有困难。当南方宣布从某年某月开始准许黑人的新出生子女获得自由时,自由的原则和思想就会进入奴隶们的心里,使按立法规定身为奴隶的黑人看到自己的子女获得自由后,而对他们之间出现的不平等命运表示惊讶,并要焦急和气愤。于是,蓄奴制便在他们的眼目中失去历史和习惯为它创造的道德力量,而变为一种一目了然的暴力的滥用。北方就不担心黑人进行这样的对比,因为北方的黑人为数极少,白人为数甚

㊺ 据美国人凯里在 1833 年发表的关于移民协会的通信所载:“40 多年以来,南卡罗来纳黑人人口的增加大大快于白人。统计最先使用奴隶的南方五个州,即马里兰州、弗吉尼亚州、北卡罗来纳州、南卡罗来纳州和佐治亚州的人口时,我们发现从 1790 年至 1830 年期间,这 5 个州的白人人口增加了 80%,而黑人人口则增加了 112%。”〔凯里著作的全称、出版地、出版年及引用页码为:《关于殖民社会及其可能结果的信札》,费城,1833 年,第 12 页及以下几页〕

1830 年,美国白人和黑人的人口数字如下:已废除蓄奴制的各州共有白人 6 565 434人,黑人 120 520 人;仍保留蓄奴制的各州共有白人 3 960 814 人,黑人 2 208 102人。

多。但在南方，自由的这个曙光一旦普照200多万黑人，压迫者必定发抖。

南方的欧洲人在把奴隶的子女解放以后，很快就将被迫将同样的好处普及于全体黑色人种。

我在前面已经说过，在美国的北方，自废除蓄奴制以后，甚至在预计即将废除蓄奴制的时候，就开始了一种双重运动：奴隶们离开北方被运往南方；由北方各州的白人和欧洲的移民来补他们的位置。

这两种情况就不能同样地出现于最南面的几个州。一方面，那里的奴隶人数太多，使人们不能设想把他们迁走；另一方面，欧洲人和北方的英裔美国人，也不肯到劳动尚未恢复其荣誉的地区去定居。另外，他们还有理由认为，在黑人的人数超过或等于白人的州里，容易遇到极大的不幸，所以他们怀有戒心，不敢到那里去创业。

因此，南方人在废除蓄奴制后，无法像他们北方同胞那样逐渐使黑人获得自由。他们不但没有使黑人人口大量减少，而且继续容纳黑人。这样下去以后，只消几年工夫，便将在一个国家之中出现与白人几乎平等的庞大的自由黑人民族。

现在的这种以滥用权力维持蓄奴制的办法，那时就将成为使白人胆战心惊的严重危险的根源。现在，拥有土地的只是欧洲人的后裔，他们是一切实业的绝对主人，而且只有他们有钱、有知识和有军队。黑人在这些方面一无所有，但他们没有这些东西也能活下去，因为他们是奴隶。如果他们自由了，需要自食其力了，他们没有这些东西还能维持生活吗？白人在蓄奴制存在时期所做的一切，在废除蓄奴制后就有遭到破坏的许多危险。

让黑人继续处于奴隶地位，就能使他们保持近乎野蛮的状态。而如果让他们自由了，就不能阻止他们增长知识，从而使他们知道自己的不幸的严重程度和找到根除不幸的办法。而且，还有一个关于相对公正的重要原则，牢固地扎根于人心之中。人们有感于同一阶级内部存在的不平等，大大甚于不同阶级之间出现的不平等。人们可以看到蓄奴制的存在，但他们怎么能理解几百万公民长期以来忍受的耻辱和世世代代遭到的苦难呢？在北方，已经获得解放的黑人，仍在忍受这种苦难和遭到不公正待遇，但他们的力量很小，而且人数日在减少。在南方，黑人的人数很多，而且力量也大。

如使白人与被解放的黑人同住在一块土地上，并彼此视为异族，则不难预见将来会出现两种可能：不是黑人与白人将要完全混为一体，就是两者将要永远分离。

我在前面已经表示我对第一种可能是怎样看的[46]。我不认为白人和黑人将来会有一天在某个地方以平等资格一道生活。

而且我相信，这方面的困难在美国要比别处大得多。一个人抛弃宗教偏见、国家偏见和种族偏见倒是可能的，而如果他是一个国王，他还会在社会上引起一场惊人的革命；但是，整个民族恐怕

㊻ 而且，这个看法得到另一个比我的想法更具有权威的想法的支持。比如，在《杰斐逊回忆录摘要》中写道："在书中，再没有什么东西比黑人解放的命运写得更清楚的了，再没有什么东西比两个完全自由的种族不能在同一政府下生活写得更明确的了。性格、习惯和观点在两者之间划出了不可逾越的界限。"（见康塞伊编：《杰斐逊回忆录摘要》）〔托克维尔的引文摘自康塞伊编：《杰斐逊政治和哲学论文合集：回忆录和通信摘要》，2卷本，巴黎，1833年〕这段引文亦见于《杰斐逊文集》（英文版）第1卷第49页。

不可能如此超脱。

一个强权的铁腕人物如把美国人和他们先前的奴隶置于同一轭下，也许会使他们混合起来。但是，只要美国的民主是决定国家大事的主人，谁也不敢做这样的设想，而且可以预见，美国的白人如果越来越自由，这样的人也将越来越孤立[47]。

我在前面说过，欧洲人和印第安人之间的真正纽带是混血儿。同样地，白人和黑人之间的真正桥梁，也是他们之间的混血儿。凡是黑白人混血儿多的地方，两个种族的混合就不是不可能的。

在美洲有些地区，欧洲人与黑人的混血已经达到很难遇到一个纯粹白人或纯粹黑人的地步，即真可以说是达到两个种族混合的地步，或者不如说是出现了一个两者结合的与原来的任何一方都不相同的第三种族。

在所有的欧洲人中，英国人是最少与黑人结婚的。联邦南方的白黑人混血儿多于北方，但又大大少于欧洲人在美洲其他地区建立的殖民地。美国的黑白人混血儿很少，他们本身毫无力量，在种族纠纷中一般都站在白人一边。这正如在欧洲常见的那种大贵族的仆人以贵族自居而轻视一般人民的情况。

这种被英国人认为是理所当然的种族骄傲，在美国人身上又因民主自由所造成的个人骄傲而特别加强。美国的白人既以其种族自负，又以其为美国人自负。

另外，为什么白人和黑人未在联邦的北方混合而却在南方混

㊼　如果安的列斯群岛的英国人实行自治，人们也会预想到他们不能同意他们的祖国给他们下达的解放黑奴的法令。

合呢？可以姑且认为一直生活在身心均占有优势的白人与黑人之间的南方白人会想与黑人结合吗？南方的美国人有两种担心的情感使他们永远保持超然孤立的状态：第一，害怕自己掉价儿而与原来的奴隶黑人平等；第二，害怕自己降格而处于邻居的白人之下。

如果让我对未来做绝对的预测，则我将说：从事物的一般发展来看，南方废除蓄奴制后，会加深白人对黑人的反感。我产生这个看法，有我以前对北方做过的类似论断为根据。我说过，随着立法机构逐渐废除种族之间的法律屏障，北方的白人越来越倍加小心不与黑人接触。这种情况为什么不会发生于南方呢？在北方，白人之不敢与黑人混合，是出于害怕想象中的危险。而在南方，这个危险不是想象的，而是现实存在的，所以我不认为害怕的程度会降低。

既然一方面已经看到（事实也无可怀疑）黑人日益向南聚集，而且繁殖的速度快于白人；另一方面又确信不能预见黑人何时可与白人混合和何时可从社会现况中取得同样好处，难道就不能由此推论黑人和白人迟早要在南方各州发生冲突吗？

这场冲突的最终结果将会如何呢？

不难理解，对于这个问题只能做个大致的推测。人的头脑对于未来只能勉强画出一个大致的轮廓，但在这个轮廓内，偶然的因素还会影响人们所做的一切努力。在为未来画出的蓝图上，偶然的因素就像一些黑点，使智慧之眼不能看清画面。但有一点是可以预见的，即在安的列斯群岛，白人似乎注定要屈服；而在大陆，则黑人注定要屈服。

在安的列斯群岛，白人孤立于不计其数的黑人之中。在大陆上，黑人处于一个不可胜数的民族海洋当中。这个民族，从加拿大的冰原到弗吉尼亚的南缘，从密西西比河岸边到大西洋海岸，已结成一个紧密的集团，而凌驾于黑人之上。如果北美的白人保持团结，则很难相信黑人能够逃脱正在威胁着他们的灭亡：他们不是屈服于枪炮，就是毁灭于灾难。但是，如果两个种族间的斗争刚一开始，而美国联邦竟然解体，那么，聚居在墨西哥湾一带的黑人就有机会得救。联邦的纽带一旦断裂，南方的白人就不要指望他们的北方同胞能对他们进行持久的支援。北方的白人十分清楚，危险永远不会临到他们的头上。如果承担的义务迫使他们前往南方支援，则可以预言：种族的同情心也是无能为力的。

然而，不管斗争爆发于何时，得不到北方同胞支援的南方白人，仍可以依靠知识和武器的巨大优势投入战场，而黑人则全凭人多势众和不怕死的精神同他们斗争。但是，一旦黑人手中掌握了武器，这种东西就会变成巨大的战斗力。那时，南方的白人也许要遭到西班牙摩尔人那样的命运。在那里占据数个世纪之后，他们也许被迫逐步退回到祖先迁来前的地点，把上苍似乎注定要给黑人的这块土地还给黑人，因为黑人在这里便于生活，而且劳动起来也比白人觉得轻松。

联邦南方白人与黑人发生冲突的危险尽管还很遥远，但迟早是不可避免的。它像一场噩梦，经常萦绕于美国人的脑际。尽管这种危险对北方居民并无直接威胁，但还是他们的日常话题。他们想找到一种办法来防止他们所预料的不幸，但始终没有成功。

在南方各州，人们对此保持沉默。南方人向来不对外来人谈论未来，即使对亲友也回避此事，每个人都把话藏在自己的心里。

南方人的这种沉默，有些地方比北方的惊呼更为可怕。

他们的这种普遍忧虑，使他们办起了一项迄今鲜为人知的事业。这项事业可能改变人类一部分人的命运。

由于害怕我方才谈到的危险，一些美国人组织了一个协会，其目的是由他们自己出资，把愿意摆脱暴政压迫的自由黑人，送到几内亚海岸去居住[48]。

1820 年，我所说的这个协会在非洲北纬七度附近建立了一个居民点，取名为利比里亚。据最近的消息称，已有 2 500 多名黑人聚居于此处。他们把美国的各项制度带回到自己祖先的国土。利比里亚实行代议制，有黑人陪审员、黑人行政官和黑人教士，也建有教堂和出版报纸。这些历经沧桑的人奇迹般地回到故地后，不准白人到他们那里定居[49]。

这真是一场异想天开的运动！自从欧洲人强迫黑人背井离乡把他们运到北美海岸出卖以来，已经过去 200 多年了。现在，欧洲人又把这些黑人的后代装在船上，漂过大西洋，送回他们祖先被掠走的地方。这些野蛮人已在被奴役时期吸取了文明人的知识，并在实行蓄奴制的地方学到了享用自由的办法。

迄今为止，非洲一直对白人的技术和科学采取闭关自守的态度。被这些非洲人带回来的欧洲文明，也许能在这里开花结果。

---

[48] 这个协会取名为“黑人移民协会”。

参看这个协会的年度报告，特别是第十五次年报。再参看前面已经提到的凯里：《关于移民协会的通信》，费城，1833 年 4 月〔15〕。

[49] 这项规定是由这个居民点的建设者们自己制定的。他们害怕在非洲也会出现美国南部那种情况，担心黑人与一个比他们开化的种族接触后，会像印第安人那样在自己未能开化前就被消灭了。

因此，在建立利比里亚时，人们是怀有一种美好而崇高的理想的。但是，这种在旧大陆可能产生丰硕成果的理想，并未对新大陆带来好处。

12 年来，黑人移民协会向非洲运去了 2 500 名黑人。但在这个期间，美国又约有 70 万黑人婴儿出世。

即使利比里亚殖民地每年准备接受数千名新居民；即使新居民能在那里过上好日子；即使联邦政府包办协会的一切，年年由国库出钱支援协会[50]，用国家的船向非洲运送黑人，也抵消不了美国黑人只因自然繁殖而造成的人数增加。于是，由于每年新出世的黑人人数多于每年运出的黑人人数，所以也就阻止不了每天都在加深的黑人苦难的加剧[51]。

黑色人种永远不会从美洲大陆的海岸消失，只要有新大陆存在，就会有黑色人种，并在那里受欧洲人的贪欲和恶习的影响而堕落。美国的居民可以推迟他们所担心的灾难的来临，但他们现在还未消除造成灾难的根源。

我愿意直言不讳，我并不认为废除蓄奴制是在南方各州推迟两个种族斗争的手段。

黑人可能长期继续为奴而不抱怨；但在他们进入自由人的行

---

[50] 在这项事业中还会有其他一切困难。比如，如果联邦政府为了由美洲向非洲运送黑人而要赎卖身为奴隶的黑人时，黑人的价格将因黑人越来越少而上涨，以致很快会达到惊人的程度，而且我们相信北方各州谁也不肯出这笔对它们毫无好处的款项；如果联邦政府采取强制办法，按它规定的低价赎买南方的奴隶，它又会遇到南方各州的无法抵制的反抗。打通这两条道路都是不可能的。

[51] 1830 年，美国有奴隶 2 010 327 人，被解放的奴隶 319 439 人。两者合计共有 2 329 766 名黑人，占同年美国人口总数的五分之一强。

列以后，很快就会因为被剥夺几乎所有的公民权而发怒，而且由于不能成为与白人平等的人，也会立即以白人的敌人面目出现。

在北方，一切条件都有利于解放奴隶，废除蓄奴制后不必担心自由黑人闹事。他们的人数很少，以致永远不能伸张自己的权利。而在南方，情况却非如此。

蓄奴制问题，在北方，对于奴隶主来说，只是一个商业和工业问题；而在南方，对他们来说则是生死存亡的问题。因此，在蓄奴制问题上，不能拿北方与南方相提并论。

上帝不允许我像某些美国作者那样为奴役黑人的原则辩护。我只是说，凡是曾经赞同这个可憎原则的人，现在也不会轻易放弃它而已。

我坦白承认，在我考察南方诸州时，我发现这个地区的白色人种只有两条出路：不是解放黑人并与他们混合，就是仍让他们孤立并尽量长期处于奴隶地位。折中的办法，在我看来，不久即将导致十分可怕的内战，而且两个种族必有一个由此毁灭。

南方的美国白人就是从这个观点来看待问题的，并且据此而行动。他们不想与黑人混合，所以也不想让黑人自由。

这并不说南方的居民都认为蓄奴制是奴隶主发财致富的必要手段。他们当中的大多数人，在这一点上与北方人见解一致，并与北方人一样，愿意承认奴役黑人是一种罪恶。但他们又认为，为了生活，又得让这种罪恶继续下去。

随着教育在南方的普及和提高，这一地区的居民日益认识到蓄奴制对奴隶主并不都有好处。但是，这种教育也更清楚地向他们表明，他们暂时还不可能废除蓄奴制。于是，出现了一种奇特的南北对照：在南方，随着蓄奴制越来越受到质疑，而它在法律上却日益得到加强；在北方，蓄奴制的原则逐渐被废除，而同样的原则却在南方产生越来越严酷的后果。

今天，南方各州对奴隶的立法，具有一种史无前例的残酷性，简直是对人类法律的一种严重滥用。只要看一下南方各州的立法，就足以断定居住在那里的两个种族是十分敌对的。

这并不是说联邦这一地区的美国人只顾加强奴役的残酷性。另一方面，他们也改善了奴隶的物质生活条件。古代人只知道用铁和死来维护奴隶制度；联邦南方的美国人，发现了一些保证他们的权力可以持久的更聪明的办法。如果让我来说，我说他们已把专制和暴力宿命论化，并使奴隶们从心灵上接受了。在古代，奴隶主是想方防止奴隶打碎枷锁；而现代，奴隶主是设法不让奴隶产生这种思想。

古代人给奴隶身上戴上链子，但让他们思想自由，允许他们学习知识。奴隶主也言行一致，遵守他们所定的原则。在古代，受奴役的期限不是固定不变的，奴隶随时随地都有可能获得自由而与主人平等。

联邦南方的美国人，从来没有想过黑人会有一天与他们混为一体，严禁奴隶学习识字和写字。他们不希望把黑人提高到与自己相等的水平，所以尽可能使奴隶保持原始生活状态。

自古以来，奴隶都憧憬自由，以使自己的悲惨处境得到改善。

联邦南方的美国人十分清楚，只要获得解放的奴隶达不到与其主人同化的地步，解放黑奴的运动终究要带来危险。给予一个人以自由，同时又让他留于苦难和屈辱之中，这不是为奴隶的造反提供一个未来的领袖而又能是什么呢？而且，很早就有人指出，出现一个自由的黑人，就会在还没有获得自由的黑人心中种下一个隐患，使他们的脑海里出现一线微光，即产生关于他们的权利的观念。联邦南方的美国人，在大多数情况下，甚至把奴隶主想要解放自己的奴隶的权力都剥夺了[52]。

我在联邦的南方遇见过一老头，他曾同他的一个女黑奴长期非法同居。他们生了几个孩子，这几个孩子出世后就成了父亲的奴隶。这位老人曾多次想把自己的权利传给他的孩子，至少让他们获得自由，但是经过多年的努力，他一直未能克服立法机构为解救黑奴所设的障碍。在这个期间，他已经年老，行将离开人世。当时，他主动向我叙述了他的几个儿子怎样从一个市场被拖到另一个市场，怎样离开母亲的爱抚被送到一个陌生人手下鞭笞的情景。这一派可怕的情景，使老人的已经衰竭的想象力又活跃起来。我看到他在受着绝望的痛苦的折磨，而我也领悟了大自然真会雪洗法律使它蒙受的耻辱。

这种灾难无疑是可怕的，但这也是蓄奴制的同一原则在现代注定要产生的必然结果吗？

当欧洲人从一个与他们不同的种族中掠取奴隶时，大多数人都认为这个种族比人类的其他种族低劣，唯恐将来与它融合在一起，预想蓄奴制可以永久长存，因为他们认为，在奴役所制造的极端不平等与独立在人们当中所自然产生的完全平等之间，绝不会有能够持久的中间状态。欧洲人觉得这似乎是真理，但又始终未

---

[52] 解放黑奴的运动虽未被禁止，便要服从给这个运动带来麻烦的手续。

能使自己确信，所以从他们与黑人打交道以来，其行为时而受他们的利益和高傲偏见所支配，时而受他们的怜悯心所左右。他们先在对待黑人上侵犯了一切人权，可是后来他们又教会黑人明白了这些权利的珍贵性和不可侵犯性。他们对自己的奴隶开放了他们的社会，但当奴隶试图进入这个社会时，他们又狠心地把奴隶赶出去。他们一方面希望奴役黑人，另一方面又身不由己地或不知不觉地使自己受自由思想的支配。他们既不想丧尽天良，又没有勇气完全伸张正义。

既然无法预测南方的美国人何时会使自己的血与黑人的血混合起来，难道他们能够甘冒自己毁灭的危险而允许黑人自由吗？而且，既然他们为了拯救自己的种族曾不得不用铁去对付黑人，难道他们现在为了达到这个目的而采取一些更有效的手段就不可原谅吗？

在我看来，联邦南方所发生的一切，既是蓄奴制的最可怕结果，又是蓄奴制的极其自然的结果。当我看到自然秩序被人推翻，听到人性在与法律做徒劳的斗争而呼叫时，我觉得我不该怒斥制造这些罪恶的我们这一代人，而要完全憎恨那些享受了一千多年的平等之后又使奴隶制度重现于世界的人。

另外，不管南方的美国人尽了多大努力去保存蓄奴制，他们也永远达不到目的。曾被基督教斥为不义和被政治经济学指为有害的而今仅存于地球上一角的蓄奴制，在现代的民主自由和文明中绝不是一种能够持久存在的制度。它不是将被奴隶所推翻，就是将被奴隶主所取消。但在这种情况下，预料都将发生一些严重的不幸。

如果拒绝给予南方黑人以自由，他们终将自己以暴力去取得；而如果同意给予他们以自由，则他们很快又要滥用自由。

美国联邦持久存在的机缘是什么和威胁着它存在的危险是什么

优越权力的来源存在于各州，而不存在于联邦——构成联邦的各州愿意属于联邦一天，联邦就会存在一天——促使各州继续联合下去的原因——联邦的存在对于抵抗外敌和不使外敌入侵美洲的功用——上帝未在各州之间设立天然屏障——没有使各州分裂的物质利益——北方可以从发展和联合南方与西部当中得到好处，南方可以由此从北方和西部得到好处，西部可以由此从其他两方得到好处——使美国人联合起来的非物质利益——舆论的一致——联邦的危险来自联邦各地居民的性格和感情的不同——南方人的性格和北方人的性格——联邦的迅速扩大是其主要危险之一——人口向西北移动——势力向这方面发展——形势的这种快速发展引起的激情——联邦这样存在下去会使它的政府强大还是软弱——联邦政府软弱的一些不同迹象——政府内部的改革——荒地——印第安人——银行业——关税——杰克逊将军

联邦各州现况之得以维持，一部分有赖于联邦的存在。因此，首先必须探讨联邦的未来命运将会如何。但在做这项探讨之前，我愿意先肯定一点：即现存的联邦如果解体，我认为组成联邦的现在各州也不会恢复最初的各自独立的状态，则将是毫无疑问的。那时，将会出现几个联邦来代替现在的一个联邦。我不想研究这些新联邦将在什么样的基础上建立，而只愿指出可能导致现存联

邦解体的一些原因。

为了达到这一目的，我不得不折回老路的几个路段，再谈一下已经叙述过的几个问题。我知道，读者可能指责我重复。但是，问题的重要性尚有待于研究，这又可使我得到原谅。我宁愿多说几次，也不让读者读后不解其意。我宁愿让自己挨骂，也不放过一个问题。

制定1789年宪法的立法者们，曾一再努力使联邦政权除了具有独立性以外，还欲赋予它以一种优越权力。

但是，他们受到了他们所要解决的问题的条件本身的限制。当时，他们的任务不是组建一个单一国家的政府，而是安排几个各自享有主权的州联合起来。另外，不管他们愿意与否，都得使这些州分享国家的主权。

为了使读者更好地了解这样分享国家主权所造成的后果，必须简略地区分一下主权的内容。

有些事务，依其本身的性质来说是全国性的，即只归作为一个整体的国家管辖，只能委托全权代表整个国家的某几个人或某个集体行使。我把战争和外交方面的工作列为这种事务。

另有一些事务，依其本身的性质来说是地方性的，即只归各地方政府管辖，只能由该地方政府相应处理。编制地方的预算，就属于这种事务。

最后，还有一些事务，依其本身的性质来说是混合性的，即从它们涉及全国各地的个人或单位方面来说，它们是全国性的，而从不必由国家本身出面处理方面来说，它们又是地方性的。例如，调整公民的民事活动权利和政治活动权利的问题，就是这种事务。

任何社会体制都得有公民权利和政治权利。因此,这些权利与全国公民有同样的利害关系,但并非出于国家的生存和繁荣之需要,因而不是非由中央政府规定不可。

因此,只有两项必要的事务,即战争和外交,是属于国家的主权管辖的。凡是组织得健全的国家,不管其社会契约建立于什么基础之上,都得有全国性的和地方性的这两大类事务。

一些虽有普遍性但非全国性的事务,像一堆游浮不定的东西漂移在最高的主权和最低的主权之间。我把这些事务称为混合性的。这些事务既不完全属于国家,又不完全属于地方,而是根据联合成国家的各省或州达成的协议,在不损害联合的目的的条件下,分别交给全国政府或地方政府去处理。

最常见的情况是:由几个单人联合组成最高权力当局,再由最高权力当局建立国家。这时,在最高权力当局设立的全国政府之下,只能有个体的或集体的权力分别代行最小一点主权。因此,全国政府也就理所当然地不仅要主管本质上属于全国的事务,而且要主管我方才所说的大部分混合性事务。地方政府只拥有一小部分为维护本地方的福利所不可缺少的主权。

有时,由于联合之前的既成事实,最高权力当局系由几个早已存在的政治团体所组成。这时,地方政府就不仅管辖在性质上完全属于地方的事务,而且要管理全部或部分尚有待明确规定的混合性事务。这是因为联合起来的几个国家或地区还拥有联合前的自己主权,或继续行使其主权的最重要部分,而只是同意让联合的总政府行使联合政府所不可缺少的职权。

当全国政府除了本身性质所固有的特权外,还被授予规定主权中的混合性权限时，它就具有了一种优越权力。这时，它不仅有广泛的权力，而且可以干预本非它所有的一切权力，所以人们担心它会剥夺地方政府固有的必要的特权。

反之，如果授予地方政府以规定混合性事务的权力，则在社会上会出现一种反对中央政府的趋势。这样，优越权力便留给了地方政府，而不存在于全国政府，所以人们害怕全国政府会因失去维持其存在所必要的特权而垮台。

因此，单一的国家便有自然走向集权的趋势，而联邦国家则有自然走向分裂的趋势。

现在，我们就用这些通行观点来评述美国的联邦。

在美国，把决定纯属地方事务的权力全部留给了各州。

此外，各州还把规定公民的民事行为能力和政治行为能力的权力，调整公民之间关系的权力，对公民进行审判的权力，保留下来。这些权力，按性质来说是全国性的，但不一定非属于全国政府不可。

我们已经说过，联邦政府在国家以一个单一的独立体行动时，才被授予以全国的名义发号施令的权力。它对外代表国家，并领导全国力量共同对敌。简而言之，它主管我所说的纯属全国性权限的事务。

主权的这种分享，使人乍一看来联邦分享的主权好像大于各州分享的主权。但稍微深入考察一下就可以发现：事实上，联邦分享的主权是较小的。

联邦政府主管的工作虽然非常广泛，但很少见到它去办理。地方政府办理的事务虽然很小，但它从来不停止工作，使人每时每刻都感到它的存在。

联邦政府关心全国的普遍利益，但一个国家的普遍利益，对个人的幸福只有无法确定结果的影响。

反之，地方政府对本地居民的福利，会发生立竿见影的影响。

联邦政府负责保障国家的独立和强大，但这与个人没有直接影响。各州负责维护全州公民的自由，调整他们的权利，保护他们的生命财产，保障他们的整个未来。

联邦政府远离它的百姓，地方政府与人民直接接触。地方政府只要一声令下，人民就可立即行动。中央政府依靠少数几个希望领导它的优秀人物的热情，而地方政府则依靠一些二流人物的关心。这些人只希望在本州掌权；他们靠近人民，对人民有很大的权威性影响。

因此，美国人期待于和恐惧于州的地方多于联邦；从人心的自然趋势来看，美国人依附于前者之处显然多于后者。

在这方面，美国人的习惯和感情是与他们的利益一致的。

当一个整体的国家实行主权分享和联邦制度时，遗风、习俗和惯例将长期与法律进行斗争，并给予中央政府以法律所不容许的压力。而当人民联合起来组成一个单一的主权国家时，这几个因素就将发生相反的作用了。我毫不怀疑，假如法国变成美国那样的联邦共和国，它的政府一开始就会比美国的联邦政府强而有力；而如果美国把它的政体改成我们法国这样的君主政体，则我认为美国政府将要长期比法国政府软弱无力。当英裔美国人建立国家时，地方政府的存在已是既成事实，乡镇和所在州之间也已建立起必要的关系，人民已经习惯于用共同的观点去考察一些问题和像代表一项特殊利益似地专心于某项事业。

美国联邦是一个只能给爱国主义提供一个捉摸不定的对象的庞大联合体；而各州则具有固定的组织形式和范围明确的地域，负责执行居民们都知道和重视的一些工作。州之所想，就是它那块土地上的人民之所想，它要像珍视自己那样珍惜州内人民的财产、家庭、遗风、现在的工作和未来的理想。因此，往往不过是个人自私心的外延的爱国主义，只存在于州，而且几乎可以说不会及于联邦。

因此，人们的利益、习惯和感情，都趋于将真正的政治生活集中于州，而不集中于联邦。

只要考察一下州政府和联邦政府各自在其职权范围内如何行使职权，便可十分容易看出两种权力的差异。

每当州政府与一个人或一群人对话时，它的语言都是明确的和命令式的。联邦政府与个人对话时也是如此，但它与一个州有交涉时，就得改用谈判的口气解释它的动机和辩解它的做法，即要讨论和商量，而不能下命令。如果两个政府在宪法规定的权限上发生争执，州政府总是敢于提出自己的权利要求，并立刻采取坚定的措施维护自己的权利。在这期间，联邦政府要以理喻，并求助于全国人民的良知、国家的利益和荣誉。它要伺机行事，同争执的州进行谈判，不到迫不得已，绝不采取行动。乍看上去，人们可能以为掌握国家大权的是州政府，而国会只是代表一个州了。

因此，尽管建立联邦的立法者们做了种种努力，但联邦政府仍如我以前所述，从本身的性质来说是一个软弱无力的政府，比其他任何政府都需要被治者的自动支持来维护它的存在。

不难看出，联邦政府的目的，是要顺利实现各州继续联合的愿望。这个起码条件已被履行，这表明联邦政府是明智的、有力的和灵活的。当时，立法者们是要把联邦政府组织得既能像一般政府那样打击个人的反抗，又能容易战胜人们对公共决定的有意抵制，但他们没有预先想到联邦可能解体或几个州可能自愿退出联邦。

既然联邦的主权今天常与各州分享的主权发生纠纷，因而可以不难预见联邦会有支持不下去的时候。我甚至认为，两者的斗争难保不采用激烈的形式。每逢联邦政府受到顽强的抵制时，总是联邦政府作出让步。经验已经表明：迄今为止，只要一个州坚持一项主张，并要求得到满意的答复，它没有不坚持成功的；而它要完全拒绝执行联邦的命令[53]，也只好听任它自由行动。

虽然联邦政府拥有自己的权力，但国家的现实条件却很难使它行使[54]。

美国的领土辽阔，许多州相距甚远，而人口又分布在仍有一半是荒野的国土上。如果联邦政府用武力去使加盟的各州屈服，它就会陷于类似英国在美国独立战争时期所处的境地。

再说，一个政府无论多么强大，它也难以回避当初它所同意的一项原则对它的约束。这项原则就是它必须服从公权。联邦是根

---

[53] 请看北方各州在1812年战争期间的表现。杰斐逊1817年5月14日在致拉法夷特将军的信中写道："在战争期间，东部的四个州像死人拖累活人那样，紧紧地束缚了我们的手脚。"（见康塞伊编：《杰斐逊回忆录》）〔参看《杰斐逊文集》第15卷第115页，华盛顿，1905年〕

[54] 美国所处的和平环境，使它没有任何借口建立常备军。一个政府没有常备军，就无法事先做好准备，然后利用有利时机去消除反抗，以联邦的主权去压制地方的要求。

据各州的自愿原则建立的，各州在联合的时候并没有放弃自己的主权，也没有组成一个单一的和民族相同的国家。如果有一个州现在要想把自己的名字从盟约中取消，那也很难证明它不能这样做。联邦政府要想反对它，也显然没有力量和权力去制止。

为了使联邦政府容易战胜某个州对它的反抗，就必须像世界联邦制度史上常见的那样，使一个州或几个州的利益同联邦的存在紧密地联系起来。

假如联邦中有一个州要独享联邦的主要好处，或者要使它的繁荣完全依赖于联邦的存在，则显而易见，它会大力支持中央政权去迫使其他州服从。但在这时，中央政权的力量并非来自本身，而是基于一项与它的本性相反的原则。各州的人民所以要结成联邦，只是为了从联邦中获得同等的好处；而在方才所说的那种情况下，却是在联合起来的各州之间制造不平等，而使联邦政府强大的。

再假如联邦中有一个州拥有大得足以垄断中央政权的优势，它就会把其他的州视为下属，并在自己的主权得到其他州的尊重后，便要觊觎联邦的主权。这时，一些大事虽然名义上还是出自联邦政府，但这个政府早已名存实亡了[55]。

在这两种情况下，以联邦名义行事的政权变得越强，就越要不顾联邦的原来政体和公认原则。

在美国，目前的联邦对所有的州虽然都是有利的，但并非绝不

---

[55] 尼德兰联省共和国的荷兰省就是如此。再如，在现在的德意志联邦，普鲁士的皇帝有时就号令联邦，并且利用联邦的权威为普鲁士谋利。

可少。即使有几个州要割断与联邦的纽带，也不会危害其他州的继续联合，但它们的繁荣富强的总成果会有所减少。由于没有一个州的存在和繁荣完全依靠于目前的联邦，所以也没有一个州会为维护联邦而自己甘愿付出重大的牺牲。

另一方面，就目前的情况来看，还没有一个州怀有极大的野心想控制今天的联邦。当然，各州对联邦的立法、司法、行政的影响并不完全一样，但没有一个州能对其他州作威作福，把它们当作不如自己的州或下属来对待。

所以我确信，如果联邦的某一部分真要与其他州脱离关系，不仅没有可能去阻止，而且也无人想去阻止。因此，只要组成联邦的各州愿意联合下去，目前的联邦就能存在下去。

这个问题既已解决，我现在就感到更轻松了，因为我们的目的不是研究目前结成联邦的各州是否能够分离，而是要研究它们是否愿意继续联合下去。

在使目前的联邦能给美国人带来好处的所有原因当中，有两个主要原因最容易为所有的观察者注目。

虽然美国人几乎是独处于他们的大陆，但贸易却使同他们有往来的一切国家成为他们的邻国。因此，尽管美国人表面上似乎处于孤立状态，但他们却必须强大才行，而他们要能强大起来，就只有完全留在联邦之内。

如果各州分裂，各自独立，它们不仅要减弱现有的一致对敌的力量，而且有可能招致外敌侵入他们的国土。分裂以后，就要另建一套内陆关税制度，瓜分山川大地，用一切办法去折磨上帝赐给他们治理的这片大好河山。

今天，美国人没有外敌入侵之忧，所以他们既不必养兵，又不必为此征税；而一旦联邦解体，这一切事情可能很快就使他们感到必要了。

因此，继续维持联邦，对美国人具有重大的利益。

另一方面，就目前情况而言，也没有什么物质利益在使联邦的某一部分想要脱离其他部分而独立。

当我们铺开美国的地图，看到阿勒格尼山脉从东北走向西南穿过400里约〔1 000英里〕国土时，我们情不自禁地认为上帝的安排是要在密西西比河流域和大西洋海岸之间建立一道天然屏障，以遮断人们的往来和好像要为不同的民族划出必要的界线。

但是，阿勒格尼山脉的平均高度还不到800米[56]。它的一些圆形山巅，以及山间的宽敞谷地，便于人们从四面八方进去。而且，注入大西洋的几条大河，即赫德森河、萨斯奎哈纳河、波托马克河，都发源于阿勒格尼山脉上的一片与密西西比河流域接壤的高原。这些河流从这个地区淌出后[57]，再钻过仿佛要逼着它们向西流的屏峦，在它们流经的山区里为人们开辟出数条容易通行的天然道路。

因此，在现今英裔美国人居住的各个地区之间，没有任何天然屏障阻止他们往来。阿勒格尼山脉非但没有把他们隔离开，而且也没有阻碍各州的往来。纽约州、宾夕法尼亚州和弗吉尼亚州把

---

[56] 据沃尔内：《美国气候与土壤概述》第33页载，阿勒格尼山脉的平均高度为700—800米；而据达比说，为5 000—6 000英尺。法国孚日山脉的最高峰海拔约1 400米。

[57] 见达比：《美国概览》第64、79页，费城，1828年。

这条山脉围了起来,并向它的西面和东面延展[58]。

现在,美国 24 个州以及虽已住有居民但尚未取得州的地位的三个大区共拥有领土 131 144 平方里约[59],大约相当于法国领土面积的五倍。在它的领土范围内,土质不同,气候条件各异,物产也多种多样。

英裔美国人所建各州的土地辽阔,以致有人怀疑它们的联邦能否维持下去。对此要做分析。在一个领土辽阔的帝国内,各省或州之间的利益对立,最后可能导致彼此冲突。这时,国土的辽阔可能对国家的长治久安有害。但是,如果居住在这样广大国土的人民没有彼此对立的利益,国土的辽阔本身却有利于国家的繁荣,因为政府的统一特别有利于国内不同产品的交换,便于产品的流通,使产品增加价值。

我确实见到美国的不同地区各有自己的不同利益,但我从未发现它们之间有彼此对立的利益。

南方各州几乎都以农业为主,北方各州专门从事制造业和商业,西部各州兼营制造业和农业。在南方,种植烟草、水稻、棉花和甘蔗。在北方和西部,种植玉米和小麦。这些财源虽然不同,但联邦却能为人人提供取得这些财源的机会均等条件。

北方把英裔美国人的产品运到世界各地,又把世界其他地方的产品运回联邦;而为使它所服务的美国生产者和消费者的人数

---

[58] 阿勒格尼山脉的最高峰没有孚日山脉的最高峰高,所以它也没有像孚日山脉那样为产业的开发制造障碍。阿勒格尼山脉东侧地区与密西西比河流域的天然联系,与法国的弗朗什-孔泰地区、勃艮第地区和阿尔萨斯地区间的天然联系类似。

[59] 按英制,为 1 002 600 平方英里,见达比:《美国概览》第 435 页。

尽量保持最高水平，它最希望使联邦按目前状况维持下去。北方一方面是联邦南方与西部的天然联络者，另一方面又是联邦与世界其余各地的天然中间人。因此，北方必然希望南方和西部继续留在联邦里和进一步繁荣，以便向它的制造业提供原料和租用它的船舶。

在南方和西部，也有它们更为直接的利益愿意保留联邦和使北方繁荣。南方的产品一般都要经由海上出口，所以南方和西部需要北方商业的支援。它们必定希望联邦拥有一支强大的舰队，以便有效地保护它们。南方和西部虽然自己没有船舶，但也一定愿意出钱建设海上力量，因为欧洲的舰队一旦封锁南方的港口和密西西比河三角洲，那将怎么处理南北卡罗来纳两州出产的大米，弗吉尼亚州出产的烟草，以及密西西比河流域生产的糖和棉花呢？因此，联邦预算的每一部分，都有利于保护联邦所有各州的共同物质利益。

除了这种商业利益之外，联邦的南方和西部还能从它们彼此继续结盟和与北方继续结盟当中取得重大的政治好处。

南方境内有大量的奴隶，这部分人口正在威胁着现在，而且对未来的威胁更大。

西部各州地处一条大河的流域。流经这些州的河流，发源于落基山脉和阿勒格尼山脉，汇入密西西比河后流入墨西哥湾。西部各州，由于它们的地理位置，而与欧洲的传统和旧大陆的文明呈隔离状态。

因此，南方居民之所以愿意保持联邦，是为了自己不在黑人面前孤立；而西部居民之所以愿意保持联邦，则是出于使自己不被封闭在美国的中部，不与世界其他各地断绝自由来往。

最后，北方之所以不希望联邦分裂，是因为它要把联邦作为纽带，以使这片广大的国土与世界其余部分保持联系。

由此可见，在联邦的各部分之间，有着紧密的物质利益联系。

我们认为，由这种联系当中产生的观点和感情，也能引起人们之间的非物质利益联系。

美国的居民对他们的爱国精神谈得很多；但我也愿意直言不讳，我并不相信这是理智的爱国主义，因为它是建立在利害关系之上的，而一旦情况发生变化，利害关系也将随之大变。

我对于美国人经常表示他们要把祖先采用的联邦制度维护下去时提出的论点，并不怎样看重。

他们的那种要把人数众多的公民置同于一政府的保护之下的论点，主要的不是出于人民自愿联合的理智，而是出于本能的同意，或者说是出于一种非自愿的同意。这种同意是感情上的类似和看法上的接近之结果。

我绝不认为人们只是由于承认同一个领袖和服从同样的一些法律而就组成了社会。只有当人们从同一个观点去考虑绝大多数问题时，只有他们对绝大多数问题具有同样看法时，只有同样的一些事件给他们留下同样的印象和使他们产生同样的思想时，社会才能存在。

用这个观点研究问题和考察美国现况的人，都不难发现美国的居民虽分别居于 24 个拥有主权的州，但仍能像一个统一的民族继续生活下去。这样的观察家甚至可能认为，英裔美国人联邦的社会情况，比一些只有一个立法机构和只服从于一个人的欧洲国家的社会情况还显得合理。

英裔美国人虽然有数个教派，但对所有教派都一视同仁。

他们并不总是采用同样的方法治理国家，而是时常改变方式使其适应政府的工作，但他们对待治理人类社会所必要的普遍原则却是意见一致的。从缅因州到佛罗里达州，从密苏里州到大西洋沿岸，一切依法成立的机关的权力都来源于人民。在所有的州，对自由、平等、出版、结社权、陪审制和公务人员责任，都有一致的看法或观点。

如果我们从政治和宗教观点，转而去看制约他们的日常生活行动和指导他们的全部活动的哲学和道德思想，我们依然会发现同样的一致性。

英裔美国人[60]像他们承认全体公民是政治权威一样，也承认公认的道理是道德权威。而且他们认为，什么是允许的，什么是禁止的，什么是真的，什么是假的，必须由公意来判断。他们大多数人都相信，只要真正认清自己的利益，就能使自己走向公正和至善。他们确信，每个人生下来就有自己管理自己的权利，任何人都无权逼着他人去追求幸福。他们都一致相信，人生可以达到至善。他们断言，知识的传播必然产生有益的结果，而无知将导致可悲的致命后果。他们都把社会视为一个不断进步的机体，把人生视为一幅画面不断变化的图画，其中没有一件东西是永久不变的和应

[60] 我觉得，我不必说明我在使用“英裔美国人”一词时指的是他们的绝大多数。在这个大多数中，总有个别的例外。

当永久不变的。他们承认,今天在他们看来是良好的东西,明天就可能被比它更好的东西所取代。

我并不是说这一切观点都是正确的,而只是说美国人是那样认识的而已。

英裔美国人一方面因这些共同的观点使他们互相团结起来,另一方面又因一种感情即骄傲而使自己与其他民族隔离开来。

50 多年以来,有些人曾不断向美国居民宣告,说他们正在成为世界上最虔信宗教、最有知识和最自由的民族。他们认为,民主制度至今只在他们那里得到兴旺发展,而在世界其他地方则遭到失败。因此,他们自视甚高,甚至确信自己是人类中的一个突出人种。

所以我们认为,威胁美国联邦的危险,将不是来自他们的意见分歧或利害冲突,而是要到美国人的性格变化和激情中去寻找。

居住在美国广大领土上的人,几乎都是出于同一种族。但是,久而久之,气候,尤其是蓄奴制,使美国南方的英裔与北方的英裔在性格上出现了显著的差别。

我们中间有一些人都认为,蓄奴制给美国的一部分地区带来了与另一部分地方对立的利益。我没有发现这种情况。蓄奴制并没有在南方产生与北方对立的利益,但它却改变了南方居民的性格,并在南方使人养成了与北方不同的习惯。

我在前面已经指出蓄奴制对南方美国人的经商能力发生了什么影响。这种影响也波及了南方的民情。

奴隶是百依百顺和不敢吭声的仆人。他们虽然可以暗杀他们的主人,但他们从来不公开反抗主人。在南方,没有一个家庭穷得没有奴隶。南方的美国人,从小就获得了一种家庭小霸王的权力。他们在人生中获得的首批观念中,就有他们生来就是发号施令者这个观念。他们养成的第一个习惯,就是叫奴隶百依百顺地听他们指挥。因此,教育便成功地把南方的美国人培养成高傲、狂暴、易怒、急躁的人。他们穷奢极欲,遇到障碍便不耐烦,而且一遭到失败还易于泄气。

北方的美国人,在摇篮里就没有见过奴隶在他们的周围转来转去。他们甚至没有被雇用的仆人服侍过,因为他们通常都得自食其力。他们一进入社会,匮乏的观念就从四面八方向他们的脑际袭来。因此,他们很早就得学会准确地判断自己权利的天然界限,实行自力更生。他们绝不想屈服于强加于他们身上的命令;而且他们知道,要想得到他人的支持,就得赢得他人的信任。因此,他们办事有耐心,思想缜密,对人宽容,行动从容不迫,定出计划就坚持到底。

在南方的各州,人们的各种迫切需要总能得到满足。因此,南方的美国人不必为物质生活担心,因为有另一些人在为他们操劳。由于在这方面可以无忧无虑,所以他们的想象力便用于另一些场面可观但无实用价值的活动方面。南方的美国人喜欢讲究排场和生活奢侈,爱好沽名钓誉、高谈阔论和寻欢作乐,尤其是愿意悠闲自在。没有什么事情会使他们去为生活操劳,并由于他们不必亲自劳动,所以整天睡大觉,对一些有益的事情连想都不想。

在北方，机遇的平等促使人们去奋斗，蓄奴制已不复存在，所以人们在那里整天在为南方的白人所瞧不起的实务活动而操劳。他们在少年时期就为生活而奔波，并学会把奋斗致富放在一切精神和心灵的享乐之上。他们的想象力都集中于生活的琐事，他们的思想不够丰富和广泛，但却比较切合实际和清晰明确。由于致富是他们的唯一目标，所以人人都绞尽脑汁全力以赴，并必欲尽早达到目的。他们令人钦佩地知道利用自然和人力去创造财富，使人赞叹地了解使社会走向人人幸福和从个人自力奋斗中去汲取一切好东西的方法。

北方人不仅有实际经验，而且有学识。但他们并未把学习科学视为消遣，而认为科学是一种手段，并渴望科学早日得到有效的应用。

南方的美国人易于冲动，喜欢诙谐，性格坦率，比较大方，也很有才华。

北方的美国人积极主动，办事依凭理智，但更有才干。

前者的兴趣、偏见、弱点和优点都是属于贵族阶级的。

后者的长处和短处是中产阶级的特点。

假如让两个人实行联合，并使他们的利益相同，也让他们的见解一致，但要他们的性格、知识水平和文明程度保持不同。这时，他们十之八九不会同意联合。这个看法也适用于国家或民族的联合。

因此，蓄奴制并未因利害关系而直接打击了美国的联邦。

1790 年在联邦公约上签字的州共有 13 个。今天，联邦已有 24 个州。1790 年人口将近 400 万，经过 40 年增加了两倍多，即在

1830 年已达 1 300 万人[61]。

这样的巨大变化，不可能不伴随危险。

由数个国家或地方组成的社会，同由一些个人组成的团体一样，也有三个使它能够持久存在的主要机缘。这就是：每个成员要有理智，成员个体的力量要小，成员的数目要少。

离开大西洋海岸深入西部地区的美国人，都是一些冒险家。他们忍受不了各种束缚，极欲发财，而且往往是被他们的出生州驱逐出去的。他们到达荒地时，都是彼此初次见面，互不认识。既无传统和家庭感情束缚他们，又无范例供他们仿效。对他们来说，法制的作用不大，民情的作用更小。因此，不断迁到密西西比河流域落户的人，在各个方面都不如居住在原来的 13 个州内的美国人。但是，他们在西部却对所在的乡镇发生了重大的影响，并在学会自己管理自己之前，就着手建立起管理公共事务的政府了[62]。

成员的数目越多，成员个体的力量就越小；国家或社会的力量越大，持久存在的机缘就越强，因为各个成员的安全这时全都依赖于它们的联合。1790 年，美国各州的人口，哪一个也没有超过 50 万人[63]。当时，每个州都觉得自己没有资格成为独立的国家，而这种思想便使它们更容易服从联邦当局了。但当联邦的某个州，比

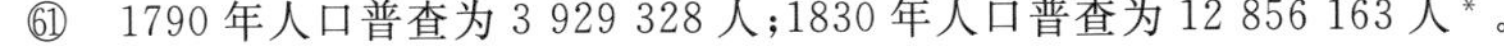

[61] 1790 年人口普查为 3 929 328 人；1830 年人口普查为 12 856 163 人*。

* 据 1947 年 10 月 1 日人口普查，美国的人口为 144 708 000 人。——法文版编者

[62] 当然，这只是暂时的危险。但我毫不怀疑，长久下去，西部的社会将不会像在大西洋沿岸已经建成的社会那样安定和容易治理。

[63] 1790 年，宾夕法尼亚州的人口为 431 373 人。

如纽约这个面积相当于四分之一法国的州[64]，人口达到 200 万时，就会自恃强大；而如果它想要继续留在联邦里是出于自私自利，就不再会认为联邦的存在有其必要了，并在它同意留在联邦里的期间，很快就会要求占有优势地位。

只是美国联邦成员数目的加增，就将会拉紧已经够强的破坏联邦纽带的力量。持有同样观点的人，并不一定用同样的方法去观察同样的问题。如果观点不同，当然更要如此了。因此，随着美国联邦成员数目的增加，成员之间在法制上联合一致的机缘将会越来越少。

今天，美国各州之间的利益虽然不是彼此对立的；但是，对一个每天都有新的城市建立，每五年就有一个新州加入的国家，谁能预见到它的不远未来的各种变化呢？

从英国人在这里建立殖民地以来，居民人数大约每 22 年就翻一番。我还没有发现有什么因素会在今后 100 年里阻止英裔美国人人口的这种激增运动。我认为，在这 100 年还没有过完，美国的领土或属地将会住有一亿多居民，划为 40 多个州[65]。

---

[64] 纽约州的面积为 6 213 平方里约(500 平方英里〔原文如此，应约为 5 万平方英里〕)。见达比：《美国概览》第 435 页。

[65] 假如美国人口在今后 100 年里，还像过去 200 年那样，每 22 年就翻一番，那么，美国人口将在 1852 年达到 2 400 万，在 1874 年达到 4 800 万，在 1896 年达到 9 600 万。即使落基山脉东坡的土地禁止开垦，情况也会如此。现在已经住有居民很多的已开发地区，也能轻而易举地容纳这么多人口。把这一亿人口分布在美国目前的 24 个州和三块属地上，平均每平方里约才为 762 人，仍远远低于法国和英国(法国每平方里约为 1 006 人，英国每平方里约为 1 457 人)，甚至还不如瑞士。尽管瑞士湖多山多，它每平方里约的居民还有 783 人。见前引马尔梯-布伦著作第 6 卷第 92 页。〔托克维尔所引为该书的 1826 年版〕

我看这一亿人不会有什么不同的利益。相反，我认为他们继续联合会得到同等的好处。但我还是要说，正因为他们有一亿人口，并将划为40多个情况不同和力量不等的州，所以联邦政府的继续存在，只能是一个幸运的偶然事件。

我虽然一再强调我坚信人的向善性，但只要人们不改造自己的性格，不彻底转变，我仍将拒绝承认一个以管理面积相当于大半个欧洲的40多个州为己任的政府[66]能够长期存在下去。这个政府将要设法避免这些州之间出现对抗和斗争，防止它们互怀野心，联合它们各自的自主行动去完成共同的事业。

但是，联邦因日益扩大而出现的最大危险，却来自在其内部活动的势力的不断迁移。从苏必利尔湖畔到墨西哥湾，直线距离约有400里约。美国的边疆就以这条长线为轴蜿蜒；它在有些地方缩回一点，但在更多的地方是远远越过这条线而深入到荒地。有人统计过，白人每年平均向这片荒地全线挺进7里约[67]。他们常常碰到诸如不毛之地、湖泊和突然出现在途中的印第安人之类的障碍。这时，前进中的人马暂时停下来，等到后续的人马跟上来聚拢以后，又开始前进。欧洲人种向落基山的这种节节不停的推进，好像出于一种神意：人像潮水，后浪推前浪，在神的引导下不断前进。

在这第一线上的征服者的身后，一些城市相继建立起来，几个规模巨大的州也随之成立。1790年，在密西西比河流域才只

[66] 美国领土的面积为295 000平方里约，而欧洲的面积，据马尔梯-布伦的著作第6卷第4页所载，为50万平方里约。

[67] 见第二十届国会〔第二次会议〕第117号立法文件第105页。

有几千名拓荒者星罗棋布于其上；而在今天，这个流域的居民人数，已与1790年全联邦的人口接近，即将达到400万人[68]。华盛顿市建于1800年，当时它还算是地处美国联邦的中心；而现在，它已坐落在联邦的四极之中的一极了。西部最远几个州的议员[69]，为了出席国会，已不得不走一段相当于由维也纳到巴黎这样长的路程。

联邦的各州同时在走向富强，但无法以同样的速度成长和繁荣。

在联邦的北方，阿勒格尼山脉的几个支脉伸进大西洋，形成多处宽敞的停泊所和港口可以经常容纳巨大的船舶。但是，从波托马克河口开始，然后沿美洲沿岸南下，一直到密西西比河河口，海岸则是平坦的沙质土地。在联邦的这一部分，几乎所有河流的河口都被泥沙壅塞，而稀稀拉拉分布在这条浅水海岸线上的港口，又不能为船舶提供北方港口那样的深度，所以为商业提供的便利条件也就大大不如北方港口。

除了这个因自然条件造成的主要劣势之外，还有一个因法制原因而造成的劣势。

我们已经说过，已在北方废除的蓄奴制，至今还存在于南方。关于蓄奴制对奴隶主本身的福利造成的致命影响，我也在前面叙述过了。

---

[68] 据1830年人口普查，为3 672 371人。

[69] 从密苏里州首府杰斐逊市到华盛顿，旅程有1 019英里，或420里约。(《1831年美国年鉴》第48页)

因此，北方在商业上[70]和在工业上，都必定比南方强大；因而北方的人口和财富比南方增长迅速，也是理所当然的。

地处大西洋沿岸的各州，人口已达半饱和状态，大部分土地都已有了主人。因此，它们不能像大片土地尚待开发的西部各州那样接受大量移民。密西西比河流域的土地比大西洋沿岸肥沃。这项理由再加上另外一些理由，强而有力地驱使欧洲人奔向西部。有一些数字可以证明这个事实。

就全美国计算，40 年来人口增加了两倍多。而只算密西西比河流域[71]，则其人口在同期却增加了 30 倍[72]。

联邦的权势中心一直在不断移动。40 年前，联邦的居民大部分住在沿海，即在今天的华盛顿周围地区。现在，大部分居民向内地和更北的地方移动。毫无疑问，在今后 20 年内，大部分居民将住在

---

⑦⓪ 为了说明南方和北方在商业上的差距，只举出以下几点就可以了。

1829 年，弗吉尼亚州、南卡罗来纳州、北卡罗来纳州和佐治亚州（南方四大州）拥有的大小商船，总吨位只有 5 243 吨。

同年，只马萨诸塞一州的商船总吨位就有17 322吨（见第二十一届国会第二次会议第 140 号立法文件第 244 页）。

因此，只马萨诸塞一州的商船总吨位就比上述南方四州多两倍。

但是，马萨诸塞州的面积只有 959 平方里约（7 335平方英里），而人口为610 014人；但上述四州的面积为27 204平方里约（21 万平方英里），人口为3 047 767人。因此，马萨诸塞州的面积只为四个州面积的三十分之一，而人口则为它们的五分之一（见达比：《美国概览》）。蓄奴制对南方的商业发展有数种不利影响。比如，抑制了白人创办企业的精神，阻碍了白人培养他们将来需要的水手。一般说来，海员只能从下层居民中招募。但在南方，属于这一阶层的人都是奴隶，很难使他们从事海运事业，因为他们的工作质量不如白人，而且总怕他们在海上造反，或者途中逃跑到外国去。

⑦① 请读者注意，在我用“密西西比河流域”一词时，并不把纽约州、宾夕法尼亚州和弗吉尼亚州的位于阿勒格尼山以东地区包括在内，但就自然地理来说，这部分地区亦属密西西比河流域。

⑦② 见达比：《美国概览》第 444 页。

阿勒格尼山西侧。只要联邦存在下去，密西西比河流域就必将因其土地肥沃和辽阔，而成为联邦权势的永久中心。在今后三四十年内，密西西比河流域将会取得其应有的地位。不难推算出来，到那时候，这里的人口与大西洋沿岸各州的人口之比，将接近 40∶11。因此，再过几年，早先建立的各州将完全失去它们对联邦的控制能力，而密西西比河流域的人口则将对联邦的议会发生重大影响。

联邦的力量和影响的这种逐渐向西北移动的趋势，每隔 10 年就可显示出一次，因为在每 10 年进行一次的全国人口普查之后，要重新规定各州应选入国会的众议员人数(73)。

1790 年，弗吉尼亚州有 19 名众议员。这个名额后来续有增加，1813 年达到 23 名。从此以后，名额开始下降，1833 年只有 21 名了(74)。但在同期，纽约州的众议员人数一直在增加：1790 年为

(73) 我们看到，在最近进行的这次人口普查中，有的州人口增长率不高，比如特拉华州只增加 5%，有的州人口增长率甚高，比如密歇根州增加 250%。弗吉尼亚州在这 10 年间人口增加 13%，而与它毗邻的俄亥俄州的人口却增加了 61%。这些数字均见于《美国年鉴》〔第 49 页及以下各页〕。由此可见，各州的发展是很不平衡的。

(74) 在上注里已经提到，弗吉尼亚州的人口在此期间增加了 13%*。现在必须说明一下，一个州的众议员人数是怎样可能随着本州的人口增长率逐渐下降而减少的。

我们就以上面提到的弗吉尼亚州为例。

弗吉尼亚州 1823 年的众议员人数(21 名)，与当时全国众议员总数有一定的比例。弗吉尼亚州 1833 年的众议员人数，既与它在 1833 年全国众议员总数中所占的比例有关，又与这 10 年它的人口增长率和全国的人口增长率之比有关。因此，弗吉尼亚州本届众议员人数与上届众议员人数之比，一方面要取决于全国本届众议员总数与上届众议员总数之比，另一方面又要取决于弗吉尼亚州人口增长率与全国人口增长率之比。这样，弗吉尼亚州要使本届众议员保住原数，就得具备一个条件：即本州的人口增长率要高于全国人口增长率，以使本州本届众议员人数在全国众议员总数中所占的比例增加。只要弗吉尼亚州的人口增长率低于全国人口增长率，而全国本届众议员总数与上届众议员总数一样，弗吉尼亚州本届众议员的人数就将减少。

* 关于以后的变化，可参阅奥格和雷：《美国政府概论》第 288 页及以下几页。——法文版编者

10 人，1813 年为 27 人，1823 年为 34 人，1833 年为 40 人。俄亥俄州 1803 年只有一名众议员，1833 年达到 19 人。

很难想象一个贫弱的国家能与一个富强的国家长期结成联邦；即使在联合之初已经知道前者的贫弱并非后者的富强所致，这样的联邦也不能持久。当一方因联合而失去主权时，或另一方因联合而获得权力时，这样的联邦更难持久。

几个州的这种迅速而异常的发展，正威胁着其他州的独立。拥有 200 万人口和 40 名众议员的纽约州欲使国会通过某项法令，或许可以办到。不过，即使较强的州不想压迫较弱的州，危险依然存在，因为压迫的可能性与其现实性几乎是同等的。

弱者很少相信强者主张的正义和理由。因此，发展速度不如他州的州，总以猜疑和忌妒的眼光看待得益于幸运的州。结果，在联邦的一部分地区表现的这种沉重的苦恼和莫名其妙的不安，便与另一部分地区显示的惬意和自信形成了鲜明的对照。我认为，南方最近之所以采取敌对态度，其原因就在于此。

在全体美国人中南方人最需要维持联邦，因为让南方诸州各自独立，他们保管吃亏最大。然而，对联邦的团结最有破坏作用的，也正是南方各州。为什么这样呢？这很容易回答。因为南方以前出过 4 名联邦总统[75]，而现在南方在联邦政府里已经失势，其在国会里的众议员人数逐年下降，而北方和西部的众议员人数却逐年增加；而且南方人性格急躁，容易发怒，见火就着，不够冷静。他们正以忧虑的眼光看待自己的现在，以怀旧的心情回顾自己的过

[75] 他们是华盛顿、杰斐逊、麦迪逊和门罗。

去。他们每天都在自问是不是受了压迫。如果他们发现联邦的某项法令不是显然对他们有利，马上就会大喊大叫，提出抗议，说这是对他们滥用职权。如果他们的意见未被采纳，他们就会大发雷霆，以退出联邦来威胁，说联邦只让他们承担义务，而不给他们好处。

加罗来纳的居民们在 1832 年声称："关税法使北方发了大财，使南方沦于破产，因为如其不然，怎么能想象气候寒冷和土地瘠薄的北方会不断增加财富和权势，而堪称美洲花园的南方会如此迅速衰落呢？"(76)

如果我所说的变化是缓慢而逐渐的，使每一代人看不出他们目睹的现实秩序对他们有多大影响，危险是会减少一些的。但是，在美国社会的进展过程中，有些事情是突如其来的，而且我可以说是具有革命性的。一个公民在他的一生中，就能看到本州以前在联邦中领先，后来又在联邦的议会里失势。英裔美国人建立的州，有几个成长得极其迅速，就像一个人从出生，经青年和成年一样，只用了 30 来年。

但是，不要以为失去势力的州就要人口减少或一蹶不振。它们仍会继续繁荣下去，而且发展的速度甚至会高于欧洲的任何一个王国(77)。但是，它们自己却会觉得自己穷了，因为它们的财富增

(76) 见选举委员会向全州代表大会提出的宣布关税法在南卡罗来纳无效的报告。〔参看《南卡罗来纳州的一般法令集》〕

(77) 一个国家的人口，是保证国家富强的首要因素。从 1820 年到 1832 年，弗吉尼亚州选进国会的众议员虽然减少了两名，但它的人口仍然增加了 13.7%；在这个期间，南卡罗来纳州和北卡罗来纳州的人口共增加 15%，佐治亚州的人口增加 51.5%（见《1832 年美国大事记》第 162 页）。俄国是个欧洲国家，它的人口增长速度很快，但在这 10 年期间，人口才增加 9.5%；法国的人口增加 7%，整个欧洲的人口增加 4.7%。（见前引马梯尔-布伦著作第 6 卷第 95 页）〔1826 年版〕

加速度没有邻州那样快；它们也会感到自己失势了，因为它们突然碰到一个比自己强大的力量[78]。这样，它们在感情和欲望上所受的挫伤，要比在利益上受到的损失更大。但是，这对联邦的继续存在是不是有很大危险呢？假如从开天辟地以来，各国的人民和国王只注重真正的利益，人类几乎是可以避免战争的。

可见，威胁美国的最大危险来自它的繁荣本身，因为繁荣会使联邦的某些州因自己的财富迅速增长而陶醉，并引起另些州对它们心怀忌妒和猜疑以及因自己的财富不断受到损失而觉得难堪。

美国人以静观的态度看待这种奇异的运动，并且感到欣慰；但我觉得，他们应当以遗憾和恐惧的心情来看待它。不管将来发生什么事情，美国人终将成为世界上最伟大民族之一，使其后代分布于几乎整个北美。他们现在所居住的大陆已是他们的领土，而且将来也不会从他们的手中丢掉。那么，今后是什么东西在促使他们继续占有这块土地呢？财富、权势和荣誉，在他们看来是一天也不能缺少的；他们争先恐后地扑向这大堆宝物，好像去晚了一分钟就抢不到了似的。

我以为我已证明，目前联邦的存在完全依存于各州都同意继续留在联邦里。而且，我根据这个论点，又探讨了哪些因素可能使某些州要求脱离联邦。但是，破坏联邦的方式只有两种。第一，某一加盟州可能要求退出联盟公约，并由此粗暴地割断共同的纽带；

[78] 但应当承认，烟草价格 50 年来的不断下跌，大大降低了南方种植园主的舒适生活水平。但是，这种现象既不取决于北方人的意志，又不取决于南方人的意志。

我在这以前所指出的，大部分属于这种情况。第二，联邦政府可能因加盟的各州同时要求恢复原来的独立地位，而失去其权威。逐渐失去一切特权的政府，终将默认自己无能，无力去实现自己的目的。于是，这第二次联盟也将像第一次联盟那样，由于衰败无力而灭亡。

联邦纽带的逐渐削弱，最后可能导致联邦解体，并在联邦解体之前，还可能造成许多其他的次要结果。即使联邦政府的软弱无力已使国家瘫痪，造成无政府状态，阻碍全国的普遍繁荣，联邦也依然可以存在。

研究可能引起英裔美国人分裂的各种原因以后，就要探讨一下联邦如果继续存在下去，它的政府是会扩大还是会缩小其活动领域，是会更加强大有力还是会更加软弱无力。

美国人显然十分担心他们的未来。他们看到，世界上大部分国家的最高主权的行使，都容易被少数几个人所垄断。因此，他们一想到本国最终也会如此，便感到惶恐。甚至一些国务活动家也有这种恐怖感，或者至少装作有此恐怖感。他们所以要装作如此，是因为在美国，中央集权不得民心时，出面攻击中央政府而抓权，是向多数讨好的最妙手法。美国人没有发觉，凡是出现他们所害怕的中央集权趋势的国家，都是住着单一的民族，而美国则是由数个不同民族组成的联邦。这一事实，足以推翻从类比做出的一切预测。

我坦白承认，我把许许多多美国人的这种恐惧看成纯粹的假想。我不像美国人那样害怕联邦的主权加强，而是认为联邦政府的权力分明在减弱。

为了证明我的这个论断，我不必求助于古代的事例，而只用我目睹的事例或当代发生的事例就可以了。

仔细考察美国的现况，不难发现这个国家有两个彼此相反的趋势，它们就像一个河床里有两股水流，一股往东流，一股往西流。

联邦现已存在45年，时间使最初反对联邦的许多地方偏见趋于消失。美国人依恋本州的乡土观念，已经减少了它的排外性。联邦的不同地区，也随着彼此日益熟悉，而更加亲密了。邮政是人们用来彼此联系的伟大工具，它现已深入到荒漠的腹地[79]。轮船每天往来于各口岸之间，各种货物以空前未有的速度被运往内河的上游和下游[80]。除了自然和人工提供的这些便利条件，还有孜孜不息的追求、急于实现的愿望和喜欢发财的心理，也在不断驱使美国人离开家乡，而投入与他们的同胞广泛交往的洪流。他们走遍了全国各地，接触到国内居住的各类居民。法国没有一个省份的居民，能像美国1 300万居民那样彼此熟悉。

美国人一方面在混合，一方面在同化。因气候、原籍和制度的不同而造成的差异，正在他们之间减少。他们越来越接近于同一类型。每年都有成千上万的北方人，迁往联邦的其他各地落户。这些北方人带来了他们的信仰、观点和民情，并由于他们的文化高于新落户地区的居民，而很快就主管起当地的事务，把社会改造得

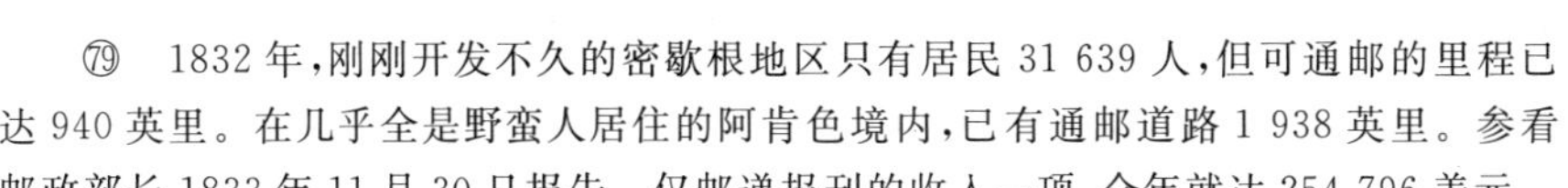

[79] 1832年，刚刚开发不久的密歇根地区只有居民31 639人，但可通邮的里程已达940英里。在几乎全是野蛮人居住的阿肯色境内，已有通邮道路1 938英里。参看邮政部长1833年11月30日报告。仅邮递报刊的收入一项，全年就达254 796美元。

[80] 从1821年到1831年这10年间，仅密西西比河各支流就相继投入了271艘轮船。1829年，全美国共有轮船256艘，见第140号立法文件第274页。

适合于自己的利益。从北向南的这种不断移民，对于把不同的地方特点融合为全国统一的特点，起了重大的促进作用。因此，北方的文明，看来注定要成为其他各地总有一天向它看齐的共同标准。

随着美国工业的发展，联结联邦各州的商业纽带也日益加强，而联邦也由最初的见解一致的联合变成现实需要的联合。时间在前进，并终于将 1789 年萦回在人们头脑中的假想的恐惧一扫而光。联邦政府没有变成压迫者，它也没有损害各州的独立，没有使联合的各州去服从君主制度。小州参加联邦后，也没有使自己依附于大州。联邦在人口、财富和势力方面均不断增加。

所以我认为，阻碍美国人结成联邦的自然条件困难，已没有 1789 年时那样强大，而且联邦的敌人也没有那时多了。

然而，仔细研究一下美国 45 年来的历史，也不难使我们确信，联邦的权力却有所下降。

产生这种现象的原因，也不难找到。

当公布 1789 年宪法时，全国正处于无政府状态。紧跟着这种混乱状态而成立的联邦，激起了很大的恐惧和憎恨，但也得到了热心的支持，因为联邦表达了一种巨大的需要。尽管联邦政权那时受到的打击大于今天，但它很快就像一个政府因奋力斗争而获胜时通常所做的那样，使自己的权力达到了高峰。在这个时期，对宪法的解释似乎更多是扩大联邦的主权，而不是约束联邦的主权，所以联邦在许多方面都呈现出是一个对内对外均由一个政府领导的单一国家的样子。

但是，为了达到这一点，也把人民抬高到几乎凌驾于联邦之上的地位。

宪法并没有消除各州的个性，而且所有的州，不管其性质如何，都有一种趋向独立的内在本能。在美国这样的每个乡镇都像是一个习惯于自己管理自己的共和国的国家，这种本能更容易表露出来。

因此，必须做出一番努力使各州服从联邦的绝对权威。即使这种努力能够取得很大成就，也不能不随着产生这种努力的原因的消逝而减弱。

随着联邦政府巩固了自己的权力，美国便恢复了它的国际地位，使边界重新出现和平局面，再次获得公众的信任。于是，稳定的秩序取代了混乱，使个人的勤奋走上正常轨道和自由发展。

然而，使人们开始忘却这个繁荣之来因的，也是这个繁荣本身。危险一经过去，美国人便把当初协助他们克服危险的那种毅力和爱国精神丢得一干二净。解除曾经使他们困惑的恐惧之后，他们便驾轻就熟地回到原来习惯的老路，任凭自己的爱好而为所欲为。一个强大的政府一旦被人认为不再需要时，人们就会开始感到它碍事了。当大家跟着联邦一起繁荣起来时，谁也不愿意放弃联邦，但却希望代表联邦的当局尽量少管事情。一般说来，各州都愿意继续联合，但在有关本州的每项事务上，又都希望恢复原来的独立。联邦的原则任何时候都容易被人接受，但却很少被人应用。因此，联邦政府一方面在建立秩序与和平，一方面又在导致自己衰落。

人们开始暴露这种情绪之后，专靠人民激情吃饭的政党领袖们，便会兴风作浪而为自己谋利。

这样一来，联邦政府的地位就要岌岌可危了；而它的敌手们却得到了人民的好感，并且正在盼望它垮台，以便取得主持政府的权限。

一进入这样的时期，联邦政府总是要与各州政府发生争执，而且几乎总得节节退让。当问题涉及联邦宪法的解释时，解释的结果经常是不利于联邦，而有利于州。

宪法授权联邦政府关心全国性利益。当时政府认为，这是让联邦在国内去做或促进那些旨在增进全联邦繁荣的重大事业或工程，比如开凿运河。

当各州看到另一个权力当局由此而支配它们的一部分领土时，不免产生惶恐思想。它们害怕中央政府通过这种办法喧宾夺主，在自己境内发号施令，把它们专为本州人员保留的权力抢走。

因此，一直反对扩大联邦政府权力的民主党站出来说话了。它指责国会滥用职权，说国家元首怀有野心。被这种叫嚣吓倒的中央政府，终于承认自己的错误，并答应将来把自己的势力限制在所定的范围之内。

宪法授予联邦政府以同外国交涉的特权。联邦政府一般也以这种立场对待与其毗邻的印第安部落。只要这些野蛮部落同意向文明让步，把地盘让给移民，联邦政权从不表示异议；但当一个印第安部落试图定居于某个地点时，紧靠着这个地点的州便要声言自己对这块土地拥有所有权，并对居住其上的人行使主权。中央政府也很快会承认该州的这种做法，并在把印第安部落当作一个独立共和国同它签订条约之后，而听任该州的立法机构对印第安人实施暴政[81]。

在大西洋沿岸建立的某些州，便向西部无限扩张，渗进欧洲人尚未深入的荒野。那些边界已经定好而不能再改的州，对其邻州的这种无可限量的未来表示忌妒。于是，这些得到好处的邻州，出于和解的目的，并便于联邦行事，而同意划定自己的州界，把本州以外的土地全部交给联邦[82]。

从此以后，联邦政府便成了最初组成联邦的13个州境外的全部未开发土地的主人。这就是说，联邦政府有权分配和出售这些土地，并将售地收入全部纳入国库。联邦政府又利用这笔收入购买印第安人的土地，修建通向新荒地的道路，从而便利了它行使加速发展社会的权力。

在各州让出的荒地上住进由大西洋沿岸迁来的居民以后，便随着时间的进展而相继成立了几个新州。国会为了全国的利益，仍继续出售已被划入新州界内的荒地。但在这时，一个新州成立之后，都要求独享出售土地的收入，以供自己使用。由于它们的这些要求日益具有威胁性，国会便觉得莫如让联邦放弃它迄今享有的这项特权。于是，在1832年末通过一项法案[83]，规定西部新成立的各州境内的未开垦荒地虽然仍不属各该州所有，但准许各该

---

[81] 参看我在讲述印第安人的那一节引用的国会立法文件，美国总统致柴罗基部的信，以及他关于这个问题与其代表的通信和他致国会的咨文。

[82] 将荒地让给联邦的第一个法案，是纽约州于1780年制定的。随后，弗吉尼亚州、马萨诸塞州、康涅狄格州、南卡罗来纳州、北卡罗来纳州，也先后援例制定了同样的法案。佐治亚州定得最晚，它在1802年才同意让出荒地。

[83] 不错，总统没有批准这项法案，但他完全同意法案的原则。参看1833年12月8日致国会咨文。〔杰克逊总统咨文的日期应为1833年12月4日〕

州扣留大部分售地收入供自己使用。

只要对美国稍做考察，就可以看到银行制度给该国带来的好处。这种好处很多，但有一项最引人注目。即合众国银行的纸币可以流通全国，其在边远地区的价值与银行所在地的费城完全相同[84]。

但是，合众国银行却是主要的憎恨目标。它的董事们表示反对总统，但他们也被不无根据地指控滥用自己的影响阻挠过总统的当选。因此，总统以其个人的敌意全力攻击这些人所代表的银行。以前支持总统的人，也在附和总统的报复行动，这使总统觉得他受到多数的由衷的支持。

犹如国会是最大的立法纽带，该银行是最大的金融纽带。而打算建立拥有中央政权机能的独立州的激情，也想使银行垮台。

合众国银行经常持有各地方银行发行的大量流通券，可以随时拿它们去逼使地方银行兑换硬币。但对合众国银行来说，却不害怕这样的威胁。它的巨额流动资金，使它可以应付一切提款要求。生存受到这种威胁的地方银行，不能运用自如地使用自己的存款余额，而只能按其资本的一定比例发行流通券。地方银行只有不耐烦地忍受这种有益于货币流通的控制。因此，被地方银行所收买的报刊，以及由于自身利益而变成它们工具的总统，便猛烈地攻击合众国银行。这些报刊在全国各地煽动地方激情和盲目的

[84] 现在的合众国银行成立于1816年，资本为3 500万美元(18 550万法郎)，它的这个特权至1836年期满。去年，国会通过一项延长这个期限的法案，但总统没有批准。现在斗争又起，而且双方都表示得十分激烈，预料该银行最近可能关闭。

民主本能去反对合众国银行。在它们看来，该行的董事们简直是一个贵族集团，无孔不入地对政府施加影响，迟早要破坏美国社会所依据的平等原则。

这家银行与其对手的斗争，不过是美国各州与中央政府之间、民主独立精神与等级服从精神之间展开的大规模斗争中的一个偶然事件。我绝不认为合众国银行的敌人，同那些在另一些问题上攻击中央政府的人完全一样；但我要说前者对合众国银行的攻击，与后者对联邦政府的抵制，都出于同样的本性，而且合众国银行的反对者众多，正是联邦政府的力量衰落的一个可悲征兆。

但是，联邦从未像在有名的关税问题上表现得那样软弱无力(85)。

法国革命的战争和1812年的美英战争，切断了美国与欧洲的自由往来，促使联邦北方建立起制造业。当和平恢复，欧洲产品运往新大陆的航路再开时，美国人觉得应当建立关税制度，以便既能保护本国刚刚发展起来的制造业，又能以关税收入偿还在战争时期举借的债款。

南方各州没有可以受益的制造业，只有农业，所以很快对这项措施表示抱怨。

我绝不想在这里考察它们的抱怨是出于想象还是有根有据，而只想说明事实。

(85)　欲了解这个问题的细节，主要可以参看第二十二届国会第二次会议第30号立法文件。

早在1820年，南卡罗来纳州就在致国会的一份请愿书中声称，关税法案是违宪的、暴虐的和不公正的。接着，佐治亚州、弗吉尼亚州、北卡罗来纳州、亚拉巴马州和密西西比州，也相继对关税法案提出程度不同的猛烈抗议。

国会对这些怨言置之不理，在1824年和1828年又提高了税率，并再次肯定征收关税的原则。

于是，在南方提出了或者毋宁说是恢复了一个名为“拒绝执行联邦法令”的著名主张。

我在叙述联邦宪法的时候已经指出，联邦宪法的目的不是建立一个联盟，而是组建一个全国政府。根据美国宪法，美国人只是在一定的条件下算是一个单一的民族。也只是在这些条件下，才像在一切立宪国家里那样，通过多数来表达全国的意志。一旦多数的意见获得通过，少数就只有服从的义务。

这是合法的学说，只有这个学说才符合宪法的条文和宪法制定者们的公认意图。

南方的“拒绝执行联邦法令派”与此相反，他们声称美国人联合起来的用意不在于建立单一民族的国家，而只在于结成几个独立州的联盟，所以每个州即使不是在行动上，但至少在原则上均保持完整的主权，并有权解释国会颁布的法令，有权在本州内停止执行在它看来是违宪和不公正的国会法令。

“拒绝执行联邦法令派”的整个主张，可用这一派的公认领袖卡尔霍恩1833年向参议院发表的演说中的一段话来概括。

他说：“宪法是一项契约，各州在其中均以主权者的身份出现。

而一旦缔约的各方对契约的解释发生分歧时，每一方均有权自行判断其履约的范围。”

显然，这项主张从原则上破坏了联邦的纽带，使美国人依据1789年宪法而摆脱的无政府状态又将再现。

南卡罗来纳州看到国会对它的抗议不予理睬以后，便以“拒绝执行联邦法令派”的主张来对付联邦的关税法相威胁。国会坚持自己规定的制度，因而一场风暴终于袭来。

1832年间，南卡罗来纳州的人民[86]成立了一个国民代表会议，商讨他们最后不得不采用的非常措施；同年11月24日，这个国民代表会议以法令形式颁布一项法律，其中规定联邦的关税法无效，反对征收该法规定的税款，拒绝接受可能向联邦法院提出的诉讼[87]。这项法令定于次年2月正式生效，并且附带声称：如国会在此期限内修改关税制度，则南卡罗来纳可以同意不再追究。不久以后，南卡罗来纳州又以含糊其词的口气表示希望，说它愿意将问题提交由联邦的所有州组成的特别委员会处理。

[86] 指人民的多数，因为一个名为“联盟党”的反对派，一直是非常强大和积极的少数，他们主张执行关税法。当时，南卡罗来纳州约有47 000名选民，其中主张拒绝执行联邦法令者有3万人，同意执行联邦法令者有17 000人。

[87] 后于这项法令发表的该法令起草委员会的报告，详述了法令的内容和目的报告的第34页写道：“当宪法为各州保留的权利遭到肆意破坏时，权利受到破坏的州就应当行使自己的权利和履行自己的义务，以阻止坏事的发展，反对侵权行为，在各自的范围内维护作为独立的主权者应有的权限和特权。如果各州没有这些权利，则所谓主权岂非空谈。南卡罗来纳州宣布，它不承认地球上有任何可以凌驾于其上的法院。不错，它曾同与它一样享有主权的其他州一起签署过神圣的联邦契约，但它要求并行使根据自己的观点解释契约的权利；并当缔约者或它们建立的政府践踏契约时，还欲享有判断违约情节和采取措施使契约公正的不可置疑的权利。”

在等待国会答复期间，南卡罗来纳武装了它的民兵，准备作战。

国会怎么办了呢？对苦苦哀求的老百姓一直置之不理的国会，看到老百姓拿起了武器[88]，便采纳了他们的意见。国会通过一项法令[89]，其中规定税率在十年内递减，一直减到关税收入不超过政府开支所需的程度。可见，国会完全放弃了最初的关税原则，以一种纯财政措施取代了保护关税制度[90]。联邦政府为了掩饰失败，采用了一项为软弱的政府所常用的应付对策：即在事实上表示让步，而在原则上坚持己见。国会在修改关税立法的同时，又通过了一项授予总统以特别权力的法案，使总统可以使用武力去制服当时已无须再害怕的反抗。

然而，南卡罗来纳州并未让联邦享用这个微不足道的表面胜利。主张废除关税法的那个国民代表会议又召开会议，会上接受了联邦对它表示的让步；但它同时又宣布，它并不因此而不再坚持"拒绝执行联邦法令派"的主张。而且，为了证明它说话算数，它声明授予总统以特别权力和那项法案对南卡罗来纳州无效，虽然它明明知道这项权力永远也不会付诸实施。

我们说的这些争端，几乎全都发生在杰克逊将军的总统任期之内。不容否认，在关税问题上，他曾巧妙地和大力地维护了联邦的权力。但我认为，他也为联邦政府留下一个隐患，使得今天的联

---

[88] 最初使用这种办法逼迫国会采取行动的，是力量强大的弗吉尼亚州。这次，弗吉尼亚州的立法机构充当了联邦和南卡罗来纳州之间的仲裁者。因此，那些也声称要采取这种办法的州，也表示完全放弃这种办法。

[89] 1833 年 3 月 2 日法令。

[90] 这项法案由克莱先生提出，四天之内就被国会的两院以压倒的多数通过。

邦政府也不得不按照他采取的那种办法处理类似问题。

一些没有走出欧洲到美国考察的人，对于杰克逊将军的政绩，持有一种在现地考察问题的人看来有些荒谬的看法。

据他们说，杰克逊将军打过胜仗，精力充沛，生性和习惯爱用武力，贪图权势，天生是个暴君。这一切说法也许是实情，但从这些实情所做的一切推论却非常错误。*

有人推测，杰克逊将军欲在美国建立独裁统治，推崇尚武精神，将中央政权的权力扩大到足以危害地方自由的地步。然而在美国，做这样事情的时代和出现此种人物的时期，还没有到来。假如杰克逊将军欲以这种方式实行统治，他肯定会丢失他的政治地位和害及他的生命。他一向不是这样的冒失鬼，不会试图去干这类蠢事。

现任的总统杰克逊绝不想扩大联邦政府的权力；他所代表的党反而希望把联邦政府的权力限制在宪法所明确规定的范围之内，从未对宪法做过有利于联邦政府的解释。杰克逊将军绝不是中央集权制度的战士，而是唯恐失去权力的地方政府的代表。是地方分权的激情（如果我可以这样说的话），把他推上了代表国家主权的地位。他之所以保住了自己的地位和声望，全靠不断地向这种激情讨好。杰克逊将军是多数的奴仆；当多数的意志、愿望和本性刚刚表现出来一半，他便紧紧跟上，或者毋宁说他自己就有这种激情和带头鼓动这种激情。

---

* 关于杰克逊将军，可参阅小施莱辛格的名著：《杰克逊时代》（伦敦，1946 年）；布罗根：《杰克逊将军：恢复名誉》（伦敦，1948 年），载《美国论丛》（伦敦，1948 年）。——法文版编者

每逢州政府与联邦政府发生纠纷，很少见到总统不站在州政府一方来反对自己的权力，并且几乎总是走在立法机构的前面。当出现解释联邦职权范围的问题时，可以说他总是站在反对自己的那一边。他不突出自己，不扩大自己，不表现自己。这一切并不表明他天生懦弱或敌视联邦。当多数出来反对南方的“拒绝执行联邦法令派”的无理主张时，他立即站到多数的队首，明确而坚决地表达多数所持的主张，并首先提议诉诸武力。如果允许我用美国人的说法，我认为杰克逊将军在爱好上是一个**联邦主义者**，在务实上是一个**共和主义者**。

杰克逊将军在如此屈服于多数而使自己获得人们的好感之后，便提高了他的地位。于是，他排除一切障碍，奋力向多数所追求的或多数尚且表示怀疑的目标前进。他得到了他的前任们从来没有过的强大支持，并到处利用任何一位总统没有遇到的便利条件把自己的私敌打翻在地。他对自己所采取的一些以前没有人敢实行的措施负责，他甚至用一种近乎侮辱的轻蔑态度对待全国的议员；他拒绝批准国会的法案，而且往往不去回答这个强大立法机构的质问。他就是这样一个对待主人有时很粗暴的仆人。因此，杰克逊将军的权威在不断加强，而总统的权威却日益削弱。在他执政期间，联邦政府是强大的；但当他的继任者掌权时，联邦政府就将软弱无力。

只要我说的没有大错，美国的联邦政府就将不断地削弱下去。它将逐渐地放弃一些公务，把自己的活动限制在一个越来越小的范围之内。天生脆弱的联邦政府，甚至会失去貌似强大的外表。另一方面，我还觉得，在美国，人们的独立感在各州表现得日益明显，对地方政府的爱也显得日益强烈。

人们想要联邦，但只把它作为一个影子。人们在某些情况下希望联邦强大，而在另些情况下又希望它软弱。人们主张在战争时期联邦可把全国的人力和物力集中于自己手里，而在和平时期甚至可以不要联邦。这种一会儿软弱一会儿强大的交替现象，是出于联邦的本性。

我不认为有什么东西现在可以阻止人们思想的这一普遍运动。造成这一运动的原因，也在不停地照样发生作用。因此，运动将继续进行下去，并且可以预言，除非发生某种意外情况，联邦政府必将日益衰弱下去。

但我认为，联邦当局无力维护自己的生存、不能保持国内和平，从而自消自灭的日子，还为时尚远。联邦已为民情所接受，人们希望联邦存在。联邦的成就是显然的，联邦的好处是人所共见的。当人们发觉联邦政府的弱点足以危害联邦的存在时，我毫不怀疑会出现一种相反的运动，以增强联邦的力量。

在世界上迄今建立的一切联邦政府中，合众国政府是最符合于联邦的性质而活动的联邦政府。只要不受到法律解释的直接打击，只要不严重损害联邦的本质，舆论的变化、内部的危机或战争，均可以立刻恢复联邦应当具有的活力。

我想指出的只有一点，那就是在我们法国，有许多人认为美国的舆论趋向中央集权，主张将一切权力都交给总统和国会。但我认为，美国正显然出现一种与此相反的舆论。我不是说联邦政府因为日益老化而失去权力和威胁各州的主权，而是说它正在不断趋向软弱无力，并且认为只有联邦的主权遭到了破坏。这就是目前的实况。这个趋势的最终结果将会如何？有什么偶然事件可能阻止、推迟或加速我所指出的运动？这种偶然事件隐藏于未来，我不自以为能够揭开它们的帷幕。*

论美国的共和制度及其持久存在的机缘是什么

联邦只是一个偶然的存在——共和制度最有前途——就目前来说，共和适应于英裔美国人的自然状态——为什么——要破坏共和，就得同时改变一切法律，改造整个民情——美国人建立贵族制度将要遭到的困难

如果现在的加盟州之间发生战争，以及随着战争而拥有常备军，实行独裁和加重税负，因而导致联邦解体，则终有可能危害共和制度的命运。

但不能把共和的前途与联邦的前途混为一谈。

联邦只是一个偶然的存在，只要环境有利于它，它就能存在下去；而共和在我看来适应于美国人的自然状态。除非相反的因素继续不断地向同一方向发生作用，没有任何东西能够使贵族制度取代共和制度。

---

* 欲对美国的联邦问题进行心理学的分析，可阅读麦克杜格尔：《牢不可破的联邦：美国公民政治科学入门》（波士顿，1925 年）中引用托克维尔的部分，即第 96 页及以后几页。——法文版编者

联邦主要依靠组建联邦的法律而存在。只要爆发一场革命，或舆论一有改变，就可使联邦不复存在。而共和却有根深蒂固的基础。

在美国，人们把共和理解为社会对自身进行的缓慢而和平的活动。它是一种真正建立在人民的明智意愿之上的合理状态。在这种管理体制下，一项决定都要经过长期酝酿，审慎讨论，待至成熟，方付诸实施。

美国的共和主义者重视民情，尊重宗教信仰，承认各种权利。他们认为，一个民族越是享有自由，就应该越是讲究道德，越是信仰宗教，越是温文尔雅。在美国，所谓共和，系指多数的和平统治而言。多数，经过彼此认识和使人们承认自己的存在以后，就成为一切权利的共同来源。但是，多数本身并不是无限权威。在道德界，有人道、正义和理性居于其上；在政界，有各种既得权利高于其上。多数承认它在这两方面所受的限制。如果它破坏了这两项限制，那也像每个人一样是出于激情，并且像每个人激动时那样可能把好事办坏。

但是，我们在欧洲却发现一些新奇的说法。

据我们欧洲的一些人说，共和并非像大家至今所想的那样是多数的统治，而是依靠多数得势的几个人的统治；在这种统治中起领导作用的不是人民，而是那些知道人民具有最大作用的人；这些人经过自己的独特判断，可以不与人民商量而以人民的名义行事，把人民踩在脚下反而要求人民对他们感恩戴德；而且，共和政府是唯一要求人民承认它有权任意行事，敢于蔑视人们迄今所尊重的一切，即从最高的道德规范到初浅的公认准则都一概敢于蔑视的政府。

他们至今一直认为，专制不论以什么形式出现，都是令人讨厌的。但在今天，他们又有新的发现：在这个世界上，只要以人民的名义来实行暴政和主事不公，暴政也能成为合法的，不公也能变为神圣的。

美国人对于共和的看法，是认为他们最便于采用共和，而且可以保证共和持久存在下去。在他们看来，即使共和政府的政绩常常不好，但至少在理论上还是好的。因此，人民最后总是按照共和的原则行事。

美国一开始就不可能建立集权的行政，而且将来也极难建立。居民们散住于一片辽阔的国土上，又为许多天然障碍所分隔，从而只能由他们各自去管理自己的生活细节。因此，美国是一个地地道道由州政府和乡镇政府管理的国家。

除了置身在新大陆的所有欧洲人都感知到的这个原因之外，英裔美国人还添加了另外几个他们所特有的原因。

在北美的各殖民地建立之初，英国人就把他们的法制和民情中的乡镇自由精神带来；英国的移民们不仅把乡镇自由当作必要的东西，而且当作他们认为最有价值的东西继承下来。

我们已经讲过各殖民地是如何建立起来的。当时，每个地方，甚至每个教区，都分别由一些彼此陌生或因不同目的而相聚在一起的人所割据。因此，美国的英裔移民一开始就形成许许多多不属于任何共同中心管辖的小社区，而且每个小社区都自行管理自己的事务，因为它们不属于任何一个理应管理它们和可以容易治理它们的中央当局。

因此，国土的自然条件，英国各殖民地的建立方式，初期移民们的生活习惯——这一切结合起来，就使乡镇自由和地方自由得到惊人的发展。

由于这个缘故，美国的全部国家制度，实质上都是共和的；而要想在美国彻底破坏构成共和的基础的法律，就得同时废除一切法律。

如果今天有一个政党试图在美国建立君主政体，那它的处境要比现在就想在法国建立共和国的政党还要困难。法国的王权并没有在建立之前为自己拟定一套立法制度，所以目前只能是一个被共和制度包围的君主政体。

君主政体的原则在向美国的民情渗入时，也会遇到同样的困难。

在美国，人民主权学说，并不是一项与人民的习惯和一切占有统治地位的观念没有联系的孤立学说；相反，可以把它看成是维系通行于整个英裔美国人世界的观念的链条的最后一环。每一个个人，不管他是什么人，上帝都赋予他以能够自行处理与己最有密切关系的事务所必要的一定理性，这是美国的市民社会和政治社会据以建立的伟大箴言；家长将它用于子女，主人将它用于奴仆，乡镇将它用于官员，县将它用于乡镇，州将它用于县，联邦又将它用于各州。这个箴言扩大用于全国，便成为人民主权学说。

所以在美国，共和的根本原则，是与制约人类的大部分行为的原则一致的。因此，让我来说的话，我认为共和在建立其法制的同时，就深入到了美国人的思想、观点和一切习惯；而要想改变它的法制，就得改变所有这一切。在美国，甚至大多数人信仰的宗教也是共和的，因为宗教使来世的真理服从于个人的理性，犹如政治让个人对私人利益的关心服从于人之常情；而且宗教同意每个人可以自由选择引导自己走向天堂之路，犹如法律承认每个公民都有权选择自己的政府。

显而易见，只有发生一连串向同一方向发生作用的事件，才能使这一套法制、观点和民情为另一套法制、观点和民情所取代。

如果共和的原则有一天竟会在美国消灭，那也只有经过长期的时胜时败的反反复复的社会斗争之后才有可能；而在一个全新的民族取代现代的民族之前，有些共和原则将会复兴，而不会完全消灭。然而，并没有什么东西在预示这样的革命，也没有任何征兆在表明这样的革命即将来临。

使一个初到美国的人最感到吃惊的，是政治社会的令人眼花缭乱的运动。他们的法律在不断改变，乍看上去，你会以为一个信念如此不稳定的民族很快就要用一个全新的政府来取代它的现存政府。但是，你的这种担心有点杞人忧天。其实，政治制度有两种不稳定情况，不能把两者混淆。其一，是经常改变次要的法律，但不影响好端端的社会的继续存在；其二，是动摇制度的基础本身，攻击法制的基本原则。这样的不稳定常使动乱和革命跟踪而来，而身受其害的国家则处于变动激烈和莫测的状态。经验告诉我们，立法方面的这两种不稳定情况，彼此并无必然的联系，因为随着时间和地点的不同，它们有时结合在一起，有时又彼此分离。在美国见到的不稳定情况是第一种，而不是第二种。美国人虽然经常改变他们的法律，但宪法的基础却一直受到尊重。

今天，共和主义之统治美国，犹如路易十四时期君主主义之统治法国。当时，法国人不仅喜爱君主政体，而且觉得没有什么东西能够取代它。他们之接受君主政体，犹如人们接受阳光的照射和四季的更迭。那时的法国人，既没有王权的积极拥护者，又没有王权的强烈反对者。

共和正是基于默认或一种 consensus universalis（一致同意）而建立，并且无需争辩、反驳和证明而存在于美国的。

但我认为，美国的居民如果总是像他们在行政制度方面所做的那样改来改去，必将危害共和政府的未来。

立法方面的朝令夕改，使人们的计划常常受挫，所以我们有理由担心，人们终有一天会把共和看成是一种不方便的社会生活方式。到那时候，次要法律的不稳定所造成的不良后果，也会使人们对基本法律的存在表示怀疑，并会间接地引起一场革命。不过，这个时代的到来还十分遥远。

我们现在可以预见的，只是美国人一放弃共和，经过不长时间的君主政体，很快就会进入专制的桎梏。孟德斯鸠说过，再没有比继共和而建立的君权更专制的权力了，因为原先毫不担心地交给一个民选首脑的无限权力，这时便落到了一个世袭君主的手里。这个说法是普遍正确的，但又特别适用于一个民主共和国。美国的立法行政官员，不是由公民中的一个特殊阶级，而是由全国的多数选举的。他们直接代表人民大众的激情，并完全依靠人民大众的意志，所以他们既不会被人怀恨，又不会使人害怕。但正如我已经说过的，人民在规定他们的职权时很少关心划定他们的权力界限，而将很大一部分权力交给他们自行专断。这种事态形成了一些比它本身还有生命力的习惯。美国的立法行政官员，在国会休会期间或去职后，也对社会发生很大影响，以致很难说暴政将止于何时何地。

我们欧洲人当中有些人希望美国出现贵族政体，甚至已经明确预言贵族政体定将得势的时期。

我已经说过，现在再重复一遍，美国社会的目前动向，我看是越来越趋向民主。

但是，我绝不断言美国人将来不会在某一天不限制政治权利的范围，或不没收这些权利而让某一个人独享；不过，我也无法相信他们将来会有一天让公民中的一个特殊阶级独占这些权利，或者换句话说，他们将来会有一天建立贵族政体。

贵族集团由一定数目的公民组成，他们虽与人民大众离得不太远，但却永远凌驾于人民大众之上。你能与这个集团接近，但你打不倒它；你可以天天与它来往，但你休想与它混合。

不可能想象再有什么服从比这种服从再违反人的天性和人心的隐秘本能了。依靠自己生存的人，宁愿经常受一个国王的专断统治，也不愿受贵族的正规行政管理。

贵族制度为了长期存在下去，就要以不平等为原则，事先使不平等合法化，并在社会实行不平等的同时将它带进自己的家庭。凡与合情合理的公平截然相反的东西，只有依靠压制的办法强加于人。

我相信，从有人类社会以来，找不到一个依靠自己的努力而生存的民族曾在自己的内部建立过贵族制度的例子，而中世纪的贵族制度则是征服的产物。征服者成了贵族，被征服者沦为农奴。于是，武力把不平等强加于人，而不平等一旦为民情所接受，它就可以自己维护自己，并自然而然地被法律所承认。

有一些社会，由于先于它们而存在的某些事件，使它们成了可以说是天生的贵族社会。但是，久而久之，时代就把它们引向民主。罗马人和继他们之后而强大起来的蛮族的命运就是如此。但是，一个已经文明和实行民主的民族，如能通过加强身份的不平等而日益团结，通过在自己的内部建立不可侵犯的特权和唯我独尊的等级而获得成功，这倒是世界上的怪事。

没有任何形迹表明，美国注定要在这方面提供第一个范例。

略述美国商业兴盛的原因

美国人由于他们的本性注定要成为一个伟大的海洋民族——他们的海岸线长——他们的港口水深——他们的河流长——但是，英裔美国人的商业优势应归功于这些自然原因之处，大大少于应归功于他们的智力和道德原因之处——英裔美国人作为一个商业民族的未来——联邦的解体也阻止不了原来组成联邦的人民的海上跃进——为什么——英裔美国人生来就是要供应南美居民的需求的——他们将像英国人一样成为世界大部分地区的商业代理人

美国的海岸线，从芬迪湾起，到墨西哥湾的萨宾河，全长近900里约。

美国的海岸是一条延续而无中断的线，并且统由同一政府管理。

世界上没有一个国家能像美国那样为商业提供更深、更阔和更安全的港口。

美国的居民构成一个伟大的文明民族，命运把他们安排在一

片荒地之上，而离文明的主要中心又有 1 200 里约之遥。因此，美国天天需要仰仗欧洲。不久以后，美国人一定会自己生产或制造他们所需要的大部分物品。但是，两洲永远不能完全分开而各自独立地生活下去，因为它们在需求、观念、习惯和民情上的天然联系太密切了。

联邦的一些产品，现已成为我们之所需，因为我们的土地完全不出产这些东西，或者只能用很高的成本去生产它们。美国人只能消费这些产品中的一小部分，而将其余的卖给我们。

因此，欧洲是美国的市场，犹如美国是欧洲的市场；而为了把美国生产的原材料运到欧洲港口，再把欧洲的制成品运回美国，美国的居民也同样需要海上贸易。

因此，美国不是像墨西哥的西班牙人迄今所做的那样放弃贸易而专向海洋国家的工业供应大量原材料，就是要使自己成为地球上的第一流海洋强国。这是一个不可避免的两者必择其一的抉择。

英裔美国人对于海洋始终表现出一种明显的爱好。独立在打断了把他们与英国联系起来的商业纽带的同时，却使他们的航海天才得到了新的和有力的飞跃。独立以后，联邦的船数递增，其增加速度几乎与居民人数的增加速度同样快。现在，美国人消费的欧洲产品，十分之九都是用自己的船运输的[91]。他们还用自己的船把新大陆的四分之三出口货运给欧洲的消费者[92]。

---

[91] 至 1832 年 9 月 30 日，这年的进口总额已达 101 129 266 美元，而使用外国船运输的进口货只为 10 731 039 美元，还不到进口总额的十分之一。

[92] 同期的出口总额为 87 176 943 美元，而用外国船运出的出口货则为21 036 183 美元，占出口总额的四分之一强。（《1833 年威廉氏海运统计》第 398 页）

美国的船舶塞满了哈佛和利物浦的码头；而在纽约港里，英国和法国的船舶则为数不多[93]。

由此可见，美国的商人不仅敢于在本土同外国商人竞争，而且能在外国同外国商人进行有成效的斗争。

这一点很容易解释：因为在世界航运中，美国船的运费最便宜。只要美国的商船继续保持这个优势，它将不仅保有已经取得的成就，而且会日益提高既得的成就。

美国人为什么能以比他人低得多的成本经营航运，这是一个很难解答的问题。有人主张，这首先应当归功于美国人的得天独厚的优越物质条件。但是，事实并非如此。

美国船的造价与我们的一样[94]，但船造得并不太好，而且使用寿命一般也不长。

美国海员的工资高于欧洲海员。有很多欧洲人在美国商船上工作，就在证明这一点。

那么，美国人的航运成本为什么比我们的低呢？

我认为，从物质的优势去寻找这个原因是徒劳的，要到纯智力的和纯精神的特点中去寻找。

---

[93] 在1829年、1830年、1831年三个年度中，进入美国港口的船舶吨位共为3 307 719吨，其中外国船只有544 571吨，即占总吨位的16％。（《美国1833年年度大事记》第304页）

在1820年、1826年、1831年三个年度中，驶进伦敦、利物浦、赫尔三个港口的英国船吨位共为443 800吨，而外国船为159 431吨，即占总吨位的36％。（《1834年美国指南》第169页）

1832年，驶进英国港口的外国船与英国船的吨位之比为：29∶100。

[94] 一般说来，原材料的价格美国低于欧洲，但美国的人工成本却高得多。

下面的比较，将证明我的看法是正确的。

法国人在大革命的战争期间将一种新的战术用于军事艺术，把一些老将军打得晕头转向，差一点推翻了欧洲的一些古老王国。他们首先设法精简了许多一向被认为是打仗所不可缺少的东西，他们要求士兵付出一些文明国家从来没有向军队要求过的努力。结果，士兵们个个奋勇前进，毫不迟疑地冒着生命危险去达到预定的目的。

当时，法国的人力和财力都不如它的敌人，它的物力比敌人差得更远。但是，法国人却节节胜利，直到敌人也开始采取他们的战术为止。

美国人在商业方面也采取了类似办法。法国人为取得战争的胜利所做的一切，全被美国人用到降低航运成本方面去。

欧洲的航运公司办事谨慎，从不在海上冒险。它们只在风平浪静的时候让船出海，一遇到不测，便令船回港。夜里，船员们收起一部分船帆；当海上的浪花发白，表明快要接近陆地时，船员会立即降低航速，仰目看一看太阳调整航向。

美国人不这样小心翼翼，而敢于冒险。风暴还在低啸，他们就拔锚起航了。白天和夜里，他们都全帆对风。他们一边航行，一边修复风暴使船舶受到的损伤。当他们接近航程的终点时，他们继续扬帆前进，就像已经看到港口似地急欲靠岸。

美国的船舶常在海上失事，但哪一个国家的船舶都没有他们的船舶航海迅速。由于他们用较少的时间做完了同他人相等的工作，所以才得以降低航运成本。

欧洲的商船在长途航行中，总得多次靠岸休整。它们为了寻找靠岸的港口或等待离岸的时机，损失了宝贵的时间，而且每天还要支付停泊费。

美国的商船从波士顿出发，到中国去购买茶叶。船到广州后，停留数日便起航回国。在不到两年的时间内，船便航行了相等于绕地球一圈的距离，而且往复在途中只各靠岸一次。在历时八个月或十个月的单程航行中，船员们喝的是咸水，吃的是腌肉。他们要不断同海洋、疾病和厌倦拼搏。但回来后，每磅茶叶的售价可比英国商人便宜四分之一便士。他们达到了目的。

我除了说美国人在经商方面表现出了一种英雄气概，实在无法再更好地表达我的思想。

欧洲的商人将永远无法赶上与他们同行的美国竞争对手。美国人在按照上述的办法经商时，并非完全出于精打细算，而主要是基于他们的天性。

美国的居民正在体验前进中的文明所产生的一切苦乐。他们不像欧洲人那样置身于一个一切需要都可以得到满足的社会，所以往往不得不自己去创造学习和生活上所不可缺少的各种物品。在美国，有时是一个人既会种田又会造屋，既是钳工又是鞋匠，而且还会织布缝衣。这虽不利于工业技术的进步和完善，但却能大大发挥劳动者的才智。再没有比过细的分工，更容易使人变蠢和从产品上见不到匠心了。在像美国这样的专门人才如此缺乏的国家，不一定要经过长期的学习去掌握一门手艺。因此，美国人极容易改变谋生之道，随时去找有利的工作去做。有些人一生中任过律师，种过地，做过买卖，还当过教士和医生。虽然美国人的每项行道不如欧洲人高明，但几乎没有什么手艺他们一窍不通。他们的才能比较一般，但他们的知识比较广泛。因此，美国的居民在行业上没有什么清规戒律，没有形成任何职业偏见，既不重此轻彼或轻此重彼，又不厚古薄今或薄古厚今。他们既不固守自己的习惯，又容易排除外国习惯对他们的精神可能发生的控制作用，因为他们知道自己的国家不同于任何其他国家，他们的情况在世界上也属首见。

美国人居住在一个令人感到奇妙的国土上，他们周围的一切都在不停地变化，每一变动都象征着进步。因此，新的思想在他们的头脑里总是与良好的思想密切结合。人的努力，好像到处均无天然的止境。在他们看来，没有什么办不到的事情，而是有志者事竟成。

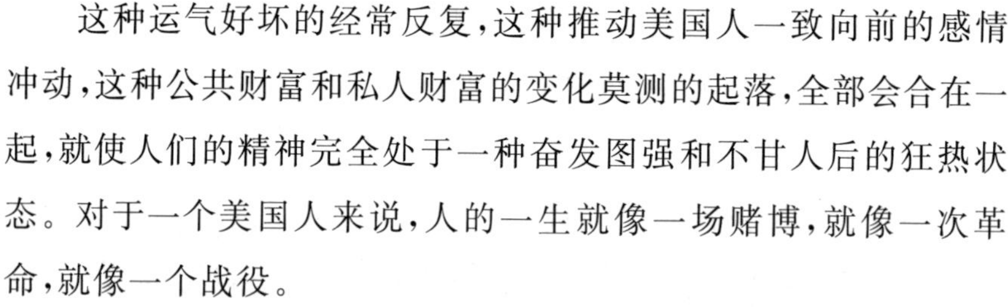

这种运气好坏的经常反复，这种推动美国人一致向前的感情冲动，这种公共财富和私人财富的变化莫测的起落，全部会合在一起，就使人们的精神完全处于一种奋发图强和不甘人后的狂热状态。对于一个美国人来说，人的一生就像一场赌博，就像一次革命，就像一个战役。

这些同样的原因在对每一个人发生作用的同时，也给国民性打下了不可遏止的冲动的烙印。因此，美国人随时随地都必然是热心于追求、勇于进取、敢于冒险，特别是善于创新的人。这种精神都真实地体现在他们的一切工作当中。他们把这种精神带进了他们的政治条例，带进了他们的宗教教义，带进了他们的社会经济学说，带进了他们的个人实业活动。他们带着这种精神到处去创业：不管是到荒山老林的深处，还是到热闹繁华的城市，莫不如此。正是被他们用于海运业的这种同样的精神，才使美国商船比其他一切国家商船的运费低廉和航行迅速的。

只要美国的海员保持这种精神优势及其带来的实践优势，他们将不仅能够保障本国生产者和消费者的需求，而且会越来越像英国人[95]那样成为其他国家的商务代理人。

目前，他们正在开始实现这样的宏图。我们已经看到，美国的海运企业正在使自己充当几个欧洲国家商业的直接代理人[96]。

西班牙人和葡萄牙人在南美建立的一些大殖民地，后来都各自变成了帝国。内战和专制，目前正在折磨这个辽阔的地区。人口没有增加，住在这里的为数不多的居民，每天都在为自卫而操心，连改善自己命运的打算都无从谈起。

但是，情况将不会永远如此。自强不息的欧洲，曾全凭自己的努力冲破了中世纪的黑暗。南美同我们一样，也是基督教世界。它的法制和生活习惯，也同我们的一样。它拥有在欧洲各种人民和他们的子孙中成长起来的文明的一切萌芽。此外，南美还有我们的榜样可供它借鉴。难道它能永远愚昧下去吗？

显而易见，这只是个时间问题。毫无疑问，南美人民建成昌盛文明的国家的时期迟早会到来。

但是，当南美的西班牙人和葡萄牙人自身感到有文明国家的需求时，他们还远远不能自己满足这些需求。作为文明的后进者，他们必须承认先进者已经取得的优势。他们在学会办工厂和经商

[95] 不要以为英国的商船只从事把外国产品运回本国和把本国产品运到外国的业务。现在，英国的海上船队已像陆地上的巨大马车运输企业，为世界各国的生产厂家服务和经营各国之间的交通运输业务。美国人的航海才干，使他们能够建立起水平与英国相同的海上运输企业。

[96] 地中海沿岸的一部分海运，已由美国船承揽。

以前，还得长期务农。他们将暂时需要外国人居间，把他们的产品运输海外，再换回外国的产品来满足他们新产生的需求。

毫无疑问，北美的美国人总有一天被要求去满足南美人的需求。大自然已使他们双方为邻，并将为前者提供极大方便去了解和调查后者的需求，同后者建立经常的往来，并逐渐占领后者的市场。美国的商人除非大大不如欧洲的商人，他们是不会丧失这种天赐良机的，何况他们在某些方面还比欧洲商人优越。美国人早已对新大陆的各族人民发生了精神影响，向他们传授了知识。居住在这同一大陆上的各族人民，早已习惯于把美国人看作是美洲大家庭中的最有知识、最有力量和最有财富的成员。因此，他们把视线转向美国，一有机会就仿效居住在那里的人民。他们每天都在吸取美国的政治理论和借用美国的法制。

美国人在南美人面前所处的地位，与他们的祖先英国人当年在意大利人、西班牙人、葡萄牙人和欧洲的所有在文化与工业上均不如英国先进而且大部分消费品要仰仗英国的国家面前所处的地位完全相同。

英国今天是同它往来的几乎所有国家的天然贸易中心，而美国将要在另一半球发生同样的作用。因此，在新大陆建立或成长的每个国家，其建立和成长几乎都对英裔美国人有利。

假如联邦解体，解散后的各州的商业发展无疑要放慢一个时期，但绝不会像人们想象的那样长久。显而易见，不管将来出现什么情况，各州仍然要联合起来做生意。它们相互为邻，彼此在观点、利益和民情上完全一致，而且唯有它们能够形成一个极大的海洋强国。如果联邦的南方与北方分家而独立，南方没有北方的帮助就无法生存。我已经说过，南方不是经商的地带，也没有任何形迹表明它会成为这样的地带。因此，美国的南方人不得不长期仰仗外人把他们的产品运销出去，并向他们供应他们所需的必要物品。而在他们所能找到的居间人中，只有他们的近邻北方人，能够保证向他们提供物美价廉的市场。而且，他们也会自己去找北方人，因为廉价是商业的最高法则。不管是主权意志，还是民族偏见，都不能长期顶住廉价市场的影响。恐怕再没有什么仇恨，能比美国人与英国人之间的仇恨更深重的了。尽管有这种敌对情绪，英国的商人仍能让美国人购买他们的大部分制成品；而美国人之所以能买英国的货物，只因为他们购买英国的货物比购买其他国家的货物便宜。因此，不管美国人愿意与否，美国的正在发展中的繁荣，并不能给英国的制造业带来不利。

理性在告诉我们，经验也在向我们证明，在必要的时候得不到武装力量的支援，商业上的强大是不可能持久的。

美国对这个道理的理解，同其他国家一样明白。美国人已能使他们的船籍旗受人尊重，而且不久以后可能令人看到生畏。

我确信，联邦解散以后，北美的海上力量也不会削弱，而只能大大增强。今天是经商的州与不经商的州联合在一起，但后者往往只是勉强地同意增强对它并无直接利益的海上力量。

反之，如果联邦中的所有经商州组成一个单一国家，商业便将成为它们的最主要国家利益，因而它们会为保护航运而付出巨大牺牲，而且任何东西也阻止不了它们去实现这方面的愿望。

我认为，国家同人一样，几乎总是在青年时代就显露出其未来命运的主要特点。当我看到英裔美国人的那种经商干劲、经商的便利条件和经商获得的成就时，就情不自禁地相信，他们总有一天会成为地球上的第一海上强国。他们生来就是来统治海洋的，就像罗马人生来就是来统治世界的一样。

结　论

我的叙述即将结束。以上，我在探讨美国的未来命运时，总是竭力把题目分成几个不同部分，以便专心研究每个部分。

现在，我要把这些部分集合起来进行通观。我所做的通观可能不够详尽，但会更加简明扼要。在我分析每个问题时可能不如以前清晰，但我能更准确地掌握全局。我就像一个从一座通都大市出来，爬到近郊小山上去的旅游者。他出城一直往前走，行人越来越稀少；他回首城市，房舍已经模糊不清，公共场所已从他的视野里消失，街道也难以分辨了，但却一眼看清了整个城市的轮廓。于是，他好像第一次看到了这个城市的整体。我对新大陆上的英裔人的整个未来的考察，也正是如此。这幅巨图的细部虽然还模模糊糊，但我已看到了它的全景，对它的整体有了清晰的概念。

现在，美利坚合众国拥有或占据的领土，约为全世界可住人土地的二十分之一。

尽管土地如此辽阔，但如你以为英裔美国人种会永远停在那里不动，那就错了。他们现在就已经远远越出了这个范围。

有一个时期，我们也曾有可能在美洲的荒野上建立一个大法兰西国，同英国人在新大陆上平分秋色。往昔，法国在北美拥有的领土，几乎有整个欧洲那样大小。北美大陆上的三条最大河流，当时都流经依法属于我们管辖的土地。住在从圣劳伦斯河口至密西西比河三角洲之间的印第安各部，只听到我们法国的语言。分布在这片辽阔土地上的一些欧洲人居民点，可使人想起它们的名称的祖国。比如，路易堡（Louisbourg）、蒙莫朗西（Montmorency）、迪凯纳（Duquesne）、圣路易（Saint-Louis）、万森（Vincennes）、新奥尔良（Nouvelle-Orléans）等，对法国人来说都是最亲切和听熟了的名称*。

但是，一连串举不胜举的原因①，使我们失去了这笔可观的遗产。在法国人的人数本来就不多，而且他们又没有进行很好建设的地区，现在连一个法国人都不见了。在还住有法国人的地带，法国人也都是聚居在一块很小的地区，而且受着别人法律的管辖。下加拿大的40多万法国人，如今就像一个古老民族的孑遗，迷失在一个新民族的汪洋大海之中。他们周围的异族居民日益强大，不断向四面八方发展；甚至后来者居上，取代了这块土地的原来主人，统治原来主人建设的城市，破坏原来主人的语言。这批居民原来就是美国的居民。因此，我有理由断言英裔美国人不会留在联邦的范围里不动，而要越过这个范围向东北〔西北〕方面推进。

在西北方面，只有几个不太重要的俄国人居民点；但在西南方面，墨西哥却像一座大墙挡住了英裔美国人的去路。

---

* 这些由法国人起的地名，现已被美国人按英文的拼法改为或读为：路易斯堡、蒙特莫林斯、杜肯、圣路易斯、文森斯、新奥尔良（New Orleans）。——译者

① 其中主要者有：喜欢独立和习惯于乡镇自治制度的民族，比其他民族更容易建立起繁荣的殖民地，要想建立一个新的国家，人们必须有独立思考和自己管理自己的习惯，而这个国家的建立，又在许多方面必定取决于移民们的个人努力。

因此，严格说来，只有两个互相竞争的种族，即西班牙人和英国人，今天在分占着新大陆。

这两个种族的分界线，已为条约所规定。尽管这项条约对英裔美国人有利，但我毫不怀疑，过不了多久，英裔美国人一定践踏这项条约。

在联邦南部边界的外面，墨西哥境内有一大片尚无居民的地区。美国人将先于有权占有这片荒野的人开进这片土地。他们将在那里占有土地，建立自己的乡镇。而当合法的所有者蹒跚来到时，将会发现荒地已被人开发，而在他们的遗产上已有外来人悄悄地定居下来了。

新大陆的土地是谁先占据归谁，所以占有土地是对捷足先登者的报酬。

已经有人居住的地区，要想保护自己不受这样的侵犯也得付出很大的努力。

我已经说过得克萨斯境内发生的情况。美国的居民每时每刻都在向得克萨斯渗入，在那里购置土地。他们虽然也服从当地的法律，但却逐渐使自己的语言和民情占据了统治地位。得克萨斯地方目前仍属墨西哥管辖，但不久便会没有墨西哥人居住于其上。凡是英裔美国人与不同种族接触的地方，都会出现类似的情况。

不必讳言，英裔人比居住在新大陆的其他一切欧裔人占有巨大的优势。他们在文化、实业和武力上，都远比其他欧裔人优越。只要他们面前还有荒地或人烟稀少的地方，只要他们在前进途中遇不到使他们无法穿过的人口稠密地区，他们将不断地扩张下去。他们不会停止在条约所规定的边界线上，而只会在各地越过这种假设的障碍。

英裔人在新大陆所处的地理位置，对加速他们的这种发展起了令人感叹的有利作用。

在他们北部边界的上面，是北极的冰原；而越过他们南部边界几纬度，就进入了热带。因此，英裔美国人正位于新大陆的气候最温和和条件最宜人居住的地区。

有人认为，美国人口增长的飞速运动，只是始于独立以后，但这个看法并不正确。这里的人口增长，在殖民制度时期与现在同样迅速，即大约每 22 年就翻了一番。只是当时的绝对增长数字以几十万计，而现在是以几百万计而已。同样的现象在一个世纪前未被人发觉，而现在却被所有的人看得一清二楚。

属于同一国王管辖的加拿大英国人，其人口的增长和扩散几乎与生活在共和政府下的英裔美国人同样迅速。

在持续 8 年的独立战争期间，人口仍按照上述的比例不断增长。

尽管在西部边界上有同英国人结盟的印第安部落，但向西部的移民运动也可以说从来没有放慢。在敌人洗劫大西洋沿岸期间，肯塔基州、宾夕法尼亚的西部地区、佛蒙特州和缅因州就住满了人。战后的杂乱无章，也未妨碍人口增加和阻止继续向荒地进军。可见，法制的差异，和战的不同，秩序的好坏，只对英裔美国人的不断发展发生了微不足道的影响。

这一点并不难理解，因为没有任何因素足以全面影响到如此辽阔的国土的所有地点。因此，国内总有很大的回旋余地，为遭灾地区的人民提供避难的场所，而且不管灾难多大，总是魔高一尺道高一丈。

因此，不要以为新大陆的英裔人的飞跃发展是可以阻止得了的。联邦的解体及其在大陆上引起的战争，共和的废除和因此而在大陆上出现的暴政，虽然能够延缓他们的发展，但阻止不了他们追补现实注定要由他们完成的使命。世界上没有任何力量能叫移民们止步，不让他们开进这片为勤奋的人敞开大门，为受苦受难的人提供休养生息场所的沃野。不管未来发生什么事情，都夺走不了美国人的气候、内海、大河和沃土。不良的法制、革命和无政府状态，既消灭不了仿佛已经成为这个种族的主要特征的致富爱好和进取精神，又不能完全摧毁使他们开化的知识。

因此，在未来的无法确知的事件中，至少有一件事是可以肯定的。那就是在可以说是即将到来的一个时代（因为我们这里说的是一个民族的生命），英裔美国人将布满从北极的冰原到热带之间的整个辽阔大地，从大西洋沿岸一直扩散到太平洋之滨。

我估计，英裔美国人占据的领土，将来终有一天要达到全欧面积的四分之三②。联邦的气候，总起来说，要好于欧洲的气候。联邦的自然条件的优势，也大于欧洲。显而易见，联邦单位面积的人口，有一天也能与欧洲抗衡。

在分成如此众多国家的欧洲，在经历了连绵不断的战争和中

② 现在，只是美国本土的面积就已相当于欧洲的一大半。欧洲的面积为 50 万平方里约，人口为 20 500 万人。见马尔梯-布伦著作第 6 卷第 114 册第 4 页。〔实际上，马尔梯-布伦在此处写的人口数字是 20 000 万人，但后来他在第 92 页上估计说，这个数字可能高达 20 500 万人。因此，硕学的托克维尔引用了后一个数字。参看该书的 1826 年版〕

世纪的野蛮统治的欧洲，每平方里约的居民现在还能达到410人③。有什么强大的力量能够阻止联邦单位面积的人口有一天达不到这个水平呢？

只有再过几个世纪，美洲英裔人的几个分支才会出现差别，失去共同的外貌。我们无法预见他们会在什么时候在新大陆建立持久的不平等制度。

因此，不管英裔美国人大家庭各支的命运，由于战争或和平、自由或暴政、繁荣或匮乏而会出现什么差别，他们今后仍能保持相同的社会情况和在这种情况下流行的习惯和观点。

在中世纪，只靠宗教的纽带就把居住在欧洲的不同种族联合在同一文明之下。新大陆的英裔人之间具有千丝万缕的联系，而且他们是生活在一个人人都趋于平等的时代。

中世纪是一个教派分立和群雄割据的时代。当时，每个民族，每个地方，每个城市，每个家庭，都力图自保和独立。但在今天，却出现了一种相反的趋势，各国好像都在走向统一。各国之间的文化联系，正把世界上最遥远的地区联合到一起。人们也不能继续孤立而不互通往来，或不能继续对地球上任何角落发生的事情一无所知。现在我们已经看到，在欧洲人与他们在新大陆的后裔之间尽管隔着汪洋大海，但他们之间的差别还不如13世纪某些只有一河之隔的城市之间的差别。

既然这种同化趋势正在使互为外国的人民接近，那它将更会有力地阻止同一民族的后代互为外国。

③　见马尔梯-布伦著作第6卷第116册第92页。〔1826年版〕

因此，终有一天可以看到北美住上1.5亿人口[④]。他们彼此平等，同属于一个大家庭，出于同一来源，具有同样的文明、同样的语言、同样的宗教、同样的习惯、同样的民情、同样的思想方法和同样的肤色。其他方面尚难断言，但有一点是肯定的，那就是世界上将出现一个丰富的想象力也无法想象的全新局面。[*]

当今世界上有两大民族，从不同的起点出发，但好像在走向同一目标。这就是俄国人和英裔美国人。

这两个民族在神不知鬼不觉之中壮大起来。当人们的视线只顾他处的时候，它们突然跻身于各国之前列，而全世界也几乎同时承认了它们的存在和强大。

其他一切民族好像已接近它们发展的自然极限，除保持原状而别无他图，但这两个民族却在不断壮大[⑤]。其他民族不是停滞不前，就是历尽千辛万苦地前进。唯有这两个民族，正沿着一条还看不到止境的道路轻松而神速地前进。

美国人在与自然为他们设置的障碍进行斗争，俄国人在与人进行搏斗。一个在与荒野和野蛮战斗，另一个在与全副武装的文明作战。因此，美国人的征服是用劳动者的犁进行的，而俄国人的征服则是靠士兵的剑进行的。

为了达到自己的目的，美国人以个人利益为动力，任凭个人去

④　这是以欧洲每平方里约的居民为410人为基础计算出来的。

＊　最近几年常被人们引用的以下几段话，清晰地证明托克维尔的政治社会学对于现代的重要意义。参阅梅耶：《阿列克西·德·托克维尔》（巴黎，1948年）第48页及以下几页。——法文版编者

⑤　在旧大陆的所有民族中，俄国人口的增长速度按比例来说是最快的。

发挥自己的力量和智慧，而不予以限制。

而为此目的，俄国人差不多把社会的一切权力都集中于一人之手。

前者以自由为主要的行动手段，后者以奴役为主要的行动手段。

他们的起点不同，道路各异。然而，其中的每一民族都好像受到天意的密令指派，终有一天要各主世界一半的命运。

原 著 者 注

第 一 部 分

(A) 第 28 页

参看朗少校在国会的资助下到欧洲人尚未涉足的整个西部地区去的两次考察报告。

朗少校关于美国的大沙漠特别指出，可以紧靠东经 20 度(以华盛顿为 0 度①)并与这条经线几乎平行，从鲁日河到普拉特河画一条线。从这条假定线到密西西比河谷的西界落基山之间，延伸着一些面积很大的平地，平地上一般覆有一层植物无法生长的沙子，或布有花岗岩的石块。这里有许多成群的野牛和野马，也有一些印第安人部落，但每个部落的人数不多。

朗少校听人说，上溯普拉特河，在该河上游左岸也常遇到这样的沙漠，但他未能以亲自考察来证实这个传闻。参阅朗少校的考察报告第 2 章第 361 页。〔朗少校:《从匹兹堡至落基山的考察报告》，共 2 卷，费城，1823 年〕

朗少校的描述，有些地方可信。但不应忘记，他只是横越了他

① 以华盛顿为 0 度的东经 20 度，大致相当于以巴黎为 0 度的西经 99 度。

所说的地区，而没有走到他所经过的路线的两侧做反复细致的考察。

(B) 第 30 页

在南美的南北回归线之间的地区，到处都有这种品类繁多的通称为美洲野藤的攀绕植物。在安的列斯群岛的植物区系中，只是美洲野藤现在就有 40 多种。

在这种攀绕植物中，最优美的是鸡蛋果藤。据德库蒂兹在其记述安的列斯群岛植物界的著作〔《安的列斯群岛的观赏和药用植物志》，共 3 卷，巴黎，1833 年〕中说，这种可爱的植物利用其身上生长的卷须爬上大树，在林中形成一条条拱廊或柱廊。这些拱廊或柱廊不仅因其缀有深红间蓝的美丽花朵而富丽堂皇，而且因花朵散发香味而愉悦人们的嗅觉。见第 1 卷第 265 页。

大豆荚金合欢，是一种非常粗的藤本植物。它生长得很快，由一棵树爬向另一棵树，有时可以蔓延半里约以上。见第 3 卷第 227 页。

(C) 第 31 页

关于美洲土著的语言 *

美洲印第安人所操的语言，从北极圈一直到合恩角，都是已经定型的语言，有相同的句型和相同的语法规则。因此，基本上可以

---

* “关于美洲土著的语言”，可参阅博厄斯：《美洲语言手册》（华盛顿，1911 年）；卡西勒尔：《神话思维中的概念形式》（莱比锡，1922 年）；卡西勒尔：《象征形式的哲学》；泰尔：《语言》（柏林，1923 年）。——法文版编者

断定,印第安人的各部出于同源。

美洲大陆的各个部落,都有自己的不同方言。但是,符合严格定义的语言却为数很少,所以有人仍在试图证明新大陆的各族并没有特别古老的族源。

然而,美洲土著的语言毕竟是很有规律的。大概,现存的各个部落还未经历过巨大的革命,没有被迫和自愿与外来的民族混合,因为一般说来,几种语言混合在一起之后,必然出现语法规则的混乱。

不久以后,美洲土著的语言,特别是北美土著的语言,得到语言学家的认真研究。他们立即发现,野蛮人的这种土语是一套非常复杂的观念的产物,组织得极其合理。他们认为,这种语言极其丰富多彩,在创制它的时候特别注意到听觉的细微辨别能力。

美洲语言的语法体系,在许多方面与其他语言大不相同。

在欧洲的一些民族之间,德语就有一个不同于其他语言的特点:它必要时可把几个词连结在一起,有些词可以表示许多意思。印第安语更令人惊奇地扩大了这个特点,甚至达到可以说只用一个词就能表达一大堆概念的地步。利用杜邦索先生在《美国哲学学会报告》中引用的下述例子,可以容易说明这一点。

在一个特拉华族的妇女逗弄一只小猫或小狗时,可以听到她反复说 kuligatschis。这就是一个由数个词合成的词。其中的 k 代表第二人称,意为“你”或“你的”;uli 读作 ouli(乌利),是 wulit 一词的中段,意为“美丽的”和“可爱的”;gat 是 wichgat 一词的末段,意为“爪子”;最后的 schis,读作 chise(西斯),是一个表示小形的爱称词尾。于是,这个印第安妇女只用一词,就表达了“你的可爱的小爪子"这层意思。

这里,还有一个例子更能令人信服地说明美洲的蛮族是善于连接他们的单词的。

一个特拉华族的男青年自称 pilape。这个词是由 pilsit(意为"纯洁的","无辜的")和 lenape(意为"人")组成的。就是说,他自称是"纯洁的人"。

这种把几个词连缀起来的特点,尤其常见于动词的合成方面。一个非常复杂的动作,往往只用一个动词来表示。意思上的几乎一切细微差别,都能用动词和改变动词的词形表示出来。

凡欲详细了解我只是略微提及的这个问题的人,可读:

1)杜邦索先生与赫克维尔德牧师关于印第安语的通信。这封通信载于阿伯拉罕·斯莫尔主编的 1819 年在费城出版的《美国哲学学会报告》第 1 卷第 356—464 页。

2)盖伯格(Geiberger,〔应为 David Zeisberger〕)的《特拉华语或勒纳普语语法》。此书共三卷,全面地分析了特拉华族的语言,前面附有同他在考察特拉华族时结识的杜邦索先生的序言。

3)《美国百科全书》第 5 卷末尾所收上述语法书的摘要。

(D) 第 33 页

夏尔瓦的《新法兰西的历史》〔全称为《新法兰西的历史与通志以及奉王命去北美旅行日记》(共 6 卷,巴黎,1744 年)〕的第 1 卷,第 235 页,载有 1610 年加拿大法国人对易洛魁人的第一次战争历史。尽管易洛魁人使用的是弓箭,但他们却对法国人及其同盟者进行了殊死的抵抗。夏尔瓦虽非写作的高手,但在记述这段历史时却妙笔生花，以鲜明对比的手法描述了欧洲人和野蛮人的品德，以及这两个种族对待荣誉的不同态度。

他写道："法国人纷纷争抢卧死在疆场上的易洛魁人的海狸皮衣，而他们的同盟者休伦人则鄙视这种行为。他们开始对俘虏施以他们习以为常的酷刑，并把被他们杀死的人吃了一个。真是吓坏了法国人。"夏尔瓦接着说："这些野蛮人以无私不贪为荣，对我们没有这种想法表示惊奇，而且不理解扒死人的衣服为什么远远不如吃死人的肉那么坏，因为在他们看来，这同吃野兽的肉没有什么不同。"

这位夏尔瓦在第 1 卷的另一处，即在第 230 页，还曾转述过尚普兰首次目睹的割肉酷刑和休伦人回到自己村舍时的情景。

他写道："走了 8 里约以后，我们的同盟者们停了下来。他们拉出一名俘虏，对他施以他们的同族战士落到这个俘虏的所在部族手中时受过的一切酷刑，同时对他宣布你的结局应当如此；并补充说：如果你有勇气，你就以歌声来伴奏。这个俘虏立即唱起战歌，而且把他所会的一切歌都唱完，歌声十分悲怆。尚普兰说，他还从来没有这样的机会得知野蛮人的音乐竟有如此悲伤的调子。这种处死办法还伴以我们随后即将谈到的各种酷刑，可把法国人都吓呆了。他们实在不忍目睹惨状，迫不及待地希望尽快结束这个场面。〔……〕当天夜里，一个休伦人做了一个梦，说他们受到追击，他们的退却，简直变成了逃命；而野蛮人紧追不舍，完全把危险置之度外。〔……〕

"他们一望见自己的村舍，就砍了一些长竿子，把各自分得的被处死俘虏的头发拴在竿头，挑起来表示凯旋。妇女们看到此景便都奔来，纷纷跳进水里，登上几支独木舟，从自己丈夫的手里接过沾满血污的头发，系在自己的脖子上。

“休伦人的战士把一件这样令人生畏的战利品赠给了尚普兰。此外，还送给他几张弓、几支箭和他们本来打算自己留下的那张仅有的易洛魁人皮，并托尚普兰把这张人皮呈给法兰西国王。”

他只身在这些野蛮人中间生活了整整一个冬天，他的人身和财产始终没有受到侵害。

(E)　第 51 页

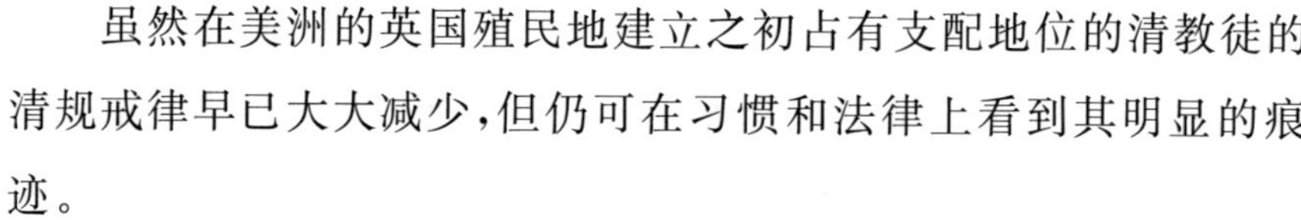

虽然在美洲的英国殖民地建立之初占有支配地位的清教徒的清规戒律早已大大减少，但仍可在习惯和法律上看到其明显的痕迹。

536 在 1792 年反对基督教的法兰西共和国开始其昙花一现的存在时期，马萨诸塞的立法团就公布了一项强制公民遵守礼拜日的法律。下引的该法序言和主要条款值得读者一读：

“鉴于遵守礼拜日是一项公益活动，可使劳动得到有益的中断，给人们带来反省人生的意义和人类不可避免的错误的机会，让人们独自和集体礼拜创造和管理世界的上帝，并使人们专心于这种使基督教社会增辉和安宁的善行；

“鉴于信教不笃或轻佻浮华的人忘记礼拜日应尽的义务和社会给予他们的好处时，会亵渎神明而耽于游乐或为自己劳动；鉴于这样的行为有违基督徒的固有义务，具有干扰不仿效他们的人的作用，将给整个社会带来真正危害，并在社会造成游荡的风气和浮夸的习惯；

“参议院和众议院兹命令如下：

“第一条　在礼拜日，任何人不得在自己的店铺或作坊里做活。在这一天，任何人也不得从事任何劳动和公务，不得出席任何音乐会、舞会或观看任何性质的演出，不得进行任何种类的狩猎、游戏或娱乐，违者罚款。罚款的金额每次不低于10先令，但也不超过20先令。

“第二条　外出旅行者和车船驾驶者，除非必要，不得在礼拜日出行。违者处以与第一条相同的罚款。

“第三条　小酒馆主、小店铺主和小客栈主应阻止本乡镇的定居居民在礼拜日于其店铺逗留娱乐或办事。如有违反，店主和客人同被罚款，而且可以吊销店主的执照。

“第四条　身体健康而又无正当理由在三个月内少向上帝进行一次公开礼拜的人，要被罚款10先令。

“第五条　在教堂的围墙以内做出不当行为的人，要处以5至10先令的罚款。

“第六条　乡镇的十户长（Tithingmen）[①]负责执行本法。他们有权在礼拜日巡视旅店或公共场所。拒绝十户长进本店铺巡视的店主，将处以40先令的罚款。

“十户长有权拘留旅客，查问其在礼拜日滞留于旅途的理由。拒不回答的人，将处以金额可达5英镑的罚款。

“如果旅客回答的理由没有使十户长满意，十户长可将此旅客

① 每年改选一次的十户长，从职务上说，他相当于法国的兼为乡镇警卫和司法警察的官员。

送交县的治安法官处理。”1792 年 3 月 8 日法令，载《马萨诸塞普通法》第 1 卷第 410 页。

1797 年 3 月 11 日，以一项新法预定增加罚款的金额，其半数归拘留该轻罪犯人的人所有。见上述法令汇编第 1 卷第 525 页。

1816 年 2 月 16 日，又以一项新法批准这些措施。见上述法令汇编第 2 卷第 405 页。

1827 年和 1828 年纽约州修订的几项法律，也有类似的条款（见《增订纽约州法令集》第 1 编第 20 章第 675 页）。其中规定，任何人在礼拜日不得打猎钓鱼，不得在酒店逗留和进进出出。除非必要，任何人不得在礼拜日出行。

上述这些，还不是初期移民的宗教精神和严肃习俗留在法律上的唯一痕迹。

在纽约州的增订法律集第 1 卷第 662 页，可以见到如下的条款：

“因赌博或打赌而在 24 小时内输赢 25 美元（约合 132 法郎）时，即被视为轻罪，并根据确凿的证据处以不低于所赢所输金额五倍的罚款。此项罚款悉数交本乡镇济贫工作视察员收管。

“输 25 美元或以上的人可以向法院申诉。如不申诉，则济贫工作视察员可以作为赢方，收下输方的输款和相当于输款三倍的罚款，供济贫工作使用。”

我们摘引的这几项法律都是新近实施的，但如不追溯到这些殖民地的初始时期，谁又能理解这些法律呢？我毫不怀疑，在我们这个时代，只有很少地方是采用这种立法方式制定刑法的。民情已经适应时代的进展，但法律仍然没有改变。严守礼拜日的做法，在美洲依然是最使外来人感到惊奇的。

特别是美国有一个大城市，一到星期六晚上整个社会就像停止运动了似的。如果你在本应是成年人应邀参加交际和青年人应邀赶会的时刻去逛一逛这座城市，你会觉得自己进入了一个寂静无声的世界。你既听不到工业的轰隆声，又听不到人们的高歌声，更听不到闹市区的喧嚣声。生活的锁链绷紧在教堂的周围。半开半掩的百叶窗，只容阳光一缕一缕地射进居民的室内。好不容易才能看到远方有一个人独自默默地穿过十字路口，长长的一条大街竟无一个人影。

次日清晨，车辆的辚辚声，铁锤的敲打声，人们的喊叫声，才又开始传入你的耳鼓。整个城市又睡醒了：一群一群的人，慌慌忙忙地涌向城市的工商业中心；所有的人都在行动，精神焕发，在你的周围忙来忙去。继一种似乎麻木不仁的状态之后，出现了这种匆匆忙忙的局面，好像人人觉得要想发财和由此享乐，只有今天一天似的。

(F)　第 57 页

不用说，在这一章里我不想叙述美国的历史。我的目的只是让读者由此了解初期移民的观点和民情对于各殖民地和整个美国的后来发展的影响。因此，我只应引用一些有关的片段。

我不知道这样做是否正确，但我认为这可以绘出或示出美国各共和州的早期画面。这幅画面不仅会引起一般读者的注意，而且无疑会向国务活动家提供供他们深入研究的资料。虽然我本人不是美国历史专家，但我至少愿意为别人提供方便。因此，我认为应当在这里列出一篇简短的书目，并对我觉得最宜于引用的几部著作进行扼要的分析。

在可供引用的大量一般性文献中，我首先要推荐埃伯尼泽·哈泽德编的收有各州文件和其他可靠文献的《美利坚合众国历史资料汇编》。

这部汇编在1792年出版于费城，其第1卷收有英国国王颁给移民的全部特许状的全文，以及各殖民地政府自成立以来的主要法规。此外，还有关于这一时期的新英格兰和弗吉尼亚事务的大量官方文件。

第2卷几乎全是关于1643年联盟的文件，其中有新英格兰各殖民地之间为抵抗印第安人而结成的这个联盟的公约。这个联盟是英裔美国人宣布联合的第一个实例。直到1776年北美殖民地宣布独立，有数个与此性质相同的联盟。

王家图书馆藏有费城出版的这部历史文献汇编。

此外，各殖民地还有自己的历史文献，其中有些是十分珍贵的。我首先要提到弗吉尼亚的名字，它是移民开发最早的州。

在研究弗吉尼亚的所有历史家当中，首屈一指的应当是它的创造者约翰·斯密斯船长。斯密斯船长给我们留下一部十六开本的著作，书名为《弗吉尼亚和新英格兰通史》，1627年于伦敦出版（本书亦藏于王家图书馆）。斯密斯的这部著作附有多幅地图和一些十分漂亮的版画，并标有制作的日期。这位历史学家从1584年一直写到1626年。斯密斯的著作得到很高的评价，而且受之无愧。作者是一位有名的冒险家，他生于冒险家辈出的时代，并终于获得胜利。全书洋溢着冒险开发的热情，即那个时代的人们特有的冒险进取精神。我们从这部书中,还可以嗅到混有经商致富味道的行侠仗义气息。

但是,在斯密斯船长身上表现得最突出的,是他除具有同时代人的美德之外,还具备他们当中的大部分人所没有的一些品质。他的文章简练,叙述逼真,没有一点矫饰。

这位作者使我们知道了印第安人在欧洲人发现北美时期的情况。

可供咨询的第二位历史学家是贝弗利。他的著作为四十八开本,1707 年出版于阿姆斯特丹,已被译为法文。作者的记述始于 1585 年,止于 1707 年。该书的第 1 章载有殖民初期的历史文献。第 2 章,对印第安人在这个扩张时期的生活情景,做了有趣的报道。第 3 章,使人清晰地了解到弗吉尼亚当时的民情、社会情况、法律和政治习惯。〔《弗吉尼亚州的历史和现在》,伦敦,1705 年〕

贝弗利出生于弗吉尼亚,所以他一开始就说:“由于我生于印第安人的土地上,没有专注于语言的纯洁性,故请读者不要以过于严格的批判观点来审查我的著作。”尽管这位移民后代表示自己做得不够,但他的著作通篇都在证明,他是情不自禁地维护母国的最高主权的。我们从贝弗利的著作中,还可以看到当时曾经鼓舞美洲英国殖民地前进的那种公民自由精神的许多痕迹。书中还留有各殖民地之间长期以来存在的并且一直延续到独立时的不睦的痕迹。贝弗利对他的邻居马里兰的天主教徒表示的憎恨,仍然大于英国政府的这种情绪。这位作者的文章简要,他的叙述总是充满着同情心而且令人信服。贝弗利著作的法文译本,可在王家图书馆找到。

还有一本值得推荐的著作，我在美国读过，但还没有在法国找到。它就是威廉·斯蒂思写的《弗吉尼亚最初发现与定居开发史》。此书叙述得详尽而有趣，但我觉得有些冗长。

关于卡罗来纳的历史，可以推荐的最早和最好的著作，是约翰·劳森的一部十六开本的薄书《卡罗来纳史》，此书 1718 年出版于伦敦。

劳森的著作首先记述了卡罗来纳西部的发现经过。这部书是以旅行记的形式写成的，作者的叙述有些杂乱，其观察亦很肤浅。只是对当时野蛮部落中流行的天花和酗酒所造成的荒废情景还描写得相当深刻，而对这些部落风行的并因欧洲人的到来而又加剧的道德败坏行为，亦记述得饶有风趣。

劳森著作的第二部分，是专门描述卡罗来纳的自然状况和物产的。

作者在第三部分，对当时印第安人的风尚、习俗和管理组织做了生动有趣的叙述。

在该书的这一部分，到处显示出作者的才华和独到之处。

劳森的这部历史，写到查理二世时期赐给卡罗来纳以特许状为止。

这部著作的基调是轻快的，但往往失于下流，与同一时期在新英格兰出版的著作的深沉笔调完全不同。

劳森的这部历史，现在于美国已极不易见到，而在欧洲更是难于找到了。但在王家图书馆还有一部孤本。

我从美国的最南部分一直游历到它的最北部分，其间的广大地区只是很晚以后才有移民开进。

我首先应当介绍一部非常值得一读的汇编，它的题名为《马萨诸塞历史学会论丛》，1792 年出版于波士顿，1806 年再版。王家图书馆没有收藏这部著作，而且我相信其他图书馆也不会有。

这部论丛（仍在继续编辑）收载了关于新英格兰各州历史的大量珍贵文献，其中有尚未公开发表的通信和地方档案馆收藏的原始文件。古金主编的这部论丛，也收有关于印第安人的材料。〔参看第 1 卷第 140 页以下〕

我在本注的所在章的行文中，曾多次提到纳撒尼尔·莫尔顿的《新英格兰回忆录》。在这里，我只想补充一句：凡想了解新英格兰历史的人，都应当读一读这部著作。莫尔顿的著作为三十二开本，1826 年出版于波士顿。王家图书馆没有收藏此书。

讲述新英格兰历史的最珍贵和最重要的著作，是大教士科顿·马瑟的《基督教美洲传教史，或 1620—1698 年新英格兰教会史》。这部书为三十二开本，共两卷，1820 年出版于哈特福德。我不认为会在王家图书馆找到它。

作者把该书分为七册。

第一册讲述新英格兰的筹建和建设的历史。

第二册记述新英格兰的几位初期总督和主要行政官员的生平。

第三册叙述当时指导人们思想的福音会牧师们的生平和事迹。

作者在第四册报道了剑桥（在马萨诸塞）的大学* 成立和发展

* 即今哈佛大学。——译者

过程。

他在第五册陈述了新英格兰教会的教义和教规。

第六册讲述了据马瑟说是表明上帝向新英格兰居民施福的某些事件。

最后,在第七册,作者向我们讲述了当时存在的异端邪说和新英格兰教会加以反对的动乱。

马瑟是一个福音会牧师,生于波士顿,并在那里终其一生。

引导人们建设新英格兰的那种宗教热心和激情,鼓舞和激发他写了这部著作。他的文笔经常暴露出不够典雅的缺欠,但这是不可避免的,因为他想只靠宗教狂热去打动读者。他过于偏执,而最经常的是过于轻信,但绝不要认为他企图以此进行欺骗。他的这部著作,偶尔也有精彩的片段和真实深刻的思想。比如,他在第1卷第1章第61页说道:

"在清教徒到来之前,英国人就曾多次试图向我们现在居住的地方移居,但他们好像对能够得到物质利益没有抱着过高的希望,所以一遇到困难,马上就心灰意冷,退缩回去。而在崇高的宗教思想的推动和支持下来到美洲的人,绝不会如此。虽然这些人遇到的敌人远比任何殖民地的创建者遇到的敌人要强大得多,但他们能够坚持自己的信念,以致使他们创建的东西依然存在于今天。"

马瑟在其笔触严肃的叙述中,有时也插进一些温情脉脉的描写。比如,他谈到一位英国妇女,在宗教热情的鼓舞下同她的丈夫一起来到美洲,但不久以后便忍受不了流亡生活的艰难困苦。然后他接着说:"至于她的道德高尚的丈夫,却试图独自一人留在那里,但他未能活下来而死去。"(第1卷第71页)

马瑟的著作，对他所描述的时代和地区，做了令人叹为观止的报道。

他为了使我们知道清教徒是出于什么动机到大洋彼岸去寻找避难所，而写道：

“上帝向我们当中居住于英国的人提出号召。上帝在号召无数不相识的人的时候，要求他们下定决心放弃在故乡的安适生活，横渡波涛汹涌的大洋，到那还是令人生畏的荒野去安家立业；而这样做的唯一目的，就是无条件地服从上帝的戒命。”

他接着说：“在做长篇大论之前，应当说明一下他们是出于什么动机进行这种冒险的，以使后代清楚地知道他们的动机，而尤为重要的，是提醒我们今天的人怀念他们，切勿忘记祖先追求的目的，不要减少对新英格兰的真正关心。因此，我要在这里介绍一部手稿里谈到的某些人的当时动机。

“第一个动机：为教会做出最大的贡献，即向世界的这一部分（北美）传播福音，建起一所保卫基督徒的堡垒，以反对企图在世界的其余部分建立统治的非基督徒。

“第二个动机：欧洲的其余所有教会已被破坏，害怕上帝也会这样来惩罚我们的教会，故决心开辟这个地方（新英格兰），为大多数人提供免遭大破坏的避难场所。

“第三个动机：我们所在的国度好像在折磨居民，最珍视财物的人却最轻视他们所踏的土地。人们视有子女、邻居和朋友为最沉重的累赘，他们尽力躲开穷人。如果事物按照这样的秩序发展，最能创造享乐的人要被排挤出这个世界。

“第四个动机：我们的放纵行为已经达到极点，好像有钱才能在同类中保持应有的地位，而无钱就要被人轻视。因此，各行各业的人都去寻找以不道德的方法致富的门路，从而便宜了因为有钱而能荒淫无耻生活的富人。

“第五个动机：讲授科学和宗教知识的学校办得太差，以致使大部分儿童，特别是最优秀和最有才华的儿童以及人们认为最有成才希望的儿童，在耳闻目睹的大量坏榜样和周围的腐化现象的影响下学坏了。

“第六个动机：大地是上帝的花园，他把大地赐给他的儿子亚当去耕种，而我们为什么要让自己因为没有土地而饿死，并叫这片本来应当供人使用的广阔土地无人居住和荒芜不毛呢？

“第七个动机：要成立一个革新的教会，并从成立之初就支持它；要把我们的力量与一个虔诚的民族的力量联合起来，以巩固和发展这个教会，使它摆脱那些没有这种支持就可能成为它的大灾大难的危险。对于一个基督徒来说，有什么工作能比这项工作更为高尚和壮丽的呢？有什么事业能比这项事业更值得做的呢？

“第八个动机：一个信仰虔诚并在这里（英国）享有荣华富贵的人如能放弃因致力建设这个革新的教会而获得的好处，并愿意分担苦难，他将为人们做出一个伟大而高尚的榜样，使人们学习他在向上帝为殖民地祷告时表示自己的虔诚信仰，并把大多数人联合过来。”〔见马瑟著作第 17 页及以后各页〕

在离这段引文很远的后面一章中，马瑟说明新英格兰教会在道德方面的原则时，强烈反对在宴会上为健康而干杯的做法，说这是异教徒的和可憎的习俗。

他也同样严厉地反对妇女对头发进行任何装饰，无情地谴责妇女穿着袒胸露臂的时装。

他在其著作的某一章里，向我们举出了许多曾使整个新英格兰震惊的妖魔作怪的事例。在他看来，恶魔在这个世界兴妖作怪，是千真万确的事实。

他用了很多篇幅去阐述他的同时代人所特有的追求公民自由和政治独立的精神，说他们每前进一步都遵循他们的自治原则。比如，马萨诸塞的居民就是如此：自 1630 年以后，即在建立普利茅斯殖民地后的十年里，他们用去 400 英镑在剑桥创办一所大学。

如果我们从新英格兰的全史转而研究新英格兰各州的历史，则首先应当提到马萨诸塞地方副总督哈钦森的《马萨诸塞殖民地史》。此书为三十二开本，共两卷。王家图书馆藏有此书一部，为 1765 年出版于伦敦的第二版。

我在本注所在章曾多次引用的这部著作，其叙述始于 1628 年，终于 1750 年。本书写得十分真实，文笔简练，朴而不华，是一部翔实的历史著作。

关于康涅狄格的历史，可以推荐的最好著作，是本杰明·特朗布尔的《康涅狄格全史：世俗史和宗教史，1630—1764》。此书为三十二开本，共两卷，1818 年出版于纽黑文。我认为王家图书馆不会有这部著作。

这部历史清晰而深刻地描述了康涅狄格在书名所指期间内发生的一切重大事件。作者引用了珍贵的历史文献，而且叙述确切。他写到康涅狄格初期的事件时，讲得十分有趣。尤其是应当读一读第 1 卷第 5 章（《一六三九年的康涅狄格》）第 100 页，以及第 1 卷第 7 章（《康涅狄格的刑法》）第 123 页。

我们有理由高度评价杰理米·贝尔纳普的《新罕布什尔史》。此书为三十二开本，共两卷，1792 年出版于波士顿。尤其应当读一读第 1 卷第 3 章。在这一章里，作者对于清教徒的政治原则和宗教教义，他们的移居原因和法律，做了极其翔实的叙述。下边是 1663 年的一段布道讲话："新英格兰要永久记住它的创建目的在于宗教，而不在于商业。人们在前进中要坚持清教徒的教义和纪律。因此，商人和一个铜板一个铜板攒钱的人也不要忘记，创建这些殖民地的目的在于宗教，而不在于金钱。如果我们当中有人在评价世界和宗教时认为世界值 13，而宗教只值 12，那么，这个人就没有新英格兰的真正男儿的情感。"读者从贝尔纳普的著作里可以看到，他比至今研究美国历史的其他作者更多地提到普遍观念并强调思想的威力。

在我们所研究的已经存在很久的几个主要州中，纽约州和宾夕法尼亚州最为突出。关于纽约州的历史，最好的一部著作是威廉·斯密斯的《纽约史》。此书为四十八开本，共一卷，1757 年出版于伦敦；1767 年出了法译本，亦出版于伦敦。斯密斯为我们提供了法英两国在美洲进行的战争的细节。在研究美国史的所有著作中，它对著名的易洛魁联盟的报道最为详尽。

至于宾夕法尼亚的历史，我只想推荐罗伯特·普劳特的《宾夕法尼亚自创建与定居：1861 年威廉·佩恩就第一任领主与总督直至 1742 年以后的历史》。此书为三十二开本，共两卷，1797 年出版于费城。

这部书值得读者细读，其中收有关于佩恩的大批珍贵文献，谈到教友会的教义以及宾夕法尼亚初期移民的性格、风尚和习惯。

据我所知,王家图书馆没有此书。

不必说,在研究宾夕法尼亚的主要著作中,佩恩本人和富兰克林的著作也有它们的席位。广大读者都熟悉他们的著作。

以上所介绍的这些著作,我在旅美期间就已看过其中的大部分。现蒙王家图书馆的好意,我又读到其中的几部;其余的几部,是美国前驻巴黎总领事沃登先生给我找到的,沃登先生也写有一部关于美国历史的杰出著作。在结束这个注的时候,请沃登先生接受我对他的谢意。

(G) 第 65 页

杰斐逊在自传中写道:“在英国人于弗吉尼亚建立殖民地的初期,土地还只能向人们提供少量的产品或什么也不能提供的时候,一些有远见的人便获得了大量的租让地,并为了保持其家庭的荣华富贵,而把财产传给了后代。财产逐代传给同姓人,从而产生一些独特的家族集团。家族集团依法享有永久保持财富的特权,进而依靠自己州的强大和富饶而形成显赫的贵族阶层。而国王也照例是从这个阶层中选派州的议员的。”见《杰斐逊文集》。〔第 1 卷第 36 页〕

英国法律中关于遗产继承的一些主要规定,在美国全部被否定。

肯特先生说,我们在遗产继承问题上做的第一个规定是:“人死而无遗嘱时,其财产由直接亲属继承;如只有一个男性或一个女性继承人,他或她独得全部遗产;如有数名同顺序的继承人,则不分性别,由数人平分遗产。”〔见肯特:《美国法释义》1840 年版第 4

卷第 374 页〕

最初,纽约州以 1786 年 2 月 23 日法令通过这项规定,后来又进行过修订(见〔《增订纽约州法令集》〕第 3 卷;附录,第 48 页)。现在,美国各州都采用这项规定,只是佛蒙特州有一点不同,那里的男性继承人可得两份遗产(见《美国法释义》第 4 卷第 375 页)。

肯特先生在该书第 4 卷第 1—22 页,叙述了美国的限嗣继承立法史。他总结说,美国在独立前,各殖民地都采用英国的限嗣继承法。后来,弗吉尼亚根据杰斐逊的提议(见《杰斐逊自传》),从 1776 年废除了遗产限嗣继承制度。纽约州也于 1786 年废除这种制度。接着,北卡罗来纳、肯塔基、田纳西、佐治亚和密苏里,也相继废除限嗣继承法。而在佛蒙特、印第安纳、伊利诺伊、南卡罗来纳和路易斯安那,从来就没有采用过限嗣继承制度。认为应当保存英国的限嗣继承立法的各州,也对限嗣继承制加以修改,去掉其中的贵族立法主旨。肯特先生写道:“我们在国家管理方面的一般原则,是致力于促进财产的自由流通。”

使研究美国遗产继承立法的法国人大为吃惊的是,法国的继承法比美国的还民主得无边。

美国的法律规定子女平分父亲的遗产,但须父亲没有另立遗嘱,因为纽约州的法律规定(《增订纽约州法令集》,第 3 卷,附录,第 51 页,阿尔巴尼,1829 年版):“每个人都有完全的自由、权限和资格立遗嘱处理其财产,即对某一政治机关或社会团体留下遗言,将其财产全部或部分遗赠给某人。”

法国的法律规定立遗嘱人可将其财产平分或近于平分与继承人和受遗赠人。

现在，美国的大部分州还实行限嗣继承制度，但缩小其效果。

法国的法律在任何情况下都不准限嗣继承。

美国的社会情况比我们的民主，而我们的法律则比他们的民主。这最能说明一个值得人们深思的问题：即在法国，民主安于遭受破坏；而在美国，民主能在废墟之上泰然自立。

(H) 第 73 页

美国的选举资格概要*

各州均赋予年满 21 岁的人以选举权。在各州，均要求选举人应在其参加选举的县居住过一定的期限。

关于财产资格：在马萨诸塞州，选举人必须有 3 英镑收入或 60 英镑资产。

在罗得岛，选举人必须拥有价值 133 美元（约合 704 法郎）的地产。

在康涅狄格，选举人必须拥有可以赖以收入 17 美元（约合 90 法郎）的财产。在民兵中服役一年，亦可享有选举权。

在新泽西，选举人应有 50 英镑财产。

在南卡罗来纳和马里兰，选举人必须拥有 50 英亩土地。

在田纳西，选举人应拥有任意一种数量足够的财产。

在密西西比州、俄亥俄州、佐治亚州、弗吉尼亚州、宾夕法尼亚州、特拉华州和纽约州，只要是纳税，就可以成为选举人，但其中的大部分州，在民兵服役亦等于纳税。

---

* 关于选举资格，参阅奥格和雷著作第 184 页及以下几页。——法文版编者

在缅因和新罕布什尔，凡未被列入赤贫名单的，均可为选举人。

最后，在密苏里州、亚拉巴马州、伊利诺伊州、路易斯安那州、印第安纳州、肯塔基州和佛蒙特州，对于选举人的财产没有规定任何条件。

我还想指出一点，只是在北卡罗来纳州，对参议员的选举人规定的资格与众议员的不同：前者要拥有 50 英亩土地，而后者只要纳税即可。

（I） 第 119 页

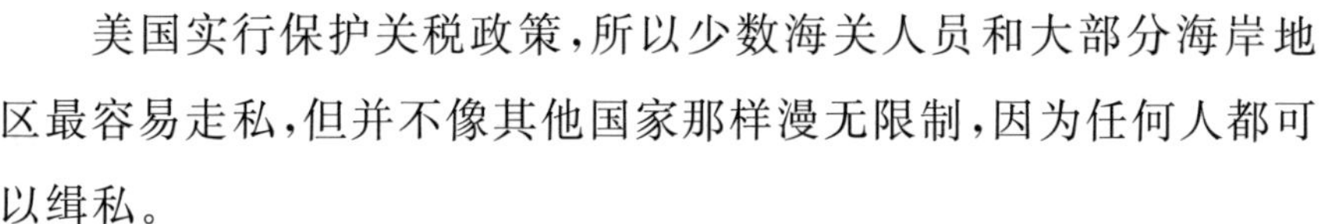

美国实行保护关税政策，所以少数海关人员和大部分海岸地区最容易走私，但并不像其他国家那样漫无限制，因为任何人都可以缉私。

美国不设消防警察，所以火灾多于欧洲，但一般说来可以及早扑灭，因为周围的居民不会束手旁观，而要迅速赶赴火灾现场。

（J） 第 121 页

说中央集权*产生于法国大革命，那是不公正的。法国大革命只是完善了中央集权。在法国，对中央集权的爱好和对典章制度的狂信，可以追溯到法学家进入政府的时期，即可以使我们回想起美男子腓力四世统治法国的时代。从那个时期以后，这两种倾向一直没有停止发展。下面，是马尔泽尔布先生 1775 年代表最高

---

* “中央集权”。托克维尔在这里提出了后来在他的《旧制度与大革命》中论述的主要题目之一。——法文版编者

税务法院向路易十六国王的进言摘录③：

“……把自己管理自己事务的权利留给每个机关和每个公民社团或村镇；我们现在不应说这项权利将写进王国的第一部宪法里，因为它是一项很古老的权利：天赋的权利和合情合理的权利。但是，它已夺走您的主要东西。陛下和我们都不要害怕说：在这方面，我们的管理工作已经变成可以说是儿戏。

“自从几位有权势的大臣提出不准召集国民议会的政治原则以来，官员们便上行下效，以致村镇的居民不经总督的批准，什么决定也不能做出。因此，如果某个村镇要想花钱办一项事业，就得去恳求总督的下属官员，从而要根据官员同意的计划进行，雇用他们喜欢的工人，按照他们的指示支付工资；如果村镇有人要打官司，也得经总督批准，即在向法院起诉之前，要把案件先送到那里进行初审。如果总督的意见同要打官司的居民相反，或诉讼的对方是总督的亲信，村镇就失去保卫自己权力的能力。总督老爷就是通过这些办法尽力在法国窒息全部地方自治精神的，而如果有可能，则必将从公民的心中除掉这种精神。也可以说，全国人民都被宣告为禁治产人，并给他们指定了监护人。”

怎么今天还能说法国大革命在中央集权方面所做的一切是所谓征服呢？

1789 年杰斐逊从巴黎给一位友人写信说：“我们的国家绝不是一个统治的狂热像法国那样根深蒂固和造成了许多灾难的国家。”这是 1789 年 8 月 28 日致麦迪逊的信。〔见《杰斐逊通信集》，

③ 参阅《根据税务资料论法国公法史》，布鲁塞尔，1779 年，第 654 页。

第 15 卷，第 364 页，普林斯顿，1958 年〕

实际上，几个世纪以来，法国的中央政权，为了扩大行政集权，总是做到了它所能做到的一切；在这方面，它的权力从来没有受到过限制。

法国大革命产生的中央政权，在这一点上比它的任何一个先行者都走得更远，因为它比它们更有力量和更有学识。比如，路易十四只是使村镇生活的一切服从于一位总督的享乐；拿破仑只是使村镇生活的一切服从于一位大臣。原则始终相同，只是后来的发展有大有小。

（K） 第 125 页

法国宪法的这种不可变性，是我国法制的必然结果。

先以一切法律中的最重要法律，即规定王位继承的法律为例来说明。有什么法律比这个以父传子继的自然顺序为基础的政治规定在原则上更不可改变的呢？1814 年，路易十八使人承认了他的家族永久拥有这个政治继承权。处理 1830 年 7 月革命善后的那些人，照搬路易十八的做法，只不过把这个政治继承权转让给另一个家族罢了。在拥立新王朝时，他们也仿效了大法官莫普*。莫普在旧的最高法院的废墟上建立新的最高法院时，没有忘记在国王的诏令中写进新的大法官也同他们的前任一样是不可罢免的。

---

* 莫普（Maupeou，René Nicolas Charles Augustin de，1714—1792），法国的大法官，是 1776 年推翻旧的最高法院和成立新的最高法院的主谋，随路易十六继承王位而下台。——译者

1830 年的法律也同 1814 年的法律一样，根本没有提到修改宪法的问题。而且，一般的立法手段满足不了这个要求，也是显而易见的。

国王依靠什么运用他的权力呢？依靠宪法。贵族院议员呢？也依靠宪法。众议院议员呢？仍然依靠宪法。在这种情况下，国王、贵族院议员和众议院议员怎样会联合起来对他们的权力所唯一依靠的法律进行任何改革呢？离开了宪法，他们就什么地位也没有了。那么，在什么条件下他们才会修改宪法呢？下述两种条件必居其一：不是在他们无力反对人民能够不按他们的意愿，但却是以他们的名义继续实行宪法的某些条款的时候；就是在他们借以掌权的法律不复存在，他们自己不再有什么地位，而要求改变宪法的时候。后来，由于他们自己破坏了宪法，他们便自取灭亡了。

这一点，在 1830 年的宪法上比 1814 年的宪法表现得还清楚。在 1814 年，王权可以说是在宪法之外或以上；而在 1830 年，王权已同意由宪法来规定，所以离开宪法，王权就没有任何作用了。

结果，法国宪法的各个部分都没有变动，因为人们把它与一个家族的命运联系在一起了；法国宪法的全体也没有改动，因为人们还没有找到修改宪法的合法手段。

这些论述都不适用于英国。英国没有成文宪法，谁能说英国修改过成文宪法呢？

（L） 第 126 页

几位研究英国宪法的著名学者，争先恐后地论述过议会的这种无限权威。

德洛姆在其著作第10章第77页〔见《英国宪法》，休斯编，伦敦，1834年〕写道："英国法学家坚信的基本原则，是认为议会除了不能把女人变成男人或把男人变成女人以外，它什么都能做到。"

布莱克斯通说得虽不这样坚定，但也十分明确。下面，就是他说的：

"爱德华·科克爵士认为议会的权力和司法权（第4项第36款），无论是对人，还是对事，都过于广泛和绝对，以致任何限制都禁止不了它的活动。他补充说，对于这个最高的法院简直可以说是：Si antiquitatem spectes，est vetustissima；si dignitatem，est honoratissima；si jurisdictionem，est capacissima.（论资格，它最古老；论荣誉，它最光荣；论权力，它最强大。）在制定、通过、扩大使用、停用、废除、恢复使用和解释教会法令或世俗法令、民法、军事法、海运法、刑法等名目众多的法律方面，议会享有至高无上和不受监督的权力；而授予议会以这种可以左右政府各部门的绝对权力的，正是这个王国的宪法。凡是申冤和要求赔偿损失的案件，都可越过普通法院而送到这个特殊的法院去解决。它能修改或新订王位继承法，比如亨利八世和威廉三世，就是由它拥上王位的。它能使国家改信某一教派，比如在亨利八世及其三个子女统治时期，它就曾以各种理由使国家来回改宗。它可以**修改和改变王国的宪法**〔着重点是托克维尔加的〕和议会本身，比如它曾为通过英格兰与苏格兰联合的法案，以及关于三年和七年举行一次选举的各项法令，而这样做过。简而言之，它能做到本来不能做到的一切，所以它在使用自己的权力时好像无所顾忌，以可以说是有些过于大胆的姿态表现了议会万能。"〔见布莱克斯通：《英国法释义》第1卷

第160页〕

(M) 第138页

美国各州的宪法，彼此在政治审判制度方面的规定最为一致。

各州的宪法都定有这种制度，并授予州众议院以起诉的专权，只有北卡罗来纳州宪法把这项权利授予大陪审团(第23条)。

几乎所有州的宪法，都把政治审判的专权授予州参议院或有州参议员列席的审判团。

政治法院可以作出的处罚，只是撤职或不准再任公职。只有弗吉尼亚宪法准许政治法院可以作出各种不同处罚。

可以送交政治审判的罪行有：联邦宪法第2条第4项、印第安纳州宪法第3条第23项和第24项〔1816年宪法〕、纽约州宪法第5条〔1812年宪法〕和特拉华州宪法第5条规定的叛国罪、贿赂罪和其他重罪或轻罪；

马萨诸塞州宪法第1章第2条、北卡罗来纳州宪法第23条〔1776年宪法〕和弗吉尼亚州宪法第252页〔?〕规定的渎职罪和玩忽职守罪；

新罕布什尔州宪法第105页〔?〕规定的贿赂罪、医疗事故罪和玩忽职守罪〔第38条〕；

佛蒙特州宪法第2章第24〔54〕条规定的玩忽职守罪；

南卡罗来纳州宪法第5条〔1790年宪法〕、肯塔基州宪法第5条、田纳西州宪法第4条〔1796年宪法〕、俄亥俄州宪法第1条第23项和第24项、路易斯安那州宪法第5条、密西西比州宪法第5条〔1817年宪法〕、亚拉巴马州宪法第6条和宾夕法尼亚州宪法第

4 条〔参看 1790 年宪法〕规定的渎职罪。

伊利诺伊州、佐治亚州、缅因州和康涅狄格州的宪法没有列举罪名。

(N) 第 212 页

不错，欧洲列强可以对美国进行大规模的海战；但美国对付海战总比对付陆战容易得多，而且危险较小。海战只需要一种武力。在商业国家，只要人民同意向政府提供必要的资金，就会永远拥有强大的舰队。而且让人民在金钱上牺牲也比让他们在生命和人力上的牺牲容易得多。另外，海战的败绩也很少损害战败国的生存和独立。

至于陆战，欧洲国家显然不能给美国造成危险。

即使一个拥有将近 200 万人口的国家，也很难向美国运去并在那里供养 25 000 名士兵。如果一个这样的欧洲大国同美国交战，就等于一个拥有 200 万人口的国家同拥有 1 200 万人口的国家打仗。而且，美国人拥有各种物资，欧洲人离他们有 1 500 里约，何况美国的广袤疆土是在征服它时将要遇到的不可克服的障碍。

第二部分

(A) 第 234 页

美国的第一份报纸，在 1704 年 4 月出版于波士顿。见《马萨诸塞历史学会集刊》第 6 卷第 66 页，波士顿，1880 年。

如果以为在美国出版期刊历来是完全自由的，那就错了。在那里，也曾设立过预先检查和提交保证金之类的制度。

马萨诸塞州 1722 年 1 月 14 日法令就有这类规定。

州下院（立法机关）委派的检查新闻工作的“新英格兰报刊委员会”鉴于：“被告的报纸有嘲弄宗教和使人轻视宗教的倾向，准许一些著名作者在上面发表亵渎宗教和对神不敬的文章，诬蔑传播福音的教士的行为，辱骂国王陛下的政府，扰乱本地的和平和安宁，兹建议：或禁止该报出版人兼发行人詹姆斯·富兰克林继续出版和发行该报，或令其将要发表的一切文章送交本地行政长官审查；责成萨福克县治安法官令富兰克林先生交纳保证金并担保自己今后一年之内循规蹈矩。”

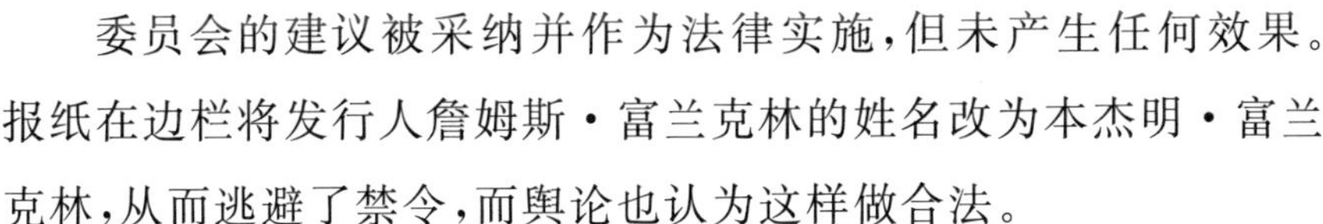

委员会的建议被采纳并作为法律实施，但未产生任何效果。报纸在边栏将发行人詹姆斯·富兰克林的姓名改为本杰明·富兰克林，从而逃避了禁令，而舆论也认为这样做合法。

(B)　第 347 页

在 1832 年通过改革法案以前，郡的选举人（地产的代表）必须拥有可以获得 40 先令纯收入以维持生计的自有地产或租用地产。原法案是在亨利四世时期于 1450 年前后制定的。亨利四世时期的 40 先令，相当于现今的 30 英镑。但是，一直到 1832 年，15 世纪定下的这个金额始终未变。这表明英国的宪法是日趋民主了，即时间经过了那么久，而为选举人规定的财产资格还没有改动。参看：德洛姆著作第 1 卷第 4 章；布莱克斯通著作第 1 卷第 4 章。

英国的陪审员由郡长推选(德洛姆著作第1卷第13章)。郡长一般是本郡的知名人士,主管司法和行政工作;他在本郡代表国王,每年由国王任命(布莱克斯通著作第1卷第9章)。他的地位容易被人怀疑收受诉讼当事人的贿赂,而且如果他被疑有不法行为时,人民可以不让由他任命的陪审团审理,改由另一名官员负责推选新的陪审员。参看布莱克斯通著作第3卷第23章。

有权当选陪审员的人,必须拥有可以获得不少于10先令收入的地产(布莱克斯通著作第3卷第23章)。应当指出,这个条款是在威廉和玛丽统治时期,即在1700年先后规定的,而当时的币值比现在高得多。大家知道,英国的陪审制度,也像该国的其他一切政治制度一样,不是根据人的能力而是根据人的地产建立的。

最后,佃户也可以充任陪审员,但他必须是长期为善的人,而且交了地租以后,他的纯收入要达20先令(布莱克斯通著作第3卷第23章)。

(C) 第348页

按联邦宪法规定,联邦系统的法院也像各州在本州系统的法院实行陪审制度那样采用陪审制度。但是,联邦宪法没有具体规定如何推选陪审员。联邦系统的法院从每个州按该州规定的办法选定的常任陪审员中抽调陪审员。因此,要根据各州的法律来说明美国的陪审制度的原理。参阅斯托里:《美国宪法释义》第3卷第38章第654—659页;萨金特:《美国宪法》第165页;以及1789年、1800年和1802年联邦有关这个问题颁布的法令。

为了详细了解美国陪审制度的原则,我查阅过几个相距很远的州的法律。下面就是我从查阅中获得的总印象。

在美国,凡是有选举权的公民都可以充任陪审员。但在纽约那样的大州,推选人的法定资格与陪审员的法定资格略有不同,而且这种不同与法国法律的规定相反,即纽约州的陪审员的法定资格比推选人的法定资格规定得较低。总的说来,在美国,推选陪审员的权利,也同推选议员的权利一样,可以及于一切公民。但是,这项权利的行使,并不是在所有人之间没有明确规定的。

每年,乡镇或选举区的行政当局请有权推选陪审员的人,在新英格兰是请乡镇的行政委员,在纽约州是请乡镇行政长官,在俄亥俄州是请遗孤财产保管人,在路易斯安那州是请县长,为本地区推选一定人数的有权充任陪审员和预计有此种能力的公民为陪审员。如这些官员本人当选为陪审员时,也不会引起他人反对。他们的权力非常广泛,而且具有强制性质,一般同州的行政官员没有两样,尤其在新英格兰,他们往往有权罢免不称职的或无能力的陪审员。

将如此选出的陪审员的名单送交县法院,然后用抽签办法从中选出有权参加各种案件审理的陪审团。

此外,美国人还通过一切办法使陪审团接近人民,并尽可能减轻陪审团的负担。陪审员的人数很多,每人最多只能连任三年。法院在每个县的县城开庭审理案件。美国的县(county)大致相当于法国的区(arrondissement)。因此,法院离陪审团很近,而不像法国那样在法院开庭时去召集陪审团。最后,陪审员是有报酬的,但因案件不同,有的由州支付,有的由诉讼当事人支付。一般说来,除去旅费外,每人每天可收入 1 美元(相当 5 法郎 42 生丁)。

在美国，把做陪审员看成是一项必须承担的义务，但这项义务并不难完成。

参阅布雷瓦德：《南卡罗来纳州法令汇编》第 2 卷第 338 页，第 1 卷第 454 和第 456 页，第 2 卷第 218 页。（共 5 卷，查勒顿，1814 年）

参阅立法机构编辑和出版的《马萨诸塞普通法》第 2 卷第 331 页和第 187 页。

参阅《增订纽约州法令集》第 2 卷〔阿尔巴尼，1829 年〕第 720 页、第 411 页、第 717 页和第 643 页。

参阅《田纳西州法令集》第 1 卷〔诺克斯维尔，1831 年〕第 209 页。

参阅《俄亥俄州法令集》第 95 和 210 页。

参阅《路易斯安那州立法汇编》第 2 卷第 55 页。〔共 2 卷，新奥尔良，1828 年〕

（D） 第 351 页

在仔细研究英国的民事陪审制度时，不难发现陪审员无法摆脱法官的控制。

当然，陪审团对民事案件和刑事案件所做的判决，在其扼要的陈述中也包括事实和权利。例如：有一所住宅，彼得说是属于他的，因为他花钱购买了它，这就是事实问题；但是，他的反对者对他说，出售人没有行为能力，这就是权利问题。陪审团只要说这所住宅将归彼得所有，这就等于认定事实和权利。陪审团对刑事案件的判决只要有利于被告，英国人就同意陪审团的判决没有错误；但在民事方面应用陪审制度时，英国人就没有保留这种想法。

如果法官认为陪审团的判决在法律的应用方面有错误，他可以拒绝接受，驳回给陪审员重新审理。

如果法官把陪审团的判决搁置起来，不予复审，则诉讼还没有完全结束，因为他有办法抵制陪审团的判决。主要的方法是，要求法院撤销原判和成立新的陪审团。实际上，这样的要求很少得到满足，而且他以后也再没有办法。我就亲眼看到过这样的事情。参看布莱克斯通著作第 3 卷第 24 章和第 25 章。

下　　卷

序　言

美国人之具有民主的社会情况，自然有赖于他们的某些法制和关心政治的民情。

这种社会情况也使他们产生了许多为欧洲的旧贵族社会所不知道的思想和观点。它破坏了或改变了昔日的各种关系，并由此建立起新的关系。市民社会面目的改变，丝毫也不亚于政界面貌的改变。

我在 5 年前出版的本书上卷里，研究了美国民主的主要问题。本卷将讨论它的次要问题。上下两卷相辅相成，合成为一部著作的整体。

我应当立即敬告读者，请不要产生可能严重歪曲我的原意的错误。

由于我把那么多不同的结果都归因于平等，所以读者可能以为我把平等视为当今发生的一切事情的唯一原因。这种看法就是认定我的观点太偏颇了。

在当代，人们的许多观点、情感和本性，并不一定来自平等，或者完全与平等相悖。因此，如果以美国为例，我可以很容易证明这个国家的性质、居民的起源、早期定居者的宗教，以及他们的既有知识和已有习惯，过去曾经和现在仍在对这个国家的人民的思想和感情的活动发生巨大的影响，而跟民主毫无关系。欧洲发生的许多事情有其各种原因,而这些原因也适用于美国发生的大部分事情,但均与平等无关。

这一切不同原因的存在和作用,我全知道,但这不是我要研究的对象。我不打算探讨我们的一切倾向和一切思想的产生原因,而只想在某些章节谈一谈平等对一切倾向和思想的改变发生的作用。

人们可能感到奇怪:既然你坚信我们目睹的民主革命是不可抗拒的,并认为抗拒既无希望,又有失明智,那么,你为什么在本书里对这个革命所创造的民主社会又如此时时严加指责呢?

我的答复很简单:正是因为我不反对民主,我才想认真地对待民主。

人们绝不能从敌人那里得到真理,而朋友也很少提供真理。这就是我为什么要那样做的原因。

我相信,很多人愿意出头露面,报道平等许诺给人们的新的好处;而敢于指出平等会给人们带来坏处的,却为数不多。因此,我的注意力主要面对这些坏处,而且在清楚地看到它们时,还不怕将它们揭露出来。

我希望读者在本书的下卷亦能发现他们在上卷似已发觉的我的立论不偏不倚。面对把我们国家分裂成许多派别的互相对立的意见,我力求将我对其中的任何一项意见所持的同情或反感暂时隐藏于内心。假如读者发现书中有一字一语是在讨好曾经把我们国家闹得天翻地覆的大党中的任何一个,或者是在阿谀目前正在扰乱国家和削弱国力的小派系中的任何一个,那就请他们对我不吝大声谴责。

我所要探讨的问题非常广泛,因为世界的新形势所造成的观念和思想,大部分都包括在其中。有些问题确实超过了我的能力,我虽然对它们做了研究,但我自己也感到不够满意。

但是，纵使我没有达到预定的目的，读者至少也会承认我基于抛砖引玉的精神来计划和着手写作这部书是正确的。*

---

* 我们在本书上卷所作的注释，大部分是对事实的解说或更正。在本书的下卷，托克维尔对他只看到初期情况的社会所作的描述，是事实少而释义多。他自己也曾指出，1840 年时期的读者会遇到一些不容易理解的地方。因此，他在 1840 年 12 月写信给约·斯·穆勒说："《论美国的民主》的下卷，在法国没有像上卷那样获得成功。我不认为现代的舆论对书刊的评论有什么不对。因此，我正在忙于检查自己犯了什么错误，结果发现一个重大失误，那就是使读者觉得似是而非。我认为，我找到的缺点在于：书中引用了一些为广大读者所不知道的不见经传和尚有疑问的材料。当我只讲美国的民主社会时，人们马上就理解了。如果我按照实际情况来谈法国的民主社会，读者也会完全理解。但是，当我要叙述美国和法国的社会使我产生的认识时，我就得描述尚无完整的模式的民主社会的一般特征（重点是编者加的）。……正是在这个地方，我没有考虑一般读者的要求。只有习惯于钻研一般真理和思辨真理的人，才喜欢同我走一条道路。我认为，我没有使本书产生应有的效果，主要的责任在我，特别是在于我叙述各部分所采用的方法。"

今天，"民主社会的一般特征"已经达到了全面的发展。因此，现代的读者来阅读本书的下卷将不会有什么困难，这是毫不足为奇的。在 1840 年可能把本书视为释义性著作的人，今天会完全认为它是专门的研究性著作了。

托克维尔的著作，在世界的名著中占有显著的地位，可以同亚里士多德的《政治学》、博丹的《国家论六卷集》、孟德斯鸠的《论法的精神》并列齐名，但本书的预见性使它能永远确保特殊的地位。

托克维尔认为下卷的价值高于 5 年前出版的上卷。他在 1840 年写信给本书的英译者亨利·里夫说："我希望您能觉得下卷好于上卷。这是我自己的判断。"后人也确认了作者的判断。

在这里介绍几本研究美国的文化和特点的现代著作，可能对读者有好处：查尔斯·比尔德夫妇的：《美国精神：对美国的文明思想的研究》，纽约，1942 年（第 170 页及以后几页引用了托克维尔的论述）；M.米德：《美国特点》，伦敦，1944 年；G.戈勒：《美国人》，伦敦，1948 年（法译本，巴黎，1949 年）；M.J.波恩：《美国文化》，柏林，1930 年；E.A.莫勒：《美国世界》，伦敦，1928 年；J.D.帕索斯：《民族国家》，伦敦，1945 年；D.W.布肯《美国特点》；H.S.康马杰：《美国人的智慧》，伦敦，1950 年（这是一本大部头著作）。——法文版编者

（法文版编者的这段话，原在下卷末编者注之首，因中文版将编者注移于所在页的下面，故将这段话移于此。——译者）

第 三 部 分

民主在美国对智力活动的影响

第一章　关于美国人的哲学方法

我认为，在文明世界里没有一个国家像美国那样最不注重哲学了。

美国人没有自己的哲学学派，对欧洲的互相对立的一切学派也漠不关心，甚至连它们的名称都几乎一无所知。*

但是，我们又不难发现，几乎所有的美国居民，都在用同样的方法指导他们的头脑，根据同样的准则运用他们的头脑。也就是说，美国人虽然从未下过工夫界说他们的准则，但他们却有一个大家共通的确定的哲学方法。

摆脱一统的思想、习惯的束缚、家庭的清规、阶级的观点，甚至在一定程度上摆脱民族的偏见；只把传统视为一种习得的知识，把现存的事实视为创新和改进的有用学习材料；依靠自己的力量并全凭自己的实践去探索事物的原因；不拘手段去获得结果；不管形式去深入本质——这一切就是我以下将要称之为美国人的哲学方法的主要特征。

如果想再深入一步，从这些特征中找出一个足以概括其余一

* 参看施奈德：《美国哲学史》，纽约，1946 年；安德森、菲什：《美国哲学：从清教徒开始到詹姆斯》，纽约，1939 年；柯蒂：《美国思想的发展》，纽约，1943 年。——法文版编者

切特征的最主要特征，那就会发现每个人在运用他们的头脑时，大部分只依靠一己的理性努力。

因此，美国是世界上研究笛卡儿的学说最少，但却实行得最好的一个国家。这并没有什么值得惊奇的。

美国人不读笛卡儿的著作，是因为他们的社会情况不需要进行思辨的研究；而他们之所以要按照笛卡儿的名言行事，则是因为这个同一社会情况自然地使他们的思想接受他的名言。

在民主社会里盛行的接连不断运动中，上一代和下一代的联系逐渐松弛或断绝，每个人容易忘却祖先的观点或并不因此而感到不安。

生活在这种社会的人，将不再信守其所属阶级的见解，因为可以说阶级将不复存在，而仍然存在的阶级也是由一些游移不定的分子所构成，以致他们的团体本身根本不会有可以控制其成员的真正能力。

至于一个人的智力对另一个人的智力的影响，在公民们的素质差不多完全一样的国家里，必定极其有限，因为大家的能力非常接近，谁也不承认别人一定比自己强大和优越，大家都时时以自己的理性进行判断，认为它才是真理的最明显和最近便的源泉。这不仅表明不相信某一特定的人，而且也表示没有兴趣相信任何人的什么话。

因此，每个人都自我封闭起来，试图从封闭的小圈子里判断世界。

美国人的这种只依靠本身确立判断准则的习惯，使他们的头脑产生了另一种思维习性。

由于他们认为现实生活中遇到的一切小困难不经他人帮助完全可以解决，所以他们容易由此断言，世界上的一切事情都是可以解释的，世界上没有什么事情为人的智力所不逮。

因此，他们不愿意承认有他们不能理解的事物，以致很少相信反常的离奇事物，而对于超自然的东西几乎达到了表示厌恶的地步。

由于他们习惯于相信自己找到的证据，所以喜欢把自己研究的事物弄得一清二楚。因此，他们要尽量揭去事物的层层外皮，排除使他们与事物隔开的一切东西，推倒妨碍他们观察的一切东西，以便在最近距离内和光天化日之下观察事物。他们的这种观察事物的方式，很快又导致他们轻视形式。在他们看来，形式是放在他们与真理之间的无用而令人讨厌的屏障。

因此，美国人用不着到书本里去汲取哲学方法，他们是从自己身上找到这个方法的。其实，我认为欧洲也曾有过同样的情况。

在欧洲，随着身份日趋平等，人们之间越来越无差别，这种方法就已建立起来和普及了。

现在，我们来谈一谈欧洲发生的事件的时间联系。

在16世纪，宗教改革家们开始用个人的理性去论证古老的信仰的某些教义，但对其余的一切教义仍避而不作公开讨论。到了17世纪，培根在自然科学方面，笛卡儿在狭义的哲学方面，放弃了一直被人们公认的公式，打破了传统在学术界的统治，推翻了巨擘们的权威。

18世纪的哲学家们，接着又把上述的原则推广，试图用每个人的个人体会去论证他们所信仰的一切东西。

路德、笛卡儿和伏尔泰采用的是同样方法，只是在运用上有或多或少的不同，这是大家有目共睹的。

但是，宗教改革家们为什么要那样只在狭窄的宗教观念的圈子里打转转呢？笛卡儿本来能够把他的方法应用于一切事物，可是他为什么只想把它用于某些特定的问题上，并且认定人们应当自行判断的只是哲学的事物而不是政治的事物呢？为什么到了18世纪，这个同一方法突然得到笛卡儿及其先驱者们未曾想到或拒绝推广的普遍应用呢？再者，为什么在这个时期，我们所说的方法突然走出学术界，渗入到社会，成为智力活动的共同准则，并在法国得到推广之后，而被欧洲的一切国家公开采用或暗中遵行呢？

我们所说的哲学方法虽然得以在16世纪产生，在17世纪达到精确化和一般化，但在这两个世纪均未能得到普遍的应用，是因为当时的政治法令、社会情况和这些主要原因所造成的思维习惯，都在阻止它的推广。

这种方法出现于人们开始趋于平等和彼此相差无几的时期，只是到了身份几乎完全平等和人们差不多完全一样的时代，才得以被普遍遵行。

因此，18世纪的哲学方法并非法国人所专有，而是具有广泛的民主性的，这说明它为什么能在全欧盛行，并使全欧的面貌为之一新。法国人之所以能使世界天翻地覆，并不是因为他们改变了自己的古老信仰，革新了自己的古老民情，而是因为他们首先提出了一种能够使人容易攻击一切旧的东西并为一切新的东西铺平道路的哲学方法，以及普遍推行了这种方法。

如果现在有人问我：为什么法国人现在能比平等已经相当完

备而且更为源远流长的美国人更严格地遵行和更经常地应用这个同一方法呢？我的答复是：这有一半来源于下述两种情况。这一点我们必须首先认识清楚。

我们绝不要忘记，使英裔美国人的社会得以建立的，正是宗教。因此，在美国，宗教是同整个民族的习惯和它在这个国土上产生的全部情感交织在一起的。这就使宗教获得一种特殊的力量。

除了这个强而有力的原因之外，还有一个作用也不小的原因。这就是在美国，宗教只管宗教方面的事情，宗教事务与政治事务完全分离，所以人们可以容易改变旧的法制而不触动旧的信仰。

因此，基督教依然对美国人的思想保有巨大的控制力量。其次，我还想特别指出，基督教不只是作为一门经过论证而被接受的哲学在发生支配作用，而且是作为一种无须论证就被信仰的宗教在发生支配作用。

在美国，基督教的各派林立，并不断改变其组织，但基督教本身却是一个基础巩固和不可抗拒的存在，既没有人想去攻击它，又没有人想去保卫它。

美国人在不经论证而接受基督教的基本教义后，也就承担起接受基督教所提出和支持的大量道德真理的义务。因此，个人的分析活动被限制在狭小的范围之内，使人们的主要观点多数不受个人的分析。

我前面所说的两种情况中的另一个情况如下：

美国人有民主的社会情况和民主的宪法，但他们没有经历过民主的革命。他们当年到达这片土地的时候，其情况仍跟我们今天在这片土地上看到的差不多一样。这一点非常重要。

任何革命都要动摇旧的信仰，削弱当局的权威，贬低原来的常规思想。因此，所有的革命都要或多或少地产生一种使人自主和为每个人的精神开辟几乎无限的活动空间的效果。

当旧社会的各阶级间的长期斗争结束后而使人们的身份平等的时候，对他人的忌妒、憎恨和轻蔑感，以及自己的高傲和过分自信感，可以说会立即涌上人们的心头，而且会在一段时间内对人起支配作用。这种与平等背道而驰的现象，对在人们之间创造隔阂，使人们互不相信对方的判断而只依靠自己去获得知识，起了很大的作用。

于是，每个人都力图自立自理，并以凡事自有主见为荣。人们之间的联系只是出于利害关系，而不再依靠思想。而且可以说，人们的见解已经不过是一堆智力尘埃，飘散四方，再无法收拢和集结在一起。

因此，随着平等而来的精神的独立感，从来没有像在平等开始建立的时候和为巩固平等而努力奋斗期间那样强烈，和表现得那样过分。因此，必须细心地把平等可以提供的那种智力活动自由，同革命所造成的无政府状态区分开来。应当对两者分别进行研究，以免对未来期望过高或恐惧过甚。

我相信生活在新社会的人会经常应用他们的个人理性，但我绝不认为他们应当经常滥用自己的个人理性。

我这样说，是基于一个最能广泛地适用于民主国家的原因。久而久之，这个原因一定会把个人的思想独立性限制在固定的、有时甚至是狭小的范围之内。

我将在下一章叙述这个原因。

第二章　关于民主国家的信仰的主要源泉

教条性信仰，因时代不同而有多有少。这种信仰的产生方式不尽相同，而且它们的形式和对象也可能改变。但是，教条性信仰，即人们不加论证而接受的某种信念，是人们无法使其不存在的。如果每个人都力图各自形成自己的观点，并独自沿着自己开辟的道路去寻求真理，则绝不会有很多人肯于团结在一个共同的信仰之下。

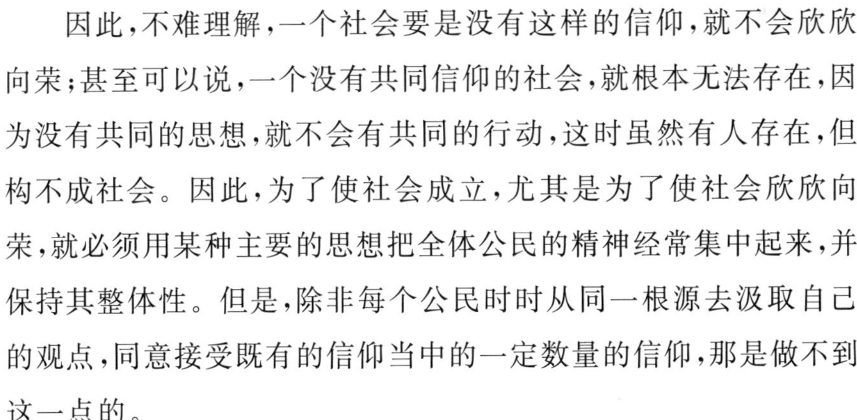

因此，不难理解，一个社会要是没有这样的信仰，就不会欣欣向荣；甚至可以说，一个没有共同信仰的社会，就根本无法存在，因为没有共同的思想，就不会有共同的行动，这时虽然有人存在，但构不成社会。因此，为了使社会成立，尤其是为了使社会欣欣向荣，就必须用某种主要的思想把全体公民的精神经常集中起来，并保持其整体性。但是，除非每个公民时时从同一根源去汲取自己的观点，同意接受既有的信仰当中的一定数量的信仰，那是做不到这一点的。

现在，我们就单独的一个人而论，也可以发现：他无论为了单独一个人生活，还是为了与他人共同行动，都不能不有教条性信仰。

假如每个人都要亲自去证明他们每天利用的真理，则他们的求证工作将永远没完没了，或因求证先遇到的真理累得筋疲力竭而无法继续去求证后遇到的真理。人生非常短促，一个人不但没有时间去那样做，而且由于人的智力有限，也没有能力去那样做。因此，他还是要相信许多他没有时间和能力亲自考察和验证，但早已被高明人士发现或被大众接受的事实与真理。他只能在这个初始的基础上，去构筑自己思想的大厦。这并不是他自愿如此去受人指挥，而是限于他本身的条件不得不如此。

世界上没有一个伟大的哲学家不是通过相信别人的论断而认识许多事物，并接受非他本人所发现的大量真理的。

这不仅是必然的，而且也是他所想望的。凡事只靠自己去认识的人，用于每件事上的时间和精力只能有限。这样的办法将使他的精神处于永无休止的忙乱状态，从而妨碍他深入研究任何一项真理和坚定不移地信守任何一项确定的事实。他的智力活动虽然是完全独立了，但却是软弱无力的。因此，必须先对人们议论的各种事物进行一次筛选，并不加论证地接受大多数早已存在的信仰，然后再择优地深入研究留待考察的少数问题。

不错，凡基于听信他人的言论而接受某一观点的人，都要使自己的精神受到奴役，但这是一种能够使他正确利用自由的有益的奴役。

因此，不管到什么时候，在智力和道德世界都要有某种权威存在。权威的所在处可能变化不定，但它必须有其所在处。个人的独立性可能有大有小，但它并不是漫无限制的。因此，问题不在于了解民主时代是不是有智力权威，而只在于知道这个权威的所在处和它有多大力量。

我在上一章说过，身份平等使人们对超自然的东西开始采取一种出自本能的不相信态度，而对人的理性却作出非常高的而且往往是过分的评价。

因此，生活在这个平等时代的人，不会把他们所信服的智力权威置于超人的位置，或到人类以外的地方去寻找这个权威。他们通常是从自己身上或从自己的同类那里汲取真理的源泉。这便足以证明，在这样的时代，不可能建立新的宗教，而建立新宗教的一切企图，不但要被人视为是邪恶的，而且要被人视为是荒谬的和不合理的。我们可以预言，民主国家的人民不会轻易相信神的使者，敢于嘲笑新冒出来的先知，并要从人类本身当中而不是到人类之外去寻找自己信仰的主宰。

当身份不平等和人们之间有差别时，就会出现一些非常有见识、非常有学问和因智力高超而非常有能力的个人，而同时也会出现一大批非常无知和能力极其有限的人。因此，生活在贵族制度时代的人，自然要以某一个人或某一阶级的高超理性作为自己的思想指南，同时会不太愿意承认群众是永远正确的。

在平等的时代，情形就与此相反。

随着公民们日益平等和日益无差别，使人人都盲目相信某一特定的人或特定的阶级的倾向，将会减弱。于是，相信群众的趋势将会增强，并逐渐变成支配社会的观点。

在民主国家，公众的意见不仅是个人理性的唯一向导，而且拥有比在任何其他国家都大的无限权力。在民主时代，由于彼此都相同，所以谁也不必信赖他人。但是，这种相同性却能使人人对于公众的判断怀有几乎无限的信任，因为在他们看来，如果公众的判断不与他们大家拥有的相同认识接近，绝大多数人是不会承认它是真理的。

当生活在民主国家的人以个人与周围的所有人比较时，他会自负地觉得自己与每个人都一样平等；而当他环顾周围的同胞全体，拿自己与这个大整体比较时，他又会立即惭愧地觉得自己并没有什么了不起，而是力量微不足道。

这种原来使他觉得自己在每一个同胞面前都能自主的同一平等，现在把他孤立起来，不能反抗绝大多数人的行动。

因此，在民主国家，公众拥有贵族制国家的人民无法想象的强大力量。公众不是用说服办法，而是以全体精神大力压服个人智力的办法，将公众的意见强加于和渗入于人们的头脑的。

在美国，多数拥有向个人提供大量的现成见解和减轻个人构思己见的负担的义务。在哲学、道德和政治方面，还有一大套关于每个人应不加论证而接受公众的信念的理论。如果再仔细观察一下，还会发现宗教本身在美国主要是作为一种共同的见解，而不是作为一种神启的教条发生统治作用的。

我知道，美国人认为政治法令就是能让多数对社会实行绝对统治的法律。这就使多数对智力活动自然发生的支配力量大为增加，因为人们总是惯于认为压迫他们的人在智慧上高于自己。

多数在美国的这种无限政治权威，确实在加强舆论原来就对每个人的精神发生的影响，但它并非这种影响的基础。应当到平等当中，而不是到平等的人们可能建立的或多或少得到人们拥护的制度当中去寻找这种影响的根源。一般可以认为，在由一个国王统治的民主国家里，绝大多数对智力的控制作用，也许不如在一个纯粹的民主国家里那样绝对，但毕竟是非常绝对的；而在平等时代，不管是什么政治法令统治人民，都可以预言人民对舆论的信赖将成为一种以多数为先知的宗教。

因此，智力的权威虽然可能有所不同，但它绝不会式微。我绝不以为它会消失，反而预计它会容易强大起来，能把个人的理性限制在与人类的伟大和幸福很不相称的极小范围内。我清楚地看到平等有两个趋势：一个是使每个人的精神趋向新的思想；另一个是使人容易不去思想。我也看得出来，在某些法制的治理下，民主的社会情况促成的智力活动自由，也会被民主制度所取消，所以智力活动自由在打碎某个阶级或某些人以前加于它的羁绊之后，又将被大多数人的普遍意志紧紧地束缚起来。

假如民主国家把曾经过分妨碍或推迟个人理性飞速发展的各种强权推翻，而只受一个多数的专制权力的统治，那么，这只是换上了一个性质不同的邪恶而已。人们仍然没有找到独立自由生活的办法，而只会发现自己在做一桩蠢事，即又沦入新的奴役状态。因此，我不免要在这里再次强调，凡是认为智力活动自由为神圣事业的人，凡是不仅憎恨专制君主而且憎恨专制制度的人，都应当三思而行。至于我，当我感到权力的手在我面前挥舞的时候，我不必管这是谁要压迫我，而是最好去欣然听命，将自己的脑袋伸进枷锁，因为有千万只手在我面前举着枷锁。

第三章　为什么美国人比其祖先英国人更倾向和更喜好一般观念

上帝绝不一般地观察人类。它一瞥人类，就能分清人性中包括的一切东西，从每个人身上看到使人人互相接近的相似点和使人人互相疏远的差异处。

因此，上帝并不需要一般观念。这就是说，上帝从来没有感到有必要将大量的类似东西置于同一形式之下，以便于对它们进行更为细致的思考。

人就与上帝不同了。人的头脑如欲对映入脑际的一切个别的东西独自进行考察和判断，马上就会陷入五里雾中，对这些东西的一切细节茫无所知。在这样的窘迫处境下，他只有求助于一种不够完善但又必要的办法。这种办法既暴露了人的缺点，又补救了人的缺点。

人对一些事物进行表面的观察，并看出它们的相似处后，就给它们冠上一个共同的名称，然后把它们放置一边而去考察其余事物。

一般观念的建立并不证明人智强大，反而证明其软弱无力，因为自然界中绝没有两个完全相同的东西，绝没有两个一模一样的事实，绝没有可以不加区别地运用的规章，也绝没有可以同时用于许多事物的同一方法。

一般观念也有其值得称赞之处，即它可以使人同时对大量的事物作出迅速的判断。但是另一方面，它所提供的向来只是不完整的概念，它使人理解到的东西经常不够准确。

社会一方面在老化，另一方面又在产生新的事物，几乎每天都在不知不觉之中获得某些个别的真理。

人知道的这种真理越多，他得到的一般观念自然也越多。人要是不从无数的个别事实中找出它们的共同纽带，就无法分别地观察它们。几个个体可以形成"种概念"，而几个"种概念"则可以引出"类概念"。因此，一个民族的文化越是悠久和广博，它对一般观念的习惯和爱好也越大。

但是，还有另外一些原因使人们能把或不能把他们的观念一般化。

美国人比英国人更经常使用一般观念，并且喜欢更持久地使用。如果注意到这两个民族是同文同种，在同样的法则下生活了好多个世纪，至今还在思想和民情方面没有中断往来，那么，乍一看到这种情况，就会感到非常奇怪。如果我们把视线转向欧洲，并对比居住在这里的两个最开化民族，其鲜明的对照更会使人感到吃惊。

我们可以看到，英国人的思想只能极其勉强和极其惋惜地放弃对于别个事实的沉思，因为他们要从这种沉思中去找因果关系；另外，英国人之接受一般观念，也非出于自愿。

我们法国人与此相反。我们对于一般观念的爱好，达到了凡事都要满足这种热爱的地步。我每天一早起来，总是听到人们又发现了我以前闻所未闻的某个一般的、永久的规律。即使是一个平庸的小作家，他也跃跃欲试，企图发明一些可以治理大国的经纶；他要是不在一篇文章中把全人类都写进去，他是绝不会心满意足的。

这两个最开化民族之间的这种差异，实在令我吃惊。如果我再把注意力转向英国，并考察它50年来发生的一切，我认为自己可以证明，英国人对于一般观念的爱好，也正随着该国的古老制度的式微而加强。

因此，只根据文明的进步的大小，还不足以解释人为什么喜欢或回避一般观念。

当人们的身份极不平等，而且不平等现象永久存在的时候，人与人之间将越来越不同，以致有多少种不同的人，就会有多少个阶级。但是，人们从来只是同时注意其中的一个阶级，而忽略了把这些阶级集聚于广大人群中的一般联系，即只看到了个别的人，而忽略了一般的人。

因此，生活在贵族制社会里的人，从来不会产生有关本身的一般观念，而这又足以使他们在习惯上不相信一般观念，在本能上厌恶一般观念。

反之，居住在民主国家的人，他们发现彼此都接近，没有太大的差别，所以他们不会专注于人类的某一部分，他们的视野开阔，一直扩大到全人类。在他们看来，凡是可以用于本身的真理，都可以同样地或以同样方式用于其每个同胞或同类。他们一旦在自己苦心从事的和最感兴趣的研究工作中染上喜欢一般观念的习惯，就会把这种习惯移用于其他工作中去。于是，找出所有事物的共同准则、把大量的事物总括在同一的形式之下、只用一个原因来解释无数事实的需要，就变成人们思想的一种热烈的而且往往是盲目的激情。

古代人对于奴隶的看法，最能证明我上述的一切是真理。

人是相似的，生下来就对自由拥有同等的权利，这本是一个极其一般而且同时又是极其简单的道理。但是，罗马和希腊的最精明最博学的天才，从未达到这样的思想境界。他们试图以种种办法证明，奴隶制度是合乎自然的，并且将永远存在下去。然而，所有的史料又在证明，古代有些名人在未获解放以前曾是奴隶，其中还有许多人有名著传世。他们虽然也曾目睹今天这样的奴役现象，但他们当时依然认为奴隶制度是合乎自然的。

古代的所有大作家，不是身为奴隶主贵族的一分子，就是至少认为当时建立的贵族制度是无可非议的。他们的思想向四面八方扩展以后，仍一直没有超出贵族的思想范畴。只是耶稣基督降世以后，他才教导人们说：人类的所有成员生下来都是一样的，都是平等的。

在平等的时代，人人都是各自独立的，但处于孤立和软弱的状态。他们认为，不应当有上级的意志来不断指导大家的行动。因此，在这样的时代，人类好像是在自行前进的。为了解释世界上发生的一切现象，人们不得不去寻找某些对我们人类的每个成员都发生同样作用并使我们自愿地走上同一道路的重大原因。这样地寻找工作，又自然而然地促使人的头脑想出一般观念，并导致人们喜爱使用一般观念。

我在前面早已指出身份平等是怎样导致每个人喜欢亲自寻找

真理的。不难看出，这样的方法也必然逐渐地使人的精神倾向于一般观念。当我放弃阶级、职业和家世的传统，不受先例的左右而单凭自己理性的努力去寻找自己应走的道路时，我自然要倾向于到人的本性中去汲取自己观点的原因。这样，我就必然而且几乎是在不知不觉之中得到大量的非常一般的概念。

上述的一切，足以说明英国人为什么不如他们的后裔美国人和他们的邻居法国人那样愿意和喜欢把概念一般化，以及今天的英国人为什么在这方面比他们的祖先走得远了。

英国人长期以来一直是个既非常开明又很固守贵族制度的民族。他们的开明文化，使他们不断地追求非常一般的观念；而他们的贵族习惯，又使他们囿于非常个别的观念。因此，英国人的哲学是既大胆而又怯懦的，是既豁达而又狭隘的。直到今天，这种哲学仍在控制着英国，使人们的思想受到限制和停滞不前。

几乎所有的民主国家都喜爱一般观念，而且往往是热烈追求一般观念。它们之所以如此，除了我上面讲述的原因以外，还有其他一些不大明显但并非无力的原因。

必须对这些一般观念加以区分。有些一般观念是长期的、细致的、精心的智力劳动的结果，而人的认识的扩大正靠的是这类观念。

而另一些一般观念，则是精神的一触即发的结果，产生得比较容易。它们只能导致人们形成非常肤浅和很不确切的概念。

生活在平等时代的人，都是好奇心多而悠闲心少。他们的生活务实、复杂、紧张和活跃，以致没有太多的时间去进行思维活动。民主时代的人都喜爱一般观念，因为这样的时代使他们不必操心去研究个别的事物。我甚至可以这样说：民主时代可以用小小的容器收藏大量的东西，在短短的时间里得到巨大的收获。因此，这个时代的人做了一次粗心而简短的考察之后，便会认为发现了某些事物之间的共同关系，不再进一步深入研究这些事物，也不详细考察这些纷纭的事物在哪些方面相似或有别，而是匆匆忙忙把它们归类，随后便不去做深入考察。

民主时代的显著特征之一，就是人人都喜欢轻易地获得成功，贪图眼前的享乐。知识界如此，其他人也是如此。生活在平等时代的人，大部分都雄心勃勃，但失败了会立即颓靡，而成功时则会更加活跃。他们希望马到成功，大获胜利，但懒于多花费精力。这种有害的本性，使他们直接去追求一般观念，并且大夸海口，说什么利用一般观念可以不费工夫就绘出大千世界的图景，可以轻而易举地引起公众的注意。

但是，我不敢肯定他们的这种想法就是错误的，因为他们的读者也跟他们一样，害怕进行他们本来可以进行的深入研究，懒于进行正常的思维活动，而是希望不经努力就获得知识和痛痛快快地享乐。

如果说贵族制国家没有充分运用一般观念，而且往往轻率地蔑视一般观念，那么，民主国家的人民则与此相反，他们时时都在准备滥用这种观念，准备积极地应用这种观念。

第四章 为什么美国人从来没有像法国人那样热烈追求政治方面的一般观念

我在前面说过，美国人不像法国人那样热爱一般观念。这种情况在政治方面尤其显著。

虽然美国人在立法方面采用的一般观念比英国人多得无限，在用人们的实践武装理论方面比英国人做得多，但美国没有一个政治机构曾像法国的制宪会议和国民公会那样喜爱一般观念；整个美利坚民族，从来没有像18世纪法国人那样热烈追求一般观念，而且也不盲目相信任何理论的绝对善和绝对真。

美国人与法国人的这种差异来自数个原因，但其主要者如下：

美国人是一个一直由自己来管理公共事务的民主的民族；而我们法国人，虽然也是一个民主的民族，但长期以来，只限于在口头上议论如何更好地管理公共事务。

我们的社会情况，早已使我们想出了一些有关政府工作的非常一般的观念，但我们的政治制度，却仍在妨碍我们通过实践来矫正一般观念，使我们只能慢慢地去发现原有一般观念的缺欠。但是，在美国人那里，这两件事情，即一般观念和政治制度，却经常处于相互适应的状态，从而可以自然互相修正。

乍一看来，这里所讲的，跟我以前所讲的民主国家能从其实际生活的紧张活动中汲取热爱理论的力量的说法，大相径庭。但是，只要仔细考察一下，就会发现其间并不矛盾。

生活在民主国家的人都渴望一般观念，因为他们的空暇不多，而有了一般观念，他们就不必浪费时间去考察个别的问题了。这固然是事实，但只应限于不是他们所常想的或必想的问题。比如，商人是渴望了解他们本来应当密切注视的有关哲学、政治、科学和艺术的一般观念的，并希望别人能够提供，但只有通过商业方面的考验，他们才能接受这些一般观念，或者只是有保留地接受。

政治家当涉及有关政治的一般观念时，情形也是如此。

因此，当民主国家的人民在一个特别有危险的问题上盲目地和过分地追求一般观念时，他们可以采用的最好解救办法，就是每天在实践中考察这个问题。这样一来，他们就不得不深入到问题的细节，而问题的细节将会使他们发现理论的缺点所在。

这种解救办法经常是使人苦恼的，但它的效果却是肯定的。

因此，强迫每一个公民实际参加政府管理工作的民主制度，可以节制人们对于平等所造成的政治方面的一般理论的过分爱好。

第五章　在美国宗教是怎样得以利用民主的本能的

我在前面的一章里已经证明，人要是没有教条性信仰是无法生活下去的，而且也非常希望有这样的信仰。我在这里再补充一句：在一切教条性信仰之中，我认为宗教方面的教条性信仰是人们最希望的。即使你只想重视现世的利益，也显然会得出这个结论。

人的任何行动，不管人认为它有什么特殊性，几乎都来源于他对上帝、对他与人类的关系、对自己灵魂的本性、对自己的同类应负的义务所持的非常一般的观念。谁也不能不让这种一般观念成为其余一切事物所由产生的共同源泉。

因此，人对上帝、对自己的灵魂、对造物主和自己同类应负的各种一般义务，都渴望形成一种确定不移的观念，因为如对这些基本问题持有怀疑态度，就将使自己的行动听凭偶然因素的支配，也可以说是任其混乱和无力。

可见，我们每个人都应当有确定不移的观念，乃是一个非常重要的问题；但遗憾的是，我们每个人都是单枪匹马，只靠自己的理性努力去取得这种观念，因而又使这个问题很难解决了。

只有完全摆脱日常的生活琐事、洞察入微、工作细致和训练有素的人，经过长期和精心思考之后，才能发现这些如此不可缺少的真理。

我们还可以看到，这样的哲学家本身也几乎总是满腹疑团，他们每前进一步，启示他们的智慧的自然之光便会黯淡一些，甚至有熄灭的危险；尽管他们尽了一切努力，他们所发现的仍可能是为数不多的而且是互相矛盾的概念。千百年来，人们的思想就是在这些互相矛盾的概念当中荡来荡去，未能牢固地掌握真理，甚至未能发现新的错误。这样的研究远非一般人的能力之所及，即使一部分人有能力去做这种研究，他们显然也没有这种闲心和余暇。

有关上帝和人性的确定不移观念，虽然是人的日常生活实践所不可缺少的，但这个生活实践却在妨碍人去掌握这种观念。

我认为，这是一个绝无仅有的问题。在一切科学当中，有些知识是对人人都有用的，而且凭他们自己的能力也能学到；但另一些知识只有少数人能够理解，而非多数人能够研究的。对于大多数人来说，应用后一种知识是极其间接的。虽然他们无力进行研究这种知识，但这种知识对于他们的生活实践又是不可缺少的。

因此，有关上帝和人性的一般观念，是一切观念中最适于使个人理性避免习惯性影响的观念。对于个人理性来说，承认一个权威的存在，是得之者多，而失之者少。

宗教的首要目的及其主要好处之一，就是对这些重要问题中的每个问题，能够提供一项清楚的、确切的、人人都可以理解的和永久性的解决方案。

有些宗教是非常可疑和荒谬的，但是可以认为，凡是属于我所指出的范围之内的宗教，只要它不脱离这个范围，并且不像若干宗教那样试图从各方面压制人们思想的自由翱翔，就能使智力活动得到有益的规范。也应当承认,即使宗教不能使人在来世得报,那至少它对人在今世的幸福和高尚化还是极其有用的。

这对生活在自由国家的人民来说,尤其是真理。

当宗教在一个国家遭到破坏的时候,智力高的那部分人将陷入迟疑,不知所措,而其余的人多半要处于麻木不仁状态。每个人对于同自己和同胞最有利害关系的事物,只能习以为常地抱有混乱的和变化不定的概念。他们不是保卫不住自己的正确观点,就是把它放弃。于是,他们因为无力自己解决人生提出的一些重大问题而陷入绝望状态,以致自暴自弃,干脆不去想它们。

这样的状态只能使人的精神颓靡不振,松弛意志的弹力,培养准备接受奴役的公民。

一个民族沦于这种状态后,不仅会任凭自己的自由被人夺走,而且往往会自愿献出自由。

一旦在宗教方面也像在政治方面那样不复存在权威,人们立刻会对由此而产生的无限独立的情景感到惊恐。一切事物的这种经常动荡状态,将使人们心神不安和筋疲力竭。因为在精神世界一切已经发生动摇,所以人们想力争在物质世界建立巩固的秩序。但是,他们已不能再恢复昔日的信仰,而把自己交给一个人去统治。

至于我,我怀疑人们能够永远既保持宗教的完全独立,又保持政治的充分自由。我一向认为,人要是没有信仰,就必然受人奴役;而要想有自由,就必须信奉宗教。

因此,宗教的这种巨大功用,在身份平等的国家比在任何其他国家都明显。

应当承认，平等虽然给世界上的人带来了很大好处，但使人养成了一些我以后将要指明的非常危险的禀性。平等使人们彼此独立，使每个人自顾自己。

平等还为人心敞开了喜欢物质享受的大门。

宗教的最大功用，就是焕发与此相反的禀性。

没有一个宗教不是把人的追求目标置于现世幸福之外和之上，而让人的灵魂顺势升到比感觉世界高得多的天国的。也没有一个宗教不是叫每个人要对人类承担某些义务或与他人共同承担义务，要求每个人分出一定的时间去照顾他人，而不要完全自顾自己的。即使是最虚伪的和最危险的宗教，也莫不如此。

因此，笃信宗教的国家的长处，自然正是民主国家的缺处。这清楚地表明，人们在达到平等的同时又维护宗教，该有多么重要。

上帝利用超自然的手段将宗教信仰注入人心。我对这种手段既无权考察，也不想考察。我现在是纯粹从人的观点来考察宗教的。我想探讨宗教在我们即将进入的民主时代用什么办法才能轻而易举地保持其影响力。

我已经讲过，在文明和平等的时代，教条性信仰只有经过一番努力才能深入人的精神，而使人的精神感到迫切需要这种信仰的，则正是宗教。这首先说明，宗教在这样的时代要比在其他任何时代都更加慎重自持，不要越出本身固有的范围，因为宗教要想把自己的权力扩展到宗教事务以外，就有在一切事务方面失信的危险。因此，宗教应当注意规定自己的活动范围，只在这个范围内对人的精神施加影响，而在这个范围之外则任其完全自由。

穆罕默德自称从天而降，他不仅把宗教的教义，而且把政治的原则、民法、刑法和科学理论都放进了《古兰经》。反之，基督教的《福音书》只谈人与上帝和人与人的一般关系。除此之外，它什么也没有教导，也没有要求人们必须信什么。抛开其他许多理由不谈，只是这一点就足以证明这两种宗教中的前者不能在文明和民主的时代长期发生统治作用，而后者不管在这样的时代还是在其他时代，都注定会发生支配作用。

如果我们进一步进行这项研究，则可以发现：从人的立场来说，宗教要想在民主时代维持下去，只是小心翼翼地将自己的活动局限于宗教事务的范围之内，也还是不够的；宗教的力量，在许多方面还取决于它所遵奉的信仰的性质、它所采取的外在形式以及它为信徒规定的义务。

我在前面所述的平等使人们产生非常一般和非常广泛的观念的问题，主要应当从宗教方面来理解。彼此相同和平等的人，容易产生关于单一神的概念，认为这个神为每个人规定了同样的准则，授予每个人在来世以价值相等的幸福。关于人类的这个一致性的观念，不断地引导人们产生认为造物主也是一致的观念。反之，在人们彼此隔绝和相互差别极大时，有多少个民族、等级、阶级和宗族，就会随意创造出多少个神，并为各自绘出通向天国的无数条道路。

毋庸讳言，基督教本身也在某些方面受到社会和政治情况对宗教信仰发生的这种影响。

当基督教问世的时候，上帝无疑已为它的出世做好了准备，即把人类的大部分已经集结在一起，使他们像一支庞大的部队活动于罗马皇帝的麾下。这一大群人虽然彼此之间有很多不同，但他们之间有一点是相同的，即都遵守同样的法制。每个人各自与皇帝的伟大来比，他们是软弱和微不足道的；而从他们全体与皇帝的关系来说，他们又全是平等的。

应当承认，人类处于这种新的和特殊的情况，当然会使人去接受基督教宣讲的一般真理，而基督教之所以在当时能够顺利和迅速地深入人心，也正是来源于此。

罗马帝国崩溃后，就出现了与此相反的情景。

这时，罗马帝国垮台了，也可以说是四分五裂了，原先受它统治的每个民族又恢复了昔日的独立。不久以后，在这些民族的内部，一些阶层无限地壮大，出现了种族差别，而等级又使每个民族分成若干集团。各民族共有的这个动向，好像在尽其所想和所能，要把人类社会分成无数小块。在这种条件下，基督教也没有放弃它向人们宣扬的主要一般观念，而是要尽量准备适应人类分裂后出现的新趋势。人们继续崇拜创造和庇护万物的唯一的上帝。但是，每个民族、每个城市，甚至每个人，又相信自己能够得到某些特权，使至高无上的上帝成为自己的保护者。由于不能把一个神分成许多个，所以他们只好增加神的使者的人数，过分地提高使者的权力。于是，大多数基督徒把对天使和圣徒的崇敬，几乎变成了一种偶像崇拜，以致人们一时不无理由担心：基督教是不是也要蜕化为早被它战败的那几种宗教。

显而易见，随着把人类中的各民族隔离开的障壁和把每个民族内部的公民隔离开的障壁的消除，人们自然会接受关于单一的而且万能的存在的观念，认为这个存在能够平等地和以同样方式将法律施于每个人。因此，到了这样的民主时代，最重要的事情是

不准把人对神的使者的崇敬同只应对造物主的崇拜混淆。

在我看来，另一个真理也很清楚：即在民主时代，应使宗教的表面仪式给信徒带来的负担轻于其他任何时代。

我在论述美国人的哲学方法时说过，在平等的时代，人的精神最厌恶的，是使自己的观念服从于形式。生活在这个时代的人，反对以图像渲染事物，认为象征的手法是一种儿戏，其目的是掩盖或粉碎真相，不让真相赤裸裸地暴露于光天化日之下。他们对宗教仪式表示冷淡，认为礼拜的细节只有次要的意义。

在民主时代负责规定宗教的外在形式的人，必须审慎考虑人们智力的这种自然本性，以免与其发生不必要的冲突。

我坚决地认为形式是必要的。我知道，形式可使人的精神沉于抽象真理的思考，助其坚定地追求真理，令其热烈地相信真理。我绝不认为一种宗教能够无外在的仪式而维持下去。但是，另一方面，我又觉得：在我们正在踏入的时代，过分地讲究宗教的外在仪式是极其危险的；当然要有一定的仪式，但必须以延续教义本身所绝对需要者为限，因为教义才是宗教的本质①，而礼拜只是它的形式。在人们越来越平等的时代，拘泥于细节、死板不化、迫使信徒遵守清规戒律的宗教，很快就会只剩下一群狂热的信徒，而大多数人将放弃对它的信仰。

我知道一定会有人反驳我说：宗教都以一般的和永恒的真理为其追求的目标，所以它不能随波逐流，跟着每个时代的特点的变

① 在任何宗教中，仪式都与信仰的本质本身有密切联系，而且最好不加以任何改变。在形式与内容永远密切联系得像一个整体的天主教中，尤其是如此。

化而改变其目标，从而不会在人们面前失去其可信性。我对此的回答仍然是：必须把一种信仰得以成立和神学家们所说的信条得以建立的那些主要观点，同由这些观点派生出来的从属概念严格区分开来。不管时代有什么特点，宗教都必须经常坚持前者；但在万事都在改变其位置，人们的思想已经习惯于人间事物的千变万化而不愿意死守陈规的时候，宗教也慎重地注意自己与后者的经常联系。我认为，表面的和次要的事物的不变性，只有在市民社会本身停滞不前的时候，才能有机会持续下去。在其他任何场合，我都认为这种不变性是一种危险。

我们可以看到，在平等所造成的或促成的一切激情当中，有一种特别强烈并同时振奋人人之心的激情，这就是人人都有的喜欢安乐的感情。爱好安乐，是民主时代的突出的和不可消失的特征。

可以认为，试图消灭这个主要的激情的宗教，最后会被这个激情所消灭。如果宗教想让人们完全放弃现世的幸福，而叫人们专门去追求来世的幸福，那么，我们可以预言，人们在精神上最后将摆脱宗教的束缚，并为了专门去追求眼前的物质享受，而离开宗教远远的。

宗教的主要任务，在于净化、调整和节制人们在平等时代过于热烈地和过于排他地喜爱安乐的情感。因此我认为，如果宗教要试图完全压制和破坏人们的这种情感，那将大错而特错。宗教绝对无法使人放弃爱财之心，但它还是可以说服人们只用正当的手段去致富的。

现在，我来进行最后一项考察。这项考察从某种意义上来说也是概括上述各项的考察。随着人们日益相似和平等，与每日都在变化的尘事慎重地保持一定距离的宗教,愈加需要不与一般人都接受的观念和在群众中起着支配作用的利益,进行没有必要的对抗,因为公众的意见越来越成为最主要的和最无法抵抗的力量,而除了这种力量以外,宗教是无法得到足以长期顶住其所受到的攻击的强大支持的。无论在被一个专制君主者统治的民主国家,还是在共和制的民主国家,基本上都是如此。在平等的时代,君主虽然常能使人服从,但能使人们信服的却是人民中的多数。因此,凡是不违背自己信仰的人,都要倾向多数的意见。

我在本书的上卷说过,美国的神职人员是如何不问政治的。这是他们谨慎自制的明显例子,但还不是唯一的例子。在美国,宗教是一个专由神职人员统治的独立天地,而且神职人员从来不想走出这个天地;他们在这个天地内指导人们的精神,而在这个天地外,任凭人们自主和独立,让他们根据自己的本性和时代的要求去发挥他们固有的好动精神。我从来没有见过哪个国家的基督教像在美国那样不讲究形式和不重视繁文缛节,但对人的精神却有着最清晰、最简明和最一般的了解。尽管美国的基督徒分成许多宗派,但他们对各宗派都一视同仁。无论是对天主教,还是对其他教派,都可以这样说。任何地方的天主教神职人员,都没有像美国的天主教神职人员那样不过问信徒的礼拜琐事,不采取格外的和特殊的礼拜方法,不拘泥于教义的文句而重视教义的精神。天主教的只对天主礼拜而禁止对圣徒礼拜的教义,在美国宣讲得最为清晰和遵行得最好。然而,美国的天主教徒却是最驯服和最虔诚的。

可以适用于美国各教派神职人员的另一个特点是:美国的神职人员绝不把人的视线引向和固定于来世,而是让人心更多地注

意现世。在他们看来，现世的幸福在宗教上虽属次要，但仍不失其重要性。他们虽不从事实业活动，但对实业的进步至少还是关心和赞扬的。他们在不断向信徒讲述来世才是人们应当害怕和希望的伟大目标的同时，并不禁止信徒以正当的方法去追求现世的荣华。他们并不怎么多讲来世和现世的差别和不同，而是仔细地研究用什么方法使两者结合和联系起来。

美国的全体神职人员都承认多数对人们思想的支配作用，并尊重这种作用。除非必要，他们绝不反对多数。他们不参加党派的斗争，但随时接受全国和当代的共同意见，跟着振奋周围所有人的感情和思想的潮流前进，而不加抵制。他们致力于引导同时代人向善，而绝不与同时代人搞对立。因此，舆论从来不以他们为敌，反而支持和庇护他们。他们布讲的信仰，通过他们本身的努力和借助多数的力量而同时发挥作用。

因此，宗教通过尊重不与它对立的一切民主本能，并利用其中的一部分，便可以顺利地抵制它的最危险敌人即个人的独立意向。

第六章　关于天主教在美国的发展

美国是世界上最民主的国家，而根据一些可信的报告，它同时又是天主教最发达的国家。乍一看来，人们可能觉得奇怪。

有两个问题应予明确区别：平等一方面使人人愿意自行判断，而另一方面又使人人喜欢和向往社会有一个统一的、单一的和对大家都一律相待的权力。因此，生活在民主时代的人，都力图不受一切宗教权威的制约。但是，如果他们想服从某一宗教权威，那么，他们得让这个权威是单一的，而且只能有一个。凡非指向同一中心的宗教权力，自然会使他们的精神感到不快，而且会几乎轻易地认为，与其有好几个宗教，不如没有宗教。

在我们这个时代，我们发现天主教徒比以前任何时代都更加不虔诚了，但基督教新教的教徒却纷纷改信了天主教。如果从天主教的内部来看，它好像是衰退了；而如果从它的外部去看，它又好像是前进了。这个现象是不难理解的。

我们这个时代的人，当然很少有虔诚的信仰，但他们一旦决定信教，很快就会觉得自身有一种内在的本能在不知不觉地把他们推向天主教。罗马教会的若干教义和教规使他们吃惊，但他们的内心却对它的纪律表示钦佩，而它的牢固团结也在吸引他们。

如果天主教最后能够将它所引起的政治恩怨置之度外，那么，我几乎毫不怀疑，这个似乎与它抵触的时代精神，不仅不会对它极为不利，反而会使它立即获得巨大的成就。

这是人们的智力活动最常见的弱点之一，即愿意调和互相对立的原则，不惜牺牲逻辑而求和解。因此，过去和现在总是有人在使自己的某一宗教信仰服从一个权威之后，又想放弃这个权威而另找其他权威，任凭自己的精神在服从和自由之间随意荡来荡去。但是，我还是相信这样的人在民主时代不会多于其他时代，而我们的后代将来必然日益分化，但最后只能分成两大类：一类完全脱离基督教，另一类皈依罗马教会。

第七章　民主国家人民的思想倾向于泛神论的原因

我虽然准备以后来谈民主国家对于最一般观念的突出爱好是如何表现在政治方面的，但我现在就要指出这种爱好对哲学发生的主要影响。

不容否认，泛神论在我们这个时代得到很大发展。欧洲一些国家的著作，就带有明显的泛神论色彩。德国人把它带进哲学，法国人把它带进文学。法国出版的一些虚构作品，大部分包含着由泛神论借来的某些观点或论调，或使人感到它们的作者有一种趋于泛神论的倾向。我认为这并非偶然，而有其久远的原因。

随着身份日趋平等，每个人与他人越来越无差别，个人变得日益渺小和无力，人们便习惯于不再重视每个公民而只重视全体人民，忘记了个体而只考虑人类整体。

在这样的时代，人的精神喜欢同时包罗万象，希望把无数的不同结果归结于一个单一的原因。

统一的观念纠缠着人的精神，人的精神到处去寻找统一的观念。当人们找到这一观念的时候，就自愿地把它存于内心，高枕无忧地躺在它的身上。这样一来，人们不仅认为世界包括天地万物，而且相信只有一个造物主。但是，对万物进行的这种初步分类还没有使他们满意，于是他们又去设法拔高和简化自己的想法，即把神和宇宙汇成为一个单一的整体。假如我遇到一个哲学体系能把世界上的万物，不管是物质的还是非物质的，不管是可见的还是不可见的，均视为一个巨大存在的不同组成部分，而只有这个巨大存在能在其组成部分的不断变化和连续改观当中永远存在下去，那么，我可以毫不费力地断定：这个哲学体系，虽然它破坏了人的个性，但对生活在民主制度下的人具有神秘的魅力，而这种魅力的产生也许正是由于它破坏了人的个性。人们的一切智力活动习惯都在引导人们去理解这一哲学体系，把人们领上接受这一体系的道路。这一哲学体系自然会引起和加强人们的想象力，并提高人的精神自豪感和满足人的精神愉快感。

在帮助哲学寻找方法解释世界的各种体系当中，我认为泛神论是适于笼络民主时代人心的体系之一。凡是坚信人类真正伟大的人，应当团结起来反对泛神论。

第八章　平等是怎样唤起美国人产生人可无限完善的观念的

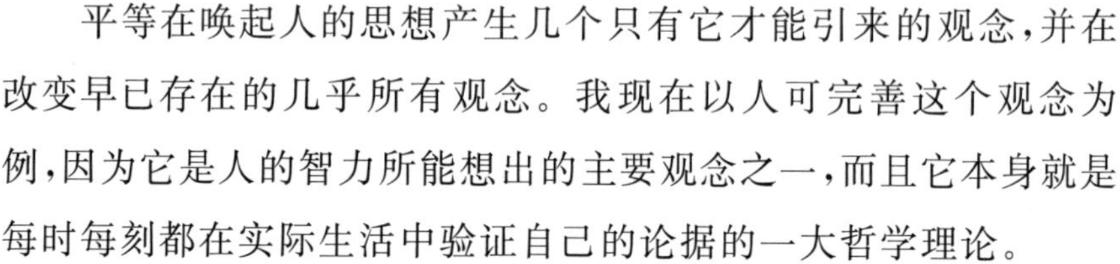

平等在唤起人的思想产生几个只有它才能引来的观念，并在改变早已存在的几乎所有观念。我现在以人可完善这个观念为例，因为它是人的智力所能想出的主要观念之一，而且它本身就是每时每刻都在实际生活中验证自己的论据的一大哲学理论。

人与动物虽然有些地方相似，但有一个特点是人所独有的。这就是人能自我完善，而动物则不能自我完善。自有人类以来，人类就发现自己与动物有这种差别。因此，人可完善的观念，同世界本身一样古老。平等本身并没有创造这个观念，但它使这个观念具有了新的特点。

当公民按等级、职业和出身而分类，每个人都不得不沿着全凭偶然而步入的道路前进时，人人都会认为人力的最高限界就在自己身上，谁也不想去对抗不可抗拒的命运。贵族制国家的人民，并非绝对没有自我完善能力，只是没有认识到这种完善是可以无限的。他们只想改进，而不想变革。他们希望社会地位逐渐变好，除此别无他求。他们虽然承认人类至今已经取得了很大进步，而且今后还会有所进步，但又事先把人类置于一定的不可逾越的限界之内。

因此，他们并不认为自己已经达到至善和已经获得绝对真理（其实，哪个人或哪个民族何曾这样妄想过呢？），但他们愿意使自己相信，他们已经距离人类的不够完善的本性所能达到的伟大和明智很近了。同时，由于他们看到周围的一切好像仍然照旧，没有变动，所以容易觉得一切均已各得其所。于是，立法者们喜欢制定永久性法律，人民和国王只愿意建造耐久的建筑物，现代的人为后代的人操劳而先为他们注定了命运。

随着等级的消失、各阶级的接近和人们的日益混合，习惯、仪礼和法律也在变化；随着新事物的出现、新真理的发现、旧观点的消失和被新观点取代，一个理想的但又总是不够固定的完善的形象，就会出现在人们的脑际。

于是，转瞬即逝的不断变化，每时每刻都呈现在每个人的眼前。有些人的处境变坏了，于是他们开始清晰地认识到，一个民族或一个个人，不管怎么有智慧，都不能永远不犯错误。另一些人的命运得到了改进，于是他们由此断言，一般说来，人是有能力无限完善自己的。受挫的人认为，任何人都不能自吹可以找到绝对的善；成功的人在兴奋之余，继续去追求新的成功。因此，人人都在不断追求，跌倒后再爬起来，虽然时时感到失望，但又绝不绝望，而是不停止地沿着尚待跋涉的漫长人生道路，走向他们只能渺茫地看到终点的伟大目标。

这种认为人可无限完善的哲学理论，曾使人们心甘情愿地做出了多少事实，以及它对那些只在行动上与它有关而在思想上与它无涉，但在活动中又好像不知不觉地与它吻合的人发生了多么大的奇妙影响，几乎是令人难以置信的。

我遇到过一位美国船员,问他美国的船为什么造得不太耐用。他毫不迟疑地回答说:航海技术进步得一日千里,再好的船用上几年之后也不堪再用了。

从这位大老粗就一个专门问题脱口而说出的答话中,我看到了一个伟大民族凡事都遵循的一般的和有体系的观念。

贵族制国家自然要过分限制人可完善的范围,而民主国家又有些扩大了这个范围。

第九章　美国人的例子为什么不能证明民主国家不会爱好和不会致力于科学、文学与艺术

应当承认，在当代的文明国家中，美国在高级科学方面是进步不大的，而且它的大艺术家、出名诗人和卓越作家也寥寥无几。

对这种情况表示惊异的一些欧洲人，认为这是平等所自然造成的不可避免的结果。他们甚至认为，要是民主的社会情况和制度马上席卷全球，引导人类走向开化之光就将逐渐黯淡下去，而人类又将回到黑暗时代。

我认为，做出这种推论的人，是把一些本应当分开并加以单独考察的观念混淆起来了。他们无意之中把民主的东西与美国人所独有的东西混在一起了。

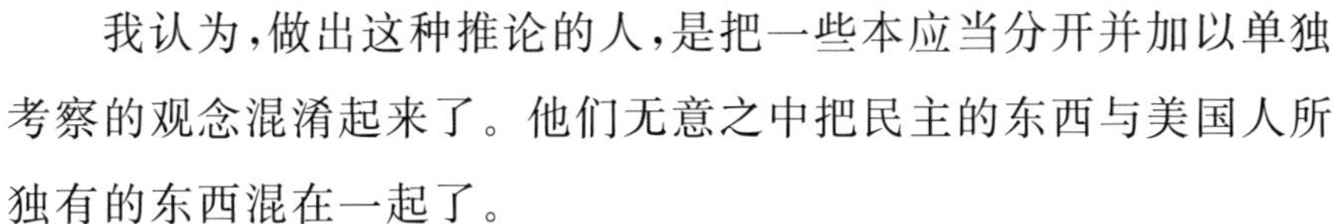

初期移民信奉的并传给他们后代的宗教，在仪式上是简单的，而在教义上却是严肃的，甚至可以说是苛刻的。它反对外表的浮夸，反对繁文缛节。这样的宗教，自然不利于美术的发展，只重视消遣性文学。

美国人是一个非常古老和开化，而后来又迁到一个使他们可以任意开发和容易丰产的广袤的新国土的民族。这在世界上是史无前例的。因此，在美国，每个人都有其他地方所没有的发财致富

的便利条件。他们的贪欲总是十分强烈，时时都怀有幻想和进行理性活动的头脑，完全为追求财富的目的所吸引。美国不但有其他国家那样的工商业者阶级，而且还有其他国家所没有的一种现象，即全国人人都从事工商业。

但是，我敢肯定，假如全世界只剩下了美国人，而且他们仍然保留着祖传的自由和知识，不改变他们固有的激情，那么，他们很快就会发现：不研究理论，科学的实用是无法长足进展的，而一切艺术也应当相辅相成地去完善。不管美国人怎样绞尽脑汁为达到其所追求的主要目标而努力，他们不久终究要承认，为了顺利地达到目标，有时还得离目标远一点儿。

何况喜欢精神上的享受，是文明人的自然心理，所以高度文明的民族都不会不迷恋这种爱好，而且还有一批人在专门研究它。这种精神上的需要一旦出现，很快就会得到满足。

然而，当美国人只顾科学的实际运用和只顾寻找使生活舒适的方法的时候，重视学术和文艺的欧洲已在致力于探索真理的共同源泉，并在同时完善人们可以享得的一切享乐和人们应当得到满足的需要。

美国的居民认为，在旧大陆的一切开化民族中，有一个民族最为突出，居于榜首。他们跟这个民族同源同俗，因而两者之间的关系极为密切。他们看到这个民族有著名的科学家、有才华焕发的艺术家和伟大的作家；他们也能从这个民族那里汲取知识财富，而不必为了积累这种财富付出劳动。

尽管美洲与欧洲远隔重洋，但我认为两者是不可分的。我把美国人民视为英国人民的一部分，这一部分以开发新大陆的深山丛林为己任，而留在英国的那一部分，则清闲自在，很少为谋取生活资料而操劳，所以能把精力用于深化思想方面，并从各方面发展人的精神。

因此，美国人的际遇完全是一个例外，我相信今后不会再有一个民主的民族能逢这样的际遇。他们原来都是清教徒，他们有专门从事商业的习惯，他们居住的国土好像在不让他们使用智力去研究科学，他们的欧洲邻居使他们不研究科学也不会重返野蛮状态。我只能就其主要者而列举出来的这一大堆独特原因，必然使美国人的精神特别注重于纯物质方面的事物。人们的激情、需要、教育和环境，实际上好像都在驱使美国的居民去面对现世。宗教只能使他们偶尔抬起头来，漫不经心地望一望天堂。

因此，我们不应根据美国人民的外在表现去推论一切民主的民族，而要根据每个民族的特点去研究它们。

我们可以设想有这样一个民族，其内部没有门第、等级和阶级之分，它的法律不承认任何特权而规定遗产由继承人平分，但它没有使人民享有知识和自由。这不是一个没有根据的设想，因为一个暴君可以将其恩泽平等地施于臣民，但让臣民们愚昧无知，以便于更容易奴役他们。

这样的民主的民族不但不能在科学、文学和艺术上表现其才华和爱好，而且可以使人相信它永远不会有这种表现。

它的继承法本身就是以一代接着一代地将财产化小分散为己任，民族的成员谁也不去创造新的财富。没有知识和自由的穷人，连致富的想法都不会有；而富人则听任自己沦于贫困的境地，根本不知道如何去自救。这样的民族很快就会在它的这两类公民之间建立起完全的和无法克服的平等。这样一来，谁也没有时间和兴趣去从事劳动和智力活动。但是，所有的人都将麻木不仁，沦于同样的愚昧无知和同等的受奴役状态。

我一想到这样的民主社会，立刻觉得自己好像被抛进一所低矮、昏暗和沉闷的小房子里，虽然外面有时射进一道一道光线，但很快又变得微弱而终于消失。我突然觉得心情沉重，闷得喘不过气来；我在黑暗中四下摸索，希望找到一个出口，好到外面吸点儿空气和见到阳光。但是，这里所作的一切假想，并不适用于开化已久、在废除规定财产永久归于某些个人或某些团体的特殊法令和继承法以后仍然保有自由的民族。

当生活在一个民主社会里的人民是个开化的民族时，他们不难明白没有任何东西应当限制和强迫他们安于现状。

因此，他们每个人都要想方设法去改进现状；而如果他们都是自由的，则每个人都将大显身手，但不一定获得同样的成果。当然，立法机构不会再给予人们以特权，但天赋会给予人们以这种特权。天赋的不平等是很大的，所以财富也将因每个人运用其才智去致富的情况而出现不平等。

继承法依然阻止富裕之家世世代代富裕下去，但它并没有不准富人存在。继承法在不断使公民们趋于相同的水平，但公民们也在不断使自己避开这个水平。随着公民的知识日益提高和他们的自由日益扩大，他们的财富也愈加不平等。

在我们这个时代，有一派*因其才华和狂妄而出名的人士主

* 〔毫无疑问，托克维尔指的是圣西门及其学派。参看曼纽尔：《圣西门的新世界》（马萨诸塞州之剑桥，哈佛，1956 年）；夏尔勒蒂：《圣西门主义史（1825—1864）》，巴黎，1931 年。〕

张先将一切财富集中于一个中央当局之手，然后再由它按每个人的贡献将财富分配给所有的人。他们认为，通过这个办法，可以躲开那种似乎可以威胁民主社会的完全的和永恒的平等。

还有一种比较简单和危险性小的救治办法。这就是不让任何人享有特权，给予每个人以同等的知识和同等的独立，让每个人自己去关心寻找本身应占的地位。但是，天赋的不平等马上会显示其作用，而财富也自然将落入最能干者之手。

因此，在民主而自由的社会里，经常会有一批富裕或殷实的人。这批富人之间的联系，不会像以前的贵族阶级成员之间的联系那样密切。他们将有不同于贵族阶级的本性，没有贵族阶级那么多充裕时间去享乐，但他们在人数上将比过去任何富有阶级都多得多。这批人不会整天忙于物质生活，也会进行智力活动和享受精神生活的快乐，但程度不如以往的贵族。他们这样去支配自己的时间是合理的，因为人的精神一方面要有一个有限的目标，即物质的和实用的目标，另一方面还当然要有一个无限的目标，即非物质的和喜欢美的目标。物质的需要使人的精神倾向现世，但在物质的需要吸引不起人的精神时，人的精神就要自我崛起。

不仅能够鉴赏精神产品的人数将要大大增加，而且对于智力活动的爱好也将逐步提高，达到贵族时代那些似乎没有时间和能力从事这种活动的人们的水平。

当不再存在世袭的财产、阶级的特权、门第的优越感，而每个人只靠自己的努力前进时，则财富方面的高下之分，显然将取决于人的智力。凡是可以激励、扩大和发挥智力的东西，都将立即身价倍增。

知识的功用将极其明显地呈现在人们的眼前。即使没有感到知识的魅力的人，也将尊重知识的成果，并要为享有这种成果而付出一定的努力。

在民主、开明而自由的时代，没有任何力量可以把人与人分隔开来，或把人限制于其原来的位置不动。人人都可以突然发迹，也都可以很快变穷。各个阶级每天相互见面，因为他们相处得甚密。他们不断互相往来和混合，彼此模仿，互相敬慕。于是，人民就产生了一些在等级森严和社会停滞的时代所不可能有的观念、概念和思想。在这样的民族那里，仆人可以与主人共同享乐和劳动，穷人也可以与富人如此；乡下人将会努力学习城里人，地方将会努力学习首都。

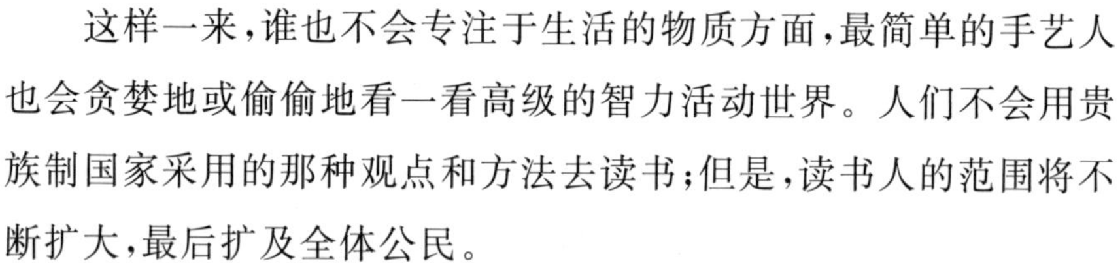

这样一来，谁也不会专注于生活的物质方面，最简单的手艺人也会贪婪地或偷偷地看一看高级的智力活动世界。人们不会用贵族制国家采用的那种观点和方法去读书；但是，读书人的范围将不断扩大，最后扩及全体公民。

当人们开始关心精神劳动以后，他们就会发现取得荣誉、权力和财富的主要手段，全在于自己在某些方面胜过他人。由平等造成的跃跃欲试的野心，立刻会从其他方面转到这一方面来。研究科学、文学和艺术的人，将会剧增。一种不可思议的积极性，将会在知识界出现。每个人都要设法为自己开辟一条道路，并努力吸引他人跟着自己走。这种情况，同美国政治界发生的情况有些类似。美国人所做的工作虽然往往是不够完美的，但是其数量却是很大的。尽管个人努力的成果一般是很小的，但是合起来的总成果却往往是巨大的。

因此，说生活在民主时代的人在天性上就不关心科学、文学与艺术，实与事实不符；而且应当承认，他们是以自己的方法来研究科学、文学和艺术的，他们在这方面有其固有的特点和不足之处。

第十章　为什么美国人在科学方面偏重实践而不关心理论

民主的社会情况和制度既然没有抑制人的精神发展，则它们几乎毫无疑问不是从这一方面就是从那一方面推动了人的精神发展。它们的作用虽然有一定的限度，但却是十分强大的。请允许我暂停片刻，先来谈一谈它们的作用。

我们在讲述美国人的哲学方法时提出的几个论点，在这里也一定有用。

平等使每个人产生凡事自行判断的愿望，对一切事物都怀有明显的、切实的爱好，而轻视传统和形式。民主的这些一般本性，就是本章单独讨论的主要内容。

在民主国家研究科学的人，总害怕自己陷入空想而迷失方向。他们敢于向已有的体系挑战，喜欢紧紧地抓住事实和亲自研究事实。他们既不会由于某一同行成名而轻易地加以相信，又不会盲从某一权威的论断。而是与此相反，他们却要不断地去寻找名人或权威的理论的弱点。学术的传统对他们的影响不大，他们向来不长期拘泥于一个学派的烦琐议论，而且也很少受骗于某人的豪言壮语。他们要尽量深入到所研究对象的各主要部分，并喜欢用通俗的语言来表达它们。这样，科学虽比以前自由和确切了，但不如以前高大了。

我认为，按人的精神的追求，可把科学分为三个部分。

第一部分，以现在还不知道如何应用或在遥远的将来才能应用的最纯理论原则和最抽象概念为内容。

第二部分，由虽然还属于纯理论范围但通过直接而便捷的途径可以应用的一般真理构成。

而应用的程序和执行的方式，则属于第三部分。

对科学的这三个不同部分的每一部分都可以单独地进行研究，但人们的理性和经验证明，其中之一如与其余两者完全隔离，它就不可能长期地繁荣下去。

在美国，人们潜心于科学的纯应用部分的研究，而在科学的理论方面，只注意研究对应用有直接必要的那一部分，而在这方面他们也经常表现出求真、自由、大胆和创新的精神。但是在美国，却几乎没有一个人专心研究人类知识在本质上属于理论和抽象的那一部分。在这方面，美国人把所有的民主国家都有的，但我以为不如美国那样强烈的一种倾向，表现得特别突出。

高级科学或科学的高级部分的研究，最需要沉思，而在民主社会内部，却很少有什么东西适于沉思。在民主社会，既没有贵族制国家的那种因为自己有钱而可以高枕无忧的人数众多的阶级，又没有贵族制国家的那种因为无望改善处境而不再进取的阶级。每个人都在积极活动：有的是希望掌权，有的是希望致富。在这种熙熙攘攘、利害冲突频仍、人们不断追求财富的环境下，哪里有必要的安静供人们进行深刻构思呢？当你周围的一切都在活动，而你本身已被裹进席卷万物的激流，并且每天都漂浮在这个激流之上的时候，你怎么能停下来思考高级科学呢？

必须把建立已久的平安无事的民主社会中发生的经常性运动，与几乎是伴随民主社会的诞生和发展而发生的骚乱性和革命性的运动，决然分开。

在一个高度文明的国家发生暴力革命时，人们的情感和思想不会不遭到突然的刺激。

在发生民主革命时，情况尤其如此，因为这个革命把民族的所有阶级一下子都发动起来了，而且会使每个公民的心中同时产生巨大的野心。

如果说法国人在横扫旧封建社会的残余的同时，使精密科学一下子达到了惊人的进步，那么，这个突然成果的原因并不在于民主，而应当把它归功于从未见过如此迅速发展的革命。由此而来的成果是一个偶然现象，而如果把它视为一般规律，那是欠妥的。

民主国家发生大革命的情况不会比其他国家多，我甚至认为只会比其他国家少。但是，在民主国家里，却常有使人感到不快的轻微的不和谐运动，即人们之间经常互相排斥。这只会扰乱和涣散人的精神，而不能激发和振奋人心。

生活在民主社会的人不仅难于沉思，而且对这种思维活动也当然不够重视。民主的社会情况和制度，使大部分人经常处于动的状态。但是，适于这种动态的习惯，并不总是适于思维活动。以这种习惯进行活动的人，往往满足于不求甚解，因为他们要想使每一细节都十全十美，则达不到他们预期的目的。他们要经常依靠他们无暇深入研究的思想，因为不失时机地利用这个思想，比这个思想的严密正确性对他们更为有用；而且总的说来，与其消耗时间去证明自己的一切原理的真实性，不如冒点风险去利用某些错误的原理。何况整个世界也不是根据长期不变的和确凿无疑的论点运动的。世界上的一切事情，都是通过一瞥某一特殊现象，经常观察群众的千变万化的激情，随时而机智地抓住所发生的事实，而被人们掌握的。

因此，在人人都处于活动状态的时代，一般都过于重视智力的快速成果和肤浅论据，而对于深刻的和缓进的智力劳动则十分轻视。

这样的舆论影响着从事科学研究的人的判断，并说服他们相信：不用沉思也能在研究当中获得成果，或者不去研究那些需要沉思的科学。

研究科学有几种方法。许多人对于智力活动得出的发明创造，有一种利己主义的即把它们用于工商业的爱好。不应当把这种爱好同少数人心中燃起的追求真理的无私热情混为一谈，前者是希望利用知识，而后者完全是希望求知。我毫不怀疑，随着时间的推移，一些人会对真理产生无限的热爱。这种热爱只靠自己成长和不断壮大，而且绝不自我满足。正是对真理的这种无私而自豪的热爱，才能使人们达到真理的抽象源泉，从那里汲取最根本的观念。

假如帕斯卡尔的眼中只有某种名利，或者他只是为了荣誉而活动的话*，那么，我相信他绝不会那样尽其全部智力去清晰地揭

* 在这里，托克维尔大概是以《思想录》的作者帕斯卡尔的范例自律。——法文版编者

开造物主的奥秘。当我想到他为了全神专注于这项研究，而且可以说是使精神摆脱了人生的一切杂念，以致过早地耗尽寓于身体的心力，未届 40 岁而离开人世时，不禁感佩不已。而且我认为，绝不是一种通常的原因能使他付出如此非凡的努力。

在贵族制社会出现的如此罕见和如此丰产的求知热情，将来也许出现于民主社会。至于我，我坦白承认，我还难以相信这一点。

在贵族制社会里，指导舆论和政务的阶级可以世世代代永远居于群众之上，所以它自然而然地会对本阶级和人类抱有一种优越的观念。这个阶级喜欢想方设法使自身享有荣誉，并为自己的设想定出宏伟的目标。贵族虽然常有极其残暴和不人道的行为，但鲜有低级下流的想法。他们对于一些小型娱乐虽然也很爱好，但却抱有某种看不起的轻视心理。他们的这种表现，也间接地提高了一般人的心灵境界。在贵族时代，对于人的尊严、力量和伟大，一般都有非常高大的看法。这种看法无论对研究科学的人，还是对其他人，都发生着影响：促使人们的精神境界自然向更高层次发展，并使人们的心里自然产生对真理的崇高而且几乎是神圣的热爱。

因此，这个时代的学者都潜心于理论的研究，甚至对于理论的应用往往持有不屑一顾的轻视态度。普卢塔克说过："阿基米德的治学精神，崇高到不肯自贬身价去撰写一部制造兵器的著作的地步。在他看来，关于发明和组装机器的一切科学，以及一般与应用有某种实利关系的一切技艺，都是没有价值的、卑贱的和向钱看的。他把自己的精力和研究全部用于撰写其美处和妙处跟实际需要毫无关系的著作方面。”* 这就是贵族在科学上的追求。

在民主国家，就不会有这种情况。

民主国家的人民，大部分都强烈追求物质的和眼前的享乐。由于他们总是不满意自己的处境，并总有摆脱这个处境的自由，所以他们满脑子只想如何改变处境和如何增加财富。对于持有这种思想的人来说，一切可以成为发财致富捷径的新方法，一切可以节省劳力的机器，一切可以降低生产成本的工具，一切便于享乐和增加享乐的新发明，才是人类智力的最优秀成果。民主国家的人民主要是从这个角度去钻研、认识和尊重科学的。在贵族制度时代，人们要求于科学的，主要是精神上的享受；而在民主制度下，则主要是肉体上的享受。

可以设想，一个国家越是民主、开明和自由，对科学的天才进行这样评价的人也越多，而能够直接应用于工业的发明，也越能使发明人得名得利，甚至得权，因为在民主制度下，从事劳动的阶级参加政务，而为政府服务的那些人，要从那里获得荣誉和金钱。

人们可以不难想象，在这样组织起来的社会里，人的精神不但会不知不觉地忽视理论，反而要以无比的精力去追求科学的应用，或者去追求对于应用不可缺少的那一部分理论。

即使本能的求知欲使人的精神上升到最高的智力活动领域，也将一无所成，因为现实的利益在驱使人们甘居中等的智力活动领域。只有在这个中等的智力活动领域，人的精神才能发挥它的

---

* 〔参看普卢塔克《名人传》中之《克劳狄乌斯·马尔塞鲁斯传》，博恩编，第 2 卷第 47 页，伦敦，1887 年。〕

力量和持久的积极性，创造出最好的成果。连力学的一个普通定理都没有发现的美国人，却为航运业推出了一部使世界的海运面貌为之一变的新机器。

当然，我不是说当代的民主国家要坐待人的精神之光趋于熄灭，更不说它们不能再发出新的光芒。世界发展到了今天，有很多开化的国家都在兢兢业业发展工业，所以把科学的各个不同部门联合起来的各种关系，便不能不引起人们的注意；甚至对于应用的爱好，当它是合理的时候，也一定促使人们重视理论。在如此众多的试验或实验每日都在反复进行的过程中，不可能不经常发现最一般的规律。因此，即使伟大的发明家不会出现太多，但伟大的发明必将层出不穷。

另外，我相信科学的崇高使命。民主制度不会引导人们为了科学而研究科学，但是另一方面，它却会使研究科学的人大量增加。不要以为在如此大量的研究人员当中不会随时出现专门热爱真理的天才从事理论研究。我们可以肯定，这样的天才，不管他们的国家和时代受什么精神所支配，都会努力去揭开大自然的深邃奥秘。他们不需要别人帮助而自行前进，只要不给他们设置障碍，他们就知足了。我在这里想要讲的，无非是说：身份的恒久不平等，会使人们囿于抽象真理的研究，并觉得这种研究高尚，但得不到实惠；而民主的社会情况和制度，则会使人们只追求科学的直接而有利的应用。

这种趋势是自然的，而且是不可避免的。了解这种趋势是很有意思的，而指明这种趋势又可能是必要的。

负责领导现代国家的人如能清晰地、长远地认识到这种终将不可抗拒的特性，就会知道生活在民主时代的人有了知识和自由之后，不会不去改进科学的工业应用部分，而政府当局的全部力量，今后是应当支持高级科学的研究和创造研究科学的高度激情。

在我们这个时代，应当让人的精神重视理论，然后使其自然地转向实践，而不应当让它总是追求次要效用的详细研究。最好是让人的精神暂时放弃这样的研究，把它提高到沉思初始原因的地步。

因为罗马的文明是随蛮族的入侵而灭亡的，所以我们可能过于相信，只要不再发生这类事件，我们的文明就不会灭亡。

如果照耀我们前进之光万一有一天熄灭，那也只能是逐渐地黯淡下去，而且是像自消自灭的。强制人的精神只注重应用，就会使人忽略原理；而一旦完全忘却原理，由原理产生的方法也不会太多。结果，人们就不能发现新的方法，而只能无知地和不熟练地使用他们并不理解其原理的良好工作方法。

300 年前欧洲人初到中国时，他们看到中国的几乎一切工艺均已达到一定的完善阶段，并为此感到惊异，认为再没有别的国家比它先进。不久以后，他们才发现中国人的一些高级知识已经失传，只留了一点儿残迹。这个国家的实业发达，大部分科学方法还在那里保留下来，但是科学本身已不复存在。这说明这个民族的精神已陷入罕见的停滞状态。中国人只跟着祖先的足迹前进，而忘记了曾经引导他们祖先前进的原理。他们还沿用祖传的科学公式，而不究其真髓。他们还使用着过去的生产工具，而不再设法改进和改革这些工具。因此，中国人未能进行任何变革。他们也必然放弃维新的念头。他们为了一刻也不偏离祖先所走过的道路，免得陷入莫测的歧途，时时刻刻和在一切方面都竭力仿效祖先。人的知识源泉已经几乎干涸。因此，尽管河水仍在流动，但已不能卷起狂澜或改变河道。

但是，中国还是安然无事地生存了许多世纪。征服中国的外族采用了它的习俗，那里的秩序依然井然，一种物质的繁荣依然到处可见。在中国，革命极其罕见，战争可以说闻所未闻。

因此，绝不要以为蛮族离我们尚远而高枕无忧，因为如果说有的民族曾任凭异族将文明的火把从自己的手中夺走，那么，有的民族也曾用自己的脚踏灭过文明的火把。

第十一章　美国人以什么精神对待艺术

每个人的财富大致相等，谁也没有过多的剩余，人人都希望生活舒适，大家都不断努力追求安乐，这将使人心处于爱好实用而不太爱美的状态。我不想对于这一切再一一赘述，以免浪费读者和我自己的时间。民主国家都有这种现象，所以它们首先所要发展的，是使生活可以舒适的艺术，而不是用来点缀生活的艺术。它们在习惯上以实用为主，使美居于其次。它们希望美的东西同时也要是实用的。

但是，我还想更进一步，在指出这第一特点以后，便描述其他一些特点。

一般说来，在承认特权的时代，几乎所有的艺术都是其从业者的特权，而每一种职业也都是不准其他行业涉足的独立世界。甚至在各行各业已经自由的时候，贵族制国家的由来已久的停滞性，仍会使从事同一行业的那些人形成一个独特的阶级，而且这个阶级的成员永远是原来的那几个家族。他们彼此之间非常熟悉，所以不久就产生了同业的公意和同行的自尊。在这样的一个实业阶级内部，每个手艺人并不只是为了赚钱而工作，而且要为保持自己的荣誉而努力。他们的行为准则既不是他们自身的利益，又不是他们雇主的利益,而是他们团体的利益。所谓团体的利益,就是每个手艺人都要制造出杰出的作品。因此,在贵族制度时代,艺术追求的目标是尽量做出精美的制品,而不是加快制造速度,更不是降低造价。

反之,当每一种职业对所有的人都开放,人人都可以随时进入或离开某一行业,同一行业的成员彼此视为外人,互不关心和几乎都不相识的时候,行业的社会联系便不复存在,而全靠自己努力的每个从业者,便只追求以最少的费用赚取尽可能多的钱。唯能抑制他们的消费者的意志是从。但是,消费者同时也会对他们采取相应的对策。

在财富也像权力那样集中于少数人之手并且永远为他们所占有的国家里,这个社会的财富大部分将永远为同样的一小撮人所享用;而其余的一切人,则由于贫困、习俗和自我节制,而被排在这种享用之外。

这个贵族阶级处于荣誉的顶点保持不动,而且既不扩大又不缩小,所以它感到自己的需求永远是一样,而且永远以同样方式享用。这个阶级的成员,自然由于他们居于高人一等的世袭地位,而爱好最精致和最耐用的物品。

这种情况对全国人民对待工艺品的态度发生了普遍影响。

在这样的国家里,甚至农民也经常喜欢购买最好的物品,否则宁肯不买。

因此,在贵族制社会里,手艺人只对人数有限的而且非常挑剔的顾客服务。他们之所以能够赚钱,全靠他们手艺的高超。

一俟所有的特权均被取消,等级的界限消失,人人都可以在社会的阶梯上时沉时浮，上述的情况就不复存在了。

人们经常可以看到，在一个民主国家里，许多人的家产都是越来越分散和化小。他们在家业兴旺时期染上的某些需求，在他们无力再满足之后依然存在。于是，他们急切寻找某些可以找到的间接办法来满足这些需求。

另一方面，我们在民主国家里也常见到一大批人的财产日益增加，但他们的欲望比财富增加得还快。他们在尚未得到财富之前，早就把贪婪的目光盯在他们预计可以得到的财富之上了。这些人对于即将到手的财富，也要千方百计去寻找捷径，以期尽快享用。这两种原因合在一起，便在民主国家产生了如下现象：一大批公民的需求虽然已非他们的能力所及，但他们宁愿勉强地满足自己的愿望，也不肯放弃所期求的对象。

手艺人容易理解这些人的感情，因为他们本人也有这种感情。在贵族制社会，他们向少数人高价出售自己的制品；而现在，他们发现有更便利的办法使自己发财，这就是向大众廉价出售制品。

但是，要想降低商品的价格，只有两种办法。

第一种办法是找出最好、最快和最妙的生产方法。第二种办法是大量生产品质基本上一样但价格较低的制品。在民主国家，从业者的智力几乎全都用于这两个方面。

他们努力去发明不仅可以把产品制作得更好，而且可以做得更快和造价更廉的工艺。如果做不到这一点，他们就设法降低其所出制品的原有质量，但又要使制品的规定用途毫不下降。在只有富人才能戴得起表的时代，表几乎珍贵得了不起。现在，表已经不再是什么稀罕物，而是每个人几乎都有。因此，民主制度并没有只使人的精神专注于实用工艺，它还使手艺人们快速地大量制造不够完美的制品，而消费者们也满足于这样的制品。

这并不是说，在民主制度下，在必要的时候不能制造出更好的制品。当买主肯于出钱使手艺人的时间和劳动得到良好的报酬的时候，也会经常造出品质优秀的制品。在各行各业参加的这场斗争中，通过广泛的竞争和大量的实验，自会出现一些手艺高超而达到本行高峰的工匠，但他们显示其手艺的机会不多，而且对自己的手艺吝惜到了极点。他们审慎持重，不愿意大显身手。他们虽然有能力超过他们所承受的任务，但只满足于完成任务而已。反之，在贵族制度下，手艺人总是尽其才智而为，必欲达到其本行的高峰才肯罢休。

当我到达一个国家，看到该国的工艺提供出一些令人赞美的作品时，这还不能使我理解该国的社会情况和政治制度。但是，只要我发现该国的工艺品一般说来不够完美，但数量很多而且价格便宜，我就可以肯定：处于这种状态的国家，特权正在消失，各阶级正在混合，而且不久即将融合在一起。

生活在民主时代的匠人，不仅要使自己的有实用价值的制品能够售给全体公民，而且要设法使其全部制品具有它们本来并不具有的异彩。

在各阶级互相混杂的社会里，人人都想装出一副并不代表自己的真实情况的模样，并为装得像样而大费苦心。民主制度不是这种感情的成因，因为这种感情完全出于人心的自然。但是，民主制度却在使人把这种感情用于物质方面。道德方面的虚伪是任何时代都有的，但奢侈方面的虚伪则为民主时代所特有。

为了满足人的虚荣心的这种新需要，便在工艺上进行种种欺骗，有时甚至做得过分，而使工艺本身受到损失。现在，已经出现了足以乱真的假钻石。等到发明出的制造方法达到十全十美，使人们难辨真假钻石的时候，人们就可能对两者都不感兴趣，把它们视为一般的小石子了。

说到这里，我想谈一谈艺术之中的被我们特称为“美术”的那种艺术。

我不认为，民主的社会情况和制度必然产生使从事美术的人减少的效果。但是，这样的社会情况和制度，将对美术工作者的造就方式产生巨大的影响。一方面，原来对美术深为爱好的人，大部分将要变穷；另一方面，许多尚未富裕起来的人，将会附庸风雅，开始爱好美术。结果，美术品的顾客总的说来有所增加，但是，其中真正识货和特别有钱的人却为数不多。这样，在美术方面也将发生我在前面对实用艺术讲过的那类现象，即美术品的数量大大增加，但每件美术品的价值却下降了。

人们不再追求伟大，而只注意优美和悦目，主要看外表而不重实质了。

在贵族制度下，产生了很多幅伟大的绘画；而在民主国家，则出现了大量的平凡绘画。在前者，建造了一些青铜像，而在后者，则塑造了一些石膏像。

当我从大西洋驶入伊斯特河而首次到达纽约的时候，遥望离市区不远的地方，沿着河的两岸建有一些白色大理石造的小型宫殿，其中有几处还有点古香古色，使我感到吃惊。但是，第二天我到特别引起我注意的一处去就近仔细观察，结果发现它的墙是砖砌的，只是表面涂上了一层白粉，而它的木质柱廊，则涂上了带色的油漆。使我钦佩不已的那些伟大建筑物，原来全是这样的货色。

民主的社会情况和制度，还能使一切模仿性艺术具有一种一眼便可看出的独特倾向。这种倾向往往是使艺术只专注于描绘形象，而不重视刻画灵魂，因而以动作和感触的描写代替了情感和思想的描写，使现实占去了理想应当占据的地位。

我猜想，拉斐尔没有像现代的画家那样细致入微地研究过人体的结构。在这一点上，拉斐尔认为不必要求得那样严格，画得分毫不差，因为他所追求的是神似而不是貌似。他要把人画得像人，而又有些地方超人。他要把美本身画得更美。

反之，大卫*和他的学生们，不仅是著名的画家，而且是著名的解剖学家。他们能够极其真实地再现他们面前的模特儿，但也只是如此，很少把想象的成分掺入其中。他们一丝不苟地按照自然写生，而拉斐尔则追求比自然更美的东西。他们虽然给我们留下了精细入微的肖像画，但拉斐尔能使我们从他的作品中窥到神韵。

以上我关于绘画方法所述的一切，也可适用于题材的选择。

文艺复兴时期的画家所选的伟大题材，一般都超越他们本身或他们所处的时代，并能使他们发挥巨大的想象力。而当代的画家，则经常把自己的天才用于分毫不差地再现他们眼前不断出现的私人生活细节，并只按照自然界到处可见的原物去复制平凡题材的一切方面。

---

* 大卫(Jacques Louis David，1748—1825)，法国古典主义画家，其著名作品有《马拉之死》和歌颂拿破仑的《加冕式》等。——译者

第十二章　为什么美国人既建造一些那么平凡的建筑物又建造一些那么宏伟的建筑物

我方才说过，在民主时代，艺术制品越来越多，但也越来越不伟大。我应当赶快指出，这方面也有例外。

在民主国家，每个个人都是非常软弱的，但代表众人并统治众人的国家，却是非常强大的。任何国家的公民都不会像民主国家的公民那样看来渺小，任何一个国家都不会像民主国家那样显得强大，任何一个国家的精神都不会像民主国家的精神那样具有广阔的视野。在民主社会里，人们一想到自己的时候，他们的想象力立即缩小；但他们想到国家的时候，想象力便无限扩大。因此，住在小屋子里过惯平凡生活的人，一遇到要营造什么公共建筑物时，总想把它建造得宏伟一些。

美国人已在他们准备建都的地方规划建设一座巨大的城市。这个地方现在的人口还不如法国的蓬图瓦兹多，但按照他们的计划，有一天要达到一百万居民。他们已把方圆约 10 里以内的树木连根伐光，以给这个拟议中的首都的未来居民创造便利条件。他们还在这个城市的中心建起一座供国会使用的宏伟大厦，并给它起了一个好听的名字：国会大厦。

美国的各州本身每天也在筹建或正在建设一些巨大的项目，其工程之大，连一些欧洲大国的工程师也叹为观止。

因此，民主制度不但引导人们去生产无数微不足道的制品，而且也促使他们去兴建少数非常宏伟的建筑物。但在这两个极端之间，却是一片空白。因此，散见于各地的几座巨大建筑物，还不能显示建造这些建筑物的民族的社会情况和制度。

我再说一句看来有点儿离题的话：这样的建筑物也不能使人更好地理解这个民族的伟大、文明和真正繁荣。

在任何情况下，凡是一个政权，都能驱使全民去专门建设一项工程。即使科学水平不高，而且要用很多时间，它也要付出巨大的努力去搞某种宏伟的事业。但这种做法，并不足以断定这个民族是最幸福、最文明的，甚至是最强大的。西班牙人当年到达墨西哥城时，那里到处有宏伟的庙宇和巨大的宫殿。但这并没有阻止西班牙只靠 600 名步兵和 16 匹马，就征服了墨西哥帝国。

假如罗马人稍微懂得一些水力学原理，就不会在今已变成废墟的城市的周围构筑那么多水道，而会更好地去利用他们的人力和物力。假如他们已经发明了蒸汽机，也许就不会修筑伸向帝国四面八方的长长的石头大道，即所谓的“罗马道路”。

这些现已只供后人凭吊的宏伟工程，既在证明罗马人的无知，又在证明他们的伟大。

一个除了在地下敷设几条铅管和在地上架起几座铁架之外再没有留下任何宏伟工程的民族，也许比罗马人更能成为征服自然的主人。

第十三章　民主时代文学的特征

走进美国的书店，看一看书架上摆着的美国出版的图书，使你觉得书籍的数量倒是很多，但知名作家的人数却少得可怜。

你首先会看到一大堆介绍人们的基本知识的初级读物，而且其中大部分是先在欧洲出版，后由美国人翻印而出售的。其次，是多得几乎无法计算的宗教书籍，比如，圣经、布道集、醒世故事集、教义辩论书和慈善团体报告等。最后，是数量也不少的政治小册子。在美国，各党各派并不出版互相论战的专门著作，但却以难以置信的速度印发小册子，而出版以后当天就被人们遗忘了。

在这么一大堆乌七八糟的人类精神产品当中，偶尔也会见到少数几个为欧洲所知道的或值得称为名家的作者的杰作。

尽管在当代的文明国家当中，美国可能是最不关心文学的国家，但那里也有很多人注意精神方面的事物。他们虽非终生致力于这方面的研究，但至少把全部业余时间都用于其上了。不过，这些人需要的书籍，大部分靠英国供应。英国的一些重要著作，几乎全都被美国翻印。大不列颠的文学天才，还把他们的光辉射入到新大陆森林的深处。拓荒者的小木屋里，几乎都有几本莎士比亚的作品。我记得，我第一次阅读史剧《亨利五世》，就是在一间用圆木构筑的小房子里。

美国人不仅每天都从英国的文学宝藏中汲取精华，而且使我们可以确认他们还在自己的国土上发展了英国文学。在美国从事文学创作的人数不多，而其中的大部分人原来就是英国人，并在表现手法上也往往是英国式的。因此，他们把奉为楷模的贵族制国家流行的文学思潮和风格，也移入自己的民主制度里来。他们借用外来的情调来渲染自己的作品，因而几乎无法再现自己所在国土的现实，以致很少受到人们的欢迎。

美国的公民本身也认为他们作家的作品不是为他们而写的，通常只是在他们的某一作家在英国有了名声以后，才开始高度评价这位作家。这就像迫使画的原作者放弃判断自己作品真伪的权利。

因此，严格说来，美国的居民还没有文学*。在我看来，称得上美国作家的，只有新闻记者而已。这些人虽然够不上大作家，但他们说的是美国人民的语言，而且说出来的话是给美国人民听的。至于其余的一切作家，我都把他们看成是外国人。美国人对这类作家的看法，跟我们对文艺复兴时期模仿希腊罗马文学的作家的看法一样，只对他们表示不可思议，而没有引起普遍的共鸣。这些作家虽然快慰了人的精神，但没有起到移风易俗的作用。

---

* 关于美国人没有文学的问题，塞斯特尔在其《托克维尔是美国文学的证人与法官》第13节《美国人的精神：智力活动》（载于《学术会议与报告集》，第一类，第35年度，第282页及以下几页，巴黎，1934年）中有所叙述。再参看塞斯特尔：《美国文学》（巴黎，1948年）；曼茨：《法国人对1850年以前美国文学的评论》（纽约，1917年），其第85页及以下几页摘引了托克维尔的评语。——法文版编者

我已经说过，这种情况绝不能只归因于民主，还要到与民主无关的某些独特的环境条件中去找原因。

假如处于目前的社会情况和法制下的美国人是另有来源，并被移居到另一个国土，则我毫不怀疑，他们也将会有自己的文学。他们目前虽然如此，但我仍然相信他们总有一天会产生自己的文学。不过，这种文学在性质上将与当代美国书刊所表现的不同，而要具有自己的特点。预先给这个特点画出一个轮廓，并不是不可能的。

假如有一个文学繁荣的贵族制国家的智力劳动跟政务工作一样，全被一个统治阶级所掌握；它的文学活动跟政治活动一样，也几乎全被集中于这个阶级或与它最密切的几个阶级之手。这样，我就足以得到解决其余一切问题的钥匙。

当少数几个人，而且总是这几个人，同时进行同样的工作的时候，容易彼此了解，共同定出每个人都必须遵守的若干准则。如果这几人所从事的是文学，则这种精神劳动不久就会被他们置于一些明确规定的守则之下，谁也不得违背。

如果这些人在国内占有世袭的地位，那么，他们自然要不仅为自己定出一定数量的固定规则，而且要遵守祖先给他们留下的规章。他们的规章制度既是严格的，又是世世代代相传的。

由于他们不必为物质生活操劳，实际上也未曾为此操劳，而且他们的祖辈更是如此，所以他们能够一连几辈人都专注于精神劳动。他们向来理解文艺，他们始终为文艺而爱文艺，并看到自己适于文艺工作而感到博闻强识的快慰。

这还不是全部情况。因为我所说的这些人从出生到死亡，始终过着安逸富裕的生活，所以他们自然要从享乐中精选最好的享乐，爱好精美和高雅的消遣。

此外，在这种长期而平安无事地享用荣华富贵当中不断形成的某种温和精神与心理，又使他们不太爱好过于突然和过于激烈的享乐。他们要的是安乐，而不是激动。他们愿意从享乐中生趣，但不会被享乐引致发狂。

假如你现在设想我方才所说的这些人写了或他人为这些人写了大量的文学著作，你就不难发现这种文学都是按照一个调子写成的，而且不敢逾越前人的规范。即使其中的一部微不足道的作品，也要在最小的细节上努力着笔润色。这种文学在一切方面都要显示作者的技巧和功力。它的每种体裁都有其不得随便逾越的独特章法，而且不能与其他体裁混合。

在这种文学中，文体被认为与思想几乎同样重要，形式被认为与内容几乎同样重要，而笔调则必须洗练、文雅和高洁。写作的态度永远是绅士派头，极少有轻狂的表现。作家所追求的，主要是完美，而不是丰产。

文艺界的人士完全生活在自己人的圈子里，并且只是为了自己人而写作，所以有时完全忘掉外界的一切，而陷入过分考究和甚至荒谬的泥潭。他们囿于只有他们自己使用的烦琐的写作规则，因而不知不觉有违人们的常识，最后导致他们脱离现实。

他们力避使用通俗的语言，而去使用那种跟人民群众所用的美丽语言相去甚远的贵族惯用语。

这一切便是贵族制社会为文学的发展自设的障碍。

凡是同人民群众完全隔离的贵族，都必然是软弱无力的：在政治方面是如此，在文学方面也是如此。①

现在，我们把图翻过来，看一看背面。

也就是说，让我们来考察一下民主社会。这个社会，无论是它的古老传统，还是它的现代文明，都使人感到可以获得精神方面的享乐。在这里，各个等级混合在一起，形成一个整体；知识和权利均已无限分割，而让我说的话，我敢说已经分散到各个角落。

在这里，五行八作，三教九流，都要求在智力活动方面满足他们的希望。这批爱好精神享乐的新人物，并没有受过同等的教育；他们的文化水平不等；他们不但与父辈或祖辈不同，而且他们本身也时时刻刻在变化，因为他们的住所、情感和财富都在不断变动。因此，他们彼此之间在精神上并没有被传统和共同习惯联系起来，而且他们向来没有彼此交换意见的耐性、愿望和时间。

而作家就是从这群其貌不扬和容易激动的人们当中产生的，并且是依靠这些人而发迹和成名的。

我不必下工夫研究就可以知道，情况既然如此，要想在这样的民族的文学当中去找贵族时代的读者和作者都一致承认的那些严格规则，即使是其中的少数几个，也是枉然。这样的民族即使在某一时期同意采用这些规则当中的某几个，这也不能证明以后仍会

① 对于长期和百依百顺服从于一个王权统治的贵族制国家来说，情况尤其如此。

当自由在贵族社会占有统治地位的时候，上层阶级将不断加惠于下层阶级，并通过为下层阶级服务而与下层阶级接近。这样，民主精神的某些东西便不断地进入上层阶级中间。随后，在负担统治任务的特权集团当中，便养成进取的毅力和习惯以及对活动和热闹的爱好，而这又不能不影响整个文学活动。

如此，因为在民主国家里，每一代新人形同一个新的民族。因此，在这样的国家里，很难使文学服从狭隘的规章，而且这样的规章也不可能持久存在下去。

在民主制度下，并不是从事文学创作的人都受过文学教育，而且搞所谓纯文学的人，也大部分兼搞政治或从事其他职业，只是偶尔抽暇去体验精神上的享乐。因此，他们从未把这种享乐视为生活中的主要妙趣，而看成是对终生劳碌的一种暂时的和必要的排遣。这样的人对于文艺的理解，绝不会深刻到足以欣赏文艺之美的地步。他们体会不出文笔的微妙差别。他们用于写作的时间很少，所以都想最大限度地利用写作时间。他们喜欢价钱便宜、很快可以读完和浅近易懂的书籍。他们所要求的美，是使他们一看就入迷和可以随时欣赏的浅显的美；他们特别需要的，是使他们感到新鲜和出乎他们意料的东西。由于他们已经习惯于既有冲突而又单调的现实生活，所以他们所要求的，是使人立即可以冲动起来的感情，是使人惊异的妙笔，是真伪明显、立即感动他们和好像有一股力量在驱使他们马上动笔的故事情节。

我还需要赘述吗？我不用解释，谁都可以知道我以下将要说些什么。

总之，民主时代的文学，不像贵族时代文学那样喜欢描写秩序、规律、科学和艺术，而它一般又不注重形式，有时甚至轻视形式。它的文体往往是杂乱无章的，冗长而啰唆的，但又几乎总是热情奔放的。它的作者们只求快速，而不愿意细腻描写。短小作品多于巨幅长篇，凭才气而不靠实学，富于想象而缺乏深度。在这种文学中，有一种粗野的，甚至是蛮横的力量在统治着思想，但作品却又多种多样，而且产量大得惊人。作家们追求的目的，与其说是使读者快慰，不如说是使读者惊奇。作家们的努力方向，与其说是使人感到美的享受，不如说是使人兴奋激动。

当然，偶尔也会出现一些打算走另一条道路的作家，而如果他们才华横溢，还会不管作品好坏而赢得一批读者。但是，这样的例外毕竟是不多的，而且从作品的总体来看是脱离了常规的这些作家，在细节方面又总是要回到常规上去的。

以上，我谈了两个极端的情况。但是，任何民族都不能立即由第一个极端转入第二个极端，而只能经过无数的阶段逐渐地过渡。在引导一个尚文的民族由一个极端向另一个极端转移的过程中，几乎总是要经过一段使民主的民族的文学天才与贵族的民族的文学天才相遇和两者一致表示愿意去共同影响人的精神的时间。

这段时间虽然是过渡性的，但会大放异彩：作品丰产而不滥竽充数，活动积极而不紊乱。18 世纪的法国文学就是如此。

我的意思绝不是说一个民族的文学要永远取决于它的社会情况和政治制度。我知道，除了这两个决定因素之外，还有其他一些使文学作品产生某种特点的原因。但我认为，起决定作用的原因，是社会情况和政治制度。

一个国家的社会和政治情况，同它的作家们的天才有千丝万缕的关系；只有了解前者，才会完全弄清后者。

第十四章　关于文学的商业性

民主制度不仅使实业阶级染上了文学爱好，而且把商业精神引进了文学界。

在贵族制度下，读者吹毛求疵，人数不多；而在民主制度下，却不难迎合读者的心意，但读者的人数众多。因此，在贵族制度的国家，文人要想获得成功，就必须付出巨大的努力，这种努力可能使文人得到很高的荣誉，但绝不会使他们赚取大量的金钱；而在民主制度的国家，一个作家却可以通过廉价推销作品获得大大的财富和小小的名气。为了达到这个目的，他不需要人们的钦佩，而只要受到人们的欢迎就可以了。

由于读者越来越多和需要日新月异，所以没有什么价值的书也能畅销。

在民主时代，读者大众对待作家的态度，一般说来就像国王对待他的宫内侍臣。读者大众使作家发了财，但看不起他们。试问：对待出生于宫廷或蒙宠而在宫廷里生活的御用文人，除了如此还应当如何呢？

民主国家的文学界，总有这样的一批视文学为商业的作家，而且那里出现的某些大作家，其个人的作用可以胜过几千名思想小贩。

第十五章　为什么在民主社会里研究希腊和拉丁文学特别有用

一些古代的最民主的共和国所说的人民，同我们今天所说的人民不是一个含义。在雅典城邦，全体公民都参加公共事务的管理，但在它的 35 万居民中只有 2 万人是公民。其余的人全是奴隶，他们所做的工作大部分是我们今天所说的人民和中产阶级所做的工作。

因此，尽管雅典人实行普选制度，但他们的城邦仍然是一个贵族共和国，只有全体贵族才有平等的参政权。

对古罗马的贵族和庶民之间的斗争，也要用这种观点进行分析，只能把这种斗争看成是同一家族的长辈与少辈之间的内讧。实际上，古罗马的庶民也属于贵族阶级，并具有贵族阶级的精神。

还应当指出，在整个古代，书籍是很少的，而且价格昂贵，不论是出版还是发行都有很大的困难。这种情况，便使对文学的爱好和享用集中于少数一些人身上，在一个大的贵族政治集团中形成一个小的贵族文学集团。因此，没有任何证据表明古希腊人和古罗马人曾把写作视为一种实业。

古希腊和古罗马的人民，不仅是他们国家的贵族，而且还是最文明和最自由的民族，所以他们必然使他们的文学创作带有贵族时代的文学所特有的缺点和优点。

实际上,我们只要浏览一下传世的古代作品,就可以发现,它们的作者虽然在体裁上有时变化不大,在思想上有时不够大胆、活跃和概括,但在情节的描写上却有令人佩服的技巧和匠心。他们的作品没有匆忙或随意下笔的痕迹,所有的作品都是写给行家看的,字里行间都是对于纯美的追求。后来的任何文学都没有像古代文学这样突出地表现出这些特点,而民主时代的作家也自然不会有这些特点。因此,在民主时代如不很好地研究古代文学。就不会有真正的文学。这种研究比任何研究都更能克服民主时代内在的文学缺点。至于文学的自然特点,则完全是自然产生的,用不着学就可以得到。

这是必须认识清楚的。

这项研究可能对一个民族的文学有用,而对它的社会和政治需要则不会有补。

在每个人都习惯于依靠暴力去增加或维护自己的财富的社会里,如果坚持只对人民进行纯文学的教育方针,则将造就出非常文雅但又非常危险的公民,因为社会和政治情况在使他们不断产生新的需要,而这些需要则是他们所受的教育无法满足的。于是,他们将以希腊人和罗马人的名义扰乱国家,使国家不能在实业方面得到发展。

显而易见,在民主社会里,个人的利益和社会的安全均要求对大多数人首先进行科学、商业和工业教育,其次才进行文学教育。

各级学校都不应当讲授希腊文和拉丁文,但对那些由于出身或命运而注定要学习文学或对文学感到兴趣的人,也应开设一些使他们能够完全掌握古代文学或将精力完全投入古代文学的学校。为了达到这个目的，办几所好的大学胜于一大批坏的专科学校，因为在后者得到的质量不高的肤浅教育，反而会影响以后的必要深造。

在民主国家里，凡想在文学方面有所成就的人，必须经常从古代作品中汲取营养。这是非常有益的办法。

我的意思并不是说古代的作品都是没有缺点的。我只是认为古代的作品有一些可以有效地抵消我们所特有的缺点的特殊优点。古代的作品可把我们从歧途引上正路。

第十六章　美国的民主怎样改变了英语

如果读者已经完全了解我上面就整个文学所述的一切，那就不难明白民主的社会情况和制度可能对作为思想的主要表达手段的语言本身发生哪些影响。

其实，可以说美国的作家主要是生活在英国的环境下，而没有生活在他们自己的国土上，因为他们在不断研究英国作家的作品，并且天天以英国的作家为楷模。但是，人民本身并非如此，因为只能对美国发生作用的那些独特原因，对人民最有直接影响。因此，我们要想了解贵族的惯用语在变成大众的语言时可能发生的变化，必须注意口说语言，而不必注意书面语言。

一些有教养的英国人，和一些使我望尘莫及的能够立即辨别出语言的这种细微差别的人，都一再叫我相信：美国的有教养阶级，在语言上同大不列颠的有教养阶级有显著的差别。

他们不但指责美国人使用大量的新词（英美两国的差异和相距遥远，是造成这种现象的原因），而且说这些新词主要是从各政党和各行业的用语以及业务术语借用来的。他们还说，英语中的一些旧词，往往被美国人赋予新义而加以使用。他们最后说，美国的居民常在说话当中加进一些使你莫名其妙的词语，有时把在他们的母国中不能混用的词当作同义词使用。

一些值得我相信的人多次向我说的这些话，促使我本人对这个问题进行了一番思考。我根据理论所得的思考结论，同他们根据实际所得的观察结论是一致的。

在贵族制社会，语言同一切事物一样，也处于停滞状态。这种社会创造的新词不多，因为它的新事物不多。即使出现新的事物，也尽力用含义早已固定的通用词来附会。

即使贵族制社会的人的精神终于自己振奋起来，或被外部射进的光芒刺醒，它所创造的新词也要具有一种学究气、辞藻色和哲学味，以表明它绝非来自民主社会。君士坦丁的陷落使科学和文学移向西方之后，法语当中立即出现一些全都可以在希腊语和拉丁语中找到根源的新词。于是，在法国出现了流行新词的风气，但使用新词的都是有教养阶级，而且流行的效果并不显著，只是经过很长时期才及于人民群众。

欧洲的所有国家，都先后出现过同样的现象。只是弥尔顿一个人，就给英语增添 600 多个新词，这些新词几乎全都来自拉丁语、希腊语或希伯来语。

反之，民主社会内部发生的连续运动，则不断使其语言和事物改变面貌。在这种万事都在变化和人们的思想互相竞争的过程中，许多新的观念相继出现，而一些旧的观念则逐渐消失，或消失之后又复现，但更多的是发生极其微小的变化。

因此，常常是一些词必然变成废词，而另一些词又要被拿来使用。

而且，民主国家本身就喜欢变动。这种情况既见于语言，又见于政治。因此，民主国家即使无须改用新词，有时也想要改用新词。

民主国家人民的天才，不仅表现在他们大量使用新词方面，而且表现在这些新词所代表的观念的性质上面。

在这样的国家里，一切法律均由多数制定，而语言方面的规则也自然要由多数规定。多数的意志，无论是在语言方面，还是在其他方面，都是起决定作用的。而且，多数从事实业和政务的人多于从事研究学问的人，重视政治和商业利益甚于重视哲学或纯文学的思辨。多数所创造或采用的词，大部分带有由此所产生的习惯的色彩。这些词主要是为表达实业的需要、政党的激情和公共行政的细节而服务的。这些方面的语言将来还要不断发展，而形而上学和神学方面的语言则将逐渐被抛弃。

至于民主国家的新词的来源和创造方法，都是不难解答的。

生活在民主国家的人，对于罗马人和雅典人所用的语言一无所知。他们不必到古代语言中去找他们所缺乏的词汇。即使他们有时也求助高深的词源学，一般也是出于用以表示自己也能对已经死去的语言进行探微的虚荣心，而不是出于他们的头脑天生就能如此博学多才。因此，最爱探求词源的人，有时反而表现出最大的无知。总想拔高自己的民主愿望，经常使他们喜欢用一个希腊或拉丁的名称来显耀自己的并不高贵的职业。他们以为，职业越是低下，表明自己越无学问，而名称越是好听，则可以显示自己学识更渊博。比如，法国的走索演员，就用希腊语的 Acrobate 和拉丁文的 funambale 来称谓自己。

民主国家的人民对已经死去的语言一无所知，但可以随时到现在活着的语言中去借用新词，因为各国人民之间不断往来，并在日益增加的互相接触中彼此随时仿效。

但是，民主国家的人民，主要还是从本国语言中去寻求革新的手段。他们有时将早被人们遗忘的用语再拿来使用，或对某个阶级专有的用语加以引申而使它成为普通话。许多原先只属于某一派别或职业的专门用语，就这样成为一般的用语了。

民主国家改革语言文字的最常用办法，是对流行已久的用语赋予新义。这种办法非常简便易行，不需要什么学识就可以运用，甚至没有学识的人更便于应用。但是，它却会对语言带来极大的危害。民主国家的人民在这样增加一个词的新义时，有时会使原来的词义和新增的词义混淆。

一个作家先把一个通用的词汇解释得稍微离开原意，随后就这样修改词义，以使那个词汇更符合自己的目的。也会出现另一个作家，由另一个方面来理解这个词汇的词义。第三个作家可能对这个词汇另作新解。结果，由于既无一个公断人，又无一个常设的法庭能够最后确定该词的意义，而使词义处于游移不定的状态。因此，作家们所表达的思想看来不止一个解释，而好像有一大堆解释，让读者去猜测作家的原意。

这是民主的一个令人遗憾的结果。我宁愿让我们的语言充满中国语、鞑靼语或休伦语的单词，也不希望法语的单词词义混淆不清。谐声和押韵，只是语言的次要美。在这类问题方面，一般都有许多规定，但可不必严格遵守。如果没有明确的词义，则不会是好的语言。

平等也必然使语言发生一些变化。

在贵族时代，各个民族都闭关自守，互不往来，喜欢保持自己的特点，所以几个本来是同源的民族，却往往彼此视为外人，以致不能再团结一致。最后，它们的语言也不再相同了。

在这样的时代，每个民族的内部又分为若干阶级，各个阶级之间很少往来和混合。各个阶级都养成并固定自己所特有的智力活动习惯，选用一定数量的单词和用语像遗产那样代代相传下去。因此，在同一通行的语言当中，又有穷人用语和富人用语、文人用语和通俗用语。阶级之间的界限越深，阶级之间的壁垒就越严。在语言方面，也必然如此。我敢断言，在印度的不同种姓之间，语言的差异大得令人不可思议，不可接触者的语言同婆罗门的语言差异大得同他们之间的服装差异几乎相当。

反之，当人们不再受等级的限制，而可以不断相见和交往时，即在种姓制度消灭和阶级界限取消而人们混合为一体时，语言的一切词汇便可以通用了。凡是不能为大多数人所采用的词汇，必然被淘汰；而保存下来的词汇，则形成公用的词汇总藏，每个人都可以随便从中选取自己使用的词汇。使欧洲出现几种通行语的一切方言，几乎都将明显地趋于式微。在新大陆上，已经没有方言土语。旧大陆上的方言土语，也将日趋消失。

社会情况的这种变化，不但影响了语言，而且影响了文体。

这样，所有的人不仅都要使用同样的词汇，而且都要对每个单词有同样的理解。在文体方面所作的规定，将几乎全部废除。词语将不会再有粗野和文雅之别。各行各业的人无论到什么地方，都将使用大家共同的语言和词汇。词的来源同人的出身一样，将完全被人们忘记。语言的浑然一体，将同社会的浑然一体同样出现。

我知道，词的好坏之别，并不取决于社会的形式，而是取决于另外的因素，但这个因素必定来源于事物的同一性。有些词语和句子之所以粗野，是因为它们所表现的意思实在低级下流；而另些词语和句子之所以文雅，是因为它们所描写的对象具有高尚的品质。

在等级之间的界限日趋消失的过程中，并不能完全取消这种差异。但是，平等却不能不破除思想方式方面的那些纯属任意和硬性规定的东西。我甚至认为民主国家将永远不会像其他国家那样重视我在上面所说的词必然有好坏之别，因为在民主国家，没有人能在教育、知识和时间方面使自己长期去研究语言的自然规律，没有人能通过自己考察这些规律而使它们受到重视。

我不想不讲民主国家的语言与其他国家的语言的最后一个不同特点，而就此停止。

我在前面已经说过，民主国家的人民爱好而且往往是热爱一般观念。这既来自他们固有的优点，又来自他们固有的缺点。对一般观念的这种爱好，通过长期使用通用的词语和抽象的观念，以及如何运用这些词语和观念，而表现在民主国家的语言上面。这既是民主国家语言的一大优点，又是它的一大缺点。

民主国家的人民之所以热爱通用的词语和抽象的观念，是因为这样来表达自己的思想可以提高思想，把大量的对象囊括在一个小小的范围之内，并有助于智力活动。

一个民主的作家，只喜欢用“才干”一词抽象地说明有才能的人，而不深入到这种才干的具体应用细节。他会用“现实”一词一笔带过目前发生的一切，用“偶然性”一词去解释世界上在他说话当时可能出现的一切。

民主的作家在不断创造这类抽象名词，或者使语言中的抽象名词的含义越来越抽象。

此外，为了写作简洁，他们还把抽象名词所代表的事物人格化，使它好像是一个真人在活动。比如，他们说：物力喜欢人才支配它。

用我自己的例子来说明我的这个想法，是再好没有了：

我往往从“平等”一词的绝对意义来使用这个词，我也在许多地方把“平等”一词人格化。比如，我有时说平等可使某事如何，有时又说平等不会使某事如何。我们可以断言，路易十四时期的人绝不会说这样的话。由于他们没有亲身享用过平等，所以他们的头脑里也不会想到享用平等。与其说他们没有使用这个词，不如说他们没有亲自体验过平等。

在民主国家的语言中，这类抽象名词比比皆是，而且每个人在使用的时候不必跟特定的事实联系起来，所以它们一方面在扩大思想，另一方面又使思想模糊不清了。它们虽然使语言的表达简洁了，但却使含义不明确了。然而，从语言的实际运用来说，民主国家的人民更喜欢模糊不清，而不愿意下功夫推敲。

我不知道这种模糊的语言对于用它讲话和写作的民主国家的人民是不是具有某种隐秘的吸引力。

生活在民主国家的人，由于经常要靠个人的智力活动能力进行判断，所以他们的活动总是处于迟疑状态。而且，由于他们的环境在不断变化，所以即使他们的财产没有变动，他们的思想也不会永远停止于一点。

因此，居住在民主国家的人，几乎总有一种犹疑不定的思想，并需要用泛泛的词语来概括这种思想。既然他们无法知道今天表达的思想能否适合明天遇到的新情况，所以自然要爱好抽象的词句。抽象的名词犹如一个两层底的箱子，你愿意往里放什么观念就放什么观念，而把它取出来时又能不让别人发觉。

笼统的和抽象的词语，本是一切民族语言的基础。因此，我并不认为只有民主国家的语言才有这种词语。我只是说，在民主时代，人们特别喜好创造这类词语，经常孤立地使用最抽象的词义，而且不管在什么场合都拿来使用，即使在没有必要使用抽象的字眼来交谈时，也还是照样使用。

第十七章　论民主国家的诗的某些源泉

人们对“诗”一词下过若干意义非常不同的定义。如对这些不同的定义逐一进行讲解，然后从中选一个最好的定义，那只能使读者厌倦。因此，我宁愿开宗明义，立即解释我所选择的定义。

在我看来，诗是对理想的探索和描绘。

凡是在描写的过程中以剔除一部分现实的东西，加进一些想象的成分，融入若干并非巧夺天工的真实存在的手法而壮丽自然的人，都是诗人。因此，诗的目的并不在于再现真实，而在于美化真实和为人的精神提供一个最优美的形象。

我认为，韵文虽是语言的理想美，而且从这个意义上来说还非常富有诗意；但是，文只有韵还不能称其为诗。

我要探讨的是，在民主国家人民的行动、感情和观念中，有哪些可以和应当成为理想的想象对象，也就是说，有哪些可被视为诗的自然源泉。

首先应当承认，民主国家人民对于理想的爱好和从玩味理想当中得到的快慰，绝不像贵族制国家人民那样深刻和广泛。

在贵族制国家，肉体的活动有时好像是出于自然，而精神的活动则离不开恬静。贵族制国家的人民本身，经常有诗的爱好；他们的意境往往比四周的一切高远。

但在民主国家，喜欢物质上的享乐，希望改善处境，彼此进行竞争，热望马到成功等心理，就像一根根锥子在刺激人们每迈一步都要面向自己所抱定的事业，而且不准他们须臾离开这一事业。人们的主要精力，都用到这方面了。想象力并未消灭，但它所能想象出来的东西几乎全是实用的东西，而它所能再现的东西则几乎全是现实的东西。

平等不仅使人们轻视理想的描写，而且也缩小应当刻画的这类对象的范围。

贵族制度在维护静止的社会的过程中，既有助于正统宗教的安定和持久，又有助于政治体制的稳定。

它不仅能使人的精神坚信一种信仰，而且会使人的精神接受一种信仰之后不皈依另一种信仰。贵族制国家的人民总是愿意在神和人之间设置一些中间权力。

可以说贵族制度也由此表明它非常有利诗的创作。当宇宙间的一切都是感官无法感知，而只有精神才能发现的超自然存在时，想象力可以自由翱翔，诗人描写的对象将会数以千计，而能够欣赏诗人创作的读者则会无法计算。

反之，在民主时代，人们在信仰上有时像在法律上一样犹豫不定。这样，怀疑又把诗人的想象力引回到眼前世界，将诗人封闭在可见的现实世界。

平等虽然动摇不了宗教，但能使宗教简化，使信徒的注意力从次要的崇拜对象离开，而主要去崇拜最高的上帝。

贵族制度自然要把人的精神引向沉思过去，并把它固定于这种沉思之中。民主制度与此相反，它使人对古的东西产生一种本能的反感。就这一点而言，贵族制度远比民主制度有利于诗的创作，因为一种事物越古远，通常也越使人觉得壮丽和宏伟，并在这种思古的幽情的影响下，使它更适于成为描写理想的对象。

平等剥夺了诗描写过去的权利之后，又抢走了它描写一部分现在的权利。

在贵族制国家里，总有一定数量的享有特权的个人，可以说他们的存在是处于一般人之上和之外的。权势、财富、荣誉、智慧、文雅和高尚，总之，一切好的东西，都好像属于他们专有似的。群众无法走近他们身边观察他们，或者说无法详细观察他们，而对这些人进行富有诗意的描写却是不用费力的。

另一方面，这样的国家也有一些无知而温顺的人。这些人由于本身过于粗野和悲惨，也被纳入诗的创造对象；这种情形，同另一些人由于本身文雅和高尚而被纳入诗的创造对象一样。此外，贵族制国家的各个阶级是彼此隔离和互不了解的，所以想象力在再现他们的时候，总是要加进或放弃一些东西，即不是夸大实际情况，就是缩小实际情况。

在民主社会里，人人都非常平凡，彼此都极为相似，所以每个人只要看一看自己，就立即可以知道他人的情况。因此，生活在民主社会的诗人，绝不能专拿一个人作为其描写的对象，因为一个平凡的而且又是明摆在众人面前的对象，是无法成为抒发理想的题材的。

因此，平等在世界上出现以后，就使诗的古老源泉大部分干涸了。

现在，我们来考察一下平等是怎样开发诗的新源泉的。

当怀疑使人不再向往天堂，平等的发展使人越来越相似和越来越渺小的时候，由于诗人尚未想象出什么东西可以替代同贵族制度一起消逝的大题材，所以诗人就把目光转向没有生命的自然界。在诗人的眼睛里已经没有英雄和诸神的时候，他们便开始去描写山川。

于是，在上一世纪，便诞生了被人们特称为“山水诗”的诗。

有些人认为，这种描写大地上的有形而无生命的物体的诗，是民主时代所特有的，但我认为这种看法是错误的。我认为这种诗只代表一个过渡时期。

我相信，经过一段时间，民主必使想象力从身外之物转向人本身，最后使想象力专注于人。

民主国家的人民可能出于一时的高兴而向往自然，但他们真正向往的却是认识自己。民主国家的人民只能从这方面去发掘诗的自然源泉，所以我敢说，凡是不想发掘这个源泉的诗人，就打动不了他试图感动的那些人的心灵，而这些人看到他的大作之后，只能是无动于衷。

我在前面已经说过，人类希望进步和无限完善的思想，是民主时代所固有的。

民主国家的人民绝不留恋既往，而愿意梦想未来。他们一想到未来，想象力便驰骋起来而不可遏止，并逐渐扩大和升高。

这便给诗人提供了广阔的天地，并使诗人扩大了他的视野。民主为诗关闭了面向过去的大门，同时为诗敞开了指向未来的坦途。

由于民主社会的公民彼此大致是平等的和相同的，所以诗不会去专门描写其中的某个人，但民族本身却可以入诗。个人的彼此相似，使某一个人不宜单独入诗，但容许诗人把所有的个人合成为一个同一的形象，对整个民族进行描绘。民主的民族对于本身的容貌，比其他任何民族都有更清晰的认识，而这个伟大的容貌则为理想的塑造提供了最好的素材。

我可以同意美国没有诗人的说法，但我不能接受美国人没有诗的意境的论断。

欧洲人大谈美国是一片荒凉，而美国人自己却没有这样的感觉。无生命的大自然的奇观，并未打动他们；他们周围的森林，可以说直到被伐光以后，才使他们感到其壮丽。他们的注意力完全被另一个景色吸引去了。当时，美国人只是一心要横越这片荒野：他们一边前进，一边排干沼泽、修整河道、开垦荒地和克服自然困难。他们自身绘出的这幅壮丽的图景，不仅逐渐地进入美国人的想象，而且可以说印在每个人的一举一动上，并成为引导他们智力活动前进的旗帜。

在美国，人们的生活最渺小、最枯燥、最乏味，总之，最没有诗意，无以引发人们的想象力。但在指引生活前进的思想中，却永远有一种充满诗意的意念，这种意念就像潜藏在体内的支配其余一切活动的神经。

在贵族时代，每个民族或每个个人，都处于静止不动的状态，同其余的民族或个人隔离。

在民主时代，人们的积极好动和强烈愿望，使他们不断地改变其住所，而不同地方的居民，便由此杂居相处、彼此交往和取长补短。不仅已经是同胞的同一民族成员是如此，而且不同的民族也在同化。结果，乍一看来，这些在各个方面都一致的人，好像形成了一个每个公民在其中都俨如同一民族的民主大集团。这是有史以来第一次将人类的本来面貌显示出来。

凡是与全人类的生存、演变和未来有关的一切事物，都可成为诗的最丰沛的源泉。

生活在贵族时代的诗人，在取材于一个民族或一个个人的事迹的创作中描写得令人叹为观止，但他们当中没有人曾把人类的命运列为其创作题材；而在民主时代写作的诗人，却可能进行这种尝试。

在每个人都能放眼世界而开始认识人类本身的时代，神也能越来越充分地、全面地将其威严反映在人的精神当中。

如果说在民主时代人们对正统宗教的信仰时常动摇，对他们随便定名的一些居间权威的信任已趋消失；那么，另一方面，这个时代的人对于神意本身的认识却会日益广泛和深刻，而且在他们看来，神意对人世的干预将会日益扩大。

由于他们把人类看成是一个整体，所以他们也容易相信人类的命运是受同一个神意支配的，并能从每个人的行动上看到神经常用来指导人类的总计划的影响。

这样的认识，还可以被认为是这个时代为诗开辟的一个十分丰沛的源泉。

如果民主时代的诗人试图赋予神鬼和天使以肉体，并把他们从天上拉到地上来看他们斗法，那么，这种诗人必然显得平凡无力。

反之，如果他们能把自己所要描写的重大事件同神的总旨意联系起来，并且不把至高无上的主的手显示出来叫人看，而只揭示神的思想，那么，他们定将受到赞扬和得到共鸣，因为他们同时代的人的想象力也是顺着这条道路发展的。

我们也可以料到，民主时代的诗人所要描写的，是人物的激情和思想，而不是人物本身和他们的行动。

民主时代的人的语言、服装和日常行为，不能激发人们对理想的向往。这些东西本身就没有诗意，而且不能入诗，因为诗人所要感动的那些人，对这些东西都非常熟悉。这就迫使诗人不断地深入感官所能发现的表层，到里面去找灵魂。最能进入自己灵魂深处的人，也最能塑造理想。

我不必遍历天上和地下去寻找充满冲突，既兼有伟大和渺小，黑暗和光明并存，而又能立即使人产生怜悯、赞美、轻视或恐怖之心的动人题材。我只要考察一下自己，就会发现人从“无”中生出来，经过一段时间之后又消失而回到上帝的怀抱。人生在世，从出生到死亡，只是转瞬即逝而已。

人如果浑浑噩噩，对自己无所认识，那他永远不会有诗意，因为他描写不出自己没法想象的东西。而如果他对自己认识得过于透彻，他的想象力又会没有用武之地，不能给他的描述增添任何东西。好在，人是既有聪明的一面，又有糊涂的一面的生物：聪明的一面使他能够认识自己的某些方面，而糊涂的一面又使他能够容忍其余方面处于莫测的黑暗之中，让他永远在这个黑暗当中摸索，但又永远搞不清其余方面。

因此，不必指望民主国家的诗会以传奇引人入胜，会用传统和古代传闻为养料，会使读者和作者本人都不再相信的超自然存在再现于世界，更不会把本身就能使人看得清清楚楚的善与恶人格化。这一切都不是诗人的取材源泉。但是，人仍然存在，而且对于诗来说，只是人就足供它取材了。人类的命运，呈现在大自然和神的面前的不管什么时代和国度的人，以及这种人的激情、疑虑、罕见的得志和难以想象的悲惨，都将成为民主国家的诗的主要的而且几乎可以说是唯一的源泉。我们只要看一下世界走向民主以来出现的那些伟大诗人的作品，就可以知道此言之不谬。

当代的作家在惟妙惟肖地刻画恰尔德·哈罗德、勒内、若斯兰*等人的形象时，并没有力求描绘个人的行为，而是试图光大依然深藏在人心中的某些方面。

这就是民主时代的诗。

因此，平等并未破坏诗的所有题材，而只是减少了题材的数目，但却使题材的范围更广泛了。

---

* 〔见拜伦的长诗《恰尔德·哈罗德游记》，夏多勃里昂的长诗《勒内》，马拉的长诗《若斯兰》。〕

第十八章　为什么美国的作家和演说家总爱夸张

我经常看到,美国人平时说话时极为简单明了,不加任何修饰,而且率直到近乎粗俗,但他们一要发表富有诗意的言论时,立即夸大其词。因此,一篇讲稿从头到尾都是华丽的辞藻,而当你听到他们如此渲染其一切想象时,你会以为他们说话从来不会是率直的。

英国人很少有这种毛病。

不用费力,就可以找到这方面的原因。

在民主社会,每个公民都习惯于为与己有关的一件小事而煞费苦心。但是,他们一扩大视野,往远看,就能看到整个社会的庞大形象或全人类的更为高大的形象。因此,他们的观念不是非常特殊和非常明确,就是非常一般和非常模糊,而在两个极端之间,则有空当。

当他们的视野扩大,离开一己的小圈子时,他们总是希望人们向他们提供某些奇异的事物供他们考察;也只是以此为代价,他们才同意暂时不考虑那些激励和鼓舞其生活的微小而琐碎的事物。

我认为,只是这一点就足以解释一般说来只注意一己的小事的民主国家人民,为什么却要求他们的诗人进行那样广泛的观察和那样夸张的描写。

另一方面，他们的作家本身也有这种夸张的本性，所以自然乐于遵命。于是，作家们不断地使其想象力膨胀，甚至膨胀过度，以致因为言过失实，夸饰伟大，而往往使伟大失真。

诗人们希望以这种方法立即吸引广大读者的视线，并顺利地使读者的视线集中到他们身上。他们的这个希望往往能够实现，因为读者只要求诗能够写得海阔天空，既没有时间去精确研究诗中所写的是否符合实际，又无足够的欣赏能力去轻而易举地指出哪些地方不符合实际。结果，作家害了读者，读者也害了作家。

但是，我们仍然认为民主国家的诗的源泉是很好的，只是不够丰沛。源泉不久即将被人吸干。诗人们由于不能再从真和实中找到塑造理想的素材，所以完全离开真和实，而创造出一些怪诞的东西。

我既不怕民主国家的诗羞于表现，又不怕它太近于人世。我所担心的，是它每时每刻都有堕入五里雾中的危险，并会由于描写纯想象的国土而寿终正寝。我害怕民主国家诗人的作品满篇都是空洞的和互不相关的说教，充斥华丽的辞藻和怪诞的描写。我也害怕这些诗人的奇谈怪论，有时会对不起现实世界。

第十九章　略论民主国家的戏剧

当改变了一个贵族制国家的社会和政治情况的革命开始及于文艺界的时候，首先受到影响的一般是戏剧，而且戏剧所受的影响总是显而易见的。

戏剧的观众，差不多都是情不自禁地随着演出而感情起伏。他们在观剧的过程中既无时间仔细玩味剧情，又无时间同比自己高明的人讨论剧情。他们对自己身上开始产生的新的文学兴趣，根本不想加以压抑。他们还没有弄清楚这种新兴趣之前，便先向它低头了。

作家们很快就会发现大众的爱好在暗暗地倾向于何方。于是，他们也暗暗地使自己的作品转向那一方，而他们所写的剧本，在通过上演来预示革命行将来临之前，就已起了推动革命的作用。如果你想预测一个走向民主制度的国家的文学发展，你就研究研究它的戏剧好了。

不仅如此，剧本也是贵族制国家文学中最富有民主精神的部分。在所有的文艺享乐中，观剧是最容易使群众得到满足的享乐。不必经过准备或研究，人们就可以欣赏戏剧。不管你持有什么偏见，不管你如何无知，戏剧都可以把你紧紧抓住。当一种还是雅俗参半的精神享乐的爱好开始在一群公民中发展起来的时候，很快就会把他们推向剧院。经常进入贵族制国家剧院的观众，都不属于贵族阶级。在贵族制国家，能使上层阶级与中下层阶级接触，并觉得即使不听取中下层阶级的意见也得容许他们发表意见的场所，只有剧院。而使博学之士和有教养的人总是难于防止群众的爱好追随自己的爱好，难于防止自己也被群众的爱好所吸引的地方，也正是剧院。因此，上层阶级往往在剧院里订包厢。

既然贵族阶级都无力阻止人民群众进入剧院，那么，我们就不难知道，一旦民主的原则被法律和民情所承认，所有的等级混为一体，大家在智力和财产上都互相接近，上层阶级连同它的世袭财产、权势、传统和安逸生活不复存在，人民群众就必然在剧院中占据统治地位。

因此，民主国家的人民对文艺的爱好和从事文艺活动的本性，将首先表现在戏剧方面；而且我们可以预言，这种爱好和本性，将十分有力地浸入戏剧。贵族制度对于文艺写作订立的清规戒律，将逐步地、分阶段地改变，即可以说是通过合法的手续来改变，而它对于戏剧订立的清规戒律，则将由人民大张旗鼓地推翻。

戏剧可把民主文艺内在的大部分优点和几乎全部缺点明显地反映出来。

民主国家的人民，对于才学并不十分重视，根本没有把罗马和希腊的光辉过去放在眼里，只欢迎作家讲他们自己，即要求作家只描述现在。

因此，如果古代的英雄和故事经常出现于舞台，而人们又有十分忠实于古代传统的表现，就足以断言民主的阶级尚未对戏剧发生支配作用。

拉辛在其《布里塔尼居斯》的序言中，对他把儒尼叶作为侍奉女灶神维斯塔的一名贞女来进行艺术加工一事，进行了十分谦逊的辩解。他根据格利乌斯的记述说："那里绝不收不满 6 岁和超过 10 岁的女孩。"我相信，如果他在今天写这个剧本，绝不会为这样的错误自咎和辩解。*

这个事实不仅使我知道了那个时代的文艺的情况，而且能使我知道那个时代的社会情况。民主戏剧的存在，绝不能证明一个民族已处于民主制度之下，因为正如我在上面已经指出的，即使在贵族制度下，人民的民主爱好也会影响舞台。但是，当贵族的精神完全控制戏剧时，则必然证明整个社会是贵族制度的；而且可以大胆断言，那个领导着作家的有学识和有教养的阶级，也对公民和政务发号施令。

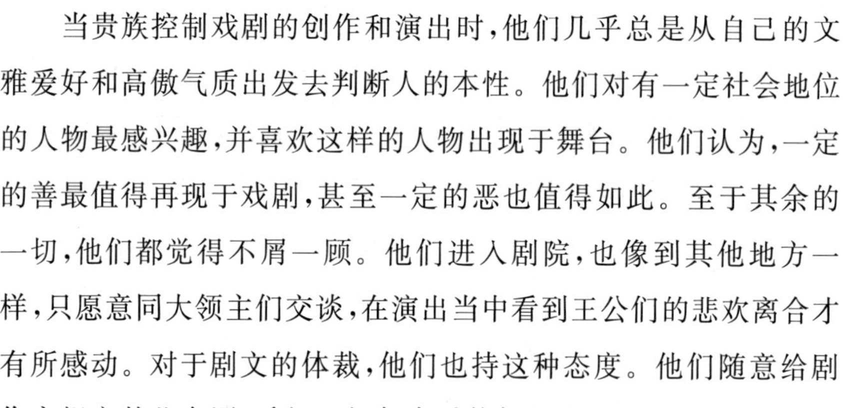

当贵族控制戏剧的创作和演出时，他们几乎总是从自己的文雅爱好和高傲气质出发去判断人的本性。他们对有一定社会地位的人物最感兴趣，并喜欢这样的人物出现于舞台。他们认为，一定的善最值得再现于戏剧，甚至一定的恶也值得如此。至于其余的一切，他们都觉得不屑一顾。他们进入剧院，也像到其他地方一样，只愿意同大领主们交谈，在演出当中看到王公们的悲欢离合才有所感动。对于剧文的体裁，他们也持这种态度。他们随意给剧作家规定某些台词，希望一切都合乎他们的腔调。

---

* 拉辛(Jean Baptiste Racine，1639—1699)，法国诗人和剧作家。格利乌斯，公元 2 世纪拉丁文作家，其《雅典之夜》收有许多古代文史资料，他在这部书中说：古罗马的女灶神维斯塔的侍女为 6 名 6—10 岁的贞女。〔见《拉辛全集》第 1 卷第 386 页，普列伊阿德版，巴黎，1950 年。〕——译者

因此，戏剧经常是只描写人的一个侧面，有时甚至演出了人的本性中根本不存在的东西，也就是有些东西超越了人的本性和不符合人的本性。

在民主社会里，观众并没有这样的偏爱，也很少有贵族的那种不屑一顾其余的反感。他们喜欢舞台上再现耳闻目睹的人间百态：各种出身的人物，各式各样的感情和思想。因此，民主社会的戏剧比以前更感动人、更通俗易懂和更真实了。

不错，民主社会的剧作家有时也会脱离人的本性，但他们这样做的目的与他们的前辈不同。由于他们过于希望惟妙惟肖地再现当代的小人物、小事和某些人的特点，而忽略了人类的一般特征的描写。

当民主的阶级控制戏剧的时候，无论是戏剧题材的选择，还是对题材的处理，都是任其剧作家自由决定的。

在民主国家的所有文艺爱好当中，戏剧的爱好是最合乎人的本性的，所以在民主国家，戏剧的作者和观众以及演出，都是与日俱增的。作者和观众如此之多，而且又分散在各地，所以要制定同样的办法，让他们服从同样的规则，将是不可能的。首先是评论戏剧的人太多，他们互不认识，各有自己的观点，要他们作出一致的评论是不可能的。如果说民主制度的实施只是使文学方面的规则和章法普遍松弛了，那么在戏剧方面，可以说民主制度全把这些规则和章法废除，而听凭每个作家和每个观众去各行其是了。

我在前面的一个章里就民主文艺的体裁和技巧所作的论述，也特别适用于戏剧。我们在阅读路易十四时期剧评家对当时的戏剧作品所作的评论时，有些地方使我们感到惊奇。那就是：观众对于情节的真实性特别重视，要求剧中人的举止要合乎他本人的性格，不能作出使人难于理解和无法解释的动作。另外，下述的事实也使我们惊奇：当时人们对于语言的表达形式十分重视，台词上有一点儿小毛病，剧作家也得受到责难。

看来，路易十四时期的人，对于在舞台上表现不出来，而在书斋里细读剧本时可以玩味的细节，是过于重视了。要知道，戏剧作品的主要目的在于演出，而它的主要作用则在于感动观众。但在路易十四时期，戏剧的观众和剧本的读者都是同样一些人，他们看完演出后，便把剧作者请到家里，当面加以评论。

在民主时代，人们只是到剧院去听戏，而不阅读剧本。坐在剧院里看戏的人，大部分不是去追求精神的享乐，而是去追求感情的刺激。他们不想在看戏的过程中听到美丽的戏词，而只希望戏演得热闹。只要剧作家能够正确地运用本国语言，使人人都能听懂，剧中人物能够引起观众的兴致和共鸣，观众就满足了。观众知道戏完全是虚构，看完戏后，他们马上又回到现实。因此，戏剧的文体并不太重要，因为在演出的过程中你发现不了它是否遵守了这方面的规定。

至于剧情的真实性问题，如果让剧情完全合乎事实，那就往往没有新奇、突然和急转直下可言了。因此，剧作家不以真实性为重，而观众也容许如此。只要你写出的戏能打动观众的心，他们是不会理睬你使用了什么方法的。即使你违背了戏剧的规则，但却感动了观众，观众也不会责难你。

美国人一进剧院，就会把我方才所述的种种特点清晰地表现出来。但是，应当指出，美国人到剧院去看戏的人，至今仍然不多。

不错，四十多年来，美国的戏剧观众人数和演出次数均大有增加，但人民对于这种娱乐仍然持有审慎的欢迎态度。

造成这种情况的特殊原因，我在前面已向读者交代了。但为了引起读者的回忆，我要再补充几句。

创建美国最初几个州的清教徒，不仅反对各种娱乐，而且对戏剧有一种特殊的恐怖感。* 他们认为戏剧是一种可憎的消遣，所以只要是在清教徒的精神占有支配一切的地位的地方，就不会有戏剧的演出。初期移民的这种观点，给他们后代的精神打上了深深的烙印。

而且，美国人的规规矩矩的生活习惯和死板严肃的民情，至今还在对戏剧艺术的发展产生不利的影响。

在没有巨大的政治变动，而男女一谈上恋爱就会不经曲折而容易走上结婚道路的国度，是没有戏剧的题材的。从周一到周六天天忙于赚钱，而周日去礼拜上帝的人，是跟喜剧的女神没有缘的。

只举一个事实，就足以证明戏剧在美国是不太受人欢迎的。

美国的法律承认公民在一切方面有言论的自由，甚至有信口开河的自由，但却对剧作家实行一种检查制度。不经市镇行政官员的许可，不得演出戏剧。这个事实清楚地表明，全体人民和个人对戏剧的态度是一致的。全体人民和个人对于他们的主要关心对象无不热心对待，而对于他们不爱好的对象则千方百计不让它们

---

* 关于这个问题，请参看杰里米·科利尔：《概观英国戏剧中反映的不道德和渎神行为》，第 4 版，伦敦，1699 年；沃德和沃勒编：《剑桥英国文学史》第 4 卷第 2 编第 408 页及以下各页，剑桥，1910 年。——法文版编者

侵入。

在一切文艺当中，只有戏剧与社会的现实情况的关系最繁杂和最密切。

如果在两个时代之间有一场重大的革命使民情和法制发生了变化，则前一个时代的戏剧绝不会适于后一个时代。

人们仍可以阅读前一个时代的伟大剧作家的作品，但不会观看为前一个时代观众所写的戏剧。过去的剧作家只能靠他们的著作而流芳后世。

某些人的传统爱好，人们的好奇心和好胜，以及某某演员的天才，可能使贵族时代的戏剧在民主时代上演一段时间和复兴一个时期，但不久以后，便会自消自灭。这不是被人推翻，而是被人抛弃。

第二十章 论民主时代历史学家的某些特有倾向

贵族时代的历史学家，通常都把一切史实同某些个人的独特意志和性格联系起来，喜欢将重大的革命归因于一些并不重要的偶然事件。他们能以卓越的见识找出一些最小的原因，但往往忽略一些比较重大的原因。

而民主时代的历史学家，则与他们完全相反。

他们大部分人认为，个人对人类的命运几乎不发生影响，而少数公民也不能影响全民的命运。但是，他们却用一些普遍的重大原因去解释所有的特殊的微小事实。这种对立的倾向，是完全可以理解的。

当贵族时代的历史学家纵观世界舞台时，他们首先看到的是为数不多的几个正在舞台上表演的主要演员。这几个站在舞台前面的主要人物，吸引了他们的视线，使他们目不转睛地盯着这几个人。他们专心去研究这几个人的一言一行的隐秘动机，而忽略了其余的一切。由于他们重视某些个人的重要性，所以他们就想夸大个人可能发生的影响，自然而然要用某些个人的个别行动去说明群众的普遍运动。

反之，在公民们各自独立、每个公民都同样是软弱无力的民主社会，谁也不会对群众拥有非常强大的和极其持久的权力。乍一看来，在这样的社会里，个人对于社会好像是不发生任何作用的，可以说社会是在全体成员的自由的和自发的竞争中前进的。

这种情况，自然会使人的精神去探索既能启发人智又能使人智指向同一方面的一般原理。

我坚信，在民主国家里，某些个人的天才、德行和劣行，会推迟或加速国家命运的自然进程，但这些偶然的和次要的原因，也是容易变化的，比较隐秘、复杂和力量不大的，从而在平等时代去发现和研究这些原因也比在贵族时代困难。在贵族时代，历史学家只从无数的一般事实中摘出某一单独的个人或几个人的个别活动进行分析。

历史学家这样地进行研究后不久，就感到厌烦了。他们进入了迷宫，晕头转向，弄不清和无法满意地说明个人的影响力，而只好否认这种影响力。我们主张从研究种族的特点、国家的自然环境或文明的精神面貌入手。这可以事半功倍，而且能使读者满足。

拉法夷特先生在其《回忆录》的某处说过，过分强调一般原因的研究方法，会使二流政治家得到极大的慰藉。我补充一句：这也会使二流历史学家得到很好的慰藉。这会使他们可以常用冠冕堂皇的大理由巧妙地回避其著作中最难处理的问题，掩盖其无能和懒惰，而空享研究深刻的荣誉。

就我个人而言，我认为在任何时代，这个世界上发生的一切事件，都有一部分来源于非常一般的事实，而另一部分则来源于非常个别的影响。这两种原因经常是交织在一起的，只是各自所占的比重有所不同。在民主时代，用一般原因可以说明的事实多于贵族时代，而个别影响造成的事实则少于贵族时代。在贵族时代，个别的影响特别强大，而一般原因则作用不大，甚至很少承认身份不平等这个事实是准许某些个人压制其他一切人的天赋意愿的一般原因。*

因此，试图描述民主社会发生的一切事情的历史学家，有理由用一般原因去说明大部分问题，并将精力主要用于探索一般原因。但是，他们如果因为难于确定和查明个人的个别作用而否认这种作用，那也是错误的。

生活在民主时代的历史学家，不但喜欢给每个事实找出一般原因，而且致力于将各种事实联系起来，为它们定出一个系统。

在贵族时代，历史学家的注意力始终放在个人的作用上，所以他们对事件之间的联系视而不见，或者可以说他们根本不相信其间有联系。在他们看来，历史的进程随时都有因为一个人的逝去而中断的危险。

反之，在民主时代，历史学家不太重视演员，而特别重视演出，所以他们容易在各场演出之间建立有系统的联系和秩序。

给我们留下了美丽史诗的古代文学，并没有绘出一个伟大的历史系统；而现代的十分简陋的文学，却为我们提供了这样的系统。看来，古代的历史学家并没有充分利用被今天的历史学家几乎经常搬用的一般理论。

民主时代的历史著作家，还有另一个十分危险的倾向。

当个人对国家的影响消失时，往往会使人觉得世界虽在运动，

---

* 这一段，对于了解托克维尔的历史观特别重要。——法文版编者

但看不见隐藏的原动力。由于极难认识和分析那些对每个公民分别发生作用,而最终引起全民运动的原因,所以人们只好认为这个运动不是随意的,社会必然无形之中受到一个最高权力的支配。

甚至在终于发现世界上确有一般原因在支配所有个人的意志的时候,这也拯救不了人类的自由。一个广泛得足以同时用于千百万人,而且强大得足以控制同一阵营的全体的原因,大概是最难抗拒的。人们一旦服从这个原因,就只好认为不能再抗拒。

因此,生活在民主时代的历史学家,不但拒绝承认某些公民有能力支配全民的命运,而且认为全民本身也没有能力改善自己的境遇。他们有时认为人民受刚直无私的天意的摆布,有时认为人民受盲目的宿命的支配。在他们看来,每个民族都由于它的地理位置、起源、历史和性格,而与它完全无力改变的某种命运紧密地联系在一起。他们逐次考察每一代人,再由一个年代考察到另一个年代,由一个必然事件考察到另一个必然事件,一直上溯到世界的起源,然后铸出一条环环相接的大锁链,把整个人类的一切事件对号入座放进去,使它们联系起来。

他们不以指明事件是怎样发生的为满足,而且还喜欢叫人知道事件将来会如何发展。他们研究了一个发展到一定历史阶段的民族后,便论证这个民族是不得不按至今走过来的路前进的。这样的研究方法,最容易指导这个民族将来如何选择更好的道路。

我们在阅读贵族时代的历史学家的著作时,特别是在阅读古代的历史学家的著作时,总觉得那时候的人只要将自己治理好,就能成为自己命运的主人和管理好同胞。而我们在阅读现代人写的历史著作时,则会觉得人无论是对自己,还是对周围的人,都无能为力。古代的历史学家教导人们自主，现代的历史学家只教导人们学习服从。在现代的著作中，作者总使自己显得伟大，而把人类视如草芥。

如果现代的历史学家如此醉心的这个有害学说从作者传到读者，并深入到全体公民和控制了舆论，那么，我们可以预言：用不了多少时间，这个学说就将使新社会的运动瘫痪，使基督教徒变成土耳其人。

我还要指出，这样的学说对于我们现在所处的时代特别有危险。当代的人十分怀疑意志自由，因为每个人都觉得自己在各方面都是软弱无力的；但是，他们仍然承认人结成团体时是有力量的和自主的。应当发扬这个思想，因为现在需要振奋人的精神，而不应当压抑人的精神。

第二十一章　关于美国的议会辩才

在贵族制国家，人人互相牵连和彼此依靠，有一种等级制度可使人人各得其所和使每个等级各安其分。类似的情况也见于这种国家的政治团体的内部。贵族制国家的政党，自然要有一些首脑来领导，而党员对首脑的服从，则出于一种习惯成自然的本性。他们把大社会里的习惯做法也搬到这个小社会里。

在民主国家，表面上看来是大多数公民朝着同一目标前进，但每个公民却是自行前进，或至少自认为是自行前进。由于他们习惯于按照自己的意志去采取行动，所以他们在行动时不愿意接受外来的指导。对这种自主习惯的爱好，也被带进全国的会议里去。一个人即使同意与别人联合起来去推行相同的计划，至少也要保留以他为主的地位，希望依照他的办法去取得共同的成果。

由此可见，民主国家的政党，除非国家遇到严重危机，是难于容忍受制于人和表示服从的。在这种情况下，国家首脑虽然有权命令政党怎样行动和怎样发表意见，但国家首脑的权威还不能达到使政党闭口不言的地步。

在贵族制国家，各种政治性会议的代表都来自贵族，每个代表本身原来就有很高的和固定的官职。在他们看来，他们在议会中所占的地位，往往还不如他们在国家机关中的地位显要。这就是使他们不肯在议会中积极讨论议案,也不愿意在议会中热烈争辩一般问题。

在美国,议员通常是依据他在议会中的地位,才能出面做某项工作。因此,他要不断地拼命设法在议会中占据重要地位,并迫不及待地希望自己的建议付诸实施。

他这样做的目的,不仅是为自己争光,而且也是为自己的选民争光,以及为必须继续得到选民的支持。

在贵族制国家,立法机构的成员很少严格地依附于选民,往往被选民们视为是当然的代表,有时还会使选民们完全依附于自己。如果本区的选民不推选他们,他们还可以轻而易举地被其他选区选举出来;或者,不当议员而脱离公职,还可以照样享受清闲而舒适的生活。

在像美国这样的民主国家,议员几乎不可能长期左右选民的思想。不管一个选区有多么小,民主的不稳定性也会使它不断改变面貌。因此,议员必须时时刻刻讨好于选民。但要做到这一点,并无绝对的把握。如果选民不再选他,他就马上失去支持,因为他的地位本来就不是高得无论远近人人皆知的地步。何况在公民完全自主的条件下,他休想朋友和政府会随意把他塞进他所不熟悉的选区去当选。因此,他必须在其所代表的地区种下使他能够飞黄腾达的善因。他要想指日高升,对人民发号施令,进而影响世界的命运,也得从这个小小的角落开始。

因此,民主国家的政治性会议的代表在考虑问题时把选民置于其所在党派之上,而贵族制国家的政治性会议的代表这时则把他们的政党置于选民之上,乃是极其自然的。

但是，为讨好选民而发表的言论，未必就是对自己信奉的政治观点有利的言论。

一个政党为了维护本党的最大利益，往往不让身为它的党员的议员谈论它本身还没有认识清楚的重大政治问题，让他们少谈可能影响大问题的小问题，而且更经常的是，干脆什么也不谈。缄口不语，是一个平庸的议员能够对国家大事做出的最有益的贡献。

但是，选民们的看法并非如此。

一个地区的人民选出一名公民去参与国政，是因为他们对这位代表的长处有非常清楚的认识。因为人在周围的人越是庸庸碌碌的时候才越是显得高大，所以可以设想，要求于当选代表的能力越高，越是难于找到适任的天才，而如果选出一个庸才当上代表，又得要求他付出与他享有的荣誉地位相称的努力。

一个议员除了是国家的立法者外，还被他所代表的选民视为本选区在立法方面的天然保护人。每个投票支持他的人，不仅把他看作是自己的代理人，而且衷心相信他会以不亚于维护国家利益的热忱去维护本地区的利益。

因此，选民们早就想好，他们所选的议员应当是一个能说会道的演说家，能够一有机会就发言；在限制他的发言时间时，也要力争在简短的发言中就一切国家大事提出质询，并在陈述当中加上本区所抱怨的一些小小不平；在他不能长篇大论的时候，就要抓紧时间将所有的问题言简意赅地讲出来，提出他与其选民对问题的卓越而完整的见解。只有这样，他才能再次当选。

这就使那些有自知之明和不愿意自我表现的老实厚道的人，不想向此道问津了。如果这样的人当上议员，他可以在他的朋友们面前侃侃而谈，而要他到全是演说家的议员当中去发言，必将把辩论搞得一塌糊涂，使与会人感到厌倦。

凡是使当选的人越来越依附于选民的法律，不但要像我已经指出的那样改变他们当上议员后的行动，而且会改变他们的语言。这样的法律既影响国务工作，又影响讨论国务工作的方式。

可以说没有一个告退还乡的美国国会议员不事先备好一份讲稿，在国会上慷慨陈词，述说他为联邦的 24 个州，特别是为他所代表的地区，做了多少多少好事。因此，他向听众发表的长篇大论，不是连他自己也不清楚甚至不知所云的大道理，就是使人难于发现和不屑一顾的一些鸡毛蒜皮的琐事。结果，在这个大机关里进行的辩论，往往空空洞洞和杂乱无章，好像是在故意拖延时间，不想去接近所指向的目的。

我认为，民主国家的议会都有类似的现象。

良好的政治环境和健全的法制，也许能把比美国的现任国会议员优秀的大批良才吸收到一个民主国家的立法机构里去，但你无法阻止庸才在议会里高谈阔论和到处招摇过市。

我认为，在美国，这个病已入膏肓，不可救药，因为这不仅来源于国会的组织，而且也来源于宪法，甚至还来源于国家的制度。

美国人自己似乎也是这样认为的。他们看惯了他们的国会的活动，遇到拙劣的发言也不退席，而能耐心听下去。他们甘心忍受这种病痛，因为他们的经验告诉他们这是无法根除的。

我们以上讲的只是民主国家议会的政治辩论的细节，现在我们来谈谈它的主要问题。

英国下院 150 多年以来的议事经过，从来没有轰动过国外，发言人表达的思想和感情，甚至在最靠近不列颠这个自由大舞台的一些邻国，也向来没有引起过共鸣。但是，美洲殖民地在革命时期召开的几次小会议的最初辩论，却轰动了整个欧洲。

这不仅有其特殊的和偶然的原因，而且还有其一般的和必然的原因。

我认为，在民主国家议会里辩论国家大事的大演说家最值得佩服和最有力量。因为没有可以派代表为本身利益而辩护的阶级，所以议员们总是为全国人民和以全国人民的名义而发言。这就增强了思想的作用，加重了发言的分量。

在这里，前例没有太大的作用，特权已不再与一定的财产挂钩，世袭权力也不再与一定的集团或个人关联，所以人们必须依靠合乎人性的一般原理去处理他所办理的个别问题。因此，民主国家进行的政治辩论，不管其规模怎样小，都具有一种关系到人类命运的普遍意义。这与所有的人都有关系，因为辩论涉及人，而人在世界各处都是一样的。

反之，在一些大贵族制国家，某些重大的问题均根据一个时代的习惯和一个阶级的权力所规定的某些特殊理由来处理。对这些问题感兴趣的，只有有关的阶级，至多还有这个阶级所在的民族。

法兰西民族的政治辩论有时引起全球的巨大反响，正是基于这个原因。当然，法兰西民族本身的伟大和其他国家的愿意倾听，也起了作用。

我国的演说家在向本国的公民发言时，往往也就是面对全世界的人发言。

第 四 部 分

民主对美国人情感的影响

第一章　为什么民主国家爱平等比爱自由更热烈和更持久*

身份平等所造成的第一个和最强烈的激情，用不着说，当然是对于这种平等本身的热爱。因此，我在这里先把它提出来讨论，自然顺理成章。

任何人都已经看到，在我们这个时代，尤其是在法国，这种热爱平等的激情，日益在人们的心中每天都在扩大其地位。人们一而再、再而三地指出，当代人对于平等的热爱炽烈于和强大于对于自由的热爱。但是，我还没有见到有人充分地探讨其原因所在。现在，我想对此试作探讨。

可以设想有一个终极点会使自由和平等会合并结成为一体。

我们现在假定，所有的公民都参加政府的管理工作，而且人人在这方面都有平等的权利。

这样，谁都与别人没有差别了，谁也都不能要求享有压制他人的专权了；因为人人都将完全平等，所以人人也将完全自由；反过来说，因为人人都将完全自由，所以人人也将完全平等。民主国家

---

* 这一章所讲的，可以称为自由与平等的辩证关系，它对理解托克维尔的政治哲学非常重要。——法文版编者

的人民所追求的，就是要达到这个理想的境地。

这是平等可以在地球上采取的最好形式，而其他的许许多多形式，虽不如这种形式完美，但亦为民主国家的人民所珍惜。

平等可以在市民社会里建立，但不能在政治界推行。人们虽然不能在政府里享有同等的地位，但可以有权在社会上享用同样的享乐，参与同样的行业，到同样的地区居住。一句话，他们有选择同样的生活方式和用同样的手段去追求财富的同等权利。

有一种平等可以在政治界建立，但那里没有政治自由。即除了一个人以外，所有的人是平等的，而那个唯一的一个人，则是所有人的共同主宰，并从所有的人中以同样的标准选拔他的权力的代理人。

我们还可以作另一些假设。比如，一种极为高度的平等，可能与或多或少有点儿自由的制度，或与完全没有自由的制度顺利地结合在一起。

虽然如无完全的自由人就不能绝对平等，而在平等达到其极限时又会与自由融合，但我们还是有理由把两者区分开来。

人对自由的爱好和对平等的爱好，实际上是两码不同的事情。我甚至敢于补充一句：在民主国家，它们还是两码不调和的事情。

我们只要仔细考察一下，就会发现任何时代都有一个占有支配地位的制约其他事实的独特事实。那个时代的基本思潮，或由此引起并将人人的感情和思想汇集起来的主要激情，几乎都是由这个事实造成的。这就像一条大河把两岸的小溪汇合起来一样。

自由曾以各种不同的形式，在各种不同的时代，出现于人们的面前。它并不是只有在一定的社会情况下才能产生，在民主国家以外的地方也会出现。因此，自由并不是民主社会的独有特点。

显示民主时代的特点的占有支配地位的独特事实，是身份平等。在民主时代鼓励人们前进的主要激情，是对这种平等的热爱。

我们不必追问什么特殊的魅力在促使民主时代的人愿意平等地生活，也不必深究哪些特殊的原因在使他们宁可不要社会提供的其他福利也要抱着平等不放，因为平等是他们生活的时代的最基本特点。只是这一点，就足以说明他们喜爱平等甚于其他一切。

但是，除了这项理由以外，还有几项理由在各个时代使人们习惯于爱平等甚于爱自由。

即使一个民族能够亲自将他们内部享有的平等破坏或只是缩小，也要经过长期而艰巨的斗争。为此，它要改变原有的社会情况，废除原有的法律，放弃原有的观念，改变原有的习惯，改造原有的民情。但是，要想废除政治自由，只要不实行它即可以了。这样，政治自由就可自消自灭。

因此，人们不但因为他们认为平等可贵而维护平等，而且因为他们相信平等必定永远长存而依恋平等。

政治自由如果运用得过分，则可危害个人的安全、财产和生命，这是认识能力有限和浅肤得不能发现这个问题的人也会承认的。反之，对于平等给我们带来的危险，则只有头脑清晰和观察力强的人才能发现，但这些人一般总是避而不谈这种危险。他们知道这种危险只在遥远的将来才能造成灾难，说什么这是以后几代人应当操心的事，现在的一代人不必杞忧。而自由偶尔造成的灾难，则是直接的，谁都一目了然，而且人人都可能或多或少身受其害。极端的平等造成的灾难，只能慢慢地显示出来，逐渐地侵害社会机体。人们只有经过一段时间之后才能发现它,而在它将要为害十分严重的时候,由于习惯成自然,人们还会不以为然了。

自由带来的好处,只有经过很长时间以后才能显现出来,而且这种好处的原因,又经常不容易被人辨认出来。

平等带来的好处是立竿见影的,人们在感受到它的时候,立即知道它的来源。

政治自由可以使人享得最大的慰藉,但不是经常性的,而且只能使某些公民享得。

平等可以每天向每个人提供大量的小小慰藉。平等的美好处时时刻刻都能使人感到,并及于每一个人:高贵的人不能无所感,普通老百姓皆大欢喜。因此,平等造成的激情既是强烈的,又是普遍的。

不付出一定的代价,人是享受不到政治自由的;而要获得政治自由,就得进行巨大的努力。但是,平等带来的快乐是自动产生的,在私生活的每一小节上都能感到,人只要活着就能尝到。

民主国家的人民在任何时候都爱平等,但在某个时期,他们追求平等的激情可能达到狂热的地步。在这个时候,摇摇欲坠的旧的社会等级制度,经过一次内部的最后决斗,终将被推翻,而使公民隔离开来的障壁也将最后消失。于是,人们将会像获得战利品似的去争取平等,像怕被人抢走的宝物似地抱着平等不放。追求平等的激情完全控制了人心,并在人心中扩展和弥漫。这时,你不能警告他们如此盲目地专门追求平等将会失去最宝贵的权益,因为他们根本听不进去;你也不能向他们指明如此只顾平等而会使自由从手中丢掉,因为他们的眼中只有平等,或者说他们看到天地间最值得羡慕的东西只有平等。

上述的一切，是对所有的民主国家而言。下面我要专门谈谈法国。

在大部分现代国家，尤其是在欧洲的所有国家，对于自由的爱好和观念，只是在人们的身份开始趋于平等的时候，才开始产生和发展起来的，并且是作为这种平等的结果而出现的。而最致力于拉平自己的臣民等级的，正是那些专制的君主。在这样的国家里，平等先于自由而存在。因此，当自由还是新鲜事物的时候，平等已是存在很久的事实。当前者刚刚出现，初见阳光的时候，后者已经创造了自己固有的观念、习惯和法律。因此，当自由还只是人们的一种想法和爱好的时候，平等已经深入到人们的习惯，控制了民情，使生活的每一细小行动都具有了追求平等的倾向。因此，我们这个时代的人把平等置于自由之上，又有什么值得惊奇的呢？

我认为，民主国家的人民天生就爱好自由，你不用去管他们，他们自己就会去寻找自由，喜爱自由，一失去自由就会感到痛苦。但是，他们追求平等的激情更为热烈，没有止境，更为持久，难以遏止。他们希望在自由之中享受平等，在不能如此的时候，也愿意在奴役之中享用平等。他们可以忍受贫困、隶属和野蛮，但不能忍受贵族制度。

在任何时代都是如此，而在今天尤其是如此。追求平等的激情是一个不可抗拒的力量，凡是想与它抗衡的人和权力，都必将被它摧毁和打倒。在我们这个时代，没有它的支持，就不可能实现自由，而专制制度本身没有它也难于统治下去。

第二章　关于民主国家中的个人主义

我在前面讲过*，在平等的时代，每个人是怎样依靠自己确定其信念的。现在，我要说明在这样的时代，每个人是怎样使其一切感情以自己为中心的。

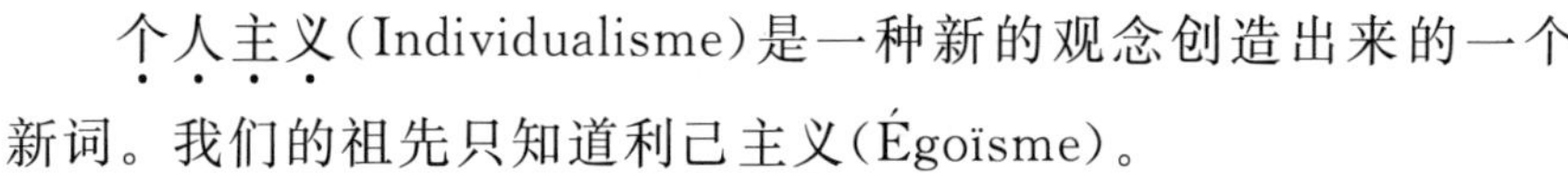

个人主义(Individualisme)是一种新的观念创造出来的一个新词。我们的祖先只知道利己主义(Égoïsme)。

利己主义是对自己的一种偏激的和过分的爱，它使人们只关心自己和爱自己甚于一切。

个人主义是一种只顾自己而又心安理得的情感，它使每个公民同其同胞大众隔离，同亲属和朋友疏远。因此，当每个公民各自建立了自己的小社会后，他们就不管大社会而任其自行发展了。

利己主义来自一种盲目的本能，而个人主义与其说来自不良的感情，不如说来自错误的判断。个人主义的根源，既有理性缺欠的一面，又有心地不良的一面。

利己主义可使一切美德的幼芽枯死，而个人主义首先会使公德的源泉干涸。但是，久而久之，个人主义也会打击和破坏其他一

---

* 见第三部分第二章。——译者

切美德，最后沦为利己主义。

利己主义是跟世界同样古老的一种恶习，它的出现与社会属于什么形态无涉。

个人主义是民主主义的产物，并随着身份平等的扩大而发展。

在贵族制国家，家庭的情况数百年不变，而且往往一个家庭总在同一地方居住，数世同堂。这种情况，可以说代代相传没有变样。每个人几乎都知道祖先的身世，并对祖先表示尊崇。他们在活着的时候，就已经能够亲眼看到曾孙的出世，并对这些后代极为亲爱。他们愿意彼此承担义务，而为已经死去的或为尚未出生的牺牲自己的安乐，也屡见不鲜。

贵族制度还可以产生把每个人同其他多数同胞紧密地联系起来的效果。

在贵族制国家，阶级之间的差别极为明显，谁属于哪一个阶级就永远属于那个阶级，所以每个阶级自行变成一个小国，并认为自己的这个小国比他们的大国还值得亲近和爱护。

在贵族制社会，每个公民都有其固定不变的位置，等级层次分明，所以每个公民都经常意识到在自己之上有一个一定能够庇护他的人，在自己之下又有一个他有义务扶助的人。

因此，生活在贵族时代的人，几乎总是跟本身以外的某些事物有密切的联系，并往往为了这些事物而忘我牺牲。不错，在这样的时代，同胞这个一般观念是不明确的，也没有人想到为全人类的事业去献身。但是，为了某些个人而牺牲自己的事情，却是时常有的。

反之，在民主时代，每个人对全体的义务日益明确，而为某一个人尽忠的事情却比较少见，因为人与人之间的爱护情谊虽然广泛了，但却稀薄了。

在民主国家，新的家庭不断出现，而另外一些家庭又不断绝户，所有的家庭都处于兴衰无定的状态；时代的联系随时都有断开的危险，前代的事迹逐渐湮没；对于前人，容易遗忘，对于后人，根本就无人去想，人们所关心的，只是最亲近的人。

但在各个阶级互相接近而融为一体之后，大家便彼此漠不关心，互把对方视为外来人了。贵族制度把所有的公民，从农民到国王，结成一条长长的锁链；而民主制度，则打断了这条锁链，使其环环脱落。

随着身份日趋平等，大量的个人便出现了。这些人的财富和权力虽然不足以对其同胞的命运发生重大影响，但他们拥有或保有的知识和财力，却可以满足自己的需要。这些人无所负于人，也可以说无所求于人。他们习惯于独立思考，认为自己的整个命运只操于自己手里。

因此，民主主义不但使每个人忘记了祖先，而且使每个人不顾后代，并与同时代人疏远。它使每个人遇事总是只想到自己，而最后完全陷入内心的孤寂。

第三章　个人主义为什么在民主革命完成后比在其他时期强烈

当民主社会在贵族制度的废墟上刚刚建立起来的时候，人们的彼此孤立和随之而来的利己主义特别容易引起人们的注意。民主社会不仅有大批早已独立的公民，而且每天还有一些昨天刚刚获得独立并陶醉于新得到的权力的人充实进来。这些新人自负，相信自己的力量，认为今后无须求助别人。他们的一言一行，不难证明他们只知有己。

贵族制度只有经过长期的斗争才肯屈服。在这个斗争的过程中，各个阶级之间闹得仇深似海。即使在民主获得胜利之后，这种仇恨也不会立即消失，仍可能在继之而来的民主混乱时期兴风作浪。

公民当中的那些原来高高在上的人，不会立刻忘记他们昔日的高贵。他们会长期把自己视为新社会的局外人。他们认为，这个社会使他们看到的所有的平等人，都是命运未卜而不值得同情的压迫者。他们不去看昔日同他们地位一样的人，也不想根据共同的利益而与这些人的命运挂起钩来。他们个个孤处一隅，认为除了自己以外，用不着去管别人。反之，过去社会地位卑微而现在由于革命而跟众人平等的人，虽然享受了新得来的独立，但内心里却有一种不安的感觉。一旦遇到某一位老上司，他们总是投以既表示胜利又表示害怕的目光，随后远远地躲开。

因此，在民主社会初建的时候，公民们往往愿意独善其身，不与别人接触。

民主制度给人们带来的不是使同胞们彼此接近，而民主革命则使人们互相回避，并把原来的不平等所造成的仇恨永久保存在新建立的平等的内部。

美国人所占的最大便宜，在于他们是没有经历民主革命而建立民主制度的，以及他们是生下来就平等而不是后来才变成平等的。

第四章　美国人是怎样以自由制度对抗个人主义的

专制在本质上是害怕被治者的，所以它认为人与人之间的隔绝是使其长存的最可靠保障，并且总是倾其全力使人与人之间隔绝。在人心的所有恶之中，专制最欢迎利己主义。只要被治者不互相爱护，专制者也容易原谅被治者不爱他。专制者不会请被治者来帮助他治理国家，只要被治者不想染指国家的领导工作，他就心满意足了。他颠倒黑白，把齐心协力创造社会繁荣的人称为乱民歹徒，把自顾自己的人名为善良公民。

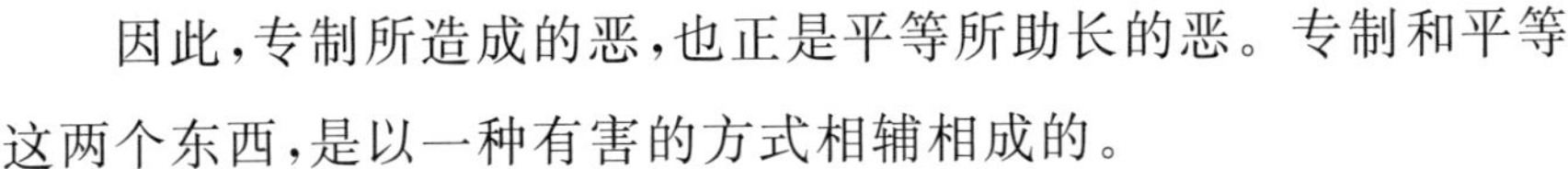

因此，专制所造成的恶，也正是平等所助长的恶。专制和平等这两个东西，是以一种有害的方式相辅相成的。

平等使人们并立，不让他们有使他们结合起来的共同联系。专制在人们之间筑起壁垒，把他们隔离开来。平等使人们只顾自己，不去考虑别人。专制使人们把互不关心视为一种公德。

因此，在任何时代都是危险之物的专制，在民主时代尤其令人可怕。

我们不难看到，在这样的时代，人们最需要的是自由。

当使公民们全都参加国家的治理工作时，他们必然走出个人利益的小圈子，有时还会放弃自己的观点。

一旦人们都去参加公共的工作，每个人都会发现自己不能像最初以为的那样可以离开他人而独立，而为了得到他人的帮助，自己就得经常准备帮助他人。

当国家由公众治理时，没有人不会感到公众的相互照顾的好处，谁都要致力于相互照顾，以博得也要同自己一起去治理国家的人们的尊敬和好评。

于是，一些可使人心冷淡和产生隔阂的感情，必然沉于心底而收敛起来。傲慢之心不再流露，轻蔑之意亦不敢现形。利己主义本身也感到恐惧了。

在自由政体下，大部分公职是由选举产生的，所以那些自恃才高志大而将自己封闭于个人生活小圈子里的人，将会终日感到没有周围人的支援是没法生活下去的。

于是，这些人出于一种野心而开始想到他人，而且往往发现忘却自己反而会给自己带来一定的好处。我知道，有人可能向我提出反对意见，说什么选举是钩心斗角的，候选人经常使用卑鄙的手段和互相中伤。在选举当中确有敌对的情形，而且选举的次数越多，敌对的程度越强。

毫无疑问，这些都是很大的弊端，但不过是暂时的，而选举带来的好处却是永久的。

希望当选的迫切心情，有时会使某些人采取战斗的姿态，但这种心情也会逐渐使人采取互相支援的立场。即使在一次选举当中两位原来是友的人可能不幸反目，但选举制度本身却能使原来一直互不相识的众多公民长期地接近下去。自由制造个别的仇恨，而专制则产生普遍的冷漠。

美国人以自由抵制平等所造成的个人主义,并战胜了它。

美国的立法者们认为,只在全国实行代议制,还不足以治愈社会机体在民主时期自然产生的而且危害极大的疾患。他们还认为,使国内的各个构成部分享有自己的独立政治生活权利,以无限增加公民们能够共同行动和时时感到必须互相信赖的机会,是恰当的。

这个办法被他们明智地实施了。

全国的共同大事,只由一些主要公民操持。这些公民也只是隔一段时间同聚一堂开开会,而且往往是会后彼此便很少见面了,所以他们之间没有永久性的联系。但是,在地方上的事情由当地居民主管时,这些居民自然要经常接触,而且可以说他们不得不彼此认识和互相讨好。

很难使一个人放弃自我去关心整个国家的命运,因为他不太理解国家的命运会对他个人的境遇发生影响。但是,如要修筑一条公路通到他的家园,他马上会知道这件小公事与他的大私事之间的关系,而且不必告诉他,他就会发现个人利益和全体利益之间存在紧密的联系。

因此,如果让公民们多管小事而少操心大事,他们反而会关心公益,并感到必须不断地互相协力去实现公益。

一个人可以因一次光明磊落的行动而争得人民的好感,但他要保证得到周围人的敬爱,就需长期不断地服点儿小务和做点儿不被人注意的好事,养成始终为善的习惯,经常被誉为廉洁奉公。

地方性自由可使大多数公民重视邻里和亲友的情谊,所以它会抵制那种使人们相互隔离的本能,而不断地导致人们恢复彼此协力的本性，并迫使他们互助。

在美国，最富裕的公民也十分注意不脱离群众，而且不断地同他们接近，喜欢倾听他们的意见，经常与他们交谈。美国的最富裕公民知道，在民主制度下，富人经常需要穷人的协力，在民主时代，争取穷人之心的最有效手段并不是小恩小惠，而是对他们友好。施给的恩惠越大，越会显出贫富之间的差距，所以受惠者的心里会暗中反感。但是，和蔼待人，却具有难以抵抗的魅力，因为亲昵足以动人，而粗暴无不伤人。

这个真理并不是一下子就被富人领悟了的。在民主革命进行的过程中，他们一般都反对这个真理，甚至在这场革命完成之后，他们也没有马上接受。他们虽然愿意为人民做些好事，但又想继续同人民保持一定的距离。他们认为这样就足够了，但他们想错了。即使他们荡尽家产，也不会重新温暖周围人的心。周围人要求于他们的，并不是让他们牺牲金钱，而是让他们放弃骄傲。

可以说，在美国，人们的全部想象力，都被用去发明致富之道和满足公众需要的良方上去了。每个地方的最有学识的居民，都不断用自己的知识去发掘适当的新秘诀，以促进本地方的繁荣；当他们一旦找到某种秘诀，就立即把它交付大家享用。

在仔细考察美国的为政者身上常见的缺点和弱点时，会使人对美国人民的日益繁荣感到吃惊。但是，由这样的对照而产生的吃惊是错误的，因为使美国的民主制度昌盛的，并不是被选举出来的行政和立法官员。美国的民主制度之所以能够繁荣昌盛，是因为这些官员是通过选举产生的。

如果认为美国人的爱国精神和他们每个人为其同胞的福利所

表现的热心并非出自真诚，那未免有失公允。尽管在人的大部分行动受私人利益的支配这一点上，美国并不亚于其他国家，但在美国，私人利益不能支配人的全部行动。

应当指出，我曾一再看到美国人为公共事业做出巨大的和真诚的牺牲，并且多次发现他们在必要的时候几乎都能忠实地互助。

美国居民享有的自由制度，以及他们可以充分行使的政治权利，使每个人时时刻刻和从各个方面都在感到自己是生活在社会里的。这种制度和权利，也使他们的头脑里经常想到，为同胞效力不但是人的义务，而且对自己也有好处。同时，他们没有任何私人的理由憎恨同胞，因为他们既非他人的主人，又非他人的奴隶，他们的心容易同情他人。他们为公益最初是出于必要，后来转为出于本意。靠心计完成的行为后来变成习性，而为同胞的幸福进行的努力劳动，则最后成为他们对同胞服务的习惯和爱好。

许多法国人认为身份平等是第一大恶，政治自由是第二大恶。当他们不得不忍受前者时，至少要想方设法避免后者。至于我，我认为同平等所产生的诸恶进行斗争，只有一个有效的方法：那就是政治自由。

第五章　关于美国人在市民生活中对结社的运用

我在这一章里，不想谈人们为了抵御多数的专制和反对王权的侵犯而进行的政治结社。关于政治结社的问题，我已经在另个地方讲过了[*]。显而易见，如果每个公民随着个人的日益软弱无力和最后不再能单枪匹马地保住自己的自由，并更加无法联合同胞去保护自由，那么，暴政必将随着平等的扩大而加强。在这一章，我只想讲一讲那些在市民生活中自然形成的而全无政治目的的结社。

美国存在的政治结社，不过是美国的五花八门的结社中的一种。

美国人不论年龄多大，不论处于什么地位，不论志趣是什么，无不时时在组织社团。在美国，不仅有人人都可以组织的工商团体，而且还有其他成千上万的团体。既有宗教团体，又有道德团体；既有十分认真的团体，又有非常无聊的团体；既有非常一般的团体，又有非常特殊的团体；既有规模庞大的团体，又有规模甚小的团体。为了举行庆典，创办神学院，开设旅店，建立教堂，销售图

---

* 见本书第二部分第四章。——译者

书，向边远地区派遣教士，美国人都要组织一个团体。他们也用这种办法设立医院、监狱和学校。在想传播某一真理或以示范的办法感化人的时候，他们也要组织一个团体。在法国，凡是创办新的事业，都由政府出面；在英国，则由当地的权贵带头；在美国，你会看到人们一定组织社团。

在美国，我遇到过一些我坦白承认我向来一无所知的社团，并为它们能巧使美国居民动员大多数人的力量共赴一个目标和使人们自动前进的办法赞叹不已。

后来，我到英国去游历*。尽管美国人的一些法律和许多习惯来自英国，但我觉得英国人在运用结社权上，远远不如美国人那样彻底和熟练。

美国人干一点儿小事也要成立一个社团，而英国人则绝对不这样，他们往往是单枪匹马地去做一番大事业。显而易见，英国人只认为结社是强大的行动手段，而美国人则似乎把结社视为采取行动的唯一手段。

因此，世界上最民主的国家，就是我们看到的这个能使全体人民最长于共赴一致希望的目标并把这种新方法用于最多数对象的国家。这是偶然的结果呢？还是结社与平等的必然联系在其中发生了作用呢？

在贵族制社会，大多数群众本身没有什么作为，而少数几个个人却非常强大和富有，他们每个人都能独自做出一番大事业。

---

* 参看梅耶编：《托克维尔旅游英格兰和爱尔兰日记》（英文本），纽黑文、耶鲁，1958年。

贵族制社会里的人，不必为采取行动而联合，因为他们本来就是紧密地联合在一起的。

在这个社会里，每个有钱有权的公民，都像是一个永恒存在和强制成立的社团的首脑，而这个社团的成员则是那些由他驱使去执行他的意图的大众。

反之，在民主国家里，全体公民都是独立的，但又是软弱无力的。他们几乎不能单凭自己的力量去做一番事业，其中的任何人都不能强迫他人来帮助自己。因此，他们如不学会自动地互助，就将全都陷入无能为力的状态。

如果民主国家的人没有权利和志趣为政治目的而结社，那么，他们的财富和知识虽然可以长期保全，但他们的独立却要遭到巨大的危险。而如果他们根本没有在日常生活中养成结社的习惯，则文明本身就要受到威胁。一个民族，如果它的成员丧失了单凭自己的力量去做一番大事业的能力，而且又没养成共同去做大事业的习惯，那它不久就会回到野蛮状态。

不幸的是，促使民主国家的人民必须结社的社会情况，同时又使他们比其他国家的人民更难于结社。

在贵族当中，只要有几人打算结社，他们就可以轻而易举地办到。由于他们每个人都在社会上拥有很大的势力，所以他们的团体只有少数几个成员就可以了。而在成员的人数很少时，也容易彼此认识，互相了解，建立固定的规章制度。

在民主国家，就难于做到这一点，因为民主国家的社团要想拥有一定的势力，就必须使成员的人数特别多。

我知道，我们的许多当代人根本没有注意到这一点。他们认为，公民越是软弱无力，就越是应当叫政府能干和积极，以使政府能够举办个人不能创办的事业。他们相信并且声称一切困难都能解决。但我认为，他们想错了。

也许政府可以代替美国人的某些巨大的社团，而且在联邦内部已有几个州这样做了。但是，美国人日常依靠社团进行的那些数量甚大而规模却很小的事业，要由哪个政府当局去代替办理呢？

不难预见，人们越来越不能单由自己去生产生活上最常用和最需要的东西的时代，正在来临。因此，政府当局的任务将不断增加，而政府当局的活动本身又将日益扩大这项任务。政府当局越是取代社团的地位，私人就越是不想联合，而越要依靠政府当局的援助。这个原因和结果将不断循环下去。这样下去，凡是一个公民不能独自经营的事业，最后不是全要由公共的行政当局来管理吗？再者，如果土地过度分散下去，分割得无法再分，以致只能由耕作者组织社团来经营时，那么，政府的首脑岂不要挂冠而去扶犁吗？

如果一个民主国家的政府到处都代替社团，那么，这个国家在道德和知识方面出现的危险将不会低于它在工商业方面发生的危险。

人只有在相互作用之下，才能使自己的情感和思想焕然一新，才能开阔自己的胸怀，才能发挥自己的才智。

我在前面已经讲过，这样的相互作用，在民主国家几乎等于零*。因此，民主国家要人为地创造这种作用，而能够创造这种作

* 参看本书第四部分第二章。——译者

用的，正是结社。

贵族集团的成员接受一种新思想和体会到一种新感情时，差不多都要把这种思想和感情放在自己活动的主要舞台去玩味，并让其余的成员看到自己在这样做，以使这种思想和感情顺利地进入周围人的心里和头脑里。

在民主国家，从属性上来说能够这样做的，只有政府当局。但是，不难看到，政府当局的这种作用经常是不充分的，而且往往是有危险的。

在一个大国，政府之不能只靠自己的力量去维持和改进人们的思想和感情的交流，正如它不能只靠自己的力量去管理一切实业部门一样。一个政府，只要它试图走出政治活动的范畴而步入这条新道路，它会不知不觉地要实行一种令人难以容忍的暴政，因为政府只会颁布严格的规章制度，只支持它所同意的感情和思想，而且人们总是很难辨别它的这种表示是忠告还是命令。

假如政府认为自己的真正利益在于禁止人们发表意见，那么，情况将会更糟。这时，政府将会一无作为，并由于喜欢酣睡而听任自己迟钝下去。

因此，必须使社会的活动不由政府包办。

在民主国家，应当代替被身份平等所消灭的个别能人的，正是结社。

只要美国的居民有人提出一个打算向世人推广的思想或意见，他就会立即去寻找同道；而一旦找到了同道，他们就要组织社团。社团成立之后，他们就不再是孤立的个人，而是一个远处的人也可以知道和行动将被人们仿效的力量。这个力量能够发表意见，人们也会倾听它的意见。

我最初听到美国有10万人公开宣誓不饮烈性酒时，还以为这是在开玩笑，而不是实在的。我对这些很有节制能力的公民为什么甘愿坐在家里喝白开水，起初是完全无法理解的。

后来，我终于了解到，这10万美国人是惊于他们周围的人酒鬼越来越多，才决心戒酒的。他们的行动宛如一个大人物穿上一身朴素的衣服，以引导一般公民戒除奢华。我相信，如果这10万人是法国的居民，只要他们每个人分别向政府申请，要求政府向王国境内的所有酒馆下令禁酒，就可以了。

我认为，最值得我们重视的，莫过于美国的智力活动和道德方面的结社。美国人的政治结社和实业结社，最容易被我们注意；而其他的结社，则常被我们放过。即使我们看到了其他的结社，我们对它们也不甚理解，因为我国几乎没有类似的结社。但是，我们必须承认，这类结社对于美国人的必要性，并不亚于政治结社和实业结社，甚或过之。

在民主国家，结社的学问是一门主要学问。其余一切学问的进展，都取于这门学问的进展。

在规制人类社会的一切法则中，有一条法则似乎是最正确和最明晰的。这便是：要是人类打算文明下去或走向文明，那就要使结社的艺术随着身份平等的扩大而正比地发展和完善。

第六章　关于结社与报刊的关系*

当人们之间不再有巩固的和永久的联系时，除非说服每个必要的协作者，叫他们相信自己的个人利益在要求他们将自己的力量与其他一切人的力量自愿地联合起来，是无法使许多人携起手来共同行动的。

只有利用报纸，才能经常地和顺利地做到这一点。只有报纸，才能在同一时间将同一思想灌注于无数人的脑海。

一份报纸就像一位不请自来的顾问，它每天可向你扼要地报道国家大事而又不致扰乱你的私事。

因此，随着人们日益趋于平等和个人主义逐渐强烈，报刊也便日益成为不可缺少的东西。如果认为报刊的作用只在于维护自由，那未免降低了它的作用。报刊还能维护文明。

我不否认，在民主国家，报刊往往引导公民去共同进行一些非常欠妥的活动。但是，如果没有报刊，就几乎不能有共同的行动。因此，报刊带来的害处远远小于它的战功。

报纸的功用不仅在于向大多数人提出共同的计划，而且还在

---

* 参看拉斯基：《美国的民主》，第 615 页及以下几页；A.麦克朗·李：《美国的日报：一种社会手段的发展》，纽约，1937 年；莫特：《美国报刊：美国报业二百五十年史（1690—1940）》，纽约，1941 年。——法文版编者

于向他们提供所拟计划的共同执行办法。

贵族制国家的一些主要公民互相都很熟悉；他们如果想把自己的力量联合起来，只要吸引一批人追随他们，就能共同前进。

反之，在民主国家，往往是大多数人希望联合和需要联合，但是办不到，因为他们每个人都微不足道，分散于各地，互不认识，不知道到哪里去找志同道合者。但是，有了报纸，就使他们当中的每个人可以知道他人在同一时期，但却是分别地产生的想法和感受。于是，大家马上便会趋向这一曙光，而长期以来一直在黑暗中寻找的彼此不知对方在何处的志同道合者，也终于会合而团结在一起了。

报纸使他们结合起来了，但为了使结合不散，他们继续需要报纸。

在民主国家，一个社团要想有力量，就必须人多。而由于成员的人数太多，所以他们只能分散在广大的地区，每个人仍然要留在原来的地方，去过他们的那种比上不足比下有余的生活，为成千上万的小事而操劳。因此，他们必须找到一个使他们不用见面就能彼此交谈，不用开会就能得出一致意见的手段。这个手段就是报刊。因此，没有一个民主的社团是能够离开报刊的。

由此可见，在社团和报刊之间，存在着一种必然的联系：报刊在制造社团，社团也在制造报刊。如果说社团的数目必将随着身份的日益平等而增加的说法是真理，那么，认为报刊的种数也将随着社团的数目增加而增加的意见，也不能说是不正确的。

因此，美国也就成了世界上社团和报刊都最多的国家。

报刊的种数与社团的数目之间的这种关系，又使我们发现期刊的发行情况与行政的组织形式之间的另一种关系，并知道报刊的种数在民主国家是与行政集权的程度成反比的，即行政越集权报刊越少，越不集权报刊越多。这是因为在民主国家，人民不会像在贵族制国家那样将地方权力委托给几个主要公民去执行。民主国家要取消这样的权力，而由当地的绝大多数人去行使。这些人可依法组织一个握有实权的常设机构，以管理本地的行政事务。于是，他们就需要一份报纸，使他们每天都能知道本地发生的小事和了解全国发生了什么大事。地方权力机构越多，依法行使地方权力的人也就越多；而越是需要随时知道本地和全国的事情，就越需要更多的报刊。

美国报刊种数之所以多得惊人，缘于行政权的过于分散甚于政治的广泛自由和出版的绝对自由。假如美国的全体居民都是选民，而它又只实行由选民选举全国的立法机构的办法，那么，美国只要不多几份报纸就可以了，因为在这种条件下，选民们只能有少数几次非常重要的共同行动机会。但是在美国，除了全国性的大型集会以外，法律还规定在选举地方（州）、城镇，甚至乡村的行政官员时进行小型的集会。立法者就是这样使每个美国公民不得不经常同其他同胞协力去进行共同事业的，而每个美国公民要想知道其他公民的所作所为，就得看报读杂志。

我认为，一个民主国家[①]如无全国性的议会，而有许多地方性权力机关，它的报刊种数最后一定超过实行行政集权并经选举产

① 我说的是一个“民主国家”。在一个贵族制国家，可以使行政大大分权而不必发行报刊，因为它的地方权力机关是由少数几个人掌握的，这几个人虽然各自为政，但他们彼此熟悉，而且能够容易见面和互相听取对方的意见。

生全国性立法机构的另一个民主国家。在我看来,美国每日出版的报刊所以种数甚多,是因为美国人既享有广泛的全国性自由,又享有各式各样的地方性自由。

在法国和英国,人们普遍认为,只要取消目前对报刊的课税,报刊的种数就会无限增加。这未免把免税的效果夸大了。报刊种数的增加不仅与销路好坏有关,而且与绝大多数人是否需要互通信息和共同行动有关。

我也同样认为,日报影响力之所以日益增加,主要的不是由于人们经常提到的原因,而是由于一些最普遍的原因。

一种报刊,只有反映某些多数人的共同思想和情感,才能存在下去。因此,一种报刊经常是它的长期读户所在社团的代言人。

这个社团的宗旨可高可低,它的范围可宽可狭,它的人数可多可少。但是,只要有一种报纸在继续出版,就证明一个社团至少已以萌芽的形式存在于人们的思想之中。

说到这里,我们要作最后一次反思,以结束本章。

身份越是平等,个人的力量就越要薄弱,人们就越容易随大溜和越难独自坚持被多数人所反对的意见。

一种报刊就代表一个社团。可以说:报纸是以全体读者的名义向每一位读者发言,而且读者个人的能力越弱,它越容易吸引读者。

因此,报刊的影响力必随人们日益平等而逐渐增强。

第七章　一般结社与政治结社的关系

世界上只有一个国家能使人们每天行使政治结社的无限自由。在世界上，也只有这个国家能使公民们想到在社会生活中不断行使结社权，并由此得到文明所能提供的一切好处。

凡是不准政治结社的国家，一般结社也极少。

绝不能轻言这是偶然的结果，而应当断言在这两种结社之间存在着一种固有的而且可能是必然的关系。

由于偶然的原因，几个人可能在某一事业上有共同的利害关系。比如，他们可能都要去办一种商业，或者都要去经营一种工业。于是，他们相会了和合作了，并逐渐认识到结社的好处。

共办这种小事情的次数越多，人们就会在不知不觉之中越来越获得共办大事业的能力。

因此，一般结社有助于政治结社。但是，另一方面，政治结社又能使一般结社得到长足发展和惊人完善。*

在私人生活中，严格说来，每个人都觉得自己能够满足自己的要求。但在政治生活中，他就不会这样认为。因此，当人民参与公

---

* 参看奥迪加德和赫尔姆斯合著：《政治动力学研究》，第 2 版，纽约，1947 年。特别是应当阅读该书第 770 页及以下几页。——法文版编者

共生活的时候，任何一个公民每天都要在脑际浮现结社的思想和愿望：即使对采取共同行动本来有些反感，但为了党派的利益也得学会采取共同行动。

因此，政治生活把结社的爱好和习惯一般化了，也就是使一些向来不过问政治而总是愿意单独行动的人，希望联合和学会结社的技巧了。

政治不但在创造大量的社团，而且在制造规模巨大的社团。

在私人生活中，一个共同的利益自然而然地引起一大群人去采取共同行动的情况极少；只有掌握了共同行动的技巧，才能去进行这种行动。

在政治方面，结社的机会随时都可以从政治生活中找到。但是，结社的重要作用只能在规模巨大的社团中表现出来。个人力量薄弱的市民，不会一开始就对联合起来可以产生力量有明确的概念；而要使他们明白这一点，就得向他们示范。但是，在为一个共同的目的而结社时，人数越多才越容易起示范作用。比如说，一千人联合起来可能使他们看不到利益，而如果人数达到一万就可能看到。在政治方面，人们联合起来可以做大事，而重大事情方面的结社所带来的好处，又会经过实践使人们知道在小事情上互助也有益处。

政治结社可以同时将许多人拉到自己方面来，使他们摆脱原来因年龄、思想、贫富而造成的隔离状态，进而发生相互往来和接触。他们只要相会过一次，就会设法再次相会。

在大部分的一般结社中，人们都是拿出自己的一部分财产去参加。比如，所有的工业公司和商业公司就是如此。当人们尚未充分了解结社的方法和不知道结社的基本原则时，叫他们开始以结社的方式进行合作，他们未免要为自己付出的重大代价而担心。因此，他们宁愿放弃可以导致成功的有力手段，而不肯甘冒合作将会带来的风险。但是，叫他们参加在他们看来没有危险的政治结社，他们就不会犹豫不决，因为他们没有拿金钱去冒险。但是，在参加这样的结社后不久，他们就会知道在这样一大群人中应当遵守什么秩序和采取什么步骤，才能使他们步调一致地和首尾一贯地奔向共同的目标。他们要在这个政治社团里学会使自己的意志服从全体的意志，使个人的努力配合共同的行动。这些事情，无论是在一般结社，还是在政治结社，都是每个成员所必须知道的。

因此，可以把政治结社看作是开办一所免费的大学，每个公民都可以到那里去学习结社的一般原理。

虽然政治结社不能直接有助于一般结社的发展，但若前者被查禁，后者也会受害。

当公民只能在极少数情况下结社时，他们会把这种结社视为特殊的和例外的办法，所以也不会把它放在心上。

但是，在准许公民在一切事情上均可自由结社时，他们最终可以发现结社是人们为了实现自己所追求的各种目的的通用方式，甚至可以说是唯一方式。只要出现一种新的需要，人们就会立即想到结社。于是，结社的技巧就成为我在前面所说的基本知识。所有的人都要学习它，而且都要应用它。

如果某些结社被查禁，而另些结社仍被允许存在，则很难预卜继续存在下来的结社何日不被查禁。在这种迟疑不决的情况下，人们将会对一切结社采取敬而远之的态度，同时社会上将会出现一种舆论，导致人们认为不管是什么结社，都是一种胡作非为和甚至是非法的活动。①

因此，如果以为结社的精神只在某一点上受到限制后不会影响它在其他方面继续发展，或者以为只要准许人们在某些事情上可以进行共同行动，他们就会迫不及待地开始试图进行共同活动，那都是空想。当公民们在一切事情上都有结社的能力和习惯时，他们无论在小事上，还是在大事上，都会自愿地结合起来。但是，只允许他们可以在小事上结社的时候，他们的结社热情和才干都会消失。你准许他们在商业上可以完全自由联合，你也不会达到目的；你让他们行使已经给予他们的权利，他们也会不屑一顾；你费了九牛二虎之力去劝他们不要组织查禁的结社以后，你又会吃惊地发现你不能说服他们去成立法律准许的社团。

我并不是说一个禁止政治结社的国家就不可能有一般结社，因为人生活在社会里不能不委身于某些共同的事业。但是，我坚决认为，在这样的国家里，一般结社也总是为数不多，它们缺乏想象力和没有熟练的运营能力。它们没有宏伟的计划或有而难以实

①　当行政当局可以肆意查禁或准许结社活动时，情况尤其如此。

如果立法部门制定法律，规定哪些结社为非法，违者将受到法律制裁，则弊端可以少得多，因为在有法律明文规定的条件下，每个公民在行动之前可以知道自己行为的后果，即自己可以像一个法官那样事先进行判决，避免参加被禁止的结社，而努力去进行法律所准许的结社活动。正是因为如此，所有的自由国家也就总是承认结社权是可以受限制的。但是，如果立法机构指定由某人负责事先判断哪些结社是危险的或有益的，并允许此人可以任意将一切结社消灭于萌芽状态或让它们继续生成，那么，任何人都无法事先知道在什么情况下可以结社和在什么情况下应当敬而远之，而结社的精神亦将完全枯萎。前一种法制只禁止某些结社，而后一种法制则针对整个社会，使全社会受害。我认为，一个讲法制的政府应当采取前者，而任何政府均无权实行后者。

现。

由此我自然想到，政治方面的结社自由并不会给社会的安定带来人们所想象的那样大危险，甚至在使国家出现一段动荡时期之后，还能使国家巩固。

在民主国家，政治社团可以说是一些企图统治国家的强大个体。因此，现今的各国政府视政治社团犹如中世纪的国王视其国内的大诸侯，从本能上就对政治社团有一种恐怖感，一有机会就打击它们。

反之，各国政府却对一般社团持有天生的好感，因为它们不难发现，一般社团不是指导公民去关心国家大事，而是把公民的注意力从这方面拉走，使公民逐渐埋头于自己的全靠国家安定才能实现的活动，从而可以阻止公民发动革命。但是，当今的各国政府并没有注意到，政治结社可以使一般结社发展和加强活动，所以它们在防止了一种危险的弊端的同时，却丧失了一种可以有效地矫正弊端的手段。当你看到美国人为了鼓吹一种政治见解，推捧一位政治家参加政府，或由另一位政治家手里夺取权力而每天都可以自由结社的时候，你会难于理解如此独立不羁的一群人怎么没有恣意妄为。

但是，另一方面，当你想到美国有不可胜数的实业在被人们共同经营，看到美国人到处都在孜孜不倦地推行某些宏伟的计划，而这些计划遇到一场小革命也会前功尽弃的时候，你又会不难理解如此多忙的人们为什么没有给国家制造麻烦和没有破坏他们都受益的社会安定。

我们能够面对这些事实进行孤立观察，而不去寻找其间的内在联系吗？使美国人逐日形成不问地位、思想和年龄而结社的普遍爱好和养成利用结社的习惯的，正是政治结社。通过政治结社，他们可以多数人彼此相识，交换意见，倾听对方的意见，共同去做各种事业。随后，他们又把由此获得的观念带到日常生活中去，并在各个方面加以运用。因此，美国人正是由于享有一种带有危险性的自由，才学会了可以尽量减轻自由所带来的危害的方法。

如果我们只选一个民族的某个历史时期来考察，则不难证明政治结社是使国家动乱和实业瘫痪的因素。但是，我们就这个民族的整个历史来考察，或许容易证明政治方面的结社自由不但有利于公民的福祉，甚至有利于他们的安宁。

我在本书的上卷说过："政治结社的无限自由，又与出版自由不尽相同：前者的必要性不如后者，而其危险性却大于后者。一个国家能够把结社自由限制起来，并使其永远处于国家的控制之下；但是，国家为使结社自由存在，有时也需要耍些手腕。"在隔了几段以后，我又说："不能否认，政治方面结社的无限自由，是一切自由当中最后获得人民支持的自由。即使说这种自由没有使人民陷入无政府状态，也可以说它每时每刻都在使人民接近这种状态。"*

因此，我认为一个国家永远不会让公民享有政治结社的无限权利；我甚至怀疑，在任何国家，在任何时代，不对结社自由加以限制是明智之举。

有人说，不把结社权限制在狭小的范围内，国家就无法保持内部的安定，没有希望维护法律的尊严，建立不起来持久的政府。毫

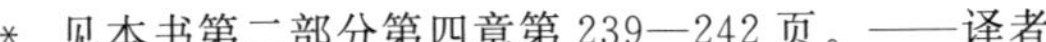

* 见本书第二部分第四章第 239—242 页。——译者

无疑问，内部的安定，法律的尊严，持久的政府，都是极为珍贵的。而且我认为，一个民族为了得到和保持这些珍贵的东西，也得自愿给自己暂时带上沉重的枷锁。但是，如果一个民族清楚地知道它为获得这些珍贵的东西是要付出代价的，那就更好了。

为了拯救一个人的生命，锯掉他一只胳臂，这是我可以理解的。但是，我绝不敢担保他在断臂之后仍会像以前那样灵活。

第八章　美国人是怎样以"正确理解的利益"的原则同个人主义进行斗争的

当社会由少数几个有钱有势的人统治时，他们喜欢培养人们对义务的崇高思想，乐于主张忘我是光荣的，认为人应当像上帝本身那样为善而不图报。这就是当时的官方的道德原则。

我怀疑人在贵族时代会比在其他时代更有德，但我又确信人在那个时代会不断地讨论德行之美；至于德行的功用是什么，他们只能在私下议论。但是，随着人们的想象力日益衰竭，每个人便开始自顾自己，谈论道德的人也在这样的自我牺牲精神面前表示却步，不敢再向人们宣扬这种精神了。于是，他们只去研究公民的个人利益是否在于为全体造福的问题；而当他们一旦发现个人利益与全体利益有符合和相通之处，便急于去阐明。后来，这样的发现与日俱增，而本来只是孤立的观察就变成了普遍的原理。最后，他们终于认为自己发现了人为他人服务也是在为自己服务，个人的利益在于为善。

我在本书的许多地方，已经讲过美国的居民是如何几乎经常将个人的幸福与同胞的幸福结合起来的。我在这里想要说明的，是他们赖以做到这一点的一般原理。

在美国，人们几乎绝口不谈德行是美的。他们只相信德行是有用的，而且每天都按此信念行事。美国的道德家们绝不劝他们的同胞为了表现自己伟大而去牺牲自己。但他们却敢于宣称，这种牺牲精神对于牺牲者本人和受益者都是同样必要的。

他们知道，在他们的国家和在他们的时代，有一种不可抗拒的力量在驱使人们自己注意自己；而在他们无望制止人们如此以后，就只有设法去因势利导了。

因此，他们绝不反对每个人可以追求自己的利益，但又极力证明个人的利益应当来自诚实。

我不想在这里赘述他们提出的理由的细节，因为这会使我离题。我只指出他们的同胞已经接受他们的理论就可以了。

很早以前，蒙坦就说过："我走上一条捷径并不是由于它笔直，而是由于我从经验中获悉它是一条最便于我和最适于我达到所定目的的道路。"*

可见，"正确理解的利益"的原则，并不是什么新的东西。但是，只有今天的美国人才普遍承认了这个原则。在美国，这个原则还在推广，并深入到人们的一切活动，见于人们的一切言论。不管是穷人还是富人，都张口不离这个原则。

在欧洲，"正确理解的利益"的原则没有在美国那样完善，而且应用的范围有限，特别是很少有人公开主张。在欧洲，人们仍然每天装出一副非常具有献身精神的样子，其实他们心中早已没有这

---

* 〔参看普列伊阿德版：《蒙坦文集》第 268 页。托克维尔的这段引文是对该书第 44 章第 1 节的节译。〕

种念头。

美国人与此相反，他们喜欢利用“正确理解的利益”的原则去解释他们的几乎一切行动，自鸣得意地说明他们的光明磊落的自爱是怎样使他们互相援助和为国家的利益而情愿牺牲自己的一部分时间和财富的。我认为，在这一点上，他们对自己的评价往往并不全对，因为在美国也同在其他国家一样，公民们也是有出于人的本性的义无反顾的无私激情的。但是，美国人绝不承认他们会被这种感情冲动所左右，他们宁愿让自己的哲学生辉，而不愿让自己本身增光。

我可以就此止笔，不对我方才所述的一切进行评价了。问题之过于困难，也许可以作为我的托词。但是，我绝不想以此为借口。我宁愿让读者看清我的目的后不跟我走，也不愿把读者悬在那里。

“正确理解的利益”的原则并不怎么高深，而是十分明确易懂。这个原则不以达到伟大的目的为主旨，而是要不费太大力气就能达到所追求的一切。它是任何文化程度的人都能理解的，所以人人都容易学会和不难掌握。由于它切合人的弱点，所以不难对人产生巨大影响。而且，影响的力量也容易保持下去，因为它以个人的利益来对抗个人本身，并在引导个人的激情时能产生刺激作用。

“正确理解的利益”的原则不要求人们发挥伟大的献身精神，只促使人们每天做出小小的牺牲。只靠这个原则还不足以养成有德的人，但它可使大批公民循规蹈矩、自我克制、温和稳健、深谋远虑和严于律己。它虽然不是直接让人依靠意志去修德，但能让人比较容易地依靠习惯走上修德的道路。

“正确理解的利益”的原则一旦完全支配道德世界，无疑不会出现太多的惊天动地的德行。但我也认为，到那时候，怙恶不悛的歹行也将极其稀少。“正确理解的利益”的原则可能妨碍某些人大大超出人的一般水平，但处于这个水平之下的数目众多的人，听到这个原则之后一定抓住不放。就某几个个人来说，这个原则使他们下降了；但就整体来看，它却使整体向上了。

我直言不讳：在我看来，“正确理解的利益”的原则是一切哲学学说中最符合当代人的需要的理论；而且，我还从其中发现了当代人尚可用来抵制自己的最有力保证。因此，当代的道德家应当注意的，主要的是这个理论。即使他们认为这个理论还不够十全十美，但仍需把它视为必要的东西加以采纳。

我不认为我们全体法国人的利己主义大于美国人，我们和美国人在利己主义上只有一点不同，即美国人公开主张利己主义，而我们则口头上不说但实际上奉行。每个美国人都知道牺牲个人的一部分利益可以保全其余部分。我们是要把全部利益都保住，而结果往往是全部丧失。

既然我看到周围的人好像天天都想以自己的言行教导当代人相信追求功利绝不是不正派的；那么，我就永远不能从中发现有人教导当代人相信正派的行为也可能是追求功利的吗？

世界上没有任何力量可以阻止日益发展的身份平等不去引导人们追求功利和不去使每个公民囿于自己的小天地。

因此，必须承认，个人利益即使不是人的行动的唯一动力，至少也是现有的主要动力。但是，还要知道每个人对于自己的个人利益是如何理解的。

如果公民在平等之后仍然处于无知和粗野的状态，则很难预料他们的利己主义不会使他们做出什么样的过分愚蠢的行为；而如果他们舍不得牺牲自己的某些个人福利去造福他人，则很难说他们不会陷入什么样的可悲境地。

我不认为美国人所宣扬的“正确理解的利益”的原则的所有组成部分都已明明白白。但是，其中所包含的大多数真理都是清清楚楚的，只要对人进行启发教育，人人都可以理解。可见，只要不遗余力地进行教育就可以了，因为盲目的献身和本能的为善的时代已经成为遥远的过去，而自由、公共安宁和社会秩序本身通过启蒙和教育可以实现的时代即将来临。

第九章　美国人怎样在宗教上应用“正确理解的利益”的原则

如果“正确理解的利益”的原则只考虑到现世，那还远远不够，因为有许多牺牲要到来世才能得到补偿。不管你付出多大精力去证明德的功用，你也始终难以使一个不想死的人去为善。

因此，必须知道“正确理解的利益”的原则是否可以容易与宗教信仰调和。

倡导这个原则的哲学家对世人说：要想生活得幸福，就得节制自己的激情，时时刻刻把它控制在适度的范围内；要想获得持久的幸福，就只得放弃转瞬即逝的为数众多的享乐；为了更好地关心自己，就要永远克制自己。

几乎所有宗教的创始人，差不多都这样说教。他们并没有向世人指出什么新的向善方法，而只是把目标向后移了。也就是说，他们把人们做出的牺牲的报偿放在来世，而不是放在现世。

但是，我绝不认为依靠宗教精神修德行善的人都是为了取得报偿。

我见到过一些虔敬的基督徒，他们终生忘我，热情地为所有的人造福；我也听到他们说，只要这样做，就能在来世得到善报。但是，我又不能不认为他们是在自欺。由于我十分尊敬他们，所以只好相信他们。

不错，基督教向世人宣称，为了升入天堂，就要屈己而就人。但是，基督教又向世人宣称，人是由于爱上帝而施惠于他人的。后一种说法很好。这说明人是依靠自己的智慧而体会上帝的意旨，认识上帝的目的在于一切有序，并慨然参加上帝的这一伟大计划的。而且，在为实现这个美好的万物有序的计划而牺牲个人利益时，除为自己能深信这一计划而感到愉快外，绝不希求其他任何报偿。

因此，我不相信宗教人士的唯一动力是利益。但是，我认为利益是宗教本身用来指导人的行动的主要手段，并确信宗教之所以能够抓住人心和广为流传完全有赖于此。

因此，我认为没有可靠的根据说“正确理解的利益”的原则会使人远离宗教信仰。恰恰相反，我倒觉得有明确的理由说这个原则会使人接近宗教信仰。

假如有一个人，他为了得到现世的幸福，而能时时与自己的本能进行斗争，能从理智上冷静考虑日常生活中的一举一动，不盲从一时出现的感情冲动，而有办法克制这种冲动，并养成了情愿牺牲暂时的利益以获得终生的长久利益的习惯。

这样的一个人一旦皈依了他所信奉的宗教，就不会为服从这一宗教的戒律而感到痛苦。理智本身会劝导他服从，而习惯也为他忍受戒律做好了准备。

即使他后来对所期望的目的表示怀疑，他也不会轻易地放弃，而会认为以现世的一些财富做赌注去赢得在来世继承巨额财产的权利是明智的。

帕斯卡尔说过:“误信基督教是真的,所失不大;而误信基督教是假的,则损失严重!”*

美国人既不装作对来世漠不关心,又不对他们想要躲避的危险采取天真的满不在乎的态度。

因此,他们在进行宗教活动的时候,既不觉得可耻,又不觉得自己软弱。但是,通常在他们的虔诚当中,有一种不可名状的坦然、按部就班和胸有成竹的表现,以致使人觉得引导他们走进教堂的不是信仰,而是理智。

美国人不仅是基于利益而信奉宗教,而且往往是把他们从信奉宗教当中可能获得的利益放在现世。在中世纪,神职人员张口就是来世,从来不为论证一个虔诚的基督徒在现世也能成为幸福的人而操劳。

但是,美国的传教士却不断提醒信徒注意现世的幸福;他们只有经过一番巨大努力,才能使信徒的视线不看现世。他们为了打动听众,总是向听众说明宗教信仰如何有助于自由和公共秩序。在听他们布道的时候,使人经常难于辨别宗教的主旨是求来世的永远幸福还是求现世的康乐。

* 〔见帕斯卡尔:《思想录》,布伦施维格编,第 233 节。托克维尔并未按原文照录。〕

第十章　关于美国人对物质福利的爱好

在美国，对于物质福利的热爱并不是个别的，而是普遍的。虽然不是每个人都以同样的方式去热爱，但至少人人都有这种热爱。在那里，满足身体的微不足道的需要，为生活创造小小的方便，也是人们普遍关心之所在。

某些类似的现象也见于欧洲，并且日益明显。

在导致两洲产生同样现象的许多原因当中，有几个原因与我讨论的问题接近，而且我应当加以阐述。

当财富为几个家族世代相传而所有时，虽然会有一大帮人享受物质福利，但他们并没有感到只有他们在独享这种好处。

人心最容易激动的时刻，不是在他们顺顺利利得到一种贵重物品的时刻，而是在他们想要得到这种东西但未能完全如愿，而在部分地满足之后又时时害怕失去的时刻。

在贵族制社会，富人从来不知道尚有与他们的现实生活不同的生活，根本不担心自己的生活会有变动，几乎想象不到还有另一种生活。因此，物质福利对他们来说不是生活的目的，而是生活的方式。可以说，他们把物质福利视为人生之当然，身在福中而未意识是福。

由于他们对物质福利的天生的和本能的爱好可以这样无忧无虑地得到满足，所以他们便把自己的精力用于别处，专心于某些更困难和更伟大的工作，并为这种工作所激励和所吸引。

正因为如此，有些贵族虽然身在物质享乐之中，但又对这种享乐持有一种傲慢的轻视态度，并在不得不放弃享乐的时候能够表现出惊人的毅力。推翻或打倒贵族制度的历次革命都曾证明，过惯了舒适安逸生活的人可以容易忍受清苦；而经过千辛万苦过上好日子的人，在失去幸福之后，反而难于生活下去。

当我们从上层阶级转而观察下层阶级的时候，亦可发现类似的现象，但其产生的原因不同。

在社会被贵族统治和保持安定的国家，一方面是一般老百姓惯于安贫，另一方面是富人惯于摆阔。富人之所以不必为物质享乐操心，是因为他们可以唾手而得；穷人之所以断了物质享乐的念头，是因为他们没有希望获得和享乐的欲望不强。

在这种社会里，穷人的想象力完全用于来世。现实生活的悲惨处境虽然限制着他们的想象力，但他们可以逃出这个限制，去想象远在天上的安乐。

反之，当等级的界限取消，特权不复存在，财产日益分散，教育和自由普及的时候，穷人的心里也会产生获得享乐的念头，而富人则唯恐失去享乐。结果，出现了许多小康之家。享有小康生活的人得到的物质享乐，虽能使他们体验到这种享乐的好处，但还不能使他们觉得这种爱好已经得到充分的满足。他们只有经过努力才能得到这种享乐，而且在尽情享用的时候还怀有战战兢兢的心情。

因此，他们始终是在热心追求或竭力保持一种十分心爱，但又无法充分满足和不能肯定得到的享乐。

如果问我人的哪种激情最受出身低下和家业不丰的影响和制约,我将认为是人对物质享乐的爱好。这种追求物质享乐的激情,本质上是中产阶级的激情。它随这个阶级的发展而发展,随这个阶级的强大而强大,并随这个阶级的占有优势而占有优势。这种激情正是从中产阶级向社会的上层和一般老百姓扩散的。

我在美国遇到的贫穷公民,没有一个不对富人的享乐表示向往和羡慕,他们的想象力也从未离开命运使他们未能得到的财富。

另一方面,我在美国见到的富人,没有一个对物质享乐表示傲慢的轻视。而在最富裕和最放荡不羁的贵族身上,却时有这种表现。

美国的富人大部分曾是穷人。他们饱尝辛酸,长期同逆境搏斗,对贫困深有体会,而今刚刚取得胜利,所以原来的斗争热情仍然未减,好像还沉醉于四十多年来所追求的小小享乐之中。

这并不是说美国不同于其他国家,没有相当一部分富人是依靠继承遗产和毫不费力就过上富裕生活的。但是,即使是这些人,对于物质生活的享乐也兴趣不减。喜爱物质生活的享乐,正在变成全国性的和居于统治地位的爱好。人心所向的这股巨流,正把所有的人卷进它的狂涛。

第十一章　物质生活享乐在民主时代产生的特殊效果

看到这里，读者可能以为，对于物质生活享乐的热爱，会不断地把美国人引向破坏道德、扰乱家庭、最终危害社会本身的道路。

但是，实际上并非如此，因为在民主制度下，追求物质生活享乐的激情，不会产生它在贵族制国家中发生的那种效果。

有时，厌烦政务、贪财过度、失去信仰、国家衰败等情况，会逐渐使贵族的心完全倾向于物质生活的享乐。有时，王权的强大和人民的软弱，又会使贵族失去权力而只保有财产，堵死他们飞黄腾达的前进道路而使他们牢骚满腹。这时，他们便回到自己生活的小圈子里，寻找物质上的享乐，把过去的伟大置于脑后。

当一个贵族集体的成员都沉迷于物质生活享乐的时候，他们通常都要把因长期掌权而积蓄的能量全都用于享乐方面。

这样的一些人，绝不会满足于追求享乐。他们还要奢侈荒淫，以致达到腐败透顶的地步。他们对物无上崇拜，好像在甘心争相比赛自我堕落之术。

一个贵族集体原来越是强大、越是光荣和越是自由，它现在就越要堕落到极点。尽管它的德行曾经光芒四射，但我敢预言这个光芒终将被它的恶行的魔光所压倒。

物质生活享乐的爱好，绝不会把民主国家推上这样的极端。在民主国家，对享乐的热爱虽然是一种强烈的、排他的和普遍的激情，但又是可以控制的。在那里，没有为了满足一个独夫的尽情欢乐，而建筑金碧辉煌的宫殿和巧夺天工的花园，以及由此而耗尽天下财富的问题；人们所希望的，只是多购几亩良田，经营一个果园，建筑一所住宅，使生活更加舒服和安康，少惹是生非，并在不费力和少花钱的原则下满足微小的需要。这些都是小事情，但人人均梦寐以求。人们的心天天在想它们，时时刻刻在想它们，以致忘却了世界上的其余一切。有时，在人的心目中，它们成了仅次于上帝的存在。

有人会说，这种说法只适用于财产不多的小康之家，而富裕之家仍然要有贵族时代的那种爱好。我不同意这个意见。

在物质生活享乐方面，民主社会的最富裕公民的爱好跟一般公民没有太大的差别，因为他们也来自一般公民，实际上跟公民的爱好一样，并认为自己应当服从一般公民的爱好。在民主社会，公众的享受欲望，是以一种有节制的热而不狂的形式表现出来的，而且任何人都必须如此表示他们的愿望。在那里，要想离开共同的准则去做坏事，跟想离开共同的准则去做好事同样困难。

因此，生活在民主国家的富人的主要目标在于满足日常生活的各种细微需要，而不在于过度的享乐。他们只求无数的小小愿望得到满足，而绝不放情纵欲。因此，他们主要是及时游乐，而不会纸醉金迷。

民主时代的人对物质生活享乐表现的这种特殊爱好，当然不会同秩序对立。恰恰相反，为了满足这种爱好，却经常需要秩序。

它也不会成为整饬民情的敌人，因为良好的民情有利于社会的安定，有助于实业的发展。它甚至往往能同一种宗教的道德感结合在一起，因为它既希望在现世尽量得到满足，又不放弃到来世去寻找机会。

有些物质生活享乐是犯罪行为，人们必须时刻注意克制自己。还有一些物质生活享乐是宗教和道德所允许的，人们对于这类享乐都毫无例外地去追求、梦想和促其实现，但他们在努力得到这种享乐的过程中，也会忽略那些可使人类光荣和伟大的最宝贵的享乐。

我对平等的责难，并不在于它诱引人们去追求查禁的享乐，而在于它使人们完全埋头于准许的享乐。

这样，世界上终有一天会出现温存的唯物主义。这种唯物主义将不会腐蚀人们的灵魂，而要净化人们的灵魂，最后在不知不觉之中使一切的精神紧张得到缓和。

第十二章　为什么有些美国人那样醉心于唯灵主义

尽管获得现世幸福的渴望是美国人的最主要激情，但也有暂时中止这个渴望的时候。在这个时候，他们的心灵好像一下子就粉碎了束缚心灵的物质枷锁而直奔天堂。

有时，你会在美国各地，特别是在人烟稀少的西部各州，看到一些巡回教士到处向人们宣讲上帝的福音。

有些家庭，全家男女老幼，不惜跋山涉水，到远远的地方去听巡回教士的布道。他们见到巡回教士以后，一听就是几个日日夜夜，把正常工作都放下不管，甚至忘记了吃喝和睡眠。

你在美国的社会里，到处都会见到一些醉心于唯灵主义的人。他们对于唯灵主义的追求，几乎达到了疯狂的地步，而这在欧洲是绝无仅有的。一些标新立异的教派，试图开辟直通永久乐境的道路，并随时都可掀起这种狂热。宗教狂在美国是极为普遍的现象。

我们对此无须惊讶。

人之爱好永生和喜欢不死，并不是后天的。这些崇高的本能绝不是人的意志所能随意制造的。它们的基础深深地扎在人性之中。它们不依人的努力而存在。人们可以阻止它们的发展和改变它们的形式，但消灭不了它们。

心灵有其必须予以满足的需要。即使你设法分散心灵的注意力，它也会因感官活动的影响，而马上有烦恼、不安和激动的表现。

如果绝大多数人都去追求物质生活享乐，那么，一部分人的心灵也可能出现奇特的反应。这一部分人将驰骋于精神世界，唯恐自己再堕入肉体希望他们留在其中的陷阱受累。

因此，在只考虑尘世的社会里出现少数几个一心奔往天堂的人，实不足为奇。使我感到惊讶的，倒是神秘主义是如何在一个专顾自身福利的民族中很快就销声匿迹的。

有人说，这是迫害和大屠杀的结果，犹如罗马皇帝把他们的迫害和在大圆形剧场进行的大屠杀带到埃及的底比斯沙漠一般。但我认为，这毋宁说是类似罗马的奢华生活和希腊的伊壁鸠鲁哲学等因素所使然。

如果不是社会情况、地理位置和法制把美国人的精神紧紧地束缚起来，使他们只顾追求物质生活福利，则我们相信，一旦他们去从事非物质性的活动，他们将会日益积累知识和丰富经验，并且不难自我改进。然而，美国人现在已感到自己的精神受到束缚，可是他们又似乎不想随时冲破这些束缚。因此，他们一旦摆脱这些束缚，就会不知如何自处，经常到处乱撞，以致干出一些违背常识的事情。

第十三章　为什么美国人身在幸福之中还心神不安

今天，在旧大陆的某些偏僻地区，有时还可以看到一些在普遍动荡之中似乎被人遗忘了的小村镇。它们仍然保持原样不动，而它们的周围却在前进。这些地方的居民，大部分都极其愚昧和贫困。他们不过问国家大事，但却经常受到政府的压迫。即使如此，他们依然怡然自得，而且总是心情舒畅。

我在美国见到了一些最自由和最文明的人，他们的生活条件在全世界也是最幸福的。但我总觉得他们的脸上经常布着一层乌云，即使在他们欢乐的时候，也会使人感到他们心事重重，似乎怀有隐忧。

造成上述两种情况的主要原因在于：欧洲的偏僻小村镇的居民根本没有想到自己的处境是不幸的，而美国人则总是盘算如何把没有的东西弄到手。

看到美国人那种疯狂追求福利的样子，以及他们唯恐找不到致富的捷径而表现的愁眉苦脸，实在令人惊奇。

美国的居民希望得到现世的一切美好东西。他们有时好像觉得自己可以长生不老，有时又表现得十分焦急，恨不得一下子就把可以弄到手的东西弄到手，以致在外人看来，觉得他们好像唯恐此生短促，将无福分享受快乐。他们什么都想抓，但没有一件抓得牢。在抓到一件之后，很快就会把它丢掉，而去寻找新的。

在美国，一个人精心地盖着一座房子准备养老，但屋顶尚未封好，就把房子卖了；他又去开辟一个果园，但树还没有结果，就把果园租出去了；他也许将丰收在望的庄稼，转给别人去收割。一个人本来有个很好的职业，可是他可能随时把它丢掉。一个人选了一个地方定居，可是不久以后因为他的志愿改变，又迁到另一个地方去了。在私事之余，一个人还可以涉足政界。假如辛勤了一年还有几天余暇，他一定受好奇心的驱使而游遍美国各地，在短短的几天之内行程数千里而大饱眼福。

死亡终于来临，使他不得不在尚无倦意之前，眼望着追求十全十美幸福的这一未竟事业而离开人间。

乍一看到如此幸福的人们在如此富裕的环境中竟表现得如此好动不安，实在使人觉得奇怪。这种情况虽然自有人类以来就已存在，但整个民族都是如此却属首次。

应当把美国人对物质生活享乐的爱好，视为他们在行动上暴露出来的这种内心不安以及他们每天以实际行动使人看到的这种好动性的主要原因。

一心追求现世幸福的人永远是显得迫不及待的，因为他们寻求、抓取和享用幸福的时间是有限的。一想到光阴荏苒、人生短促，他们就快马加鞭。即使他们手里已经拥有一些美好的东西，也要时时刻刻想望其他的数以千计的美好的东西，唯恐死神来临，使他们来不及享用。这种想法使他们焦急、恐惧和懊丧，使他们的精神永远处于不安状态，以致经常改变计划和住所。

对物质生活享乐的爱好一旦同任何人都可以自由改变自己的地位而不受法律和习惯的限制的社会情况结合，则人心的这种不安状态将更加激烈。这时，人人都将经常改变他们的路线，唯恐找不到一定使他们获得幸福的最佳捷径。

也不难设想，如果热心追求物质生活享乐的人想望很高，则他必然容易产生失望。既然最终目的是享乐，所以达到目的的手段要简易，否则，追求享乐所付出的辛苦将超过享乐本身。因此，大部分人的心情这时是既狂烈而又委靡，既紧张而又消极。有时不怕死，但怕继续努力去奔赴向往的目标。

平等会通过更加直接的途径产生我以上所说的各项效果。

当出身和财产的特权一旦取消，各种职业对一切人平等开放，谁都可以依靠自己的能力登上本行的高峰时，则有雄心壮志的人都以为自己有无限光明的前程，觉得自己命中注定要干出一番大事业。但这是一个依靠经验可以立刻矫正的错误观点。使每个公民都觉得自己前程远大的这种平等，实际上是使全体公民各自变成了软弱无力的个人。这种平等从各方面限制着人的力量，但同时又在扩大人的欲望。

他们不但本身软弱无力，而且每前进一步，都要遇到以前未曾料到的强大障碍。

他们虽然推翻了同胞中的某些人拥有的特权，但又遇到了要同所有的人进行竞争的局面。限制依然存在，只是改变了形式而已。当人们到了大家彼此几乎都一样和走着同样一条道路的时候，任何人都难于迅速前进，难于从彼此拥挤的密集人群中很快穿过去。

平等使人产生了追求享乐的欲念，但它没有向人提供满足欲念的方法，所以这两者之间的永远相背，经常使人感到苦恼和受尽折磨。

可以想象，人能达到使他完全满意的一定自由的地步，从而无忧无虑地享用自己的独立自主。但是，人绝不会获得使他感到满足的平等。

一个民族不论如何努力，都不可能在内部建立起完全平等的社会条件。假如有一天真地出现了这样的绝对而完全的平等局面，智力的不平等仍将存在，因为这种不平等是上帝直接所赐，人间的任何法律对它总是无可奈何。

尽管一个民族的社会情况和政治制度都是民主的，仍可认为它的每个公民几乎总是觉得自己在某些地方受制于人，并可预见他们永远要将自己的视线盯在这方面。当不平等是社会的通则时，最显眼的不平等也不会被人注意；而当所有人都处于几乎相等的水平时，最小一点不平等也会使人难以容忍。因此，人们越是平等，平等的愿望就越是难以满足。

在民主国家，人们可以容易得到一定程度的平等。但他们不能得到他们所期望的平等。这样的平等在人们将要抓住它的时候就跑掉了，但是跑得又不太远，使人们能够看见它。结果是它一面跑，人们一面在后边追。人们总以为自己能够抓住它，可是它总叫人们抓不住。它就在人们的眼前，已经能够闻到它的香味，可是却无法弄到手，而当人们将要尝到它的甜头的时候，便离开了人间。

民主国家居民在富裕生活中经常表现出来的奇异的忧郁感，以及他们在安逸宁静的生活中有时产生的厌世感，也应当归因于此。

人们在抱怨法国的自杀人数日益增加，而美国的自杀者却很少；但是人们可以看到，美国的精神失常者却多于其他任何国家。

法美两国患着同样病，但症状不同。

美国人不管心情如何不好，也不会自尽，因为他们的宗教不准许自杀。尽管美国人普遍追求物质生活享乐，但可以说他们根本没有唯物主义思想。

美国人的意志坚强，但他们的理性往往薄弱。

在民主时代，享乐的机会多于贵族时代，而且爱好享乐的人也特别多。但是，另一方面，在民主时代，人们的希望和欲望也更容易落空，精神更容易激动和不安，忧郁感更为深重。

第十四章　美国人是怎样把对物质生活享乐的爱好与对自由的热爱和对公共事务的关心结合起来的

当一个民主国家变成专制君主国时，人们以前在公私两方面表现的积极性将立即集中于私的方面。这样，在最初的一段时期，将会出现巨大的物质繁荣，但不久以后，速度即将放慢，生产的发展也会停滞。

我不知道能否从都灵人到佛罗伦萨人和英国人那里找到一个例子证明凡是经营工商业的民族不是自由的民族。因此，在自由和实业这两个事物之间，存在着紧密的联系和必然的关系。

对于所有的国家来说，一般均是如此，而对于民主国家来说，尤其如此。

我在前面已经说过，生活在平等时代的人永远要通过结社才能获得他们所希望的几乎一切福利。另一方面，我也曾指出，广大的政治自由可以完善和普及结社的技术。因此，在平等的时代，自由对于财富的生产特别有利。反之，你会看到专制对于财富的生产特别有害。

在民主时代，专制权力的特点并不是暴虐和凶狠，而是烦琐和干扰。这类专制虽不践踏人性，但却直接压制经商的天才和开办工厂的能力。

因此，民主时代的人必须自由，才能获得他们长期以来不断企求的物质生活享乐。

但是，他们对于这种享乐的过分爱好，有时会使他们一遇到强权就表示屈服。于是，追求福利的激情便会消失，被一种相反的激情所取代，使他们忘却原来企求的目标。

实际上，民主国家的生活中有一个极为危险的转变过程。

当这样的国家的物质生活享乐爱好发展得快于其文化和自由习惯的发展时，就会出现一个人心激动而且似乎不能自制的时期，人们一看到新的物质生活享乐，就想把它弄到手。由于他们一心一意要发财，所以再也不去理会把他们的个人幸福与全体繁荣联系起来的紧密纽带。你用不着去剥夺他们已经享有的权利，他们会自动地交出来。在他们看来，尽公民的政治义务是一种讨厌的障碍，使他们无法专心于自己的实业活动。如果叫他们去选举代表，或请他们亲自帮助当局做些工作，或共同担负一些公共工作，则他们会说没有时间，不肯将他们的宝贵时间用去做没有收益的工作。在他们看来，这是认真追求生活中的重大利益的人不宜做的无聊勾当。这些人相信正确理解的个人利益原则，但他们对于这个原则的认识还比较粗浅；而且由于他们过分注意自己所指的个人事情，而忽略了一件重要的事情：即自己应当继续做自己的主人。

由于人们只顾自己工作，不愿意操心公共事务，而过去把自己的时间完全用去操劳公共事务的阶级又不复存在，所以政府好像出现了空缺，无人管理。

如果在这个危机时期有一个精明强干的野心家想要执政，那么，他会发现，篡夺各项大权的道路是向他敞着的。

只要他在一段时间内专注于搞好各项物质利益，人们就容易听任他去做其他事情，而不管好坏。他的最主要事情，是确保良好的秩序。热心追求物质生活享乐的人，通常在没有看到自由如何有利于他们获得物质福利以前，往往是先发现自由的滥用如何破坏物质福利。当公众的激情稍微影响他们私人生活的小小安乐时，他们立刻会警惕起来，坐卧不安。而长期害怕无政府状态的心理，又使他们经常提心吊胆，一看到出现骚乱就准备放弃自由。

我完全同意，社会的安宁是一件大好事；但我也不愿意忘记，所有的国家在出现暴政之前，也经过一段秩序良好的时期。当然，这不是说任何国家都应当轻视社会安宁；但也不应说，一个国家只有社会安宁就足够了。如果一个民族只要求他们的政府维持秩序，则他们在内心深处已经是奴隶，即已成为自己财富的奴隶，而将要统治他们的人不久也就可能出现了。

这样的民族不但要提防个人的专制，而且要提防党派的专制。

当全体公民都只顾自己的私事时，一些小党也不会放弃其主宰公务的希望。

因此，在全世界的政治舞台上以及在我们国家的政治舞台上，由少数几个人代表大多数人演出的情况并不罕见。他们只是以未出席的或不关心政治的群众的名义发言；在舞台上活动的只有他们几个人，其余的人都没有参加演出。他们任意规定一切事物，任意改变法律，恣意践踏民情。当你看到一个伟大的民族竟会被一小撮无能卑鄙之徒所操纵，不能不为之震惊。

从古至今，只有美国人幸运，他们避开了我在上面指出的一切暗礁。在这一点上，他们确实是值得人们羡慕的。

世界上恐怕没有一个国家能像美国那样很少有游手好闲的人。在美国，凡是有劳动能力的人，都热火朝天般地去追求财富。美国人追求物质享受的热情虽然非常强烈，但他们却很少乱来。他们的理性虽然不能抑制他们的热情，但却能指导他们的热情。

一个美国人在专顾私人利益的时候，就好像这个世界上只有他自己；而在他热心为公务而活动的时候，又好像把私人利益全都忘了。他有时好像是在受强烈的利己主义私欲的驱使，有时又好像是在受崇高的爱国主义的推动。照理说，人的心是不可能这样一分为二的。但是，美国人却能交替地将同样强烈的热情时而用去追求财富，时而用去追求自由，以致使人认为他们把用于两方面的热情合二为一了，使两方面的热情统一在心灵的某个地方了。实际上，美国人既把自由视为获得幸福的最佳工具，又把它视为获得幸福的最大保障。他们既爱自由，又爱幸福。因此，他们从来不认为参加公务是分外的事。恰恰相反，他们相信自己的主要活动要有一个政府来保护：这个政府既能使他们得到所希望的财富，又不妨碍他们平平安安地享用得到的财富。

第十五章　宗教信仰是怎样时时使美国人的心灵转向非物质享乐的

在美国，每星期的第七天，全国的工商业活动都好像完全停顿，所有的喧闹的声音也听不到了。人们迎来了安静的休息，或者毋宁说是一种庄严的凝思时刻。灵魂又恢复了自主的地位，并进行自我反省。

在这一天里，市场上不见人迹；每个公民都带领自己的子女到教堂去，在这里倾听他们似乎很少听到过的陌生的布道讲演。他们听到了高傲和贪婪所造成的不可胜数的害处。传教士向他们说：人必须抑制自己的欲望，只有美德才能使人得到高尚的享乐，人应当追求真正的幸福。

他们从教堂回到家里，并不去看他们的商业账簿，而是要打开《圣经》，从中寻找关于造物主的伟大与善良，关于上帝的功业的无限壮丽，关于人的最后归宿、职责和追求永生权利的美好动人描写。

美国人就是这样挤出一点儿时间来净化自己，暂时放弃其生活上的小小欲望和转瞬即逝的利益，而立即进入伟大、纯洁和永恒的理想世界的。

我在本书的上一卷里考察过美国人的政治制度得以持久的原

因，并认为宗教是主要原因之一。现在，我要研究的是宗教对个人的影响，并认为这种影响对每个公民的作用，并不亚于它对整个国家的作用。

美国人以他们的行动证明：他们认为必须依靠宗教，才能使民主制度具有德化的性质。美国人本身对于这个问题的看法，也是一切民主国家应当理解的真理。

我毫不怀疑，一个国家的社会和政治制度，必然使这个国家产生一定的信念和一定的爱好，而且在产生之后还会不断地加以充实。同时，这些因素还会使这个国家毫不费力地，甚至可以说不知不觉地放弃某些观念和某些倾向。

立法者的才能就在于他们能够事先正确识别人类社会的这些趋势，从而知道哪些地方需要公民的帮助，哪些地方最好减少公民的帮助。要知道，公民的这些义务是随时代而不同的。人类所要追求的目的并不是永远固定的，而达到目的的方法也是不断变化的。

如果我生在贵族时代的一个贫富悬殊的国家，而这个国家的某些人的累世富贵荣华和另一些人的数辈一贫如洗，已使两者都放弃了改善自己处境的念头，把他们变得麻木不仁并只寄希望于来世；那么，我真想自己能够挺身而出唤醒这些人认识自己的需要，我要设法寻找最迅速、最简捷的方法去满足他们因我的唤醒而产生的新欲望，我还要引导他们付出最大的精力去从事物理学研究，以鼓励他们去创造财富。

如果有一天某些人果真不顾一切地去热心追求财富，并对物质生活享受表现出过分的热爱，我也毫不表示不安，因为这是个别的例外，等到整个社会都去追求财富的时候，它也就不再是例外了。

民主国家的立法者有另外的注意点。

你让民主国家的人民享有教育和自由的权利以后，你就该放手让他们自己去做一切。他们可以毫不费力地从这个世界取得它可能提供的一切美好东西，不断完善每一项有用的技术，天天过着日益安逸和日益舒适的方便生活，而社会情况也自然会把他们推到这方面去。我不担心他们会停止不前。

但是，如果一个人以这种诚实而合法的办法过分追求幸福，最终会有使自己的非凡才能失去用武之地的危险；而如果他只是忙于改善自己身边的一切，最终又会使自己的人格下降。这才是危险的所在，而且再无其他危险。

因此，民主国家的立法者和一切有德有识之士，应当毫不松懈地致力于提高人们的灵魂，把人们的灵魂引向天堂。凡是关心民主社会未来的人，都应团结起来，同心协力，不断努力，使永恒的爱好、崇高的情感和对非物质享乐的热爱洋溢于民主社会。

如果民主国家的舆论界有人散布有害的理论，说一切将随着肉体的消灭而消灭，那就应当把主张这种理论的人视为这个国家的大敌。

唯物主义者在许多方面使我反感。我认为他们的学说是有害的，他们的妄自尊大使我讨厌。如果说唯物主义的体系对人还有一点用处，那大概是它使人对自己有了一个朴素的认识。但是，唯物主义者本人对自己却不这样认识。当他们自以为有充分根据证明自己也不过是兽类的时候，他们表现得却十分高傲，好像自己就是神明。

唯物主义，在所有的国家，都是人的精神的危险病症。但在民主国家，唯物主义尤为可怕，因为它会与民主国家的人心常有的邪恶巧妙地结合起来。

民主主义鼓励人们爱好物质享受。这种爱好如果过分，则会很快使人相信一切只是物而已；而唯物主义便使人疯狂地追求这种享受。这就是民主国家无法摆脱的宿命循环。如果它们能够看到危险的所在，并加以自我节制，那就好了。

大部分宗教都是宣传灵魂不灭的通用的、简便的和实用的工具。一个民主国家之能够有信仰，主要应当归功于宗教；而且，民主国家比其他任何国家更需要有信仰。

因此，不管什么宗教在一个民主国家深深扎根时，你都不要去干涉它，而要把它作为贵族时代的珍贵遗产加以保护；你也不要用一种新的宗教观点来取代人们的旧宗教观点，以免在由一种信仰皈依另一种信仰的过渡阶段，人们的心灵出现信仰空白时期，而对物质享乐的爱好便乘虚而入，日益扩大范围，把整个心灵完全占领。

当然，轮回说也不比唯物主义强多少。但是，当一个民主国家必须从两者当中选择其一时，我毫不怀疑它一定选择前者，而且我认为，叫它的公民们想到自己的灵魂会托生为猪，总比他们确信根本没有灵魂要少暴露出一些兽性。

信仰与物暂时结合的非物质的和永恒的原则，是使人高尚化所不可缺少的，因为在人们不相信因果报应的观点时，和只相信神赐予人的灵魂在死后将还给神或转到神所创造的其他物身上时，这种信仰还会发生良好的作用。

即使是这样的信仰，也把肉体视为我们人生的次要的和低级的部分。因此，它一方面承认肉体的影响，另一方面又轻视肉体；一方面对人的非物质部分表示由衷的尊重和赞美，另一方面又有时拒绝服从非物质部分的命令。只靠这一点，就足以使它的观点和爱好具有某种高大的外貌，使它不是出于利害关系而是自动地去接近纯洁的情感和崇高的思想。

苏格拉底及其学派肯定人死后有来世的思想，并不正确；而只有他们所立足的信念，即认为灵魂与肉体毫无共同之处和人死后灵魂仍然存在的信念，才向柏拉图的哲学提供了使它得以具有自己特色的强大动力。

我们在阅读柏拉图的著作时得知，在柏拉图以前和与他同时，有许多作家鼓吹唯物主义。这些作家的著作不是没有传世，就是只有一鳞半爪流传下来。几乎在任何时代都是一样，得以传世的名著大部分都是主张唯心主义的。人类的本性和爱好维护这种学说，而且往往是不依人的意志为转移地把它从危难中拯救出来，使倡导它的人士得以名垂不朽。因此，千万不要相信，无论在任何时代，无论实行什么政治体制，追求物质享受的激情和由此产生的观点都能够使全体人民满意。人心比人们所想象的宽得多，它可以同时容纳对现世幸福的爱好和对天国幸福的向往。它有时好像是疯狂地热衷于其中之一，但不久以后它又去追求另一个。

指出民主时代特别需要使唯心主义观点占据统治地位是容易的，但要说明民主国家的统治者应当如何使这种观点占据统治地位就困难了。

我不相信官方的哲学能够繁荣和长存。至于国教，我一直认为即使它暂时有利于政权，迟早也要给教会带来损害。

有些人认为，为了提高宗教在人民心目中的地位，使人民尊重宗教所提倡的唯心主义，最好是间接地赋予教士以法律所未给予他们的政治影响力。我对于这种观点不敢苟同。

我认为，宗教信仰的解说人一旦参与政治，信仰就将发生几乎不可避免的危机；我主张，现代的民主国家应当不惜一切代价维护基督教。因此，我宁愿把神职人员关在教堂里，而不让他们走出教堂的大墙一步。

那么，政府又有什么办法使人民相信唯心主义观点或皈依宣传唯心主义观点的宗教呢？

我的下述答案是政治家们所反对的。我认为，政府能使灵魂不灭论受到人民尊重的唯一有效办法，就是政府在行动上每天表明它也相信灵魂不灭论；我还认为，政府只有在大事情上认真遵守宗教道德，才能以身作则教导公民在小事情上承认、热爱和尊重宗教道德。

第十六章　过分热爱福利为什么可能损害福利*

在心灵境界的提高和肉体享受的改善之间，存在着人们想象不到的密切联系。人们可以随意处理这两种完全不同的事情和轮流地加以重视，但不能把两者完全分开，否则两者都做不好。

兽类的官能与我们人的一样，它们的贪欲也与我们人的接近。兽类的要求满足身体需要的激情，同我们人的没有什么不同，这种激情的萌芽在狗身上和我们人身上都可以找到。

但是，为什么动物只能满足它们的最基本的需要和最低级的需要，而我们人却能无限地改变和不断地提高我们的需要呢？

我们在这方面优于兽类的地方，就在于我们是用心灵去探求物质福利的，而兽类只能依靠本能去探求。在人类社会，有能人教导笨人学习满足自己需要的技能。正因为人能够超越肉体享受，甚至轻视生命本身，而兽类根本不知道什么是生命，所以人才能成倍地提高肉体享受，而提高的程度又是兽类无法想象的。

凡是可以提高、充实和扩大心灵的东西，都最能使心灵去完成与心灵本身本来无关的事情。

---

* 这一章，对于理解托克维尔的政治哲学也是极为重要的。——法文版编者

反之,凡是可以削弱和贬低心灵的东西,都足以破坏心灵处理从最小到最大的一切事情的能力,使它大小事情都做不成。因此,必须使心灵处于强大而有力的状态,并可能随时以这种状态去为肉体服务。

假如有人只以追求物质财富为目的,则我们可以相信:他将逐渐丧失生产物质财富的才能,最后总有一天跟兽类一样,对物质财富既无鉴别能力又不会使物质财富的生产发展。

第十七章　为什么在平等和怀疑盛行时期应当把人的行动目标放长远一些

在宗教信仰的影响强大时期，人们把人生的最终目标放在来世。

因此，这个时期的人自然而然地，也可以说是心甘情愿地习惯于一连许多年凝视着一个固定不动目标，并不停地奔向这个目标；他们在随心所欲的前进过程中，学会了抑制许许多多转瞬即逝的小小欲望，而自我满足于心中的那个伟大的和永恒的志愿。当这些人忙于现世的事情时，这种习惯也在指导他们的行动。他们愿意为自己在现世的一切行动定出一个明确的总目标，并尽自己的努力直奔这个目标。他们不会天天改换目标，以追求新的志趣；相反，他们有总的规划，并孜孜不断地终生去追求。

笃信宗教的人民所以能够经常完成目标长远的事业，就是由于这个缘故。人们可以看到在他们追求来世的幸福时，也掌握了获得现世的幸福的重大秘密。

宗教使人养成待人处事都考虑来世的一般习惯。从这一点来说，宗教对于现世幸福的促进作用并不亚于其对来世幸福的这种作用。这也是宗教的主要政治作用之一。

但是，随着信仰之光的黯淡，人们的眼光逐渐短浅，最后使人觉得自己的行动目标每天都摆在眼前。

当人们一旦习惯于不再考虑死后将会如何的时候，很容易对未来采取满不在乎的态度，而这种态度又最适合人类的某些本性。只要人们不习惯于将自己的主要希望置于长远的目标，他们自然就想尽快实现眼前的一些小欲望；而对永生表示失望以后，他们急于追求现世幸福的那个样子，就好像他们只能活一天了似的。

因此，在怀疑盛行的时代，最可怕的是人们不断受日常的偶发欲念的驱使，抛弃必须经过长期努力才能达到的目标，不肯去做伟大的、稳妥的和长期的事业。

如果处于这种状态的民族，有一天它的社会情况民主化了，则上述的危险将会更加严重。

当人人都在不断设法改变自己的地位，广泛的竞争为所有的人敞开大门，财富在民主的动乱当中一昼夜就可以积集或失散时，人们的头脑就要想到突然发财和容易发财，想到得失俱易的巨额财富，出现各式各样的幻想。社会情况的不稳定性，又在加剧人们欲望的易变性。在命运的这种变化莫测的条件下，人们就只顾眼前了。于是，现在把未来掩盖起来，人们也不再想明天了。

在由于不幸的巧合而使不信教的思想和民主制度同时风行于一个国家的时候，哲学家和执政者的大事，就是应当不断叫人以长远的眼光看待人的行动目标。

道德家们应当在潜心研究自己所处时代和国家的精神时学会保护这种精神。他们应当不断努力，向同时代人指出即使在动荡连绵的条件下，人也可以规划和实施长期的事业，而且不像想象的那样困难。他们应当叫同时代人明白，人类的生活条件虽然有所改变，但人们可以用来促进现世繁荣的方法仍跟从前一样，不管是民主国家，还是其他地方，人们只有抗拒眼前的许许多多的个别小欲望，才能使渴望幸福的共同激情得到满足。

执政者的任务也是很明确的。

不管在什么时代，领导国家的人都应当高瞻远瞩；而在民主和怀疑盛行的时代，尤其应当如此。民主国家的领导人这样做了以后，不仅会使国运昌盛，而且又会通过自身的实例使人们学会处理私事的方法。

最为重要的是，执政者必须尽一切力量在为政当中排除没有长远打算的侥幸心理。

在贵族制时代，侍臣的突然得宠和无功受禄，只能在贵族国家里产生短暂的影响，因为整个制度和舆论已经使人积久成习，只会循规蹈矩，慢慢腾腾前进。

但是，在民主国家，如果出现这样的事情，则将产生极大的恶果，因为民主国家的人民根本不关心这些事，而只忙于自己的私事去了。因此，在怀疑主义和平等同时盛行的时候，首先应当防止君主或人民的随心所欲，使人尽其才。应当使每一次晋升都是本人努力的结果，不能让那些野心家轻易地登上高位，使任何目标都必须经过长期奋斗才能达到。

政府要努力使人们恢复已经不能指望由宗教和社会情况来恢复的对未来的憧憬，不用说也要以实际行动来教导公民，使他们知道财富、名誉和权力是要以劳动为代价的，明白只有定出长远的追求目标才能获得巨大的成就，而凡是经过艰苦努力获得的东西没有不是持久的。

当人们习惯于预见当先应做的事情的长远发展和仔细规划工作的时候，就永远不会使自己的思想受现实生活的束缚，而能随时冲突限制和往远处看。

因此，如果公民习惯于在现世就考虑未来，则不必指示他们，他们就会自动去接近宗教信仰。

由此可见，使人不经由宗教而能达到指定目标的办法，也许就是我们今天仅有的这种通过漫长而弯曲的道路使人类建立信念的办法。

第十八章　为什么美国人认为一切正当的职业都是高尚的

在没有世袭财产的民主国家，每个人都依靠劳动生活，或依靠劳动的积蓄生活，或依靠也是劳动者的父母生活。劳动是人生的必要的、自然的和正常的条件，所以劳动的观点从四面八方进入人们的思想。

在这样的国家里，劳动不但不下贱，反而光荣。舆论不反对劳动，都赞成劳动。在美国，每个富人都认为，由于有舆论支持，他们才可用自己的余暇去尽某些公共义务。如果他只为自己而度过一生，死后将会声名狼藉。许多美国富人，就是为了逃避这种劳动义务，而逃到欧洲来了。在欧洲，他们找到了贵族社会的残余，这种残余仍把清闲自在视为光荣。

平等不仅恢复了劳动观点的名誉，而且提出了靠劳动牟利的观点。

在贵族社会，其实并不轻视一切劳动，而只轻视牟利的劳动。当劳动是为了实现个人的抱负或只是为了修德时，劳动依然是光荣的。但在贵族制社会，为荣誉而劳动的人，也往往同时趋利，唯他们不向外表露，只把这两种愿望藏在内心而已。他们伪装得很好，使他人看不出两种愿望是相结合的。他们也容易隐瞒。在贵族制国家，几乎没有一个官员不是在要求为国家服务时而表示放弃利益的。他们的薪俸，在他们看来是小事一桩。他们并不斤斤计较于此，而且经常摆出一副根本没有去考虑这个问题的样子。

因此，牟利的观念仍然同劳动的观念有区别。这两个观念虽然事实上有时结合在一起，但在思想上还是把它们分开的。

反之，在民主时代，这两个观念总是昭然连接在一起的。由于大家都有追求财富的欲望，每个人的财富都为数不多和时时在变，人人都需要增加自己的财富和为子女多积点儿财富，所以任何人都清楚：自己之所以劳动，纵使不是全部为了牟利，至少也是部分为了牟利。甚至那些主要是为了追求名誉而工作的人，也不得不认为自己的作为并不只是为名，并且不管自己愿意不愿意，总要把求生的愿望混进求名的愿望中去。

一旦全体公民都觉得劳动是人生光荣的必然条件，而贵族由于接受薪俸而承认劳动即使不是全部为利，至少也是部分为利，则贵族制社会存在的那种职业之间的鸿沟便将消失。尽管各行各业并不完全相同，但至少有一点是相同的。

这个相同点就是：没有一个行业不是为了赚钱而付出劳动的。每个人都领取的工资或薪金，使大家具有了相同的外貌。

这一点足以说明美国人对于各种职业的看法。

在美国，从事服务行业的人绝不认为自己低人一等，因为他们觉得自己是在劳动，而且看到周围的人无不劳动。他们不会由于想到自己领取工资而觉得下贱，因为美国总统也是为了领取薪俸而劳动的。总统为发号施令而得报酬，同他们为服从命令而得报酬完全一样。

在美国,各种职业都是比较辛苦的,也是比较容易赚钱的,但从无高低之别。所有的正当职业都是高尚的。

第十九章　什么东西在使几乎所有的美国人喜欢从事实业

我认为，在民主国家中，农业大概是进步得最慢的有用技术。甚至有人往往说，农业处于停滞不前状态，因为其他一些行业好像是跑步前进。

但是，平等所带来的几乎一切爱好和习惯，却自然而然地在引导人们去从事工商业。

假设有一个能干、聪明、自由、小康而充满希望的人。从能够过上安逸舒适的生活来说，他还很穷；而从不必担心缺吃少穿来说，他又是够富裕的。他总在想法改善自己的命运。这个人已经尝到物质享受的好处，而其他许多享受的好处又总是摆在他的眼前。他开始追求这些爱好，并努力增加用来满足这些爱好的手段。但是，人生短促，时间有限。他应当怎么办呢？

种地，可以使他的努力肯定得到一定的成果，但是得来的太慢，而且只能逐渐地富裕起来，并要付出艰苦的劳动。农业只适于已经家产万贯的富人或只求糊口的穷人。我们假设的那个人作出了自己的选择：他卖了土地，离开了家乡，另谋一种虽有风险但可赚钱的行业。

在民主社会，这样的人多得很，并随着身份平等的日益普及，其人数还在增加。

因此，民主制度不仅增加了劳动者的人数，而且还使人们去选择自己最喜欢的工作。同时，民主制度也使人们不爱农业，把人们引向工商业。[①]

这种精神甚至也见于最富有的公民。

在民主国家，一个人不管看来如何富有，也几乎总是不满足于已有的财富，因为他觉得自己仍不如祖辈富，更怕子孙不如他富。因此，民主国家的大部分富人不断地想法发财，自然而然地将他们的注意力转向工商业，因为他们认为这是致富的最快和最有效的办法。在这一点上，他们的本能与一贫如洗的穷人的本能一样，说得更确切些，他们也受最迫切的需求的支配，当然这种需求不是穷人的那种希望温饱的需求。

在贵族制国家，富人同时也是统治者。他们一直专心于重大的公共事务，所以无暇去做工商业。即使他们当中有人想去经商，他们的阶级的意志也会马上挡住他们的道路，因为他们虽欲反对本阶级的多数的统治地位，但他们仍然无法完全摆脱这个多数的限制，而在坚决不承认人民的多数的权利的贵族集团内部，就存在

① 有人屡次指出工商业者过分爱好物质享受，并因此谴责工商业。我认为，他们在这个问题上是倒果为因了。

并不是工商业启示人们爱好物质享受，而是这种爱好把人们带进了工商业，因为他们指望在工商业中使自己的要求得到更加充分和更加迅速的满足。

如果说工商业也加强了人们追求财物的欲望，那只是因为人们从事工商业越久，他们的欲望也越强，他们越是努力满足欲望，欲望也越提高。使人心喜欢在现世享福的一切原因，都可促进工商业的发展。平等就是这种原因之一。平等之促进商业，并不是通过直接使人产生经商爱好的办法，而是通过间接加强和培养人心爱好幸福生活的办法。

一个专门进行统治的多数。(A)*

在民主国家,金钱并不能导致有钱人掌权,甚至往往使他们远离政界,所以民主国家的富人都不知道怎样去消磨他们的余暇。他们的远大希望,他们的大量财产,以及某些不管用什么方法致富的人常有的异常爱好,在激励他们行动。但是,只有经商这条路是向他们敞着的。在民主国家,没有比商业更伟大和更光辉的行业了。它吸引了大众的注意力,成了群众向往的目标,使人们的最热烈激情都向它那里集中。没有任何东西可以阻挡富人去经商,即使他自己对经商有偏见,或他人对经商有偏见,也是阻挡不了。民主国家的富人,从不组织拥有自己的独特规章和制度的团体。他们这个阶级的特有观点,对他们并没有束缚力;而全国的一般观点,则对他们有推动作用。民主国家里出现的巨富,几乎全靠经商而来,并要一代接着一代经营下去,直到财富的持有人完全失去了经商的习惯。

由于民主国家的富人不愿意从政,所以他们将自己的全部精力都投入商业。在商业方面,他们可以专心发展,并发挥自己的得天独厚的优势。可以说这应当归功于他们敢于创办实业的伟大精神,而如果他们生于贵族制社会,则很难想象他们有创办实业的机会。

但在民主社会,无论是穷人还是富人,却有如下的相同的表现。

---

* 下卷的卷末注,原文没有编号。现仿英译本进行编号,以与上卷体例统一。——译者

生活在情况易变的民主社会的人，眼前总是浮现变幻莫测的偶然因素的影子，所以都喜欢从事偶然因素在其中发生作用的事业。

因此，他们都去经商，而经商的目的不只是为了牟利，而且是因为爱好商业给他们带来的冲动。

美国从英国的殖民地束缚下解放出来，迄今只有半个世纪之久，所以它的大富之家没有几个，而资本也很有限。但是，世界上却没有一个民族像美国人那样在工商业上获得过如此迅速的发展。今天，美国已是世界上第二海运国家，它的制造业尽管还要克服一些几乎无法克服的天然障碍，但仍能每天有新的发展。

在美国，经营大型工业企业没有困难，因为全国人民都参加工业活动，最穷的人和最富的人都愿意在工业方面将他们的力量联合起来。因此，在你每天看到这个可以说并不富强的国家所举办的大型工程时，一定惊讶不已。美国人踏上他们现在居住的土地才刚刚不久，但他们已使自然界改观而为他们服务了。他们已将赫德森河和密西西比河沟通，并在陆上建设了约 500 多里的道路使大西洋与墨西哥湾接连起来。几条大铁路，已在美国建成。

但是，美国使我感到最惊讶的，并不是它的某些工业企业规模特大，而是它的企业多得无数。

美国的农业经营者，几乎都实行农业和商业联营。他们大部分是亦农亦商。

美国的种植业者，很少老守田园。在西部的一些新州，尤其如此；那里的人开垦一块土地，并不是为了自己种下去，而是为了出售；他建设一个农场，是预见到居民增加以后，当地的形势将立即发生变化，从而可以将农场高价卖出去。

每年都有大批北方居民蜂拥到南方，在盛产棉花和甘蔗的地区定居下来。这些人来到南方种地，目的是用不了几年就使自己发财致富。他们来到这里后，就已预计总有一天会回老家享用在这里获得的财富。这样，美国人就把经商精神带进了农业，使他们经营实业的激情也在农业方面表露出来。

美国人使工业获得了巨大发展，因为他们全都在搞工业。但正是由于这个原因，他们也经常成为突如其来和危害甚重的工业危机的袭击对象。

既然他们全都从事商业，所以他们的商业活动也就要受到许多复杂的因素的影响，以致无法预见可能遇到的障碍。既然他们每个人都或多或少参加工业活动，所以只要工商业受到冲击，不仅个人的财产要遭受损失，而且整个国家也要为之震撼。

我认为，周而复始的工业危机，是现代民主国家的固有病症。民主国家只能减轻它的危险性，但无法根治，因为这种危险并非出于偶然，而是民主国家的本性所使然。

第二十章　实业为什么可能产生贵族制度*

我已经指出民主制度为何有利于实业的发展和使实业家的人数无限增加。现在，我来研究一下实业通过什么迂回的道路可以使人走回贵族社会。

我们已经看到，当一个工人每天只做同样的一个零件时，由零件组装起来的产品的生产便会更加方便、更加迅速和更加经济。

我们也已看到，一个工业企业办得越大，资本越多，信用越高，它的产品就越价廉。

这两项真理早就被人察觉，而把它们明确指出的，却是在我们这个时代。人们早已把这两项真理应用于一些最重要工业部门，而一些小的工业部门，也将逐渐受它们的支配。

我认为，在政治方面，立法者最应当注意工业科学方面的这两项新原理。

当一个手艺人始终只制作一种产品时，他的手艺当然会十分熟练。但是，他同时会丧失用其精神全面指导工作的能力。他虽

* 从这一章可以看到托克维尔的政治哲学与马克思主义的关系。——法文版编者

然越来越熟练,但也越来越不动脑筋。可以说,随着他作为一个工人在技术上的进步,他作为一个人在本质上却日益下降。

一个终生做了二十多年别针帽的人,你能期待他会有什么作为吗?人的智力往往能够做出惊天动地的事业,但这个人除能用智力去研究制造别针帽的最佳方法外,他今后能把智力应用到什么地方呢?

一个工人这样使用毕生的绝大部分时间时,他的思想就永远离不开他每天所做的那种物品,而在他的身上也就养成了一些永远摆脱不了的习惯。一句话,他已经不属于自己,而是属于他所选择的职业。在这种条件下,法制和民情虽在想法拆除他周围的樊篱,为他另辟千百条致富的道路,但仍然徒劳;实业的原理比民情和法制更有力量,把他绑在一种行业之上,而且往往使他固定于一个地方而无法离开。实业的原理还规定了他在社会中的一定地位,使他不能改换。虽然整个世界在运动,但实业的原理却使他静止不动。

随着分工原则的普遍应用,工人便日益软弱无力,日益缩小活动范围,日益处于从属地位。工艺是进步了,但手艺人的精神却退化了。另一方面,一种工业的产品随着该生产部门的规模扩大和资本增加而大量增长时,非常有钱和有知识的人,也去经营迄今只是由没有知识或生活不富裕的手艺人所从事的工业部门。巨大的需求量和无限的收益额,在吸引那些最有钱和最有知识的人。

因此,实业科学在不断贬低工人阶级的同时,抬高了老板阶级。

当工人越来越将自己的智力用去研究一些小事的时候,老板却每天注视全盘的工作。于是,老板的眼界日广,而工人的眼界日窄。不久以后,工人只用体力而不用脑力,而老板却需要科学和甚至天才去获得成功。老板越来越像一个大帝国的行政长官,而工人则越来越像牛马。

因此,老板和工人现已毫无共同之处,并且每天都在加大差距。他们就像一条长链的两端的环,各自占据为他们所规定的位置,谁也不能离开。一方对另一方处于必须永远严格从属的地位,好像一方是为了服从而生,而另一方则是为了发号施令而生似的。

这不是贵族制度又是什么呢?

一个国家的人民越来越平等以后,对于工业产品的需求也将越来越普及和增加,而低价将产品送到一般人家庭,则是事业成功的最大因素。

因此,每天都可以看到,最富裕和最有知识的人在将自己的财富和学识用于经营工业,并通过开设大工厂和实行严密分工的办法去满足各方面的新需求。

这样,随着人民群众转向民主制度,专门经营工业的阶级便日益贵族化。人与人之间一方面越来越相似,另一方面又越来越有差距。结果,在大多数人中间,不平等现象虽然减少了;但少数人与大多数人之间的不平等现象反而加大了。

正因为这样,当你追溯到源头的时候,就会觉得一个贵族集团好像依靠一种自然的力量从民主社会中产生出来了。

但是,这批贵族跟从前的贵族完全不同。

你首先会看到,这批贵族只专心搞实业,或者说只从事某些实业部门,在整个社会里他们与众不同,是一批怪物。

一些实业界人士在现代的广大民主社会里建立的贵族小社会，像古代的贵族大社会一样，也包括两种人：少数非常富裕的人，和大量非常贫困的人。

这些穷人很少能够脱贫变富，但富人却可能随时变穷，或者致富之后而弃商。因此，贫穷阶级的成员几乎是固定不变的，但富裕阶级的成员则不是如此。老实说，今天虽然有富人，但没有富人阶级，因为这些富人既无共同的精神，又无共同的目标，既无共同的传统，又无共同的希望。因此，他们只是一伙人，而绝不是一个团体。

不仅富人本身之间没有坚强的团结，而且可以说穷人和富人之间也没有可靠的联系。

他们之间的联系不是永久的，每时每刻都在随利害关系而离合。工人通常是依靠老板的，但并不总是依靠一个老板。工人和老板只是在工厂里相识，一离开工厂，大家就如同陌生人。他们只是在一个点上接触，而在其他点上，则分道扬镳。工厂主只要求工人给他做工，而工人只希望工厂主给他工钱。工人不需工厂主保护，工厂主也无须工人保卫。无论从惯例上来说，还是从权利义务上来说，他们之间都无永久的联系。

厂商所形成的贵族，几乎永远不会在它所指挥的实业大军中扎根；他们的目的不是要统治这批人，而是要使用他们。

这样组织起来的贵族并不想大量控制一批雇佣者，即使有时雇用了大量的工人，不久以后也会解雇一批。他们没有这种想法，也不能这样做。

旧时代的地方贵族，都在法律上或自己认为在习俗上，对自己的下属负有救济和减轻他们的困苦的义务。但是，现代的实业贵族，把他们所使用的人变穷和变蠢以后，在遇到经济危机的时候便把他们推出工厂的大门，让社会去救济他们。这是事情发展的必然结果。工人和老板虽然时时发生关系，但彼此之间并无真正的结合。

总之，我认为我们亲眼看到其成长的实业贵族，是世界上有史以来最严酷的贵族。但是，它同时又是最受限制和危险性最小的贵族。

然而，民主的朋友还是以不安的心情把视线转向这一方面，因为贵族制度和身份的永久不平等一旦再侵入这个世界，那么可以预言，它们一定是由这扇大门溜进来的。

第 五 部 分

民主对我所说的民情的影响

第一章　民情怎样随着身份平等而日趋温和了

我们看到，几个世纪以来，人们的身份逐渐平等；同时我们还发现，民情亦日益温和。这两个现象只是同时发生的呢，还是两者之间有一种内在的联系，以致没有一个的发展另一个就不可能前进的呢？可使一个国家的民情由粗野而变得温和的原因很多，但在所有这些原因当中，我认为最强有力的原因是身份的平等。因此，在我看来，身份的平等化和民情的温和化不只是同时发生的现象，而且是相关的事实。

一些寓言作家想以动物的故事来开导我们的时候，便把人的思想和感情加于动物身上。诗人们在描述神鬼和天使的时候，也是如此。如果他们不用借喻的手法来再现我们人本身，就不会使我们产生可以触动我们的精神和抓住我们的心灵的那种深刻的痛苦感和纯净的幸福感。

这一点，对于我们现在所要讨论的问题也完全适用。

在贵族制社会内部，所有的人都按照职业、财产和出身分属等级森严的阶级，而在每个阶级内部却把自己的成员视为同一家族的子女，成员之间经常怀有一种民主社会的同类公民所不能有的亲切同情。

但是，不同的阶级之间却没有这样的同情。

在贵族制国家里，每个阶级都有自己的观点、感情、权利、习尚和生活方式。因此，贵族的成员与其余公民毫不相同，他们之间没有共同的思想和感情，以致很难相信他们是属于同一国家的人。

因此，贵族的成员既不能很好理解他人之所想和所感，又不能设身处地地去考虑他人。

然而，他们有时也愿意热情地帮助他人，这一点与上述并不矛盾。

这种贵族制度虽然使同一国家的人分成不同的等级，但又以十分紧密的政治纽带把这些等级联合起来。

尽管农奴天生就不关心贵族的命运，但他仍认为自己对使他沦为农奴的人有效忠的义务；而贵族虽然认为自己与农奴并非同类，但他的责任和荣誉又迫使他不顾生命的危险去保护住在他领地上的人。

显而易见，这种相互的义务并非来自天赋权利，而是来自政治权利，而且社会由此获得的好处远非个人所能获得的。这种义务不是对自认为应当互助的人尽的，而是主人对家奴或家奴对主人尽的。封建制度只是对某些人，而不是对全人类带来了极大的痛苦。封建制度给民情带来的风气主要是慷慨侠义，而不是温文尔雅；它主要是让人无限忠诚，而不是让人表现真诚的同情，因为只有彼此相同的人之间才会有真正的同情，而在贵族时代，只有同一阶级的成员才认为彼此是相同的。

中世纪的编年史家们，按他们的出身和习惯，都属于贵族，所以在他们描写一个贵族的惨死情景时，都是写得极为哀伤。但是，他们对于老百姓的惨遭屠杀和拷打，却是轻描淡写，无动于衷。

这并不表明他们对老百姓一贯仇恨和历来轻视。国内的不同阶级之间尚未宣战。促他们如此的，主要的是本能，而不是感情。由于他们对穷人的苦难没有明确的认识，所以对穷人的命运也就不太关心。

一旦封建的关系破除，普通老百姓也会如此。在一部分家奴对主人表现无限忠诚的时代，也偶尔有下层阶级对上层阶级施加骇人听闻的暴行的现象。

我们不要以为这种互不关心的现象只来源于没有秩序和文化，因为在以后的几个秩序已经井然和文化已经发达的世纪，仍然有这种现象。

1675 年，布列塔尼地方的下层阶级，曾聚众反对新税。这次骚动被当局残酷无比地镇压下去。请看，这一恐怖事件的目睹者塞文涅夫人在给她的女儿格里娘的信中是怎样说的：

“我的亲爱的女儿：你从埃克斯寄来的信，写得太可笑了！在把信寄出之前，至少要再回看一遍。你会对你写的那么多赞美之词表示吃惊，但你又会因为喜欢这样不厌其烦地写了这么多而感到自慰。可见，你已经吻遍了普罗旺斯地方的所有的人，是不是？不过，只要你不爱闻葡萄酒的香味，就是你吻遍了布列塔尼地方的所有的人，也不会令他们满意。〔……〕你喜欢听雷恩地方的消息吗？那里下令征税 10 万枚银币，如果不在 24 小时内交出，就把税额翻一番，并派兵去征收。当局已把一条大街的所有居民撵出家屋，而且不准任何人收留，违者处死。因此，一大群倒霉的人，其中有孕妇、老人和小孩，在恋恋不舍地离开这个城市时号啕大哭；他们不知到何处去好，既没有吃的，又没有栖身之处。前天，一个开舞厅的小提琴师，因偷印花税而被车裂。他被五马分尸〔……〕，并将他的四肢放在城市的四个角上示众。〔……〕已有 60 名市民被捕，明天开始治罪。这个地方为其他地方树立了良好的榜样，叫其他地方也尊重总督及其夫人〔……〕，不得往他们的花园里投石头①。

"〔……〕昨天，天气甚美，塔朗特夫人来到她的林园小憩。当然要为她准备下榻之处和饮食。她从柴扉走进来，又从原路回去。……

1675 年 10 月 3 日，寄自罗歇"②

在另一封信里，她又补充说：

"你总是喜欢向我谈论我们这里的悲惨事件。我们这里已经不再实行车裂了。为了维护正义，每周只杀一个人。不错，我现在认为判处绞刑已经算宽大了。自从到了这里以后，我对于正义的观点已经完全改变了。在我看来，你的那些曳船奴隶，真是一伙不问世事而使生活安宁的好人。"③

如果以为写出这些话的塞文涅夫人是个利己主义者和残酷的人，那就错了。她热爱自己的子女，对朋友的不幸也十分同情。在

① 为了使读者了解信中最后这句话的含义，应当指出格里娘就是普罗旺斯地方总督的夫人。

② 〔参看蒙梅尔克编《塞文涅夫人通信集》，法文版，第 4 卷第 205 页及以下几页。〕

③ 〔同上书第 248 页。这封信的日期为 1675 年 11 月 24 日。〕

你读她的信的时候，甚至会发觉她对家臣和奴仆还很仁慈宽大。但是，她对贵族圈子以外的人的苦难却一无所知。

而在今天，最残暴的人写信给最无情的人时，也不敢泰然自若地说出上述那样的话，即使他个人的品质促使他这样做，全国的民情也将禁止他如此。

这种情况是怎样产生的呢？是我们现在比我们的祖辈更有感情了吗？我不知道。但有一点是肯定的，那就是我们的感情已扩展到更多的事物上去。

当一个国家的人在地位上近乎平等，在思想和感情上大致一样的时候，每个人都可立即判断出其他一切人的所想所感。也就是说，他只要省察一下自己，就可以做到这一点。因此，他人的任何苦难他都不难发觉，一种内在的本能使他在苦难扩大的时候立即就可看到。在对待陌生人或敌人的时候，这种本能也会使他不加歧视，因为他的省察马上会发生作用。这种省察同他的怜悯心一结合，使他在同类受苦的时候也觉得自己身受其苦。

在民主时代，很少有一部分人对另部分人尽忠的现象；但是，人人都有人类共通的同情心。谁也不会让他人受无谓的痛苦，而且在对自己没有大损害时，还会帮助他人减轻痛苦。人人都喜欢如此。他们虽不慷慨，但很温和。

尽管从某种意义上来说，美国人已把利己主义化为社会和哲学理论，但他们并没有减少怜悯心。

没有一个国家的刑事法庭像美国那样从轻治罪。在英国人似乎还想在他们的刑事立法中珍惜地保存中世纪的残酷遗风时，美国人差不多已在他们的刑事法典中废除了死刑。

我想北美是50年来世界上唯一没有对政治犯判处死刑的国家。

美国人的这种特别温和的态度主要来源于他们的社会情况，这从他们对待奴隶的态度上即可证明。

总的说来，欧洲人在新大陆的所有殖民地，没有一个地方的黑人的物质生活条件好于美国。然而，美国的黑人仍然忍受着可怕的苦难，经常受到非常残酷的惩罚。

我们不难发现，这些可怜人的命运，并没有感动他们的主人产生怜悯之心，他们的主人不仅认为蓄奴是有利可图的事业，而且觉得这算不了什么罪恶，不会危害自己。因此，同一个人对和他同时平等的同类极为人道，而当这些人不再与他平等时，他便会对他们的痛苦无关痛痒。由此可见，他的温和态度应当归因于这种平等，而不应当归因于文明和教育。

我对于个人所述的这一切，在一定程度上也适用于国家。

每个国家一旦有了自己独特的观点、信仰、法律和习惯，它便会以整个人类自居，只关心本国的疾苦，对于别的国家一概无动于衷。如果两个持有这种态度的国家交战，则战况一定十分残酷。

罗马人在他们的文化最灿烂时期，是先把被俘的敌人将领拖在战车后面以炫耀胜利，然后才把他们杀掉；这个时期的罗马人，还把囚犯投进斗兽场里，让犯人与野兽搏斗，以供群众娱乐。西塞罗一谈到一个公民被钉在十字架上，就义愤填膺，慷慨陈词；但他对罗马人胜利后对战俘的那种暴行，却缄口不言。显而易见，在他的眼目中，一个外国人和一个罗马人不属于同一人类。

反之，随着各国人民日益接近，彼此逐渐相似，他们便将更加互相同情对方的不幸，国际公法也将愈加宽容。

第二章　民主怎样使美国人之间的日常关系简易化了

民主并不使人们之间的关系紧密，但能使他们的日常关系简易化。

如果有两个英国人在西半球邂逅，他们将像两个语言不通和民情不同的外国人相遇。

首先，他们两人将以好奇的眼光相望，心里暗自不安；随后，便各自走开；而如果他们相遇之后交谈起来，也是表现得十分拘束，不够自然，谈一些无关紧要的小事。

但是，两人之间并没有什么敌意，他们虽然从来没有见过面，不过都认为对方是很正直的。那么，他们为什么要小心翼翼地彼此回避呢？

为了弄明白这个问题，就得转而谈谈英国。

当人只靠家庭出身而不靠财产来划分等级的时候，每个人都清楚地知道他在社会阶梯中所处的地位。他既不想往上爬，又不怕向下跌落。在这样组织起来的社会里，不同等级的人之间很少往来；但是，当偶然的事件使他们接触时，他们却可以随意交谈，而不希望和不担心彼此会混合在一起。他们之间的关系不是建立在平等之上的，但也不是强制的。

当一个以家庭出身为基础的贵族制度为一个以财产为基础的贵族制度所取代时，情况就不再这样了。

某些人的特权虽然还很大，但取得特权的可能性是人人都有份儿的。因此，拥有特权的人经常提心吊胆，唯恐失去特权或被他人分享；而尚未取得特权的人，则想不惜任何代价去取得之；当他得不到特权时，也要表示这并不是不可能的。因为人的社会价值不再因血统而一定不变和永远固定，而是随着财产的增减而不断变化，所以等级虽然还照旧存在，但却看不清和一眼看不出谁属于哪个等级。

公民之间立刻展开了一场暗斗。一些人千方百计要进入或表面上看来似乎要进入比自己高的那些人的行列，而另一些人则不断奋战，力图击退想要夺取他们的权力的人，或者毋宁说这是一个人在两面作战：一方面在设法爬到高级阶层，另一方面又在不断防御底下的人往上钻。

英国当前的情况就是如此。我认为，我在前面所述的一切，基本上就是由于这一情况造成的。

在英国人那里，贵族的傲气还很强大，但贵族的界限已不分明，所以人人都时时提防别人，唯恐他人从自己的亲善待人当中得到好处。英国人由于不能一下子判断他们所遇到的人是属于哪个社会阶层，所以总是谨慎小心，避免同那个人接触。他们害怕接受他人一点儿小惠而结成不当的友谊，并对别人的多礼生疑。他们既不受陌生人的恭维，又避免惹他人生怨。

许多人完全用个人的性格来解释英国人的这种洁身自好和冷漠寡言。我也承认英国人的气质有些作用，但我认为他们的社会情况有更大的作用。美国人的例子就可证明这一点。

在美国，家庭出身向来不会制造特权，财富也不会使它的持有人享有任何独特的权利；互不相识的人可以随意在同一地点相聚，他们相互交换思想时既不是为了获得好处，又不怕由此带来危险。他们一旦在某处邂逅，既不主动攀谈，又不回避对话。因此，他们的待人态度是自然的、坦率的和开朗的。我们还会发现，他们既不打算由对方得到什么好处，又不担心对方会加害于他们什么；他们既不想方去炫耀自己的地位，又不设法去掩饰自己的处境。虽然他们的态度往往是冷淡的和严肃的，但这并不表明他们是高傲的和拘谨的。当他们与人相见而一言不发时，那是因为他们当时的心情不好和不爱讲话，而不是因为他们认为保持沉默对他们有利。

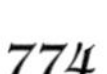

两个美国人在异国相遇，马上就会成为朋友，而其原因只在于他们都是美国人。他们没有使他们互相排斥的成见，他们的共同祖国把他们吸引在一起。对于两个英国人来说，只是同种同国还不够，因为必须是同一阶级才能使他们接近。

美国人和我们法国人都看到英国人之间的这种冷淡对人态度，而且当他们如此对待我们时也都不以为奇。但是，美国人在血统、宗教、语言和一部分习俗上是与英国人一样的，他们之间的唯一差别是社会情况。因此，我们可以说英国人的审慎持重来源于他们的国家制度，而不是来源于公民的气质。

第三章　美国人为什么在本国不太爱激动而在我们欧洲又表现得过于激动

美国人同一切严肃而自重的民族一样，也有记仇报复的心理。他们几乎不会忘记人们对他们的冒犯。但是，要冒犯他们也不容易，他们的怒火爆发得固然缓慢，而消失得也同样缓慢。

在贵族当政的社会里，一切事务都由少数几个人主管，人与人之间的公开往来有比较固定的常规。因此，每个人都认为自己清楚地知道如何对人表示尊重和好意，并相信他人也会同样知礼。

上层阶级的这种习惯，后来便成为其他所有阶级的典范。此外，其他阶级也各自定出使本阶级的成员必须遵守的规矩。

因此，守礼的规矩形成了一套复杂的繁文缛节，一般人很难掌握，稍有违反，即可造成损失。结果，人们每天都有在无意之中残暴地侮辱他人或使自己受到这种侮辱的可能。

但是，随着阶级差别消失，教育和出身不同的人在同一场所相处和相混，便几乎不可能定出繁文缛节的处世之道。由于礼节未被明确规定，所以稍有违反也不算过失，就是那些知礼的人也认为如此。因此，人们重视行为的实质甚于行为的形式，并变得不太彬彬有礼，但也很少互相争执。

一个美国人绝不为接连不断的小殷勤所打动。他认为自己不该得到这些小小殷勤，或者装作自己不知道应当享得它们。因此，他不会因为他人没有给他献殷勤而不满，或者更多的是原谅他人。在这方面，他的态度是不拘小节，他的性格是更为直爽而有男子气概。

美国人表现的这种相互宽容和他们彼此采取的这种大丈夫态度，也是一个最一般的和最深刻的原因之结果。

关于这个原因，我已在上一章讲过了。

在美国，市民社会里的等级差异很少，而政治界则根本没有等级差异。因此，一个美国人并不认为自己应当特别关心任何一位同胞，他也不要求其他同胞对他如此。因为他不认为他的利益在于跟某一同胞套近乎，所以他也坚信他与他人套近乎时不会受到欢迎。他一方面不以出身为理由而轻视任何一个人，另一方面也想不到任何人会以这种理由来轻视他。在没有确证别人对他侮辱以前，他绝不认为人家存心如此。

美国的社会情况，自然而然地使美国人不容易为一点儿小事而动怒。另一方面，他们享有的民主自由，又把他们的这种宽容风气灌输到美国的民情之中。

美国的政治制度使各阶级的公民不断接触，并促使他们齐心协力去进行伟大的事业。进行伟大事业的人，没有时间去考虑繁文缛节，并且由于过分重视和睦相处而不拘礼节。因此，他们习惯成自然，在待人接物时注重感情和思想，而不重视仪表；他们也绝不会为一些琐事而大动肝火。

我在美国曾多次见到，叫一个人意识到人家讨厌他的讲话，并不是一件容易的事情。为了把这个人打发走，采取转弯抹角的客气办法，总是无济于事。

我曾对一个美国人的讲话一一做了反驳，以表示他的讲话使我厌烦。可是，每反驳一次之后，我就发现他又竭力以新的论点来说服我。后来，我保持沉默，一言不发，但他却认为我在沉思他向我讲的道理。最后，当他要接着说下去而我已经走开时，他反而认为我有要事去处理。除非我向他明说，我是无法使他明白我对他已经腻烦得要死。

如果这位美国人到了欧洲，他马上会变得十分机灵和容易发火，以致我经常感到要想在欧洲不得罪他，与在美国叫他生气是同样困难。乍一看来，这一点使人感到奇怪。其实，这两种完全相反的表现，均来自同一原因。

民主制度通常使人觉得他们的国家和自己了不起。

一个美国人在出国的时候，都怀着高傲的心理。他到欧洲之后，立即发现我们对于美国和它的伟大人民的看法并不如他的想象。这使他开始气恼。

他早就听说，在我们这半球，人们的身份并不平等。现在他又亲眼看到，在欧洲各国，等级的痕迹尚未完全消失；财产和出身仍然拥有一些他既难于理解又难于界说的不定特权。这个情景使他惊异和不安，因为他从来没有见到过，而且他的国家没有相似的现象可以帮助他去理解这个情景。因此，他完全不知道在这个行将垮台的等级制度中，在这些分明是互相仇恨和彼此轻视，但又互相接近以致随时准备混合的阶级中，把自己摆在什么位置上比较合适。他怕把自己摆得太高，尤其怕别人把他摆得过低。这两种危险经常萦绕于他的脑际，不断地干扰他的一言一行。

他知道欧洲的传统，并了解欧洲人的礼仪是因等级而有很大不同的。这些昔日的作风使他困惑不解，而且他更害怕自己得不到应有的尊敬，但他并不清楚什么是尊敬。因此，他的一举一动十分呆板，完全像一个套中人。对他来说，交际已非愉快的活动，而是一项吃力的工作。他琢磨你的一举一动，观察你的神色，仔细分析你的话语，唯恐里面含有侮辱他的隐语。我不知道是不是有过比他还拘泥于处世之道的乡绅。他力求一丝不苟地遵守繁文缛节，也不容忍别人对他稍有失礼。他既谨小慎微，又妄自尊大。他希望做得恰当，但又怕做得过分，而且由于他分不清两者的界限，所以他总是保持一种高傲而忸怩的神态。

这还不是全部。请看人心的另一种乔装。

一个美国人总要称赞美国实行的平等，为自己的国家而无限自豪。但是，他自己又有内疚，总想向人表示他做得不够，说他是他所吹嘘的那种正常情况的例外。

没有一个美国人不想把自己的家世同早期移到殖民地来的人拉上点关系。我觉得，所有的美国人都可以算作英国大家庭的后裔。

一个美国富翁到了欧洲之后，他所关心的第一件事，就是以奢侈来炫耀他的财富，唯恐别人把他视为一个民主国家的普通公民，因而千方百计摆阔，叫你每天都看到他挥金的新花样。他照例要住在全城的最豪华的地区，总有许多仆人前拥后簇。

我曾听到一个美国人抱怨说，巴黎的一些大沙龙也不过是中流的交际场所。在他看来，人们在这些沙龙所行的雅兴并不高尚。

他说服你相信，根据他的意见，人们在沙龙里的仪表也不够优雅。其实，他还没有习惯于我们的风气，看不到这种通俗的外表内藏的精华。

对这种截然相反的看法，我们不要觉得奇怪。

要不是旧的贵族等级区分已在美国荡然无存，美国人就不会在国内表现得那样淳朴和那样宽容，也不会在我们欧洲表现得那样妄自尊大和那样矫揉造作。

第四章 前三章的总结

当人们对彼此的不幸自然怀有恻隐之心，随便而频繁的交往使他们每天接触，任何冲动都不会使他们分离的时候，则不难理解他们在必要的时候会立即互助；当一个美国人请他的同胞协助的时候，很少有人拒绝。我就屡次见到他们满怀热情地自发助人的义举。

如果公路上突然发生车祸事故，人们将从四面八方前来救护罹难的人。要是某个家庭横遭大难，素昧平生的人也会慷慨解囊；每个人的捐助虽少，但集腋成裘，便可使这一家人摆脱困难。

在世界上的一些文明国家里，一个不幸的人往往在人群中孤立无援，就像一个野人在森林里的遭遇一样。而在美国，就几乎没有这种现象。美国人的态度虽然一向冷淡，而且往往粗野，但他们却几乎没有冷酷无情的表现。如果他们没有立即去帮助人，那也不表明他们拒绝助人。

这一切同我在前面论述个人主义时所讲的话并不抵触。我甚至认为它们互相协调，而绝不对立。

身份的平等在使人们觉得自己独立的同时，也使他们感到自己软弱。他们的确是自由了，但却面临着无数的意外威胁。经验很快使他们懂得，他们虽然不是经常需要别人的帮助，但一定有时候非要他人帮助不可。

我们在欧洲经常看到，职业相同的人都随时互助。他们所遇到的苦难相同，这就足以使他们互相寻求支持，而不管他们在其他方面如何铁石心肠和如何自私。因此，在他们当中有人遇到困难，而别人只要暂时牺牲一下或格外努力一番就可以挽救时，他们便会奋力支援，而不会袖手旁观。这并不表明他们对那个人的命运十分关心，因为他们的努力一旦证明无效，他们马上就会把支援置于脑后，而各自去忙自己的事情。但是，他们之间似乎有一种几乎是不由自主的默契。根据这个默契，每个人都有暂时支援他人的义务，而在他自己有困难的时候，也有权要求他人支援。

如果把我就一个阶级所述的一切推而广之，用于一个民族，大家就会更加了解我的思想。

其实，在一个民主国家的所有公民之间，也有一种与我方才所说的默契类似的契约。他们觉得大家有共同的弱点和危险。他们的利益和他们的同情心，使他们产生了在必要的时候进行互相援助的信念。

身份越是平等，人们也就越是明白这种互相支援的义务。

在民主国家里，没有人会广为施舍，但可以经常帮助别人。每个人很少有效忠精神，但大家都乐于助人。

第五章 民主怎样改变着主仆关系

一位曾在欧洲旅游很长时间的美国人，有一次对我说："英国人对待仆人时表现的高傲和专横态度，使我们感到惊讶；但是，法国人对待仆人有时又过于亲昵，或者说他们在仆人面前表现得十分客气，使我们无法理解。这使人感到法国人好像害怕支使仆人似的，上级和下级之分有欠明确。"

他的观察是正确的，我也曾多次这样说过。

我一向认为，在我们这个时代，英国是世界上主仆关系最严谨的国家，而法国则是地球上主仆关系最松弛的国家。我从来没有见过哪个国家的主人地位像这两个国家那样悬殊。

美国的情况处于这两种极端之间。

以上所述，只是表面的和外在的事实。为了探明这个事实的产生原因，还要进行深入的研究。

从古至今，还没有出现过身份平等得没有贫富之分，从而也没有主仆之分的社会。

民主制度并不妨碍主仆这两个阶级的存在；但是，它在改变两者的思想意识，并在调整两者之间的关系。

在贵族制国家，仆人形成为一个单独的阶级，这个阶级也跟主人阶级一样，向来没有变化。一种固定的秩序，不久便在这样的国家里建立起来。在仆人阶级那里，也像在主人阶级那里一样，很快便出现了等级、集团和显赫人物，而且世世代代相传下去，地位一直不变。主人和仆人是一个在上一个在下的两个社会，永远保持着差别，但却遵守着相同的原则。

这样的贵族制度对于仆人的思想和习尚的影响绝不亚于对于主人的这种影响。虽然在各方产生的结果不同，但不难看出原因是相同的。

主人和仆人在一个大的国家中各自形成一个小的国家，从而对公正和不公各有其一定的固定看法。他们对人生的各种行为，亦各有其不变的独特观点。在仆人的社会里，也同在主人的社会里一样，人们彼此之间亦发生很大影响。他们承认固定的规范；虽然没有明文规定的法律，但是却有指导他们行为的舆论。长期形成的习惯，就像警察规定的制度在支配着他们。

命中注定受人支使的这些人，毫无疑问不会对名誉、美德、正直和光荣有与主人相同的理解。但是，他们却有一种仆人的名誉观、美德观和正直观；如果允许我用一句话来表现的话，可以说他们有一种身为仆人而自觉光荣的心理。①

虽然这个阶级的地位是低卑的，但不要以为这个阶级的所有成员都是胸无大志的。如果这样以为，那就大错而特错了。尽管这个阶级是低下的，但它的一些出类拔萃而且无意放弃高高在上

① 如果仔细考察一下指导这些人行为的主要观点，他们的相似性便更加显而易见，而且你会吃惊地发现，在他们中间，也像在封建等级制的最高层成员中间一样，同样有家庭出身的优越感，同样尊重祖先和爱护后代，同样轻视下层阶级和害怕同这些阶级接触，同样喜欢讲究礼仪，同样重视传统和古风。

地位的人物，却处于类似贵族的地位。这个地位使他们趾高气扬，自以为了不起，妄自尊大，觉得自己也有大德，也能做出不亚于他人的作为。

在贵族制国家里，常有一些心地高尚和精明强干的小人物为大人物服务。他们身为仆人，但并没有意识到这一点；他们服从主人的意志，但也不怕惹怒主人。

然而，在仆人阶级中的下层，情况就完全不同了。可想而知，处于仆从阶层的最下层者，其地位是最低的。

法国人专门创造了一个词来称呼为贵族服务的仆人，即称这些人为奴才(Le laquis)。

"奴才"一词是一个很不好听的词，当人们想骂一个最下贱的人，而又找不到其他词的时候，就用这个词来称呼他。在旧君主制度时代，人们要想骂一个最卑鄙无耻的人时，常说他有奴才的根性。只说这一句就足够了，人们可以完全理解它的含义。

身份的永远不平等不仅使仆人养成了独特的德行和恶习，而且使他们在主人面前处于一种独特的地位。

在贵族制国家，穷人从小就驯服于受人指挥的思想。无论他们把目光投向哪里，他们所见到的只是等级森严的社会组织和下级服从上级的景象。

结果，在身份永远不平等的国家里，主人可以轻而易举地得到仆人的百依百顺和毕恭毕敬的服从，因为仆人之尊重主人不仅出于服从主人，而且出于服从整个主人阶级。主人阶级把贵族制度的全部压力都置于仆人的头上。

主人支配仆人的行动，并在一定程度上左右他们的思想。在贵族制度下，主人对于服从于自己的人的思想、习惯和情绪，往往在不知不觉之中起着巨大的影响，而且影响的广度还远远大于他们的权威的影响。

在贵族制社会，不仅有世袭的仆人家族和世袭的主人家族，而且同一仆人家族往往一连数代为同一主人家族服务（这就像两条既不相交，但又不分开的平行线）。这种情况使这两类人的相互关系发生了极大的变化。

在这样的贵族体制下，虽然主仆之间毫无天生的共同性，而且财产、教育、观点和权利又使他们的处境有天壤之别，但是日久天长，岁月终于使他们结为一体。对于往事的一连串共同回忆，使他们彼此眷恋。尽管他们在许多方面有所不同，但他们能够相互融合。民主社会与此相反，那里的主仆虽然天生几乎没有差别，但总是互以陌生人相待。

因此，在贵族制国家里，主人总把自己的仆人视为自家人和下属，并在利己主义的推动下关心仆人的命运。

至于仆人，他们自己也有这种想法，有时认为自己属于主人的集团，因而他们自己也像主人那样认为自己是主人的附属物。

在贵族制度下，仆人处于他们自己无法摆脱的从属地位；而在他们之上，则是一些不会失去高高在上地位的人。一方面是愚昧、贫穷和终生听人支使；另一方面是荣华、富贵和一辈子支使他人。这两个阶级尽管永远迥异，但却经常接近，而把它们结合起来的联系，只要它们存在就将继续下去。

在这种处境悬殊的条件下，做仆人的终于不关心自己。他们逐渐忘却自己，也可以说放弃自己，或者毋宁说把自己的一切全都交给了主人，并自以为由此确立了自己的人格。他们以支使他们的人的财富来炫耀自己，以主人的荣誉来为自己增辉，以主人的高贵来抬高自己，并一直陶醉于这些仰仗他人而来的光荣。他们把这种光荣看得往往比其全权的实有者还重要。

两种不同的生活情景一旦奇妙地结合在一起，既有使人感动的地方，又有使人觉得可笑的地方。

转移到仆人心里的主人情感，在仆人的身上自然要缩小或降低其原来的量度，即变得褊狭和低级。在主人身上原来是高尚的东西，转移到仆人身上后就变成了无聊的虚荣和令人生厌的矫饰。大人物的仆人们通常摆出其主人应当具有的派头，并比主人还要计较一丝一毫的特权。

在我们法国人当中，现在还有时可以见到几个这样的贵族老仆。他们是这类人的孑遗，不久就将随着他们的消失而使这类人消失。

我在美国根本没有见到过这样的人。美国人不仅不知道我所说的这种人，而且让他们理解这样人的存在也很困难。让他们想象这种人的存在，与让我们想象古罗马的奴隶或中世纪的农奴的情景，几乎是同样困难。所有的仆人，尽管有高低之别，但他们都是同一原因的产物。他们作为一个整体正从我们的视野中消逝，并随着产生他们的社会情况的变化，而结束其往日的苦难岁月。

身份的平等产生了新型的仆人和主人，并在他们之间建立起新型的关系。

当身份几乎完全平等时，人们可以不断改变自己的处境。虽然尚有仆人阶级和主人阶级，但阶级的成员和成员的家系并不一定总是不变。这时，不管是发号施令的，还是听人支使的，都不能永远保持不变。

仆人并不是孤立于群众之外的人，所以他们没有自己固有的习惯、偏见和风尚。从他们身上，既看不到特定的精神面貌，又看不到独特的感情表达方式。他们不知道因地位而造成的善和恶为何物，但他们与同时代人拥有同样的知识、思想和感情，并且也有同时代人拥有的那些善和恶。他们同主人一样，既有正人君子，又有无赖小人。

在仆人之间，也同主人之间一样，并没有任何身份不平等现象。

在仆人阶级中既无高人一等的等级，又无永远不变的等级制度，所以你不可能从那里见到贵族制社会和其他社会所常见的尊卑。

我在美国从未见到一个人可以使我想起欧洲人尚未忘记的那些赫赫有名的忠仆；但是，也没有一个人可以使我想起那些奴才。在美国，忠仆和奴才的痕迹都不见了。

在民主制度下，仆人们不但彼此平等，而且可以说他们同主人也是平等的。

为了充分理解这一点，还需要进行说明。

仆人随时都可能变成主人，并希望成为主人。因此，仆人与主人并没有什么不同。

那么，主人为什么有权支配仆人，而仆人为什么不得不服从主人呢？因为双方出于自愿，暂时订立了可以随时解除的契约。当然，他们之间并无高低之分，只是根据契约暂时如此。在契约规定的范围内，定约的一方是仆人，而另一方则为主人。在契约的范围之外，他们是两个公民，两个平等的人。

我希望读者特别留意的是，这不仅是仆人对于自己地位的看法。主人和被雇用人都持有这样的看法，他们的头脑里对于命令和服从的界限都是十分明确的。

当大部分公民长期以来都处于基本相同的条件下，而平等又久已成为公认的事实时，不受任何特殊力量影响的公众意识，一般都对人的价值定出一定的限界，任何人要想长时期地超出这个界限或达不到这个限界，都是困难的。

贫穷和富贵，命令和服从，虽然偶然会在两个人之间造成巨大的差距，但这也不会有什么危险，因为以事物的常规为基础的舆论将会引导他们走向相同的水平，并不顾他们身份的实际不平等而在他们之间创造出一种假想的平等。

这种力量无比强大的舆论，最终甚至可触动那些从本身利益出发反对它的人的思想。它在抑制他们的意志的同时，就改变了他们的判断。

主人和仆人在他们的心灵深处不再感到彼此之间存在根深蒂固的差别。他们一旦结成主仆关系而出现差别时，做主人的也不会趾高气扬，做仆人的亦不必担心受侮。因此，主人不会轻视仆人，仆人也不会怀恨主人，在日常的接触中前者并不蛮横无理，后者亦不卑躬屈膝。

做主人的认为，他的权力的唯一根源只是那份契约；做仆人的也只是从那份契约去寻找他所以服从的唯一原因。他们之间绝不会为契约所规定的彼此地位而发生争执，双方都清楚地理解自己所处的地位，并坚守自己的地位。

在法国的军队里，士兵的出身阶级差不多与军官相同，而且士兵也能升为军官。除了军衔之外，士兵认为自己与长官完全平等，而且事实上也是如此。但是，在军旗之下，士兵必须绝对服从长官，而且由于这种服从是自愿的和有明文规定的，所以在执行时非常迅速、确切和易行。

这个例子可以使我们联想民主社会中的主仆关系。

如果以为贵族的家臣有时对主人表现的那种深情热爱或肝胆相照的献身精神也能见于民主社会的主仆关系，那将是愚蠢的。

在贵族制度下，主仆只能偶尔相见，有话也往往由第三者传达。但是，两者的关系通常是巩固的。

在民主国家，主仆容易接近，经常直接接触，但他们并不交流思想。他们的工作是相同的，但他们的利益绝不一致。

在这样的国家里，仆人总认为自己是住在主人家里的过客。他们既不知主人的祖先是谁，也不过问主人的后代，并对主人不抱任何长期的希望。那么，他们为什么要使自己的生存依附于主人呢？他们的那种忘我的服务精神又是怎样产生的呢？这是因为他们彼此的地位发生了变化。既然如此，他们的关系也当然要变化。

我认为美国人的实例可以支持我以上的论述。但是，为了达到这个目的，我不能不注意人物和地点的选定。

在联邦的南部，蓄奴制依然存在。因此，我所述的一切并不适用于那里。

在北部，现在做仆人的，大部分是已被解放的奴隶或他们的子女。在公众的眼目里，这些人的地位尚未确定。法律虽使他们上升到主人的水平,但习惯势力却顽固地加以抵制。他们自己也没有清楚地认识本身的地位,所以他们的表现几乎总是粗鲁无礼或者过分自卑。

但是,同样在北部各州,特别是在新英格兰,也有相当多的白人为了糊口而暂时受雇于自己的同胞,听从他们的支使。我听说,这些白人仆人一般都恪守职责和工作认真,他们并不认为自己生来就比雇主低下,并在听从雇主的支使时亦不觉得难堪。

这使我觉得,他们好像把独立和平等所造成的刚毅气概,或多或少地带进了仆役工作。他们一旦选择了这种辛苦的生活道路,就从不想方设法回避艰苦。他们都相当尊重自己的为人,从不拒绝对主人表示他们在契约中同意的服从。

做主人的,也只要求仆人忠实地恪守契约。他们不要求仆人对他们毕恭毕敬,不强迫仆人对他们忠心耿耿和关怀备至。做仆人的只要勤勤恳恳,他们就满足了。

因此,说民主制度下的主仆关系杂乱无章,那是不正确的。他们的关系是用另一种方式规定的。规章是有的,但与以前的不同。

我在这里并不想去研究我所说的这种新情况是否不如以前的情况或者只是与以前的情况不同,我只想说这种情况是有规章可循和已经固定下来了,因为人与人之间的最重要东西不在于遵守特定的秩序,而在于有秩序可循。

但是,对于在革命的暴风骤雨中奠基的平等所经历的,以及民主制度作为一种社会体制建立之后仍要同偏见和世俗进行艰苦斗争的那个悲惨的动乱时代,我又该怎么说呢?

法律已经明文规定,一部分舆论也主张,仆人和主人之间并不存在天生的和永恒的优劣之分。但是，这项新的思想尚未深入主人的头脑，或者毋宁说主人仍从心里反对。在主人的内心深处，仍认为自己高人一等，属于特殊的人。但是，他们并不敢直说，而是情不自愿地偏安于一般水平。他们在对仆人发号施令时，既有胆怯的表现，又有苛刻的余威。他们对于自己的仆人，已经不再有长期大权在握者经常产生的那种保护和施惠的感情，而且他们自己也觉得奇怪：不但他们自己变了，他们的仆人也变了。可以说他们对仆人没有过高的要求，只希望仆人有规规矩矩的和经常保持的工作习惯，对其早晚定将辞去的职务表示满意和称心，对一个既不能保护他又不能损害他的人尽力效劳。最后，通过长期的联系而对那些与自己相同，但处境并不比自己强的人表示关心。

在贵族制国家里，做仆人的往往并不因为受人支使而感到下贱，因为他们只知道做仆人，想不到还有其他工作可做，认为他们与主人之间存在的惊人不平等是上帝的某项神秘法律的必然的和不可避免的结果。

在民主制度下，做仆人的并不低三下四，因为这是他自由选择的临时职业；舆论也不轻视他，主仆之间没有任何恒久的不平等关系。

但是，当一种社会制度向另一种社会制度过渡时，人的思想几乎总要经历一段动摇于贵族主义的臣服观念和民主主义的服从观念之间的时期。

于是，在服从者的眼里，服从逐渐失去其道德价值，他们不再认为服从是某种神圣的义务，并且仍然从自己没有过上纯人生活的观点去看待服从。在他们看来，服从既不是神圣的，又不符合正义。他们把服从看成是一种虽不光彩，但可以获利的行为。

在这个时期，仆人的脑海里开始浮现出一种模糊而不完整的平等观念。最初，他们还不知道他们有权享受的平等是在处于仆人的地位当中就能获得，还是只有摆脱仆人的地位后才能获得，而且从内心深处对自己所处的受人支使，但能获得收入的低卑地位表示反感。他们同意受雇于人，但在听人支使时又面带愧色。他们喜欢仆役工作能给自己带来好处，但对主人本人并不喜爱。或者更正确地说，他们还不了解自己为什么没有成为主人，而总是把支使他们的人视为非法剥夺他们的权利的人。

这时，在每个公民的家里便出现了与政治社会里呈现的可悲情景有些类似的现象。也就是说，在公民的家庭里，一些互相怀疑的敌对力量之间不断地进行明争暗斗：做主人的心怀敌意，但表面上和蔼可亲，做仆人的也持有敌意，但不隐瞒自己的反抗；一方企图通过种种不公正的限制来推脱其供养和付酬的义务，另一方则设法推脱其服从的义务。管理家务的权柄在两者之间漂浮，谁都想把它抢在自己的手里。他们分不清权威和专横、自由和任性、权利和本分的界线，谁都没有正确理解自己是干什么的，自己能够做些什么，自己应当做些什么。

这样的状态绝不是民主状态，而是革命状态。

第六章 民主的制度和民情为什么倾向于提高租金和缩短租期

我对仆人和主人所作的论述，在一定范围内也适用于地主和佃户。但是，关于这个题目，应在这里单独讨论。

在美国，严格说来没有佃户，人人都是自己所耕土地的持有者。

应当承认，民主的法制有一种促使地主的人数增加和佃户的人数减少的强大倾向。但是，美国当前发生的一切变化，主要还是应当归因于它的国土环境，而很少来源于它的制度。在美国，土地的价格便宜，人人都能轻而易举地成为地主。土地的收益不大，产品只能勉强地抵住地主和佃户的投资。

因此，美国在这方面与在其他方面一样，都是比较特殊的，如拿土地方面的制度作为美国的典型制度，那将是错误的。

我认为，无论是在民主国家，还是在贵族制国家，将来都还会有地主和佃户。但是，民主国家里的地主和佃户之间的关系，将会是另一种样子。

在贵族制国家，租种土地不仅要支付租金，而且要对地主表示尊重和关怀，还要为地主服劳役。在民主国家，佃户只付租金就可以了。当一个家庭的地产被分给数个子女或出卖后，这个家庭与土地的永恒关系便随之消失；而地主和佃户之间的关系，只是根据契约建立的暂时关系。他们为了议定契约的条款而定期相会，定了契约之后便各自东西。他们本是两个互不相识的人，只是利害关系使他们结合在一起。他们在一起讨价还价做交易，其唯一的目的在于赚钱。

随着地产的日益向小划分和财富日益向全国各地分散，国内到处便出现了家道式微的破落户和欲壑难填的暴发户。对于所有这些人来说，任何一点收入都是一件大事，谁也不想放弃自己的一点点好处和使自己的收入受到些微损失。

由于各个等级逐渐交融，巨富和赤贫越来越少，地主和佃户在社会条件方面的差距也一天比一天缩小，地主不再天生就比佃户占有绝对的优势。但是，在两个地位平等和都想摆脱困难的人之间，除了金钱之外又有什么能够成为他们签订租赁契约的基础呢？

一个拥有万顷良田和成百农场的人深深知道，他同时要赢得成千上万的人的心。在他看来，为此下一番功夫是值得的。为了达到这样一个重大目的，他情愿做出一些牺牲。

只有几顷土地的人，就不会有这样的考虑，他不必设法去争取佃户的好感。

贵族制度不能像一个人那样在一天之内便死掉；它的原则逐渐地不受人们欢迎之后，才能从法律上加以打击。因此，远在对贵族制度宣战以前，使上层阶级与下层阶级联结起来的那条锁链就已经开始断裂了。前者对后者漠不关心和表示轻视，后者对前者心怀忌妒和仇恨。穷人与富人的接触越来越少，双方的关系越来越坏。地租日益提高。所有这一切还不是民主革命的终结，而只是它行将来临的明确预告。自行堕落并最终失去民心的贵族制度，就像一棵根部已经枯死的大树，它长得越高，越容易被风吹折。

近 50 年来，地租的猛涨现象不仅见于法国，而且遍及欧洲的大部分地区。据我看，工农业在此期间取得的惊人进展，并不足以解释这个现象。为了说明这个现象，必须求助于另一个更有说服力但比较隐秘的原因。我认为，应当到一些欧洲国家已经采用的民主制度中和正在以或大或小的力量激发其他各国民心的民主热情中去寻找这个原因。

我常常听到一些英国大地主自庆，说他们现在所收的地租比他们的父辈多得多了。

他们的自鸣得意也许有理，但究其实，他们并不知道其所以然。他们以为自己得到了一笔纯收入，其实这只是一项交易。他们得到了现金，但是让出了权势；他们在钱财上得到了好处，可是不久就要在权利上有所损失。

还有一个迹象可以使人容易感到，一场民主大革命正在进行或即将来临。

在中世纪，所有的土地几乎永世出租或至少是长期出租。在我们研究中世纪的家庭经济时可以见到，那时为期 99 年的租期比我们现在为期 12 年的租期还要普遍。

在那个时代，人们认为家庭是永存不灭的，人们的身份似乎是永远固定不变的，整个社会也好像固若磐石，以致人们认为绝不会发生任何动乱。

但在平等的时代，人们的思想发生了变化。他们不难形成一种观念，认为没有什么事是永远不变的。事物无常的观念控制了人们的思想。

在这种思想情绪的支配下，地主以及佃户本人就对长期的义务产生一种本能的嫌恶感。他们双方都害怕自己被眼前对他们有利的租约长期束缚下去。他们忐忑不安，不知道什么时候自己的处境就发生骤变。他们感到自身难保，唯恐自己的生活方式一旦有变，就可能因放弃昔日习以为常的东西而感到伤心。他们的这种担忧是有理由的，因为在民主的时代，在一切变化的事物中最容易变化的就是人心。

第七章　民主对工资的影响*

我在上面关于仆人和主人的叙述，大部分也可用于雇主和工人。

随着社会等级的界限日益模糊，原来的大人物不断没落，而原来的小人物不断上升，以及人们的贫富不再祖祖辈辈不变，工人和雇主之间存在的事实上的和观点上的差距也在逐渐缩小。

工人对他们的权利、前途和本身的认识越来越清晰，产生了新的雄心和新的希望，不断地提出新的要求。他们时时把贪婪的目光投向雇用他们的人的收益。为了能同雇主分享好处，他们努力争取提高劳动报酬，而且照例能够达到目的。

在民主国家也同在其他国家一样，大部分实业是由在财富和教育上都高于所雇工人的一般水平的人经营的，而且都很赚钱。这种实业家为数甚多，他们的利益各不相同，因而他们很难通力合作。

---

* 应当承认，托克维尔对美国工人阶级社会状况的分析是极其概括的。读者如有兴趣研究这个问题，可读下列著作：康芒斯等人的《美国劳工史》，共 4 卷，纽约，1926—1935 年；哈里斯：《美国劳工》，耶鲁，1938 年；米特拉尼：《美国概览》，伦敦，1946 年；帕斯克：《美国人民政治和社会史》（是一部巨著），巴黎，1924—1931 年；弗兰克：《1919 年至 1949 年美国经济和社会史》，巴黎，1950 年。——法文版编者

而在工人方面，当他们认为自己的劳动报酬不公平时，几乎总有把握拒绝给雇主服务。

在这两个阶级之间不断进行的斗争中，工资一直是主要问题。双方势均力敌，互有胜负。

但是，可以断言，工人的利益将会愈来愈占上风，因为他们已经争得的高额工资将使他们一天比一天减少对雇主的依附，并随着他们的日益独立，他们将会更加容易争取工资继续提高。

现在，我以目前在我们法国和世界上的几乎所有国家还很兴盛的一种实业即种植业为例来说明。

在法国，为他人当雇工种地的人，大部分也自己拥有一小块土地。他们依靠这块土地，不去当雇工也可以勉强糊口。这些人向大地主或附近农户提供劳动力时，如果对方出的工钱太低，他们就会留在家里种自己的那块地，并等待更好的受雇机会。

我认为，就农业工人的整个情况来看，可以说工资的缓慢递增是在民主社会发生作用的一般规律之一。人们的身份越来越平等，工资也越来越提高；而工资越来越提高，又反过来促使身份越来越平等。

但是，在我们目前这个时代，却出现了一个十分不幸的例外。

我在以前的某一章已经指出，被挤出政治社会的贵族是怎样涉足到某些实业部门，并通过另一种形式在其中建立起他们的统治地位的。

这个情况，对工资的水平发生了极大的影响。

只有早就非常有钱的人，才能创办我所说的大型实业，所以能够创办这种实业的人为数甚少。由于人数少，他们就可以容易彼此联合起来，随意规定工资。

反之，他们的工人为数众多，而且在不断增加。因为有时生意异常兴隆，在这个期间工资也会特别高，从而把附近的人吸收到工厂里来。但是，人们一旦进入工厂劳动，我们就将看到他们不能再摆脱这种劳动，因为他们在工厂里很快养成的心身方面的习惯，使他们不适于再从事其他劳动。一般说来，这些人文化低，手艺差，积蓄少。因此，他们几乎全受雇主的摆布。当竞争和其他意外情况使雇主的利润减少时，雇主几乎可以任意降低工资，并且不费吹灰之力把财产上的损失从雇工的身上捞回来。

如果工人一致起来罢工，则雇主有钱，不至于破产，可以悠然等待，等着贫困迫使工人就范；而工人为了不致饿死，就得天天劳动，因为他们除了一双手之外，一无所有。雇主的压迫使他们长期匮乏，而且越穷越容易受压迫。这是一个他们永远无法逃脱的恶性循环。

因此，对于一个行业的工资有时突然上涨之后又长期跌落下去，而另一个行业的劳动报酬虽然一般只是缓慢地上升，但毕竟是不断增加的现象，不要大惊小怪。

我们这个时代的产业人口所处的可悲的从属地位，是一个例外现象，同他们周围的人形成了鲜明的对照。但是，正因为这个理由，任何其他情况都没有这个情况严重和更值得立法者特别注意，因为当整个社会都在变动的时候，很难有一个阶级保持不变，而当大多数人都在不断开拓新的生财之路时，也很难让某些人安然自得地去满足他们的需要和欲望。

第八章　民主对家庭的影响

以上，我考察了身份的平等在民主国家，尤其是在美国是怎样改变了公民之间的关系的。

现在，我想再进一步，深入到家庭的内部。我在这方面的目的不是寻找新的真理，而是阐明已知的事实与我的题目有什么关系。

大家都已看到，在我们这个时代，家庭的各个成员之间已经建立起新的关系，父子之间昔日存在的差距已经缩小，长辈的权威即使没有消失，至少也已经减弱。

类似的情况也见于美国，但它更使人注目。

在美国，始终就不存在罗马人和贵族就“家庭”这个词的含义所理解的那种家庭*。美国人只是在出生后的最初几年才具有家庭意识。在孩子的童年时期，父亲实行家庭专政，子女不得抗拒。子女的年幼无知，使这种专政成为必要；而子女们的利益，以及父亲的无可争辩的优势，又使这种专政成为合理合法。

但是，美国人达到成年之后，子女必须服从父母的关系便日渐松弛。他们先是在思想上自己做主，不久便在行动上自主。严格

---

* 欲了解美国家庭的现实情况，可参阅福尔索姆：《家庭与民主社会》，伦敦，1948年。——法文版编者

说来，美国人没有青年时期。少年时代一结束，人便自己闯天下，开始走其自己的人生道路。

如果认为这是一场家庭内部斗争的结果，做儿子的在这场斗争中以违反道德的办法取得了父亲拒绝给予他的自由，那将是错误的。促使做儿子的要求自己独立的那些习惯与原则，也在使做父亲的承认儿子享有独立是他的不可抗拒的权利。

因此，前者绝对不会有那种人们在摆脱压制他们的权势之后还将长期怀恨在心的愤懑感情，而后者也绝不会产生那种在失去权势之后通常会随之而来的痛苦和气愤的遗憾感觉。这就是说，做父亲的早已看到他的权威总有一天期满，这个期限一旦到来，他便自愿放权；而做儿子的也已事先知道，他自主的日子必将到来，可以十拿九稳地获得自由，就像一份财产必归他所有，谁也不想来抢似的。①

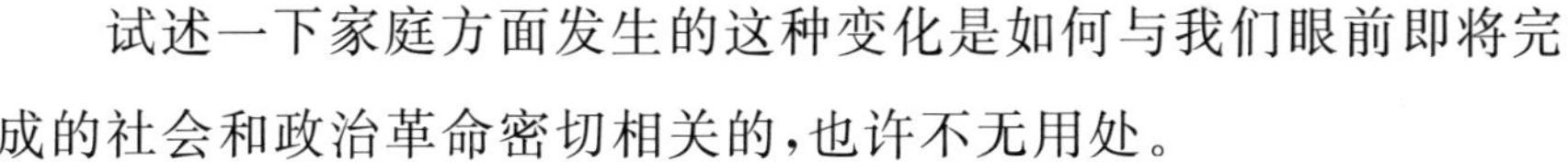

试述一下家庭方面发生的这种变化是如何与我们眼前即将完成的社会和政治革命密切相关的，也许不无用处。

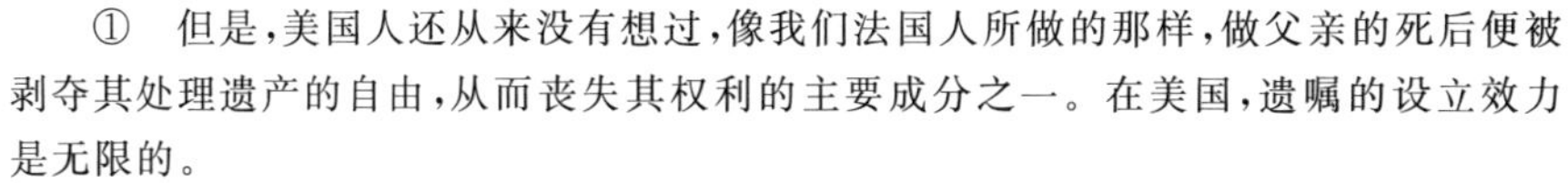

① 但是，美国人还从来没有想过，像我们法国人所做的那样，做父亲的死后便被剥夺其处理遗产的自由，从而丧失其权利的主要成分之一。在美国，遗嘱的设立效力是无限的。

也和在其他几乎所有方面一样，在这方面亦不难看到，美国的政治立法远比法国的民主，而法国的民事立法则比美国的无限民主。这一点是很容易理解的。

法国的民事立法是由一个人一手炮制的，他认为在不直接和不间接反对他的权力的一切事情方面满足同时代人的民主激情，是符合他的利益的。只要人民不企图利用他们通行的某些原则去干预国政，他愿意让人民利用这些原则去管理财产和治理家庭。而在民主的激流冲击民法时，他也有把握用政治法令容易得到保护。这种做法既巧妙又自私，但是，这样的妥协办法不可能持久，因为日久天长之后，政治社会总要成为市民社会的表现和形象，而且从这个意义上来讲，可以说在一个国家之中，再没有比民事立法更具有政治色彩的了。

有一些重大的社会原则，或被一个国家到处推行，或不准它们在各地存在。

在等级森严的贵族制国家，当局从不向其统治下的全体臣民直接呼吁或求援；因为人人彼此都是受一定的关系约束的，所以只要上层人物发号施令就可以了，其余的人一定追随。这种情况也见于家庭和由一个人领导的一切社团。在贵族制国家，社会实际上只承认身为一家之长的父亲的存在，做子女的只是通过父亲而与社会发生关系。社会管束做父亲的，做父亲的管束其子女。因此，做父亲的不仅有天赋的管教子女的权力，而且被赋予对子女发号施令的政治权力。他既是家庭的创造者，又是家庭生计的维持者，而且也是家庭里的行政长官。

在民主制度下，政府的权力及于人民群众中的每一个人，以同样的法律直接地治理每一个人，不需要有父亲那样的中间人。在法律上看来，做父亲的不过是一个比子女年龄大和有钱的公民而已。

当大部分人的身份极不平等，而这种不平等又是永久性的时候，关于首长的观念就在人们的想象中成长起来；即使法律不给予这个首长以特权，习惯和舆论也会让他享有之。反之，当人们彼此之间无大差别，而且不再永远有高低之分的时候，关于首长的一般观念就将日益淡薄和模糊；即使立法者硬凭自己的意志强把一个人安排在首长的位置上，叫他对一个下属发号施令，也是没有用的，因为民情在使这两个人彼此日益相近，逐渐走向同一水平。

因此，即使我从未见到一个贵族制国家的立法机构曾授予家长以独享的特权，我也不能不确信贵族制国家的家长的权力比民主国家的更受尊重和更为广泛，因为我们知道不管法律有无规定，首长在贵族制国家总比在民主国家地位高，而下属则与此相反，即在前者低于在后者。

当人们在生活中主要是缅怀过去而不是重视现在，更多的是考虑祖先的想法而不是研究自己的想法的时候，做父亲的便成为过去和现在之间的天然的和必然的桥梁，成为联系和联结上一代与下一代的套环。因此，在贵族制度下，做父亲的不仅是家庭的政治首长，而且在家庭里是传统的继承人和传代人，是习惯的解释人，是民情的仲裁人。他说话时，家庭的成员要洗耳恭听；对待他只能毕恭毕敬，并且要爱得始终诚惶诚恐。

当社会情况变得民主，人们以自己判断一切事物作为基本原则，并认为这样做是正确和合理的，只把祖传的信念作为参考而不视为规范的时候，父亲的见解对于子女的影响力，正如他的合法权利一样，便将大为降低。

民主制度导致的分家，其最显著的后果或许是父子关系的改变。

当一家之主的父亲财产不多时，他和儿子将长期同住在一起，共同参加同样的劳动。习惯和需要使他们联合在一起，并且不得不时时刻刻彼此交谈。因此，在他们之间不能不建立起一种不拘形式的亲密关系。这种关系使做父亲的权威减少绝对性，并且很少讲究尊敬的表面形式。

然而，在民主国家里，拥有这样少量财产的阶级，正是能够使思想产生力量和使民情发生转变的阶级。这个阶级使它的意见，同时还有它的意志，到处占据统治地位；甚至最想抗拒它的领导的人，最后也听任自己去仿效它的做法。我就看到一些激烈反对民主的人，曾容忍他的子女用“你”而不用“您”来称呼他们。

因此，随着贵族失去权势，父母的那种严肃的、约定俗成的、合法的权威也不见了，而在家庭之内建立起一种平等关系。

总的来说，我不知道社会是否由于这种变化而受到了损失，但我确信个人却由此得到了好处。我认为，随着民情和法制日益民主，父子关系也会更加亲密和温和，而不像以前那样讲究规矩和仰仗权威；他们之间的信任和眷爱也往往是坚定的。看来，父子的天然联系是紧密了，但他们的社会联系却松弛了。

在民主的家庭里，做父亲的除了表示老人对子女的爱抚和向他们传授经验之外，并没有任何权力。他的命令可能无人遵从，但他的忠告一般会发生作用。虽然子女们对他不是毕恭毕敬，但至少对他表示信任。子女同他交谈没有固定的礼节，而是随时可以同他谈话，经常向他请教。在这里，家长和长官的身份不见了，但父亲的身份依然存在。

为了判明两种社会情况在这方面的差异，只看一看贵族时代留下来的一些家书就可以了。书信的文体经常是端庄、死板和生硬的，而且文字冰冷得使人心里感觉不到一点儿热乎气儿。

反之，在民主国家里，儿子写给父亲的信中，字里行间总有某些随便、亲密和依恋的表现，一看之下就知道家庭里建立了新的关系。

这样的变革也在改革兄弟姊妹的相互关系。

在贵族的家庭里，也像在贵族社会里一样，人人的地位是早已规定好了的。不只是父亲在家庭里另成一级，享有广泛的特权，就是子女之间也不平等。子女的年龄和性别，永远决定着他们每个人在家里的地位，并使其享有一定的特权。民主制度把这些壁垒大部分废除或减少了。

在贵族家庭里，长子继承大部分家产和几乎全部权利，所以他将来一定成为家长，而且在一定程度上成为兄弟们的主人。他尊贵有权，而兄弟们则平庸和依附于他。但是，如果认为在贵族制国家，长子的特权只能给他自己带来好处，那也是错误的，因为这样会引起兄弟们对他忌妒和怀恨。

长子一般都竭力帮助他的兄弟们发财致富和获得权势，因为一个家族的显赫必然反映在它的代表的身上。而且，做弟弟的也设法协助长兄进行一切事业，因为族长的显赫和权势使他更能去扶掖家族的各支。

因此，贵族家庭的成员彼此联系得极为密切，他们的利益互相关联，他们的想法也颇为一致，但是他们的心却很少互通。

民主制度也使弟兄间互相依靠，但依靠的方式与贵族的不同。

根据民主的法制，一家的子女是完全平等的，从而也是自主的。没有任何东西强制他们彼此接近，也没有任何东西迫使他们互相疏远。因为他们血统相同，在同一家庭里成长，受到同样的关怀，没有任何特权使他们各不相同和把他们分成等级，所以他们之间从小就容易产生亲密无间的手足情感。成年之后形成的关系，也不会引起他们破裂不睦，因为兄弟的情义在使他们日益接近，而不会使他们反目。

因此，在民主制度下，使兄弟们互相接近的并不是利害关系，而是对往日的共同回忆，以及思想和爱好的自由共鸣。民主制度虽然要使他们分家析产，但能使他们的心灵融洽。

这种民主的民情的魅力十分强大，以致拥护贵族制度的人也不再愿意遵守贵族制度了，并在体验若干时日之后，肯于放弃贵族家庭的那种毕恭毕敬的和刻板冷漠的规矩。只要他们能够放弃他们原来的社会情况和法制，他们随时都可以接受民主制度下的家庭习惯。但是，这项工作还牵涉另一个问题，即不忍受民主的社会情况和法制，就享用不了民主的家庭习惯。

我对于父子之爱和手足情义所述的一切，从人性本身自发产生的一切情感来说，也应当说是合情合理的。

当一种思想和一种感情是由人所处的一种特殊情况产生出来的时候，这种情况一发生变化，它们便不复存在。因此，法律虽然可以把两个公民紧密地联系在一起，但当这项法律废除后，他们便彼此分离了。再没有比封建社会把主仆联系起来的那种民情更具有紧密的联结作用了。但在如今，这两种人已各自东西，互不相识了。往昔使他们结成主仆关系的那些畏惧、感激、敬爱的感情，已经荡然无存，而且一点儿痕迹也没有了。

但是，人类的天生感情却不能如此。即使法律要以某种方式驾驭这种感情，也很少能够制伏；法律在想加剧这种感情时，也很少能从中得到什么好处。这种感情只是依靠本身的力量，就能永远强大。

民主制度使几乎所有的旧社会习惯失效或销迹，鼓励人们去接受新的社会习惯，从而使旧社会习惯所产生的感情大部分消失。但是，民主制度对于其余的习惯只是作了改进，而且往往是赋予它们以原来没有的活力和温和性。

我认为，只用一句话来概括本章和以前各章所表述的思想，并非不可能。这句话是：民主制度松弛了社会联系，但紧密了天然联系；它在使亲族接近的同时，却使公民彼此疏远了。

第九章　美国年轻女性的教育

没有一个自由社会没有它的民情，而且正如我在本书上卷已经说过的，社会的民情是由女性创造的。因此，凡是影响妇女的地位、习惯和思想的一切东西，在我看来都具有重大的政治作用。

在几乎所有的信奉新教的国家里，年轻女性的行动自主性都比在信奉天主教的国家里大得无比。在像英国那样的保有或获得自治权利的新教国家里，这种独立自主性更大。因此，在这样的国家里，自由便通过政治惯例和宗教信仰而进入每个家庭。

在美国，新教的教义正与非常自由的政治体制与非常民主的社会情况互为补充，而且没有一个地方的年轻女性能像美国的年轻女性那样完全自主。

美国的女青年早在达到结婚年龄以前，便已开始逐步不受母亲的监护；在她们还完全没有走出童年时期，就已经自己独立思考，自由发表自己的见解，自己单独行动；人生的宏大场面不断地展现在她们的面前，父母不但不干预她们去看这个场面，而且让她们每天细致地去观察它，叫她们学会冷静正确地去正视它。因此，社会上的邪恶和危险很早就呈现在她们的面前；她们能够看清这些邪恶和危险，在作判断时不抱任何幻想，并且敢于面对它们，因为她们相信自己有足够的力量来应付，认为周围的人似乎也在这样想。

因此，几乎不可能指望在美国的女青年身上见到情窦初开时期表现出来的那种处女的稚气，更不可能见到欧洲女青年在从童年过渡到青年时通常伴有的那种天真无邪的风韵。美国妇女，不管年龄大小，都很少表现出孩子气的怯懦和无知。同欧洲的女青年一样，她们也想取悦于人，但她们却清楚地知道应当付出什么代价。即使她们没有投身于邪恶，至少知道世间有邪恶。与其说她们有高尚的精神，不如说她们有纯洁的情操。

当我看到美国女青年在欢欢喜喜的交谈中发生争执时能够极其巧妙地和泰然自若地表述自己的思想与话语时，往往使我吃惊不已，几乎为之倾倒。一位哲学家在一条狭道上可能跌倒百次，可是美国女青年却能轻易地走过去而不发生意外。

其实，人们不难看到，美国妇女甚至在年纪轻轻的时候，便已完全是自己的主人；她们尽情享受一切被允许的享乐，但从不沉湎于任何一种享乐；尽管她们往往好像随随便便，但她们的理智绝不会失去其控制作用。

在法国，我们还在自己的观点和爱好当中令人不可思议地掺有历代的残余，以致往往对妇女施以贵族时代那样的严加管束、隐居深闺、几乎可以说是修道院式的教育，而在民主社会建立以后，又立即把她们弃之于这个社会必然产生的混乱之中，不加指导和支援。

美国人对他们自己的做法是很满意的。

他们认为，在一个民主社会里，个人的独立是不可或缺的重大原则，青年人应当早熟，趣味不必持久，习惯可以改变，舆论通常应当是不定的和无力的，父权应予削弱，夫权应被否认。

在这种情况下，他们自然断定，压抑妇女发自内心的最强烈感情是无济于事的，而最稳妥的办法是教导她们自己控制这种感情的技能。由于他们无法防止妇女的贞操常遭破坏的危险，所以他们希望妇女自己去保卫贞操，依靠妇女的自由意志力，而不依靠那些已经摇摇欲坠或已被推翻的限制措施。他们不是让妇女怀疑自己无能，而是不断设法增强妇女的自信力。由于他们不可能而且也不希望女孩子长期处于完全无知状态，所以他们便及早授予女孩子处理各种事务的初步知识。他们不向女孩子隐瞒世间的腐败情形，而且愿意叫女孩子一目了然，使其养成抵制腐败的能力。他们认为，与其特别重视女孩子的贞洁，莫如培养她的操行。

尽管美国人是一个笃信宗教的民族，但他们并不只是依靠宗教来使妇女保卫贞操，而且也设法武装妇女的理智。他们在这方面采用的方法，与在其他许多方面采用的相同。首先，他们积极努力，以使妇女在运用个人的独立自主时有所节制；其次，在用尽人为的力量之后，才求助于宗教。

我知道，这样的教育不是没有危险的；我也不是不知道，这样的教育可以发挥妇女的判断力而抑制她们的想象力，使妇女虽有德行但感情冷淡，而不能成为男人的娇妻和亲密伴侣。即使这样的社会比较安定和更有秩序，家庭生活也往往缺乏温暖。但是，这些还是等而次之的缺陷，而且为了更大的利益，可以不去计较。事情到了我们现在所说的地步，使我们只能做一种选择：必须实行民主的教育，以使妇女免遭民主的制度和民情将会给妇女带来的危害。

第十章　年轻女性怎样习得为妻之道

在美国，妇女结婚以后，便永远失去她的独立自主。年轻的未婚女性虽然不像在其他国家那样受到严格管束，但是成为人妻之后，就要承担沉重的义务。年轻的未婚女性，在出嫁前于父亲家里可以享受自由和乐趣，而出嫁后住在夫家就像进了修道院。

这两种迥然不同的情况，或许不像人们所想象的那样矛盾。其实，美国妇女从前一种情况过渡到后一种情况，是很自然的。

笃信宗教的人民和重视实业的民族，对于婚姻具有一种极其严肃认真的观点。前者认为妇女在生活中循规蹈矩是民情纯朴的最好保证和最明显标志，后者认为这是家庭安定和繁荣的最可靠保障。

美国人既是清教徒，又是商业民族。因此，他们的宗教信仰和经商习惯，都使他们要求妇女具有自我牺牲精神，使自己的乐趣永远服从于事业，而在欧洲却是很少要求妇女这样做的。因此，在美国占有统治地位的严峻舆论，便把妇女牢牢地封闭在只顾家庭的利益和责任的窄小圈子里，不准她们越出雷池一步。

美国的女青年一进入社会，便发现这些观念早已根深蒂固，看到从这些观念推衍出来的规矩，并很快确信自己一和当时通行的习惯背道而驰，她的安宁和声名，甚至她的社会存在，都有立即遭到破坏的危险。但是,由于她在理智上已有坚定的认识,她所受的教育又使她养成了刚毅的习惯,所以她有顺应社会的能力。

可以说正是由于她享有独立,她才在需要牺牲的时候得以鼓起勇气去忍受牺牲,而且毫不抵制和没有怨言。

此外,美国妇女结婚后受到束缚,绝不是由于自己单纯和无知而落入预设的陷阱。她们婚前接受的教育,已使她们知道自己将来应当如何,而且结婚这个枷锁是她们在没有别人干预之下自己套在脖子上的。她们勇敢地接受了新的生活条件,因为这是她们自己选择的。

在美国,父母的管束是不严的,而夫妇的约束则是很严的,所以一个青年女性只有经过慎重考虑和反复衡量才结婚。在美国,绝没有早婚现象。因此,美国妇女只有在她们的理智经过锻炼和达到成熟的时候,才决定结婚;而其他国家的大部分妇女,通常是在结婚之后才开始锻炼她们的理智和使其成熟的。

而且,我绝不认为美国妇女结婚后在整个生活习惯方面随即发生的这个巨大变化必定是出于舆论的压力。在大多数情况下,她们完全是依靠自己的意志力来承受这个变化的。

择偶的时期一到,自由的世界观所培养和加固的那个冷静而严肃的理智便告诉美国妇女:结婚后继续轻浮和自我做主只能造成无止无休的争吵,而绝不会得到乐趣;未婚女青年的娱乐不能成为已婚妇女的消遣,已婚妇女的幸福源泉是她丈夫的家。由于她们事先就已看清,只有一条道路可以使其家庭得到最大幸福,所以她们一开始便沿着这条道路走下去,一直走到头而不后退。

美国少妇表现出来的这种意志力,在适应新的情况所带来的严格义务而不诉苦时，也在她们接受生活中的一切重大考验上反映出来。

世界上没有一个国家的个人命运像美国人那样动荡不定。在美国，同一个人在人生的旅程中多次沉浮，即由富变穷，又由穷至富的现象，并不罕见。

美国妇女总是以冷静而坚定的毅力来对待这种巨大变化的。可以说她们的欲望是随着她们的贫富变化而能伸能缩的。

正如我在本书上卷所说的，每年移居西部荒凉地区的冒险家，大部分是早年定居在北部的英裔美国人。其中有许多人在故乡本已享有舒适的生活，但仍大胆地冒险前来追逐财富。他们带着妻子同行，使她们同尝在干这种事业的初期总要遇到的无数艰险困苦。我甚至在西部荒漠的边缘地带，也常常遇到一些在大城市的舒适环境中生长起来的少妇，她们几乎是结婚后刚刚离开父母的豪华住宅，就来到森林里的简陋茅屋的。疾病、孤独和沉闷，都没有使她们丧失勇气。她们的面容显得憔悴，但她们的神色却是坚毅的。她们既有忧郁的表情，又有果敢的气概。(B)

我毫不怀疑，这些美国少妇在她们的初等教育中就已养成她们在这种情况下所表现出来的内在力量。

因此，美国的妇女早在年轻时期就已习得为妻之道。她们在生活中担当的角色改变了，日常的生活习惯也不同了，但她们的精神仍然照旧。

第十一章　身份平等在美国怎样有助于维护良好的民情

有些哲学家和历史学家说过或对人当面讲过，妇女的情操是随她们的居住地离赤道远近而变化的，即离赤道越远就越端庄，离赤道越近就越不端庄。这种说法是回避难题的最好办法。按照这种说法的意见，只用一个地球仪和一个圆规，立刻就可解决人性方面表现出来的最难解决的问题之一。

我不认为这个唯物主义理论是依据事实建立起来的。

同一个民族，在不同的历史时期就有不同的表现，一个时期重视贞洁，而另一个时期显得淫荡。因此，一个国家的民情是否正派或放荡不羁，取决于一些可变的原因，而绝不只取决于该国的不变的地理位置。

我并不否认，在一定的气候下，性的相互吸引力激起的情欲是特别强烈的。但是，我认为社会情况和政治制度，经常是能够激发或抑制这种天生的情欲的。

尽管访问过北美的旅游者们在若干问题上意见并不一致，但他们全都承认那里的民情比其他任何地方都端庄得无限。

显然，美国人在这一点上比他们的祖辈英国人优越得多。只对这两个国家进行初浅的观察，就可以证明这一点。

在英国，也像在欧洲其他一切国家一样，人们总是怀着恶意评论妇女的弱点。人们经常听到哲学家和政治家叹惋民情不够正派，而文学家也每天在这样虚构他们的作品。

在美国，所有的书刊，长篇小说也不例外，都把妇女构想为玉洁冰清，没有人在书中讲述男女的风流韵事。

美国的这种十分正派的民情，毫无疑问部分地来因于它的国土、种族和宗教。但是，在其他国家也有的这一切原因，还不足以说明这个问题。因此，为了解决这个问题，还要求助于某一特殊的理由。

我认为，这个特殊的理由就是平等和由此而来的各项制度。(C)

身份的平等，不是只依靠本身去使民情正派的，但毫无疑问它能使民情容易正派和加速正派。

在贵族制国家，出身和财势不同的一男一女，往往不能结婚。情欲可能使他们结合，但是，社会情况和由此产生的观念，却阻止他们结成白头偕老的正式夫妻。因此，必然出现许多露水夫妻和不公开夫妻。这是大自然在暗中报复法律加于它的限制。

当身份的平等把男女间的一切想象的和实际存在的隔障推倒之后，情形就不这样了。这时，任何一个少女都相信自己能够成为喜欢她的男人的妻子，而婚前的伤风败俗行为也将难于实现，因为情欲虽然容易使人冲动和轻信，但你无法使一个女性在你完全可以自由结婚但你却不同她结婚的时候，相信你还在爱她。

这个原因对婚后生活也发生同样作用，只不过转为间接一些而已。

无论是在正搞不合理之爱的人看来，还是在许多想要搞这种爱的人看来，再没有比强迫婚姻或随机结合更能使不合理之爱合理化了。①

在女性永远可以自由选偶，而且教育使她们能够作出最佳选择的国家里，舆论对她们的过错是绝不宽容的。

美国人的严肃精神，也部分地来因于此。他们认为婚姻是一种负担很重的契约，但又必须严格执行其中的一切条款，因为他们事先就可以知道这一切条款，而且享有拒不缔约的完全自由。

使夫妇在婚后必须更加忠贞的约束，也在使他们更加容易忠贞。

在贵族制国家，结婚的目的与其说是使两个人结合，不如说是使双方的财产结合。因此，有时在订婚时男方已经上学读书，而女方还在被哺乳。以联合双方的财产为目的的夫妇关系会使双方心生异念，也是不足为奇的。这是契约的本质自然产生的结果。

反之，当任何人都能永远自己选偶，不受外来的干涉和指使

① 读一读欧洲的各种文学，就不难确认这个真理。

当一位欧洲作家想要在一部小说中描写我们在婚姻中常见的悲惨结局时，他必然先向读者交代这是一对很不般配的或强制结成的夫妻，以引起读者的同情。尽管长期以来已经养成的过分宽容的人生态度至今仍在松弛我们的民情，但是作家如不先把书中人物的缺点描写得情有可原，他就很难使我们对他们的不幸遭遇表示关心。这种写法准保作家获得成功。我们天天所见的一切，也在熏陶我们采取宽容态度作为长远之计。

美国的作家不会向他们的读者表示他们对书中人物的缺点持有如此明显的原谅态度。他们的习俗和法律不准他们如此，而且由于他们没有指望将来可以描写淫荡情节，所以他们便不想写这些东西了。美国出版的长篇小说所以很少，应当部分地归因于此。

时，使男女接近的，通常只能是爱好和思想的一致。这种一致又可以使他们相依为命和巩固夫妇关系。

我们的父辈对婚姻有过一种古怪的看法。

由于他们见到当时刚刚流行的少数恋爱结婚几乎都造成了悲剧的结局，所以断言这类事情听凭当事人的心意是极为危险的。在他们看来，萍水相逢可能比精挑细选还好。

但是，指出他们所见到的事例什么也不能证明，并不十分困难。

首先我要指出的是：民主国家在赋予妇女以自由选偶的权利时，也要设法事先使妇女的头脑具备进行这种选择的知识，使她们的意志产生能够进行这种选择所需要的力量；而贵族制国家的少女，在不顾父母的权威而私奔，将自己委身于一个她们既无时间了解其情况，又无能力判断其好坏的男子时，就缺乏这一切保障。因此，她们初次运用自由意志时就失误，她们没有受过民主教育就在结婚方面仿效民主的习惯，结果犯了如此惨痛的错误，都是不足为奇的。

但是，还不止于此。

当一男一女想要突破贵族的社会情况所造成的各种不平等而结合时，他们还有许多障碍需要克服。在打破或削弱必须遵守父母之命的束缚之后，他们还要尽最后的努力去战胜习俗的势力和舆论的专横。最后，当他们费尽九牛之力达到心愿时，还将遭到亲友的白眼：被他们打破的偏见，使亲友同他们疏远了。这种情况不久便要挫伤他们的勇气，使他们感到心里难受。

因此，即使这样结婚的一对夫妻一开始就很不幸，而且后来还可能犯罪，那也不应归咎于他们的自由选择，而应当归因于他们生活在一个不允许他们进行这种选择的社会里。

还不要忘记：粗暴地阻止一个人不犯一般的错误，几乎总要同时驱使他失去理智；合法地使一个人敢于向他的时代和国家通行的观念宣战，同时也要让他在精神上做好进行暴力的和冒险的斗争的一定准备，而凡是具有这种性格的人，不管他走到哪里，都很少能够得到幸福和很少能够有善行。顺便提一下，在一些最必要的和最神圣的革命中之所以很少见到温和而稳健的革命家，其原因就在于此。

因此，在贵族制度时代，一个男人与一个女人萍水相逢，一见钟情，除了个人的意见和爱好以外，其他一切条件都不考虑，就仓促结为夫妻，而婚后不久就见异思迁而乱搞和出现悲剧，乃是无须惊奇的。但是，如果这种结合能按事物的常规和自然秩序进行，受到社会情况的支持，承认父母的权威，得到舆论的赞扬，则毫无疑问，家庭内部的和睦将更加增加，夫妻间的忠贞将更好地得到遵守。

在民主国家，几乎所有的男人都参与政治生活，从事一种职业；另一方面，由于家庭的财产不多，做妻子的就不得不终日留在家里，以便亲自主持家政，精心管理家务的一切细节。

男女双方的这种性质不同的必须承担的劳动，就像一道天然的屏障妨碍着性生活，使一方的性冲动日益稀少和不如以前兴奋，而另一方的抵制也便更加容易。

这并不是说身份的平等一定能使男人忠贞不已，但它能使男人的伤风败俗行为减少危险性。由于这时谁也没有余暇和机会去评论某人是否想保持贞操，所以就出现了既有大量的娼妇，又有众多的贞节妇女的现象。

这种情况虽然造成了个人的可悲不幸，但并不妨碍整个社会继续活跃和坚强。它既不会破坏家庭的纽带，又不会使民情颓靡。使整个社会陷入危险的并不是某几人的严重腐化，而是所有人的普遍堕落。在立法者看来，卖淫远远没有通奸可怕。

平等使人所过的这种忙乱的和到处奔波的生活，不但使人无暇沉湎于谈情说爱，而且还通过一个比较隐秘的、但是比较可靠的办法，使人避开谈情说爱。

生活在民主时代的人，或多或少都有点工商阶级的思维习惯；他们的头脑比较严谨，注重实际，爱用心计，可以随时不囿于理想而追逐某一摆在眼前的目标，把这一目标视为自然的和必然的向往对象。因此，平等并没有破坏人们的想象力，但却限制了它的活动，只准许它在地面上低空盘旋。

民主国家的公民最不愿意幻想，也绝不喜欢悠然耽于通常是在事前发生的并可能使心潮起伏的孤独冥想。

不错，他们十分重视那种可以使生活美好与安定的深厚的、认真的和恬静的情感，但不愿意追求那些可以干扰生活并使生命缩短的强烈的并且难于控制的激情。

我知道，以上所述只适用于美国，目前还不能普遍地推广于欧洲。

五十多年以来，法律和习惯虽以空前的努力驱使许多欧洲国家走向民主，但仍不见这些国家的男女关系变得比较正派和纯真。在某些国家，情况还适得其反。有些阶级在这个问题上是很严肃的，但从整个国家来说，这方面的道德是比较差的。我不怕指出这一点，因为我的心情主要是想美化我的同时代人，而不是想非难他们。

这个局面当然使人伤心，但也不必害怕。

民主的社会情况对习惯的正常化可能发生的良好影响，是只有经过一段时间才能显示出效果的现象之一。如果说身份的平等有利于良好的民情，那么，社会在生产这种平等时出现的阵痛，则有害于良好的民情。

在法国不断改变自己面貌的近50年来，我们并没有获得很多自由，但动乱却是经常发生的。在思想发生这样的普遍混乱，舆论处于这样的摇摆不定的时候；在是非、真假、功过混淆得如此难辨时期，社会的公德遭到了怀疑，而个人的私德则处于崩溃状态。

但是，我国所发生的一切革命，不管其目的何在和由什么人进行的，最初都产生了同样的后果。甚至那些以加强了道德而结束的革命，在开始的时候也是松弛了道德的。

我不认为我们屡见不鲜的动乱将会长期继续下去，一些奇妙的征兆已在显示这一点。

最腐败透顶的，是失去了权力之后仍然保持着财富的贵族，因为他们享尽了庸俗的消遣之后，仍有大量的时间去花天酒地。他们失去了曾经使他们兴旺的热烈激情和伟大思想，而只剩下了一大堆看来很小但腐蚀性很大的恶习，像苍蝇集聚在尸体上一样，紧紧地附着在他们身上。

谁也不否认，上一个世纪的法国贵族是极其放荡的。但是，传统的习惯和古老的信仰，仍能使其他阶级尊重道德。

谁也不能不同意，在我们这个时代，这个贵族的残余还能在一定程度上维护原则的严肃性，而社会的中下阶层反而日益破坏道德。结果，50 年前生活上最为放纵的家庭，今日却成了最守规矩的模范家庭，使人觉得民主好像只是通过贵族阶级才使道德向上了的。

法国大革命虽然分掉了贵族的财产，强迫他们把精力集中于自己的私事和家庭，规定他们必须同子女住在一起，但却使他们的头脑比以前清晰和严肃了。因此，法国大革命使贵族在不知不觉之中学会了尊重宗教信仰、爱好秩序、爱好平凡的娱乐、爱好天伦之乐和家庭幸福，但本来持有这些爱好的其他阶层，却乘推翻法制和政治习惯所需的努力的余威，走上了破坏秩序的道路。

法国的旧贵族忍受了大革命所造成的一切后果，但他们并没有由此也产生革命激情，也萌生革命之前通常会有的无政府主义念头。不妨这样设想：他们预感这场革命将会对自己的生活方式发生健康的影响，比从事革命的那些人还早。

因此，尽管乍一听来有点耸人听闻，但是我们仍然要说：今天在民主理所当然造成的道德方面表现得最好的，反而是国内最反对民主的那些阶级。

我不能不认为，在我们已经享有民主革命的一切成果的时候，只要消除革命所造成的混乱，现在只被少数人认为是真理的一些东西，就将逐渐为所有的人所接受。

第十二章　美国人怎样理解男女平等

我已经叙述了民主是怎样消灭或改变社会所造成的各种不平等的。然而，是否仅止于此和民主最后能否对于至今似乎始终以人性为基础的重大的男女不平等发生影响呢？

我认为，使父子和主仆，总的说来就是使尊卑处于平等地位的社会运动，也在提高妇女的地位，并且必将逐渐使妇女与男人平等。

但是，我向来没有像在这里这样感到有必要详细说明我的意见，因为没有一个题目比这个题目更可以使当代人信口雌黄了。

在欧洲，有些人抹杀男女的性别特点而力主男女不但是平等的人，而且是完全相同的人。他们赋予男女以同样的职责，给予男女以同样的义务，授予男女以同样的权利，也就是在劳动、娱乐和公务等一切方面抹杀男女的差别。我们可以不难想到：强制两性平等，反而会损害双方；硬叫男子去做本来应当由女子去做的工作或者相反，必然出现一些柔弱的男人和一些粗野的女人。

因此，这不是美国人所理解的那种可在男女之间建立的民主或平等。美国人认为，既然老天爷使男女在身心方面存在极大的差别，那它显然是要让男女各自运用他们的不同特点。美国人确信，进步并不是使性别不同的人去做几乎相同的工作，而是让男女各尽所能。美国人把指导当今工业的伟大政治经济学原则应用到两性方面来了，即细分男女的职责，以使伟大的社会劳动产生最好的效果。

美国是世界上最注意和最坚持在两性之间划清行动界限的国家。美国人希望两性同步前进，但所走的道路永远不同。你绝不会见到美国妇女去管家务以外的事情，去做买卖和进入政界；而且也绝没人强迫妇女下田去干粗活，或做需要强壮劳力的重活。没有一个家庭穷到破例而为的地步。

另一方面，既然美国妇女无法走出宁静的家务活动小圈子，那也就从来没有人强把她们从其中拉出来过。

因此，经常表现出男子般的智力和刚强毅力的美国妇女，一般仍保持着极其娇柔的风度，而且尽管她们的头脑和心胸不让须眉，但她们在举止上却永远是巾帼。

美国人从来没有想到实施民主原则将导致推翻夫权和打倒家庭内部存在的权威的结果。他们一向认为，任何团体，要想有效地活动，必须有一个首领，而夫妻这个小团体的天然首领就是丈夫。因此，他们绝不反对丈夫有权指挥自己的配偶，并且认为在夫妻的小家庭里，犹如在广大的政治界，民主的目的在于规定必要的权利并使它们合法，而不是破坏所有的权利。

这是一种并非男性所独有而为女性所反对的意见。

我从来没有见到美国妇女认为丈夫行使他的权利就是侵夺她们的权利，更没有见到美国妇女认为这是使她们屈辱服从。恰恰相反，我好像发现她们把心甘情愿放弃自己的主见视为一种光荣，将她们的伟大表现在自动就范而不反抗方面。这至少是妇德很好的美国妇女的意见，而其他美国妇女并没有公开发表自己的见解。另外，在美国，你根本听不到一个淫乱的妻子在她践踏自己的最神圣义务时会大吵大闹，主张自己的女权。

常有人说：在欧洲，即使男人对女人极尽奉承之能事，也总带有一定的轻视之意；尽管欧洲男人往往表现得像女人的奴隶，但你可以看出，他们从来没有真心认为女性与他们平等。

在美国，男人很少恭维女性，但他们的每天表现，却证明他们尊重女性。

美国男人经常使人们看到他们完全相信配偶的智力，十分尊重配偶的自由。他们断定配偶的头脑也能像男人那样去发现纯正的真理，配偶的心胸也坚定得足以追随这种真理。他们从来没有想从成见出发，用妇女愚昧无知和胆小怕事来说明自己的德行比配偶的高明。

然而，在男人那样容易受女人支配的欧洲，男人却似乎否认妇女具有人类的某些主要属性，认为妇女虽然迷人，但不是完全的人；尤其使人惊奇的是，妇女本人的看法也居然如此，她们向来认为表现自己无用、软弱和怯懦是她们的特权。美国妇女绝不要求这种权利。

另一方面，我们还可以说，我们的民情实际上使男人获得了一种奇怪的豁免权，以致好像有一套道德规范是专为男人规定的，而他的配偶则有另一套道德规范；而且按照舆论，同一种行为在妇女身上是犯罪，而在男人身上则是小小的过错。

美国男人绝不会理解权利和义务的这种不公平分配，在他们看来，诱奸者和受害者是同样不光彩的。

不错，美国男人很少像欧洲男人那样向女性百般地献殷勤，而是经常以行动表示他们设想妇女是贞洁和贤惠的。他们对妇女的精神自由十分尊重，以致在有妇女在场时，每个人在谈话中都很谨慎，害怕让她们听到使她们感到不快的言辞。在美国，一个年轻姑娘可以只身长途旅行而不必害怕。

美国的立法者虽然减轻了刑法典中的几乎所有惩罚条款，但仍对强奸罪定有死刑，而且舆论对这种罪也口诛笔伐得最为厉害。这是可以理解的，因为美国人认为最珍贵的东西是妇女的贞节，最应该尊重的东西是妇女的自由，最应该严加处罚的人是强行使妇女失去贞节和自由的人。

在法国，对这种罪判得很轻，往往很难见到一个陪审团作出有罪判决。这是轻视贞节还是轻视妇女呢？这不能不使我认为，这是两者兼有。

因此，美国人虽不认为男人和女人有同样的义务和权利去做同样的事，但对男女的作用却作同样的估价。他们认为男女的命运虽然不同，但作为人来说价值却是相等的。他们没有让女人的勇气也像男人那样坚毅，也没有让女人像男人那样去使用自己的勇气，但他们绝不怀疑妇女具有勇气。他们虽然认为夫妇不应当永远同样地运用各自的理解力和理智，但至少承认女性的理智与男性的同样清晰，女性的理解力与男性的同样可靠*。

因此，让妇女在社会上处于下层的美国人，却在智力活动和道

* 参阅福尔索姆：《妇女与民主社会》第613页及以下几页。——法文版编者

德领域中竭力把妇女提高到与男人相同的水平，而且在这方面，他们使我觉得他们对于民主进步的真正含义有令人钦佩的理解。

至于我，我要毫不犹豫地声明：尽管妇女在美国还很少有人走出家庭的小圈子，在一定程度上还具有很大的从属性，但她们的地位无处不使我觉得还是很高的。现在，在我即将写完这本讲了美国人做了那么多重大事情的时候，要是有人问我你以为这个国家的惊人繁荣和国力蒸蒸日上主要应当归功于什么，我将回答说：应当归功于它的妇女们优秀。

第十三章　平等怎样自然而然地将美国人分成许多私人小团体

人们可能认为，民主制度的最终结果和必然效果，是使全体公民在私人生活方面也像在政治生活方面那样融合起来，并强制他们全都过同样的生活。

这样，将会对民主所产生的平等作出极其粗浅和极其蛮横的解释。

任何社会情况和任何法制，都不可能使人们相似得在教育、财产和爱好方面没有一点儿差别；即使不同的人有时候可能发现齐心协力去做同一件事对他们有利，但是你也得承认，他们绝不会从其中发现乐趣。因此，他们无论如何要逃避立法者规定的限制，并在逃脱立法者试图限制他们的活动而为他们规定的某种范围时，就建立起一些因条件、习惯或品德相似而结成的私人小团体，与大的政治团体并存。

在美国，凡是公民，谁也不比谁高人一等；他们既不需要彼此服从，又不需要相互尊敬；他们共同执法，共同治国，总之，就是大家合在一起去处理对共同的命运发生影响的事务。但是，我从来没听说有人主张大家以同样方式去消遣，或使男女混杂在同一场所游乐。

在政治集会和司法审判的大厅里那样经常混在一起的美国人，在私人生活方面却审慎地将自己分成为许多很不同的小团体，以便在那里享受私人生活方面的乐趣。每个公民都乐意承认全体同胞一律平等，但只认为其中的极少数人是他的朋友和客人。

我认为这是很自然的。公共生活的圈子越大，私人关系的范围就要缩小。我不但想象不出新社会的公民最后会在生活上一模一样，反而觉得他们可能形成许多小圈子。

在贵族制国家，每个阶级都像一座大城市，本阶级的成员不得出来，其他阶级的成员不得进去。各个阶级之间不相往来，但在每个阶级内部，人们是一定要往来的。即使他们的天性并不相同，但身份的基本一致要使他们接近。

而当法律和习惯都没有规定在某些人之间建立频繁的和经常的关系时，则观点和思想倾向的偶然一致，可能对建立这种关系发生作用。因此，私人组成的团体各有各的特点。

在民主制度下，公民永远相差无几，自然感到互相接近得随时都可能融合为一体，所以便人为地和随意地制定出许多小圈子，而每个人则试图依靠这种小圈子拒他人而远之，唯恐身不由己地与众人合流。

这种情况将永远存在下去，因为人们可以改变自己创造的制度，但不能改变自己本身。无论社会怎样竭尽全力去使公民平等和相同，个人的自傲心总要试图阻止人们走上同一水平，希望在某一方面造成对己有利的局面。

在贵族制度下，人们被不可逾越的高高壁垒所隔开；在民主制度下，人们被许许多多细得几乎看不见的线所隔开，人们虽然随时都可以冲断这些线，但这些线也可以不断移动位置而重新连接起来。

因此，无论平等发展到多么高的地步，在民主国家里总要形成大量的私人小团体，让它们分布在大的政治社会的汪洋大海之中。但是，这些小团体的成员没有一个在仪表上跟领导贵族国家的上等阶级相同。

第十四章　对美国人的仪表的若干考察

乍一看来，似乎再没有什么东西比人的行为的外表更不重要的了，然而人们之重视行为的外表却胜过一切东西。人们除非生活在一个不讲仪表的社会里，在待人接物时才没有一定的举止习惯。因此，社会情况和政治情况对仪表的影响，是很值得认真研究的。

一般说来，仪表来自民情的基础本身；此外，它有时也是某些人之间的约定成俗的结果。仪表既是天生俱有的，又是后天获得的。

当一些人认为不费周折和不经努力自己就可出人头地，觉得自己每天都有等待他们去完成的重大工作摆在眼前而让别人去处理一些小事，感到自己生活在非由本身创造的财富之中也不怕失去财富的时候，你就可以设想他们对小小的利益和生活上的物质享受持有一种高傲的轻视感，他们的思想中有一种流露于语言和仪表上的自然伟大感。

在民主国家里，人们的仪表一般都不大威严，因为私人的生活没有高大之处。人们的仪表往往是不拘小节的，因为民主国家的人只忙于家务，很少有机会去讲究仪表。

仪表的真正尊严在于经常表现得适得其所，既不高亢又不低卑。这一点，农民和王公都能做到。在民主国家里，所有人的地位并不是一成不变的，所以人们的仪表往往是傲慢的，很少有尊严的表现。此外，民主国家的人的仪表既没有严格的规范，又不需要经过严格的训练。

生活在民主制度下的人过于好动，流动性很大，以致有些人很难养成彬彬有礼的仪表，即使养成也不能长期遵守。于是，每个人几乎都可以任意行动，在仪表上经常有一种互不连贯的表现，因为每个人的仪表主要是根据个人的思想和感情形成的，而不是根据供所有的人模仿的理想典范形成的。

而且，这一点在贵族制度刚被推翻时，比在贵族制度已被推翻很久以后表现得明显。

结果，新的政治制度和新的民情，便把教育程度和生活习惯还有很大差异的一些人聚集在同一地点，并往往强迫他们共同生活，从而使社会的斑驳景色随时可以看到。人们还依稀记得以前有过严格的礼仪典范，但已经忘却它的内容和出处。人们失去了共同的仪表准则，但还不想永远抛弃它，而是力图用旧规矩的残片来建立某种任意规定的和可以随时改变的仪表准则。结果，仪表既不像贵族制度时期人们经常表现的那样彬彬有礼和威严尊重，又不像民主制度下人们有时表现的那样朴素和大方。仪表显得既受拘束又不受拘束。

这不是正常状态。

当平等实行得很全面和很持久，而所有的人差不多都有相同的思想和做相同的工作，不需要经过互相商量和模仿而使彼此在行动和语言上一致时，人们便可以不断发现他们的仪表虽有很多细小的差别，但无重大的不同。仪表永远不会完全相同，因为它没有同一模式。仪表也永远不会有极大的差别，因为它有同一社会条件。初到美国时，可能觉得全体美国人的仪表完全一样。只有仔细观察，才能发现其中的细微差别。

英国人最爱嘲笑美国人的仪表，但很奇怪，向我们作如此可笑描述的作家本人，大部分属于也有如此可笑举止的英国中产阶级。* 因此，这些笔下无情的挖苦者本人，通常都是他们挑剔于美国人的那些举止的身体力行者。他们没有感到这是自己嘲弄自己，从而使他们本国的贵族觉得可笑。

再没有比人们的举止的外表形式更有害于民主的了。许多人宁愿迁就民主的缺陷，而不肯采取民主时代应有的仪表。

但是，我并不认为民主国家的人的仪表一无可取。

在贵族制国家里，凡是生活接近上层阶级的人，一般都力图装得跟上层阶级一样，所以出现种种荒唐可笑的模仿行为。民主国家的人民既然没有可供学习的威严仪表做榜样，所以他们至少免去了每天履行讨厌的模仿的义务。在民主国家里，人们的仪表从来不像贵族制国家那样讲究文雅，但也永远不粗暴。既听不到下流人的那种粗野语言，又听不到上流人的那种出口成章的高雅谈吐。民主国家的习俗往往平淡无奇但绝不粗野和低贱。

我曾经说过，民主国家不可能制定彬彬有礼的举止准则。这

* 参阅弗朗西斯·特罗洛普：《美国人的家庭礼节》，1927 年，伦敦，新版本。托克维尔可能引用过的这部著作的第一版，在 1832 年刊行于伦敦。——法文版编者

既有不便之处，又有它的好处。在贵族制国家里，一套一套的礼节规矩强使人人举止一致。这些规矩不顾个人的性格特点，硬把同一阶级的全体成员塑造成外表相同的人。它们文饰每个人的个性，把它的真面目隐藏起来。在民主国家里，人们的仪表既不像在贵族制国家那样文质彬彬，又不像在贵族制国家那样寸步离不开规矩，但往往是诚诚恳恳的。在这里，人们的仪表像一层织造得并不太好的薄纱，通过这层薄纱可以容易看到每个人的真正感情和个性化思想。因此，人们行动的外表和内容往往极为一致，而它所反映的人的品质虽然不那样绚美，但却十分真实。从某种意义上来说，也可以认为民主的效果并不是完全要使人们具有一定的仪表，而是阻止人们具有一定的仪表。

有时在一个民主国家里可以见到贵族的观点、激情、美德和恶行，但你绝不会看到贵族的仪表。当民主革命彻底完成的时候，贵族的仪表便不复存在和永远消失了。

乍一看来，似乎没有任何东西再比贵族阶级的仪表更能持久地存在下去，因为这个阶级在丧失它的财产和权势之后，它的仪表还能存续一个时期；然而，又似乎没有任何东西再比贵族的仪表更为脆弱的了，因为在它消失之后便一点儿痕迹也没有了，以致很难说它曾经存在过。社会情况的变化，创造了这个需要几代人的努力才能完成的奇迹。

贵族制度的主要特点，在贵族制度消亡之后还可以成为历史的遗迹；而贵族的高雅的规规矩矩的举止方式，则几乎随着贵族制度的崩溃而被人们遗忘。只要人们见不到贵族的举止方式，也就无从想起它了。它的消逝既没有被人看到，又没有被人感觉到，因为人们只有事先在习惯上和教育上有思想准备，才能体会到从区别和选择仪表当中获得的美好感觉，而且这种美好感觉将随着停止采用选定的仪表而容易消失。

因此，民主国家的人民不但不会有贵族的仪表，而且不会想到和希望有贵族的仪表。他们想象不出贵族的仪表是什么样子。对于他们来说，好像那样的仪表从来没有存在过似的。

对于这样的损失不应当过于重视，但是值得表示遗憾。

我知道，往往会看到一个人举止十分高雅，但其情感却十分庸俗；在法庭上可以清晰地看到，道貌岸然的外表往往可能隐藏着非常卑鄙的心肠。贵族的仪表虽然算不上一种美德，但有时可以粉饰美德。一个人数众多和力量强大的阶级的通常表现并不是如此，而是时时刻刻都以其生活上的一切外在表现来显示其感情和思想好像生来就是高尚的，其爱好好像是高雅和合理的，其举止好像是文质彬彬的。

贵族的仪表使人对人性产生了美丽的错觉。尽管贵族的仪表往往是虚伪的，但会使人产生一种喜欢看它的高尚感觉。

第十五章　论美国人的严谨精神和这种精神为什么未能防止美国人往往做出考虑欠周的事情

生活在民主国家里的人，绝不喜欢贵族制度下的老百姓所热衷的那些纯朴的、喧闹的和粗俗的消遣，认为这种消遣幼稚和无聊。他们对于贵族阶级的高雅的文化娱乐也不爱好。他们要在享乐当中得到某些具有生产价值和实际补益的东西，希望一举两得：既得到享乐，又得到实益。

在贵族制社会里，老百姓容易沉湎于热热闹闹、痛痛快快的气氛之中，以暂时忘却生活中的苦难。民主社会的居民不喜欢这样的放纵忘形，他们一旦自己失控，总是表示后悔。他们不喜爱这种轻浮的狂欢，而喜爱那种同做工作相似和不会使他们把工作抛到九霄云外的严肃而安静的享乐。

在欧洲的大部分国家，人们在工余之暇一般都到公共场所去跳舞娱乐，而与这样的欧洲人职业相同的美国人却不会如此，他要把自己关在家里独酌。这个人把两种享乐结合在一起：一面在考虑自己的生意，一面在家里微醺于醉意。

我本以为英国人是世界上最严肃的民族，但我看到美国人以后便改变了看法。

我并不想说气质未对美国人的性格发生重大作用，但我认为政治制度对他们的性格的影响更大。

我相信美国人的严谨精神，还有一部分来源于他们的自尊心理。在民主国家里，一个穷人也十分重视人格的价值。他觉得自己并不比别人差，而且一相情愿地以为别人也会这样看待他。在这种心情支配之下，他一言一行都很谨慎，绝不玩物忘形，以免暴露自己的缺点。他认为，要想使人看得起，就得自尊和严肃。

但我觉得，美国人之所以有这种使我感到吃惊的和似乎来自本能的严谨精神，还有一个更为重要和更为强大的原因。

在专制制度下，一般老百姓虽然有时忘乎所以，耽于狂欢。但是，一般说来，他们还是郁郁不乐和沉默寡言的，因为他们害怕专制制度。

在王权受到习惯和民情节制的君主国家，一般老百姓往往心平气和，精神愉快，因为他们享有一定的自由和极大的安全，不必为生活过于担忧。但是，凡是享有自由的人民都是处事严谨的，因为他们始终不忘事业是不会一帆风顺而无艰险的。

对于建立了民主制度的自由国家的人民来说，情况尤其如此。在这样的国家里，各个阶级都有很多人经常参与国家大事，而那些不想管理公有财产的人，则专心致力于增加个人的财富，因此，严谨精神在这样的国家里就不是为某些人所特有，而成为一种民族的习性。

人们经常谈到古代的一些小共和国，说它们的公民戴着玫瑰花环聚会于公共场所，几乎把全部时间都消磨在跳舞和观看戏剧上了。我之不相信这样的共和国甚于不相信柏拉图的共和国。* 如果事实真如他们所说的那样，我也敢于断言，他们所设想的共和国的构成要素是与我们所说的共和国的构成要素大相径庭的，除了名称一样以外，两者毫无共同之处。

另外，我们也不要以为生活在民主制度下的人觉得终生辛苦和可悲。情况恰恰相反。没有一个地方的人能像他们那样安于自己的处境。要是没有使他们操劳的事情，他们反而感到人生乏味了。他们乐于操劳甚于贵族乐于享受。

我不禁寻思，如此严谨的民主国家人民为什么有时候做事那样考虑欠周。

几乎经常保持冷静态度和举止稳重的美国人，却往往不能自我克制，在心血来潮或轻率判断之下越出了理性的限界，做出一些荒唐的事情来，而且做得很认真。

对这种矛盾现象不应该吃惊。

有一种无知是由于知之过多而造成的。在专制国家里，人们之所以不知如何行事，是因为没有人对他们进行任何指教；而在民主国家里，人们之所以往往贸然行事，是因为有人想把一切都告诉他们，使他们知道的东西过多了。前者是什么也不知道，后者是把知道的东西都忘了。双方的主要特点，都是像一幅画似的，只有轮

* 对于我们来说，主要是应当理解托克维尔的社会学方法，而不管他信不信柏拉图的共和国。托克维尔既没有柏拉图式的乌托邦思想，又没有他同时代人的那些乌托邦观点。参阅路易·雷博：《关于现代改革家或社会主义者的研究》（第3版，共两卷，巴黎，1842年）；卢·冯·斯坦因：《法国社会主义运动史》（新版本，共3卷，慕尼黑，1921年）。——法文版编者

廓而无景物的细腻描绘。

使人感到奇怪的是，在自由国家，尤其是在民主国家，公职人员有时出语不逊或行为轻率，也不会危害他的地位；而在君主专制国家，公职人员只是随便说出的几句话，就足以使他丢掉官职，而永无挽回的办法。

以往的许多事件都在证明这一点。当你面对乱糟糟的一大群人讲话时，有许多话不会被人听见，而且即使听到了，也很快被人忘掉；但当你面对一群洗耳恭听你的话的人讲话时，哪怕是讲得声音很低，也能被人听见。

在民主国家里，人们从来不死守在一个地方不动，有很多机会使他们不断迁居，他们的生活几乎总是被一种我不知道称呼的力量，或许可以称之为即兴的力量所支配。因此，他们往往在这种力量的支配下去做他们没有学会的事情，去说他们根本没有理解的话，去从事他们没有经过长期学习的工作。

在贵族制度下，每个人只有一个终生追求的目的；而在民主国家里，人们的生活是极为复杂的，同一个人往往同时怀有几个目的，而且各个目的之间经常没有联系。因为他们不能对每个目的都有清晰的认识，所以容易安于一知半解。

民主国家的居民即使不受贫困的逼迫，至少也要受欲望的逼迫，因为他们看到周围的一切财富或福利，没有一件不是他们伸手可及的。因此，他们急于去取得一切东西，去干一切事情，而且干得差不多就满意了，对他们的每个行动从不用一点时间去问其所以。

他们的好奇心既是永无止境，又是容易得到满足，因为他们所热望的是尽快地知道很多东西，而不是深刻地认识这些东西。

他们没有时间，而且主要是没有兴趣去深入研究事物。

总之，民主国家的人民之所以严谨持重，是因为他们的社会情况和政治情况不断地驱使他们去从事必须认真办理的工作；而他们之所以有时行为轻率，则是因为他们只有不多的时间和精力去做其中的每一项工作。

注意力不集中的习惯，应被视为民主精神的最大缺陷。

第十六章　美国人的民族自负心为什么比英国人的轻浮和喜欢沽名钓誉

所有的自由人民都是自豪的，但民族自豪感的表现形式并不一致。(D)

美国人在同外国人交谈时，一小点儿批评都忍受不了，而对赞美之词则总嫌不够。一句微不足道的褒语，他们都听得顺耳；无论把他们捧得怎么高，也很少能使他们满足。他们总是纠缠你，让你赞美他们几句；要是你置之不理，他们便会自我赞美一番。有人说过，由于他们自己都怀疑本身的优点，所以总想让别人在他们面前称赞他们几句。他们的自负心不但贪婪，而且轻浮并有嫉妒情绪。这种自负心喜进不喜出，既想沽名又想钓誉。

我曾对一个美国人说他的国家很好，他立即回答说："不错，世界上没有一个国家可以比得上它！"我又赞美美国人享有自由，他回答说："自由是珍贵的礼品！但没有几个国家有资格享受它。"我指出美国的民情纯朴，他接着说，"我想象得出，一个曾在其他一切国家目睹贪污腐化现象的外国人，看到这种纯朴的民情会大吃一惊。"后来，我让他考虑一下自己做得怎么样；但他却叫我回到原来的话题上来，非得让我把方才的话重复一遍绝不罢休。这种执拗而令人讨厌的爱国精神，真是使人难以想象，连称赞这种精神的人也感到厌烦了。

英国人可不是这样。他们对本国确有的优点或他们认为有的优点并不宣扬，而只是在内心里自诩。他们既不称赞别的国家，又不要求别人称赞他们的国家。听到外国人的贬语，他们不会发火；而听到外国人的颂扬，他们也不会受宠若惊。他们对待全世界保持着一种既傲慢又显得无知的态度。他们的自豪感不需要别人培养，而由自己提供养料。

两个族源基本相同的民族，在举止和言谈上却大相径庭，实在令人惊奇。

在贵族制国家里，达官显贵们自有其高傲感所赖以存在的莫大特权，不必依靠他们历数本国的优点去培养这种感情。这些特权是他们由祖辈继承下来的，所以被他们视为本身的一种不可缺少的东西，或者至少是他们生而即有的天赋权利。因此，他们对于自己的优越性有一种坦然自若的感觉，绝不想在人们面前显示他们的那些人所共知和没有人反对的特权。他们并不觉得这些特权有什么了不起，以致可以构成话题。他们固若泰山，独享高贵，深知不必炫耀自己也会引起世人的注意，确信没有人企图推翻他们。

在贵族处理国务的时候，他们的民族自豪感自然要采取这种自视甚高的旁若无人的形式，而国内的其余一切阶级也随之效仿。

反之，当身份的差别不大时，一小点儿优势也具有重大意义。人人一见到周围有成千上万的人也具有与自己完全相同或类似的优势后，他们的自豪感就会变为贪婪的和嫉妒的；微不足道的利益，他们也要力争，而争到手之后，便抓住不放。

在民主国家里，人们的条件是经常变动的，所以他们拥有的优势几乎总是不断更新。这就使他们无止无休地显示自己的优势，以便叫别人看到和使自己相信自己确实拥有优势。但这种优势随时都有失去的可能，所以他们总是惶惶不安，并极力显示自己还有优势。生活在民主国家的人，爱他们的国家有如爱他们自己，并把他们个人的自负心转变成民族自负心。

民主国家人民的浮夸轻佻的自负心，来源于他们的身份平等和条件容易变动，以致一些最高尚的人在他们生活当中的一些小事情有所变动时，也准会显示出他们的爱憎。

贵族阶级由于特权的范围大和持续时间长，而与其他阶级大不相同。至于贵族成员之间有时出现的差异，则只是由于随时可以获得或失去的暂时小利益而造成的。

但是，一个强大的贵族阶级的成员们，有时为了争夺主子随心所欲赐予的一小点特权，而聚集到首都或宫廷互相争吵。这时，他们必定互相攻讦，彼此眼红得使民主制度下的人感到可笑，为得到一小点利益而互不相让，并用各种理由证明他们也需要享有这种利益。

一旦阿谀奉迎的人也有了民族自豪感，我毫不怀疑，他们也会像民主国家的这号人一样来显示这种自豪感。

第十七章　美国的社会面貌为什么既千变万化又单调一致

大概，任何东西也不如美国的社会面貌适于激发和产生人们的不可思议感。在美国，人们的命运和思想，国家的法律，都在不断地改变。可以说由于人力每天都在改造自然，不动的自然本身也动起来了。

但是，一经长期观察，这个社会的如此千变万化的景象反而显得单调一致；而且，观察者对这个如此变动无常的景象观察一段时间之后，还会感到厌烦。

在贵族制国家，每个人几乎都永久固定于自己的活动领域，但人与人之间却有极大的差别，每个人的感情、思想、习惯和志趣均有本质的不同。看来什么都是一样，但样样又均有不同。

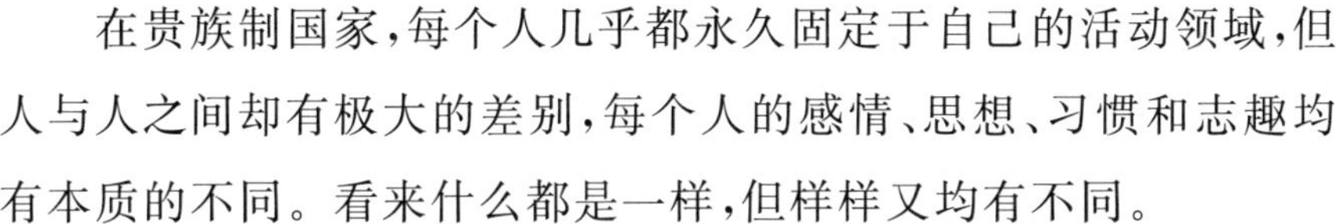

反之，在民主国家，所有的人都是相同的，并做着基本上相同的工作。不错，他们要随着社会的巨大和不断的变化而沉浮，但成功和失败是经常反复的，所以只是演员的姓名改了，剧情并没有变化。美国的社会面貌是千变万化的，因为那里的人和物都在不断地变化；但它又是单调一致的，因为那里的一切变化都是千篇一律的。

生活在民主时代的人有充沛的热情，但大部分热情都归结于爱财或出于爱财。这不是因为他们的精神意境不高，而是因为金钱的作用在他们那里实在太大。

当全体公民都是独立自主和没有差别的时候，只有依靠金钱才能得到他人的合作。这就使财富的作用无限扩大，使财富的价值增加。

以崇古守旧为基础的权威一旦不复存在，出身、地位和职业也不再是区分人的标准，或者说它们已经不能使人有高低之分了，而只有金钱能使人与人之间有显著的差别，能使某些人比他人突出。建立在财富之上的差别，随着其他差别的消失和缩小而扩大。

在贵族制国家，金钱只能把人引到庞大的欲望圈的某几个点上；而在民主国家，金钱则好像能把人引到这个圈的所有点上。

因此，我们到处都可见到，爱财是美国人行动的主要动机或次要动机。这使美国人的一切热情都具有了爱财的色彩，以致在你看到这种情况之后感到讨厌。

同样的热情如此相继出现，就使人感到单调了；而满足这种热情的每个具体过程，也同样是单调的。

在像美国这样的秩序安定的立宪民主国家里，人们不能依靠战争、假公济私或通过政治手段没收财产的办法而致富，所以爱财之心使人大都献身于工商业了。但是，由于工商业往往会导引严重的混乱和失败，所以如无训练有素的经营方法，如不通过划一的小型活动长期积累成功的经验，是无法使工商业繁荣的。经营工商业的热情越强，经营方法也越能训练有素，活动也越能划一。可以说使美国人能够如此有条不紊的，正是他们的强烈的事业心。这种事业心虽然扰乱了他们的心灵，但却安顿了他们的生活。

我关于美国所述的一切，也适用于当代的一切人。生活的多样性正从人类社会逐渐消失，同样的举止、同样的思想和同样的感情正在进入世界的每个角落。这不仅是各国之间的往来日益增加和相互模仿日益准确所使然，而且是因为每个国家的人逐渐放弃了本阶级、本行业、本家族所固有的思想和感情，一起变得更加接近到处都是一样的人的本质。因此，他们不必相互模仿，也能变得一致。他们就像分散在一片大森林里的旅游者，森林里的所有道路都通向同一个地点。如果他们一起确定了集中地点，并向这一地点走去，那么，即使他们不去互相寻找，不互相见面，彼此不认识，也会不知不觉地逐渐接近，而在同一地点相会之后会大吃一惊。不以特定的人而以人本身作为学习和模仿对象的一切国家，终将像会合在林中广场的旅游者一样，达到民情上的一致。

第十八章　关于美国和民主社会中的荣誉[①]

人们在公断他人的行为时，似乎采用着两种截然不同的标准：有时，按照普及全球的单一的是非观念去判断；有时，根据一个国家和一个时代所特有的是非观念去评价。这两种标准往往极不相同，有时甚至互相抵触；但是，它们永远不会互相混用，也永远不会互相抵消。

荣誉，在它最受人们重视的时候，比信仰还能支配人们的意志；而且，甚至在人们毫不迟疑和毫无怨言服从信仰的指挥时，也会基于一种虽很模糊但很强大的本能，感到有一个更为普遍、更为古老和更为神圣的行为规范存在。有些行为，既可被断定是体面的，又可被断定是不体面的。比如，拒绝决斗的行为，就是如此。

我认为，人们也可以用某些个人和某些国家的任性来解释这

---

① "荣誉"一词，在法语中有两层意思。我在使用这个词时，并不总是采用它的全部含义。

首先，它表示人获得他人的尊重、赞美和尊敬。比如，在用这个词义时人们常说："赢得了荣誉。"

其次，它表示人们赖以获得这种尊重、这种赞美和这种尊敬的整个行为规范。比如，在用这个词义时人们常说："一个人总要严格地符合荣誉对他的要求"；"他不顾荣誉"，等等。我在本章中使用这个词时，总是采用它的后一含义。

种现象，而且大家至今也是这样做的。

人类永远和普遍需要制定出一套使任何人在任何地方和任何时代都不敢违反，害怕违反时会遭到斥责和耻笑的道德规范。违反道德规范的行为，被称之为作恶；遵守道德规范的行为，被称之为为善。

人们还要在整个人类的大团体里建立范围比较小的团体，并把这种团体称为国家或民族；而在这个小团体之内，又要建立一些范围更小的团体，这种团体叫作阶级或等级。

每一个这样的团体，各自成为人类中的一个特殊种属；尽管它们与整个人类群体没有本质的区别，但在一定范围内又是独立存在的，并各有其自身的需要。这些特殊的需要，又以某种方式在不同的国家对人的行为进行各自的观察，并根据这些观察进行各自的评价。

人类的普遍的和永恒的利益，在于不应当互相残杀。然而，某个国家或阶级又可能有其特殊的和暂时的利益，从这个利益来说，杀人在某些情况下又是值得原谅的，甚至是值得表扬的。

荣誉不外是根据一种特殊情况建立的，供一个国家或一个阶级用来进行褒贬的特殊标准。

抽象的解释对于启迪人的思想没有多大用处，所以我要尽快求助于事实。现在，用一个例子来说明我的看法。

我选择一种最奇特的荣誉来作例子。这就是世界上曾经流行过的而且为我们所熟知的封建社会主张的贵族荣誉。* 我一方面

---

* 参阅马尔克・布洛克：《封建社会人类的阶级和政府》，巴黎，1940 年。

要用我上述的观点来说明这个例子，另一方面又要用这个例子来阐述我的观点。

我在这里不准备研究中世纪的贵族是在什么时候和如何产生的，它为什么与民族的其余部分有了如此深邃的鸿沟，是谁确立和巩固了它的权力的。我把它看成既成事实，并试行说明它为什么要用极为特殊的眼光去看人们的大部分行为。

首先使我感到吃惊的是，在封建社会，人们的行为永远不是凭其固有的价值而受到褒贬的，而有时完全是根据行为的主体和客体来评定其好坏的，以致评定的结果与人类的共同良心抵触。因此，有些行为在老百姓看来是无所谓，对它们全不在乎，但会使一个贵族感到有失体面；而另一些行为，则会因为行为的受害者是不是贵族而改变其性质。

这种差别对待的观点一经产生，贵族阶级便成为与人民隔离的独特团体，稳坐高高在上的地位。这个特殊的地位就是贵族阶级的力量所在。贵族阶级为了保住这个地位，便不仅需要有政治特权，而且要按它的标准评断善恶。

有些行为出于贵族时是善，而出于老百姓时则是恶，反之亦然。当一种行为是以一个平民为对象时，虽然有罪也不会受到追究；而当它施于一个贵族时，即使无罪也要受到惩治，而且往往是随意惩治。但是，根据一个人的地位来断定其行为的荣辱，乃是贵族社会的内部组织所造成的结果。凡是有过贵族阶级的国家，实际上都曾经如此。只要贵族制度的残余依然存在，这种怪现象还会发生。例如，诱奸一个有色人种姑娘，不致使一个美国成年男人名誉扫地；而娶这个姑娘为妻，反而使他无脸见人。

在某些情况下，封建主义的荣誉主张复仇，轻视委曲求全；但是，另一方面，它又严令人们自我克制，要求人们忘我。它不要求仁慈和温存，而颂扬宽宏大量。它重视仁政甚于重视布施。它允许人们凭赌博和战争致富，但不准许人们依靠劳动发家。它宁愿让人犯滔天大罪，而不叫他去追求微不足道的小利。它讨厌贪婪不如讨厌吝啬。它时常鼓励暴力，但始终鄙视奸诈和背叛。

这些离奇古怪的思想，并非来自拥有这些思想的人的异想天开。

一个取得领导地位，高于其他一切阶级，并竭尽全力永远保持这个地位的阶级，必然特别敬重使它伟大和显赫，并能容易把它的高傲感与权势欲互相结合起来的德行。为了在其他阶级面前显示这种德行，它不怕违反天理良心。我们甚至可以想象，它能随意颠倒是非，视厚颜无耻和臭名昭彰的恶行高于温和纯朴的德行。这个阶级一旦在社会上确立其地位，就差不多总要倒行逆施。

中世纪的贵族视武勇为最高美德，并认为它可以代替其他一切美德。

这也是一种必然来自社会情况的独特性的独特观点。

封建贵族是靠战争起家的，并且是为了战争而存在的。它把自己的权势作为武器，并用武器来保持权势。因此，对于它来说，最重要的莫过于武勇。它自然要把武勇捧得最高，说它比什么都光荣。因此，凡是显明表现武勇的行动，甚至这种行动违反理性和人道，都是得到它的认可的，而且往往是出于它的命令。但是，人的离奇古怪的念头，只能作用于他的个别行动。

一个人把挨了一记耳光视为不可容忍的奇耻大辱，并与轻轻打了他一下的那个人格斗，将其置于死地而后已，乃是出于他的自我判断；而一个贵族之不能忍受凌辱，并在挨了一拳之后不去还手即会名誉扫地，则是出于军事贵族的原则本身和需要。

因此，说荣誉具有任意性，是有一定道理的。但是，荣誉的任意性始终不能超过它的必要界限。在我看来，被我们祖先称为荣誉的那些特别行为绝不是出于自我判断，所以我可以不难把封建社会的一些彼此之间毫无联系的离奇古怪的规定，同它的为数不多的固定不变的需要联系起来。

如果我从政治方面去考察封建社会的荣誉，我也不难解释它的各种政治措施。

中世纪的社会情况和政治制度的特点，就是国家政权从不直接治理公民。可以说公民根本就不知道有什么国家政权，每个人只知道他必须服从某某人，并通过这个他并未谋面的人同其他所有的人发生联系。因此，在封建社会里，整个国家制度都是建立在属民对他们的领主本人的忠心上的。这种局面一旦消失，整个国家立即陷入无政府状态。

对政治首领的忠心，也是所有贵族成员每天使用的判断价值的标准，因为他们每个人既是领主又是家臣，既能发号施令又得听从主人的支使。

永远忠于领主，必要时为他牺牲，与他同甘共苦，无论他做什么都辅助他：这些就是封建主义的荣誉在政治方面的主要准则。舆论对臣属的背叛行为口诛笔伐得极为严厉。人们为这种行为起了一个侮辱性极大的名字，叫作变节。

但是，作为古代社会的生命的一种激情，即我要说的爱国心，在中世纪已经只能看到它的痕迹了。“爱国心”这个名词本身，绝不是我们的古老词汇。②

封建制度使人看不到祖国，认为爱祖国没有多大的必要。封建制度鼓励人们去爱一个人，从而使人们忘掉了国家。因此，封建主义的荣誉从来没有把对国家的忠诚视为必要的条件。

这并不是说我们的祖先心里不爱国，但他们对国家的爱只是一种微弱的和模糊的直觉。随着封建阶级没落，国家实行中央集权，对国家的爱才逐渐明确和加强。

这种情况，在欧洲各国因评价人所处的时代不同而对它们的一些史实作出截然相反的评价上，表现得最为清楚。在波旁王朝时代的人看来，波旁王朝的元帅们的最可耻行为，是他们率领军队攻打国王；而在我们这一代人看来，他们的最可耻行为，是他们同自己的国家作战。我们和我们的祖先虽然都鞭挞他们，但鞭挞的原因不同。

我之所以选择封建时代的荣誉来说明我的思想，是因为它的特点比其他时代的荣誉的特点明显和更能说明问题。我还可以举出其他例证，并且用其他方法也能达到同样的目的。

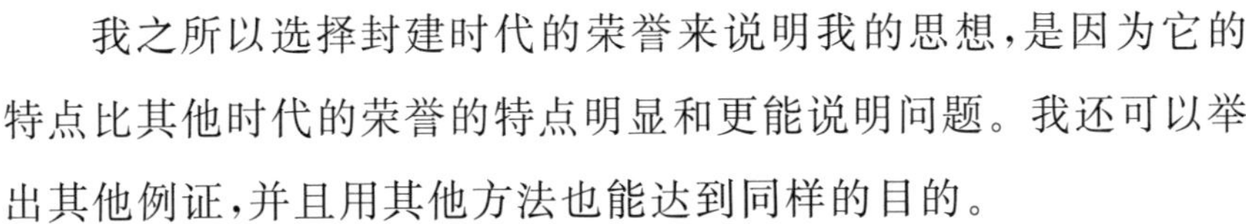

尽管我们对罗马人的了解不如对我们祖先的了解，但我们知道他们对于荣辱所持的特别观念，并非来自关于善恶的一般观念。他们的许多行为，由于行为的对象不同，即由于是公民或外国人和是自由人或奴隶，而被同时做出不同的评价。他们表扬某些恶行，把

② “祖国”这个词汇，16世纪之初的法国作家还没有使用*。

* “爱国心”(patriotisme)一词，来自“patrie”(祖国)。——译者

某些德行说得高于其他一切德行。

普卢塔克在《科里奥拉努斯传》* 中说过："在那个时代，勇敢在罗马比其他一切美德都光荣和高尚。他们把勇敢称为美德，使美德这个普通名词具有专门的含义，就在证明这一点。于是，美德一词在拉丁文中也有勇敢的意思。"哪一个人不能从这里看出为征服世界而组成的那个奇怪的国家的特别需要呢？

每个国家都有类似的现象，因为正如我在前面所说的，人们一旦组成特殊的团体，立即会产生荣誉的观念，即产生他们对于应褒或应贬的事物所持的一套看法。这些特别的规定总是来源于他们所在的团体的特殊习惯和特殊利益。

在一定范围之内，这一点对于民主社会和其他社会都是适用的。我们现在就以美国人为例来说明。③

在美国人的思想中，还可以零星地看到欧洲旧贵族关于荣誉的一些观念。这些传统的观念为数不多，在美国既扎根不深又无太大力量。它们就像庙还存在，但已无人们信仰的宗教。

在关于具有异国情调的荣誉的这些或明或晦的观念中，出现了一些我们今天可以称之为美国人的荣誉观的新思想。

我在前面已经说过，美国人是怎样被不断地推上工商业的。他们的家庭出身，他们的社会情况，他们的政治制度，甚至他们的居住地区，都在使他们无法抗拒地朝这个方向走。就目前情况来

* 〔参阅普卢塔克：《名人传》中之《科里奥拉努斯传》，博恩编，伦敦，1880 年，第 1 卷第 35 页及以下几页。〕

③ 我在这里所说的美国人，指住在没有蓄奴制的各州的美国人。只有他们能够体现民主社会的完整图景。

说，可以认为他们正在一个广袤的新国土上建立一个几乎只搞工商业和以开发为主要目的的社会。这是现今使美国人与其他各国人之间出现最大差别的特点。

因此，凡是能够使社会正常发展和有助于工商业的安然稳妥的德行，都在这个国家受到特别尊重，忽略这些德行必将受到公众的鄙视。

而一切慷慨激昂的德行，虽然常常使人为之目眩，但又往往会给社会带来动荡不安，所以反而被这个国家的人民视为是等而下之的。人们可以忽略这些德行而不致失去同胞对他们的尊重，而硬要表现这些德行，反而会得不偿失。

美国人也根据自己的判断区别对待丑行。

有些爱好，从人类的天理良心来看似乎可以非议，但却投合美国社会的特殊的和暂时的需要。美国人对这种爱好只是轻轻指责，有时还加以鼓励。其最明显的例子，就是美国人对于爱财之心和随之而来的爱好的看法。为了开垦、耕耘和改造他们领有的这个人烟稀少的广袤大陆，美国人必须有坚忍不拔的精神作为经常的支撑。这种精神只能是爱财之心。因此，爱财在美国并不失体面，只要不超过国家机关为它规定的界限，还是光彩的。美国人把我们的中世纪先人称之为卑鄙可耻的贪欲的东西叫作值得赞美的高尚的雄心，而把经常驱使我们的中世纪先人投入新的战斗的征服热情和好战精神称为盲目的野蛮的酷嗜。

在美国，财产损失之后不难复得。它的国土无限辽阔，蕴藏着取之不竭和用之不尽的资源。它的人民有每个活着的人拥有的一切需求和欲望，有一股用不完的力量，而且周围到处都是他们还不能开发的财富。这样的人民所担心的并不是个别人的倾家荡产，而是全体人的游手好闲。在经营工业企业上表现的大胆精神，是他们迅速发展、国力强大和国威四扬的主要原因。对于他们来说，创办工业就像买政府发行的彩票一样，少数人总是不断输钱，而国家却永远赚钱。因此，勇敢经营工业的精神，便受到这个国家人民的青睐和尊重。但是，所有冒险经营的企业，又会殃及热心于此道和相信它的人的财产。把冒险经商视为一种美德的美国人，无论如何不会瞧不起冒险的人。

因此，美国对破产倒闭的商人特别宽容，他们的荣誉不会由于这样的意外而受到损害。在这方面，美国人不但与欧洲各国人民不同，而且与当代的一切商业国家的人民不同，以致他们在地位和需要上也与其他国家的人民毫无共同之处。

在美国，对待败坏民风的纯朴性和破坏婚姻的一切劣行严于其他一切国家。乍一看来，这与他们在其他方面表现的宽容似乎有令人不可理解的抵触。同一个民族，奉行既放纵又严肃的道德，也使你感到吃惊。

但是，这一切又不像人们所认为的那样互无联系。在美国，舆论对于有利于工业发展和国家繁荣的爱财之心只是轻轻地鞭挞，而对于涣散人们追求财富的精神和破坏事业的成功所不可缺少的家庭内部秩序的伤风败俗行为却大加口诛笔伐。因此，美国人不得不服从他们的通行习惯。从这个意义上来说，又可以认为他们把荣誉寄托于做一个纯洁无瑕的人上了。

美国人的荣誉观与欧洲的古荣誉观有一点是相同的，即都认为勇敢是美德之首，是做人的最必要的美德，但两者并不是从同一角度来看待勇敢。

在美国，好战的勇气并不受到太高的表扬。美国人认为最好的和最值得称赞的勇敢，是敢于冲破海洋的惊涛早日抵达港口，毫无怨言地忍受荒漠中的艰苦和比所有的艰苦更难于忍受的孤寂。这种勇敢可使他们辛辛苦苦积攒的财产，在他们几乎不知不觉之中荡然无存，然后又能使他们以新的努力去积累新的财产。这种勇敢对于维持和繁荣美国社会是极其必要的，因而受到美国社会的特别尊重和推崇。个人一流露缺乏这种勇气，就必然被人看不起。

我现在来说最后一个特点，以突出本章的中心思想。

在像美国这样的民主社会里，财产对生活的保证并不太大，而且不是可靠的保证。在美国，所有的人都劳动，劳动可使人得到一切。这使荣誉观发生了转变，而新的荣誉观则反对游手好闲。

我在美国有时见到一些有钱的年轻人，他们虽然从心里不愿干苦活，但也不得不操一种职业。他们的家庭出身和家产，本可以使他们清闲自在，但舆论坚决反对他们如此，他们也不得不服从舆论。在贵族仍同冲击他们的激流进行斗争的欧洲，我却经常见到一些日益穷困潦倒的人，为了不让与他们相同的人耻笑而游手好闲，他们宁愿清贫受罪而不肯劳动。

哪一个人不能从这两种截然相反的劳动观中发现两种性质完全不同但均来自荣誉观的行为规范呢？

我们的先人所标榜的荣誉，实际上只是许多荣誉中的一种。他们使**类**概念具有了**种**概念的内涵。因此，尽管民主社会和贵族时代都有荣誉观，但不难发现它在民主时代有另一种表现形式。

在民主时代，不仅关于荣誉的规定与以前不同，而且我们还可以发现，这方面的规定虽然为数不多和不够明确，但人们更能顺从它们。

等级在民族中始终处于非常特殊的地位。全世界没有一处例外，到处都有经常是由同一家族组成的小团体，比如中世纪的贵族。这种小团体的目的，就是把文化、财富和权势都集中在自己手里，并永远垄断和世袭下去。

但是，一个团体的地位越高，它的特别需要也越大，适应它的需要的荣誉观点也越增加。

因此，关于荣誉的规定，在没有等级制度的国家总是少于其他国家。如果建成使任何阶级都难于存在的国家，则有关荣誉的规定便将减少到为数不多的几条公约，而且这几条公约也会逐渐接近绝大多数人所采用的道德准则。

因此，在一个民主国家里，有关荣誉的规定将不会像在贵族国家那样离奇和为数众多。

但是，它们要比较含混，这是上述的原因所造成的必然结果。

由于荣誉的标志越来越少，越来越不显著，所以必然往往难于区别。

还有另外一些原因。

在中世纪的贵族制国家，人们只是一代一代地徒然相传，上一代没有给后一代留下什么新东西；每个家族就像一个不死而又一动不动的人；条件在变，而思想却永远未变。

在这样的国家里，每个人眼里所见到的总是老一套，头脑里所想的总是从同一个观点出发；他们的眼光逐渐深入到最微小的细节，而他们的理解力，久而久之，也就不能不变得清晰明确。因此，封建时代的人不仅有其判断荣辱的独特观点，而且能把每个观点清晰准确地印在自己的脑子里。

在美国这样的国家，永远不会如此，因为那里的全体公民都在动，社会本身每天在改变面貌的同时也在改变它的观点和需要。在这样的国家里，人们只能略知有关荣誉的规则，而很少有时间去仔细研究它。

即使社会是静止不动的，依然难于规定荣誉一词应有的含义。

在中世纪，由于每个阶级都有自己的荣誉观，所以从来没有一个同时为绝大多数人所接受的荣誉观，这就使各个阶级的荣誉观得以具有稳定而明确的形式；而且由于具有同样荣誉观的阶级的成员立场完全相同和一致排外，自然愿意接受专为他们规定的法律的条款，所以一个阶级的荣誉观更能具有稳定而明确的形式。

因此，有关荣誉的规定就变成一部把一切细节都事先考虑到和安排好的完备而详尽的法典，成为衡量人的行为的固定的和条理分明的规范。在像美国这样的一个民主国家，由于等级的界限已经消失，全社会已经形成统一的整体，社会成员虽不完全相同但很类似，所以不能事先明确规定哪些行为是荣誉和哪些行为是耻辱。

不错，在这个国家的人民内部存在着的某些全国性的需要使他们对荣誉产生了共同的观点，但这些观点并不是同时产生的，产生的方式也从来不同，对每个公民的思想的影响也不一样。他们也有关于荣誉的法律，但它往往没有注释。

在像我们法国这样的民主国家，这方面的情况还要混乱得多。这首先是因为在我们国家，旧社会遗留下来的各个阶级在还不具备混合的条件下就开始互相混合起来，彼此每天都把自己的荣誉观带进对方的成员中间，这些荣誉观不但各不相同，而且往往彼此抵触；其次是因为在我们国家，每个人都喜欢凭自己的所好随便丢弃祖先的一部分观点和保存另一部分观点；最后是因为在这样多的自我任意判断下，就无法建立起关于荣誉的共同规范。因此，要想事先规定哪些行为为荣或为辱，几乎是不可能的。这是一个令人痛苦的时期，但为时不会太久。

在民主国家，荣誉是一个不够清楚的概念，其影响力也必然不强，因为对此难于准确而坚定地实施一项可以得到公认的规范。舆论虽然是荣誉规范的当然的和最有权威的解释者，但由于它不清楚根据什么去褒贬，所以在作判断时只有迟迟疑疑。有时舆论自相矛盾，而更多的时候是置之不理和听之任之。

在民主制度下荣誉的影响力之所以相对软弱，还有另外一些原因。

在贵族制国家，只是某些少数人持有同样的荣誉观，而且这些人往往自成一个集团，永远同其他人隔离。因此，他们的荣誉观容易同他们所特有的思想混合并结为一体。在他们看来，荣誉是他们在人们面前显示身份的标志。他们积极地利用有关荣誉的各种规定为自己的利益服务，而且如果允许我说的话，我说他们还要使自己的激情服从这些规定的支配。

当我们看到中世纪的习惯法载有关于以决斗来断定是非的条款时，会感到我所说的这个情况更加真实。这项条款写到，贵族在他们发生纠纷时，以长矛和剑作决斗的武器；而平民之间只能用棍棒决斗。而且习惯法补充说："鉴于平民没有荣誉。"它的意思不是说，像我们今天所想象的这些人是卑贱的，而只是表示在判断贵族的行为和平民的行为时不能使用同样的标准。

乍一看来令人吃惊的是：荣誉的影响力最大的时候，有关荣誉的规定一般说来也最离奇古怪，以致使人觉得这些规定越背离常理越容易被人遵守，有时甚至由此认定荣誉的影响力之所以强大，正是因为有关荣誉的规定太荒谬。

事实上，强大和荒谬有共同的来源，而不是前者来源于后者。

需要越特殊和越为少数人所思慕，荣誉观也越离奇古怪，而荣誉的影响力之所以强大，正是因为出现了这种特殊的和为少数人所思慕的需要。因此，荣誉的影响力的强大并非来源于荣誉观的离奇古怪，而是离奇古怪和强大都来自同一原因。

我再作一点说明。

在贵族制国家里，所有的等级各不相同，而且固定不变；每个人都有自己的职责，住在他不能离开的地区，在那里他与同他一样的人生活在一起。因此，在这样的国家里，谁也不必担心或害怕生活不下去，不管地位怎么低都有饭吃，谁也不会因为聪明或愚昧而受到褒贬。

而在民主国家里，情况就不同了。在这里，全体公民都混杂在一起，互相不断往来；舆论抓不住把柄，它所谴责的对象可以立即隐藏起来，躲避它的指控。因此，荣誉在民主国家不太使人值得自豪，也很少有人当众显示。因为荣誉只是给人看的，所以它与纯洁的德行不同，德行是依靠本身而存在，而且满足于自我作证。

如果读者完全了解了上述的一切，那就一定会发现身份平等和我们所说的荣誉之间存在着密切的和必然的关系。如果我没有说错的话，这种关系至今还没有人明确地指出过。因此，我要做最后的努力，使其昭然若揭。

即使一个民族与人类的其余部分隔绝，放弃人类固有的某些一般需要，那它也会有自己特别利益和特别需要，并且很快会在内部形成自己的关于褒贬或被它的公民称为荣辱的一定观点。

如果在这个民族的内部形成了一个同周围的其他一切阶级隔绝并有自己的特别利益的阶级，那么，这些特别利益又会使它产生特别观点。这个阶级的荣誉观是由本民族的特别观点和本阶级的更加特别的观点混合而成的，与人类的单纯的和一般的观点相差得使人难于想象。我的论述即将结束，现在再回过头来进行总结。

各个阶级正在互相混合，特权已被取消。民族的全体成员又恢复为彼此相似和平等的人，所以他们的利益和观点正在融合，而被每个阶级用来评定荣辱的一切离奇古怪的观点也行将消失。荣誉观只能来自民族本身的需要，而不能有其他来源。每个民族的荣誉观都有自己的个性。

最后，如果可以假定所有的种族将会融合为一体，世界上的所有国家将会达到利益一致和需要一致，彼此之间不再在任何标志上有所区别，那就再也不用按所规定的不同标准评价人的行为了，而是要全按同样的标准彼此相待，用天良向每个人揭示的人类一般需要作为共同标准。这样，这个世界上就将出现自然和必然要寓有褒贬思想的简单的共同是非观。

如果用一句简单的话来概括我的全部思想，那就是：人们之间的差异和不平等使人们产生了荣誉观，而随着差异和不平等的消逝，荣誉观也将逐渐冲淡，最后同它们一并消失。

第十九章　为什么美国人多怀奋进之心而少有大志

在美国，引起你注意的第一件事情，是试图改进自己的原来条件的人多得不计其数；而引起你注意的第二件事情，则是在这个普遍的上进运动中以怀有大志而出类拔萃者甚少。美国人没有自甘落后的，但壮志凌云者也极为少见。人人都想财富、名望和权势日增，但很少有志于伟大事业。乍一看来，这使人感到奇怪，因为美国的民情和法制没有任何地方限制人的欲望和阻止人向各方面发展。

似乎很难将这种奇怪现象归咎于身份的平等，因为在我们法国实现这种平等之后，它却立即使一些人产生了几乎是没有止境的野心。但是我认为，还是要到美国的民主社会情况和民主民情中去寻找上述情况的主要成因。

一切革命都在扩大人们的野心，而推翻贵族制度的革命尤其如此。

使广大群众无法成名和掌权的陈规旧制一旦被革除，大家便被裹进一场争先恐后取得这种为他们垂涎已久的而且终于取得的名利和权势的普遍运动。在这场运动的初胜的鼓舞下，使人觉得好像没有什么事情是人办不到的。不但欲望没有止境，而且用来满足欲望的权力也几乎是无穷的。在习惯和法制的这场突然的大变动中,在使所有的人和所有的制度都改变了的这场大混乱中,有的公民立即飞黄腾达,有的公民马上跌进深渊,权力像走马灯似的由一些人手里转到另一些人手里,以致人人都认为将会轮到自己掌权。

但也不要忘记,推翻贵族制度的那些人都曾经生活在贵族制度的法制之下,亲眼看见过它的盛况,并且不知不觉地沾染了贵族的情感和思想。因此,在贵族制度瓦解的时候,它的幽灵还漂浮在群众的头上,而在它被完全打倒以后,它的残余还会长期保存下去。

因此,民主革命持续多久,人们争名夺利的野心就会持续多久;而在民主革命完成之后,这种野心还会存在一个时期。

人们一进行回忆,他们所目睹的那些惊天动地的事件立即会涌上他们的心头。革命所激起的热情,并不会随着革命的完成而消逝。对于秩序没有一种稳定感。成功来之容易的思想,在导致成功的动乱平息之后依然存在。欲望依然很大,但满足欲望的手段日益减少。发大财的欲望依然存在,但能够实现的却寥寥无几。结果,各式各样的野心膨胀得欲裂,而失败的痛苦却隐藏在怀有野心的人的心中。

但是,斗争的最后余威慢慢地消失了,贵族制度的残余也逐渐地不见了。人们忘记了已经自消自灭的一些重大事件,和平接替了战争,秩序重新建立起来,欲望符合了实现欲望的手段,需要、思想和感情互相联系起来,人们达到了彼此平等。这样,民主社会便被建立起来。

我们假定有一个民主国家达到了这样的状态，并能永远和正常维持下去，那么，我们就会看到与我方才所述的情景完全不同的状态；而且我们可以不难推断，如果人们的奋进之心很大而他们的身份日趋平等，则在实现平等以后，奋进之心也会失去这种趋大的性质。

因为巨大的财产已经分散为许多人所有，科学已经普及，所以谁也不能独占知识和财产。一些阶级享有特权和一些阶级没有资格享有特权的现象消失，人们打破了曾使他们固定不变的约束，所以奋进的思想出现于每个人的脑际，而高升的念头也产生于人心，以致每个人都想从原有的地位爬上去。奋进之心成了人人皆有的情感。

但是，如果身份的平等只能使每个公民拥有一定数量的财产，那么，这又会阻止每个公民拥有巨额的财产。这种情况必然把人们的欲望限制在相当狭小的范围之内。因此，在民主国家，奋进之心是热烈而持久的，但一般没有太高的目标；人们的一生一般只是热烈地追求可能达到的小目标。

使民主国家的人少怀大志的主要原因，不是他们的财力微薄，而是使他们每天忙于致富的努力过于激烈。他们把精力都用到竭尽全力去做一些平凡的事情上了，这就不能不迅速地限制他们的视野和束缚他们的能力。他们可能变穷，但奋进之心不会削减。

民主国家的少数富裕公民，也不会是这个规律的例外。一个一步一步累积起财产和得到权势的人，在他们的长期辛苦中会养成办事谨慎和自知节制的习惯，而且以后也不会丢掉这个习惯。人们不能像扩建房屋似地随心所欲依次扩大自己的胸怀。

对于这样人的儿子也可以这样说。不错，做儿子的生来时家境是富裕的，但他们的父母也曾过过贫困的日子。他们从小在父母的思想和感情的影响下长大，而且很久以后也难于摆脱这种影响。因此，我认为他们在继承父亲的财产的同时，也继承了父亲的思想和习惯。

反之，显赫一时的贵族的子孙贫困以后，倒可能表现出极大的雄心壮志，因为贵族的传统观念及其阶级的共同精神只能使他们可以暂时忍受现实的处境。

使民主时代的人难于立大志去完成宏伟事业的另一个原因，是在他们有能力完成这项事业之前天年已尽。帕斯卡尔说过："名门出身的一大好处，是使一个人在18岁或20岁时可以达到另一个人在50岁时达到的地步，从而使他便宜了30年。"* 民主国家的人通常没有这样的30年去实现他们的宏图。平等使每个人将自己的能力用于取得一切平凡的东西，从而妨碍了他们迅速地壮大自己。

在民主社会里也像在其他制度的社会里一样，只有少数人可以达到巨富；致富和升官的大门是向所有的公民均衡地敞开着的，但全体公民的平均前进速度必定是缓慢的。因为有志参加这样的竞赛的人看来都是一样的，而且难于从其中选定某些人而不违反民主社会奉之为最高法律的平等原则，所以首先想出的解决办法，就是让所有的人同步前进和全体通过考试。

因此，随着人们越来越没有差别，平等的原则日益稳步地深入

* 〔帕斯卡尔：《思想录》，布伦施维格编，第322节。〕

到整个制度和民情，升级的办法也就规定得越来越死，而升级的速度也就越来越慢；迅速升到某一显赫地位的难度加大了。*

因为大家都憎恨特权和不愿意参加竞选，所以所有的人不管能力如何，都不得不在同一个筛子上过来过去，统统经过许许多多预备性的小小实习或训练，从而浪费了自己的青春，使自己的想象力消失。因此，他们不再认为自己有能力充分享用他们有望得到的好处了，而在他们终于有能力做一番大事业时，则已失去了兴致。

在中国，身份是非常平等的，而且这种平等有悠久的历史；一个人经过科举的考试，就可以由一个官职迁升到另一个官职。这样的考试是与官位的晋级息息相关的，而关于这种考试的思想，则已深深进入中国的民情。我记得，我读过一本中国小说，其中的男主人公虽经多次挫败，但终于因金榜题名而触动了女主人公的芳心。在这样的气氛中，人们几乎是不可能怀有巨大野心。

我就政治问题所说的这一切，也适用于其他问题。平等在各处都会产生相同的效果。凡是不依法规定或管理官职晋升的国家，实行考试也会产生这样的效果。

因此，在一个组织得很好的民主社会里，大而快的晋升是罕见的。这样的晋升只能是常规的例外。它的这个特点，甚至使人忘记了它是少有的现象。

民主时代的人终于逐渐了解了这一切。时间长了以后，他们

---

* 我们用托克维尔的社会学方法来观察当代社会，也会看到这个特点。——法文版编者

发现立法者给他们规定了一个不受限制的活动范围，在这个范围内他们可以轻易地向前跨步，但谁也不可能奢望飞速晋升。他们看到，在他们和他们的最终的远大目标之间，有许多必须慢慢地、一个一个地加以克服的小小障碍。这个前景使他们望而生畏，挫败了他们的志气。因此，他们放弃这种遥远而渺茫的希望，转而寻找离他们近的虽然不太高但容易得到的享受。法律没有限制他们的前途，而是他们自己缩小了目标。

我曾经说过，怀有大志的，在民主时代大大少于在贵族时期。我再补充一点：在民主时代，即使有人不顾这些障碍怀有大志，其表现亦有所不同。

在贵族时代，志向的前程往往是远大的，但它的范围是早已规定好了的。在民主国家，志向的范围一般比较狭小，但是可以突破，而且一经突破，可以说是不受任何限制的。由于民主国家的人民力量薄弱、各自为政和经常变动，而且在民主国家先例的作用不大和法律容易改变，所以对于新鲜事物的抵制是柔弱的，而社会本身既无强大的权力又无坚强的组织。因此，当一切权力被一些野心人控制时，他们便敢于为所欲为；而在他们失去权力的时候，他们便会想法把国家搞乱，以便重新掌权。

因此，政治方面的雄心大志，便具有暴力和革命的性质，而在贵族社会却很少有这种情形。

在民主国家里，通常是一个人最初有许多非常合理的小志向，然后由此衍化出一种强大的但欠明智的欲望。与自己的条件相适应的远大而有节制的志向，民主国家的人几乎是没有的。

我曾在书本的一个地方指出平等以某种隐而不见的力量使追

求物质享受的激情和只顾眼前的热情控制了人心。这种激情和热情混进了希望上进的情感，而且可以说使希望上进的情感染上了它们的色彩。

我认为，民主社会的怀有奋进之心的人，不如其他社会的人关心未来的利益和规划，因为他们只顾现实，现实耗尽了他们的一切精力。他们宁愿迅速地完成数量众多的小事情，而不愿去做少数几项能够名垂后世的宏大事业。他们爱成功甚于爱荣誉。他们向人提出的最重的要求是服从，他们最喜欢的是统治。他们的行为举止，几乎总是表现得不如他们的社会地位应当表现出的那样高雅。这使他们在拥有巨额财富的时候往往表现出非常低级的趣味，在握有最高权力的时候好像只是为了便于享受小小的粗鄙乐趣。

我认为，在我们这个时代，必须洁化引导和调节人们的奋进之心；而如污化和过分抑制人们的奋进之心，则是极其危险的。应当努力为它预先规定出不得逾越的极限，但也要提防过于限制它在所允许的范围内发展。

我承认，我对民主社会的担心，主要的不是人们欲望的过大，而是它的平凡。因此，我觉得最可怕的是：在人们不断忙于私人生活的琐碎小事当中，使奋进之心失去其推动作用和崇高目标；人们的激情既没有昂扬又没有低落，结果使社会一天一天地走向看来十分安宁但缺乏大志的状态。

因此我认为，现代社会的领袖们要想使公民们躺在非常单调和非常平静的幸福上睡大觉，那将是错误的；他们应当让公民们时常做一些艰险的事业，以便激发他们的奋进之心和为他们提供大显身手的舞台。

道德家们经常埋怨说，现代人的主要恶习就是骄傲。

从某种意义上来说，这样说是对的，因为实际上没有一个人不认为自己比别人好，没有一个人愿意服从他的上司；但是，从另一个意义来讲，这样说又是非常错误的，因为同一个人可能既不愿意忍受从属的地位，又不愿意享受平等的地位，但他可能自卑，以为自己只能享受通俗的乐趣。他自愿止步于平凡的欲求，不敢涉足于高大的事业，而且连想也不想。

因此，我不认为应当让我们的同时代人学习谦逊，而希望他们以更高的标准要求自己和他人。谦逊对他们是无益的，我认为最缺少的是骄傲。我宁愿让出我们的若干小小的美德，来换这个恶习。

第二十章　关于某些民主国家里的求官谋禄问题

在美国，一个公民有了一些知识和一些财源之后，便去经营工商业以求致富，或买下一块上面有林木的荒地开垦。他有求于政府的，只是不要干扰他的辛勤劳动，保证他由此获得成果。

在大部分欧洲国家里，一个人开始感到自己有能力和要实现自己的愿望时，他首先想到的是找一个官当。由同一个原因产生的这两个不同结果，值得我们在这里停下片刻加以研究。

当公职的位数不多、待遇不高和经常变动，而经营工商业的门路很多和可以赚钱时，则平等的思想每天都在制造的新的急于求成的欲望，会使人全去经营工商业，而不去政府当官。

但是，当等级已经平等，人们的知识尚不完备或有羞臊心理，而发展已到尽头的工商业只能向人提供困难而缓慢的生财之道时，公民们便不想依靠自身的力量来改善处境，而要蜂拥到政府首长那里去求助。用国库的钱使自己的生活舒适，在他们看来即使不是唯一的办法，至少也是使他们摆脱很不称心的处境的最容易和最可靠的办法。于是，求官谋禄就成了最常用的歪门邪道。

在实行中央集权的大君主国家，情况必然尤其如此，因为在这样的国家里，领取薪俸的官员人数极多，他们的生活有充分的保证，以致人人都想找到一个官职，并要像享用父母的遗产那样安安稳稳地把官当下去。

用不着我说，这种普遍的和过分的求官热是一大社会弊端，它在腐蚀公民的独立精神和使行贿与钻营在全国成风，它在毁坏光明正大的美德；更用不着我指出，这样的歪门邪道只能产生有害的结果，扰乱国家而无所裨益，因为这一切都是不言而喻的。

但是，我要指出，鼓励这种倾向的政府会使自己的安定遭到危险，甚至会使自己的生存遭到厄运。

我知道，在我们这个时代，人民往昔的那种爱戴和尊敬国家政权的感情正在消失，而当权者却可能认为必须从本身的利益出发加紧控制每个人，并且觉得最方便的办法是利用人们的激情去使他们遵守秩序和保持沉默；但是这种局面不会长久，而且在一定的时期内可能出现的力量源泉，日久天长之后肯定会变成助长动乱和衰弱的主要力量。

在民主国家也和其他一切国家一样，公职人员的额数最终总有一个限度，但追求官职的人数却没有止境，而是随着身份的日益平等有增无减地逐步增加。只在没有人的时候，它才有了止境。

因此，当公职成为希望出头露面的唯一门径时，政府最后必然遭到长期的反对，因为政府无法用有限的手段去满足无限增加的需求。应当承认，全世界的人当中最难控制和驾驭的人就是待业求职的人。无论官员怎样努力，也满足不了这些人的要求。因此，必须经常留意这些人只是为了使官位出缺，最后也要弄乱政府的组织和改变国家的面貌。

因此，如果我没有弄错的话，我相信全神贯注于平等所激发的各种新欲望并使其得到满足的现代统治者们，最后必然为采用这种办法而后悔。他们总有一天会发现，他们把自己的权力用于这样的需要上实属轻率，而最稳妥可靠的办法应当是教育他们的每一个被统治者学会自力更生的技术。

第二十一章　为什么大规模的革命越来越少

数个世纪以来一直生活在等级制度或阶级制度下的人民，只有经过一系列长期的艰辛程度时大时小的改革，借助于暴力，在财产、观点和权力等相继出现多次急剧变位之后，才能达到民主的社会情况。

在这场大规模的革命完成之后，它所制造的革命习惯还将长期存在下去，而且一些深重的动乱也将随之而来。

因为所有这一切都是在身份逐渐趋于平等的期间发生的，所以人们可以由此得出结论：在平等本身和革命之间存在着一种潜藏的关系和一种隐秘的联系，以致其中的一者只有依靠另一者的产生才能存在。

关于这一点，推理看来是与经验符合的。

在等级逐渐接近平等的国家，没有一种形诸于外的联系把人与人结合起来和使他们固定于所在的地位。任何人都没有永享的权利，没有发号施令的权力，没有受人支配的境遇。但是，每个人都会发现，只要自己有些文化和财产，就可以选择自己的道路，并同其他一切人分开而自己单独前进。

导致公民们各自独立的同一原因，也在每天促使他们产生新的急于实现的欲望，并在不断鞭策他们。

因此，人们似乎可以理所当然地认为：在民主社会，思想、人和物必将永远不断地改变其外貌和地位，民主时代就是急剧的和不停的改革时代。

情况果真如此吗？身份的平等能够使人们习以为常地和永远不断地去进行革命吗？身份的平等中存在的某种动乱的根源在妨碍社会安定，驱使公民们不断去改变他们的法律、主张和民情吗？我认为不是如此。这个问题很重要，我请读者注意我的评述。

凡是使国家改变了面貌的革命，几乎不是为了使不平等神圣化就是为了破坏不平等而进行的。撇开造成人类社会大动乱的次要原因不谈，你几乎总能看到是不平等在这里作祟。这就是说，不是穷人想夺取富人的财产，就是富人要束缚穷人。因此，如果你能使一个社会处于人人都有某些东西保存在手，而很少到别人那里去取某些东西的状态，你就会对世界和平做出重大的贡献。

我并非不知道，在一个大民主国家里，总是有一些公民极其富有，而另一些公民则十分贫困。但是，民主社会的穷人并不像在贵族社会里那样构成为民族的绝大多数，而是人数很少，法律也没有规定他们必须祖祖辈辈永远贫困下去。

在富人那一方面，则是一盘散沙，而且力量不强；他们没有使人看到眼红的特权，连他们的财产也不再同土地结合和以土地表示，而是一些不太引人注目甚至是看不到的东西。如同不再有穷人家系一样，富人世家也不复存在，在芸芸众生之中每天都有富人产生，而且也不断有富人变为芸芸众生。因此，他们并未形成一个可以容易确认和识别的阶级。另外，由于他们与自己的同胞大众有千丝万缕的隐而不现的联系，所以人民要是攻击他们就不能不害及自己。在民主社会的这两极端之间，还有无数的几乎是各方面都相同的人。这些人既不极穷，又不极富；他们持有的财产，只达到使人们看到之后不会造反和嫉妒的程度。

这些人自然反对激烈的变动。他们的保守性使高于他们的人和低于他们的人都保持于安静状态，并保证着社会机体处于安定状态。

这并不是说这些人本身已经满足于现有的财产，对于使他们能够分享到好处而又不受损失的革命也有一种天生的反感。恰恰相反，他们以无比的热情渴望发财，但使他们为难的是，他们知道这会侵夺某些人。使他们不断产生新欲望的同一社会情况，也在把这些欲望限制在必要的范围之内。它使人增加了进行改革的自由，但却减少了人对改革的兴趣。

生活在民主制度下的人，不仅不从心里希望革命，而且从心里害怕革命。

任何革命都要或多或少地威胁既得的所有权。生活在民主国家的人，大部分都拥有财产；他们不但持有财产的所有权，而且生活在人人都十分尊重他们的所有权的环境中。

如果我们仔细观察一下社会上的每一个阶级，便不难发现所有权所带来的激情在中产阶级身上表现得最为坚定和执拗。

穷人往往不关心他们手中拥有的财物，因为他觉得与其享有少量的财物，不如干脆一点儿没有。富人除了爱财之外，还有其他许多需要得到满足的激情，但经过长期的和辛勤的经营巨额的财产之后，有时反而感觉不到财产的魅力了。

但是，既不豪富又不极贫的小康之人，却对自己的财产甚为重视，因为他们离贫穷并不太远，深知贫穷的痛苦，并害怕这种痛苦。使他们没有陷入贫困的，只是一小点儿家产，他们把自己的担心和希望随时都寄托在这点儿家产上。他们时时刻刻都希望家产更多一些，所以对家产给予不断的关心；他们通过日以继夜的努力使家产增加，所以对家产更加依恋。把一小部分家产让给别人的思想，在他们看来是不可想象的。他们把损失全部家产视为最大的灾难。但是，使这些热心保护家产和唯恐丧失家产的小所有者人数日益增加的，正是身份的平等。

因此，在民主社会，公民的大多数看不清革命会对他们有什么好处，而是时时刻刻感到革命会从四面八方给他们带来损失。

我在本书的一个地方*说过，身份的平等自然要驱使人们去经营工商业，并使地产不断增加和地块日益化小。我也曾指出**，身份的平等时时都在鼓励每个人热烈地和不断地追求幸福。再没有什么东西比这一切事实更能抵制革命的激情了。

革命的最终结果可能是对工商业有利，但它的最初效果几乎总是使工商业者倾家荡产，因为革命一开始不能不改变消费的一般状态，不能不暂时使生产和需求之间的关系失常。

另外，我不知道再有什么东西比商业道德更与革命道德对立的了。商业自然是一切狂热的激情的敌人。商业爱温和，喜欢妥协，竭力避免激怒人。它能忍耐，有柔性，委曲婉转，除非万不得已

* 见本书第四部分第十九章。——译者

** 见本书第四部分第十章。——译者

绝不采取极端手段。商业使人各自独立和重视自己的个人价值，使人愿意自己处理自己的工作，教导人学会成功之道。因此，商业使人倾向自由而远离革命。

在革命当中，动产的所有者比其余一切人都害怕得多，因为他们的财产一方面往往易被查封，另一方面又随时有完全丧失的可能。土地所有者就不必如此担惊受怕，因为他们即使失去了土地的收益，在大动荡过去之后至少有希望保住土地本身。因此，在面临革命运动的时候，前者要比后者害怕得多。

由此可见，一个国家的动产数量越大及其种类越多，就越少发生革命。

另外，不管人们操什么职业，拥有什么样财产，有一个特点是人所共有的。

这就是没有一个人完全满足于现有的财产，人人都在不断努力以各式各样的办法增加财富。考察一下他们当中的每个人的任何一段人生，就会发现每个人都在不断拟订以增进自己的安乐为目的的某些新计划，对他们大讲人类的利益和权利，均是枉费工夫，因为他们当前把全部精力都用去操劳那些琐碎的自家小事情上去了，希望你让他们另找时间去考虑公众共同关心的事情。

这不仅阻止他们去进行革命，而且打消了他们的革命念头。狂热的政治激情，很少能够打动也以同样狂热追求幸福的人。他们对小事情的热心，使他们对大事情的热心变凉了。

不错，在民主社会里，有时也出现一些大胆敢为和怀有野心的人，他们的巨大欲望不能满足于按照常规前进。这些人喜欢革命，并发动革命；但是，如无非常的意外事件助他们一臂之力，他们是极难发动起革命的。

谁也不能在反对他的时代和他的国家的精神的斗争中得到好处。一个人，不管他认为自己多么强大，也难于使他的同时代人接受为他们的整体愿望和感情所厌恶的情感和思想。因此，不要以为一旦身份的平等成了永久确立的事实，并使民情打上了它的特点的烙印，人们就会轻易地跟着一个鲁莽的领袖或一位大胆的革新家走上冒险的道路。

但是，人们也不能通过深谋远虑的筹划，甚至通过事先安排好的抵抗计划，去公开反对这样的领袖或革新家。人们不会同他们进行激烈的斗争，有时甚至还会恭维他们几句，但绝不会跟着他们走。人们私下里以自己的惰性抵制他们的狂热，以自己的保守主义态度抵制他们的革命习性，以自己的日常爱好抵制他们的冒险家热情，以自己的良知抵制他们的机灵天才，以自己的散文抵制他们的诗篇。这样的领袖和革命家，经过千辛万苦可能使人们一呼而起，但不久以后人们就会离开他们，而他们自己则好像身体过重而跌倒在地。他们用尽全身解数试图唤起这些态度冷淡和漫不经心的群众，但又终于觉得自己无能为力，这不是因为他们自己认输，而是因为他们成了孤家寡人。

我绝不认为生活在民主社会的人天生就是不好动的；恰恰相反，我认为在这样的社会里，有一种永恒的运动在起支配作用，人们在这种运动中从不知道休息；但我相信，人们在其中活动时总有不可逾越的一定界限。对于次要的东西，他们每天都在予以改变、改进或改革；而对于主要的东西，他们则谨慎小心，不加触动。他们爱改革，但怕革命。

尽管美国人不断修改或废除他们的某些法律，但他们很少表现出革命的激情。当公众的骚动开始构成威胁的时候，甚至在公众的激情极为高涨的时刻，他们就立即止步并冷静下来。从他们的这种急速反应就不难发现，他们害怕革命，视革命为最大的灾难，每个人都在心里暗自决定，准备付出重大的牺牲来防止革命。世界上没有一个国家像美国那样最爱所有权而又最怕所有权丢失，也没有一个国家像美国那样有绝大多数人反对以任何方式威胁所有权制度并使其改变的学说。

我曾一再指出，具有革命性质的理论，当它只有通过完全彻底的和有时是突然的改变财产和人的现状才能实现的时候，在美国不会像在欧洲的一些大君主国那样受到无限的欢迎。即使有人主张这个理论，群众也要以一种本能的反感抵制它。

我敢说，被法国一贯称为民主名言的那些名言，大部分要被美国的民主所取消。这一点很容易理解。在美国，人们具有的是民主的思想和激情；而在欧洲，我们具有的还是革命的激情和思想。

如果有一天美国发生了大规模的革命，那也是由于美国的土地上住有黑人而引起的。也就是说，造成这种革命的原因不是身份的平等，而是身份的不平等。

在身份平等的时候，每个人都愿意闭关自守，把他人置于脑后。如果民主国家的立法者们不去纠正这个有害的倾向或者助长它，认为它能使公民消除政治激情和远离革命，那他们将会作法自毙，遭到本想避免的恶果，而且会有一天，某些人的破坏性激情，在大多数人的愚昧的利己主义和胆怯心理的帮助下，迫使整个社会经历异常的变故。

在民主社会，并没有希望革命的少数，但少数可能制造革命。

我并不是说民主国家可以避免革命，而只是说这种国家的社会情况不会导致革命，或者毋宁说可以使人们远离革命。民主国家的人民凡事全靠自己，他们不会轻易投身于重大的冒险行动。他们只是在猝不及防时，才被卷入革命。他们有时也经历过革命，但这种革命不是他们制造的。我再补充一句：这种国家的人民一旦获得知识和经验，便不会纵容革命出现。

我深知，国家的各项制度在这方面可以发生很大的影响。它们对于来自社会情况的各种习性，起着促进或抑制的作用。因此，我再重复一遍，我并不认为一个国家只是依靠国内实行身份平等才得以避免革命；但我确信，不管这种国家实行什么制度，它那里发生的革命所使用的暴力，总要比想象的小得无限和少得多。于是，我不难设想，这样的政治情况一与平等结合，就会使社会达到我们西方未曾有过的安定。

我方才就事实所述的一切，也部分地适用于思想和观点。

在美国，有两件事使人感到惊奇：人们的大部分活动的流动性很大；某些原则的固定性很强。人们在不断地流动，但他们的精神却好像几乎一动未动。

一旦某一观点在美国的土地上传播开来，并扎下了根，那就可以说这块土地上没有任何力量可以把它根除。在美国，宗教、哲学、道德甚至政治方面的通行学说，从来没有变化，或者至少可以说，它们只是通过隐秘的而且往往是人们发觉不了的方法改变的。在人和事物的这种飘浮不定的环境中，连一些最粗野的偏见也只能以慢得令人难以想象的速度去清除。

我听说,感情和思想每时每刻都在变化是民主的本性和习惯。对于古代的那些可以把全体公民集合于一个公共场所,然后由一位演说家任意鼓动的小共和国来说,情况可能如此。但是,我在位于我们大洋彼岸的伟大民主共和国里,却没有见到过这种现象。在美国,使我感到惊奇的是,很难使多数放弃它所认定的观点和抛弃它所选定的人。无论是书写文章还是发表演说,对此都没有用处。只有亲身经验才能使他们改变初衷,而且有时要反反复复地多次亲身经验。

乍一看来,这使人感到吃惊;但是,深入研究之后,便可以知道它的究竟。

我认为,使一个民主国家放弃它的偏见,改变它的信念,在宗教、哲学、政治、道德等方面用一套新原则分别取代各自原有的原则,简而言之,使这个国家在知性方面经常进行大规模的革命,并不像一般人所想象的那样容易。这不是说,在民主国家里人的精神懒惰。人的精神在不断活动,但它不是在探求新的原则,而是在没有止境地改变已知原则的成果。它不是迅速地、直接地努力冲向前去,而是围着自己轻盈地打转转。它以不断的和匆忙的小动作扩大自己的活动范围,但绝不会突然改变自己的活动范围。

权利、教育和财产相等的人,简而言之,就是身份相等的人,必然有相差无几的需要、习惯和爱好。由于他们从同一角度观察事物,所以他们的思想自然趋于相同的观点。尽管每个人都可能与他们的同时代人有差距,并且可能形成自己的信仰,但到最后,他们全体终将不知不觉地在一定数量的共同意见上重新合流。

我越仔细考察平等对智力活动的影响,就越深信我们现今所见到的智力活动混乱现象，并非像有些人所认为的那样是民主国家的自然状态。我认为，莫如把这种混乱现象看成是民主国家的青年时期特有的偶然事态，它只出现于人们已经冲破以前把他们彼此联系在一起的旧关系，而他们在出身、教育和习惯上仍有很大不同的过渡时期。因此，在过渡时期，人们只要各自保留非常不同的思想、本性和爱好，就没有办法不让它们表现出来。但随着人们的身份日趋相同，人们的主要见解将会达到一致。在我看来，这才是普遍的和常在的事实，而其余的都是偶然的和过渡的东西。

我认为，在民主时代，一个人能够一下子就想出一个与其同时代人所接受的思想体系相差十万八千里的思想体系，那是极为罕见的。如果出现了这样的一位革新家，我也认为他最初叫人们听他的思想体系时就有极大的困难，而后来叫人们信他的思想体系时困难更要大。

在身份几乎相等的时候，一个人不会随便轻信他人。由于大家都很相似，在一起学习同样的东西，过着同样的生活，所以自然不愿意从中选出一个人当领导并盲目追随他。人们不会随便听信与自己相同或平等的人的话。

因此，在民主国家，不仅某些个人对于知识的信任程度降低了，而且像我在本书的另一处所说的那样，在智力上可能优越于其他所有人的某一个人的一般观念，不久也会失去光彩。

随着人们日趋相同，智力平等的主张便逐渐渗入人的信念。于是，不管什么样的革新家，都将更加难于对全国人民的精神拥有和施加重大影响。在这样的社会里，突如其来的智力革命是少见的，因为我们浏览一下世界史就可以发现，使人们的见解发生迅速而巨大转变的，主要的不是理论的力量，而是名望的权威。

还要注意一点，生活在民主社会的人没有任何束缚把大家捆在一起，所以要对每个人一一进行说服。但在贵族社会里，只要对某些人的精神施加影响就足够了，其余的人都会跟着走。如果路德生活在平等的时代，而他的听众中又没有领主和王侯，那他在改变欧洲面貌的活动中可能要遇到更大的困难。

这并不是说民主时代的人天生就相信自己的意见是正确的，并牢固地坚持自己的信念。他们往往产生在他们看来谁也解决不了的怀疑。在这样的时代，人的精神有时也想改变方位，但因为没有力量推动和指导，所以仍在原地徘徊，一动不动。①

在赢得一个民主国家的人民信任之后，还要做艰苦的工作使他们尊重你。如果在同生活于民主制度下的人谈话时不谈到他们本身的问题，则很难使他们倾听你的话。他们不注意听别人对他们讲的话，因为他们总是忙于自己所做的工作。

① 如果由我去寻求什么社会情况最便于发生智力大革命，我将在全体公民完全平等和各阶级绝对隔离之间的某一处找到它。

在等级森严的制度下，人们世世代代相传下去而不改变其原有的地位，其中一些人没有什么更多的希望，另一些人没有什么更好的期望。在这种万籁俱寂的万物停止运动的状态下，想象力沉睡了，甚至关于运动的思想，也不再浮现于人们的脑际。

当阶级不复存在，身份差不多平等的时候，所有的人都将处于不断的活动状态，但每个人是孤立的、独立自主的和软弱无力的。这种状态跟前一种状态大有不同，但有一点是类似的，即无论是在前者还是在后者，人的精神大革命都是很少出现的。

但是，在一个国家的历史的这两个极端之间，有一个既使国家名扬四海又使国家动荡不安的中间时代。在这个时代，身份还没有固定得足以使智力处于沉睡状态，还没有不平等到足以使某些人对另些人的精神施加极大影响和某些人可以改变所有人的信念的地步。强大的改革家的崛起和新思想的突然改变世界面貌，正是在这个时代。

事实上，在民主国家，游手好闲者极少。在那里，人们生活于忙乱而喧闹的环境之中，工作紧张得连思考问题的时间都没有。我想特别指出的是，他们不只是忙于工作，而且工作得十分用心。他们永远处于行动状态，而且对每一行动都全神贯注；他们用于事业上的热忱，妨害了他们点燃思想之火。

我认为，激发民主国家人民狂爱同他们的日常生活实践没有明显的、直接的和迫切的关系的某一理论是极其困难的。这样的人民不会轻易放弃他们的旧信念，因为能使人的精神脱离已经走熟的老路以及完成智力大革命和政治大革命的，正是狂爱。

因此，民主国家的人民既无余暇又无兴趣去寻求新的见解。甚至在他们对原有的见解产生怀疑的时候，也仍然要固守它们一段时间，因为他们要经过很长的时间和反反复复的考察，才能改变原来的见解。他们之所以保护原来的见解，并不是因为它是可靠的，而是因为它是早已确立的。

民主国家人民的原有主张之所以难于发生重大的变化，还有另外几个比较强大的原因。我在本书的序言里已经指出过这些原因。

在这样的国家内部，个人的影响力是薄弱的和几乎是等于零的，而群众对每个个人的精神的影响力却是巨大的。其原因，我已在其他地方谈过。我在这里想要指出的是，如果认为这完全取决于政府的组织形式，以为多数一旦失去其政治影响力，它的精神影响力也将随之消失，那将是错误的。

在贵族制度下，人们往往拥有自己的高贵性格和力量。当他们发现自己与大多数同胞有抵触时，他们会退避三舍，在家里自省自慰。在民主国家里就不会有这种情况。在民主国家，受到公众的爱戴，其必要性有如呼吸空气，而与群众背道而驰，可以说等于无法作为一个人而生活下去。群众不必用法律去制伏那些与自己想法不同的人，只对他们进行谴责就可以了。孤立感和落魄感，很快会使他们感到抑郁和失望。

只要身份趋于平等，大家的意见就会对每个个人的精神发生巨大的压力，包围、指挥和控制每个个人的精神。这主要来源于社会的组织本身，而很少来源于政治法令。随着人们更加彼此相似，每个人也就越来越感到自己在大家面前是软弱的。每个人看不出自己有什么出人头地或与众不同的地方，所以在众人同他对立的时候，他立即会感到自己不对。他不仅怀疑自己的力量，而且开始怀疑自己的权利，而当绝大多数人说他错了的时候，他会几乎完全认错。多数不必强制他，只是对他进行说服。

因此，在一个民主社会里，不管各项权力是怎样组织和保持平衡的，人们都很难接受群众所反对的东西和宣扬群众所谴责的东西。

这一点，对于安定人们的信念有很大促进作用。

当一种见解在民主国家里扎根，并深深地印在大多数人的脑海时，它便会依靠自己的力量存在下去，而且可以毫不费力地长久存在下去，因为没有人反对它。最初谴责它是谬误的人，最终也会因为大家都接受而接受；而在心里坚持要同它斗争到底的人，也不会公然站出来。他们不想进行一场危险而又无益的斗争。

不错，当民主国家的多数改变其见解时，多数可能随意在精神世界掀起一场使人感到离奇的突然革命。但是，多数的见解是很难改变的，而确认它已经改变了，也差不多是同样困难的。

有时，时间和事件，或个人的单独思考活动，会逐渐地动摇或破坏一种信念，但从表面上却看不出来。人们无法同这种变化进行斗争，也无法为了进行斗争而集合力量。结果，这个信念的追随者只是一个接着一个不声不响地离开了它，但是每天都有一些人公开表示抛弃它。最后，只有少数几个人信奉它了。

但在这种情况下，它还起着作用。

它的反对者们继续保持沉默，或者只是秘密地交流思想，所以一般他们在很长时期内还不能确信一场大革命已在进行，仍在迟疑而一动不动。他们尚在观察，仍不作声。大多数人虽然已经不再信它了，但仍佯作信它的样子；而公众思想的这种假象，便足以使革新者心灰意冷和保持沉默，被人敬而远之。

我们正生活在一个人们的精神发生急剧变化的时代。但是不久以后，人们的基本观点也许要比我们历史的过去许多世纪存在过的基本观点稳定得多。这个时候尚未到来，但它可能正在接近我们。

我越深入研究民主国家人民的自然需要和本性，便越加确信：一旦平等在世界上全面而永久地建立起来，精神大革命和政治大革命的出现就远比人们想象的困难和稀少。

由于民主国家的人看来好像总在活动，总在变化，总在忙活，时时准备改变自己的主意和地位，所以使人觉得他们要随时废除他们的法律，立刻接受新的信仰和采用新的习惯。但是，人们并没有想到，平等在使人发生变化的同时，还告诉人要想满足自己的利益和爱好，必须有安定的环境。平等在推动人前进，同时又控制他前进；平等在激励人奋起，同时又让他把脚踏在地上；平等在点燃人的欲望，同时又限制人的能力。

这种情况不是一下子就可以看清的，因为使民主国家的公民各自东西的激情是外现而明显的，而使他们团结和合作的力量则是潜藏而不是一看就可以看见的。

我对以后几代人表示的最大担心并不是革命。但在我的周围都是革命造成的废墟的现况下我敢这样说吗？

如果公民们继续闭关自守于越来越窄的家庭利益的小圈子里，并在其中永无休止地追求这种利益，我们就可以看到他们始终不会产生那种虽然可使人民动乱，但却能使人民前进和革新的强大的大公无私情操。当我看到财产如此容易变动，而爱财之心又如此激烈和殷切的时候，我不能不担心人们将会视一切新的理论为灾害，视一切改革为轻举妄动，视一切社会进步为走向革命的初步，并唯恐被卷进去而一动不动。我的心在颤抖，而且我坦白承认是由于害怕而颤抖，因为人们现在不顾一切地追求眼前的享乐，忘却了自己的将来利益和子孙的利益，喜欢轻松自在地走命运所安排的道路，而不肯在必要的时候作出毅然决然的努力去改弦更张。

人们认为新社会每天都在改变它的面貌。至于我，则害怕新社会过于固守原来的制度、原来的偏见、原来的习俗，而终于无所作为。结果，人类停止前进了，自己束缚了自己；人的精神逐渐萎缩，并永远自怨自艾而创造不出新思想；每个人都把精力用于一些小而无益的独立活动之上，看来所有的人都像是在不断地活动，但整个人类却不再前进了。

第二十二章　为什么民主国家的人民自然希望和平而民主国家的军队自然希望战争

使民主国家的人民反对革命的那些利益、恐惧心理和激情，也在使他们不愿意进行战争。尚武精神和革命精神，是同时并由于同样的原因而减弱的。

爱好和平的不动产所有者人数的不断增加，可以迅即毁于炮火的动产的增多，民情的纯朴，人心的温存，平等所激发的怜悯心情，很少被战时产生的诗意般的强烈激情所打动的冷静理智——这一切联合起来，便足以抑制尚武精神。

我认为，可以把在文明国家里随着身份的日益平等，好战的激情将越来越少和越来越不强烈，视为一个普遍的常规。

战争，是所有国家，无论是民主国家或其他国家都可能卷入的不幸事件。无论它们多么热爱和平，都必须时时做好却敌的准备，换句话说，就是要有一支军队。

置身于可以说没有邻国的广漠土地之上的美国的得天独厚，为它的居民提供了独有的条件。就是说，他们只有少数士兵就够了。但是，这只是美国的特点，而不是民主的特点。

身份平等、民情和基于民情所建立的各项制度，并没有取消民主国家建立军队的义务，而且它的军队还经常对它的命运起着极大的影响。因此，研究什么是军队的成员的自然本质是至为重要的。

在贵族制国家里，尤其是在全凭出身来定等级的国家里，军队中的不平等亦同民族中的不平等一样。军官是贵族，而士兵则是农奴。前者应征是为了发号施令，而后者应征则是为了服从指挥。因此，在贵族制国家的军队里，士兵的奋进之心被限制在极小的范围之内。

军官的野心也并不是远无止境的。

贵族不但是全国等级阶梯中的一个等级，而且在它的内部还经常有自己的等级阶梯。阶梯上的等级一个比一个高，而且永远保持不变。根据出身，有的人应征是去指挥一个团，而另一个人应征则是去指挥一个连。他们达到他们所希望的这个极限之后便自动停止，而安于自己的命运。

此外，还有一个重大原因使贵族制国家的军官抑制了晋升的欲望。

在贵族制国家里，军官除了在军队中有军阶以外，还在社会上属于上等阶层。在他们眼里，前者不过是后者的附属品。贵族之跻于军官之列，主要的还不是为了高升，而是出于家庭出身加于他们的一种义务。他们之所以从戎，是为了光荣地度过他们的轻松自在的年华，并把军中生活的一些光荣回忆带回家庭和与自己同样的人们中间，但他们的主要目的并不是打算由此发财、成名或掌权，因为他们本身已经有了财、名、权，不出家门就可以享有这一切。

在民主国家的军队里，每个士兵都可能升任军官，这就使人人产生了晋升的念头，并把军事野心的限度扩大到几乎没有止境。

在军官方面，他们认为没有什么东西自然而然地使他们或强迫他们停于某一军阶而不上进。在他们眼里，每升一个军阶都有极大的价值，因为他们在社会上的等级差不多总是依他们在军队中的等级为转移的。

在民主国家里，军官除了薪金以外没有其他收入，除了军功荣誉以外不会享得其他荣誉。他们经常改变职业，所以境遇也随之改变，以致好像变成了另外一个人。在贵族制国家的军队里作为充任军官的附带结果的那些东西，在民主国家的军队里变成了主要的东西，变成了决定军官的一切和决定军官本人的东西。

在法国的旧君主时代，人们称呼军官时不用他们的军衔，而只用他们的贵族爵位名衔。而在现代，只称他们的军衔。这个小小的语言表达形式的改变，就足以说明社会制度和军事制度当中发生了巨大的革命。

在民主国家的军队里，晋升的欲望几乎是普遍的，而且是炽烈的、不易放弃的和永远存在的。它随着其他一切欲望的上升而上升，一直到人死为止。但是，也不难发现，在全世界各种国家的军队中，和平时期军阶晋升最慢的，是民主国家的军队。军职的席位本来就少，所以竞争者几乎不可胜数。但是，平等的固定原则适用于所有的人，所以谁也不可能迅速晋升，而且有许多人无法晋升。因此，晋升的要求大大高于其他国家，而晋升的容易程度则大大不如其他国家。

因此，民主国家军队中极想升官的人，都渴望发生战争，因为战争会使军官出缺，最后还可以违反作为民主制度的专有特权的按年资晋升的规定。

我们由此可以作出如下的使人感到奇怪的结论：在所有国家的军队中，最热烈地希望发生战争的军队是民主国家的军队；而在所有国家的人民中，最爱和平的人民则是民主国家的人民。这种反常现象的成因，是平等同时产生了这两个对立的效果。

公民都是平等的时候，便每天都觉得自己有希望并发现有可能改变自己的处境和增进自己的福利。这种情况使他们热爱和平，因为和平可以繁荣工商业，能使每个人平安无事地达到其小小事业的目的。另一方面，这样的平等又在使从事戎马生活的人更加重视军事荣誉的价值，让所有的官兵都能容易得到这种荣誉，以致连士兵在做梦的时候都是驰骋于疆场。在这两种不同作用的支配下，人心思动是相同的，爱好享受的欲壑总是难填的，野心是相等的，而满足野心的手段则有所不同。

人民和军队的这种背道而驰的倾向，驱使民主社会走上非常危险的道路。

当人民丧失尚武精神的时候，充任军官便立即不再是光荣的了，而军人也将沦为最低级的公务人员。人们不太尊敬他们，也不再了解他们。这时，便出现了同贵族时代完全相反的情况。从军的公民不再是最主要的公民，而是一些微不足道的公民。一个人只有在没有办法的时候才愿意去从军。这就形成一个难以摆脱的恶性循环。民族的精英避而不就军职，因为这一行不光荣；而军职之所以不光荣，则是因为民族的精英不再参加军队。

因此，当你看到民主国家的军队尽管物质条件比其他军队一般说来好得多，纪律不如其他军队那样严格，但往往情绪低落、牢骚满腹、对处境不满的时候，不必表示惊讶。士兵感到自己的地位低下，他们的被挫伤的自尊心，使他们爱上缺了他们就无法进行的战争，或喜欢起他们从中有希望凭借手中的武器获得人们原来拒绝给予他们的政治权力和个人尊严的革命。

民主国家军队的成分，使引发革命的危险变得更加可怕。

在民主社会，几乎所有的公民都有财产需要保护；但是，民主国家的军队通常都是由无产者领导的。大部分无产者在国家内乱期间不会遭到重大损失。在民主时代，人民群众自然要比在贵族时代更怕革命，但军队的首脑们却不太怕革命。

另外，正如我方才所说的，在民主国家，最有钱、最有教养和最有才干的公民，都绝不去担任军职，所以整个军队最后会变成一个小独立王国。在这个小王国里，官兵的知识水平低于全国，而他们的习惯却比全国粗野。但是，这个不文明的小独立王国却掌握着武器，而且只有它会运用武器。

军队的好战和喜欢动乱的精神给民主国家带来的危险，实际上正是因为公民的和平情绪而加剧了。在一个不好战的国家里，再没有比军队更危险的东西了；而全体公民的过分爱好安宁，则使他们把整个社会都交给士兵去支配。

因此，一般而论可以这样说：如果民主国家出于自己的利益和本性而自然爱好和平，那它就将被它的军队一步一步地拖向战争和革命。

贵族制国家从来不担心军人发动革命，而民主国家却经常害怕这样的革命。在妨碍民主国家前进的一切可怕的危险当中，这种危险将变得最为突出。政治家必须时时刻刻把自己的注意力放在寻找消除这种危险的办法上去。

当一个国家因军队的野心蠢蠢欲动而感到内部不安的时候，它首先想到的就是如何为这个令人讨厌的野心提供发动战争的借口。

我不想一般地诽谤战争。战争差不多总能提高一个民族的意志，开阔它的心胸。有些时候，只有战争才能遏止平等自然造成的某些倾向的过分发展，这时我们就必须认为战争是医治民主社会所染的某些痼疾的不可或缺的良药。

战争虽然有一些很大的好处，但也不能把它捧得过高，说它可以根除我方才指出的危险。战争只能暂时阻止这种危险，战争过后危险又会变本加厉，因为军队尝到战争的甜头之后，便更加不愿意容忍和平了。战争只是永远希望光荣的民族解救困难的办法。

我可以预言，一些民主大国里涌现出来的军事首脑们，会发现他们在率军征伐时容易，而在胜利后和平地生活下去困难。有两件事使民主国家觉得很难办：一件事是开始进行战争，另一件事是结束战争。

此外，如果战争未为民主国家带来特殊的好处，那它就会使民主国家遭到昔日的贵族制国家同样未曾放在心上的某些危险。现在，我只谈一谈其中的两种危险。

战争虽然满足了军队的要求，但却限制了每天都在嚷嚷要使自己的和平时期的需求得到满足的不可胜数的公民群众，而且往往使他们失望。因此，战争就有从另一方面导致它本来应当防止的动乱的危险。

在民主国家里，任何一场长期战争都将给自由带来巨大的危害。这并不一定是指害怕在每次胜利之后看到获胜的将军们，会像罗马的苏拉和恺撒那样用武力夺取最高政权。危险是另一种的。战争虽然并不总是给民主国家带来军人统治，但它不能不使民主国家的文官政府的职权无限增加。它差不多必定要把管理万民和处理万事的大权集中到这个政府手中。它不是以武力突然建立专制，而是依靠习惯势力慢慢地走向专制。

凡是企图消灭民主国家的自由的人，一定知道达到这个目的的最可靠和最简便的办法就是战争。这是他们的第一条科学定理。

当官兵的野心引起人们惊恐时，一个看来可以自救的办法，就是增加军队的人数，从而扩大军官的编制。这只能缓和燃眉之急，但为未来埋伏了更大的危险。

在贵族制社会，扩军可以产生稳定的效果，因为在这样的社会里，只有一类人有军事野心，而且其中每个人的这种野心可以停止在规定的范围之内，从而使怀有野心的一切人差不多都能得到满足。

但是，在民主国家，扩军就没有任何好处，因为军队的人数越多，想往上爬的人也越多。被许诺有空缺时就职的人上任以后，不久又会出现一批欲望没有得到满足的人，而已经上任的那批人也很快会牢骚满腹，因为左右民主国家公民行动的那种激动情绪也会反映到军队中来。人们想得到的不是一定的军阶，而是一直往上晋升。他们的欲望虽然不算太大，但却一个一个地接踵而来。民主国家扩军只能使军人的野心得到一时的满足，但不久以后，他们的野心将会变得更为可怕，因为想往上爬的人越来越多。

至于我，则认为不安和时刻思动的情绪，是民主国家军队的组织本身内在的而且不愿意根除的弊端。民主国家的立法者们不要自以为能够找到一种依靠自己的力量镇服和控制军人情绪的军事制度，为此付出多大的努力都是白费工夫。

能够救治军队的弊端的不是军队本身，而是国家。

民主国家自然担心动乱和专制。只要使军队的那些本性变为审慎的、理智的和稳重的爱好，问题就可以解决了。当公民们最后学会如何和平而有益地运用自由，并领会到自由的好处时；当他们像爱自己女朋友那样爱好秩序，自愿地服从纪律时，他们入伍从军就会不知不觉地和似乎是违反本意地把这些习惯和品质带进军队。全民族共有的精神一渗入军队特有的精神，就会节制军队生活所造成的观点和欲望，或者依靠舆论的强大力量把这些观点和欲望抑制下去。有了有知识、守纪律、意志坚定和爱好自由的公民，才会有纪律严明和服从命令的士兵。

任何法律，只要它在镇压军队的叛乱精神的同时还在全国范围内加紧压制公民的自由精神，使法律和权利的观念黯然失色，它就必然适得其反。它不但没有消灭军人暴政，反而大大促进了军人暴政的建立。

不管采取什么预防措施，民主国家里存在一支庞大的军队毕竟总是一大祸根，而消除这个祸根的最有效办法就是裁军，但这又是所有的国家都不能采用的一项解救办法。*

* 托克维尔的这段论述，在今天仍未失去其重要意义。——法文版编者

第二十三章　民主国家的军队里哪些人是最好战和最革命的阶级

民主国家军队的特点，是按照提供兵员的人口数与兵员人数的比例来说，它是十分庞大的。关于这一点，我准备以后再谈它的理由。

另一方面，生活在民主时代的人，选择军职的却不多。

因此，民主国家不久就不得不放弃自愿入伍的募兵制，而采用强制入伍的征兵制。本国条件的要求，迫使它们采用了后一种制度，而且可以不难预知，人人都要被征入伍。

由于服役是强迫性的，所以服役的义务就由全体公民不加区别地平等分担。这也是这些国家的条件及其思想的必然结果。这些国家的政府，只要向全体人民提出呼吁，就差不多可以进行它想要做的事。一般说来，引起反抗的是负担轻重的不平等，而不是负担本身。

但是，由于全体公民都要服役，所以显然要出现每个人只在军队里服役为数很少几年的结果。

因此，士兵只是军队的过客便成了常规。但是，在大部分贵族制国家里，当兵却是士兵所选定或被迫接受的终生职业。

这种情况造成了一些差异很大的后果。在民主国家军队的士兵中，有些人很爱军人生活，但大多数人是被迫站到军旗下的，他们时时刻刻准备返回家园，没把从军看成严肃的任务，只想离开军队。这些人没有什么高要求，也没有染上半点儿这种职业所产生的奢望。他们当兵只是应付差事，心里总是惦念着公民生活里的利益和欲求。因此，他们不仅没有尚武精神，反而把社会上的公民精神带进军队并在军队里保持这种精神。在民主国家的军队里，这些纯朴的士兵仍然保存着公民的本色，全国的习惯对他们有最大的作用，舆论对他们有最大的影响。士兵们可以特别自诩的，正是他们把曾使人民本身受到鼓舞的爱自由和尊重权力的思想带进了民主国家的军队。贵族制国家的情形与此相反，那里的士兵到了最后已与自己的同胞毫无共同之处，与同胞们往来形同外来人，而且往往是形同敌人。

在贵族制国家的军队里，军官是保守分子，因为只有他们同市民社会保持紧密的联系，而且从不放弃迟早回到市民社会恢复其原来地位的愿望。在民主国家的军队里，保有这种联系和持有这种愿望的则是士兵，而且促使士兵如此的原因也完全相同。

不过，在民主国家军队的内部，军官们往往养成与全国人民完全不同的爱好和欲求。这种现象是不言而喻的。

在民主国家里，一个人当了军官，便与市民生活完全断绝关系。一离开市民生活，就等于永远离开，而且他也没有一点儿回去的兴趣。他的真正祖国就是军队，因为他的一切都决定于他所占的军阶。因此，他得跟着军队的命运共进退，同沉浮，把自己今后的希望完全寄托于军队。由于军官的需要与国家的需要不同，所以他可能在全国最希望安定和和平的时候锐意制造战争或进行革命活动。

但是，有些因素可以节制军官在这方面的好战和喜欢闹事的情绪。如果民主国家军队里的这种野心是每个军官都有的和持久的，则这种野心很少是强大的。出身于民族的下等阶级的人，经过在军队内部的几次晋升，终于升到军官的地位，便已经够扬眉吐气的了。他已经占据比他在市民社会的地位高得多的地位，并且取得被大部分民主国家经常认为是不可出让的权利。[①] 经过这样大的努力之后，他愿意暂时停一下，想一想如何享用已经获得的一切。由于害怕失去已经获得的东西，所以渴望获得尚未获得的东西的心情便不怎么强烈了。在克服妨害他晋升的第一个和最大的障碍之后，他便对以后的晋升之慢不那么着急了。随着军阶逐步升高，发现危险越来越大，他的野心也逐渐收缩。如果我没有说错的话，我就认为民主国家军队中最不好战和最没有革命精神的，将永远是它的高级指挥官。

我方才就军官和士兵所讲的一切，对于在所有的军队中都是介乎军官和士兵之间的那批人，即我要讲的军士阶级，并不适用。

这个在本世纪之前还未在历史上崭露头角的军士阶级，我想它今后会在历史上发生作用。

同军官一样，军士已在思想上同市民社会断绝关系；也同军官一样，军士亦把军职视为终生职业；或许还超过军官，把全部希望都寄托在这一方面。但是，他们还没有像军官那样取得较高的和

① 实际上，军官的地位在民主国家远比在其他国家有保证。少数军官主张军阶越高待遇也应越高；而多数立法者也认为，保证军官生活舒适是合理的和必要的。

稳固的地位，以便在爬到最高职位以前可以有机会暂时停止下来，舒舒服服地歇一口气。

由于军士的职务性质永远不变，所以军士们注定要过一种庸碌无名、备受限制、毫不舒适和生死难卜的生活。在他们看来，当兵只是一种危险的行当。他们只知道艰苦和服从，而这比头顶危险更难忍受。他们之所以能够忍受眼前的痛苦，是因为他们知道社会制度和军事制度能使他们将来解除这些痛苦。实际上，日久天长之后，他们也真能当上军官。这时，他们便可以发号施令了，并且得到了荣誉、独立地位、权利和享受；他们所希望得到的东西虽然大量地出现于他们的眼前，但在实际拿到手以前，他们从来不敢确信一定能拿到手。他们的军阶也不是不能更动的；他们每天都得听任其长官的摆布，军队的纪律要求他们必须这样做。犯一点小错误，或稍有越轨行为，经常能使他们立即失去费了多年心血才得到的果实。在他们熬到他们所向往的军阶以前，可以说他们没有什么成就。只是取得了军官的军阶以后，他们才好像进入了仕途。像他们这样不断受到他们的充沛精力、需要、激情、时代精神、希望和恐惧心情推进的人，不可能不燃起铤而走险的野心。

因此，军士都希望有战争，而且是永远和迫不及待地希望。如果人们反对战争，他们就希望发生使典章制度失去权威的革命，以便在革命当中利用局势的混乱和群众的政治激情把他们的长官撵下台，并取而代之。他们并不是办不到的，因为尽管他们的感情和欲求与士兵有很大不同，但他们的家庭出身和习惯却与士兵一样，从而能对士兵发生极大影响。

如果以为军官、军士和士兵的这种各不相同的对事态度只出现一个时代或一个国家，那就错了。这种现象见于一切时代和一切民主国家。

在所有民主国家的军队里，军士永远是国家和平的和有秩序的风气的最坏代表，而士兵则是这方面的最好代表。士兵会把全国民情方面的优点或缺点带进军队，将民族的面貌忠实地反映在军队里。如果一个士兵是无知的和软弱的，那他将不知不觉地和违反本意地被他的长官拉去搞叛乱。如果他是有知识的和坚强的，那他将会约束他的长官遵守秩序。

第二十四章　关于民主国家军队为什么在战争初期比其他国家军队软弱而在战争持续下去时则比其他国家军队强劲

凡是在长期的和平之后参加战争的军队，都有被击败的危险；而长期作战的军队则有很大的获胜机会。这一真理特别适用于民主国家的军队。

在贵族制国家，军职是享有特权的职业，所以在和平时期也受到尊敬。才能大、学问大和野心大的人纷纷涌向军界。军队在各方面都不低于全民族的平均水平，甚至往往高于这一水平。

我们在民主国家却看到相反的情形。在那里，民族的精英都逐渐离开军职，以便通过其他途径去谋求荣誉和权力，而尤其是财富。在长期的和平之后，再加上在民主国家和平时期长，军队的水平便经常低于全国的平均水平。参战的军队处于这种状态，对于国家和军队都有危险，直到战争使这种状态改变，危险始终存在。

我曾经说过，在民主国家的军队里和在和平时期，年资是晋升的最高的和不可改动的准则。正像我已经指出的，这不只来因于这种军队的制度，而且来因于这种国家的制度本身。因此，这种情况将会长期存在下来。

另外，由于这种国家军官在国内的一切都取决于他们在军队的地位，以及由于他们的荣华富贵全都来自这个地位，所以他们只有到死才离开或退出军界。

这两个原因对一个民主国家带来的后果是，经过长期的和平之后，它的军职人员和军队的全部指挥人员均已老迈。我所说的不仅有将军，而且包括一直没有晋升或一步一步爬上去的大部分下级军官。在你考察民主国家的军队时，你会吃惊地发现，全体士兵都是毛孩子，而所有的长官均已至垂暮之年。因此，士兵缺乏经验，而长官缺乏精力。

这是败北的主因，因为使战争顺利进行的首要条件，是要有年轻的人。如果不是近代的一位最伟大的统帅指出过这一点，我是不敢这样说的。

这两个因素对贵族制国家的军队就不是这样发生作用的。

因为在贵族制国家的军队中，晋升的主要依据是家庭出身而不是年资，所以在每个军阶中都有一些年轻人，他们把人的最充沛体力和精力全都带进了战争。

另外，在贵族制国家谋求军事荣誉的人，都在市民社会里拥有不愁温饱的地位，所以很少有人在快到年老的时候才离开军队。他们把精力最充沛的年华献给军事生涯之后便自动退休，回乡去安享余年。

长期的和平不仅使民主国家的军队充满了年老的军官，而且使所有的军官在身心方面养成了不适于作战的习惯。长期生活在民主的温文尔雅习俗气氛中的人，一打仗就难以适应战争所要求的艰苦工作和严峻义务。如果他还没有失去担任军职的兴趣，那他至少要养成妨碍他取得战争胜利的生活方式。

在贵族制国家，市民生活的懒散作风对军队风纪影响不大，因为在这种国家里，指挥军队的都是贵族。应该知道，一个贵族，尽管他在过着荣华富贵的生活，但除追求这种幸福以外，他总是还有其他一些追求，而且为了充分满足这些追求，他可以自愿地暂时牺牲他的幸福。(E)

我曾经指出，在民主国家处于和平时期，军阶的晋升是极慢的。起初，军官们对这种情况表示无法容忍。于是，他们闹事，牢骚满腹，心灰意冷。但是，经过一段时间之后，其中的大部分人迁就下去。野心大和有办法的人离开了军队。其余的人终于使自己的爱好和欲求适应他们的比上不足比下有余的命运，以市民的眼光来看待军职。在他们看来，军职的最可贵处，就是它能给他们带来舒适和安定。他们把未来的设想都寄托于这一小点儿有保障的收入上，一生只要求能够平平安安地享受就行了。

因此，长期的和平不仅使民主国家的军队充满了年老的军官，而且常常把老年人的习气输送到还是年轻力壮的军官中去。

我也曾指出，在民主国家处于和平时期，军职并没有多大荣誉，不太有人追求。

公众的这种轻视态度，是压在军人头上的一块又重又大的石头。士气好像被它压扁了，但在战争终于爆发的时候，士气又能立即恢复它的弹力和活力。

挫败士气的这种原因，却不见于贵族制国家的军队。无论是军官还是他们的同胞，都从来没有认为军官是低下的，因为除了他们的军队伟大以外，他们本人也是伟大的。

即使和平对这两种军队发生相同的影响，其结果还是不同的。

当贵族制国家军队的军官失去战斗意志和不愿意靠军职发迹的时候，他们仍会尊重本阶级的荣誉和身先士卒的古老习惯。但是，如果民主国家军队的军官不再爱好战争和不再希望利用军职向上爬，他们就什么好的东西也保存不下来。

因此，我认为民主国家在长期和平之后参加战争，其被打败的危险要特别大于其他国家。但是，它不会因为败北而轻易气馁，因为战争越持久，它的军队的胜利机会越大。

当战争拖长而使全体公民不能从事和平劳动和破坏他们的小小事业时，他们就会把珍视和平的热情转向支持战争。战争使一切事业遭到破坏之后，它本身就成为一个独一无二的巨大事业。于是，平等所产生的一切热烈的和奋进的激情，便全部集中到战争方面来。这就是为什么甚至很难发动人民奔赴战场的民主国家，一旦让人民拿起武器，有时会在战场上取得惊人成就的原因。

随着战争逐渐将所有人的视线吸引到军队方面来，和军队在短期内就举国闻名并创造出巨大财富，全国的精英便纷纷从戎。这时，被军队吸引去的天生具有进取心和勇敢而好斗的人，已经不是像在贵族制国家那样只来自贵族，而是来自全国了。

由于竞争军事荣誉的人很多，而且战争又在迫使每个人发挥其应有的才智，所以不断涌现出一些伟大的将领。长期的战争对民主国家军队发生的作用，犹如革命对民主国家人民发生的作用。它打破常规，使一切出类拔萃的人脱颖而出。在和平时期就已年老体衰的军官离开军队、退休或死去。一批在战争中壮大起来的青年人接替了他们的职位。这些年轻人满怀激情，坚持把战争打下去。他们不惜一切代价力求晋升，而且实际上也在不断晋升。在他们身后，还有一批与他们怀有同样心情和同样欲求的年轻人。而在这批人之后，还有另一批人。只要军队没有限制，这样的人将会一批接着一批涌现。平等使每个人产生奋进之心，而死亡又在为各种奋进之心提供机会。死亡不断使各级军官减员，制造遗缺，既为晋升开门，又为晋升关门。

在军人的习性和民主国家人民的习性之间，还存在一种只有在战时才显露出来的隐秘关系。

民主国家的人，有一种渴望迅速得到所希冀的东西，然后快快活活地加以享受的本性。其中大部分人崇拜冒险，怕死不如怕穷。他们就是在这种精神的支配之下从事工商业的。他们也把这种精神搬到战场，甘愿冒生命的危险，以在瞬间取得胜利。最能满足民主国家人民幻想的伟大，就是在战场上能使他们大放异彩而且只消冒生命之危险就可突然得到的伟大。

因此，民主国家人民的利益和爱好使他们离开战争，而他们的思想习惯却使他们能打好战争；只要能够把他们从他们的事业和舒适生活的圈子里拉出来，他们便可以容易变成好士兵。

如果说和平对民主国家的军队特别有害，那么，战争却可以保证它得到其他任何军队所没有得过的好处。尽管这种好处起初不太明显，但随着战争的持久，可能由此取胜。

一个贵族制国家在同一个民主国家交战时，如不在最初的几个回合摧毁对方，就大有被对方打败的危险。

第二十五章　关于民主国家军队的纪律

一个非常流行的观点认为，在民主国家中占有统治地位的广泛社会平等，久而久之将使士兵不听军官的指挥，并由此破坏纪律的约束。贵族制国家的人民尤其认为如此。

这种观点是不正确的。实际上有两种纪律，切不可混淆。

当军官是贵族、士兵是农奴时，即当前者富后者穷、前者聪明能干后者愚昧无能时，两者之间容易建立最严格的服从关系。可以说，士兵在入伍之前就已服从军队纪律了，或者不如说，军队纪律不过是社会奴役的臻善。在贵族制国家的军队里，士兵很快就会变成除了长官的命令以外对什么事都茫无所知的人。他虽在行动但无思想，打胜了仗也不表示高兴，被打死了也无怨言。在这种状态下，他已经不是一个人，而是一个被训练去打仗的最可怕动物。

民主国家一旦看到它的士兵也染上贵族制国家可以轻易加于其士兵身上的那种分毫不差、服服帖帖、千篇一律的盲目服从的习惯，它一定感到失望。民主国家的社会情况不会使士兵如此，而民主国家要想人为地使士兵养成这种习惯，则有丧失其固有优点的危险。在民主国家里，军队纪律不应当试图取消精神的自由发展，而只能设法引导精神的自由发展。军队纪律规定的服从并不十分周密，但很粗野和很简明。这种服从以服从者的意志本身为基础，它不仅取决于服从者的本能，而且取决于他的理智。因此，当危险的情况使服从成为必要的时候，服从者往往会自动严格服从。贵族制国家军队的纪律在战争中容易松弛，因为这种纪律是以习惯为基础的，而战争可以打乱这些习惯。相反，民主国家军队的纪律在大敌当前的时候可以自动加强，因为每个士兵这时都非常清楚，为了能够取胜，他必须毫不反抗，严格服从。

依靠战争来完成宏伟事业的国家，只知道我所讲的纪律。在古代的国家里，军队只征自由人和公民入伍，他们彼此之间无大差别，惯于平等对待。从这一点来说，可以说古代国家的军队是民主的——虽然它的成员都来自贵族内部。因此，在军队里，官兵之间情同手足。读完普卢塔克的《名人传》，你自会相信这一点。士兵们经常向他们的将军们提意见，而且可以无话不说；将军们也愿意倾听他们的士兵的意见，而且有问必答。将军们通过谈话和示范来领导士兵，要比利用管束和惩罚好得多。可以说将军既是士兵的伙伴，又是士兵的长官。

我不知道希腊和罗马的士兵是不是也曾像现在的俄国士兵那样一丝不苟地遵守军队纪律，但我知道这并没有妨碍亚历山大征服亚洲和罗马征服世界。

第二十六章　略述民主社会里的战争

当平等的原则不仅在一个国家发展，而且像在今天的欧洲这样，在相邻的几个国家同时发展时，居住在这些不同国家的人，尽管语言、习惯和法制不同，但在都怕战争和都爱和平这一点上是一致的。① 野心和愤怒武装各国君主也没有用处；人民普遍持有的那种漠不关心和袖手旁观的态度，使君主们情不自愿地消下气来，丢下手中的宝剑。于是，战争越来越少了。

随着平等在几个国家同时发展和这些国家的居民一起涌向工商业，不仅他们的爱好日趋一致，而且他们的利益也逐渐交融了。因此，任何一个国家加于他国的危害都不能不弹回到自己身上来，从而使人认识到战争是一种对战胜国和战败国来说损害差不多相等的灾难。

因此，在民主时代，一方面是难以把各国都拉进战争，另一方面是几乎不可能只有两个国家交战而不牵涉其他国家。各国的利

① 我认为，我不必向读者指出，欧洲各国对战争表示的恐怖心，并不完全来自于平等在这些国家得到了发展。除了这个经常在发生作用的原因以外，还有几个十分强大的偶然原因。其中，我首先要指出的是，法国大革命战争和拿破仑战争所留下的满目疮痍。

益互相交织，它们的意见和需要也彼此相同，所以一个国家一有风吹草动，其他所有国家也无法保持安宁。因此，战争越来越少，而一旦爆发战争，战场必将越来越扩大。

一些相邻的民主国家，不仅像我方才所说的在某些方面变得相似，而且最终达到在几乎所有方面的共同。②

而且，国家之间的这种相似，对于战争具有重大影响。

当我寻思为什么15世纪的瑞士联邦曾使欧洲的一些强大国家发抖，而现今瑞士的国力则完全与它的人口数成正比时，我发现瑞士人已变得同邻国人一样，而邻国人也变得同瑞士人一样，所以瑞士现与邻国的差别只是人口的多寡，而能多派兵的国家必然胜利。因此，欧洲发生的民主革命的后果之一，就是人们重视战场上的兵

② 这不仅是由于各国有了相同的社会情况，而且是由于这样的社会情况自然促使人们互相模仿和融合所使然。

当公民们被分成数个等级或阶级时，公民们不但彼此各不相同，而且不愿意和不希望达到相同；恰恰相反，每个公民都越来越设法保持自己的观点和习惯，维持原样不动。个性的精神非常强韧。

当一个国家具有民主的社会情况时，即在这个国家内部没有等级或阶级之分，所有公民在文化和财产方面接近平等时，人的精神就将朝相反的方向发展。人们变得相似，几乎可以说如不相似，他们会感到痛苦。他们不想保存那些仍然会使彼此有别的东西，而只要求放弃这些东西，以便使自己融入共同的群众集体。在他们看来，只有这个集体能够代表权利和力量。个性的精神几乎消失。

在贵族制时代，甚至本来相同的人们也想在彼此之间建立起想象中的差别。在民主制时代，甚至本来不同的人们也极希望彼此变得相同和互相模仿，因为每个人的精神经常被全人类的前进运动所吸引。

类似的现象也见于国家之间。两个具有同样的贵族性社会情况的国家之间，可能始终保持非常明显的极大差异，因为贵族制的精神在于发挥个性；但是，两个具有同样的民主性社会情况的相邻国家，很快就会采取同样的观点和习俗，因为民主制的精神要求人们同化。

力优势，强迫所有小国合并于大国，或至少参加大国的势力范围。

由于胜利的决定性因素是兵力，所以每个国家都竭尽全力把尽可能多的兵员派赴战场。

在部队里可以有像瑞士的步兵和16世纪法国的骑兵那样的比其他兵种精锐的兵种的时代，人们认为没有必要征集大量的兵员；但是，到了每个士兵的力量都相差无几的时代，情况就不同了。

新需要的产生原因，也为满足需要提供了手段，因为正如我已经指出的，当人人都一样的时候，人人也就都成了弱者。在民主国家，社会权力自然大大强于其他国家。这种国家在想要召集全体成年男子入伍时，也有能力办到。因此，在平等时代，人们的尚武精神虽已减弱，但军队的规模却在扩大。

在这样的时代，作战的方法也由于同样的原因而发生变化。

马基雅维里在其《君主论》里写道："征服以一个君主及其诸侯为首领的国家，要比征服由一个君主及其奴隶治理的国家困难得多。"* 为了不侮辱人，我们不妨将"奴隶"改为"公仆"。这样，我们就可以得到一个完全可以用在我们讨论的问题上的伟大真理。

一个贵族制大国，征服它的邻国或被其征服，都是极其困难的。它之所以不能征服邻国，是因为它不能集结全国的力量并在集结之后长期保持下去；它之所以不能被邻国征服，是因为敌人会到处遇到许多小防御据点，阻止它前进。在贵族制国家里作战犹如在山地里作战，战败者随时可以转入新的阵地固守。

* 〔这是对马基雅维里的一段话的节译。参阅马基雅维里：《君主论》，万人文库版，第78页。〕

在民主国家，情况就完全相反。

民主国家容易把可用的全部兵力投入战场，而如果它很富庶并且人多，则很容易成为征服者。而一旦它遭到侵略，敌人深入它的国土，它的御敌办法就不多了。如果敌人占领了它的首都，国家就灭亡了。这个道理非常清楚：在民主国家，每个公民都是各自孤立的，非常软弱，谁也无力自卫，不能支援他人。在民主国家里，只有国家的力量强大。国家的军事力量一旦因为军队被击溃而消失，行政的力量由于首都被占领而瘫痪，而所剩下的只是一伙没有组织和没有力量的群众，他们不能抗击有组织的入侵力量。我知道，使地方享有自由，并由此建立地方政权，可能减少这种危险，但这种办法经常是作用不大的。

这时，不但人民不再可能继续进行战斗，而且恐怕他们连这个想法都没有了。

根据文明国家所承认的国际法，战争的目的不在于掠夺私人的财产，而只在于占有政治权力。只是为了达到下一步目的，才偶尔破坏私人财产。

当贵族制国家因军队败北而被敌军入侵时，贵族虽然身为富人，也宁愿单独继续抵抗而不投降，因为入侵者一旦成为他们国家的主人，就会把他们的政治权力拿走，而他们重视政治权力甚于重视财产。因此，他们宁愿继续战斗，而不接受对他们来说是最大不幸的征服。而且，他们容易把人民组织起来，因为人民长期以来已经惯于跟随和服从他们，在战争中几乎没有什么可怕损失的。

反之，在身份平等占有支配地位的国家，每个公民只有很少一点政治权力，而且往往一点也没有；另一方面，人人都是独立的，并有财产可能受到损失。因此，他们不像贵族制国家的人民那样怕被征服甚于怕战争。当战火已经蔓延到民主国家的国土时，也很难判断它的人民会不会拿起武器。因此，必须给予这种国家的人以政治权利和政治意识，以使每个公民觉得自己也享有曾对贵族制国家的贵族起过鼓舞作用的某些权益。

民主国家的君主和其他首领们必须时时提醒自己注意的是：只有热爱自由的激情和习惯才能最有效地抵制追求享受的习惯和激情。我认为，再没有比不以自由为基础的民主国家在战败时最好投降的了。

以前，在战场上双方的兵力都不太多，交战时也是小规模的战斗，或进行长期的围攻。现在，一交战就是大规模的战斗，只要前进的道路无阻，就一直挺进到敌方的首都，以期一举结束战争。

据说，是拿破仑发明了这套新战术。只依靠一个人的力量是创造不出这种发明的，而不管他是什么人。拿破仑采用的战术，是当时的社会情况提示给他的。他使用这种战术所以成功，是因为这种战术特别适应当时的社会情况，因为他首次将这种战术应用于战争。拿破仑是第一个率军长驱直入由这个国家首都打到另一个国家首都的人。但是，为他打开这条道路的，实际上是封建社会的崩溃。我们可以设想，这位非凡人物如果生在300年前，他是不会使他的战术产生这样效果的，或者说他将采用另一种战术。

我只想就内战问题再说几句，因为我害怕读者不耐其烦。

我就对外战争所述的一切，大部分也有充分理由适用于内战。生活在民主国家的人，天生就没有尚武精神。他们在被迫上战场的时候，有时也有点这种精神。但是，根据自己的意志大家一起奔赴战场，自愿忍受战争的风险，尤其是内战的风险，绝不是民主国家的人想要采取的行动。只有最喜欢冒险的人，才会同意去冒这种危险。民主国家的大部分群众是不会采取行动的。

甚至在人民愿意行动的时候，也不是容易行动起来的，因为他们在国内已经找不到他们准备服从的早已确立的悠久权威，没有已被公认的领袖来团结、统帅和指挥希望起来行动的人，没有在国家政权领导下的政治力量去有效地支持政府进行抵抗。

在民主国家里，多数的精神力量是巨大的，而多数拥有的物质力量，也是为了抵制它而首先可以联合起来的力量所无法比的。因此，坐在多数的席位上以多数的名义和利用多数的权力发言的党派，可以毫不费力地转瞬之间打败所有的个别抵抗。这些党派甚至不让个别抵抗出生，在孕育期间就把它掐死。

因此，在这样的国家里，凡是想以武力进行革命的人，除了出其不意地占领政府的全部机关，别无其他办法。为了能够达到这个目的，最好使用政变的办法，而不发动战争，因为一旦进行正规战争，胜利者几乎准是代表政府的党派。

只有在军队分成两派，一派举起叛旗，另一派继续效忠政府的时候，才有可能发生内战。军队本身就是一个小社会，组织严密，有强大的生命力，能在一定的期间内自给自足。战争可能流血，但不会进行很久，因为叛军一显示武力，或经过初战的胜利，就能控制政府，于是战争随之结束；或者最好是因为战争一开始，没有得到政府的有组织的力量支持的那一派军队很快就自行瓦解或被消灭。

因此，可以把内战在平等时代将会非常稀少和非常短促视为普遍真理。③

③　当然，我在这里是就单一的民主国家说的，而不是就联邦制民主国家说的。在联邦里，尽管有法律的规定，但大权总是留在成员政府，而不在联邦政府，所以这里的内战不过是变相的对外战争。

第六部分

关于民主的思想和感情对政治社会的影响

阐述平等所激发的思想和感情之后，如不说明这些感情和思想对人类社会的政治管理可能发生哪些一般影响，我就没有很好地完成本书的任务。

为了达到这一目的，我必须经常回到已经走过的路上去。但我希望，当读者沿着已经熟悉的道路走向某一真理的时候，请不要停下来不再跟着我走。

第一章　平等自然使人爱好自由制度

使人各自独立的平等，也使人养成只按自己的意志进行个人活动的习惯和爱好。人在与自己相等的人往来当中和作为个人的生活习惯而永远享有的这样完全独立，使人对一切权威投以不满的目光，并很快激起关于政治自由的思想和对于政治自由的爱好。因此，生活在这个时代的人，都沿着一种引导他们走向自由制度的自然趋势前进。请你随便找一个人问一问，如果可能，你再研究他的最主要本能，你会发现在各种各样的政府中，他首先考虑的和给予最高评价的政府，是由他选举首脑并由他监督首脑行动的政府。

在身份平等所产生的一切政治效果中，首先引起人们注目的和使胆怯的人最害怕的，就是对独立的这种热爱。我们不能说这种恐惧是完全错误的，因为无政府状态出现在民主国家比在其他国家更令人害怕。由于公民之间没有任何直接影响，所以一旦使公民们各得其所的国家政权不复存在，混乱状态就必然立即达到顶峰，公民们各自东西，社会组织马上化为灰烬。

但是，我深信无政府状态并不是民主时代应当害怕的弊端，而是最不值得害怕的弊端。

实际上，平等可产生两种倾向：一种倾向是使人们径自独立，并且可能使人们立即陷入无政府状态；另一种倾向是使人们沿着一条漫长的、隐而不现的，但确实存在的道路走上被奴役的状态。

人民容易看清第一种倾向，并加以抵制；而对于第二种倾向，则由于发现不了而误入歧途。因此，提醒人们注意勿误入歧途是特别重要的。

至于我，绝不因为平等鼓吹不服从而非难平等，而主要是因为它鼓吹不服从而称赞它。我之所以赞美平等，是因为它使我看到它把关于政治独立的模糊观念和本能的冲动植入每个人的心灵深处，并由此提供了纠正它所产生的弊端的办法。正是由于这一点，我才爱慕平等。

第二章 民主国家关于政府的观点自然有利于中央集权

关于在君主和臣民之间存有次级权力的观点，自然浮现于贵族制国家人民的脑际，因为这种权力是某些个人或家庭觉得自己的出身、文化和财产高于他人或家庭而应当拥有的，而且这种个人和家庭似乎认为自己生来就是指挥他人的。平等时代的人的头脑里，由于与此相反的理由而自然不存在这种观点。只能人为地将这种观点引进平等时代，而且只有付出极大的努力才能使其保存下去；但是，民主时代的人，可以说不用深思就会想出关于政府亲自直接领导全体公民的单一的中央权力的观念。

另外，在政治方面，也同在哲学和宗教方面一样，民主国家人民的头脑喜欢接受简明的一般观念。他们厌恶复杂的制度，认为一个大国由同一模式的公民组成和由一个权力当局领导最好。

在平等时代，人们的思想产生单一的中央权力的观念之后，自然又要产生关于统一的立法的观念。由于每个人都觉得自己与他人没有多大差别，所以很难理解应用于一个人的法规为什么不能同等地应用于其他一切人。因此，哪怕是微不足道的特权，他们都从理性上感到可憎；同一国家的政治制度上的最微小差异，也使他们感到不快；在他们看来，立法的统一是一个好政府的首要条件。

反之，在贵族制时代，人的思想却认为这种对全体社会成员同等地实行统一的法制的观点是不可思议的，人们不是拒绝接受它便是抛弃它。

这两种互相对立的思想倾向，最终都变成盲目的本能和无法克服的习惯，以致除了个别情况外，它们至今仍在支配人们的行动。尽管中世纪各国的情况悬殊，有时各国也有一些完全相同的个人，但这并未妨碍各国的立法者对其中的每个人规定不同的义务和相异的权利。反之，在我们今天这个时代，一些国家的政府却竭尽全力将同样的习惯和同样的法律加于还没有变得相同的全体居民身上。

随着身份在一个国家实现平等，个人便显得日益弱小，而社会却显得日益强大。或者说，每个公民都变得与其他一切公民相同，消失在群众之中，除了人民本身的高大宏伟的形象以外，什么也见不到了。

这自然要使民主时代的人产生认为社会的特权是极其高尚的，而个人的权利则是非常低卑的见解。他们容易承认社会的利益是全体的利益，而个人的利益不足挂齿。他们也相当愿意承认，代表社会的权力比每个社会成员有知识和高明得多，它的义务和权利就是亲自引导和领导每个公民。

要是稍微仔细研究一下我们的同时代人，并探究他们的政治见解的根源，便会发现他们有我方才所述的观念中的某几个观念，并为发现见解经常不一致的人们中间竟有如此一致而感到吃惊。

美国人认为，在每个州里，社会的权力都应当直接来自人民；但是，这项权力一旦依法设立，可以说谁都不会认为它是有限的，而心甘情愿承认它有权力去做一切。

至于赋予城市、家庭或个人以个别特权的问题，他们甚至已经忘却了这种观念。他们的头脑里从来没有想过可以不把同样的法律统一地用于国内的各地和全体居民。

这样一些见解正在欧洲逐渐传播，甚至渗入最强烈反对人民主权学说的国家。这些国家的权力来源与美国的不同，但对权力的特点的看法却与美国的一样。在所有国家，中间权力的观念已经稀薄和逐渐消失。关于特定的个人生来就有权利的思想，正迅速从人们的头脑里消失，并将被关于社会具有无上权威，即所谓唯一权威的思想所取代。后一种思想正随身份日益平等和人们日益相同而在生根和发展。平等使这种思想产生，而这种思想又反过来加速平等的发展。

在法国，我所讲的革命比欧洲其他任何国家都先进，所以这种思想已经完全深入人们的头脑。如果我们仔细听一听我国各政党的主张，就会发现没有一个政党不接受这种思想。大部分政党指责政府，说它工作得不好；但所有的政党都认为政府应当继续工作下去并参与一切活动。甚至那些激烈反对政府的人，在这一点上也是意见一致的。社会权力的单一性、遍在性和全能性，以及法制的统一性，是在我们这个时代产生的各种政治制度的显著特点。在各种千奇百怪的无政府主义思想的深处，也可以发现这些特点。人在做梦的时候都在幻想这些东西。

如果说一般人的头脑都能自发地浮现这种思想，那么，它会更容易地出现于君主们的想象之中。

欧洲的旧社会情况正在变化和消失，而君主们对于他们的权能和责任也在产生新的认识。他们初次知道，他们所代表的中央权力可以而且应当按照统一的计划亲自管理国家的一切事务和所有的人。我敢说这种见解在我们这个时代以前是欧洲的国王们从来没有过的，而现在却日益深入这些君主的脑海。其他所有的见解都摇摇欲坠，只有它固若磐石。

因此，我们这个时代的人，并不像人们所想象的那样意见分歧。他们虽在不断争论主权应当属谁所有，但对主权的责任和权利却容易取得一致意见。所有的人都把政府想象为一种唯一无二的、奉天承运的、具有创造力的权力。

政治方面的所有次要思想都是变化无常的，只有上述的思想是固定不变的和本身长存的。政论家和政治家都接受这个思想，群众也积极拥护。统治者和被统治者都同样地热烈追求它。它虽然现在才出现，但却好像由来已久。

因此，它不是人的精神任意形成的，而是人类的现实情况和自然要求。(F)

第三章　民主国家人民的感情和思想一致引导他们走向中央集权

如果说在平等时代人们容易接受关于建立强大的中央政权的思想，那么，另一方面也不应当怀疑，他们的习惯和感情已经事先承认了这样的政权。现在只用几句话就可以说明这一点，因为大部分理由已在前面讲过了。

居住在民主国家的人没有高低之分，没有经常的和不可缺少的伙伴，所以他们愿意自我反省，并进行独立思考。我在讨论个人主义时曾经详细地谈过这一点。

因此，这些人从不使自己的注意力离开个人的事业而去操劳公事。他们的自然倾向，是把公事交给集体利益的唯一的大家都可看得见的永久存在的代表去管理。这个代表就是国家。

他们不但天生不爱管理公事，而且往往没有时间去管理。在民主时代，个人生活极其忙碌，欲求很大，工作很多，以致每个人几乎没有精力和余暇去从事政治活动。

我绝不认为这种倾向是不可克服的，因为我写此书的主要目的就是同这种倾向进行斗争。我只认为，在我们这个时代，有一种隐秘的力量在不断促使这种倾向于人心中滋长，要不立即加以阻止，就会占据人心。

我也曾指出，日益增强的喜欢享受之心和财产的不动产化趋势，使民主国家的人民害怕财物遭受损失。爱好社会安宁之心，是民主国家人民现在所保存的唯一政治激情，并随着其他激情的减弱和消失而更加积极和强大。这自然使公民们将一些新的权利赋予或让给中央政权，认为只有中央政权才有兴趣和办法保卫自己，从而使他们免遭无政府状态的侵害。

在平等时代，人人都没有援助他人的义务，人人也没有要求他人支援的权利，所以每个人既是独立的又是软弱无援的。这两种既不能分开而论又不能混为一谈的情况，使民主国家的公民具有了十分矛盾的性格。他们的独立性，使他们在与自己平等的人们往来时充满自信心和自豪感；而他们的软弱无力，又有时使他们感到需要他人的支援，但他们却不能指望任何人给予他们以援助，因为大家都是软弱的和冷漠的。迫于这种困境，他们自然将视线转向那个在这种普遍感到无能为力的情况下唯一能够超然屹立的伟大存在。他们的需要，尤其是他们的欲求，不断地把他们引向这个伟大存在；最后，他们终于把这个存在视为补救个人的弱点的唯一的和必要的靠山。①

① 在民主社会里，只有中央政权是地位比较稳定和活动比较恒定的存在。全体公民都在不断变动其活动场所和改变自己的处境。但是，所有的政府都有继续扩大自己的活动范围的本性。因此，久而久之，政府几乎是不能不获得成功，因为它以固定的思想和坚定的意志影响地位、观点和欲求每天都在改变的人民。

公民往往无意之中帮助了政府。

民主世纪是实验、改革和冒险的时代，经常有成千上万的人独自进行艰巨的或新颖的事业，而不受他人的干预。这些人主张，作为一项普遍的原则，国家权力不应当干涉私人事业；但是，作为一项例外，他们每个人都希望政府对他们进行的特殊事业给予援助和指导，同时又想限制政府对他们进行其他一切干预。

由于成千上万的人同时对他们进行的不同事业都有这样的看法，所以尽管每个人都想限制中央政权的活动，但中央政权的活动范围却日益扩大。因此，民主政府只是由于它能持久就扩大了它的职权。时间对它有利，每个事件都在促其成长，个人的激情也在不知不觉之中协助它。因此，可以说民主社会越是长期存在下去，其政府越要中央集权化。

由此可以理解民主国家经常发生的现象：人们一面抗上，一面又能忍受长官的支使，他们既傲慢又屈从。

随着特权逐渐减少和缩小，人们对特权的憎恶反而日益加强，所以可以说民主的激情甚至在动因最小的时候反而更加猛烈。我在前面已经说明过这种现象的原因。当身份极不平等的时候，最大的不平等也不刺眼；而在人人都划一的时候，一小点差异也会引起不快；随着划一日臻完善，这种不快感将更加使人难以忍受。因此，爱平等的热情将随着平等本身的发展而不断加强，而在这种热情得到满足的时候又促进了平等发展，乃是自然而然的。

使民主国家人民反对一切特权的这种日益炽烈的永存憎恶，特别有利于一切政治权利逐步集中于国家的唯一代表手里。地位必然和无可争议地高于全体公民的国家元首不会引起公民们的嫉妒，因为每个公民都认为与他平等的人可以取消他们从国家元首那里取得的任何特权。

民主时代的人十分讨厌服从与自己平等的邻人的指点，不承认邻人在智力上高于自己，不相信邻人正直，嫉妒邻人的权势，既害怕邻人又瞧不起邻人，喜欢让邻人时时刻刻感到他们双方是属于同一个主人管辖的。

顺应这些自然本性的各项中央权力，都喜欢和鼓励平等，因为平等特别便于中央行使权力，使中央扩大和巩固权力。

也可以说一切中央政府都崇拜划一，划一可使政府不必为制定无数的细则而操劳；如果不对所有的人规定同一制度，而对不同人采用不同的制度，则必规定这些细则。因此，政府是爱公民之所爱，并且自然是恨公民之所恨。这种感情一致的共同体，在民主国家不断将每个公民和国家元首结合在同一思想之下，并在两者之间建立起隐秘的和恒久的同情。由于公民和政府的爱好相同，公民原谅政府的缺点；只有政府做得太过分或犯错误，公民才会不信任政府；但只要政府改正错误，就可以恢复公民对它的信任。民主国家的人民虽然往往憎恨中央政权的专制，但他们对于这个政权本身始终是爱护的。

这样，我便从两条不同的道路达到同一目的地。我在前面指出，平等使人产生了关于单一的、划一的和强大的政府的思想；我现在又使读者看到，平等使人们喜爱了这样的政府，以致现今的各国都力求建立这样的政府。思想和感情的自然倾向，都在引导人们向这个方面迈进。只要不加阻止，人们就可以达到目的地。

我认为，在展现于眼前的民主时代，个人独立和地方自由将永远是艺术作品，而中央集权化则是政府的自然趋势。* （G）

* 这段话是托克维尔的政治哲学的最精彩概括。——法文版编者

第四章　导致民主国家走上中央集权或避免中央集权的若干特殊的和偶然的原因

如果所有的民主国家都本能地趋向中央集权，那它们也要采用不同的方式。这取决于该国的特殊条件是可以促进或阻止社会情况的自然发展。这种特殊条件为数极多，我只想叙述其一二。

在获得身份平等以前长期生活于自由之中的人民那里，自由所赋予的本性与平等所造成的倾向之间有一定的冲突。尽管中央政权在他们当中提高了自己的特权地位，但他们作为个人却是永远不会放弃其独立的。

但是，当平等在一个从来不知道或长期以来不知道自由为何物的国家里（比如像在欧洲大陆人们所见到的那样）发展起来的时候，民族的古老习惯就要突然通过某种自然的吸引力而与社会情况造成的新习惯和新信念结合起来，以致所有的权力都好像自动趋向中央。这些权力以惊人的速度集聚于中央，国家立刻达到其强大的极限，而个人随即被推到其弱小的最后界限。

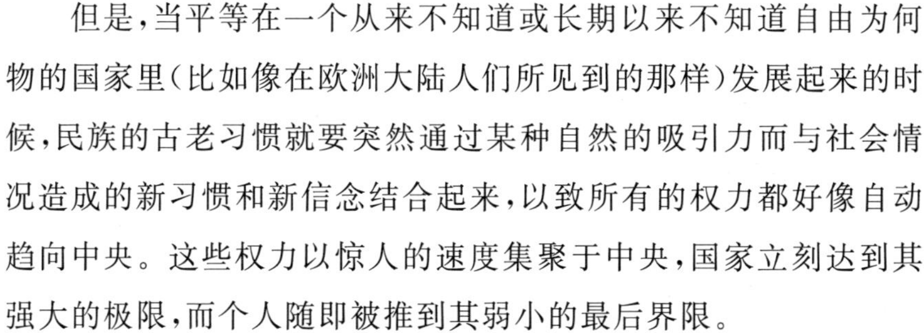

二百多年前来到新大陆的荒漠建立民主社会的英国人，在他们的母国已经养成参与公共事务的习惯。他们知道陪审制度，他们享过言论自由、出版自由和人身自由，他们具有权利观念和行使

权利的习惯。他们把这些自由制度和刚毅的民情带到美洲，并用这些东西抵制政府对他们的侵犯。

因此，在美国人那里，自由是早已就存在了的，而平等则是比较晚近的。欧洲的情形与此相反。在欧洲，平等是由专制王权引进的，而且在国王看来，在自由进入人民的思想很久以前，平等早已深入人民的习惯。*

我已经说过，在民主国家，人们认为政府是统一的中央政权的当然代表，他们不知道什么是中间权力。这一点，对于借助暴力革命而使平等原则获得胜利的民主国家尤其适用。革命的暴风骤雨把那些管理地方事务的阶级一扫而光，而剩下来的芸芸众生既无组织，又无可以管好自己事务的习惯，所以人们认为只有国家才能负起管理一切政务工作的重任。结果，中央集权成了一种必然的事实。

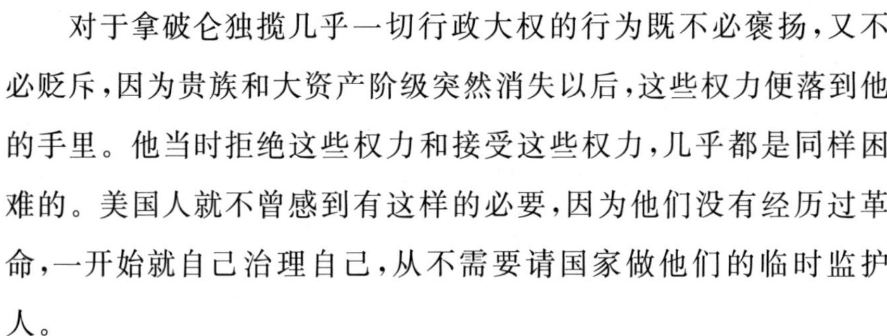

对于拿破仑独揽几乎一切行政大权的行为既不必褒扬，又不必贬斥，因为贵族和大资产阶级突然消失以后，这些权力便落到他的手里。他当时拒绝这些权力和接受这些权力，几乎都是同样困难的。美国人就不曾感到有这样的必要，因为他们没有经历过革命，一开始就自己治理自己，从不需要请国家做他们的临时监护人。

因此，中央集权在民主国家的发展，不仅以平等的进展为转移，而且要看这种平等是以什么方式建立起来的。

---

* 上一段和这一段对美国、英国和法国的社会结构的各个方面进行了社会学的比较。——法文版编者

在一场民主大革命开始的时候，或在不同的阶级之间刚刚展开斗争的时候，人民都极想把全国的行政权集中到中央政府手里，以把地方事务的领导权从贵族手中夺过来。而在这样的革命接近尾声的时候，被打败的贵族一般都愿意把一切事务的领导权交给国家，因为他们害怕变得已与他们平等而且往往是变成了他们的主人的人民实行小小的暴政。

由此可见，力图加强政府特权的往往并不是同一个公民阶级，但只要民主革命继续进行下去，国内总要出现一个在人数上或财富上强大的阶级，它出于同民主国家一般具有的那种经常憎恶被邻国统治的感情完全无关的特殊心理和自身利益，极欲把国家的管理大权集于中央。我们可以看到，目前英国的下层阶级正竭力取消地方的独立而将各地的行政权转归中央，而上层阶级则试图把地方的行政权保留在原来的主管人手里。我敢预言，总有一天会出现完全相反的情景。

以上所述可以使人们清楚地了解：为什么社会权利在经过人民的长期而艰苦的奋斗之后获得平等的民主国家里总要比在公民们一开始就总是平等的民主社会里强大，而个人的权利在前者总要比在后者软弱。美国人的例子就是这方面的明证。

美国的居民从未按特权分成几等，他们从来不知道主人与仆人的依赖关系。由于他们既不彼此害怕，又不相互憎恨，所以从来不知道有必要请求最高当局来指导他们的活动的细节。美国人的命运是特殊的：他们从英国的贵族那里取来了关于个人权利的思想和地方自由的爱好，并能把两者保全下来，因为他们用不着同贵族进行斗争。

如果说教育在任何时候都有助于人们维护自己的独立，那么，在民主时代这个说法尤其是真理。当人们全都相同的时候，便容易建立起一个单一的和全能的政府，而且只凭本能就可以做到这一点。但是，需要人们具备丰富的学识和技能，以便在这种环境下组织和维持次级权力，以及在公民都是独立而个人又都是软弱无力的条件下建立既可以反抗暴政又可以维持秩序的自由社团。

因此，中央集权和个人服从在民主国家不仅随平等的普及而增强，而且随公民的开化而增强。

不错，在不太开化的时代，政府经常缺乏知识去完善其专制统治，而人民也同样缺乏知识去摆脱专制。但是，两者的后果并不相同。

无论民主国家的人民多么幼稚，统治他们的中央政权从来不会没有一点知识，因为它容易从全国汲取它所发现的少量知识，而且必要时它可以到国外去寻找知识。因此，在一个既愚昧又民主的国家里，国家首脑和每个被统治者之间的巨大智力差距，便不能不立即暴露出来。这便容易使一切权力集中到国家首脑手里。国家的行政权力将不断扩大，因为只有国家能够胜任行政管理工作。

贵族制国家，不管你把它想得多么不开化，它也永远不会出现这种情况，因为在贵族制国家里除了君主以外，一些主要的公民也受过教育。

如今统治埃及的帕夏发现他的人民至为愚昧和极为平等，于是便从欧洲学来统治其人民的知识和经验。君主的个人学识一与臣民的愚昧和民主弱点结合，中央集权便将无限加强，而君主也就可以把国家变成他的工厂，把臣民变成他的工人。

我认为极端的中央集权最后会使社会失去活力，久而久之，还会使政府本身软弱无能。但是，我并不否认集权的社会力量在一定时期和特定场所可以容易实现巨大的事业。对于战争来说，这一点尤其是真理，因为战争的胜负主要取决于将全国资源迅速地投于规定的目的的技能，其次才取决于资源的多寡。因此，主要是在战争时期人民才感到应当而且往往是必须扩大中央政府的特权。所有的军事天才都喜欢中央集权，因为中央集权可以加强他们的势力；而所有的中央集权天才则都喜欢战争，因为战争将迫使国家将全部权力集中到政府手里。因此，在经常准备发动大规模战争和生存可能经常遭到危险的民主国家，使人们不断扩大国家的特权而限制个人权利的民主倾向，要比在其他一切国家迅速和持久。

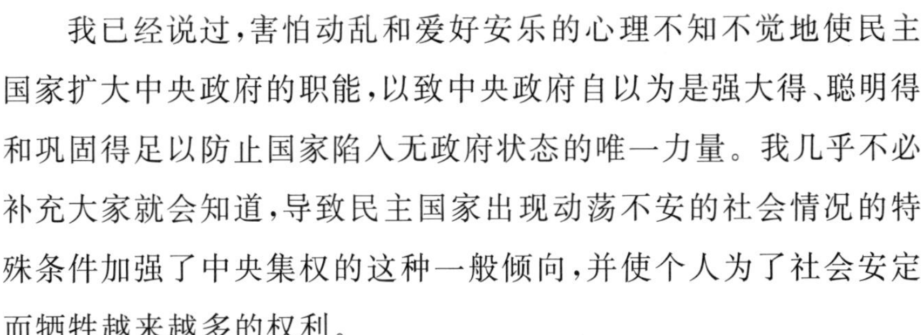

我已经说过，害怕动乱和爱好安乐的心理不知不觉地使民主国家扩大中央政府的职能，以致中央政府自以为是强大得、聪明得和巩固得足以防止国家陷入无政府状态的唯一力量。我几乎不必补充大家就会知道，导致民主国家出现动荡不安的社会情况的特殊条件加强了中央集权的这种一般倾向，并使个人为了社会安定而牺牲越来越多的权利。

因此，一个国家在刚刚结束一场长期的流血革命的时候绝不会去扩大中央政权的职能，何况这样的革命在把财产由其原所有者手里夺下来以后便动摇了全国的人心，使人们产生了疯狂的仇恨心理，把国家拖入利害冲突和党派倾轧的境地。于是，爱好社会安定的心理变成了一种盲目的激情，而公民则对秩序产生了一种反常的热爱。

我以上只讲了几个全是有助于中央集权的偶然原因，而对主要的偶然原因我还没有谈到。

在民主国家可能导致国家元首总揽一切事务领导权的第一个主要偶然原因，就是国家元首本人的出身及其爱好。

生活在民主时代的人自然喜欢中央政权，并愿意扩大它的特权；而且，如果这个政权忠实地代表了他们的利益，确切地再现了他们的本意，他们对它的信任就几乎是无限的，并准备将自己所能付出的一切献给它。

同旧贵族制度仍然保持某些联系的国王实行行政集权，将不如在出身、成见、本性和习惯等方面似乎与平等的运动有不可分割联系的自创新业的国王容易和迅速。我并不是要说出身于贵族而生活在民主时代的国王们不想实行中央集权。我认为他们志于中央集权的心情与其他君主同样积极。对于他们来说，平等的好处就在于能够中央集权。但是，他们的成功机会不大，因为公民不会自动地服从他们的意旨，而往往是只能勉强地接受他们的要求。在民主时代，国家元首的贵族性格越少，中央集权的可能性也就越大。这是一条规律。

当一个王朝领导贵族制国家时，君主的天生成见必然与贵族的天生成见完全一致，而贵族社会的内在弊端将会自由发展，并且没有救治办法。当贵族世家的后裔成为民主国家的领袖时，情况就会相反。君主由于受自己的教育、习惯和传统的影响，每天都偏向于身份不平等所造成的情感；而人民则出于自己的社会情况，时时都在追求平等所产生的民情。这时，公民们往往试图抑制中央政权，把它视为贵族的政权，甚至视为暴虐的政权。他们坚决维护自己的独立，这不仅是因为他们要成为自由的人，而且更主要的是因为他们决心继续做平等的人。

推翻旧王朝而使新人出任民主国家元首的革命，可能暂时削弱中央政权。但是，看到革命之初出现的某些无政府状态，我们可以毫不犹豫地预言，这个革命的最终的而且也是必然的结果，将是扩大和保护这个政权的特权。

使民主社会的政治权力集中的第一个而且可以说是唯一的必要条件，就是它要喜爱平等并叫人相信他喜爱平等。因此，原先十分复杂的专制之术，现在已经简单了，可以说它已简化为一项单一的原则。

第五章 当今的欧洲国家尽管统治者的地位不如以前稳定但最高权力却日益加强

如果读者玩味一下上述的一切,便会对欧洲的情况感到奇怪和吃惊。在欧洲,所有的一切都好像在促进中央政权无限增加特权,使个人的存在日益软弱,日益处于依附的地位,日益岌岌可危。

促使美国人走向中央集权的所有一般倾向和长期趋势,在欧洲的各个民主国家都有。此外,欧洲的民主国家还有许多为美国人所不知道的次要原因,在促进它们走向中央集权。可以说它们每向平等迈进一步,便接近专制一步。

只要环顾一下我们的周围和看一看我们自己,就会相信情况确是如此。

在以前的贵族时代,欧洲的一些君主相继被剥夺或自动放弃了他们的权力所固有的若干职能。距今不到 100 年以前,在大多数欧洲国家,许多私人或团体还是相当独立的,可以自行审理案件,自己募兵和养兵,自己收税,甚至常常自己制定和解释法律。现在,各国均已收回这些本属于国家主权的权限;在有关国家管理的一切事务方面,国家不再容许在它与公民之间有居间的代表,而由自己对公民进行全面领导。我无意谴责这种中央集权,而只是指出这个事实。

在同一时期，欧洲到处存在着许多代表地方利益和管理地方事务的次级政权。现在，这些地方当局大部分已不存在，其余的不是正在迅速消失之中，就是即将完全听命于中央。在欧洲各地，领主的特权、城市的自由和地方的行政权，不是已经消失，便是行将消失。

半个世纪以来，欧洲经历了多次革命和反革命。但这些运动有一点是共同的，即都动摇或破坏了地方的次级政权。法国在被它征服的地区没有消除的地方特权，后来被战胜法国的君主们消灭了。这些君主把革命所创造的一切新鲜事物全部抛弃掉，唯独把中央集权留为己用：这是他们肯从革命方面接受过来的唯一东西。

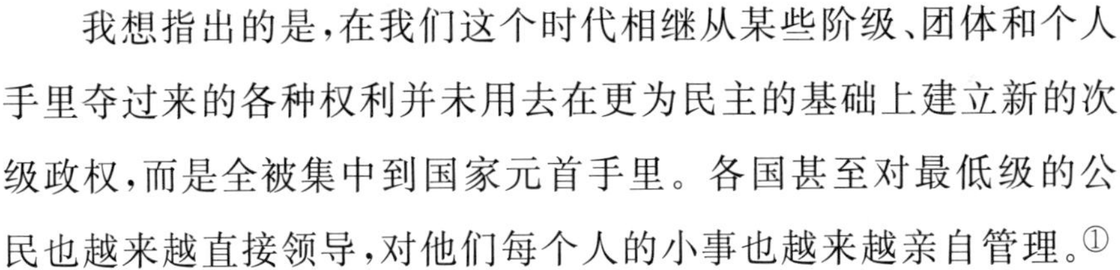

我想指出的是，在我们这个时代相继从某些阶级、团体和个人手里夺过来的各种权利并未用去在更为民主的基础上建立新的次级政权，而是全被集中到国家元首手里。各国甚至对最低级的公民也越来越直接领导，对他们每个人的小事也越来越亲自管理。[①]

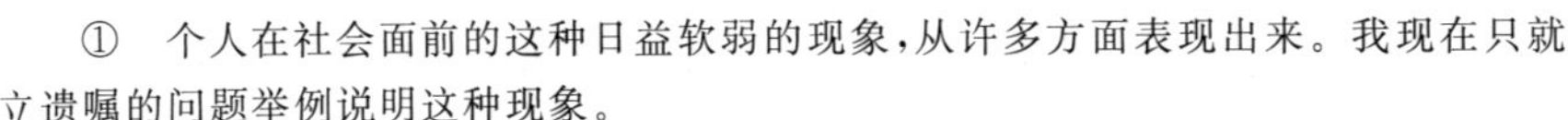

① 个人在社会面前的这种日益软弱的现象，从许多方面表现出来。我现在只就立遗嘱的问题举例说明这种现象。

在贵族制国家，人们一般对死者的遗愿极为尊重。这在欧洲的一些古老民族中间有时甚至于成为迷信。比如说，社会权利连死者的奇怪要求都不限制，而是至少使其中的某些要求生效，保证死者有一种永久的权利。

当所有的生者都是弱者的时候，对于死者的遗愿就不会太尊重。人们为死者的遗愿规定了极小范围，超过这个范围，国家的最高权力就宣布它无效或监督其执行。在中世纪，立遗嘱的权利可以说是没有限制的。在现今的法国，不经国家干预，一个人便不能把其财产分给子女。国家统治了一个人的一生之后，还要控制他生前的最后行动。

在古代欧洲，几乎所有的慈善事业都由私人或团体掌握；而在今天，所有的慈善事业都或多或少地依存于国家，在某些国家全由国家管理。向饥饿者施舍面包，救济和收容病残，安排无业者就业，几乎全由国家办理。国家成了一切灾难的几乎唯一的救济者。

在现在的大多数欧洲国家，教育事业也同慈善事业一样，已经成为国家办理的事业。国家从母亲的怀抱里把孩子接过来，而且往往是要过来，交给它设立的经办机构，由这些机构负责对每一代人进行感情陶冶和思想教育。同其他制度一样，教育制度也是统一的。其差异同自由一样，均日益消失。

我也不讳言，在现今的几乎所有基督教国家，无论是天主教还是新教，都有被政府控制的危险。这不是指统治者对教会自行决定教义表示非常嫉妒，而是指他们日益加强控制教义宣讲者的意志，剥夺教士的财产而向教士支付薪金，把教士的势力收回专为己用，任命教士而且往往是任命自己的仆从，同宗教携起手来深入到每个人的灵魂深处。②

但是，这还只是整个情景的一个侧面。

正像我们所看到的，当今统治者的权力不仅扩大到原有权力的每个领域，而且并不以此为满足，它除要充分行使现有的全部职权以外，还要更进一步，把自己的统治扩展到个人的独立至今尚未被它染指的领域。以前完全不受政府控制的许多行动，现在已被

---

② 随着中央政权的职权扩大，代表中央政权的官员人数也在增加。他们形成国中之国，而且由于他们分担保证政府稳定的责任，所以他们越来越取代了贵族的地位。

欧洲各国的统治者几乎都采用两种统治办法：以让公民们害怕官员的现实表现的办法统治一部分公民；以让公民对官员的未来抱有希望的办法统治另一部分公民。

政府控制，而且被控制的行动不断增加。

在贵族制国家，政府的权力通常只限于在与国家利益有显著的和直接的关系的事务方面领导和监督公民，在其余的一切事务上听任公民自行处理。在这些国家里，政府好像往往忽略了个人的错误和苦难会危害全国的幸福，忽略了防止个人的破产有时也应当是国家的任务。

当代的民主国家趋向另一个极端。

显然，当代的统治者大部分不以治理整个国家为满足，他们自以为应当对治下的每个人的行动和命运负责，把指导和指点每个人一生应当如何行动的责任全都包揽在身上，在必要的时候，不管人们愿意不愿意，还教导每个人如何获得幸福。

另一方面，老百姓也越来越这样看待政府，一有需要就去找政府援助，并时时刻刻把政府视为导师和向导。

我敢说没有一个欧洲国家的政府不是不仅越来越中央集权，而且越来越管小事情和管得越来越严。各国的政府越来越比以前更深入到私人活动领域，越来越直接控制个人的行动而且是控制微不足道的行动，终日站在每个公民的身边协助和引导他们，或站在公民的头上发号施令。*

以前，君主靠他的地产收入和税收生活。现在，他的需求和权力都增加了，因而不能再靠上述的收入生活了。以前，一个君主如有需要可以制定一种新税，而现在他可以举债。于是，国家逐渐成

* 今天，各国政府实际上都直接管理行政。参看法文版第 932 页有关段落。——法文版编者

为大多数富人的债务人，把大量资金集中到自己手里。

对于小额资金，它用另一种办法吸收。

随着人们日益变得相同，身份日益接近平等，穷人也开始有了一点儿财产，受到一定的教育，产生一些欲求。他们希望改善自己的境遇，并试图用储蓄的办法来达到这个目的。于是，储蓄便每天产生出无数的小额资金，即慢慢积累起来的劳动果实，而且其数额不断增加。但是，如果这么多钱分散在个人手里，便不会产生任何收益。这样，便出现了一种慈善组织，要是我没有看错的话，这个组织不久便会成为我们的一个重要政治机构。一些以慈善为怀的人想出一个办法，把穷人的储蓄收集在一起，使其产生收益。在某些国家里，这种慈善团体仍然与国家完全无关；但在绝大多数国家里，这种团体有被政府合并的趋势；甚至在个别国家里，已被政府取而代之，政府亲自担起把数百万劳动者的日常储蓄集中在一个场所，并独家经营其生息业务的庞大工作。

这样一来，国家既可以通过举债的办法吸收富人的资金，又可以通过储蓄银行随意使用穷人的存款。国家的财富由政府操纵或支配而不断循环，并随着身份日趋平等而相应地增加，因为在一个民主国家里只有政府能使个人相信，而每个人之所以相信政府，则是因为他们觉得只有政府有些力量和可以持久一些。③

因此，统治者不仅掌握着公共财产，而且还在干预私人财产。

---

③ 一方面，人民对物质幸福的爱好不断增加；另一方面，政府对这种幸福所用的资源的控制越来越加强。

因此，人们通过两条不同的道路走向奴役。对物质幸福的爱好使他们不得不参加政府，而对物质幸福的追求又使他们越来越依靠政府。

他是每个公民的上司，而且往往是他们的主人。另外，他还是公民的管家和账房先生。

现在的中央政权不仅包揽了原来政权的全部工作，而且超过了它的工作范围，使其扩大。同时，比以前动作得更灵活，更有力量，更有独立性。

欧洲所有国家的政府已经在我们这个时代大大改进了行政技巧。它们做的事情比以前多了，而且每件事都做得比以前迅速、有条理和节省经费。他们不断用从私人那里得来的一切知识丰富自己。欧洲的君主们在他们所辖地区派有常驻代表进行严格管理，并且发明了一些新方法来径直领导这些代表和便于监督他们。他们对于由代表管理一切事务还不满足，于是便直接向代表所管理的一切事务插手。结果，公共的行政不但依附于同一权力，而且越来越集中于同一地方和控制在少数人手里。政府在集中它的活动的同时，便加强了它的特权。这是使它力量强大的两个原因。

在我们考察大多数欧洲国家过去实行的司法制度时，有两件事情使我们感到吃惊：司法权力独立，司法权限很大。

法院不但审理私人间的几乎一切纠纷，而且在大多数情况下是私人与国家间的仲裁人。

我在这里不想谈某些国家的法院所篡夺的政治权限和行政权限，而只谈各国法院拥有的司法权限。在所有的欧洲国家，过去有和现在仍有许多大部分是与一般财产权有关的私人权利。这项权利受到法院的保护，不经法院许可国家不得剥夺。

这是一种使欧洲的法院与所有其他国家的法院大不相同的半政治性权力，因为其他所有国家虽然设有法官，但都没有授予法官以这样的特权。

如果我们考察一下人们所说的自由的欧洲民主国家以及其他国家的司法史，就会发现所有的国家除普通法院外，还另外设立了不如普通法院独立的专门审理国家与公民间可能发生的纠纷的法院。原有的法院还保有其独立性，但它们的审判权缩小了，而且人们越来越想叫它们只充当私人利益冲突的仲裁者。*

这种法院的数目不断增加，它们的职权也在增加。因此，政府可以越来越不必让另一个权力机关来批准它的计划和要求了。政府虽然不能绕过法官，但它至少可以选任法官，并永远控制住他们。也就是说，在政府和私人之间设立了一个名义上是主持正义，实质上是偏袒政府的司法机构。

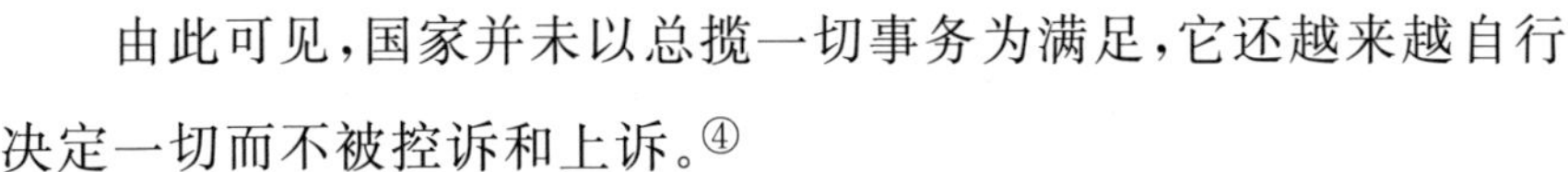

由此可见，国家并未以总揽一切事务为满足，它还越来越自行决定一切而不被控诉和上诉。④

在现代的欧洲各国，除了我上述的各项原因以外，还有一个重大原因使它们不断扩大最高当局的活动范围或增加其特权，但人们对它还未予以充分的注意。这个原因是平等的进步所促成的工业发展。

---

* 有关普通法院和专门法院的问题，可参阅：罗布森：《司法和行政法：关于英国宪法的研究》，第 2 版，伦敦，1947 年；弗罗因德：《英国法院和美国法院的行政法判例选编》，圣保罗，1911 年；罗森法布：《自由和国家行政管理》，纽约，1948 年。——法文版编者

④ 关于这个问题，法国有一种奇怪的诡辩。当政府与私人之间发生诉讼时，不让普通法院法官审理，据说这是为了不使行政权力与司法权力混淆。其实是因为这样的混淆不能使政府既有审判权又有行政权，而为达到这个目的，就得以更加危险和最为强暴的方法使两者混淆。

工业通常要把许多人集聚在同一地方，在这些人之间建立起新而复杂的关系。工业使他们时而突然大富，时而突然一贫如洗。这种时穷时富的变化，自然危害社会的安定。最后还会出现工业劳动损害受益者和靠此糊口者的健康，甚至危害他们的生命的情况。因此，工业阶级比其他阶级更需要制度，更需要监督和控制，而这个阶级的队伍一扩大，政府的权限自然随之增加。

这是一项可以普遍应用的真理。但是，我在这里要讲的，是与欧洲各国特别有关系的部分。

在以前的许多世纪里，只有贵族拥有土地，而且他们也有能力保住其土地。因此，当时的地产受到许多保障，所有者享有极大的独立。于是，产生了一些在土地被分割和贵族没落之后仍然生效的法律和习惯。而在今天，土地所有者和农户仍然是最容易逃避中央政权控制的公民。

在可以从中找到我们的历史的一切根源的贵族时代，不动产不太重要，其所有者也被轻视，而且力量薄弱；从事工业的人，是贵族社会里的一个例外阶级。因为他们没有后台老板，所以受不到保护，而且往往不能自保。

因此，人们习以为常地认为工业财产是一种特别财产，不像一般财产那样受到重视和保护，从事工业的人被认为是社会里的一个单独的小阶级，他们的独立不太受人尊重，君主一不高兴便可把他们踢开。如果我们翻阅一下中世纪的法典，便会因为看到在那样个人独立的时代，国王竟不断限制工业，甚至管到工业的最微小细节，而感到吃惊。在这方面，中央集权却是达到了它所要求的积极程度和细致程度。

在此以后，世界上发生了一场大革命，刚刚出现的工业财产逐渐发展而遍布全欧，工业阶级日益扩大并以其他阶级的残余壮大了自己的队伍。工业阶级的人数、重要性和财富均大大增加，而且不断增加下去。原先与它没有关系的人，至少在某些地方也都差不多全向它靠拢。这个原先被人视为例外阶级的阶级，现在有了变为主要阶级而且可以说是变为唯一阶级的趋势。但是，它所形成的政治思想和政治习惯并没有变动。这些思想和习惯之所以没有改变，最初是因为它们是陈旧的，后来又因为它们与现代人的新思想和一般习惯完全合拍。

因此，工业财产的权利并没有随着它的重要性的提高而扩大。工业阶级的人数虽然增加了，但它的依赖性并没有减少。可以说恰恰相反，它把专制引进了自己的内部，并随着自身的发展而使专制自然而然地加强。⑤

国家越是工业化，就越需要有便利致富的道路、运河、港口和其他半公用性工程；而国家越是民主化，私人便越是难于进行这样

⑤ 我现在列举几个事实以资佐证。矿藏是工业财富的自然资源。随着工业在欧洲日益发展，矿业收益变成最普遍的追逐对象，而矿山的开发由于平等造成的财产分散而难于很好地进行，大部分国家便宣布自己有权占有矿山资源并对矿产的开发进行监督。这种情况是其他财产所从来没有过的。

作为工业财产的矿山受到其他动产所受的这种监督和保护以后，便被政府控制起来。国家自己开发矿山或将其出租，而原来的所有人变成了矿山的使用人，从政府那里获得使用权。另外，政府还几乎到处要求对矿业的领导权。它为矿业规定章程，拟定管理办法，进行经常监督；如果经营者抗不遵命，行政法院便可取消他们的使用权，由政府指定他人来经营。可见，政府不仅占有矿山，而且控制着矿山经营人。

但是，随着工业的发展，老矿的开发仍在前进，新矿不断出现，从事矿业生产的人日益增加。国家控制的范围越来越大，在这个范围内居住的都是它的奴隶。

的工程,但国家却是越容易进行。我不讳言,当前各国政府的明显倾向是独揽这些工程,从而把人民日益限制在非常小的活动范围之内。

另一方面,随着国力的增强和需求的增加,国家本身消耗的工业品也日益增加。这些工业品一般均由国家的兵工厂和工厂制造。正因为如此,每个王国的国王便成了最大的工业家。他吸收一大批工程师、建筑师、技师和技工为他服务。

他不仅是头号工业家,而且越来越想主持或者毋宁说是控制其他一切产业。

公民们由于日益平等而变得越来越没有能力,以致不联合起来就不能在工业方面有任何作为。但是,政府自然想把他们的联合组织置于自己的控制之下。

应当承认,被称为合伙组织的这种集体,是比单个人强大和可怕得多的,但对自己的行为承担的责任却小于个人。因此,不让它们像私人那样可以对政府有较大的独立性,似乎是合理的。

统治者们也有这种倾向,因为他们的心意喜欢如此。在民主国家里,只有联合起来公民才能对中央政权进行有效的抵制,所以中央政府从来不欢迎不受它控制的结社。但是,特别值得指出的是,在民主国家里,公民们却往往在内心里对他们本来很需要的结社怀有恐怖感和嫉妒感,从而妨碍了他们保卫结成的社团。这些私人小团体的反抗能力和在人们普遍软弱涣散之中的长期存在,使公民们感到吃惊和不安,于是不能不认为每个团体自由应用它们的能力是一种危险的特权。

另外,在我们这个时代出现的社团,都是一些新式法人。它们是在个人权利的观念薄弱和国家权力大得无限的时代出世的，而且时代也没有赋予它们以结社的权利。因此，它们出世以后就没有自由，是不足为奇的。

在所有的欧洲国家，有几种社团不经国家审查其章程和批准其成立是不能创设的。有些国家正努力把这套办法用于所有种类的社团。这种办法如果成功的话，其后果是不难想见的。

一旦统治者拥有按一定的条件批准各种社团成立的全权，他不久就会要求监督和领导社团的权力，以使社团不背离他所定的规则。这样一来，国家将申请成立社团的人从属于自己以后，还要把已经成立社团的人置于自己的控制之下。也就是说，要把现在生活于国内的几乎所有的人都控制起来。

各国的统治者就这样逐渐把工业在当今世界创造出来的新力量大部分据为己有和作为己用。工业引导我们，他们引导工业。

我特别重视我方才所述的一切，以致唯恐在我想把自己的想法好好地表达出来时没有达到目的。

因此，如果读者发现我举的佐证我的说法的例子不充足或不恰当，认为我对中央政权的集中说得有些夸张，而对个人独立仍能活动的范围说得过小，我就请读者暂时放下此书，自己玩味一下我已尽力向读者讲述过的东西。让读者仔细考察一下国内外每天所发生的一切吧，让读者同周围的人交谈交谈吧，让读者自己最后深思一下吧。如果读者不经我引导或通过其他途径而达不到我想引导他去的地方，那就是我大错而特错了。

读者会发现，在过去的半个世纪中间，中央集权已在各处以千百种不同的形式扩大了。战争、革命、征服都促进了中央集权的发展，所有的人都为扩大中央集权出了力。在这个期间，一些人一个接着一个像走马灯似地相继主持大权，他们的思想、他们的利益、他们的感情千变万化，各不相同，但他们都想以某种方式实行中央集权。中央集权的本性就好像是他们的生活和思想的多端变化中的一个唯一不动的点。

读者看完世间诸事的这些详情之后再综观一下全景，只会大吃一惊。

一方面，一些很牢固的王朝摇摇欲坠和相继垮台，各国人民以暴力推翻他们国王的统治，人民破坏或限制他们的领主或君主的权威，没有发生革命的各国至少也感到不安和恐惧，人人都受到同样的造反精神的鼓舞。另一方面，在这样的无政府状态期间，在人民如此不驯服的国家里，社会权力却不断扩大其特权，日益中央集权化，日益胆大妄为，日益走向专制，日益扩大范围；而公民却每时每刻都处于国家行政机关的监督之下，每天都在不知不觉之中将自己的独立一点一点地让给国家，这些刚刚打倒王权和把国王踩在脚下的人，现在却越来越对新政权的一个小办事员的一言一语都俯首听命，不敢稍违。

因此，在我们这个时代，似乎在进行两种方面迥然相反的革命：一种革命在不断削弱政权，而另一种革命则继续巩固政权。在我们历史上的任何时期，政权既从来没有如此软弱，又从来没有如此强大。

但是，当我们仔细地观察一下全世界的局势时，便会发现这两种革命在思想上有着密切的联系，同出一个来源，虽然路线不同，但最后都把人引到同一地点。

我不怕不厌其烦地再次重复我在本书许多地方已经说过和指出的一点：千万不要把平等的事实与把平等带进社会情况和法制的革命混为一谈，而人们所以对所见的几乎一切现象表示惊讶，正是由于把两者混淆起来了。

欧洲所有的古老政权，无论是最强大的还是最弱小的，都建立于贵族时代，它们都曾不同程度地代表或维护不平等和特权的原则。为了使日益扩大的平等所带来的新需要和新利益在政府中占据优势，现代的人就得推翻和压制旧的政权。这就要促使现代的人去进行革命，使其中的大多数人产生无论以什么为目的的革命都总要具有的那种敢于闹事和热爱独立的激情。

我认为，无论是欧洲的哪一个国家，都是经过财产和人的情况的激烈变化之后或紧接着这种变化，才使平等发展起来的，而且几乎所有的这种变化都伴随着严重的无政府状态和胡作非为现象，因为这些变化是国内的那些反对有教养的人的没有教养的人创造的。

由此，产生了我方才指出的那两个背道而驰的倾向。只要民主革命没有退潮，那些消灭了敌对民主革命的原有贵族政权的人，便会表现出巨大的独立精神，并随着平等的胜利逐渐彻底而慢慢地服从这个平等所产生的自然本性，努力加强国家权力和使中央集权化。他们本来希望成为自由的人以后能够实现平等，但随着平等在自由的帮助下得到进一步发展，他们反而更难享得自由了。

这两种情况有时可能同时发生。上一代法国人就曾经表明一个民族在打击贵族的权威和藐视国王的权力的同时能够在国内建立暴虐的统治，从而向世界传授了在争得独立的同时又把独立失去的方法。

我们这一代人看到，旧的政权全部崩溃，所有的旧势力正在消灭，一切旧的障碍正在坍塌。这种情况使一些见多识广之士感到困惑不解。他们只注意眼前发生的使他们不可思议的革命，认为人类将由此永远陷入无政府状态。如果再联想这场革命的最终结果，他们就会更加害怕了。

至于我，我坦白承认，我并不相信那种似乎在鼓舞当代人的自由精神。我确实看到当代国家都在激烈变动，但我并不认为它们真正获得了自由，而是担心使王位动摇的那些动乱终止之后，统治者们会得到比以前更为强大的权力。

第六章　民主国家害怕哪种专制

我在美国逗留期间已经注意到，像美国那样的民主社会情况，会为建立专制提供非常便利的条件；我在回到欧洲后发现，欧洲的大部分君主已在利用这种社会情况产生的思想、感情和需要去扩大他们的权力范围。

这使我感到，基督教国家最后也会受到类似古代的一些国家曾经受到过的某种压力。

对这个问题进行的细致研究，以及五年来的反复思考，都没有减轻我的担心，但担心的对象变了。

在以往的时代，从未有过一位君主专制得和强大得能够不用次级君主政权的帮助而亲自管理一个大帝国的全土；也没有一位君主试图毫无差别地让全体臣民一律遵守划一的制度的一切细节；更没有一位君主亲自走到每个臣民的身旁手把手教导和指挥他们。人的头脑里从来没有产生过这个念头，即使有人产生了这个想法，知识的不足，治理方法的欠缺，特别是身份不平等带来的自然障碍，也要使他很快停止实行如此庞大的计划。

我们知道，在罗马皇帝的势力鼎盛时期，居住在罗马世界的不同民族仍然保持各自的习惯和风俗；虽然被同一君主管辖，但大部分地区实行独自治理，拥有许多享有实权而兴旺的自治城市；虽然帝国的统治权集中于皇帝一个人手里，必要时皇帝可以独断一切，但社会生活的细节和个人的日常生活，一般并不受皇帝的控制。

不错，罗马皇帝拥有巨大的权力，而且没有抵制它的相应权力，同时他可以兴之所至为所欲为，并为满足自己的任性而动用全国的力量。这种情况往往使他滥用权力，蛮横地夺去一个公民的财产或生命。他的暴政对某些人来说是沉重的压迫，但并未扩及大多数人。暴政只以几个重大的人物为对象，并不施于其他人。暴政是残酷的，但是有一定的范围。

看来，如果我们今天的民主国家出现了专制，它将具有另一种性质：它的范围将会很大，但它的方法将会很温和；它只使人消沉，而不直接折磨人。

我不怀疑，在像我们今天这样的文明和平等的时代，统治者们可能比古代的任何一个统治者更容易把一切公权集中在自己一个人手里，使其习以为常地和无孔不入地深入到私人利害领域。但是，使专制容易出现的这个平等，又能缓和专制的严厉性。我们已经讲过，随着人们日益相似和平等，民情便越具有人情味和越趋于温和；当任何一公民都没有巨大的权力和财富的时候，专制几乎没有出现的机会和活动的舞台。如果所有人的家境都处于中常水平，人们的激情就自然有节制，想象力不会超出常规，享乐也将是简朴的。这种普遍的克制也在节制统治者本人，使他的无节制的欲求的发作停在一定的限界。

除了这些来自社会情况的性质本身的原因以外，我还可以举出许多非属本书所讨论的范围的原因。但是，我想不超出我所规定的范围。

民主政府在群情沸腾和出现重大危机的一定时刻可能变得暴虐和残忍,但这种危险是少见的和短暂的。

我一想到现代人的激情不太炽烈,他们的品行温顺,他们的知识广泛,他们的宗教信仰虔诚,他们的道德良好,他们有勤奋而端庄的习惯,他们明辨善恶,我就不担心他们将受到暴君的统治,而主要害怕他们的监护人变成他们的首领。(H)

因此我认为,使民主国家受到威胁的那种压迫,与至今世界上出现过的任何压迫均不相同,当代人在他们的记忆中也没有这种压迫的印象。我曾试图用一个词精确地表达我对这种压迫所形成的完整观念,但是徒劳而未成功。专制或暴政这些古老的词汇,都不适用。这个事物是新的,所以在不能定名以前,就得努力说明它的特点。*

我想描述这种专制可能以哪些新的特点再现于世界。我认为,到那时候将出现无数的相同而平等的人,整天为追逐他们心中所想的小小的庸俗享乐而奔波。他们每个人都离群索居,对他人的命运漠不关心。在他们看来,他们的子女和亲友就是整个人类。至于其他同类,即使站在他们的身旁,他们也不屑一顾。他们虽与这些人接触,但并不以为有这些人存在。每个人都独自生存,并且只是为了自己而生存。如果说他们还有一个家庭,那么他们至少已经不再有祖国了。

在这样的一群人之上,耸立着一个只负责保证他们的享乐和照顾他们的一生的权力极大的监护性当局。这个当局的权威是绝

---

* 托克维尔拟指出民主社会的一些新的社会学特点。——法文版编者

对的、无微不至的、极其认真的、很有预见的，而且是十分和善的。如果说它是一种父权，以教导人如何长大成人为目的，那它最像父权不过了。但它并非如此，而只是以把人永远看成孩子为目的。它喜欢公民们享乐，而且认为只要设法享乐就可以了。它愿意为公民造福，但它要充当公民幸福的唯一代理人和仲裁人。它可以使公民安全，预见并保证公民的需要，为公民的娱乐提供方便，指挥公民的主要活动，领导公民的工商业，规定公民的遗产继承，分配公民的遗产。这岂不是完全不让公民开动脑筋和操劳生计吗？

这样，就使公民终日无所事事，很少运用和不太运用自己的自由意志，把他们的意志活动限制在极小的范围之内，使每个公民逐渐失去自我活动能力。平等使人养成了接受这一切的习惯，也就是强制人们忍受这一切，甚至往往把这一切视为恩惠。

统治者这样把每个人一个一个地置于自己的权力之下，并按照自己的想法把他们塑造成型之后，便将手伸向全社会了。他用一张其中织有详尽的、细微的、全面的和划一的规则的密网盖住社会，最有独创精神和最有坚强意志的人也不能冲破这张网而成为出类拔萃的人物。他并不践踏人的意志，但他软化、驯服和指挥人的意志。他不强迫人行动，但不断妨碍人行动。他什么也不破坏，只是阻止新生事物。他不实行暴政，但限制和压制人，使人精神颓靡、意志消沉和麻木不仁，最后使全体人民变成一群胆小而会干活的牲畜，而政府则是牧人。

我一直认为，方才描写的这种严明的、温和的和平稳的奴役办法，可能比某些人的想象更容易具有自由的外貌，甚至可以在人民主权的幌子下建立起来。

现代人经常受两种互相对立的激情驱使:他们一方面感到需要有人指导,另一方面又希望保持自由。这两个倾向相反的本能要求哪一个也不能放弃,所以他们力求使两者同时得到满足。他们想出一种具有监护性质的、无所不能的,但要由公民选举的单一权力机构。他们把中央集权和人民主权结合起来。这使他们得到了某些缓解。他们认为监护人是自己选的,所以安于被人监护。每个人都能忍受捆在身上的链子,因为他们看到握着链子的余端的不是一个人,不是一个阶级,而是人民自己。

在这种制度下,公民刚刚摆脱从属地位后,由于为自己指定了主人而又回到原来的地位。

现今,有许多人很容易接受行政专制与人民主权之间的这种妥协,认为把个人自由托付给全国政权,个人自由就有了充分的保证。我觉得这样的保证并不够充分。在我看来,主人的性格远远不如服从的事实重要。

但是我并不否认,这种政体远比那种把一切权力集中之后交给一个不负责任的人或团体管理的政体好得多。在民主的专制可能采取各种形式中,后一种政体肯定是最坏的。

当国家的元首是选举产生的或受真正选举的独立的立法机构监督的时候,他使个人受到的压迫有时是很大的,但这种压迫经常是很少使人难堪,因为每个人在受到限制和压制之后,还可以认为自己在表示服从时等于服从自己,而他之肯于牺牲其他一切正是他的意志的一种表现。

我也理解,在国家元首代表国家和依靠全国人民时,削减每个公民的力量和权利不仅为国家元首服务,而且有利于国家本身,而个人为公牺牲自己的独立也会得到某些补偿。

因此，在一个非常集权的国家里建立国民代表制度，可以减少极端中央集权可能产生的弊端，但不能根除弊端。

我完全清楚，这种办法可以保证个人参与国家大事，但很少能对小事和私人施加影响。人们忘记了人受奴役的危险在细微的小事上尤其严重。至于我，既然看到两者不能兼顾而只能顾一方，那就只有认为大事之需要自由不如小事之需要自由。

小事上出现的服从每天都可以看到，而且所有的公民都能同样感受到。这种服从并不使公民感到屈辱，但它一直限制公民的行动，直到使公民放弃运用自己的意志。它使公民的精神之火慢慢熄灭，心灵之光逐渐暗淡；而只是为少数的情况所必需的服从虽然非常严格，但极为稀少，而且绝不同于奴役，它只使一些特定的人受苦。使公民们如此依附于中央政权之后又让他们去选举这个政权的代表，是徒劳无益的；让公民们如此隆重地，但又如此仓促地和以如此少见的方式行使自己的自由意志，防止不了他们逐渐失去独立思考、独自感受和自主行动的能力，只能使他们慢慢下降到人类的一般水平之下。

我再补充一句：他们不久就将不能行使他们仅存的唯一的重大特权。民主国家在把自由引进政治领域的同时而加强行政领域的专制以后，必然产生一些非常离奇的现象。一些只凭常识就可以处理的小事，它却认为公民没有能力办理，而要亲自承揽起来；但在事关全国的政务问题时，它又赋予公民以无限特权。于是，它时而把主权视为玩具，时而成为主权的主人；而国家元首的权力时而比国王还大，时而又不如普通老百姓。它经过各种选举制度而未找到合适的以后感到吃惊，但又接着去找，好像它所发现的弊端不是来自本国的政治制度，而是来自选举制度。

实难想象完全丧失自治习惯的人，能够开会选好将要治理他们的人；也无法认为处于奴隶状态的人民有一天会选出一个自由的、精干的和英明的政府。

我永远认为，上层为共和制的而其余部分为极端君主制的政体是个短命的怪物。统治者的腐败和被统治者的低能，早晚会使这个怪物倒台；而对自己和自己的代表感到厌烦的人民，不是创造出更自由的制度，便是不久又伏在一个独夫的脚下。(I)

第七章　以上各章的延续*

我相信在身份平等的国家比在其他国家更容易建立绝对专制的政府；而且认为一旦在这样的国家建立起这样的政府，那它不但要压迫人民，而且要使人类的一些主要属性从人身上消失。

因此，我认为专制在民主时代是使人最害怕的。

我认为我在任何时候都是爱自由的，而在我们这个时代，我甚至想崇拜它。

另一方面，我相信在我们行将进入的时代，凡是试图以特权和贵族制作为权威的基础的人，都将遭到失败。凡是想在唯一的阶级里建立并保持权威的人，也将遭到失败。在我们这个时代，没有一个主权拥有足够的本领和足够的力量以重新建立臣民之间的永久差别的办法建立专制；也没有一个议员高明得和强大得能不以平等为第一原则和号召而维护以自由为基础的制度。因此，当代的所有人，如欲使自己的同类得到和保持独立与尊严，就得表明自己是平等的友人，而能够证明自己是平等的友人的唯一办法，就是平等待人。他们的这项神圣事业的成败，完全取决于此。

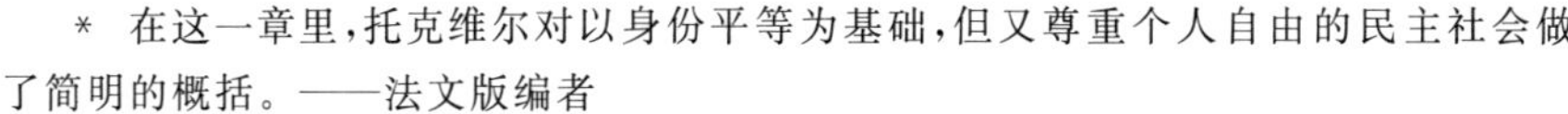

* 在这一章里，托克维尔对以身份平等为基础，但又尊重个人自由的民主社会做了简明的概括。——法文版编者

因此，问题不在于重建贵族社会，而在于从上帝让我们生活其中的民主社会的内部发掘自由。

在我看来，这两项重要真理是简明的，而且是会有成效的。它们自然使我要去考察哪种自由政府可以建立于身份平等的国家。

在民主国家，国家的最高主权比之其他国家划一、集中、广泛、彻底和强大，是出于民主国家的制度本身的性质和国家的需要。它的社会自然比较活跃和强盛，而个人则比较顺服和软弱。也就是说，社会做的事情多，个人做的事情少。这是不可避免的。

因此，不要指望个人的独立范围在民主国家里会像在贵族制国家里那样大，而且这也不是人们之所好，因为在贵族制国家里社会经常为某个人而牺牲自己的利益，绝大多数的人往往为某些人的荣华而牺牲自己的富贵。

使领导民主国家的中央政权积极和强大，这既是必须的，又是人们所希望的。目的是不让中央政权变得软弱无力和懒惰，但要完全阻止它滥用其机智和权力。

在贵族时代保障个人独立的最大原因，是君主不独揽治理公民的任务。他把这项任务部分地交给贵族的成员，所以中央政权总是分权的，从不全面地和以同一方式管理每个人。

不仅君主不独揽一切，而且代理他的大部分官员也不总是受他的控制，因为他们的权力并非来自君主，而是来自他们的家庭出身。君主任何时候都不能任意设置或废除这些官职，也不能强迫他们一律服从他的随意支使。这对保障个人的独立也起了作用。

我十分清楚，在我们这个时代不能依靠这样的办法，但我想出一些可以取代这种办法的民主措施。

把从各种自治团体或贵族收回的管理权不完全交给主权者，而部分地分给由普通公民临时组成的次级团体。这样，个人的自由将会更加有保证，而他们的平等也不会削弱。

美国人在用词上不像我们法国人那样考究，他们仍用“county”(县)一词来称呼州下的最大行政单位，但它的一部分职权却由州议会代行。

我自然承认，在我们这样的平等时代，设立世袭的官员是不公正的和不合理的，但不妨在一定的范围内以选举办法任用官员。选举是一种民主办法，它可以像贵族制国家的世袭官员对中央政权有独立性那样，保证选出的官员对中央政权有独立性，甚至其独立性超过世袭的官员。

贵族制国家有许多有钱有势的人，他们生活充裕，不会轻易忍受压迫或受压迫而不反抗。这些人可使政府一般在态度上温和与谨慎。

我完全知道，民主国家自然不会有这样的人；但它可以人为地创造出某种类似的人物。

我深信，世界上不会再建立新的贵族制度；但我认为，普通的公民联合起来，也可能建立非常富裕、非常有影响、非常强大的社团，简而言之，即建立贵族性质的法人。

这样，他们就可以获得若干贵族性质的重大政治好处，而又不会有贵族制度的不公正性和危险。政治的、工业的和商业的社团，甚至科学和文艺的社团，都像是一个不能随意限制或暗中加以迫害的既有知识又有力量的公民，它们在维护自己的权益而反对政府的无理要求的时候，也保护了公民全体的自由。

在贵族时代,每个人都与一定的同胞有紧密的联系,因而他们一受到攻击,这些人就会来帮助他。在平等时代,每个人自然是孤立无援的。他们既没有可以求援的世代相传的朋友,又没有确实能够给予他们以同情的阶级。他们容易被人置之不理,受到无缘无故的轻视。因此,在我们这个时代,公民只有一个手段可以保护自己不受迫害,这就是向全国呼吁,如果国人充耳不闻,则向全人类呼吁。他们用来进行呼吁的唯一手段就是报刊。因此,出版自由在民主国家比在其他国家无限珍贵,只有它可以救治平等可能产生的大部分弊端。平等使人孤立和失去力量,但报刊是每个人都可阅览并能被最软弱和最孤立的人利用的强大武器。平等使每个人失去其亲友的支援,但报刊可以使他们向本国的公民和全人类求援。印刷术促进了平等的发展,而同时又是平等的最好缓和剂之一。

我认为,生活在贵族制国家的人民,实际上可以不要出版自由,而生活在民主国家的人却不能如此。我不相信大规模的政治集会、议会的特权和人民主权的宣言能够保证民主国家人民的人身自由。

所有这一切,在一定程度内可以和解对个人进行的奴役,而如果出版是自由的,这种奴役就不可能随意进行。报刊是保护自由的最佳民主手段。

我现在来谈一谈司法权的某些类似作用。

处理私人的权益纠纷和仔细研究所处理的每一件小事,属于司法权的本质;对受压迫的人不主动进行援助,但对其中的最微贱者不断进行援助,也是司法权的本质。尽管这些人软弱无能,也永远能迫使法官听取他们的控诉并要求做出答复。这是司法权的制度本身所使然。

因此，在统治者经常注意和干预个人的最微不足道的行动，而个人又软弱得无力自我保护和孤立得不能指望得到与自己同样孤立的人的支援的时代，司法权特别适用于自由的需要。法院的力量在任何时代都是可以向个人的独立提供的最强大保障，而在民主时代这尤其是真理。在民主时代，如果司法权不随着身份的日趋平等而加强和扩大，个人的利益就永远处于危险状态。

平等使人产生一些十分有害于平等的怪癖，立法者应当经常注意这一点。我现在只谈一谈其中的几个主要偏好。

生活在民主时代的人，不容易了解规章或程序的功用，对规章有一种本能的轻视感。我已经在其他地方讲过其原因。* 规章使他们反感，而且往往使他们憎恨。由于他们通常只希望容易得到眼前的享乐，所以急不可耐地冲向他们所追求的每一享乐对象，稍受挫折即表示失望。把这种性格带进政治生活以后，便对时常拖延或阻止他们实现某些计划的规章持有敌对情绪。

但是，民主时代的人在规章上感到的这种不便，正是规章有利于自由的地方，因为规章的主要功用在于在强者和弱者之间、统治者和被统治者之间设立一道屏障，阻止强者或统治者随意作出决定，使弱者或被统治者有时间再好好想一想对策。随着统治者更加积极和强大，个人日益消沉和变弱，规章更为必要。因此，民主国家的人民本来比其他国家的人民更需要规章，但他们却又很自

* 见本书第三部分第一章。——译者

然地不太尊重规章。这是一个值得认真注意的问题。

再没有什么事情比大部分当代人盲目轻视规章的问题更可悲的了,因为一些最小的规章问题现在也具有了以往所没有过的重要性。人类的若干重大的利益,都与规章问题有密切的关系。

我认为,虽然生活在贵族时代的政治家有时可以随便轻视规章,并且往往不受规章的约束,但今天各国的领导人对于细微的规章、规定都应当尊重,只有万不得已的时候才可以疏忽一点。在贵族制度下,有过迷信规章的现象;而我们,则应当对规章采取明智的和审慎的崇拜态度。

民主国家的另一个非常自然的,但又非常危险的本能,就是使人轻视和不太考虑个人的权利。

一般说来,人们之所以热爱一种权利和对这种权利表示尊重,不是因为这项权利重要就是因为被他们长期享用。见于民主国家的个人权利,一般都不太重要,而且都是最近出现的和非常不稳定的。因此,往往容易被人放弃,受到侵犯也几乎永不怀恨在心。

但是,在人们生性轻视个人权利的时代和国家,却有社会权力自然扩大和加强的现象。也就是说,在人们最需要保持和维护仅余的特殊权利的时候,却越来越不爱护它了。

因此,特别是在我们所处的民主时代,人类的自由和光荣的真正友人们,应当接连不断地挺身而出,设法防止国家权力为全面推行其计划而随意牺牲某些个人的特殊权利。在这个时代,任何一个默默无闻的公民都有被压迫的极大危险,任何微不足道的个人权利都可能拱手交给专横的当局。其理由很简单:当个人的特殊权利被人视为重要的和神圣的权利的时代,侵犯这种权利只会害及被侵犯的人；但在我们今天这个时代，侵犯这种权利就是严重败坏国家的民情，危害整个社会，因为关于这种权利的观念将在我们中间由此逐渐变质，以至消失。

不管革命的性质和目的是什么，活动舞台在哪里，革命所固有的一些习惯、思想和弊病，必然在一个长期的革命当中产生出来，并在全国范围内推广。

任何一个国家如果在短期内多次更换元首，改变舆论和法制，其人民终要染上喜欢变动的爱好，并对以暴力迅速进行的一切变动习以为常。于是，他们自然轻视每天都在表明并无作用的规章，只是出于无奈才忍受他们目睹常被人们违反的法规的约束。

由于关于公正和道德的通行观念不足以解释和论证革命每天都在创造的新鲜事物，所以人们便去追求关于社会效益的原则，创造关于政治的必要性的理论，自愿地习惯于心安理得地牺牲个人的特殊利益和践踏个人的权利，以期最迅速地达到他们所设想的一般目的。

我把这些习惯和思想都称为革命的习惯和思想，因为在所有的革命中都会有这种习惯和思想。它们既见于贵族制国家，又见于民主国家，但在前者它们往往是力量不大的，而且永远不能持久，因为有贵族制国家原有的习惯、思想、缺陷和障碍在抵制它们。因此，革命一旦完成，它们就自行消失了，而国家也就又恢复了原来的政治态势。但在民主国家并不总是如此，因为人们总是害怕革命的本能虽然会变得温和与受到节制，但不会消失，而逐渐改头换面进入政府的统治作风和行政习惯。我不知道还有什么国家的革命比民主国家的革命还危险，因为民主国家的革命除了必然造成一些偶然的和短暂的灾难以外,还经常会有制造长期的、也可以说是永久的灾难的危险。

我认为将会发生公正的抵抗和正当的造反。因此,我不能斩钉截铁地断言民主时代的人永远不会革命;但我认为他们比其他时代的人更有理由在发动革命的时候三思而行,并会感到与其诉诸如此危险的救治手段,不如忍受目前的诸多委屈。

最后,我以一个一般观点来作总结。这个一般观点不仅包括本章所述的个别观点,而且包括本书所欲发挥的大部分个别观点。

在我们这个世纪以前的贵族时代,个人的权利是极为强大的,而社会的权威则十分微弱。甚至社会的形象也是模糊的,经常被统治公民的各式各样的权力所取代。因此,这个时代的人的主要努力,必须用去增强和扩大社会权力,并增加和确保它的特权;另一方面,又要把个人的独立限制在极小的范围之内,使个别利益服从一般利益。

而我们这个时代的人,则面临着另一种危险和另一种顾虑。

在大部分现代国家里,不管统治者是什么出身,身体是否健康,或叫什么名称,他们几乎都是总揽一切大权的;而个人则逐渐变为最软弱和最有依附性的人。

在以前的社会里,完全不是这样。在那里,任何地方也没有一致或划一的现象。在现代社会里,所有的一切都在迫使人们变得相似,以致每个人的形象很快就将消失,变得万人同貌,彼此之间没有区别。我们的祖辈总是愿意滥用个人的权利应当受到尊重的观点,而我们则自然喜欢夸大个人的利益应当经常服从多数人的利益的观点。

政治世界正在变化，今后必须寻找新的办法去救治新的弊端。

给社会权力规定广泛的、明确的、固定的界限，让个人享有一定的权利并保证其不受阻挠地行使这项权利，为个人保留少量的独立性、影响力和独创精神，使个人与社会平起平坐并在社会面前支持个人：在我看来，这些就是我们行将进入的时代的立法者的主要目标。

现代的统治者们好像只想率领人民去干伟大的事业。我希望他们考虑一下多下点儿功夫去造就伟大的人物，少重视工作而多重视工作的人，永远记住一个国家当它的每个居民都是软弱的个人的时候，不会长久强大下去，而且绝不会找到能使由一群胆怯和委靡不振的公民组成的国家变成精力充沛的国家的社会形式和政治组织。

我发现现代人有两种对立的，但又都有害处的观念。

一些人只从平等中看到它所产生的无政府状态的倾向。他们害怕自己的自由意志，即自己惧怕自己。

另一些虽然人数很少，但很有知识的人，持有另一种看法。他们在由平等出发走向无政府状态的大路的一旁，终于又发现一条不可阻挡地使人走向受奴役的小道。他们事先就让自己的灵魂屈服于这种必然的奴役，并由于对保存自由持绝望态度，便早就从内心开始崇拜不久即将出现的主人了。

前一种人放弃自由是因为认为自由危险，后一种放弃自由是因为断定自由不可能实现。

如果我持有后一种人的观点，就不会写读者现在阅读的这部著作，而只有在内心里为我们人类的命运叹息了。

我所以要把平等给人的独立造成的危害暴露于光天化日之下，是因为我坚信这种危害是未来的隐患中最可怕的，而且是最难预测的。但我并不认为它是不能克服的。

生活在我们正在进入的民主时代的人，自然爱好独立。他们也自然无可奈何地忍受着限制，即对他们自己选定的社会情况的长久不变感到厌烦。他们喜爱权力，但有轻视和憎恨权力行使人的倾向，并由于他们非常藐小和流动性很大而容易逃脱权力的控制。

这些本性将经常会反复出现，因为它们来自将来也不会改变的社会情况。在一个很长的时期内，它们将会阻止任何一种专制能够确立，并向愿意为人的自由而奋斗的每一代新人提供新的武器。

因此，让我们对未来保持可以使人们提高警惕和进行战斗的有益的担心，而不要抱有可以使人们丧失信心和毅力的畏缩无能的恐惧吧！

第八章 主题的总括

在结束我所作的研究之前，我想以最后一次观察综述一下可以显示新世界的面貌的各种特点，并判断一下平等应对人的命运发生的一般影响。但是，这项工作的艰巨性使我有些犹豫；在如此重大的题目面前，我感到自己的视野不够宽阔和自己的智力不能胜任。

我试图描绘和打算评述的新社会只是刚刚诞生。时间还没有使它定型，使它产生的大革命还在继续，从我们今天所看到的一切当中还几乎不可能断定哪些东西将要随着革命本身的结束而消失，哪些东西在革命结束之后还要存在下去。

新兴的世界还有一半陷在正在衰败的世界的残垣破壁之中，在世间事物呈现的巨大混乱当中谁也说不出哪些古老的制度和习俗还会劫后余生或完全消失。

尽管社会情况、法制、思想和人的感情方面发生的革命还远远没有结束，但它所造成的后果已远非世界上迄今发生的任何事情可比。我一个时代一个时代地往上回顾，一直追溯到古代，也没有发现一个与我现在看到的变化相似的变化。过去已经不再能为未来提供借鉴，精神正在步入黑暗的深渊。

但是，在这幅如此广阔、如此新奇和如此混杂的图景中，我已经看到一些初具轮廓的主要特点。我现在就来谈谈它们。

我看到，善与恶在世界上分布得相当平等，各占一半。巨富已经不见，小康之家日益增加。欲求和享受成倍增加，但既无特大的繁荣又无极端的悲惨。人人都有奋进之心，但胸怀大志者不多。每一个个人都是孤立而软弱的，但整个社会是活跃的、有远见的、强大的。私人做小事，国家做大事。

精神失去力量，但民情温和，立法仁慈。尽管见不到伟大的献身精神，最高尚、最光辉和最纯洁的德行，但人们的习惯是纯朴的，暴力现象极为少见，残酷更是闻所未闻。人的寿命越来越长，人的财富越来越有保障。生活虽然不光华瑰丽，但非常安逸舒适。享乐既不高雅又不粗鄙。不讲究繁文缛节，没有低级趣味的嗜好。既没有学问渊博的雅士，又没有愚昧无知的平民。天才越来越少，但知识日益普及。人的理性的发展将是众人的微小努力的积少成多的结果，而不是某几个人的强大推动的结果。文艺作品的杰作虽然不会太多，但作品的数量将会大增。种族、阶级、祖国的各种束缚将会消失，而人类的大团结却要加强。

如果让我从这些特征中找出最普遍和最显著的特点，我将指出它表现在财产具有千百种不同的形式方面。几乎所有的极端现象将会日趋减少和消失；几乎所有的最高的东西将会逐渐下降，并为中等的东西所取代；这些中等的东西比起世界上存在过的类似东西既不高又不低，既不光彩又不逊色。

我举目环顾一下这伙既无超群者又无落后者的在许多方面都一样的众生，真为这种普遍划一的情景感到悲怆和心寒，并为这里已不复有社会而遗憾。

当世界上最伟大的人和最微贱的人并存，巨富和赤贫并存，最聪明的人和最愚昧的人并存的时候，我总把视线离开后者只看前者，而且前者使我看起来喜欢。但是，我知道这种喜欢心情来自我的弱点，因为我在同时观察周围的所有一切时，只能从这么多的对象当中选择和拣出最合我心意的对象。全能和永恒的上帝可不是如此，他的目光必然及于全体事物，而且把整个人类和每一个人都同时看得清清楚楚。

我们自然相信，使这位造物主和人的保护者最感到悦目的，并不是个别人的高度荣华富贵，而是全体人的巨大幸福。因此，我认为是衰退的东西，在上帝看来都是进步的东西；我感到不快的事物，他却喜爱。平等也许并不怎么崇高，但它却是非常正义的，它的正义性使它变得伟大和美丽。*

我要努力达到上帝的这个观点，并试图用这个观点去考察和判断世间的事物。

世界上没有一个人能够绝对地和全面地断言新的社会情况优于旧的社会情况，但已经不难看到它们是不同的。

贵族制国家的体制所固有的一些弊端和美德，与现代人的性格格格不入，因而不能传入他们当中。有些良好的爱好和恶劣的本性，在前者看来是邪恶，而在后者看来却是合情合理的。有些思想是从一方的想象中自然产生出来的，但被另一方的精神所排斥。这就像两个完全不同的人一样，各有自己的特殊优点和缺点，各有自己固有的善和恶。

---

* 这句话是对正义和美在其中发生巨大作用的社会的歌颂。——法文版编者

因此，必须特别注意，不能用已不存在的社会留下的观点去判断正在产生的社会。这样做是不公正的，因为这两种社会是截然不同的，两者不能对比。

要求现代人具有适合他们祖辈的社会情况的美德，也绝不是合理的，因为祖辈的社会情况已经成为过去，而它所衍生的一切善和一切恶，也随着它的崩溃而完全混乱，无法辨别。

但是，这些情况现在还不能充分了解。

我已看到，大多数当代人正从旧社会的贵族制度产生的章程、主张和思想中进行选择。他们会随意放弃其中一部分，但要想保留另一部分，并把这一部分带到新世界。

我认为，他们的后一种想法，只会使他们在一项干得认真但不会有成效的工作中浪费时间和精力。

问题是不应当再保持身份的不平等给人们带来的那些特殊好处，而是应当确保平等可能为人们提供的新好处。我们不要让自己仍与祖辈相同，而应当努力达到自己固有的那种伟大和幸福。

至于我，在达到我的讨论的终点后，远远地、但是全面地回顾一下我曾分别深入研究的所有不同对象时，我既感到恐惧又怀有希望。我看到一些严重危险，但觉得可以排除；我看到一些重大弊端，但认为能够避免或抵制。因此，我越来越坚信，民主国家只要愿意干，还是能够建成高尚而繁荣的社会的。

我并非不知道，有些当代人认为人民生在世上从来不能自己做主，必然服从外部条件、种族、土地和气候所产生的难以克服和无法理解的力量的支配。

这是一种错误的和消极的观点，只能使人永远软弱和国家永远畏葸不前。上帝既未创造完全独立的人类，又未创造全都是奴隶的人类。不错，上帝是在每个人的周围画了一个他不可能越出的命运所注定的圈子，但是人在这个广泛的范围内还是强大的和自由的。一个国家或民族也是如此。

现代的各国将不能在国内使身份不平等了。但是，平等将导致奴役还是导致自由，导致文明还是导致野蛮，导致繁荣还是导致贫困，这就全靠各国自己了。

原著者注

（A） 第755页

但是，有些贵族曾热心经营商业和在工业方面获得成就。世界史在这方面提供了若干光辉的范例。然而，就整个情况来说，应当说贵族向来不关心工商业的发展。金钱贵族只是这一规律的例外。

金钱贵族从来没有不想用财富来满足自己的需要。对财富的爱好，可以说是人类的最大激情，其他一切激情都以此为终点或与此交织。

如果爱财之心与争名争权之心集于一人之身，则很难辨别这是出于人之贪婪所造成的野心还是出于人之野心所促成的贪婪。英国就有这种情况。英国人希望发财之后获得荣誉，并认为荣誉是财富的标志。因此，人的精神完全被工商业抓住和吸引过去，工商业成了致富的最好捷径。

但是，我也认为这是一种例外的和暂时的现象，因为在财富只是贵族的标志的时候，只让富人掌握权力而权力的执行由其他一切人实施，那是极其困难的。

世袭的贵族制度和纯正的民主制度，是国家的社会和政治情况的两个极端现象，在这两个极端之间存在着金钱贵族。这个贵族的特点是：与世袭贵族接近，但同意给予少数公民以某些重大特权；主张实行民主制度，但要求人人都可以继承特权。这个阶级往往是世袭的贵族制度和纯正的民主制度之间的天然桥梁，而且人们很难说它是在结束贵族的等级制度还是已在开辟民主制度的新纪元。

(B) 第 813 页

我从我的旅行日记*里找到下述几段记载。这些记载可使读者了解同意随夫前往荒凉地区定居的美国妇女经受了哪些考验。向读者介绍这几段记载，只是出于它们完全真实。

"……我们时常遇到一些新开垦的土地。所有这些新居民点都大同小异。我要描述我们今天晚上留宿的这个居民点，它给我留下使我想起其他一切居民点的印象。

"为了能在森林里找回自己的家畜，垦荒者们特意在家畜的脖子上拴上了小铃铛。我们离居民点还很远的时候，就已听到这种铃声。过了一会儿，我们又听到森林里传来斧头伐木的声音。随着我们看到伐木的迹地，我们就知道这里有文明人在劳动。被砍掉的枝丫布满了道路；被火烧毁的残余树干或伐木留下的树墩，还立在我们所走的道路上。我们继续往前走，来到一片森林旁边，其中所有的树好像得了一场暴病而枯死了。时值盛夏，但这里却好像是严冬。我走进森林仔细观察这些树，这才发现树干上有一圈

* 〔这部日记现已发表。见梅耶编：《托克维尔旅美日记》（英文译本），耶鲁平装本丛书，纽黑文，1962 年。〕

被刮光树皮的深痕。树内汁液的循环被切断了，所以树很快就枯死了。我们由此才知道，实际上这是开垦者照例要做的第一件事。第一年，他们还不能将全部的树木都砍倒，使它们变为自己的新财产，而是要在留下的树木之间播种玉米。如果把树全都砍光，则作物将失去树荫的保护。走过这片作为文明在荒野中的起步的初具规模的田地，我们立刻看到田地主人的房舍。它位于一片比人们尚在滥伐的林地管理的好得多的田地中央。在滥伐的林地上，树木已被伐倒，但尚未归垛码起来，树墩还杂陈在昔日绿荫覆盖的土地上。在这片杂乱无章的荒地的周围，有的地方种有小麦，有的地方簇拥着初生的柞树；各种各样的多年生植物和野草混合在一片尚未被人驯服的半荒土地上，竞相生长。开垦者的房屋，或如当地人所称的“圆木小屋”(log house)，就掩映在这片由各种植物组成的茂密的树荫中间。这座简陋的房屋也同它周围的田野一样，表明它是新造的，刚刚建成不久。据我目测，它长不过 30 英尺，高在 15 英尺以内。房层的四壁和顶盖，都是用未破开的原木构筑的，在缝隙之间填满碎干草，敷以泥土，用以防寒和防雨。

“夜幕降临的时候，我们决定去找圆木小屋的主人借宿。

“一听到我们的脚步声，几个在残败的小树林里滚地玩耍的小孩儿，马上爬起来，慌慌张张地跑向家门，好像害怕见生人似的。这时，两条尚有一半野性的大狗，竖着耳朵，伸长脖子，从狗舍里窜出来。它们一面跑，一面低声吠叫，前来保护它们的小主人。这家的主人出现在门前，他首先向我们扫了一眼，随后又仔细打量一番。他打手势，叫他的狗回狗舍去，并以自己的行动向狗表示，我们的光临并未引起他的惊恐或不安。

“我们走进圆木小屋。室内的陈设，跟欧洲农民的完全不同，摆着许多多余的东西，而必要的东西却很少。

“只有一个窗户挂着细布窗帘；在土坯砌成的壁炉炉台上放着一盏大灯，灯光照亮了全屋；在这个壁炉炉台的上方，吊着一支膛内有来复线的漂亮的火枪，一张麂皮，一串鹰的羽毛；在壁炉的右侧墙上，挂着一张美国地图，地图被风吹动得在墙上直晃荡；在地图下面，架着一个粗糙的木隔板，上面放着几本书；我走到架边一看，其中有一部《圣经》，弥尔顿的最初 6 篇长诗，莎士比亚的两个剧本；沿着墙放着几个木柜，而没有皮箱；在屋地中央，有一张做工很粗的桌子，桌子的四条腿是用刚刚砍伐的小树干做的，上面未剥掉的树皮还在发绿，好像是就地生长出来的；我看到桌子上面有一把英国制的灰色瓷茶壶，几把银制的匙子，几个已经有缺口的茶杯，还有几张报纸。

“这所房子的主人，颧骨很高，四肢修长，这表明他原来是新英格兰的居民。显而易见，他不是出生在我们同他相遇的这个荒凉地区的，因为他的举止就足以证明他早年是在知识界中度过的。他是一个活泼好动、有理想和敢于冒险的人，能够冷静处理专靠热情而发动起来的事物。他之所以要在这里体验一段时间野蛮生活，是为了将来更好地改造荒野，使其大大开化。

“当这位开垦者看出我们想跨进他的房屋的门槛时，他走上前来同我们对话，并按他的习惯同我们握了握手，但他的脸上还是没有热烈的表情。他首先开口，打听世界上发生的事情。当他的好奇心得到满足后，他便默不作声了。我们猜想，他早就对世界发生的令人讨厌和使人目眩的事情反感，所以不想再问了。我们向他谈了我们的旅行目的，他向我们提供了我们所需的资料。接着，他又有些心不在焉了，但仍然诚恳地满足我们的需要。当我们看到他能如此热心待客时，为什么又感到他的好客又有些冷淡呢？这是因为他的待客好像是出于命运对他的痛苦安排，他认为这是他的现在地位赋予他的义务，而不是一项快事。

“在壁炉炉台的另一端，坐着一位妇女抱着一个小男孩在膝上摇晃。她只频频点头，而没有加入我们的谈话。像那位开垦者一样，这位妇女也正值壮丽的年华。她的举止表明她原来也很高雅，她的服饰说明她爱打扮的兴致并未稍减。但是，她的四肢已经不如昔日纤美，她的面容显得有些疲惫，她的眼光温和而又严肃。她的外表给人的整个印象，是她有一颗由于笃信宗教而产生的安身立命之心，一腔热烈而宁静的感情。我不知道是什么天生的泰然自若的毅力在使她正视生活中的一切艰难困苦，而又不害怕和不轻视它们。

“她的几个孩子围绕在她的身旁，身体健康，性格活泼，还很淘气。这些孩子是在这里土生土长的，他们的母亲不时地向他们投以忧郁而又欣慰的目光。从孩子们如此年幼却很强壮来看，可以说她为抚育他们费尽了心血，并对为此付出的代价毫不惋惜。

“移民们居住的房屋既无内室又无隔扇，全家都住在一个大统屋子里，夜间共同在里面安息。这所房屋自成一个小世界。它是漂浮在林海中的一叶文明方舟。在它四周一百步以外，就是无边无际的茂密森林，而且又开始没有人烟了。”

(C) 第 815 页

使人没有道德和不信宗教的,并不是身份的平等。但是,当人们变得没有道德和不信宗教,而人们又都是平等的时候,不道德和无信仰的行为就容易表现出来,因为人们之间已很少互相制约,社会上只剩下一个能够承担起维持治安之责的阶级。身份的平等并不使民情变坏,但有时听任其变坏表面化。

(D) 第 840 页

即使把所有什么也不想的人和不敢说出自己的想法的人排除在外,你也会发现美国的绝大多数人似乎满意他们的现行制度;我也确实认为如此。我认为舆论的这种倾向是表明美国法制十分良好的标志,而不是它的证明。民族的自豪感,立法对某些激情、偶然事件、隐秘弊端的放纵,特别是可以封住反对派之口的多数的利益,可以长期给整个民族和每个公民造成一种错觉。

我们现在来看一看 18 世纪的英国。当时,这个民族非常喜欢自我吹捧,它的每个人民对自己都很满意,所以认为他们的制度样样都好,没有可以谴责之处,甚至觉得它的一些明显缺欠也是好的。但在今天,绝大多数英国人好像都认为他们的制度在许多地方是有缺欠的。究竟是上一世纪的英国人对呢,还是今天的英国人对呢?

法国也是如此。诚然,在路易十四统治时期,议会的多数曾热烈支持统治当时社会的政府,并认为那些说这个政府贬低了当时法国人人格的人是错误的。而在我们这个时代,却有人认为当时的法国受到了奴役，但奴性思想并不一定存在。当时的作家颂扬王权高于其他一切权力时表现出了一种真正的热情，但愚昧的农民在他们的茅屋里并未受到圣上的恩泽，在高喊“国王万岁”而死时亦未感到光荣。究竟是路易十四时期的法国人错了，还是我们今天的法国人错了？

因此，不应当只根据舆论的倾向，而且还要根据最主要的动机和最普遍的经验去评定一个国家的法制，因为舆论的倾向从一个时代到另一个时代有所变化。

一个国家的人民对法制表示拥护只证明一件事，那就是他们希望不要很快就改变已定的法律。

(E) 第 902 页

我方才在这个注所在的章里只提到一种危险。现在，我想指出另一种非常罕见，但一经出现便将使人非常害怕的危险。

当平等使人们自然产生的爱好物质享受和舒适生活的心理侵蚀一个民主国家人民的精神并终于控制全国人民的精神时，这个国家的军队本身最后可能爱好和平，而反对本国基于自身的利益把它拖入战争。但处于这种舒适环境下的士兵，将会开始认识到，宁愿在和平的环境中一步一步地、顺顺利利地和毫不费力地晋升，也不肯以战场上的艰难险阻为代价去获得快速的晋升。在这种精神状态下，军队虽有武器但无士气，使用武器时也是消极的。与其说这种军队本身没有迎击敌人，不如说它在引狼入室。

不要以为军队在这种和平气氛中会与革命绝缘。因为革命，尤其是军队发动的革命一般都非常迅速，而且经常要冒重大的危险，但不必付出艰苦的劳动。革命至少在消耗上能比战争更适合野心家的心愿，只冒生命的危险即可，而民主国家的人对于生命的重视不如对于舒适生活的重视。

害怕战争的军队是一个国家的自由和安宁的最大危险，因为这样的军队不想在战场上表现其伟大和力量时，便要到其他地方去表现伟大和力量了。因此，民主国家军队的官兵有可能不顾公民的利益而失去军人的情操，而军队则不再具有战斗力并不断发生哗变。

我在这里再重复一遍我在前面已经说过的一句话：消除这种危险的办法不在军队，而在国家。保存着英勇气概的民主国家，将永远会在必要的时候从其士兵身上看到英勇善战的气概。

（F） 第 922 页

人认为单一性的观点的伟大处在于手段，而神认为在于目的。结果，这样的伟大观使我们只注意无数的小事情。强制人们同步地走向同一目标，是人的观点；而引导不可胜数的千变万化的人开始行动，并要把他们的行动结合得使所有的行动能通过数以千计的不同道路去完成伟大的计划，则是神的观点。

人关于单一性的观点几乎总是贫乏而无活力的，而神关于单一性的观点则是丰富而有活力的。人以为简化手段可以显示出自己的伟大；而神的目标很简单，那就是使手段变化无穷。

（G） 第 926 页

民主国家不仅由于它的爱好而走向中央集权，而且领导它的人也在不断把它推向中央集权。

可以不难预见，被局限在一个民主国家里的几乎所有野心勃勃和才能出众的人，将会不遗余力地扩大社会权力的职能，因为他们都盼望有朝一日领导社会权力。要想向他们证明过分中央集权会损害国家，那是浪费时间，因为他们是在为自己集权。

在民主国家的官员中，除了一些大公无私的或平庸无奇的以外，几乎没有人主张地方分权。主张地方分权的，不是人少就是无力。

（H） 第 950 页

我时常自问，如果民主的民情这样地温顺下去，再遇到军队里出现不安情绪，在我们今天的某些国家里万一出现军人政府，其结果将会如何。

我认为，政府本身不会出现我在本注所在的章里所描绘的现象，也不会再现军事寡头政治的蛮横作风。

但我深信，在这种情况下，会在文官的习惯与士兵的习惯之间产生某种融合。在行政方面采纳某些军人精神，在军队方面采纳某些文官的办事习惯。这样融合的结果，将会实现有条不紊、纪律严明、条理分明和绝对服从的指挥，人民变成军队的影子，社会变成一座营房。

（I） 第 954 页

我不能笼统地断言当代的最大危险是胡作非为或暴政，是无政府状态或专制。这些东西都是令人畏惧的，而且很容易都来自同一个原因。这个原因就是个人主义造成的普遍的漠不关心。今天能使行政权可以总揽某些权力实行压迫的，正是这种漠不关心；而以后能使一个政党动员30个人投入战斗而且也实行压迫的，也正是这种漠不关心。但是，不论是前者还是后者，都不能长期存在下去，使它们容易获得成功的那些原因也在妨碍它们长期保持成功。它们之所以最后垮台，是因为没有什么力量支持它们。

因此，最应当反对的是漠不关心，而不是无政府状态或专制，因为漠不关心可以几乎分毫不差地创造无政府状态和专制。

附　　录

（一） 1848年1月15日在人文和政治科学院所作关于谢尔比利埃《论瑞士的民主》的报告

各位先生：

日内瓦科学院公法教授谢尔比利埃先生发表了一部论述本国的制度和政治习惯的著作，题为《论瑞士的民主》，并向人文和政治科学院赠送了一部样书。

先生们，我认为作者所论述的问题很重要，值得对它进行专门的研究；而且，我想这一研究能有某种好处，所以我就开始了这项研究。

我的意图是使自己暂时放下其他一切工作而完全投入这项研究，在研究中不谈与我们毫无关系的现实问题，少讲瑞士的政治社会的现状，而多谈瑞士的社会本身，多谈这个社会所遵行的法制，多谈法制的来源、趋向和特点。我觉得这样划定研究的范围，讲起来更能引起人们的兴趣。瑞士出现的事情并不是孤立的，而是正在摧毁欧洲的一切旧制度的普遍运动的一部分。虽然舞台不大，但演出很壮观，而主要是它有一个明显的特点。震撼世界的民主革命，没有一个像在瑞士这样发生于如此复杂和如此奇怪的环境之中。在这个由若干民族组成的国家里，人们操数种语言，信数种宗教，一种宗教里又分成许多不同的宗派，新旧两派的教会各有其组织系统和特权，所有的政治问题很快就变为宗教问题，而所有的宗教问题最后又都变成政治问题。最后，这里存在的一个很古老和另一个很年轻的两个社会，虽然年龄差得很大，但却能很好地结合在一起。以上就是瑞士的图景。我认为，要想描绘好这幅图景，就得比《论瑞士的民主》的作者站得更高一些。谢尔比利埃先生在序言中申明，一定要坚持大公无私的原则。我相信，他的话是很诚恳的。可是他又担心，他的著作的完全无私的特点，会使所述的主题蒙上一层单调无味的阴影。这种担心毫无根据。作者确实想做得大公无私，但他并没有做到。他的著作虽然表明他有学识，有洞察力，有真正的才华，甚至在热情的评价中闪烁着明显的善意，但就是看不到大公无私。他的书有许多地方论述思想问题，但很少谈到思想的自由。

该书的作者究竟向往什么样的政治社会形式呢？首先，这一点就好像相当难说。他虽然在某种程度上赞同瑞士最虔诚的天主教徒的品德，但他又坚决反对天主教，以致想用立法的手段阻止天主教向天主教不占统治的地区发展。另一方面，他也很反对新教各派的各自为政。他既反对平民的政府，又反对贵族的政府；在宗教方面，他主张有一个由国家管理的新教组织；在政治方面，他要求有一个由资产阶级贵族管理的国家，这似乎就是该书作者的理想。日内瓦在革命之前，情形就是如此。

虽然人们不能经常看清他之所爱，但却容易看出他之所恨。

他憎恨的就是民主。他一谈到民主革命，就表现出了他的观点，他的爱憎，或许还有他的利害所在。也就是说，他永远是以仇视的态度来谈民主革命的。他不仅攻击民主的这一后果或那一后果，而且还攻击民主本身。他看不到民主的优点，只盯着民主的缺点不放。他对民主可能带来的弊端，一点儿也不分辨哪些是根本性的和永久性的，哪些是偶然性的和临时性的，哪些是不可避免的而必须忍受的，哪些是应该设法纠正的。也许像谢尔比利埃先生这样的生逢国家动荡不安时期的人，才会以这种方式看待问题。我们应当对此表示遗憾。在作这项研究时我们看到，瑞士的民主很需要人们指出其法制的不完善之处。但是，要想考察得准确无误，首先不能憎恨民主。

谢尔比利埃先生将他的著作定名为《论瑞士的民主》。这可以使人相信，作者认为瑞士是一个允许人们写理论著作论述民主，并可以评论民主制度本身的国家。但我认为，该书的几乎全部错误的主要根源，就在于瑞士不是这样的国家。老实说，此书本应该题名为《论瑞士的民主革命》。实际上，15 年以来瑞士就是一个处在革命中的国家。在瑞士，民主与其说是政府的一个正常管理形式，不如说是人民经常用来摧毁和有时是抵制旧社会的一种武器。虽然人们在瑞士可以很好地研究我们所处的民主时代的革命形势所带来的个别现象，但还不能描绘出民主的长治久安状态。任何人如不时时刻刻地注意这一出发点，就很难理解瑞士的制度呈现在他面前的图景。至于我，我感到有一个无法克服的困难去解释我如何评论它的现在，更不用说我如何理解它的过去了。

人们对法国革命爆发时瑞士的情况，常有一种错觉。由于瑞士人长期以来就生活在共和制度下，所以人们就容易推想他们比欧洲大陆其他国家的人更接近使近代自由得以确立的制度和使它得以活跃起来的思想。不对，人们应当往相反的方面去想。

尽管瑞士的独立是在反对贵族的起义中诞生的，但它当时成立的政府的制度，大部分沿袭了贵族制度的惯例、法律，直至观点和倾向。在瑞士人看来，自由不过是特权的一种形式，不过是基本法和继承法中的承认大家都是自由人的一种思想，而这种思想在他们获得自由后的心目中，同在被他们战胜的奥地利家族的王侯的心目中一样，都是陌生的。因此，所有的权力，很快就被一些故步自封的小贵族或一些自行纠集起来的人所篡夺和掌握。在北部，这些贵族经营实业；在中部，他们有军事组织。但是，这两种贵族都是狭隘的和排他的。在大多数州中，四分之三的居民没有直接或间接参加管理国家的权利；更有甚者，是每一个州都有一群依附他人的居民。

这些在如此巨大的动荡中还处于封闭状态的小社会，很快就牢固到任何运动都不会对它们发生影响的地步。这种贵族制度既没有民众干扰，又没有国王管理，而是由仍旧按照中世纪的章程办事的死气沉沉的社团来主持。

随着时间的推移，新思想早已深入到欧洲的一些最古老的君主制国家，而瑞士仍然处于封闭状态。

分权制的原则已为一切政论家所赞同，但在瑞士却行不通。出版自由至少已在世界上的许多君主专制国家实际存在，但在瑞士不仅实际不存在，而且法律也不许可存在。在瑞士，政治结社的权利既不能行使，又未被当局认可；言论自由也被限制在非常狭小的范围之内。所有的开明政府都在实行公民的负担平等，而在瑞士，公民不但权利不平等，负担更是不平等。在那里，为实业的经营设立了重重障碍，个人自由没有任何法律保证。已经开始进入一些信仰非常正统的国家的宗教信仰自由，还没有在瑞士出现。有些州完全禁止异端教派的活动，而其余的州则对此定出了严格的范围限制。几乎在瑞士各地，宗教信仰的不同都是参加政治活动的障碍。

直到法国革命以武力入侵瑞士的1789年，这个国家一直处于上述状态。法国革命暂时推翻了瑞士的旧制度，但没有以任何巩固而持久的东西取代旧制度。几年以后，拿破仑通过调停结束了瑞士的无政府状态，使瑞士人得到一定的平等，但没有得到自由。拿破仑强加给他们的政治法令是精心策划的，以致瑞士的政务处于瘫痪状态。权力虽以人民的名义施行，但人民企不可及，完全掌握在行政当局手中。

不多几年以后，当调停书随其制定者的垮台而失效时，瑞士人在这场变动中并没有获得自由，而只是丧失了平等。昔日的贵族又到处夺回了在政府中的统治地位，而且还恢复了在革命前实行的那些已经陈旧的独占原则。谢尔比利埃先生说得对，局面差不多完全恢复到1798年的原样。有人说，通过维也纳会议联合起来的几个国王把这种复辟强加给了瑞士，但这种谴责是错误的。复辟是经过这些国王同意的，但不是他们强加的。事实是，瑞士人民像欧洲大陆其他国家人民一样，也卷进了这场突然要在全欧使旧社会恢复元气的短命的但又普遍的反动；而且，由于瑞士的复辟毕竟不是由那些在利益上与旧特权阶层有别的君主完成的，而是由旧特权阶层本身完成的，所以瑞士的复辟比起欧洲的其余国家来，也就更全面、更盲目和更坚决。瑞士的复辟并未导致暴政，但却表现得非常独断。立法权完全归行政当局所有，行政当局的大权由出身于贵族的人们独揽，中间阶级被排除于国家事务之外，人民完全被剥夺了参加政治生活的权利。直到1830年以前，几乎整个瑞士都是这种情况。

瑞士的民主新时代，在这以后才出现！

以上的简短叙述，为的是说明两件事。

第一，瑞士是革命很不深刻，但复辟却极其全面的一个欧洲国家，以致与新思想格格不入和敌对的制度在瑞士得到保存或仍占有很大的支配地位，而那里也就必然潜藏着极大的革命动力。

第二，直到今天，在瑞士的绝大部分地区，人民仍无权参加政府的管理工作，生活在这个共和国的绝大部分公民，对于保障公民自由、结社自由、言论自由、出版自由、宗教信仰自由的司法程序与同时代的大多数君主国家的臣民一样无知，甚至可以说比后者更无知。

以上就是谢尔比利埃先生往往没有看到的东西，但我们在仔细研究瑞士的制度时，却一时一刻也不能忘记它们。

大家知道，瑞士的主权分两部分：一部分属于联邦政府，另一部分属于各州政府。

谢尔比利埃先生是从各州开始论述的，这样做完全正确，因为在瑞士管理社会的真正政府在各州。我也仿效他的办法，先研究各州的制度。

在今天来说，各州的制度都是民主的，但民主的特点在各州的表现并不相同。

在大部分州中，人民是把自己的权力交给代表他们的议会去行使；而在某些州中，则由人民自己行使权力，即自行集会和直接参加管理工作。谢尔比利埃先生把前一种管理形式叫作代议制民主，把后一种管理形式叫作纯民主。

我请科学院允许我不学着他去研究他认为很重要的纯民主。我这样做的理由有好多条。尽管生活在纯民主制度下的几个州在历史上起过很大作用，而在政治方面也可能起过相当的作用，但是研究纯民主与其说为了致用，不如说是为了猎奇。

纯民主是现代世界上几乎独一无二的现象，甚至在瑞士也是一种例外现象，因为全瑞士只有十三分之一的人处于这种制度之下。再者，这也是一个暂时的现象。我们不太清楚，在人民直接行使权力最多的那些州中是否有一个只是部分地参加政府的管理工作的代议制组织。但是，在研究瑞士的现代史时不难发现：在瑞士，人民直接管理的国务越来越少，而代表们处理的国务却越来越多和日益复杂。因此，纯民主的原则便逐渐消失，而相反的原则则日益胜利。纯民主不知不觉地成了例外，而代议制民主则成了常规。

再说，瑞士的纯民主已是过时的东西，对现在和将来都没有任何教益。虽然我们在研究它的特点时必须使用现代科学的词汇，但它究竟是过去的东西了。每一个时代都有其任何力量都无法抗拒的主导精神。这一精神要把与它格格不入或相反的一些原则置于自己的支配之下，并立即向它们渗透，而在不能消灭它们的时候，就改造或同化它们。中世纪已因贵族政治习惯于民主自由而寿终正寝。在最具有共和主义精神的法律中,除规定普选之外,还对宗教信仰、言论、思想、习俗、结社和除开人民之外最有实权的家庭等作了规定。瑞士各州的那些小政府,只能被视为不复存在的世界的最后的和体面的孑遗。

与此相反,瑞士的代议制民主却是现代精神的产物。所有的一切都是在旧的贵族社会的废墟上建立起来的;所有的一切都是按人民主权原则行事的;因而,所有的一切也就依靠法律得到了几乎相同的实施。

我们看到这些法律还很不完善,但这些法律却足以补充历史记载的阙如,向世人表明瑞士的民主甚至它的自由,都是新的和没有先例的权力。

首先应该指出,甚至在瑞士的代议制民主下,人民仍能部分地直接行使自己的权力。在某些州中,主要的法令在立法机构通过之后人民还有否决权。在发生这种特殊情况时,代议制民主就变成了纯民主。

几乎所有的州都必须随时和一般在作重大决定时征求人民的意见,看看他们是否要修改或仍然维持宪法。这也就可以随时和定期检查和修改所有的法律。

人民不把立法权留在自己手里,而把它委托给一院制的议会,议会在人民的监督下并以人民的名义工作。任何一个州都不把立法权分成为两个部分,而是只有一个立法机构。这样,不但立法的程序不会因为要同另一个机构协商而拖延,而且提案的表决也不会遇到旷日持久的辩论障碍。一般法律的辩论要经过一些手续,拖延时间;但是最重要的决议,可以用政令的形式马上提出、讨论和通过。政令能像群众的激情那样，使次要的法律发生某种预料不到的、迅速的和不可抗拒的作用。

除了立法机构之外，没有什么东西是不可抗拒的。立法权、行政权和司法权的分立，尤其是它们的相对独立，事实上是不存在的。

任何一个州的行政权代表都不是由人民直接选举的，而是由立法机构选派的。因此，行政机构本身没有什么权力，它不过是个工具，并且永远是另一个权力机构的驯服代理人。除了这个弱点之外，它还有其他若干弱点。行政权从来也不委托给某一个人，而是委托给一个小会议，会议的成员分工负责，但行动受到牵制。行政机构连若干固有的权力也被剥夺。行政机构从不行使否决权，或者只对一些无关紧要的法律行使否决权。行政机构没有赦免权，也不任免自己的工作人员。甚至可以说它没有工作人员，因为一般它只能使用市镇的官员。

但是，瑞士民主的法制的缺陷，特别表现在宪法的不健全和司法组织的不良方面。谢尔比利埃先生注意到这一点，但我认为他注意得还不够。他似乎没有很好地理解，在民主制度下司法机构的主要任务是：既要防止人民犯法，又要保护人民的合法权益。

司法权独立的思想，是一个现代概念。中世纪时没有这种思想，或即使有也很模糊。可以说，在所有的欧洲国家，行政权和司法权最初都是混合在一起的。就是在作为一个非常可庆的例外而很早使司法机关成为强大的独立存在的法国，也只能说行政权和司法权的分立还是很不完善的。当然，这不是说行政机构支配司法机构，而是说司法机构部分地左右行政机构。与此相反，在欧洲，瑞士可能是使司法权与行政权混合得最彻底，并使前者完完全全变成了后者的一种属性的国家。可以说，我们今天对于司法这一大公无私和独立的、可以干预一切权益纠纷而使权益受到法律尊重的权力具有的观点，在瑞士人的心目中过去是没有的，就是现在也很不完整。

毫无疑问，各州的新宪法使法院的地位不像在旧体制下那样受行政权支配，但还没有给予法院以完全独立的地位。初级法院的成员由人民选举，并可以连选连任。各州的最高法院的成员不是由行政机构选派，而是由立法机构指定，所以各级法院都无法保证它的成员抵制多数的经常变化的无理要求。

人民或代表人民的议会不仅指定法官，而且在指定时不受任何约束。一般说来，被任命的法官都不具备称职的条件。再者，法官只是执行法律，无权过问所执行的法律是否符合宪法的规定。老实说，这是多数本身进行审判，而法院只是它的工具。

在瑞士，按法律的规定，司法机构也是独立的，并享有必要的权力，但它很难发挥自己的作用，因为法院是一个遵守传统和舆论的机构，而舆论又必然受传统的司法观念和司法习惯的影响。

我可以轻而易举地指出上述制度中存在的缺点，证明这种制度竭力使人民的政府在工作时反常，在作决议时仓促，在发号施令时专横。但是，我要谈这些，就离题太远了。我只想考察这个比较古老、比较和平和比较繁荣的民主社会所实施的法律。谢尔比利埃先生认为，瑞士各州所实行的不完善的制度，是民主所能提供的或所欲接受的唯一的东西。我要进行的比较将会证明情形恰恰相反，表明人们可以更有经验地、更为熟练和更为明智地从人民主权原则得出另一种不同的结果。我只举人口相当于瑞士全国人口的纽约州为例。

在纽约州也像在瑞士的各州一样，以普选方式实现的人民主权是政府的原则。但是，人民只有一天即在选举代表的那一天行使他们的主权。人民并不是经常亲自行使主权，不论在立法权、行政权还是司法权方面，在任何情况下都是如此。当选的人必须以人民的名义管理国家，直到下次改选时才去职。

尽管法律经常改变，但法律的基础是固定不变的。不像在瑞士那样，人们绝不能事先规定连续或定期修改宪法，从而也不会因为修改宪法或仅仅等待修改宪法而使社会各界处于停滞状态。当出现新的需要时，立法机构就将指出修改宪法的必要性，随后着手修改工作。

虽然立法机构不能像瑞士那样容易摆脱舆论的指导，但它却组织得能够抵制舆论的无理要求。任何提案不经两院通过，都不得成为法律。立法机构的这两个部分，是用同样的方式选举产生和以同样的原则组成的，所以这两个部分都来自人民，但它们不用完全相同的方式代表人民：一个部分主要是反映人民的日常意见，另一个部分则反映人民的经常性要求和永久性倾向。

在纽约，分权制不仅是表面性的，而且是实质性的。

行政权不是由集体行使，而是由一个人行使，这个人负全面责任，并坚定不移地行使他享有的一切权力和特权。这个人是由人民选举的，但绝不像在瑞士那样是立法机构的工具或代理人。州长与立法机构平起平坐，并像立法机构一样，代表各自所主管的那部分主权。州长权力的来源同立法机构权力的来源一样。州长不仅是行政权的代表，而且行使行政权固有的和合法的特权。州长统率武装力量并且任命武装力量的主要军官。州长任命州的若干重要官员并享有赦免权。州长可以否决立法机构的决定的权力虽然不是绝对的，但可以是有效的。显然，纽约州长的权力要比欧洲的一个立宪君主的权力小得多，但至少又比瑞士的小小议会的权力大得多。

然而，双方的司法机构的组织，差别最为明显。

在纽约州，法官虽然来自人民并依靠人民，但是他是人民自己也要服从的权力。司法权在本身的产生、常设机构的设置和职能的规定方面，尤其对于公意和舆论，也享有这样的特殊地位。

高等法院的成员，不是像在瑞士那样，由立法机构这个往往感情用事、有时盲目、经常不够负责的集体权力选派的，而是由州长指定的。法官一经任命，就被认为是不可撤换的。任何诉讼案件都必须由法官审理，任何惩罚都只能由法官宣判。法官不仅解释法律，而且可以说他还能审理法律。如果立法机构在党派的激烈斗争中偏离了宪法的精神或条款，法庭就拒绝宣判，使立法机构根据宪法行事。这时，法官虽然不能强制人民保卫宪法，但宪法只要依然生效，他至少能迫使人民尊重宪法。法官不直接领导人民，但他能制约人民。司法权在瑞士几乎是不存在的，但它却是美国民主的真正调节器。

现在，我们即使仔细研究纽约州宪法的一切细节，也找不到一点儿贵族制度的成分。没有阶级，没有特权，到处都是权利均等，只有一个精神推动着所有的制度，没有相互排斥的倾向。总之，民主的原则渗透一切并主宰一切。然而，如此全面实行民主的政府，却比瑞士的民主政府具有稳定得多的地位、和平得多的施政办法和正常得多的工作程序。

可以说这种情况部分地来自法律的差异。

我们描述的纽约州的法律，是为防止民主固有的缺陷而制定的；而我所勾勒的瑞士的制度，则好像是专门为发展民主固有的缺陷而制定的。瑞士的制度限制人民，美国的法律推动人民。美国人担心他们的政权走向暴政，而瑞士人好像只希望他们的政权变得越强硬越好。

我绝不夸大法律机制对人民的命运发生的影响。我知道，世界上的重大事件主要应当归因于它们的最为一般和最为深刻的根源；但不能否认，制度本身却有一定的能力，并依靠自身的力量促使社会繁荣昌盛或贫困匮乏。

假如谢尔比利埃先生不是完全否定他的国家的几乎一切法律，而是指出这些法律的不足之处，并设法在不破坏原则的条件下完善它们的条款，则他会写出一部值得后人借鉴和对他的同时代人更有好处的书来。

作者在介绍民主于各州的实施情况之后，便转而考察民主对联邦本身发生的影响。

在按照谢尔比利埃先生的这种叙述程序讲下去之前，必须做一些他没有做的工作，即说明什么是联邦政府，联邦政府是怎样依法组成的和实际上是怎样组成的，联邦政府是如何工作的。

这就首先要求我知道：瑞士联邦的立法者们原来是想制定出一部联邦宪法还是只想结成一个同盟，换句话说，他们原来是要各州牺牲部分主权还是要不损害它们的任何主权。如果我们查明瑞士的各州被禁止享有国家主权性的若干权力，并把这些权力永久地让给联邦政府，尤其是如果我们想到各州要把一切事情也让给联邦政府去处理时就会产生由多数制定法律的结果，那么，我们就可以确信联邦的立法者们原来就不想制定出一部真正的联邦宪法，更不想结成一个单纯的同盟。但是必须指出，他们要想获得成功，那是非常困难的。

我不讳言，我认为瑞士的联邦宪法是世界迄今出现过的这类宪法中最不完善的。当你阅读这部宪法时，一定会觉得自己回到了中世纪；而当你想到这部混乱而不完善的作品竟出自一个在智慧和经验方面与现代不相上下的时代时，又不能不感到非常吃惊。①

人们不无理由地一再指出，联邦宪法过分地限制了联邦政府的权力，没有让联邦政府享有某些本质上是属于全国的和应当是联邦议会拥有的权限，例如联邦政府不能管理邮政，不能制定度量衡，不能铸造货币，等等。因此，人们把联邦政府的软弱无力归因于它拥有的权限太少。

的确，联邦宪法没有让联邦政府享有它自然和必然拥有的权限，但这个政府的软弱无力的真正原因并不在这里，因为如果联邦政府能行使联邦宪法给予它的权限，它满可以取得它所缺少的一切东西。

联邦议会有权征集军队、征收赋税、宣战、媾和、缔结商约和任

① 不要忘记，这一切都是在1847年，即在旧联邦宪法还不是因受1848年革命的影响而修改的条件下写成的。

命驻外使节。各州的宪法和在法律面前人人平等的伟大原则却受到联邦议会的监督,这就使联邦议会在必要时可以干预地方的一切。道路通行税、养路费等也由联邦议会规定,这就使它有权指导或检查巨大的公共工程。最后,联邦宪法第四条还规定:联邦议会"可为瑞士的内外安全采取一切必要的措施",这就是赋予联邦议会主持一切的权力。

最强大的联邦制政府也未曾有过比这更大的特权,而且我不认为瑞士中央政府的权限受到很大限制,而是认为它的权限的范围没有规定清楚。

那么,拥有如此优越特权的联邦制政府为什么其实权又如此小呢?理由很简单:因为没有赋予它以随意行使权力的手段。一个政府之所以在工作上毫无生气和被指责没有能力,完全是因为它的组织还不健全。

联邦制政府的特点在于它不是以人民的名义,而是以组成联邦的各州的名义行事,否则,宪法就立即不再是联邦性的宪法了。

因此,一个必然的和不可避免的后果就是:联邦制政府一般要比其他类型的政府在作决定时优柔寡断,而在行动时慢慢腾腾。

联邦制政府的立法者们,大部分都力图借助我并不想加以深入研究的一些随机应变的办法来改正联邦制度所固有的这一缺点。瑞士人由于他们采取的联邦形式与其他国家不同,所以对于这一点看得最为清楚。在瑞士,联邦议员不仅只能以其所代表的州的名义行事,而且一般说来他们不经其所代表的州审议或同意,也不作任何决议。联邦议员几乎没有任何自由意志,每个议员都感到自己被事先接受的强制性委托所束缚,以致作为决定国家大事的联邦议会,实际上什么也决定不了,议员们不是作为有权作决议的人在发言,而是作为只应执行决议的人去发议论。联邦议会是一个没有自己意志的政府机关,只限于执行联邦的 21 个州政府分别作出的决定;不管什么性质的事件,这个政府机关都不能决定,都不能提议,都不能办理。人们再也想不出哪一个政府会像瑞士联邦政府这样更能增加联邦制政府固有的惰性,更能使自己的软弱无能变得像老年人的垂暮了。

瑞士联邦政府的一贯无能,还有许多与一切联邦制度固有的缺点无关的原因。

不但可以说联邦制度只能有一个软弱无能的政府,而且可以说它根本就没有自己的政府。瑞士联邦的宪法,在这方面的表现是世界上独一无二的。瑞士联邦的元首并不代表联邦。管理瑞士行政的内阁,既不是由联邦议会又不是由瑞士人民选举产生的;而是由伯尔尼州、苏黎世州和卢塞恩州每二年各代理一次的临时政府。一州的居民选举出来的管理本州事务的政府,也就这样附带地成为全国的政府和管理机构。这显然是人类法制史上的重大政治奇闻之一。这种情况的后果总是不良的,而且往往是令人莫名其妙的。例如,再没有 1839 年发生的事情更使人感到奇怪的了。这一年,联邦议会移到苏黎世,苏黎世州的政府也就成了联邦的政府。不久以后,在苏黎世发生了全州性的革命。人民的起义推翻了合法的政权。于是,联邦议会立即失去首脑,联邦政府的活动中断,直至这个州的人民同意了另定的法律和另选新的领导。因此,苏黎世的人民在改变本州的行政机构的同时,也就无意之中斩了瑞士之首。

联邦政府看来有自己的行政机构，但它并没有使人民服从它的能力，因为它不能直接号令公民。使它无能为力的这个原因，其影响远远超过其他一切原因的总和。但要很好地了解这一原因的影响，仅仅指出它还是不够的。

如果一个联邦政府能在自己享有的窄小的活动范围内像一般政府在其不受限制的活动范围内那样直接发号施令，而不是通过中间人，那么，它的活动范围虽然相当狭窄，但它是强有力的；如果联邦政府的公务人员可以直接号令每一个公民，它的法庭可以强制每一个公民服从联邦的法律，那么，这个联邦政府就容易使人民服从，因为它不用担心个人敢于反抗，而它所遇到的难题也都可以通过诉讼手段来解决。

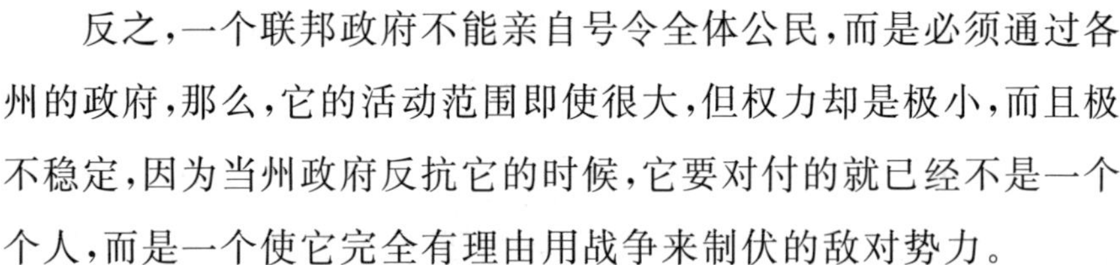

反之，一个联邦政府不能亲自号令全体公民，而是必须通过各州的政府，那么，它的活动范围即使很大，但权力却是极小，而且极不稳定，因为当州政府反抗它的时候，它要对付的就已经不是一个个人，而是一个使它完全有理由用战争来制伏的敌对势力。

由此可见，联邦政府的权力的大小不在于赋予它的权力的范围的大小，而在于它自身行使权力的能力的大小。当联邦政府能向公民发号施令时，它就坚强有力；而当它只能对地方政府发号施令时，它就总是软弱无力。

联邦制度的历史，向我们提供了这两种不同情况的实例。但据我所知，任何一个联邦的中央政府，都没有像在瑞士这样被完全剥夺了对公民的发号施令权。我们可以说，瑞士联邦政府没有一项可以本身行使的权力。它没有由它自己任免的公务人员，它没有只代表它的主权的法院。可以说它是一个虽有生命，但没有器官的生物。

这就是写在瑞士宪法里的联邦制度。现在,我们再用几句话,向我们所分析的这部著作的作者,谈一谈民主对瑞士所起的作用。

人们不会否认,15 年来相继导致绝大部分宪法修改的民主革命,对联邦政府发生了重大的影响。但是,民主革命的影响却起了两个方面完全相反的作用。弄清楚这两个相反的现象非常重要。

各州的民主革命产生了使地方机关比以前更主动和更有权的效果。民主革命所建立的新政府,在依靠人民并由人民推动的条件下,都比从前更有权力,并清晰地认识到这项权力是被推翻的政府所不能有的。但是,由于这样的革命没有同时在联邦政府进行,所以必然产生和确已产生如下的结果:联邦政府在新的州政府面前显得比以前更加软弱无力。州的自豪感,地方独立的要求,州内部事务不受任何干涉的愿望,对中央权力和最高权力的觊觎,都是随着民主制度的建立而与日俱增的情感。因此,从这一点来看,可以说民主削弱了本来就很软弱无力的联邦政府,并使它承担起十分繁杂的日常任务。

但从另一方面来看,民主又赋予了联邦政府以一种活力,也可以说是赋予了它以新的生命。

瑞士建立民主制度后,产生了两个全新的事物。

在这以前,瑞士的每个州各有自己的利益,各有自己的精神。民主制度的建立,使分属许多州的全体瑞士人分成两派:一派拥护民主原则,另一派反对。但是,民主制度的建立也创造出共同的利益和共同的情感,从而使人们感到需要有一个权力可同时及于全国范围内的统一的共同当局,以满足需求。于是,联邦政府就破天荒地第一次享有了过去从未有过的强大权力。现在,联邦政府可以依靠一个政党了;政党虽是一种危险的力量,但在自由的国家中又是不可少的,因为在自由的国家中如果没有政党,政府就几乎什么也办不成。

民主在使瑞士分成两派的同时,便使瑞士人分属于以不同眼光看待世界的两个政党。民主给瑞士制定了对外政策。如果说民主给瑞士带来了一些天然的朋友,那么,它也为瑞士树立了一些不可避免的敌人;为了培养和保持友谊,警惕和抗拒敌人,民主就感到瑞士必须有一个政府。民主使地方的公共精神过渡到全国的公共精神。

以上就是民主使联邦政府得以加强的直接效果。民主发生的间接影响,特别是它随着时间的推移而逐渐加强的间接影响也不小。

组成联邦的居民在制度、情感、习俗和思想上的差别越大,联邦政府遇到的阻力和困难也就越多和越大。美国联邦政府的任务之所以那样容易完成,与其说是由于各州之间的利益相似,不如说是由于各州之间的法制、观点和社会条件完全类似。我们甚至可以说,瑞士的旧联邦政府的怪得出奇的软弱无力,主要是由于它统治下的居民之间在思想、观点和法制上差异太大。把生来就差别很大而彼此又极不相同的人放于同一的指导之下,置于同一政治制度之下,实在是一项十分艰难的工作。一个建立得十分完善而又能十分精通组织工作的政府,也完不成这项艰难的工作。瑞士进行的民主革命的效果,是使有民主倾向的某些制度、某些政府组织原则和某些思想相继在各州占据了统治地位;如果说民主革命增强了各州对中央政府的独立性，那么，另一方面，它也给中央政府行使自己的权力创造了便利条件；民主革命消除了地方抗拒中央的大部分原因，它虽然没有强制州政府听从联邦政府，但却使州政府很容易服从中央政府的决定了。

要想理解瑞士的现状并预测其最近的将来，必须仔细研究上述的两种相反的效果。

只要仔细研究一下这两种趋势中的一种趋势，就可以确信在各州政府建立民主制度之后，其直接的效果和明显的结果是从宪法上扩大了联邦政府的职权范围，使它总揽了经常指导地方事务的权力；一句话，在集权思想的指导下改变了联邦宪法的整个结构。在我说来，我确信这种革命将要在很长期间内遇到人们预料不到的障碍。现在的州政府已经不像以前几届政府那样对这种革命感兴趣了，并正在竭力摆脱这种革命。

但我认为，它们抵抗也无用处，联邦政府一定会越来越多地掌握大权。在这方面，环境比法律更有利于联邦政府。联邦政府可以不必大张旗鼓地增加自己的特权，但可利用其他方法经常使用特权。只要依法行事，联邦政府就能在事实上强大起来：它不用修改联邦宪法，只用解释条文的方法，就能使自己壮大起来；但它要先统治瑞士，然后再去治理瑞士。

我们也可以预见，那些一直反对联邦政府合法扩大权力的人，也要很快地希望它扩大权力，这一则是为了避免联邦政府组织得不好时而受到中间权力机构的压力，一则是为了防止地方政府直接实施沉重的暴政。

可以肯定，不管今后对联邦宪法的文字作任何修改，瑞士的联邦制度必定发生深刻变化。联邦已经改变了它的性质。瑞士联邦已在欧洲成了新事物；主动的政治已经取代了被动的和中立的政治；瑞士已由纯市镇的存在变为国家的存在；这一存在更为艰难、更为动荡、更为不安定，但也更为伟大。*

（二） 在讨论答复王室讲话的方案期间 1848年1月27日于众议院的发言

各位先生：

我不想继续进行早已开始的专题讨论。我认为，当我们要在这里讨论监狱法时，会以更加有益的方式继续这一专题讨论。我现在登上这个讲坛的目的，是要讲些具有普遍意义的问题。

今天讨论的第4节自然要使议会把注意力放在全部的对内政策上，特别是放在我的尊贵朋友米约先生已经提醒大家注意和要求修改的对内政策上。

我今天来到议会，就是为的参加这一部分对内政策的讨论。

各位先生，我不知道我说的对不对，但我总觉得目前的形势，目前的舆论，目前法国的精神状态，都有使人不安和焦虑的性质。至于我，我真诚地向议会表白，我对将来确实感到十分担心，15年来这还是第一次。这种感触并非我个人所独有，就在证明我的担

* 参阅C.G.皮卡维：《瑞士历史上的民主》，巴黎，1920年；W.马尔丹：《瑞士史》，洛桑，1943年，W.E.拉帕尔：《瑞士联邦宪法（1848—1948）》，纳沙特尔，1948年；A.西格弗里德：《瑞士：民主的证人》，纳沙特尔，1948年；A.J.泽克：《瑞士的政治制度》，载于J.T.肖特韦尔编《欧洲大陆各国政府》，纽约，1942年。——法文版编者

心是有根据的。我认为，我能唤起在座的人同我一样担心，并使他们告诉我说：在他们所代表的地区人们也有这样的印象，某种不安和忧虑的情绪正在侵袭人心。这种发自内心的不安感觉，16 年来可能还是第一次。这种预告革命即将来临的感觉，往往就是发动革命的宣言。目前，在全国范围内，人们都强烈地有这种感觉。

如果我对财政大臣阁下那一天所作的结论没有听错的话，那么，可以说内阁本身也承认我所说的感触是真实的；但他把这归咎于某些特殊的原因，归咎于政治生活中最近发生的某些偶然事件，归咎于一些蛊惑人心的集会，归咎于一些煽动人们闹事的演说。

各位先生，我认为他这样把他所承认的弊端归咎于他所指出的原因，恐怕没有找到疾病的根源，而只是看到了症状。至于我，我确信疾病的根源不在那些地方，而是有更为一般和更为深重的病根。这是一种必须不惜一切代价去医治的疾病，而且如果我们稍有疏忽，那么，请诸位相信，请大家听清，它必然要夺去我们的一切，因为这是公共精神即公共道德所染的疾患。疾病的根源就在这里，我请大家注意的也正是这一点。我认为，公共道德即公共精神正处在危险状态；而且我确信，政府过去已经和现在仍在大力助长这种危险加剧。就是这种危险，才促使我走上了讲坛。

各位先生，当我注意观察统治阶级即有政治权利的阶级，然后再注意观察被统治的阶级时，两方面的情况都使我害怕和不安。首先来谈我所说的统治阶级的情况（请注意，我在使用统治阶级这个词时，取的是它的最广泛含义，即不但包含中产阶级，而且包含不管处于什么地位的凡是拥有和行使政治权利的公民）。因此，我要谈一谈统治阶级中存在的使我害怕和不安的问题。各位先生，简而言之，我在统治阶级身上看到的是：他们的公共道德变坏了，而且变坏得已经很严重，变得一天不如一天；个人的利益、个人的打算、个人生活和个人利益的观点，逐渐取代了社会共同的观点、情感和思想。

我并不想强迫议会超过必要限度地哀叹这令人可悲的细节；我只想对我的论敌和议会中的大多数同僚谈一谈我的看法。我请他们自己对将他们选进议会的选举人的统计资料进行分类，把在投票选举他们时只是出于私人友谊或邻居关系而不是基于政治见解的那些人列入第一类，把在投票选举他们时不是出于国家利益或全体利益而是基于纯地方利益的那些人列入第二类，把在投票选举他们时是出于纯个人利益的那些人列入第三类。接着，我请他们查一查是不是还有很多人没有被归进这三类，是不是有人在投票选举他们时是出于大公无私的感情、公共的观点和公共的意见，授予他们以众议员委任状的选举人是不是占多数。我可以肯定，他们将不难发现情况是相反的。再者，请允许我问一问他们：就他们所知，5 年、10 年、15 年以来出于个人的和私人的利益而投票选举他们的人是不是不断增加了？出于政治观点而投票选举他们的人是否不断减少了？最后，我希望他们告诉我：在他们看来，舆论在我方才所说的这些现象上是否对他们逐渐地表示出了一种独特的容忍？是否逐渐地形成了一种可使享有政治权利的人让自己本人、自己的子女、自己的妻子、自己的父母为了私利而自行使用政治权利的庸俗而低下的道德呢？这种道德是否会逐渐发展而变为一家之父的一种职责呢？这种在我们的悠久历史中没有过的、在我们的大革命初期也没有过的道德是否会越来越发展并日

益侵蚀人心呢？请告诉我吧！

归根到底，这不是公共道德不断地和严重地败坏，逐渐地完全变质，又是什么呢？

如果我放下公共生活不谈而去观察私人生活方面的情况；如果我把注意力放到你们所见到的一切上，特别是放到一年以来的一切臭名远扬的丑闻、一切重大罪行、一切错误、一切不法行为、每当揭发时才原形毕露的和每当起诉时才揭露出来的一切特大罪恶上；如果我把注意力放到这一切上，我能不吃惊吗？我没有理由说这一切不仅表明我们的公共道德在变坏，而且表明个人道德也在堕落吗？（在会场的中央有人喊叫，反对这种说法。）

请安静下来。我说这些话并不是从道德家的观点出发，而是从政治观点出发。你们知道个人道德堕落的普遍的、主要的、深刻的原因吗？这是因为公共道德变坏了；这是因为道德没有对生活中的主要行为发生支配作用，没有进入生活的细节中；这是因为在公共生活中利益取代了大公无私的情感，利益成了私人生活中的守则。

有人说道德有两种：一种是政治道德，一种是私人生活道德。但是，如果我们中间发生的事情确如我所说的那样，那么，现在比任何时候都更明显地和更可悲地证明这种说法的虚伪性。其实，我相信我们私人生活中有些东西使善良的公民自然感到不安和警惕，而且相信我们私人道德中有些东西大部分来自我们的公共道德。（在会场的中央有人喊叫，反对这种说法。）

好吧！各位先生，如果你们不相信我的这个说法，那么，至少你们应当相信欧洲对我们的印象吧！我认为众议院里没有人不清楚欧洲对我们有什么印象和对我们说了一些什么。

那么，我真诚地向你们表白：我对每天的所见所闻不仅感到伤心，而且感到痛心。当我看到有人用我所说的事实来攻击我们，以夸大其词的说法来攻击我们全民族和我们的整个民族性时，我感到痛心；当我看到法国的力量在世界上逐渐削弱到可怕地步时，我感到痛心；当我看到不仅法国的精神力量在削弱，而且……

（让维埃先生——我请求发言。）（嘘声四起。）

（托克维尔先生接着说）法国的原则、思想和感情的力量也在削弱时，我感到痛心。

法国在其第一次革命的轰隆雷声中，第一个向全世界提出了后来成为一切现代社会的革新原则的原则。这是法国的光荣，这是法国本身的最宝贵的财富。然而，各位先生，我们今天以自己的行为所削弱的，正是这些原则。我们自己以为好像正在应用这些原则，而我们的这种应用却使全世界怀疑起这些原则。正在观察我们的一举一动的欧洲已经开始考虑我们的原则是否正确；欧洲正在思忖果真会像我们一再声明的那样我们将引导人类社会走向更为幸福和更为繁荣的未来呢？还是我们将因自己后来的实际行动而使人类社会走向道德败坏和毁灭呢？各位先生，在我们向全世界演出的这场戏中，这是我最感到痛心的地方。我们的演出不仅在危害我们，而是在危害我们的原则、我们的事业和我们的精神祖国。作为一个法国人，我除希望有今天这样的物质祖国以外，还更希望它成为我们的精神祖国。（全场欢呼。）

各位先生，既然我们的演出从远处看，从欧洲的边缘看，都产生了这种效果，那就请你们想一想：它在法国又能对没有权利和按照我国的法律规定只能作为政治的旁观者而观看我们所演的独角戏的阶级产生什么效果呢？你们想一想这样的演出能对他们产生什么效果呢？

至于我，我对此感到担心。有人说，一点危险都没有，因为并没有发生骚乱嘛；还有人说，既然社会表面上没有出现有形的动乱，那革命离我们还远着呢。

各位先生，请容许我告诉你们，我认为你们说错了。毫无疑问，动乱还没有形成事实，但已深深地存在于人心。请你们看一看我认为现在还很老实的工人阶级中发生的事情吧。不错，工人阶级还没有被所谓的政治激情煽动起来，使其愤慨达到过去那样严重的程度；但是，你们没有看到他们的激情已从政治性的变为社会性的了吗？你们没有看到他们中间正逐渐传播着一些不仅主张推翻某些法律、某个内阁和某个政府本身，而且主张推翻社会、动摇社会现在所依靠的基础的言论和思想吗？你们没有听到他们每天都在说些什么吗？你们没有听到他们一再说他们的上司都是一些无能之辈和不称职的人，我们的财富分配在目前是世界上最不公平的，所有制所依据的原则是不公正的吗？你们不相信，当这种言论扎下根子的时候，当它广泛传播的时候，当它深入到群众中的时候，早晚要导致最可怕的革命吗？我不知道这样的革命什么时候到来，也不知道它如何到来，但这些言论早晚要导致这样的革命。

各位先生，我深信如此；我认为我们现在正躺在火山上睡大觉（有人抗议），我坚信如此。（会场下面发出各种不同的反应。）

现在，请允许我再用不多几句话，真诚而又极其坦率地向大家指出我所提到的弊端的真正的罪魁祸首。

我很清楚，上述的弊端并不完全来自政府的所作所为，甚至可以说，根本不是来自政府的所作所为。我很清楚，连绵不断的革命既然如此多次地使这个国家处于动荡不安的状态，那就必然使人心产生一种罕见的不稳定感。我很清楚，这些弊端可能因群情激动和政党煽动而发生；虽说这是一些次要原因，但其作用却相当大，可以用来解释我方才向大家指出的可悲现象。我对政权在这个世界上发生的作用有一个与众不同的看法，但这不是为证明它在发生重大的社会弊端、重大的政治弊端、重大的精神弊端时没有起太大作用。

那么，政权在造成上述的弊端方面发生了什么作用呢？它在导致这种严重的混乱侵蚀公共道德，随后又侵蚀个人道德方面又起了什么作用呢？它是怎样发生作用的呢？

各位先生，我认为有人可能毫无刺伤他人之意地说：特别是最近几年，政府拥有的权力、发生的影响、获取的特权比以往任何时代都更大更多。不错，现在政府比从前无限强大，这不仅是1830年向它授权的那些人所未曾预料到的，而且也是当时获得权力的那些人所不会想到的。另一方面，我们也可以肯定，自由的原则并没有得到预期的发展。假如一个事实的出乎意料的奇妙后果，或者说是它的惊人后果，是驱除了某些邪恶的激情和犯罪的念头，那你就不认为在这种情况下也会窒息许多高尚的情感和无私的念头，从而使许多善良的人产生一种政治上的幻灭感并在精神上完全消沉下去吗？

而且，特别是这种后果的产生方式，即所谓的迂回方式和为取得这种后果而在某种情况下采用的欺骗方式，给予了公共道德以致命打击。政府在逐步夺回人们认为已在七月被废除的旧政权，渐次恢复似乎已被取消的旧权利，大力推行已被废止的旧法律，不按原来规定的精神执行新法律的过程中，就利用这些迂回方式和既聪明而又灵活的手法，才终于恢复了它的权威、活力和影响，而且在这些方面大大超过了法国历届政府。

各位先生，以上就是政府的所作所为，特别是现内阁的所作所为。各位先生，你们也认为政府是通过我方才所说的迂回的和欺骗的方式逐渐地恢复了权力，有些出人意料地采用非宪法所赋予的方法掌握了权力的吗？你们相信多年来在如此广阔的舞台上当着全国人民公开进行的这种有如变戏法而且变得很好的古怪表演吗？你们相信这样的表演真能改进公共道德吗？

至于我，我深信不能如此，但我也不想把我的论敌所没有的可耻动机加在他们的头上。不管他们怎样想，我认为他们是想用我所诅咒的方法去摆脱必然出现的弊端，并以他们的目的的崇高性掩盖其方法的危险性和缺德性。我认为他们是这样想的，但他们采用的方法不危险吗？他们认为15年来为政权而进行的革命是必要的，好吧，就算是如此；他们还认为他们的所作所为不是出于私人利益，我也愿意相信这一点。然而，他们为此采用了公共道德所不允许的方法，这是确有其事吧；他们在争取人们拥护他们的时候不是利用人的正直面，而是利用人的丑恶面，利用人的情欲，利用人的弱点，利用人的私心，而且往往是利用人的恶习，这也不是假的吧。(全场骚然。)因此，他们向往的目标可能很高尚，但他们所做的事并不高尚。为了做这些事，他们要有一些人帮忙，要酬谢这些帮忙的人，要把一些既没有高尚的目的又不使用高尚的方法，只图满足个人的私欲和只会假公济私的人拉进自己的帮伙。这样,他们也就对缺德的行为和恶习给予了一种奖励。

为了证明我所说的,我只想举一个例子:有一位内阁成员,我暂且不提他的名字,虽然全国和他的同僚早就知道他不称职,可他还是进了内阁;后来,由于他的不称职闹得满城风雨,才离开了内阁;那么,又给了他一个什么位置呢?他在司法部门得到了一个最高职位,但很快就从这个职位上滑到被告的席位上去了。

好了!各位先生,至于我,我认为这并不是一个孤立的现象,而把它视为一场大病的前兆,视为是目前政治上的最突出特点:你们在所选择的道路上前进时需要这种人。

而尤其是通过你们的那些被外交大臣先生称为滥用权力的行径,我方才所说的道德败坏现象才广为传播,蔓延到全国。于是,你们就不需要中间媒介,而是直接影响公共道德了,即不再以你们的实际行动,而以你们制定的法令影响公共道德了。在这一问题上,我并不想把大臣先生们说得比我的亲眼所见还坏,因为我很清楚他们所受的引诱太大了。我很清楚:在任何时代,在任何国家,一个政府都从未受到过类似的引诱;没有一个政权掌握过这么多的腐化堕落手段,遇到过紧密勾结得和贪求无厌得可以极其容易以腐化堕落来影响政权并使影响政权的意图成为不可抗拒的力量的政客阶级。因此,我承认政府并不是早有预谋,鼓励贪求私利的人,而使大臣们犯了大错的,因为我很清楚,大臣们的处境也很困难,他们就像走在一个陡坡上,欲上不得,只有往下滑。我知道这一切,所以我要责难他们的只有一点,这就是他们担任了大臣,而且是在认为当上统治者,就不必依靠一般的观点、意见和思想,而只靠个人的利益的观点来指导工作了。他们一旦走上了这条道路,我敢肯定,不管他们怎样设法往回退,都退不回来,因为有一股不可抗拒的力量在推着他们前进,而且必然把他们一直推下去,使他们每到一处,又把这一处当作新的起点。为此,他们只需要一件事:活着不死。从他们担任我方才说的职务时起,只需要活八年,他们就可以做完我们所见到的一切。他们为此不仅可以利用我方才提到的政府拥有的一切坏手段,而且能把这些手段一一用上。

这就必然使他们首先滥设官职,而在无法再设官职之后,他们就把一个官职分成正副由几个人分担,其目的不外是大大增加当官的人,而如果实在没有官位,至少也要像许多财政部门所做的那样,巧设名目增加薪金。当用尽这些心机仍然没有空位的时候,这又必然像我们过去在珀蒂事件中所看到的那样,用人为的办法制造空缺,并通过迂回方式使空缺由人补上。

外交大臣阁下一再向我们声明,说反对派对他的攻击是不公正的,说反对派对他进行了粗暴的、毫无根据的和错误的谴责。但是,我倒要问一问这位大臣,反对派在他们最不得志的时期,曾就今天所证实的问题指控过你吗?(全场骚然。)反对派是不是对外交大臣阁下进行过严厉的、也许是过分严厉的谴责,我不清楚。但我知道,反对派从未指控过大臣本人最近承认的事实。

至于我,我现在声明,我不但未就这些事指控过外交大臣阁下,而且连猜疑都没有猜疑过。绝没有猜疑过!当我听到外交大臣阁下在这个讲坛上以极其美妙的言辞讲述政治方面的道德要求时,当我听到他的这些我并不完全同意的言辞时,我对自己能有这样的祖国也是感到自豪的。诚然,我从未想到会发生这样的事情,我不仅相信大臣阁下不会做这种事情，而且也相信自己不会猜疑有这种事情，然而却真有其事。我怎么能像某人有一天所说的那样，认为外交大臣阁下在发表他的美妙动听的高尚言论时没有谈他的真正思想呢？至于我，我不会走得那样远。我认为，从外交大臣阁下的性格和爱好来说，他本不应做出他所做出的那些事情。但是，他被迫，身不由己，做出了违反自己意志的事情，也可以说这是现政府强加于他身上的政策的必然结局。关于这个必然结局，我方才已经讲过了。

有一天他问过，一件被他看作小事的事情为什么变得如此严重？这件事之所以如此严重，应由你们自己负责，正是你们大家，正是这个众议院的所有政治家，通过自己的发言，才使人们有理由认为这类事是你们干的，认为你们在这上面有错误。

如果说这样的行为，这样的表演自然要对公共道德发生深刻的、严重的和可悲的影响，那么，你们能够不让它对政权的代理人的个人道德发生影响吗？至于我，自从我知道这件事之后，就受到了特别强烈的影响而感到不安。

三年前，外交部有一位高级官员，他的政治见解在某一点上与外交大臣不一致。他没有公开表示他的不同意见，只是暗中投票反对。

外交大臣阁下声称，他不能同意见与自己不完全一致的人一起共事。于是，他就把这个人辞退了，其实应该说把这个人赶走了。（全场骚然。）

现在，外交部另有一位官员，职位没有前一位高，但他最能靠近外交大臣阁下本人，却犯了大家共知的错误。（注意听！注意听!)

最初,外交大臣阁下并不否认他知道这些错误;后来,他又不承认了。我姑且认为他不知道……

(在会场的左侧席上,有人喊:不对! 不对!)

(托克维尔接着说)他可以不承认他过去知道这些事实,但他至少不能否认这些事实的存在,不能否认他今天知道这些事实了。这都是不可置辩的事实。要知道,这已经不是你们和那个官员之间的政治分歧问题,而是一种道德分歧问题,即涉及人心和良知的重大问题。这不仅是外交大臣的耻辱,而且是人类的耻辱。请大家注意!

这样,您就对那个投票反对您的人不能容忍,同他发生了严重的政治分歧。而对犯了错误的官员,您不但不指责,反而大加奖励。但是,如果这个官员不按您的意思行事,他就会使您的名誉扫地,把您置于自开始政治生涯以来从未遇到过的尴尬境地。您得保留这位官员,甚至还要奖励他,给他以荣誉。

您以为人们会怎样想呢? 您怎么能不让我们想:这要么是您对这种分歧有一种特殊的私心,要么是您没有处理这种分歧的自由?(全场轰动。)

虽然我承认您很有才华,但我仍要冒犯您,说您跳不出这个圈子。退一步说,如果我所说的那个人真的违反了您的意愿行事,那么,您为什么还要把他保留在身边呢? 既然您把他保留在身边,既然您奖励他,既然您一点儿也不谴责他,那就必然得出我方才所做的结论。

(在会场的左侧席上,有人喊:太好了! 太好了!)

（奥迪隆·巴罗先生插话——一点儿不错！）

（托克维尔接着说）各位先生，就算我把方才谈到的严重弊端的起因弄错了，就算一般说来政府、个别说来内阁的确没有任何错误，就算姑且如此，那么，各位先生，弊端就不那么严重吗？我们就不该让国家、让自己做坚定不懈的努力去克服这个弊端吗？

我方才对大家说了，这个弊端早晚要导致革命。我不知道它怎样导致革命，也不知道它将从哪方面导致革命，但我知道它早晚要在我国导致最严重的革命。请大家相信这一点吧！

当我在不同的时期、不同的时代、不同的民族中寻找什么是统治阶级倒台的真正原因时，我确实注意过某一事件、某一人物、某一偶然的或表面的原因。但请大家相信，使那些人失去权势的真正原因是他们不配掌权。（会场再次轰动。）

各位先生，请你们回顾一下旧的君主制度。它比你们现在强大得多，而且一开始就很强大；它比你们更依靠旧习惯、旧风俗和古老信仰；它虽然比你们更为强大，但还是垮台了。它为什么垮台的呢？你们以为是因为某一特别事件吗？你们以为这是某个人的行动、财政赤字、网球场誓言*、拉法夷特、米拉波所使然吗？不是的，各位先生。另有更为深刻的、真正的原因，这就是统治阶级由于麻木不仁、自私自利、做尽坏事而变得无能为力和不配进行统治了。（好极了！好极了！）

这才是真正的原因。

---

* 网球场誓言，指 1789 年 6 月 20 日法国三级会议中的第三等级为反对路易十六而在凡尔赛附近的一个网球场举行的集会上所发的誓言：不制定法兰西宪法，绝不解散。——译者

那么，各位先生！既然任何时候都有理由为国担忧，则在今天不是更有理由吗？你们从一种不可名状，但确实灵验的本能的直观上没有感到欧洲大地又在颤动吗？（全场骚然。）你们没有感到——要我怎么说呢——天空中又刮起革命风暴吗？尽管人们不知道这股风暴是从何处刮起，又要刮到何处去；但请你们相信，一定有人会被刮走。何况现在世风日下，唱高调已经无用，你们怎能稳坐钓鱼台！

我在这里讲的话并不刻薄，我认为我向大家讲话时并未怀有派性。我对我所攻击的人并不气愤，但我最后不得不向我的祖国表白，我对祖国的未来是忧心忡忡的。那么，我的忧心忡忡是为什么呢？那就是我看到世风日下，担心它在很短时期内，很可能就是在最近，把你们带入新的革命。是不是国王的性命就比别人的性命更坚硬和更不可摧毁呢？现在你们对明天有信心吗？你们知道一年以后，一个月以后，也可能是一天以后，法国会是个什么样子吗？你们一点儿也不会知道。你们所能知道的，不过是暴风雨已经出现在天际，正向你们滚滚而来。你们听任它袭来吗？（在会场的中央部分，有人插话打断讲演。）

各位先生，我恳求你们不要这样。我恳求你们，而不是要求你们。由于我相信危险是实在的和严重的，由于我认为预告危险不能玩弄辞藻，所以我情愿向你们下跪。不错，危险很大！请你们趁着还有时间，赶快消除危险吧！请你们采用有效的疗法医治疾病，并且不要只治症状，而要医治病根。

有人谈到立法方面的改革。我完全相信这种改革不只是有益的，而且是必要的。因此，我认为改革选举制度是有益的，改革议会制度是迫切的。但是，各位先生，我还没有天真得不知道民族的命运并不系于法律本身。不，使这个世界发生重大事件的，并不是立法机构。各位先生，使事件产生的，是政府的精神本身。如果你们愿意的话，可以保留法律不变；虽然我认为这样做要犯很大错误，但你们愿意的话，就保留它而不加改革吧！如果你们愿意的话，也可以把那些人留在原来的岗位上；我不会给你们设置任何障碍。但我要以上帝的名义请求你们改革政府的精神，因为正如我一再指出的，使你们陷入深渊的正是这种精神。（在会场的左侧席位上，发出热烈赞同的声音。）*

（全文录自 1848 年 1 月 28 日《总汇通报》）

* 为了解 1848 年的政治气候，读者可参阅 C.H.普塔：《各国和各种文明中的民主制度与资本主义》，巴黎，1941 年；P.坎当-鲍夏：《1848 年社会危机。二月革命起因》，巴黎，1920 年；A.斯特恩：《1815—1871 年欧洲史》，斯图加特，1911—1916 年；Ch.塞纽包：《1848 年革命——第二帝国（1848—1850）》，巴黎，1921 年；G.皮埃尔：《第二共和国史》，共二卷，巴黎，1886 年；再参阅梅耶编美国版托克维尔《回忆录》，纽约，1949 年（英译本）。——法文版编者

拉斯基为《托克维尔全集》中之《论美国的民主》所作的导言

一

当阿列克西·德·托克维尔和他的朋友古斯塔夫·德·博蒙于1831年4月动身去美国的时候，安德鲁·杰克逊就任美国总统刚刚两年出头。他们所去的美国，正处在深刻而广泛的变革时期。1787年结成联邦时只有东部13个州，现在又多了11个州，其中有两个州，即路易斯安那州和密苏里州，已经伸延到密西西比河以西。阿帕拉契亚山地和密西西比河之间的地区，这时已经开发得足以取得州或正式领土的地位。1800年美国还只有500万人，到1831年便已超过1300万人，而且其中三分之一已经是定居在阿帕拉契亚山地以西了。生活在这新开发地区的居民，具有拓荒者拥有的一切粗犷品质，他们自信，而且胆大敢为。他们狂妄自大，目空一切，不承认任何人对他们的主宰。他们蔑视一切清规戒律，而且大部分人认为文质彬彬是懦弱的表现。他们有炽烈的民族气概，而如果说他们是坚强的民主主义者，则这种民主主义主要表现在社会关系方面，而很少表现在政治关系方面。

他们大部分人是携家带口，迁到西部来躲避东部工业地区的日益艰苦的生活条件的。在东部工业地区，商业兴盛造成的资本

主义的发达，意味着工资水平太低、劳动时间过长、工厂的生活条件恶劣、居住条件卑陋和经常有失业的危险。教育设施远远不能满足需要，大概在1831年还有100万儿童不能入学，因为他们不得不到工厂去劳动。不仅大部分州规定欠债蹲牢，而且靠不住的银行组织还会使本来不多的工资减值，给人们存放在银行里的一点点积蓄的安全造成威胁。工人政党和工人报刊的出现虽然为时不长，但至少已经可以表达工人的愿望，促使工人成立工会。尽管一些著名人物，比如马萨诸塞州的丹尼尔·韦伯斯特和法官斯托里，弗吉尼亚州的詹姆斯·麦迪逊和联邦最高法院首席大法官马歇尔，都发表过一些忧心忡忡的警告，但除了直至1843年才勉强承认成年人选举权的罗得岛州以外，其余各州只是默认成年人有选举权。

在纽约州的最高法院首席法官肯特悲伤地预言成人选举权将使政权“落于对自己有权行使的权利的性质和重要性一无所知的人们之手”，声称这会使“穷人和败家子控制富人”的时候，他不过是以简单扼要的语言说明了老一辈人没有能力理解一个由财产决定法律的殖民地社会的选举制度，已经不能长期存在于以经常变化的规模不断扩大并使政治平等具有了自然规律所固有的原则的外观的社会。

安德鲁·杰克逊的胜利，使美国人生活的几乎所有方面呈现出新的气象，并促进了教育制度的改革，促进了新型大学的创立，促进了监狱制度的根本改善(其声誉已经传到法国)，促进了全国和平信念的出现，促进了罗伯特·欧文思想的推广，促进了钱宁、伊莱亚斯·希克斯、约瑟夫·史密斯推行的真正的宗教改革，促进了詹姆斯·费尼莫尔·库珀和华盛顿·欧文等作家的成长和很快就被欧洲承认的具有本国特点的美国文学的发展。——这一切合在一起，可以称得起一次真正的文艺复兴。1829 年，第一条使用蒸汽机车的铁路开始运行了。许多发明使家庭生活和农业操作变得更为简便了。1831 年，威廉·劳埃德·加里森创办了他的《解放者》报，而次年他领导的“新英格兰反蓄奴制协会”的成立，则证明很少有新的社会推动力不在美国的某一地区受到欢迎。不久以后爱默生在其论自信的一篇文章中所写的一切，就已经可以适用于托克维尔和博蒙在 1831 年经过 38 天的旅程而到达的美国。爱默生坚持说：“我们既不是附庸，又不是残废，更不是逃离革命的胆小鬼，而是领导者，是救世的人，是服从上帝的旨意并在混乱和苦难中留下足迹的造福者。”事实上，如不了解美国人拥有的强烈的自信心和炽热的生命力，不了解哪些地方证明他们正在使人们的生活，尤其是使一般人的生活变得空前健全和圆满，谁也研究不好杰克逊时期的民主美国。毫无疑问，这个时期的美国仍有其阴暗面，而且南部各州的阴暗面还很突出。同样地，它也有悲观主义者，也有经济活动的停滞使人怀疑它能否不断增长的时刻。狄更斯 10 年以后初次访问美国时所写的东西，对 1831 年来说也同样真实。狄更斯写道：“这里的人民多情，慷慨，心胸开阔，好客，热情，心情舒畅，对妇女有礼貌，对所有的外国人都坦率真挚，乐于助人，很少有人们时常提到的那些偏见，经常表现得十分开化和文雅，很少有粗野或令人讨厌的举止。”[①]在托克维尔访问美国的

① 《狄更斯书信集》，伦敦，1893 年，第 59 页。1842 年 3 月 22 日致麦克里迪的信。

1831年,美国报纸的声音非常低沉,人们对于批评过分敏感,并且总是喜欢批评那些主张实行所谓私生活权利的欧洲惯例的来访者。在狄更斯访问美国的1842年,这种情况仍然没有改变。我们还应当指出,在南北战争前访问过美国的欧洲人,即使他们也像狄更斯和哈里斯·马蒂诺那样表现得和蔼仁厚,也可以说大部分人都不得不一致作出如下的两点结论。第一点结论是:使他们大为吃惊的是美国和欧洲的差异,而不是它们的相似之处。第二点结论是:他们一方面被美国人的激动情绪所感动,另一方面又被美国人绝不让功绩泯灭的坚决意志所打动。詹姆斯·拉塞尔·洛威尔在撰写他的关于"外国人表示的某种谦逊"的著名评论时也没有忘记指出:一个自认为显然优越于旧社会的新社会,正应当从外国人表示的谦逊中或至少是应当部分地从其中来为自己作结论。在现代,我们在十月革命后的俄国与世界其他各国的来往中,也看到与此相似的反应。

二

当托克维尔在美国进行考察的时候,他才25岁。托克维尔出生于一个极端保皇党人的家庭。对这样家庭来说,波旁王朝的复辟是对他们在大革命时期遭受的苦难(只是由于罗伯斯庇尔垮台,他父亲才免于死在断头台上)和对窃国大盗拿破仑屈从多年的最好补偿。因此,在年轻的托克维尔心中,从上学读书开始就长出了自由主义的幼芽。不错,这并没有使他与父母疏远。事实上,他对在他十分幼稚的童年时期还不能理解的一些思想之能够有浓厚的兴趣,与他父母之能够在一定程度上承认儿子的思想独立,允许儿子反对别人对他指手画脚有关。这种情况，或许是他能对新旧两种事物都表示容忍的原因之一。不管怎么说，这种自由主义还相当温和，还像它的鼻祖马尔泽尔布在接受18世纪的哲学家们的思想时所表现的那样，对新思想容易表示好感。但是，这种自由主义也相当警觉，使托克维尔在1828—1830年于巴黎攻读法学结业时，终于理解基佐的著名讲演的意义。基佐在讲演中竭力证明，全世界的历史，尤其是法国的历史，将必然导致中产阶级的胜利。托克维尔认为基佐的这一总命题是无可争辩的，从而使他明白查理十世末年波利尼亚克外交大臣推行的政策，不知不觉地使查理十世走向了失败。托克维尔毫不怀疑，革命一触即发。虽然他目睹了1830年的使人心惊肉跳的“三天”，但他始终认为这正是应验了预言。他早已是波旁王朝的法官，而现又要决心宣誓效忠路易·菲利浦的新王朝，所以他在宣誓时必将“非常痛心”，并知道这一决定必然引起家庭的激烈反对和被大部分亲友离弃。尽管他一再宣称他内心坦然自若，但在当时他写给未婚妻的几封信中却清楚地表明，他的决定使他感到处境困难和孤独。1830年10月间，当种种迹象表明新政府有意要他重新宣誓时，他就毫不迟疑地决定必须立即摆脱这一尴尬处境。

正是在这种心情下，托克维尔才同他的友人博蒙一同申请停薪留职，要求访问美国，并答应回国后对美国的监狱管理制度最近发生的变化作出报告。我们不知道他们两人是谁先产生了这次旅行的想法和规定了旅行的目的地，但他们申请的原因是相当清楚的。到国外去旅行，可以使他同家庭和亲友的关系暂时和缓下来。这样，他就有可能既为新政府服务，又不至于使自己的名誉过分快地或过分严重地受到影响。当然，托克维尔本人对改革监狱制度也很关心，因为他父亲吃过蹲监狱的苦头，而他本人的短期法官经历，也使他有机会了解法国监狱制度的落后情况。此外，他也想提出建议，改革已在法国引起激烈争议的刑法典。显然，个人的雄心壮志对这一决定也起了很大的作用。如果资产阶级的君主政体持久存在下去，则对初创的中产阶级社会进行的现场观察，就可能给托克维尔和博蒙两人所渴望的政治生涯带来好处。从 1830 年 11 月起，托克维尔就有意写一本书论述美国；1831 年 2 月，这个想法促使他要就“人人都在谈论但谁也说不清楚”的美国制度如何具体地发生作用的问题举行一次“详尽的和尽量偏重学术的”讨论会。一个作家能就这个题目成功地写出一部书，他就很有希望一举成名，因为他要说明民主一词的含义，而民主这个词甚至当时在法国也被一小撮有名的空谈理论家说成是“完全过时的了”。因此，1830 年 11 月，他们二人提请停薪留职，以便去美国研究那里的监狱生活条件。他们去托他们可能请到的知名人士从中说项。经过大约三个月的争论和研究，司法大臣才还有点不放心地批准了他们的申请。他们事先请一些人对他们介绍情况，其中有夏多勃里昂，大约还有拉法夷特。法国监狱典狱长还给他们写了介绍信去见几位美国人，而著名的律师爱德华·利文斯顿就是其中之一。他们还专心致志地阅读了一些有关美国的书籍，并在旅途中随身带着让·巴蒂斯特·萨伊的《政治经济学》。他们于 1831 年 4 月 2 日上船，途中抓紧一切机会研究同船人的思想动态。38 天后，他们在纽约舍舟登陆。

我们应该感谢 G.W.皮尔逊教授，他经过精心的研究，对托克

维尔和博蒙在美国的旅程作了差不多是逐日的总结①。根据皮尔逊的著作,我们知道他们二人到过什么地方,同什么人接触过,在美国逗留期间得到了那些印象。虽然他们把可用的时间和精力主要用于调查监狱制度,所会见的人物大部分是同他们讨论刑罚问题的,但是他们对美国生活的各个方面也显然很感兴趣。他们的主要考察地区是新英格兰,但他们也访问了五大湖地区和加拿大,俄亥俄州和田纳西州,新奥尔良和查尔斯顿。他们曾特意到华盛顿去就地了解联邦政府的组织结构。他们访问过印第安人的巧克陶部。他们结识了许多美国知名人士:上自在白宫亲自接见他们的安德鲁·杰克逊总统,下至艾伯特·加勒廷、纽约最高法院首席法官肯特、约翰·昆西·亚当斯、弗朗西斯·利伯和贾雷德·斯帕克斯等人。他们与杰克逊总统的友好会见虽然只是礼节性的,但对其他人的拜访,正如皮尔逊教授指出的,却对他们的观点的形成具有重大的影响。他们还同几乎代表美国生活各个方面的其他男男女女进行了较短时间的交谈。他们提出了无数问题。托克维尔的家信或他的笔记和日记,使我们清楚地知道他在哪些方面事先拟好了问题和希望得到各界人士的不同答案。

毫无疑问,托克维尔也漏掉了许多东西。比如,他们在加拿大访问时,只限于会见法裔居民并同他们进行讨论,结果妨碍了他们全面地掌握加拿大问题的实质。他们感到法裔加拿大人是被征服的人民,受到胜利者不列颠人的压迫;而且认为他们应当过上昔日在法国那样的生活,成为法国人的后代。托克维尔有时也轻率地

① 皮尔逊:《托克维尔和博蒙在美国》,纽约,1938 年。

接受某个名人，比如贾雷德·斯帕克斯的理论，而没有深刻研究名人用以作结论的证据。他太容易轻信美国报纸对政治问题所作的恶毒评论。但是，同当时的仍需经过政府检查的法国报纸比较一下，就可以使他知道美国报纸的撰稿人所要证实的东西只是他自己所接受的印象，而不是本人的见解。当约翰·昆西·亚当斯和埃勒里·钱宁告诉他宗教是美国民主的主要保障之一时，他忘记了亚当斯曾认为法国大革命是宣传不信宗教的结果，忘记了钱宁不仅是个著名的上帝一位论者，而且也曾积极维护他个人的信仰。钱宁认为他个人的信仰是一种与自然宗教差不多的宗教，而自然宗教本身就是向接受无神论迈出了一大步。

但是，他那追根问底的求教精神是值得佩服的。他去美国，一部分自然是为了摆脱在法国的尴尬处境，但有一部分是出于一种雄心，即希望自己一举成名，如果可能，还想在那里发现美国生活方式中一些使法国采用后既能保持国家强大又能顺应走向平等的潮流的因素。他坚决相信，欧洲文明的任何部分都不能顶住这一潮流。如不充分注意托克维尔的旅美经历与他初到纽约时所持的一套原则（用“信念”一词，可能更恰当一些）之间存在的联系，是不可能理解皮尔逊为我们整理出来的那些珍贵资料的。托克维尔不是民主主义者，他的最大希望首先是找到可以限制暴政和特权的方式与方法，因为他认为暴政和特权是社会动荡不已的根源。他相信国家权力的广泛分散是限制暴政和特权的良好办法，但他对普选却毫无兴趣。充其量说，他不过是古典学派自由经济的信徒，但他又确信政府通过增加公民之间的交通手段（比如，修筑道路和开凿运河）和办好邮政服务，能给全国人民办许多好事。他虽然不希望国家政权和任何教会之间有直接的联系，但又认为社会的安宁和民情在很大程度上有赖于该社会的成员具有宗教信仰，甚至推测一个教会的信仰越没有教条，似乎就越难维护社会的基础。他去美国的时候，就相信立宪君主的政绩要比共和国的好。后来，他仍然这样认为，并举出一些理由，说这部分地来因于政党的有害的捣乱精神，部分地来因于地大物博使人们不去争夺政权，而把精力用到谋求生活舒适和发财致富方面。他认为，美国人的幸运在于他们的历史是“一张白纸”，而不在于他们独具世界上最先进的实际政治修养。他认为美国人之能够享有自由，不仅仅是因为彻底的分权使地方政府可以有余地去影响全国政治，而且也是因为人们在继承“陪审制度”的长期历史传统当中养成了“最直接地行使人民主权”的习惯。

托克维尔在旅途中访问的地方越多，越感到法国的社会制度矛盾重重。路易十八的《1814 年宪章》基本上是贵族性质的；但是，自从法国的民法典也像美国那样否定了长子继承特权以后，贵族政治的精神已被平等的思潮所取代，平等的思潮在法国也像在美国一样必将取得胜利。托克维尔认为，任何政府都不能阻止这一思潮的发展，充其量只能以法律把它规范起来。然而，美国制度的特点在于使多数管理国家，并通过法律使多数受到最大的尊敬，而这个多数又被社会上的最有教养的阶级所领导。尽管美国社会有许多缺点，但它确实有其伟大之处。那里的人是自由的，他们的精神是独立自主的，他们有自信心并善于合作。他们的这些品质，也在限制国家的那种总是保护特权，从而限制个人的独创精神的“家长式统治”的需求。成年人选举权实际上意味着每个美国白人都有投票权。政治活动基本上是不受限制的,经济发展没有止境,没有封闭社会的那套体制,财产也不可能过分地集中到少数人手中。托克维尔说,如果历史的未来就在于走向这样的平等,那么对于法国来说,再没有比学到美国获得成功的重大秘密更为重要的了。

随着在旅美途中的深入考察,托克维尔对这种观点又不断增添了新的内容。他坚信,设在华盛顿的中央政府或各州的中央政府权力不大,有两大好处:一方面可以避免过分的统一,另一方面又可以对每个地方的本身利益提供强有力的刺激。但是,他同接待他的美国人的交谈,尤其是他同艾伯特·加勒廷和纽约州立法机构的克林顿集团首领约翰·坎菲尔德·斯潘塞的交谈,表明他对报纸的种数的众多,对两院立法制的存在,对临时更换陪审员和律师的规定,以及对大量的不同教派的共存,都相当满意。他原以为,这样多教派的林立,必然强制人们去维护自己所信的教派,但他看到的和谐的道德风尚,又使他消除了这种怀疑。

托克维尔还进行过其他一些短暂的会见。他从这些会见得出的结论,表明他的直观推理能力非常敏捷。他和博蒙一同在荒漠中度过的难忘的两星期,使他确认美国当时的西部边疆与其说是一个停脚点,不如说是一条使人们很快就能达到太平洋的大路。这条道路虽然只能使他依稀看到拓荒者当年留下的建设痕迹,但无论如何它是后来政治和社会革新的基础。他认为,印第安人的品质比美国殖民者评定的高尚得多。但是,他面对印第安人的这些美德,却没有像夏多勃里昂和费尼莫尔·库珀那样在他们的娓娓动听的浪漫主义描写中学着卢梭赞美高尚的野蛮人。毫无疑问,印第安人在商品化社会必然产生的压迫下受到了严重的创伤,但是他也清楚地看到，由于征服者美国人给印第安人安排的条件，印第安人既十分懒于又十分懈于适应征服者对他们提出的要求。他同博蒙先生一样，对美国人奴役黑人非常气愤；而且我们可以看到，他在从俄亥俄到肯塔基的途中所描述的奴役黑人的最坏后果，主要是使奴隶主迟钝和粗野了，而不是使奴隶对自己的权利漠不关心了。他承认波士顿的大主教们的态度高尚，同时也指出他们的态度比纽约的大主教好。他接着指出，这种差异应当归因于在波士顿有一个悠闲阶级，他们继承了大量的家产，有足够的金钱，不必去经营实业。这个阶级无疑同欧洲的上层社会人士相似。当然，这个阶级的人数不多。还应当指出，他很快就看出丹尼尔·韦伯斯特首先是一个大野心家，特别贪图掌握政权。他看到美国的工作人员有严守时刻的习惯，并认为这是经常劳动的结果。他也指出美国人对门第没有成见，只要双方互有情感，出身不会成为结婚的障碍。

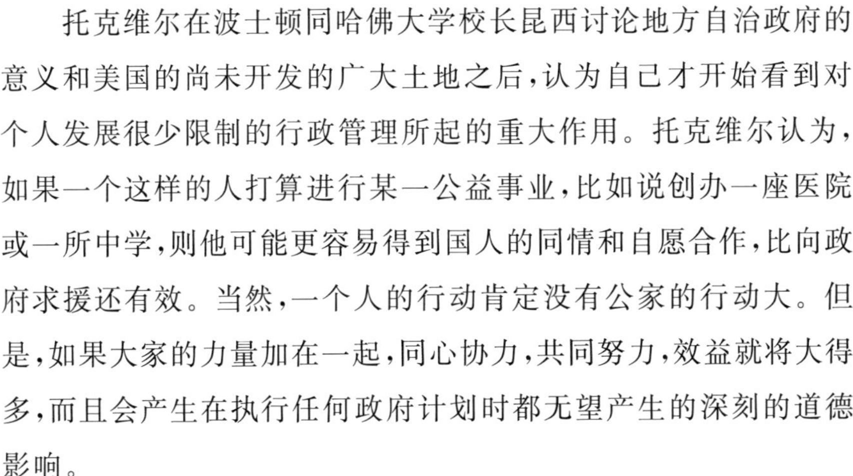

托克维尔在波士顿同哈佛大学校长昆西讨论地方自治政府的意义和美国的尚未开发的广大土地之后，认为自己才开始看到对个人发展很少限制的行政管理所起的重大作用。托克维尔认为，如果一个这样的人打算进行某一公益事业，比如说创办一座医院或一所中学，则他可能更容易得到国人的同情和自愿合作，比向政府求援还有效。当然，一个人的行动肯定没有公家的行动大。但是，如果大家的力量加在一起，同心协力，共同努力，效益就将大得多，而且会产生在执行任何政府计划时都无望产生的深刻的道德影响。

因此，托克维尔得出了显然可以作为他的整个社会哲学体系的基础的结论。必须指出，托克维尔早在开始编著他的大作之前就已确信自发的选择是自由的秘诀，只应当把政府看作是在紧急情况下私人无能为力时才求援的备用力量。对此还应当补充一点，即他逐渐认识到，在任何情况下，都必须把限制政府的权力视为宪法的实质。他认为，国家权力是一种危险的东西，所以一个政府的法定权力越小，暴政的危险也越小。特别是经过长时间的口头的和书面的讨论之后，他不得不承认法国政府的最大弱点，就在于它干涉地方事务的权力太大。正如他父亲对他说过的那样，这种“令人讨厌的中央集权的结果，只能是妨害地方发挥主动精神，让地方放慢行动的速度，使公务人员怠惰和对事无巨细都要加以控制表示反感。因此，分权就成为自由的秘诀”。

但是，托克维尔并没有到此止步。他越深入研究斯帕克斯提供的材料，就越相信多数在某些细节上可能是不对的，但在整体上却总是对的，而且没有任何道德力量可以超越多数的影响。关于这一点，他还补充说：每一个个人，每一个团体，每一个城市或国家，是其本身利益的唯一合法裁判者；只要它不损害别人的利益，谁也无权干涉它。对这个题目他还续有发挥。他认为，由于民主可能感情用事，所以必须制定预防这种危险的保护措施。因此，他赞成两院制，赞成政府首脑有否决权，赞成并非不重要的“复审”原则。事实上，他比这走得还远。他从每个公民都是自身利益的最高裁判者这一观点出发，主张共同体不能组织得使每个公民事事都可以指望依靠这个共同体，因为不这样的话，共同体就要承担它不能很好完成的任务，而且会削弱个人的志气。

托克维尔在旅美的最后几个月，思想上开始产生一些疑窦。

追求物质享受的热情是不是有点儿过分？财产上的悬殊是不是会妨碍追求实际的政治平等的努力？经常改选果真能够防止在任的当权者实行暴政？或者反过来说，如果在任的当权者不讨好他的选民，他是不是还能保住他的职位？这样的选举会不会妨碍优秀人物报名参加竞选？它会不会妨碍政府将一项巨大的政治计划贯彻到底？他访问宾夕法尼亚州时同人们交谈之后，思想上就产生了这些疑窦。在巴尔的摩，人们告诉他：统治美国的是律师。巴尔的摩的拉特罗布先生向他解释说：如果财产太平均了，则杰出的人物就不会太多；在北部由于商业突飞猛进，才使一些实业家对社会取得了绝对的控制权。在舆论方面，多数要求照他们所希望的最小公约数来征税，而安德鲁·杰克逊的当选总统，则证明军功对共和制度发生了“有害的影响”。有些人也和他一样，都异口同声地说：民主不适于办理外交。

托克维尔逐渐得出结论，认为共和制度对美国北方比对美国南方更为适宜。他日益加深地确信，一个国家的地理特点和民情比它的法制更为有力，虽说法制有利于民情的形成，但民情中有一种比任何法制都更为有力的东西，而且这种东西能把人民所创造的法制中存在的最坏东西消灭干净。当他发现文明的传播未使杰出人物辈出，而下层阶级的消灭又不等于上层阶级的出现时，感到如坠入五里雾中，无法理解。这个使他困惑不解之谜，又促使他作出如下论断：尽管美国人民对本国政府的了解比其他国家的人民深刻，但缺乏伟人领导国家。言论自由之广泛已使他感到吃惊，而当时存在的结社自由，既受到他的赞美，又使他目瞪口呆。特别是在他同银行家尼古拉斯·比德尔进行一次有趣的谈话之后，使他更加大惑不解，因为他未能发现美国的政党也像他在欧洲所见到的那样是为了实现伟大的思想而组建的。比德尔满怀信心地告诉他，只有总统和国会短兵相接，美国的事情才能进行得最好，而我国制度的优越性的最好证明，则是没有政府我们仍能容易存在下去，没有行政的管理我们照样前进。他听完之后，真是感到闻所未闻。在 1831 年 11 月将要结束旅行时，他在长期的旅游考察中积累的丰富材料，通过他的广泛概括和透彻洞察而开始开花结果。在匹兹堡和在俄亥俄州时，他就已经指出：最多不过 30 年，那时决心来这一带定居的移民就难于发财致富，如果他们想要发财致富，就不得不投奔新的地区。他开始认识到，虽然出身和才干在美国也有一定的作用，但衡量一个人的价值的自然标尺却是金钱。他认为，美国人是一个对精神享受最不感兴趣的民族。美国人最关心的是多赚钱，他们对财富有一种崇拜思想。据他观察，美国和法国之间的最大区别是：在法国，出身和职业的不同，在人与人之间制造了永久的而且是不可逾越的壁障；而在美国，这方面的差别并不妨害结婚。简而言之，在美国社会有一种灵活性，可以使人不考虑法国的那种为区别阶级而任意规定的条条框框。当然，在美国，人与人之间也有差异，但人们总是希望排除这些差异。于是，产生一个重要的效果，即在美国，任何阶级都感到在发展上不受阻碍。他对联邦能否把如此广大和如此参差不齐的国土团结得固若金汤，曾表示过一些怀疑。他对华盛顿政府把国家的重要职位分给执政党的党员和支持者的制度①的效果，也曾有过疑惑。从欧洲

① “分赃制”(Spoils System)。

迁来的广大移民的目的，是要建立一个抛弃过去的一切的新社会。这个崭新社会一点儿也不重视它所继承的传统，它对祖先的才智也不感兴趣。托克维尔从调查中了解到南方黑人的处境，所以不能不为蓄奴制的惨淡前景表示深切的不安。他认为蓄奴制是一种具有破坏作用的劳动制度，只能使奴隶主养尊处优和颓废下去。

但是，托克维尔的这些感受，清楚地表明他被美国人生活的活力和快速节奏打动到什么程度。思想和实业以飞快的速度齐头并行。人们不仅深刻了解本国的自然资源，而且也深刻了解开发资源所需的人才。在美国，没有什么静止不动的东西；有时，人们对一项公共工程比如伊利运河的重要性还未了解，但国家已经着手开凿了。到处都有各式各样的企业，没有任何死规定因强求某种一致性而阻止人们不断革新。只有纽约最高法院首席法官肯特那样的保守派，才会害怕各种公司的迅速发展。托克维尔认为，组织公司是激发人们从事劳动所需的积极性的有益措施。他确信，一个自立自主的民族，即使某一法律有益，但它如不受人们欢迎，也不会去制定它。他知道，除非有某种危机要求加重税收和进行必要的征兵，就不用指望美国人会放弃民主。当托克维尔上船离开美国的时候，他承认自己虽然在美国学到了很多东西，但又思忖美国的民主能否持久。他概述了他认为欧洲文明不可避免地要走的道路；但对如此开阔的远景的评价，他的心里仍然没有谱。

三

托克维尔在旅美期间曾就所讨论的问题或提问，向许多人请教。任何人如不事先了解他同这些人接触的意义，即不了解这些人之所谈都是个人的亲身经历，并且是托克维尔回到法国后写作本书时所表达的观点的主要根据，就无法理解他所接触的人的名单为什么长得惊人①。托克维尔也阅读了许多书刊。他从美国带回一大堆书籍和文件，不过后者绝大多数是有关监狱制度改革的。此外，他一开始写作，就大量利用了自己的藏书，王家图书馆可能找到的图书，美国使馆的藏书，朋友的尤其是美国朋友的藏书。他看过联邦政府和各州政府的若干法规、年鉴和档案，读过如杰斐逊论述弗吉尼亚州之类的经典著作，如马歇尔的《华盛顿生平》之类的传记，如托马斯·哈钦森关于马萨诸塞和杰里米·贝尔纳普关于新罕布什尔州的历史著作。他还浏览过许多古书，其中最著名的有科顿·马瑟《基督教美洲传教史》。托克维尔显然特别下功夫参考了法学著作，如斯托里和肯特的法学著作，当然还有《联邦党人文集》。据皮尔逊统计②，他在《论美国的民主》中引用过70多部著作，并且通读过20多部著作。应当特别指出，正如托克维尔自己向博蒙说过的那样，他极力不读他同时代人在这方面的著作，如詹姆斯·西尔克·白金汉或哈里特·马蒂诺以及他的法国同胞米歇尔·谢瓦利埃等人的著作。我认为他之所以如此，一部分是因为他不愿意因试图参考访问过美国的其他作家的观感而搅乱自己的直接印象，一部分是因为他要避免任何强有力的相反思潮打乱他显然认为是自己的独特见解和个人直观的感受。

事实是除了少数细节之外，他很少依靠书籍。尽管他在巴黎

① 皮尔逊曾列出他的美国朋友的名单，不过这个名单没有太大价值。见前引皮尔逊著作第782—786页。

② 见前引皮尔逊著作第727—730页。

雇用了两个美国青年帮助他进行研究，但根据这两个青年本人说，他们除了对资料分门别类整理之外，很少帮助他做其他工作。这一点，由两个青年中的一个在1835年回到美国后才知道托克维尔在写书一事可以证明[①]。但是，有些人的指责也很可笑。比如，斯托里就曾含沙射影地指责托克维尔在引用当时的名著《美国法释义》和《联邦党人文集》而不注出处。大家知道，托克维尔非常了解这两部著作，而且很相信它们并经常加以引用。但是，任何人都可以看出，托克维尔在引用这两部著作时，也像利用贾雷德·斯帕克斯和约翰·坎菲尔德·斯潘塞等人向他提供的材料一样，虽然借用了它们，但却作了重新组织，取其精华，去伪存真，使事物恢复了原来的面貌。有时，他的判断并不正确，或者说缺乏真知灼见。比如说，他始终没有理解美国政党制度的机制和意义。有时，他也很武断，比如他对安德鲁·杰克逊的轻蔑评价，在他的书出版16年以后，还使托马斯·哈特·本顿表示不满。实际上，托克维尔总是用法国贵族的眼光去看美国，他宁愿同一个罗马天主教神甫站在一起，也不愿意同一个基督教牧师站在一起，他宁愿到波士顿的沙龙去，也不愿意到孟斐斯的酒吧间去。人们也不能否认，他对自己收集的大部分材料十分珍惜，在整理它们的时候唯恐安排不当，可以说像一个昆虫学家似的，尽可能把自己的蝴蝶标本排列得好看一些。显然，托克维尔应当多多感谢他曾详细请教过的那些人，而博蒙就是其中之一。任何人只要读过博蒙的《玛丽》（一部很好的著作，但后人不愿意承认），就不能不认为，正是两个旅游者在九个

① 见前引皮尔逊著作第734页。

月当中的日以继夜的讨论，才给托克维尔的理论勾出了清晰的轮廓。如果没有一位他能够信赖并能谅解他的知心朋友伴随旅行，他就不会建立起他的理论。其实，应当说只是由于博蒙一再写信帮助他，他才得以顺利地写下去的。

无须讳言，不管你从什么角度去看，《论美国的民主》都是托克维尔的著作，而且在写作意图、写作方法和对比方面，既有缺点又有优点。这显然是一部怀有感伤情绪的贵族作品，但它却能高瞻远瞩，看出贵族特权的时代已经日落西山，而一个他所不欢迎的新的阶级，正以飞快的速度走上即将由它统治的历史舞台。他非常清楚地知道，1830 年的革命是法国的君主政体和贵族阶级为把钟表的指针拨回到 1789 年以前的时刻而不得不付出的代价。由于他认识到旧制度已经过时，所以他开始考虑资产阶级胜利之后法国将会如何，并使人相信他应当作这样的最后考虑。人们也许要问：既然托克维尔有了这样的直观认识，那他为什么不试图对已经进入重大的政治和经济改革时代的大不列颠写一部书呢？我认为原因有二：第一，他觉得英国离法国太近，不足以避开一方面是由家庭和朋友，另一方面是由路易·菲力浦政府给他造成的困难处境，而美国却离法国有 3000 多英里，到那里去以后，因意见分歧而造成的心理紧张可以被时间和空间缓和，他的家庭和上司都不可能在短期内把他召回来，使他有机会从过分紧张和神经剧痛中恢复过来；第二，抱着考察新文明各种特点的目的去访问美国，可以说是等于在新文明传播到欧洲以前到现场研究它的得失。美国对于托克维尔那个时代的许多法国人特别有吸引力。法国曾援助美国建立新的共和国；而美国的 1779 年，则对法国的 1789 年的特

点画出了主要轮廓。美国是个新国家，托克维尔的亲属夏多勃里昂写过一篇著名文章报道美国，而博蒙的亲属拉法夷特最初也是在美国找到了成名之路的。在美国内部了解 19 世纪上半叶的美国，同在苏联内部观察 1917 年以后的苏俄一样，是一件既使人感到新奇又引人入胜的事情。他来到美国，从后台看了一场大戏，并作出了他的同时代人很少能够作出的生动而有趣的现实主义报告。这是从事政治活动并急于成名的 20 多岁的青年人初露头角的方法。当然，任何人都不会认为托克维尔不考虑自己要想一举成名，而只凭一股热情去追求目的就能获得成功。托克维尔知道自己很有才干。他所缺少的，只是一个使他能够运用才干的重大题材。

显然，他到美国后不久，就抓住了这个题材，否则你就无法解释他为什么在收集必要材料时能有那样孜孜不倦的精神。同样地，不知道托克维尔一开始就掌握了经过长时期的深思熟虑而准备出来的参考材料，也无法理解他的这项研究。囿于家庭出身和宗教信仰的封闭社会的时代，已随大革命和拿破仑时代的到来而结束。从此以后，文明的性质将由随着特权的不断消失而日益主张平等的社会思想所决定。金钱，才干，领导权，无所不在的法律权威，对以多数的法律为指导原则的政治制度的影响，都随着贵族在 1789 年的没落及其无法再抬头，而转移到另一些人手里。一个“新的社会阶层”掌握了国家的最高权力；它将以不同的方式，在某些地方慢些，在另些地方快些，去建立适合它要求的各项制度。托克维尔看到这个后果是不可避免的，因为社会本身希望保持安宁。托克维尔之所以要到美国去，是因为他确信在那里可以看到这些后果出现后产生的变化。他把所见所闻写出来，是希望不仅能够说服同胞看到本国未来的一般特征，而且可以向他们指出未来的光明前景和可能发生的危险。他对美国发生兴趣，主要的不是因为美国好，而是因为那里有可以使文明，尤其是使法国文明摆脱束缚的哲理。

因此，1835 年出版的这本书的上卷，在叙述美国的政治制度的同时，对它的成败进行了全面的评述。在评述的过程中，他围绕着美国实行多数统治这个主题，指出这个多数统治的最大危险在于它可能变成暴政，而能防止这种危险的措施和办法，则有教育、实践经验、合理的保守主义、宗教、以个人主义为主的公共精神、结社自由、尊重法律、给予各阶级的大量机会，等等。这一切措施和办法，可以减少偶然出现暴政而破坏美国民主制度的可能性。萦绕在托克维尔头里的主要问题，在其著作的两段文字[①]中呈现得最为清楚。他写道："至于我，当我研究一些欧洲国家已经达到的状态和其余的一切国家都行将走进的状态时，我就情不自禁地认为，不久以后，它们不是享有民主自由，就是陷入恺撒的暴政。"他作结论说："但我认为，如果在我们中间不能逐渐引进并最终建立民主制度，如果不让所有的公民产生先是使他们学习享有自由随后又使他们行使自由的思想和感情，那么，不管是资产阶级还是贵族，不管是穷人还是富人，谁都不能独立自主，而大家都要遭受暴政的统治。我可以预言，如果我们不能逐渐地建立起绝大多数人的和平统治，我们早晚要陷入独夫的无限权力的统治。"

① 见本书第二部分第九章。

这两段文字清楚地说明了托克维尔写作时之所想。法国大革命先是引出了一个罗伯斯庇尔，随后又推出了一个拿破仑。路易十八的《一八一四年宪章》引起了查理十世的专政企图，导致了1830年革命和“中庸政府”的无力治理。托克维尔在写本书的上卷时，就已经感觉到了“中庸政府”的危险。能否从一个由少数人垄断财富和权力的制度和平而有秩序地过渡到一个由人人分享财富和权力的制度呢？或者说社会的变革非要经过斗争和冲突不可吗？如果能和平实现平等，那代价又是什么呢？如果非冲突不可，那又有没有点儿希望避免暴政呢？

托克维尔在大约用了三年时间写出的上卷里，相当严格地坚持了只写美国的作法；而在写完全书之后于1840年出版的下卷里，他却远远超出美国的范围（尽管他经常把美国放在眼前作为背景），以期比较全面地概括平均主义的文明。这部著作的上卷与下卷，不管在写作方法上还是在笔调上，都有一些显著的不同。在上卷里，他所用的材料大部分都很具体，而在援用引文时也很细心，所以基本上反映了他所要写的美国。有的评论家指出，即使不算某些明显的错误、某些遗漏和某些解释错误，他所作的一些著名的直观论断和这种论断所依据的实证材料，比起他所承担的进行广泛的概括的重任来说，也有些不够分量。但我认为这也无妨，因为我们还可以核对他的观察及其所作结论的正确性。再者，在上卷里，他虽然赞扬了许多事情，但从未表现出任何热情，而且在展望未来的时候，也总是经过反复考虑才下笔的。他生性持重沉着，作风正派。另外，无论是描写个别现象，还是描写大量现象，从来不带一点儿幽默或偏爱，这也是托克维尔的特性。但是，我们从他所

描绘的图景中，却看到了他的观察细致和直接接触素材的写实特点。

至于下卷（没有像上卷那样成功），恕我直言，不但写得很抽象，而且笔调也很低沉。在这卷里，美国已退为远景，使人看起来有些模糊不清，而且托克维尔所叙述的，大部分是追求物质财富和当时的平均主义思潮的文明的一般特点，但这种追求使他更加害怕文明将来真会毁灭。我认为，作如下的评价既不过分，又不荒诞：在下卷里我们听到发表议论的，是身为路易·菲利浦的法国议会议员的托克维尔，是站在以梯也尔和基佐为突出形象的资产阶级君主制度的前排的托克维尔；是清清楚楚地知道贵族制度的时代已经结束，但对取代它的资产阶级推行的金融寡头政治又没有信心的托克维尔；是看到在金融寡头政治下越来越多地进入工厂的群众的悲惨生活，比如像在 1834 年的里昂可怕动乱当中表现越来越不满的群众的悲惨生活的托克维尔。再者，我认为以下的猜测并非没有根据：托克维尔在发表其著作的下卷时，他对“中庸政府”治下的法国的作为感到失望，迫使他有意无意地扮演了珈桑德拉[①]的角色。法国政局的变化，使这位热爱自由的人，使这位认为提高文化水平是预防平等带来的危险的必要措施的政治哲学家，使这位感到要想使一个民族不陷入平庸的唯物主义的泥潭、宗教就得拥有广泛而深刻的驾驭作用的半信半疑的宗教信徒，不得不经常忧心忡忡。他的健康不佳，在竞选众议员时遭到暂时失败（1837 年落

① 珈桑德拉，希腊神话中的女预言家。在现代语中，珈桑德拉指能预见未来的灾难，但自己却束手无策，而又不能说服他人去采取预防措施的人。——译者

选后，1839 年又当选），以及心情忧郁，也可能在这方面发生了作用。我们永远不会完全弄清托克维尔的观点，但我们可以毫不隐讳地指出，他虽然部分地由于他的名声，部分地由于他对人诚恳而取得了农村选民的善意支持，但政治雄心很大的托克维尔，却没有一点儿在以议会辩才为主的制度下取得成功所需的才能。

除了亲人知己以外，他对人冷淡和拘谨。他不善于辞令，一点儿没有迅速适应辩论气氛的能力，看不到已经到了应当妥协或作战略大转移的时刻，而且没有作为一个大议员既能委曲婉转，又能灵活答辩的天资。他过分要求自主，以致永远不能成为真正的党人。他过于坚持原则，好高骛远，不为了在当时的制度下达到团结和平衡而参加不光彩的阴谋诡计。他悲观地认为，要达到这种团结和保证其实现的平衡需要花很高的代价。选民的人数缩小到令人难以置信的程度。出版自由和结社自由受到严格的限制。抗议的行动遭到残酷的镇压。政治派系倾轧的丑闻一年一年增加，尤其是在 1834 年以后。如果说工业的腾飞和发展造成了巨额财富，那也很难看出这给群众带来了什么好处。对于托克维尔这样一个渴望发挥重大作用，并像他对自己的妻子所说的那样感到“有无限希望……有无法形容的开展活动和显露激情的需求”，但欲使自己的监狱改革引起人们的注意都无能为力的人来说，可以想见在和他的朋友古斯达夫·博蒙把他们的理想同现实比较的时候，世界对他们就显得有点儿阴沉了。

不错，托克维克在本书的上卷出版之后，立即博得很大的声誉。他的同国人鲁瓦伊埃-科拉尔，尽管身居高位，也出面称赞他是孟德斯鸠的当之不愧的继承人。英国的著名人士约翰·斯图尔特·穆勒和拿骚·西尼尔，立即联名声称他的著作是经典性的。但是，他本想在上卷出版之后得到两项收获。第一，他希望他的同胞承认他是一个了解他们处境的人，从而使他立即取得高官的职位；第二，他希望利用这个职位在法国推行他从美国得来的经验。他的这两个希望都落空了。他的文学观点立即得到承认。鲁瓦伊埃-科拉尔和基佐，夏多勃里昂和圣伯夫，也立即评论起他的著作的上卷，而对其中的关于政治哲学的论述，评论得最为热烈。毫无疑问，他对所取得的这些成就深感高兴，但这仅仅是他希望得到的满足的一部分。他本希望他在书中表现的政治智慧会赢得政治领袖的地位。他终于明白，尽管他的才华横溢，然而不但距离成功还远得很，而且在政治战场上还不能同那些被他在《回忆录》里轻蔑为没有道德和学问的人进行较量。当这种希望成为泡影的时候，他在下卷中通篇流露出某种程度的悲观甚至绝望的语调，就不足为奇了。下卷里充满了预测性的描写，他预言要出现真正的危机。但当我们客观地分析局势时，既没有看到凶兆和危机同时出现，又没有看到它们各自单独发生。关于凶兆和危机的预言，至少是托克维尔的内心失望的表白，使他不得不在他想扮演主角的一场戏里充当一个观众。

四

大家知道，托克维尔使用“民主”一词时有些含混。这既影响了他本人，又影响了读者。他在自己的脑海里，对“民主”这个词没有形成一个统一而准确的概念。事实上，他经常用这个词表达好几个意思。他基本上是把“民主”这个词看成是社会的各个方面走向平等的趋势的同义语，认为这个趋势是法国大革命的最重要的和不可逆转的结果，并把他的注意力几乎全部用到这一方面。但是，有时他也用这个词指代议制政府。在某些场合下，他又赋予这个词以人民，特别是散漫的群众的意义。他还用这个词指普选，指社会日益走向可以清扫一切特权，而主要是可以清扫政治制度方面的一切特权的平等的演变。他在脑海里所以产生这种混乱，是因为他去美国是为了寻找他在欧洲已经看到的正在发展中的趋势的后果，而实际上他却认为自己在美国找到了走向民主的趋势。因此，就出现了两种不同的理解，使托克维尔和他的读者都陷入歧途。他完全没有及时地发现，他的思想所依据的原则在他开始以为冷静地和沉着地审查他从美国得来的经验时就已经形成。他也没有恰当地理解，他在研究这些经验时，其中的事实就是基于他在旅行中得到的主要原则而确定的。圣伯夫一针见血地指出："他还没有学到什么东西，就已开始思考了。"

因此，托克维尔的这部著作的大部分叙述所带的色彩，就是充满了臆测。首先，他对美国殖民地时代的历史几乎没有兴趣，所以他不能恰当地了解那些看来是新鲜的东西事实上早已深深扎根于1776年以前的历史。他特别爱用贵族阶级的词汇来考察当时的英国，所以他不能及时地发现，英国的制度实际上就是美国的第一批移民从母国带来的制度的原版。他过分相信他所听到的东西（比如：关于杰克逊的评论，关于美国没有政党的说法，关于分权的好处的说法，并由此得出结论说，强大的联邦政府就意味着暴政，而普选就在促进强大的联邦政府的出现），相信关于卓越人物日益不愿意担任公职的趋势的说法（安德鲁·杰克逊当选总统就是这

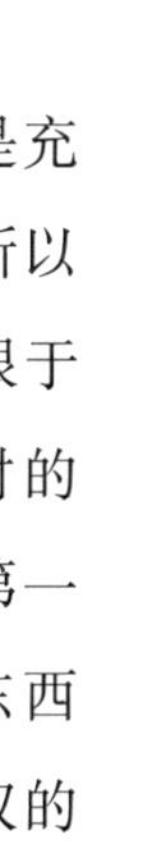

一趋势的征兆)。他过分担心多数的暴政,而在他写下卷的时候才终于明白,普选实际上是十分容易同一个有影响的少数派政党共存的。他过高地估计了作为群众政治教育的主要方法之一的“陪审制度”的作用,但目前已经很少有人认为法官还能影响临时同他一起执行公务的陪审员的思想方法和性格了。人们也不难发现,他对于选举司法官员制度的猜测主要是从他那惧怕群众的成见出发的,而不是以在现场对美国司法问题进行认真调查为基础的。他大错而特错地认为,宗教可以作为防止唯物主义的有力措施而发生作用;而且据他说,唯物主义是由于民主过于追求物质享受而造成的。他在确信自由结社的原则是防止革命的措施时也走得太远,因为他没有看到自由结社经常造成的后果——出现由力图保住民主的人也反对的某种特权人物所大力组织和资助的压力集团,而只认为自由结社是防止立法暴政的自发性措施。

因此,尽管他的精确观察和对读者提供的现场报道有一部分是很好的,但他却给自己的所见所闻规定了一个不但总是扩大推论的范围,而且往往是很少有事实作根据的论述提纲。这种现象在上卷里表现最为突出。当然,这并不是说这种提纲的存在阻碍了他表现惊人的洞察力和非凡的预感天才。恰恰相反,正是因为他表现出了这些品质,并能战胜先入之见,才使他的书具有了永久的价值。最为重要的是,他能清楚地看到并果敢地指出平等原则还牵涉到许多大大超出政治范围的问题。他认为,美国的联邦有能力在实质上就是一个大陆的广袤土地上制造一个可以实行共同的经商原则的地区,是它保持安定的重要因素之一。他看到一个国家的边界能够向四外移动的重要意义,认为这是防止人民的主动精神受挫的手段;而在欧洲那样的已经无法向四外发展的大陆,人民的主动精神一旦受挫,就会遭致不满和引起革命。在欧洲,阶级结构的固定不变,是设在天才的发展道路上的障碍。

发财致富的远景日益扩大,工业逐渐在广泛的范围内取代原先由小手工业占据的地位。托克维尔从分析美国的资本主义得出的结论,是 19 世纪的人所作的直观预言的最光辉范例之一。因为他注意到以分工为基础的工业得到发展,所以他指出:“当你追溯到源头的时候,就觉得有一个贵族集团好像依靠一种自然力从民主社会中产生出来了。”①但是,新旧贵族之间的差别是很大的,甚至是命中注定的。“某些工业在今天的广泛民主之下形成的若干贵族小集团,仍像从前的贵族大集团一样,使少数人极其富有和大多数极其贫困……不仅富人之间没有牢固的联系,而且可以说穷人和富人之间也没有可靠的联系。他们彼此之间的关系不是永远不变的。工人一般是依靠厂主的,但并不依靠某一个厂主……厂方要求于工人的只是他的劳动,而工人期待于厂方的则只是工资。厂方没有庇护工人的义务,工人也没有保卫厂方的义务。他们在习惯上和职责上也无永久的联系。……这样组成的贵族阶级并不能对其雇用的人拥有强大的权力。”

“……我们今天的厂商贵族,使他们雇用的人贫困和愚昧之后,在危机发生的时候就把他们推出大门,让他们靠社会救济过活。……工人和厂主之间虽然经常往来,但没有真正地结合。……我们今天亲眼看到其发家的厂商贵族,是世界上从未

① 此处和以下的引文,见本书第四部分第二十章。

有过的最残酷贵族之一。……爱好民主的人应该不断密切注视的正是这一方面,因为有一天身份的永久不平等和贵族制度又进入这个世界时,我们可以预言它们一定是从这扇大门钻进来的。”

如果可以说我们在这里看到了托克维尔的直观预言的最高范例,并从今天的角度来看认为它最引人入胜,这也不过是他的许多范例中的一个和最高超的方法之一。这种方法首先在于通过深思熟虑得出一个假定,然后再把深思熟虑的结果用于所掌握的事实,最后当事实似乎可以证明他的想法是正确的时候,就把假定变成原则,以便不仅对研究进行总结,而且为行动提供指南。任何人都不能不发现,托克维尔在写这部书的时候,越是往下写越是感到必须为行动提供这一指南,以便检查自己的论断。托克维尔在去美国的时候就已确信,贵族制度的时代即告结束,并将逐渐为一个以身份平等为时代特征的时代所取代。由于有这样的明确认识,所以他在美国访问的时候就极力想勾勒出一个平均主义社会的面貌,写出它对旧世界特别对法国将会发生的教益。不过我猜想,随着他研究的深入,特别是1835年以后,而日益觉得自己的最迫切任务,首先是提醒他的同时代人避免新旧势力的盲目交锋。因此,我们不难理解,他在当选众议员后发表的重要讲话为什么要竭力证明:如果不听他的警告,就避免不了灾难。我认为,如果读完《论美国的民主》再读他的《回忆录》,特别是再读二月革命即将发生之前他在议会发表的著名讲话*,必将承认他的这个结论是有其逻

* 见本书附录(二)。——译者

辑的连贯性的，所以他的所有讲话几乎都可当作《论美国的民主》的附录来读。

五

托克维尔对于人性都有一些什么看法呢？他的这些看法又是以什么为根据的呢？鲁瓦伊埃-科拉尔有一句名言，说他是一个承认失败的贵族；但和大部分讽刺话一样，这句话只含有部分真理。显然，托克维尔绝不是一个民主主义者，也很难把他看成是一个真正的自由主义者。也同样显然，他的信念并不是贵族的信念，因为他一生从来没有试图与贵族的等级制度妥协的表现。他的《回忆录》清楚地表明，他不是社会主义者，并对当时的社会主义政党不够尊重。

热爱自由的信念，是贯穿在他的一生活动中的一条红线。这种自由可为人们的社会活动造成良好的精神气氛，而保护这种气氛则是托克维尔的全部努力的中心。他知道，从 1789 年起，这种自由已不再是少数贵族的特权；但他也看到，这种自由有被浑浑噩噩的群众的盲目行为破坏的危险，因为这些群众在以其坚决一致的个人主义态度抵制自由，而自由正是他要不惜一切代价保卫的人格的唯一无二特点。他以一个不怕面对最坏结果的思想家的清醒头脑确信，新产生的文明的种种趋势，都在向消灭人格的这一唯一无二特点的方面发展。因此，他要全力以赴的目标，是保护这种自由，并反对他认为是平均主义原则所造成的令人讨厌的单调一致。他害怕习惯势力，担心追求物质生活的安逸会窒息人们对伟大思想的兴趣。他担心财富的积累会造成以金钱来衡量人的地位。他也担心追求物质生活的安逸会扩大分工，以致使普通公民在安逸当中完全无法培养自己的能够以广阔而十分冷静的眼光评价生活，并且既能热爱丰富的精神生活又能使物质需要得到充分满足的人格。

因此，我认为他终生如此热心寻求预防措施的性格就来源于此。这也就是他为什么宁愿要一个代议制政府，而不愿意要一个独裁政府的原因，他认为代议制政府有可能不让"多数的暴政"施虐。这也就是他为什么不得不认为一个民主社会必须有宗教信仰来防止永无止境地追求物质享受的原因。这也是他为什么确信分权十分重要的原因，因为分权是使国家的公共目的变成公民个人生活的一个有机部分的途径。他对结社自由和言论自由的坚决拥护，是与他为分权进行的热烈辩护分不开的。结社自由、言论自由和分权是公民的行动的保证，并为防止那种践踏人类尊严的独裁的官僚统治提供了手段。在美国，他赞美公民有自信心，有安全感，有创造成就的热情。美国人不承认地位低下是命中注定的。他们既强烈反对人们轻视自力谋生，又强烈反对人们依靠与职务不相干的出身和财势去发号施令。他也赞赏美国人在社会阶梯上能上能下的品质，自由发表意见的勇气，以实践为基础的习惯，拒不做传统的俘虏的决心。不过，他承认这一切收获也使他们积累了宝贵的经验。普选的当选人，比如像美国总统这样的重要人物，也不敢挫伤普通人的意见。集中精力追求财富，不仅使最有能力的人自外于政界，而且也缩小和贬低了野心的标的。物质方面的成就可能使人逐渐降低所追求的目标，高瞻远瞩的人也必须迁就群众的习惯。美国人的水平是比较高的，但在群山之中高峰并不

太多。美国人是一个讲求实际的民族，不大善于思考。他们凡事考虑眼前的利益，而不大追求长远的利益。他们所重视的，是够得到、摸得着、切实存在并能用金钱估价的东西。此外，他们追求安逸舒适的热情，或许会使他们遭到金钱制造工业贵族的危险。这种贵族虽然非常强大，但责任感比较小。这种贵族一旦出现，它的法律的严酷程度将是无法忍受的。这种危险很可能导致激烈的内战，其规模将比希腊和罗马的最惨悲剧还要大，直到有一个新恺撒出来扼杀自由的理想为止。

在过了一个多世纪以后的今天我们再回顾托克维尔的政治哲学时，很难对这位哲学家的直观推理才能作过高的评价。如果想到托克维尔毫不理解杰克逊改革的意义，想到他一点儿也不知道政党的重要性，尤其是想到他很少或根本没有考虑到工业生产的剧增的意义及其使初兴的美国就不断出现大城市的效果，这样来评论他就显得更为合适了。其实，说他所描绘的美国甚至在他写书的时候就正在消失，而为他提供主要材料的人不是大部分也是小部分在当时就已批评或十分怀疑他所坚持的论点，也不算夸大其词。为他提供材料的人，无论是贾雷德·斯帕克斯还是斯托里，无论是约翰·斯潘塞还是爱德华·埃弗雷特，都很少有平均主义的民主观点。对于高傲、性格严肃而有点儿忧郁、生性热情、怀有雄心壮志的托克维尔来说，不但能战胜他家庭出身和所受教育的影响，而且能以充满想象力的冷静头脑去观察这个他不大同情并不抱太大希望的社会演进，真是难能可贵。很有可能像皮尔逊所说的，托克维尔从观察到得出结论所走过的道路，只有一小段是建筑在科学方法上的。毫无疑问，

大部分结论是深思熟虑的直观的结果，但这种直观的魅力却使《论美国的民主》进入 19 世纪最著名的社会学成就之林。

当然不要忘记，尽管托克维尔有突出的创造性，但他仍然没有超出 19 世纪法国社会哲学的主要传统。这个传统并不单纯。正如圣伯夫很久以前所指出的，它在每个时代的浪漫主义运动中都有其流派。这位大评论家暗示说，托克维尔是“一个研究世纪病，即维特病或勒内病[①]的青年人”。[②] 虽然在治学方法上他属于基佐学派，但他又时时注意，绝不把所遇到的问题研究到他要与自己的过去完全决裂的地步。他提出了一些重大问题，但又无意解决问题所包括的一切难点。特别是在问题涉及所有制在美国所占的地位时，情况更是如此。对于他为宗教势力与金钱势力和解所做的努力，几乎也可以这样说。尽管托克维尔竭力表示他唯理是从和绝不自欺，但他从来没有完全承认自己为使他明知行将寿终正寝的旧秩序与他认为正在上升的新秩序和解所做的努力彻底失败。他看不起由于贪图权势而容易变为资产阶级君主国的新金融寡头政治的工具的梯也尔之流的人物，但他并没有设法认识，更没有比较认真地去理解被这个金融寡头政治的金钱压榨得喘不过来气的法国人民的事业。1841 年托克维尔在写给穆勒的一封专谈这个问题的信中说过，他希望资产阶级的法国变得伟大；但他又清楚地说明了自己的观点，即认为资产阶级国家的所作所为根本不能保持他所要求的伟大。他相当清楚地看到，基佐时代人民的贫困和

① 维特是歌德《少年维特之烦恼》的主人公，勒内是夏多勃里昂《勒内》的主人公。——译者

② 圣伯夫：《新月曜日》，巴黎，1868 年，第 10 卷第 291 页。

制度的腐败必将引起革命。他十分明确地指出，人民知道他们的政府是不值得信任的；但在当时的法国，却很少有人能像他那样迅速而清楚地看到，当统治阶级把自己的财富和幸福建筑在工人受压迫和受贫困的基础之上时，没有良心的金融寡头政治固有的危险就要表现出来，而社会也要为此长期付出代价。

圣伯夫有一段生动的描写谈到这个情况。他写道："在这里，我们请来一位优秀、高尚和宽宏的人，并向他说：再也没有比胃更值得尊重的东西了，而呼喊的声音再高也高不过贫苦的声音，大多数人的揭竿而起并不是为了享受，而是为了活命和生存。当前的问题就在这里，对于看来不太高贵和不太适于在政党里混事的人来说，这个问题就不能不是重大的和神圣的事业了。"[①]圣伯夫又进一步拿1847年的托克维尔的洞察力与蒲鲁东的洞察力对比。他说蒲鲁东是"纯无产者"，尝过贫困的痛苦，毫无托克维尔那样的优越条件。圣伯夫说得非常正确，托克维尔之接受民主是"理性与必然的结合，而绝不是理性与爱好的结合"。在托克维尔求助宗教来号召人们追求精神方面的东西的时候，那也主要是出于他对作为民主根源的平等的担心，而不是因为他相信宗教能够激发群众。他指望教会发挥使自由免遭平等所带来的危险的作用。正如他在1852年向蒙坦朗贝尔所说的，但愿他所希望的"有节制和合法的"自由能使人民各得其所。我们还必须指出，托克维尔虽然非常讨厌路易·波拿巴的政变，但对卡芬雅克破坏群众举行二月革命的理想的残酷手段却毫无反感。

① 这段引文和以下的摘句，见前引圣伯夫著作第317—318页。

上述的一切并不等于说，托克维尔只是隐隐约约地看到了没有伟大理想、从而没有形成伟大政治动力的社会的资产阶级的狭隘观念的危险性。他也多次提到群众政府的危险性，用他自己的话来说，即胃战胜脑和心带来的危险。那么，他的观点实际上是以什么为根据的呢？一般说来，他是反对个人主义的，但也不能忽略他在《回忆录》中对社会主义所持的怀疑态度。他确认平等是不可避免的，但又认为没有自由的平等是无法忍受的。显然，他反对任何形式的独裁政府，但又对一切支持人民参加政府管理工作的制度的发展表示不安。他害怕由金钱掌握一切大权但又逃避政府职责的独裁制度。他也担心分工的无限扩大会妨碍工人完成公民义务和处于只顾物质享受而甘作行政管理的单纯对象的地位。他瞧不起梯也尔之流的玩弄阴谋的政客。他绝不原谅路易·波拿巴践踏自由而建立自己的帝国。他也以同样的理由摒弃无政府主义和革命，但他好像更讨厌不关心国家大事的人。他懂得“人们所说的必要的制度，往往就是人们已经习惯的制度；而在社会制度方面，可能作出的选择要比生活在每一个社会的人所能想象出来的选择广泛得多”。①

在出身于贵族而能平等待人的托克维尔身上，有一种东西好像总在抵制他的情感和精神。托克维尔生性冷漠而忧郁，但却雄心不小，很想出任高官。但是，正如梅耶所正确指出的，他绝不是只因为爱权而想得权。他反对马基雅维里和霍布斯的政治哲学。他认为政治家的艺术首先在于：竭尽一切努力，使人相信只有自由

① 梅耶：《阿列克西·托克维尔》，巴黎，1948年，第147页。

的人才有人的尊严，并以此作为崇高的社会意识的一个不可缺少部分。他在美国时感到高兴的是：他看到了一个尊重自由的社会本身在如何发挥它的作用，尽管这个社会实现平等的原则已比任何欧洲国家都更完善，但它仍注意采取广泛的措施来保卫自由。除了在1848年二月事变以后几天他由于性格易于激动而曾身不由己发怒以外，他对普通人都有一种尊重的感情，而这种感情也是他对事物进行判断的基础。

关于人的看法，他在1848年1月3日写给一位知己欧仁·斯托费尔的信中表达得最为清楚。他写道："一般说来，人既不太好，也不太坏，都平平凡凡……人有劣行，有缺点，也有美德，集好、坏、高、低、正、邪于一身。但总的说来，人还是地球上最值得研究、关心、可怜、亲近和赞美的生物；既然没有天使，我们就只能与最伟大的和最值得我们效忠的同类亲近。"①如果我们再稍微深入地认识一下托克维尔，那就不能怀疑他在这里所说的每一句话都表达了他的整体思想。他一心想使政治学变成一门研究美德的科学，并认为从自由的土地上生长出来的美德才是持久的美德。在他看来，爱自由要见诸行动。这就不仅要憎恨奴役他人的行为，而且也要憎恨想从奴役他人当中得到物质好处的意图。这本身就是一种必须"历经千辛万苦"去追求的善。他在其《旧制度与大革命》中写道："谁要想从自由中寻找非属于自由本身的东西，那他就去伺候人好了。"②

① 梅耶：《阿列克西·托克维尔》，巴黎，1948年，第144页。

② 同上书第144页及以下各页。

托克维尔就是以这种精神写《论美国的民主》的。正如伯克的名言所讲，对托克维尔来说，“真理的殿堂”是“建筑在高台之上的”。不错，他的理想远远超过与他一起进行同样斗争的人的理想，从而不难理解他为什么往往感到自己在同时代人中甚为孤单。他的同时代人约翰·斯图尔特·穆勒以及属于他下一辈的阿克顿，可能是用与他的语言相同的语言表达与他的理想相同的理想的仅有的两个人。这两个人像他一样深深地爱上了的那个理想，可以说同托克维尔的理想具有相同的来源：都来自他们所处的时代的制度造成的动荡不安、深刻的矛盾和强烈的抱怨。如果说这两个人谁都没有找到他们想要找到的成功秘诀是有目共睹的，那么说他们谁也没有得到他们最需要得到的或者说对他们报酬最大的东西，也是言而有据的。这两个人都想寻找一个新的世界。他们二人都认为他们所处的世界可怕得无法生存下去。正因为如此，他们才爱上了在他们的时代正沿着展现在他们面前的一条大道寻找通向结束人剥削人的社会组织形式的出路的社会主义哲学。《论美国的民主》一书是一位想在新世界发现能够照亮和复兴旧世界的建设原则的思想家的奋斗结晶。这部书之敢于宣告它所追求的崇高目的，也不失为它的一大优点。凡是认为建筑在平等大厦上的自由才是唯一能使自己分享人类的永恒遗产的手段的人，都不能不对这部书的作者表示尊敬。

研究《论美国的民主》的参考文献

现代的读者在阅读这部巨著之前了解一下美国史、美国史与欧洲史的关系、美国史与美国宪法沿革的关系，将是有益处的。这方面的文献可以说汗牛充栋，但我们认为只录出一些重要著作，就足以引导读者深入研究了：

Georges Weill, *Histoire des Etats-Unis de 1787—1917*, Paris, 1919.

Georges Weill, *L'Eveil des Nationalités et le Mouvement libéral (1815—1848)*.

Firmin Roz, *Histoire des Etats-Unis*, nouvelle édition, Paris, 1946.

Firmin Roz, *L'Evolution des idées et des mœurs américaines*, Paris, 1931.

Firmin Roz, *Les grands problèmes de la Politique des Etats-Unis*, Paris, 1935.

D. Pasquet, *Histoire politique et sociale du Peuple américain*, 3 vol., Paris, 1924—1931.

Charles A. and Mary R. Beard, *The Rise of American Civilization*. New York. 1939.

Charles A. and Mary R. Beard, *America in Midpassage*, London, 1939.

Charles A. and Mary R. Beard, *The American Spirit. A Study of the Idea of American Civilization in the United States*, New York, 1942. 本书第170页及以后几页，对《论美国的民主》有所批判。

S. E. Morison and H. S. Commager, *The Growth of the American Republic*, 2 vol., New York, 1937.

有关美国政府的历史和结构的著作也很多，现只推荐以下几部：

F. A. Ogg and P. A. Ray, *Introduction to American Goverment*, New York,1942.(改订本于 1948 年出版)

M.Amos,*Lectures on the American Constitution*,London,1938.

C.A.Beard *American Goverment and Politics*, New York, 1939.(中译本:《美国政府与政治》,商务印书馆,1987 年。——译者)

C.A.Beard *An economic Interpretation of the Constitution of the United States*,New York,1935.(中译本:《美国宪法的经济观》,商务印书馆,1984 年。——译者)

J.Lambert, *Histoire constitutionnelle de l'Histoire américaine* 3 vol., Paris,1931—1934.

Federalist,édité par Max Beloff, Oxford, 1948.(中译本:《联邦党人文集》,商务印书馆,1982 年。——译者)

Emile Boutmy, *Etudes de Droit Constitutionnel France-Angleterre-Etats-Unis*,Paris,1913.

Emile Boutmy,*Eléments d'une Psychologie Politique du Peuple Americain*,Paris,1902.作者布米在本书第 1 章对托克维尔的研究和布赖斯关于美国民主的研究进行了比较。他写道:"我又读了一遍托克维尔的两卷巨著,尽管我还有一些保留意见,特别是对于下卷,但我掩卷之后,仍对全书怀有深刻的敬佩之感。"布米这位 19 世纪末叶的著名学者虽然受过当时所说的"科学"方法的影响,但是他对托克维尔的社会学方法的精确性给予了高度评价:"科学没有预测到的或被预测忽视的一切发现,却被托克维尔看到了。他勾画出来的图景,在所有的特点上都应验了。"

D.W.Brogan,*The American Political System*,London,1943.

James Bryce,*The American Commonwealth*,London,1919,新版;London,1888,初版。布赖斯在英国对托克维尔的研究做了推广的工作。在这部著作发表之前,他对托克维尔的著作进行了细致的研究。参阅布赖斯:《汉密尔顿和托克维尔的预言》(巴尔的摩,1887)。后来又发表在他的《历史与法学研究》(牛津,1901)第 1 卷第 359 页及以后各页里。布赖斯在其《美利坚共和国》的导言里写道:"当然,我把托克维尔的《论美国的民主》作为范本。尽管

有模仿这位大师之嫌，但我认为跟着他的足迹，试用他研究 1832 年还只有 15 000 000 人口的美国的方法来研究 1888 年已有 60 000 000 人口的美国，这是一项有趣和有益的工作。但是，我要研究的东西与他略有不同，我所研究的主题也与他的不同。在托克维尔看来，美国最重视的是民主，即可供欧洲特别是他们法国学习的理想的民主。《论美国的民主》不是对美国的国家和人民的一般研究著作，而是对美国的民主进行精辟而高超的考察的专著。专著中关于美国的各项论点都是有根有据的：不仅以分析在美国的所见所闻为根据，而且以当时的法国情况使他形成的一般的和思辨成分不多的观点为依据。”布赖斯的这段话证明他的著作深受托克维尔的《论美国的民主》的影响，但他可能没有接受《论美国的民主》特别是下卷的哲学观点和社会学观点。同布米一样，布赖斯也是“科学”时代的产儿。再参阅：

James Bryce, *Modern Democraties*, London, 1921, 2 vol.

J.W.Ferguson and E.McHenry, *The American Federal System of Government*, New York and London, 1947.

J.W.Ferguson and E.McHenry, *The American System of Government*, New York and London, 1947.

W. L. Godshall ed., *Principles and Functions of Government in the United States*, New York, 1948.这是一部关于美国政府制度的百科全书性著作，其所附的丰富文献具有很大价值。

O.W.Holmes Jr., *The Common Law*, Boston, 1881.这是一部经典著作。

H.W.Horwill, *The Usages of the American Constitution*, Oxford, 1945.

A.H.Kelly and W.A.Harbison, *The American Constitution. Its Origin and Development*, New York, 1948.对美国宪法的沿革进行了详细的分析，并附有大量参考文献。

Harold J.Laski, *The American Democracy. A Commentary and an Interpretation*, New York, 1948, London, 1949.书名《美国的民主》就已表明作者拉斯基始终是在托克维尔的实际影响下写作这部书的。拉斯基比其他作者更多地开辟了研究和注释托克维尔著作的新路，他的读者不只是英美两国人，参阅其《托克维尔与民主》，此文载于《维多利亚时代某些有代表性的思想家的社会与伦理观》(赫恩肖编，伦敦，1933)。拉斯基在拿布赖斯与托克维尔比较时写道:“托克维尔对美国的认识比布赖斯深刻得多,因为托克维尔实际上是从法国文明出发写他的著作的,而美国在他的著作中更多地像插图,而不像中心主题。”见《美国的民主》第 6 页及以下几页,第 63 页。

J.Laski, *The American Presidency.An Interpretation*, London, 1940.

W.B.Munro, *The Government of the United States National, States and Local*, New York 1947.

W.B.Munro, *The Constitution of the United States.A brief and general Commentary*, New York, 1944.

Odegard and Helms, *American Politics, A Study in Political Dynamics*, 2 ed., New York, 1947.

Ostrogorski, *Democracy and the Organization of political Parties*, 2 vol., London, 1902.

Ostrogorski, *De l'organisation des partis politiques aux Etats-Unis*, Paris, 1889.

C.P. Patterson, *Presidential Government in the United States*, Chapel Hill, 1947.

H.Stannard, *The Two Constitutions.A comparative study of the British and American constitutional Systems*, London, 1949.

H.Zink, *A Survey of American Government*, New York, 1948.

关于美国经济发展方面的文献:

C.W.Wright, *Economic Histoy of the United States*, New York, 1949.新版。

L.M.Hacker, *The Triumph of American Capitalism*, New York, 1946.

为了能对《论美国的民主》进行正确的评价,希望参阅当时到过美国考察的其他欧洲作家的著作:

Frances Trollope, *Domestic Manners of the Americans*, London, 1927.新版。

Michel Chevaler, *Lettres sur l'Amérique du Nord*, Ire édition, Paris, 1836.

以及后来的:

C.R. Fish, *The Rise of the Common Man. 1830—1850*, New York, 1927.

J.L. Blau, ed., *Social Theories of Jacksonian Democracy Reppresentative Writings of the Period 1825—1850*, New York, 1947.

菲利普斯·布雷德利(Phillips Bradley)主编的《论美国的民主》英译本*，在注释和附录中对《论美国的民主》作了比前述的布赖斯更为详尽的分析。布雷德利不仅详细地介绍了《论美国的民主》的各种法文版本和其他国家译本，而且列出了自 1835 年至 1945 年各国研究《论美国的民主》的文献。他写的导言是他长期研究托克维尔的这部著作的结晶，长达 100 余页，写得非常令人钦佩。

Ch. Cestre. *Alexis de Tocqueville, témoin et juge de la Civilisation américaine* (*Revue des Cours et Conférences*, Paris, 1933—1934), 34e année (Ire série), Nos 4, 5, 6, 8; (2e série), 9, 10, 11, 13, 14, 15, 16; 35e année (Ire série), 1, 3)。沙尔·塞斯特的这项研究值得人们永怀莫忘。

再参阅梅耶有关托克维尔的研究：

J.P. Mayer, *Alexis de Tocqueville, A biographical Study in Political Science*, London, 1939 and New York, 1940; *Thought in France. From the Revolution to the Fourth Republic*, édition révisée, London 1949; *Alexis de Tocqueville*, Paris, 1948; *The Recollections of Alexis de Tocqueville*, London 1948 and New York 1949.

在结束文献的简介时，我们想谈一谈《论美国的民主》对法国、英国、美国、德国、意大利和俄国的政治思想发生的影响。我们这样做的唯一目的，是想指出托克维尔的政治社会学的各个流派。

---

* *Democracy in America*, 2 vol., New York, 1945. 这个译本是在亨利·里夫(Henry Reeve)的英译本的基础上，由弗朗西斯·鲍恩(Francis Bowen)部分改译的，为加拿大 Rondom House 的 Vintage Books 之一。——译者

维尔曼* 在 1836 年法兰西学院文学奖金评审会议上所作的报告中写道："诸位先生，学院经过长时间讨论，毫不犹豫地决定，将蒙蒂翁**大奖授予一部看来是具有全面评论性的研究一个外国的立法和历史的著作：托克维尔先生的《论美国的民主》。……从任何一点来说，美国的政府和社会都是欧洲感到新奇或不安的问题。讨论这个问题，分析这个新世界，指出它与我们的类似处和难以相容的差异，考察欧洲的某些理论被移植到其最好的实验地区的情况和在那里得到高度发展的景象，论述哪些理论在这个非常适于其发展的环境中没有获得成功或长期受到限制和没有用处。——这一切，毫无疑问就是热爱人类的评论家所能提供的最严肃教训之一，同时也是托克维尔先生不由自主地得出的或试图寻找的成果。"

维尔曼接着写道："我们不想把这部著作过早地评为伟大的天才贡献给他所在时代的完美无缺的作品之一。但是，这位在孟德斯鸠学派的影响下成长，并模仿和再现这个学派的若干特点的年轻作者，对他讨论的新事物应用了这个学派的方法，并在这第二次实验中引用了个人的独特观点。孟德斯鸠说过：'天距地之遥，不如自由的精神距极端平等的精神之远。'但是，在这位新评论家之前，还没有人指出过美国人的这种极端平等的思想。而托克维尔

* 维尔曼(Abel François Villemain，1790—1870)，法国作家，1821 年当选为法兰西学院院士，曾以《蒙田颂》《批判的得失》《孟德斯鸠颂》三次荣获法兰西学院奖金。——译者

** 蒙蒂翁(Jean-Baptiste Montyon，1733—1820)，法国的一个男爵，晚年曾在法兰西学院设过多种奖金。——译者

先生的著作却指出了这一点。才华横溢，推论正确，高瞻远瞩，文体简明，对善热爱，是该书的特点，并且使学院放弃了往往是从众多类似作品中评定获奖者的想法。"我们今天可以认为，维尔曼对《论美国的民主》和《论法的精神》所持的同样保留态度是不公正的。后人都公认托克维尔是经典作家。在维尔曼之后，法国的一些大历史学家和大文学家，比如圣伯夫、歇雷、布吕纳提埃尔、郎松、法盖、斯特罗夫斯基等人，对托克维尔的著作都有极为深刻的理解。

阿尔贝·索雷尔说得对，《论美国的民主》的作者将孟德斯鸠的遗产传到了19世纪下半叶。索雷尔在其关于拉布列德男爵的著作*中写道："托克维尔同孟德斯鸠一样，是一位概括能力很强和推论偏于武断的文人，实际上比立法家而尤其是比政治家还有道德。托克维尔的著作，在方法上和题材的安排上，都完全以孟德斯鸠为借鉴。他的《旧制度与大革命》，可以比之于孟德斯鸠的《罗马盛衰原因论》；而他在写《论美国的民主》时，则仿效孟德斯鸠的《论法的精神》**。他对19世纪下半叶的政治学研究和历史研究发生的影响无疑是不太明显的和鲜为人们承认的，但这种影响的效果和实力可以与基佐在19世纪上半叶发生的影响媲美。在他看来，孟德斯鸠与近代法国有密切联系，在近代法国还能见到孟德斯鸠的余威。法国之能够放弃西哀士的理论力学而采纳务实家们

---

* 孟德斯鸠为贵族，袭拉布列德男爵称号。这部著作指索雷尔的《孟德斯鸠》。——译者

** 商务印书馆于1961年已出版此书的中译本；1982年又将此译本收入《汉译世界学术名著丛书》。——译者

的应用力学，使共和国成为代议制共和国，根据条文简明、便于应用、合乎民情和来源于法国仍然拥有的实力的宪法组成这个共和国，正是这位既是历史学家又是不断在制度上和道德上进行探索的人士的功劳。”索雷尔写道，比托克维尔年长的鲁瓦伊埃-科拉尔，以及他的一些同时代人，都曾发觉这位年轻的思想家受到了孟德斯鸠的影响。我们在《世界名人传》（政治部分，第 15 卷，巴黎，1842 年）中看到沙尔·卡骚写道：“孟德斯鸠的《论法的精神》出版已近百年，至今仍对现代社会有所影响，而在《论法的精神》以后，有哪一部关于政府原理的著作能像《论美国的民主》这样受到极大的欢迎？实际上，托克维尔有没有自成一家的方法和观点有没有上一世纪的那位伟大评论家深刻呢？他在社会问题的研究中表现的细致和死钻精神可能不如孟德斯鸠，但其诚挚的信念和冷静的热情却高于孟德斯鸠，并兼有帕斯卡尔的形而上学高度和拉布吕耶尔的写作技巧。”毫无疑问，法国的政治传统受到了托克维尔著作的深刻影响。约瑟夫·巴尔特勒米在其《宪法论》（巴黎，1933 年新版，第 46 页）中写道：“行使 1875 年宪法的一代人的政治教育，受蒲鲁东的影响较少，而受托克维尔的《论美国的民主》的影响较大，尤其是受……德·布罗利和普列沃-帕拉多的著作的影响较大。”我在我的一部研究托克维尔的著作中曾经指出，蒲鲁东非常了解《论美国的民主》，普列沃-帕拉多的《新法兰西》和德·布罗利的《法国宪法观》都打有托克维尔的政治思想烙印（另参阅普列沃-帕拉多的《政治和文学论文集》，第 2 集，巴黎，1863 年，第 58 页及以下几页所载的《论托克维尔》）。德·布罗利是托克维尔的友人，在路易·波拿巴政变后曾同托克维尔一起被监禁在外交部的陋室里。

保尔·雅内在1887年出版其巨著《道德报告中的政治史》第三版时加进了一篇结论(《19世纪法国政治科学》),其中写道:“在这些或多或少有互相斗争的政党参与的不同政治学派之外或侧面,有某些自由而清高的人士在抽象地和大公无私地研究政治学,托克维尔先生就是其中之一。在一些事实证实了他的某些重大预见之后,他的名字便经常被人推崇,而他的重要作用也越来越被重视。任何人都不会怀疑,他的《论美国的民主》是最好的著作之一,也许是当代的最好政治哲学著作。

“塞尔先生的‘民主正张满帆前进’这句名言,似乎是托克维尔先生的研究的出发点。托克维尔相信,民主革命是不可避免的,或毋宁说它已经是事实。他不去先验地论证这一伟大事件的正义与否,而认为最好是对它进行观察,让其他人去褒贬它,他自己只想认识和理解它。简而言之,他的方法是把民主作为一个对象来观察,但不论证他的观察。他有实证主义方法的思想,但没有形成自己的实证主义体系。这是他的一项伟大创新。大部分政论家,无论是支持民主的还是反对民主的,都写过一些自成一家的充满激情的著作。但是,从亚里士多德以后,还没有一个人拿民主作为仔细分析的对象。孟德斯鸠本人虽然是位观察家和历史学家,但他并没有理解民主。他只看到了古代,而且观野与卢梭和马布利的大致相同。他对现代的、富有的、工业的、豪华的民主,美国的民主或法国的民主一点儿也没有预感。

“那么,托克维尔的最终目的是想取得什么成果呢?简单说来,就是总结民主制度的善与恶。民主制度的主要好处有:福利的

提高，文化的普及，社会性的加强，对人的苦难的同情，以及人的主动精神和活动能力的特大发展。但是，这些好处被其坏处损害了很多。它的主要坏处是：法制不稳定，统治者的才能低下，过于强调划一，追求福利过度，尤其严重的，是有走向暴政的趋势。而托克维尔最喜欢发挥的，也正是最后这一点。他坚持认为，民主的多数有压迫的倾向。他指出民主的两个基础：平等和自由容易互相混淆。他曾证明，这两种东西之间并不是永远具有正比关系的，平等的进步并不必定是自由的进步。最后，他还大力反对中央集权，并且是认为社会必将沿着民主的道路前进、要求恢复个人的活动权利和提醒人们防范侵犯人民主权的首批人士之一。”我们还可以容易找到许多这方面的例子，来证明托克维尔一直在对法国的政治思想发生影响。作为结束托克维尔对法国的影响的介绍，只提一下让-雅克·谢瓦利埃在其最近出版的一部名为《政治巨著：从马基雅维里至今日》（巴黎，1948）中对《论美国的民主》的卓越研究就可以了。（再参阅 J.-P.梅耶在《政治季刊》第 22 卷第 3 页上发表的评述。）由此可见，在法国，从维尔曼到谢瓦利埃，人们一直在研究托克维尔。

《论美国的民主》在英国受到的评价，也不低于在著者的祖国。拿骚·西尼尔、亨利·里夫、乔治·康韦尔·刘易斯、约翰·斯图尔特·穆勒、格罗特、格雷格、阿克顿、西奇威克、戴西、莱斯利·斯蒂芬、阿诺德、莱基等人，都从这位伟大法国人的思想吸取过营养，他们的著作受到了他的精神的鼓舞。在我们整理出版托克维尔与其英国友人的通信时，使我们进一步知道这些作者与托克维尔的关系。穆勒、阿克顿、戴西和白哲特的自述，都强调英国人的政治思想受到托克维尔的深刻影响。约·斯·穆勒本人在其《自传》中给我们留下了关于他与托克维尔的思想联系的精湛分析(另见《自传》的法译本):“我的一些新意向需要在某些看法上加强和在另些观点上克制。但是,我的思想还在发生的唯一真正变化,与政治观点有关。这一方面指我对人类未来的看法更接近温和的社会主义,另一方面指我的政治理想要稍稍离开那种被其拥护者们所通常理解的纯民主,使其接近我在拙著《代议政体论》中所述的民主形式。这后一项变化,是在很久以后,即在托克维尔先生的《论美国的民主》出版后我读到它或者应当说我学习它的时候发生的。托克维尔先生在这部名著中十分坚定地指出民主的好处,其坚定精神远远超过最热情的民主主义者在他们著作中的表现。作者清晰地看到可以导致民主像在美国那样出现多数的统治的一切危险,并对这些危险逐个进行了独到的分析;但他并没有由此寻找理由去反对他认为是人类进步的不可避免的结果的这种统治形式,而只是指出民主制度的一些弱点,指出纠正的办法,以使其良好的倾向得到自由发展,节制或弱化其不良的倾向。我在这个时期为自己编写这类著作学到了很多东西,而且从此以后,我的思想也逐渐向同一方向发展了。但是,我的政治信念后来向重视实际方面的转变,是经过好多年才完成的。人们看一下《论美国的民主》的初版年月,就会注意到我在 1835 年就已写作和发表这方面的文章,并在 1840 年汇成《论文集》出版;在这部《论文集》之后,我又出版了《代议政体论》。……”这段卓越的分析,使我们了解了托克维尔影响的强大性。穆勒完全可以代表他那一代英国人。(参阅:利平科特:《维多利亚时代的民主评论家:卡莱尔、罗斯基、阿诺德、斯

蒂芬、梅因、莱基》，明尼阿波利斯，1938 年。）

伟大的历史学家阿克顿勋爵经常在自己的著作中引用托克维尔的话。他同他的友人德林格尔教授在一次访问巴黎的时候，曾经见过托克维尔。参阅阿克顿：《形成的年代》（伦敦，1940）。阿克顿在 1861 年 11 月 10 日的一封信里写道："我看到了托克维尔传记的英文版本，觉得它比法文版本还要全面。……他在传记里列举理由坚持自己的观点，详述了他由《论美国的民主》到其最后一部著作《旧制度与大革命》的思想发展过程。在《旧制度与大革命》中，他表示更加反对现代流行的思想。这一点，使人乍一看来感到吃惊。

"应当拿他与其他法国人进行比较。由此可以看到他与其他法国人在天才上和知识上有明显的界限和鸿沟，知道他的立场和我们英国的伯克几乎完全相同。他在自己的同胞面前总是表现自己的思想伟大和高超，但他实际上只是一个非常冷静的观察家。……"

几天以后，阿克顿又在另一封信里谈到这个问题："您说的非常正确，托克维尔不是一位历史学家，但他对一个伟大历史事件写了一部好书，因为他虽然未能从变化（如德语所说的 im Werden）中观察事物的发展，但他毕竟是一位伟大的观察家，像所有研究物理学的人那样把一切都看成是现实的和恒定的。

"他对美国产生的巨大幻想，是不是说明他相信民主的不可阻挡的和一往直前的进步呢？实际上，民主只是现代社会所具有的，而初民社会所绝不可能有的几个主要因素（三四个）之一，是年代确切的历史事件。问题在于自治的性质，比如在君主制度、贵族制度和民主制度下均可能有自治，但其性质完全不同。这一切，柏拉图和亚里士多德都是十分清楚的。托克维尔对美国的描述是十分准确的……因为他的观察力高于他的分析力……他看到美国没有解决民主与自由的和解问题，因为美国没有使权与法或者说欲求与义务和解。这个问题是同一事物的道德方面……

“他的古怪性格几乎一直完全保存下来。他的研究总是在证明他是一位古怪的人，但他又是一位忽视别人的论点而使自己犯错误或后来又不知不觉接受了别人的论点的人。在《论美国的民主》中，他清清楚楚地说了一些别人早已在他之前说过的话，但他自己并未察觉。我在关于美国的一篇论文中，曾经指出斯托里早就这一点提出过抗议。见阿克顿：《自由的历史及其他论文》（伦敦，1907，第 575 页及以下各页）他在拿自由与宗教进行比较时，对自由的理解就有错误。自由不能靠别人施舍，而要靠自己去争取。自由并不是一种安静的状态，而是一种不断的努力和创造。自由不是政府的出发点，而是它的治理结果；或者至少说自由不仅仅是走向目的地的出发点，不是一个给定的要素，而是像使各星球谐调的有规律的天体运动的目的。自由是制约行动的原则的结果。”

根据平等的原则，阿克顿自然有权评论托克维尔。

在以后的两代人中间，白哲特和戴西对英国宪法的新概念的形成作出了极为重大的贡献。他们二人都深刻地研究过《论美国的民主》。（参阅欧文：《白哲特》，伦敦，1939，第 247 页。）看来，戴西更与托克维尔有密切联系。戴西的《宪法》（牛津，1885）是一部几乎可以与孟德斯鸠的《论法的精神》媲美的开创性著作。戴西接受了托克维尔把“民主”视为“社会条件”的解释。另一个重要事实是:戴西也与托克维尔完全一样,指出了法国与英国在司法制度上的显著差别。认为英国显然缺乏行政权。参阅戴西:《论十九世纪英国法律与舆论关系》(伦敦,1905,第 50 页及以下各页)。

戴西在他一部著名文章(参阅:戴西:《阿列克西·托克维尔》,载《民族评论》,伦敦,1893,第 771 页及以下各页)描写托克维尔的精神和知识特点时写道:"阿列克西·德·托克维尔希望成为研究制宪权的大师。他在使自己的著作成为经典著作的作者当中居于什么地位呢?他应当排在孟德斯鸠之后还是应当与其并列呢?他 30 岁和 35 岁的时候,就提出了人们确实不敢提出的问题。托克维尔在法国思想家和文人中的地位,在 1860 年以前就得到公认。穆勒、格罗特、西尼尔、格雷格和一切指导舆论的人,都声称托克维尔高于他人。……总之,可以举出许多理由证明光荣永远属于托克维尔。从事政治哲学著述和以英语讲授政治哲学的一些新作者,甚至在目前也比不上他。《论美国的民主》,作为描述近代美国的一部著作,今后当然仍将具有重大价值。布赖斯的《美利坚共和国》,是目前唯一值得推荐的可以从中了解美国的各项制度的著作。但是,托克维尔的著作才真是一部专著,不过它不是专门研究美国政府的,而是专门研究近代民主制度的基本特点的。从这个角度来看,它包含着世人至今尚未掌握的智慧。"诚然,戴西对英国宪法的释义,在今天已不再完全适用,特别是关于行政权的部分,但它的提示作用是永远长存的。参阅詹宁斯:《法律与宪法》(伦敦,1942);罗布森的经典著作:《司法与行政法——英国宪法研究》(第 2 版,伦敦,1947)。

我们还应补充一点:托克维尔的政治社会学的影响并不只限

于联合王国本土，而且也及于它的自治领。参阅布雷迪：《自治领的民主》（多伦多，1947）；汉约克：《澳大利亚》（伦敦，1930）（特别是第13章）。

皮尔逊和布雷德利在我们的注释所引的他们著作中，对《论美国的民主》自出版至今在美国的影响进行了研究，所以我在这里便不重复了。托克维尔对美国的政治思想的影响或许小于对美国社会的一般见解的影响。作为一个美国宪法的理论家，他没有什么东西可以指导像斯托里和利伯这样的高超技术专家。例如，托克维尔的主权理论，正如梅里亚姆所指出的，早在他之前就已有人提出了。参阅梅里亚姆：《卢梭以来的主权学说史》（纽约，1900，第188页）。因此，邓宁在其《卢梭至斯宾塞的政治学说史》（纽约，1920，第270页及以下各页）（这部书相当于雅内《政治科学史》在美国的副本）中所作的中肯分析，在任何时候都是有效的。邓宁写道："在方法上，托克维尔继承了亚里士多德、波里比亚、马基雅维里、孟德斯鸠的传统。孟德斯鸠是他最常模仿的典范。和这些伟大的思想家一样，托克维尔也是根据政治哲学来观察事实的。他与亚里士多德和博丹的不同处，在于他没有致力于想出一个政治科学体系；他与孟德斯鸠的不同处，在于他只限于评论一个国家的法律和习惯。《论美国的民主》与马基雅维里的《论李维》有惊人的相似之处。但是，马基雅维里没有掌握第一手资料，而托克维尔则以亲身观察为根据。在这一点上，这位法国哲学家同以一个外国人的观点分析罗马国家的希腊历史学家波里比阿极为相似。如同波里比阿关于罗马诏令的观点后来鼓舞了罗马人自己对这个问题进行有系统的思考，孟德斯鸠使英国人得到了关于本国宪法的第

一个有系统的理论一样，托克维尔对美国民主的分析使美国人民对本国制度的观点有了共同的并且变成传统的依据。”再参阅格特尔：《政治思想史》（伦敦，1933，第 36 页及以下各页）。

我们再回来谈欧洲。在德国，最初发现《论美国的民主》作者了不起的，是默尔和布伦奇利。通过瓦茨的介绍，托克维尔的政治思想便在德国的自由主义者当中传播开来。他们在 1866 年以前，就已开始评述和研究托克维尔。很久以后，我们才在格奥尔格·耶利内克的《国家学说通论》中读到：“在托克维尔的影响下，‘主权’分享学说，即联邦成员与联邦国家之间分享权力的普遍主张，才见于联邦的声明。”狄尔泰在排列最卓越的政治思想家的名次时，把托克维尔排在亚里士多德和马基雅维里之后。（参阅梅耶：《阿列克西·德·托克维尔》，巴黎，1948，第 164 页。）

在意大利和俄国，《论美国的民主》也有其专心致志的读者。意大利的加富尔的思想，俄国的赫尔岑和车尔尼雪夫斯基的思想，以及这两个国家的其他许多人的思想，都从这位法国伟人的思想中吸取了营养。（参阅梅耶：同上书；赫克特：《俄国的激进主义者看美国，1825—1894》。）

当然，托克维尔的著作在我们这一代之后还会发挥作用。

关于版本的说明*

《托克维尔全集》收录的《论美国的民主》，是根据托克维尔生前出版的最后一版（第13版）《论美国的民主》（巴黎，Pagnerre出版，1850年，共两卷）重排的，除对个别误植予以修改和抽掉卷末所附的《美利坚合众国宪法》与《纽约州宪法》外，其余一仍其旧。

我们在这版《论美国的民主》里增加了两篇附录：（一）《1848年1月15日在人文和政治科学院所作关于谢尔比利埃〈论瑞士的民主〉的报告》；（二）《在讨论答复王室讲话的方案期间1848年1月27日于众议院的发言》。加进这两篇作品是符合托克维尔的原意的，因为他在1851年9月27日致其英国友人亨利·里夫，即《论美国的民主》的英译者的信中写道："亲爱的朋友，您问我要不要对《论美国的民主》的最新版本进行修改和增补。没有需要修改的地方，……至于增补，我想把在人文和政治科学院所作的关于瑞士民主的报告和二月革命前在众议院发表的一篇讲话加进去，这篇讲话曾见于当时的《总汇通报》。"

* 这个说明是节译的。——译者

图书在版编目(CIP)数据

论美国的民主/(法)托克维尔著;董果良译.—北京:商务印书馆,2024
(汉译世界学术名著丛书:120年纪念版:珍藏本:增订本)
ISBN 978-7-100-23877-9

Ⅰ.①论… Ⅱ.①托…②董… Ⅲ.①民主—研究—美国 Ⅳ.①D771.221

中国国家版本馆 CIP 数据核字(2024)第 082149 号

权利保留,侵权必究。

汉译世界学术名著丛书
(120 年纪念版·珍藏本·增订本)
论美国的民主
〔法〕托克维尔 著
董果良 译

商 务 印 书 馆 出 版
(北京王府井大街 36 号 邮政编码 100710)
商 务 印 书 馆 发 行
北京市十月印刷有限公司印刷
ISBN 978-7-100-23877-9

2024 年 5 月第 1 版　　开本 710×1000 1/16
2024 年 5 月北京第 1 次印刷　　印张 68¼
定价:360.00 元